U0165641

修訂第四版

入出國法制
與人權保障

許義寶 著

五南圖書出版公司 印行

四版序

　　處於國際化的時代，各國之人流往返頻繁，移民行政事務之重要性，亦日漸增加；外來移民有為工作、留學目的或依親之團聚的申請居留於我國者。我國之入出國法制規範，主要為入出國及移民法。其主要為規範外國人及台灣地區無戶籍國民之入國與居留；本法須因應時代的不同需求，而作必要的修正調整。另各國為爭取外國之高科技專業人才，均放寬相關的入國與居留條件，盼能創造誘因，吸引其選擇來我國工作，以創造經濟產值。

　　入出國及移民法於112年5月30日修正三讀，內政部指出這是「入出國及移民法」施行24餘年以來，最大幅度修法變革。共計修正63條，修正重點主要放寬外籍配偶因撫育未成年子女在臺居留相關規定，以保障婚姻移民的家庭團聚權，並增訂處罰不法態樣及提高罰則，兼顧人權保障及社會安全。本書中亦將相關新的規定，修正納入。

　　移民實務之發展，須因應不同類型移民情況，主管機關須即時制定相關計畫。對不同類型案例，除在法規與理論上適用之外，對於具體個案之實務見解與行政法院判決，亦屬重要。本次之修訂中亦選擇相關案例，節錄行政法院判決理由，予以納入。另大陸地區人民、香港與澳門居民，亦屬外來人口之一，在移民行政領域中，亦屬重要。又我國之新住民照顧輔導措施，為近年來重要議題，主管機關內政部及移民署，採取許多重要之計畫；對此，在本書中亦予以補充。

　　有關移民人權保障部分，有相關案件當事人提起行政救濟。例如，請求停止強制遣返出國，依行政訴訟法規定，在訴願程序中向行政法院聲請行政處分之停止執行等。對相關個案，行政法院之判決論點，亦具有重要參考價值。在本次修訂中，亦予納入，以供參考。

許義寶　112年10月3日
於桃園

初版序

　　人民之入出國，涉及國家主權，一個國家有權力決定是否同意外國人或外來人口之進到本國。另一方面，依憲法第10條規定，人民有居住遷徙之自由。因此，國家亦應對此基本權利加以保障。本書主要在探討我國之入出國法制與人權保障之相關議題。因我國近代之政治背景與歷史原因，以致形成在入出國法制規範對象上，除了本國人與外國人的規範之區分外，另外增加了對大陸地區（含港澳）人民、臺灣地區無戶籍國民之規範，此與一般國家之入出國法制，有所不同。

　　本書之編排，依序從國家之入出國境規範對象，包括我國人民與一般入出國程序、大陸地區（含港澳）人民、新移民、外國人、外國法制等，加以探討。我國於民國88年制定入出國及移民法之後，對於入出國管理事務，正式邁入法制化之時代。又於民國96年正式成立「內政部入出國及移民署」，擔負入出國行政之執行主力機關，將更能專責研擬與落實各項入出國行政與移民輔導之事項。另我國於近年大力宣導與推動落實人權兩公約之保護，因此在移民人權、新移民權益保護事項上，亦大有進展。對此，於本書中亦探討含括外國人之基本權利、新移民基本權保障、人口販運被害人之保護等之議題。

　　入出國法制與一國之移民政策、移民人權保障狀況，甚有相關。因我國入出國境管理之人民分類，有其特殊性。特別對於大陸地區人民之規範，乃特別制定「臺灣地區與大陸地區人民關係條例」，予以適用；而非規定在「入出國及移民法」之內。本書在各章之前，擬定一實務案例，以融入實際個案狀況，突顯其問題性。

　　有關本書之出版，要感謝李震山大法官之長期指導以及中央警察大學蔡庭榕學務長、刁仁國副教授、簡建章老師及國境系各老師的協助，一併在此表達謝意。

許義寶　101年4月15日
於桃園‧龜山

目 録
contents

第一篇

本國人民與
一般入出國程序

第一章　人民之入出國及其規範

某集團總裁A，係我國有戶籍國民，因其涉及刑案於年前遭羈押，現在是限制住居，每天要通報，如欲出國上飛機基本上就違反規定[1]。請問我國出境自由與管制程序為何？另外國人與大陸地區人民之進入我國程序為何？

B係外國人，民國99年3月30日持哥斯大黎加國護照，以免簽證入境來臺。後持用尼泊爾國護照向海巡署漁港安檢所申請出海祭祀，海巡署岸巡大隊遂向移民署國境事務大隊基隆港國境事務隊查詢，獲知上訴人遭外交部函文管制，並列為禁止入境對象，復經海巡署22岸巡大隊查驗發現上訴人所持尼泊爾國及哥斯大黎加國護照均係偽造[2]。請問依入出國及移民法規定，對於B得否驅逐其出國？另禁止無戶籍國民、大陸地區人民、外國人入國之原因為何？

大陸地區民眾A，在網路上購買橡皮艇及船外機後，趁著夜色航行至臺中港區上岸後被舉報，遭到相關單位逮捕。A宣稱嚮往臺灣民主政治前來投奔，請問A違反了什麼法規、將面臨什麼樣的罰則？能否留在臺灣？（110年移民三等特考）

1　參見TVBS新聞報導，2009年2月2日。
2　參考最高行政法院100年度判字第1958號判決。

壹、前言

　　有關大陸人民非法入境案例，曾發生安徽王姓男子以寶特瓶自製成浮具，泅渡到金門。王男稱想脫離中國大陸掌控，到新環境過新生活。王男自述在廈門地區無固定職業，以撿破爛為生，因無身分證件及護照，也無意待在中國大陸生活，想到新環境生活，脫離大陸掌控。因此在同安、集美、海滄等地購買2公升裝可樂，飲用完畢後，將空瓶共4瓶自製成浮具，並在平時賴以為生的破爛堆中找出材料自製划槳。由於王男未依合法程序入境，全案依違反入出國及移民法、國家安全法移送金門地檢署偵辦[3]。

　　入出國管理行政規範[4]，為一國家之主權表現行為；其目的在確認人民之入出國境資訊，與為防止外來危害，實施過濾特定被禁止入國之人士，防止其入國，以維護國家安全與利益。我國內政部移民署於民國96年1月正式成立，其掌管人民入出國之行政事項。在法制規範上，我國之入出國管理行政，將人民分成本國國民與外國人、大陸地區人民等類別。而在國民之中，又分成在臺灣地區設有戶籍國民，與在臺灣地區未曾設立戶籍之國民；又有稱後者為長年居住在國外之華僑。

　　入出國，一般包括二種意涵，即入出外國及我國。本文所指之「入出國」，係指其入出我國而言。外來人口進入我國，依我國入出國及移民法規定，其須符合所規定之條件，且經過一定的法律申請程序。有關入出國程序，並依該外國人個人入國後之居留原因、居留期間長短、是否屬特定被禁止入國者，而有不同程度的規範。有關入出國是否為外來人口的權利或屬其自由？依國際法理論認為外國人並無請求入國的權利，此屬主權國家固有且得予以裁量的權力。但是在國際上，國家應遵守相關國際慣例與不濫用其權力，一般禁止外國人入國須有正當的原因，如為防止重大公共安全、秩序及治安、衛生上之危害等原因，始得予禁止。因此，可解釋為外來人口[5]，如

3　用寶特瓶泳渡金門安徽拾荒男：想過新生活，中廣，2019年8月11日。
4　相關文獻，請參考戶波江二，外國人の入國限制，收於和田英夫編，憲法100講，學陽書房，1983年5月，第145頁。坂中英德、齋藤利男，新版出入國管理及び難民認定法逐條解說，日本加除出版，平成9（1997）年8月，第526頁。
5　所謂外來人口，一般為指外國人、無國籍人、臺灣地區無戶籍國民、大陸地區人民、港澳地區人民而言。

無國內法上所規定禁止入國之原因者，有請求入國的自由，且不應受到恣意的禁止。外來人口的「出國」，為國際人權法（世界人權宣言、公民與政治權利國際公約）所保障的自由，雖然依國內法律規定，在出國程序時應經過查驗，無明文保障其出國自由，但在解釋上應認為此屬於「外來人口的基本權利」，居留的國家不得任意予以限制。

　　從理論上言，入出國管理之重點對象，應在於外國人（外來人口）；因外國人並非我國國民，有關對其個人資料與背景的瞭解與掌握，較無法如本國人一樣，有能予確定及進一步獲得的訊息；另外，國民（設有戶籍）與本國亦有緊密結合的關係，國家不能排斥國民的居住。且外國人如有犯罪紀錄或傳染病，或在我國無力維持生活等情形時，一個國家將可拒絕其申請入國。另除了外國人之外，因我國國情特殊，對於大陸地區人民入境，同樣要求必須經過申請，與取得主管機關許可，始得進入我國。綜上所述，本文主要為探討有關外來人民，包括臺灣地區有戶籍國民、無戶籍國民、外國人、大陸地區人民等其入出國規範之相關問題。另入出國及移民署之名稱，依其組織法之修正，已更改為「內政部移民署」。又大法官會議對移民事務之解釋近有第708號之對外國人收容，作出違憲解釋；另第710號為對強制大陸地區人民及港澳居民出境之規定，解釋現行規定違憲，均與本書之議題有關，詳文請參照第708號及第710號大法官解釋。

貳、人民與入出國之概念

　　入出國事項[6]，有人的入出國與物的入出國（進出口）規範行政；在本

6　相關論述，請參考許義寶，外來人口資料之蒐集與利用法制之研究，中央警察大學國土安全與境管理學報26期，2016年11月，第113-154頁。楊翹楚，移民與人身保護令（提審權）制度之探討——兼論大法官釋字第708號解釋與入出國及移民法之修法，警學叢刊46卷3期，2015年11-12月，第41-60頁。葉錦鴻，論外籍配偶的法律地位——以入境、居留與歸化為中心，臺灣國際法季刊11卷3期，2014年9月，第7-26頁。簡建章，入出國許可基本問題之研究，國境警察學報6期，2006年12月。魏靜芬，海域有關入出國管理法令之適用與執行，律師雜誌327期，2006年12月。蔡庭榕，以「限制出海」執行「限制出境」之問題探討，國境警察學報3期，2004年12月。許義寶，論無戶籍國民入出國之管理法制——以入出國及移民法第八條為例，法學叢刊48卷3期，2003年7月。許文義，入出國移民法中職權之類型及其規範情形之探討，警學叢刊32卷3期，2001年11月。刁仁國，論外國人入出國的權利，中央警察

文中僅限於探討人的規範部分。人之入出國的行為，屬於客觀的事實，但是如從特定人與國家的不同關係區分，通常在人民之中，因被區分為不同類別（本國人或外國人），而影響其權利。對此，因不同身分或管理行政目的之必要，國家須對不同人民為分類[7]，並以此作為確認其身分及適用該人民入出國之規範標準。

一、人民之意涵與類別

（一）人民之意涵

本文所謂之人民，指自然人而言[8]。本文以入出國規範客體為探討對象，即以一般之自然人，包括本國人與外國人，但不及於具有外交特權或豁免權之外交人員、外國軍隊，或依跨國企業法規設立之外國公司或法人。「人民」在入出國規範上，具有其概括性，依我國法制一般分為下列五種類別：本國人（設有戶籍）、外國人、大陸地區人民、臺灣地區無戶籍國民及無國籍人。其中對每一類人民，其入出國的規範均有所差異。探討其中之共同性與差異所在，為本文目的之一[9]。

法律上從不同觀點，可定義其規範事項範圍。人民之意涵[10]，有指國民而言，如憲法所規定之人民的參政權、社會權；享有此權利之主體，主要為本國之國民。人民，亦有指居於特定地區之住民。如擁有特定地區之投票權利者，其要件即在於必須住居於該地區，且合於一定的居住期間之要求（另

大學學報37期，2000年10月。刁仁國，從憲法遷徙自由觀點評「入出國及移民法草案」，中央警察大學學報35期，1999年9月。李震山，外國人出境義務之履行與執行——德國「外國人法」中相關規定之評釋，警學叢刊29卷4期，1999年1月。

7　一般法律上之分類，為基於不同本質之事務，而為不同分類。合於差別待遇之原因下，並不違反憲法上之平等原則。

8　相關論述，請參考李建良，人民與國家「身分連結」的法制詮要與法理探索：兼論臺灣人國籍的起承斷續問題，國立臺灣大學法學論叢36卷4期，2007年12月，第1-60頁。

9　但對此，本文僅能聚焦在上述之五種類別為論述方向。其他如本國人（設有戶籍）之中，包括役男、特定原因被限制出境者之條件與差異，或外國人因不同居留身分、其條件原因與入國要求等，則無法一一論述。

10　憲法中有稱為「中華民國人民」及「人民」者，如第7條：中華民國人民，無分男女、宗教、種族、階級、黨派，在法律上一律平等。第8條：人民身體之自由應予保障。除現行犯之逮捕由法律另定外，非經司法或警察機關依法定程序，不得逮捕拘禁。非由法院依法定程序，不得審問處罰。非依法定程序之逮捕、拘禁、審問、處罰，得拒絕之。

規定須屬於國民，及具備達到特定年齡，始具有投票資格）。此屬於依法律所設定條件，予區分出該特定人民之意涵與範圍。

　　人與一個國家的關係，有分成國民與非國民者；對屬於我國國民，國家有保護及接納之義務。國民依憲法有請求國家作為之權利，即要求國家為特定作為與為一定給付對待之權利。一般所指人民，指自然人而言。如法律未特別強調，亦可能涉及團體、法人之權利；該人民可能包括規範法人之權利事項。在本文中，特別限於入出國管理上，僅指單一之自然人而言。

（二）人民之類別

1.臺灣地區有戶籍國民

　　臺灣地區設有戶籍之國民，即指我國國民之中[11]，在臺灣地區出生或在臺灣地區設有戶籍之人民。依戶籍法規定，國民之子女，如在臺灣地區出生，在法定期間內，有依法為登記戶籍之行政義務。如未於法定期間內登記者，並有罰鍰之規定。或有稱為「領有國民身分證」之人民，即在我國入出國管理上，屬於最核心之國民。

　　以在臺灣是否設立戶籍[12]，作為區別，是入出境管理上之一種措施；原因在避免海外華僑之大量進入臺灣地區居住；有人口政策上之考量。惟臺灣地區人民，如出境2年以上，依規定其戶籍，必須遷出；惟其入國後，得再行辦理戶籍遷入即可，並不會因出國2年而變成無戶籍國民。

　　如國民有特殊情形，依法應禁止其出國。依入出國及移民法第6條第1項規定：「國民有下列情形之一者，移民署應禁止其出國：一、經判處有期徒刑以上之刑確定，尚未執行或執行未畢。但經宣告六月以下有期徒刑或緩刑者，不在此限。二、通緝中。三、因案經司法或軍法機關限制出國。四、有事實足認有妨害國家安全或社會安定之重大嫌疑。五、涉及內亂罪、

---

11 有關國民之定義，依入出國及移民法第3條：「本法用詞定義如下：一、國民：指具有中華民國（以下簡稱我國）國籍之居住臺灣地區設有戶籍國民或臺灣地區無戶籍國民。……四、居住臺灣地區設有戶籍國民：指在臺灣地區設有戶籍，現在或原在臺灣地區居住之國民，且未依臺灣地區與大陸地區人民關係條例喪失臺灣地區人民身分。五、臺灣地區無戶籍國民：指未曾在臺灣地區設有戶籍之僑居國外國民及取得、回復我國國籍尚未在臺灣地區設有戶籍國民。」

12 外國人歸化我國，即可取得我國國籍，並依法在臺灣地區設立戶籍；而大陸地區人民，在臺灣地區獲准定居後，亦得依法設立戶籍，成為臺灣地區人民。

外患罪重大嫌疑。六、涉及重大經濟犯罪或重大刑事案件嫌疑。七、役男或尚未完成兵役義務者。但依法令得准其出國者，不在此限。八、護照、航員證、船員服務手冊或入國許可證件係不法取得、偽造、變造或冒用。九、護照、航員證、船員服務手冊或入國許可證件未依第四條規定查驗。十、依其他法律限制或禁止出國。」前述案例一之當事人，即符合第3款之「因案經司法或軍法機關限制出國」規定，而予禁止出國。

2. 臺灣地區無戶籍國民

其又稱為海外華僑，早年因華僑為革命之母，對我國之創立有重大貢獻。如今我國在國際社會要爭取一定地位，仍有許多地方，須藉由華僑之力量，始能達成。因此，我國相當重視華僑之事務，在中央設有僑務專責機關，以為主管。無戶籍國民之形成原因，主要即早期居住於大陸地區之人民，其中持有中華民國護照國民，自中國大陸地區往海外發展，或因為在海外出生之第二代國民，未曾在臺灣地區居住者。其他，另有可能是屬於臺灣地區有戶籍國民，經出國後在外國發展，其於海外所出生之子女，未曾在臺灣地區居住或設立戶籍者，均包括之。

無戶籍國民，亦屬於我國國民。國民的身分，應是一種法律地位（Status），除應該履行國民的義務外，更可以享受憲法所保障的一切權利，並享受國家所提供之福利政策與安全保護——特別是旅外之國民。因此人民只要保持有我國國民之身分，理論上不論其在國外居留多久，就必須許可其自由返國，亦可依法律要求其履行法定義務（納稅、服兵役），國家亦應給予其法定之一切權利（如給予醫療照顧等社會福利）[13]。因此，依我國入出國及移民法規定，有關無戶籍國民之入國與居留，須經許可[14]有其檢討的空

---

13 為了避免「忠誠衝突」起見，採行單一國籍已是世界潮流。但基於我國特殊國情、對華僑的情感與華僑以往為「革命之母」對國家的貢獻，因此我國仍採行承認雙重國籍之政策。國民身分不只是情感的符號，而且是雙方權利義務的「界定者」，故我國國籍法仍以改採單一國籍的規定為宜。陳新民，憲法學導論，三民書局，1996年1月，第31-32頁。

14 有關限制無戶籍國民之入出國見解，如：司法院釋字第454號解釋意旨指出：在符合憲法第23條所定之必要程度內，國家得以法律（包括經立法機關明確授權由行政機關訂定之法規命令）來限制人民之居住及遷徙自由。並且在理由書中進一步指明：「對人民入境居住之權利，固得視規範對象究為臺灣地區有戶籍人民，僑居國外或居住港澳等地區之人民，及其所受限制之輕重，而為合理差異之規範。」經查入出國及移民法將國民區分為在國內設有戶籍及未設籍二類，而就其入出境及居留、定居定有不同之限制，與憲法第23條規定之比例原則無違，自難謂有悖憲法保障人民有居住遷徙自由之規定。最高行政法院92年度判字第1535號判決。

間。對此，依大法官會議釋字第558號解釋理由書：「……惟為維護國家安全及社會秩序，人民入出境之權利，並非不得限制，但須符合憲法第二十三條之比例原則，並以法律定之，方符憲法保障人民權利之意旨，本院釋字第四五四號解釋即係本此旨趣。……其僑居國外具有中華民國國籍之國民若非於臺灣地區設有住所而有戶籍，仍應適用相關法律之規定……為我國國情之特殊性所使然。至前開所稱設有戶籍者，非不得推定具有久住之意思。」即肯定有條件許可無戶籍國民之入國規範，亦無違反憲法之處。

3. 外國人

不具有我國國籍之人，即為外國人，包括無國籍人。從國際習慣法原則，外國人不具有要求進入一個國家的權利，一個國家是否准予外國人入國有裁量的自由。因此，依一國家之立法規定，得禁止有特定原因之外國人入國。一般外國人指不具有屬於特定國家身分之人[15]；即依普通程序申請入國停留或居留之外國人。外國人指在一國領域內居住，不具有該居住國之國籍，而具有其他國家之國籍或是無國籍人[16]。國籍為區別本國人與外國人之標準；國籍之認定，原則上依各該國家之國籍法規定。各國家之間所定的取得國籍原則，有採血統（屬人）主義者，有採用出生地（屬地）主義者，並不完全一致。

基於各國家的構成要素，皆須由人民組成，儘管國家中的所有人民，依各種不同的標準，可以區分出不同之人民類別，但其中有以是否取得本國「國籍」作區別者；關於所區別出之國民與非國民，依其所屬地位，結果在法律上的對待，就有不同。一個國家之中，已取得本國「國籍」者，即屬本國人民，另一種人則為外國人，這種的區別標準為依「國籍」而決定。國籍是人與國家最基本的關係，其為個人屬於特定國家在法律上的連繫關係。人依其國籍而屬於特定的國家，並成為該國家的構成員。因此，國籍在意義

---

15 特定身分之外國人，指外國元首、外交領事人員，或國際機構組織之人員，其之入國程序，具有一定之外交特權。

16 實務上之解釋有關外國人之意涵，在私立學校法不包括無國籍人：「按外國人充任董事，其人數不得超過總名額三分之一，並不得充任董事長，私立學校法第十五條第二項定有明文。條文中所稱『外國人』，似指依國籍法規定不具有中華民國國籍且非無國籍之人而言。至於兼具中華民國國籍及外國國籍之人，依國籍法規定似應認其係中華民國國民，而非前揭條文所指之『外國人』。」法務部86年3月26日（86）法律字第082379號。

上，可說其是個人屬於特定國家之構成員的資格[17]。

一個特定的自然人，依其是否取得本國國籍，可區分出本國人與外國人。外國人與本國人之間的差別，關係到其居住在一個國家之內的權利、義務。即除形式上的個人所持有的國籍不同之外，另外因此是否具有居留權、社會福利待遇、相關法律規定之地位對待等，亦有不同[18]。外國人一般不能主張可享有我國的參政權[19]，且因既然其對我國國政不須負責任，相對的其政治活動亦應該要受到一定的限制，也是必然的[20]。對於國籍法之效力，亦有學者質疑國籍法之位階，認為外國人與本國人之區分，係以「國籍」為界；目前國籍之界定，有賴於「國籍法」規定。但是國家共同體的「成員資格」，應該是最根本的憲法問題。它涉及了一國家的同一性如何界定，是屬於主權層次的憲法問題。而國籍法僅屬於法律，卻能決定如此重要的「國家自我界定」的憲法問題。豈不形成「法律高於憲法」[21]？而依各國決定國民身分方式之不同，有採取在憲法規定者，亦有採取依特別法之國籍法立法者，另外亦有依民法之方式規定者；依目前而言，以採取依國籍法規定之方式最多[22]。

4. 大陸地區人民

我國與大陸地區，長期以來因政治上之緊張對立關係，致稱謂上不將大陸地區人民稱為外國人，而另定稱呼「居住在大陸地區」之人民為「大陸地區人民[23]」。其法律依據，可溯自我國憲法增修條文第11條規定，自由地區與大陸地區人民往來之事項，得以法律為特別規定。有關「大陸地區人民」

---

17 江川英文、山田鐐一、早田芳郎，國籍法，有斐閣，1989年新版，第3頁。
18 一般國民與外國人權利與義務之間的差別，主要有：（一）出入國、居留的權利；（二）參政權；（三）服公職權利；（四）服兵役義務；（五）其他私法上如礦業等權利的限制。江川英文、山田鐐一、早田芳郎，前揭書（註17），第12-13頁。
19 請參考張亞中，移民與基本權利：移民「政治參與權」的提出，政治科學論叢22期，2004年12月3版，第67-90頁。
20 中村睦男等編著，外國人の人權，教材憲法判例，北海道大學圖書刊行會，1990年6月3版，第62頁。
21 廖元豪，「海納百川」或「非我族類」的國家圖像？法治與現代行政法學—法治斌教授紀念論文集，元照出版，2004年5月，第289頁。
22 請參考江川英文、山田鐐一、早田芳郎，前揭書（註17），第33-34頁。
23 有關大陸地區與大陸地區人民之定義，依臺灣地區與大陸地區人民關係條例第2條：「……二、大陸地區：指臺灣地區以外之中華民國領土。……四、大陸地區人民：指在大陸地區設有戶籍之人民。」

之法律地位[24]，從形式上觀察，前提上因國家定位關係之故，對其稱謂不逕稱為「外國人」，亦無法如一般國家對於人民分類，只採取二分法的區別，即非外國人即是本國人的方式。大陸地區人民之法律地位，以往皆認為同屬於中國人，但從國家之名稱而言，有所不同。且經過我國國籍法修正之後，目前對本國人則稱為「中華民國國民」，與對大陸地區人民稱為「中華人民共和國國民」，有所不同。從國家名稱、主權行使範圍等要件而言，中華民國與中華人民共和國，既在國家名稱有所不同，從法律之規範面而論，自然國民之國籍，亦有不同。因此，似不能因為政治上之種種原因，而在法律實務面上亦稱「大陸地區人民」，亦為我國國民。

有關在大陸地區居住之人民，在我國之入出境規範上，目前以「大陸地區人民」稱之，此做法可暫時避免政治上之爭論。相關之問題，如遇大陸地區人民入境、居留權利及其待遇，或對非法入境案件之處理，要如何看待大陸地區人民及其法律地位？須予面對。是否要將大陸地區人民定位為準外國人？理論上可以有眾多的思辨和考量，但從實務上而論，目前採取依各別法規之規定，可得出其規範之目的。例如依就業服務法第80條：「大陸地區人民受聘僱於臺灣地區從事工作，其聘僱及管理，除法律另有規定外，準用第五章相關之規定。」該法第五章規定，其條文自第42條至第62條，規定有關外國人聘僱與管理之相關要件與程序。從上述之條文規定內容，亦可略知我國賦予「大陸地區人民」在我國工作時之法律地位。

對於大陸地區人民之入境，我國採取許可制。其目的在為確保臺灣地區之安全，且對照出客觀上無法給予兩岸人民有相同程度之基本權利保障之事實，依「臺灣地區與大陸地區人民關係條例」（以下簡稱兩岸關係條例）規定，明定大陸地區人民進入臺灣地區，須經主管機關許可[25]，在國家目前情勢處於特殊狀況下，此種特別法制來自於憲法增修條文第11條之授權規定[26]。進一步大陸地區人民之入境許可方式、程序、相關事項，主要依據

---

24 有關大陸人民之法律地位，請參考陳靜慧，從平等權的觀點論大陸配偶在臺灣地區之法律地位及其基本權利之保障，憲政時代28卷2期，2002年10月，第58-78頁。

25 依臺灣地區與大陸地區人民關係條例施行細則第15條：「本條例第十八條第一項第一款所定未經許可入境者，包括持偽造、變造之護照、旅行證或其他相類之證書、有事實足認係通謀虛偽結婚經撤銷或廢止其許可或以其他非法之方法入境者在內。」

26 張永明，禁止SARS病患入境，月旦法學教室9期，2003年7月，第9頁。

「大陸地區人民進入臺灣地區許可辦法」。依此之思考脈絡,限制大陸地區人民入境臺灣地區之規定,是否違反憲法「居住遷徙自由」之規定?此依大法官會議釋字第265號解釋理由書:「人民有居住及遷徙之自由,固為憲法第十條所規定,但為防止妨礙他人自由、避免緊急危難、維持社會秩序或增進公共利益所必要者,仍得以法律限制之,此觀憲法第二十三條規定甚明。」對此,如從外國人的入國及居留之法理而言,雖任何國家無義務許可外國人入國,然而一旦許可其合法入國後,外國人則取得停留、居留資格,所附帶的義務為停留、居留中,應遵守相關法令的規定[27]。

另依大法官會議釋字第497號之解釋文,認為內政部所定「大陸地區人民進入臺灣地區許可辦法」及「大陸地區人民在臺灣地區定居或居留許可辦法」並未逾越母法之授權範圍,而未侵害人民之遷徙自由。本號解釋涉及大陸地區人民來臺定居之問題,在本號解釋中大法官雖未宣告系爭規定違憲;惟其中並未否定大陸人民之遷徙自由權,故大法官本號解釋之作成,無異承認「大陸地區人民」亦享有憲法所保障之遷徙自由權[28]。

二、入出國之概念

依我國之入出國及移民法第5條第1項規定:「居住臺灣地區設有戶籍國民入出國,不須申請許可。但涉及國家安全之人員,應先經其服務機關核准,始得出國。」本法所稱之「入出國」,即為入出臺灣地區而言。自本法之名稱中已強調我國(中華民國),為一主權獨立國家。且在本法中規定,如外國人之申請入國、入國查驗、禁止入國、強制驅逐出國等,皆以入出國作為規定;顯示「我國與主權」之表現。

(一)入國

入國指進入本國而言。本國之範圍,包括我國所屬之領土、領海、領空。外來人口[29]進入本國,須經過我國許可,此從主權國家之權力而言,乃屬當然。外來人口之進入另一國家,依國際習慣法通說,並不認為外來人口有本項權利。因其入國已涉及各國家主權之行使,而因為國家有對外獨立、

---

27 李震山,論移民制度與外國人基本權利,台灣本土法學雜誌48期,2003年7月,第61頁。
28 李建良,大陸地區人民的人身自由權,台灣本土法學雜誌11期,2000年6月,第133頁。
29 另請參考,入出國及移民署發布,外來人口統一證號送件須知,2009年9月10日。

對內最高之權力，一般外來人口（或外國人）[30]不能主張有此項權利。但縱是如此，國家主權之行使並非沒有限制，自理論上言法治國家一切權力之行使，均來自於「法律之授權，並受憲法原則之拘束」。因此其權力運作、行使、裁量，亦須遵守立法比例、法律保留、裁量原則等法治國家原則；且外國人之入國事務，亦可能涉及外國人之人權事項。因此，除有為維護國家安全、社會秩序、防止傳染病、造成公共負擔等原因外，一般國家應不得恣意禁止外國人入國。

有關外來人口的入國，依各種學說主張外來人口可否進入一個國家之說法，約有四種：一者，國家應一律接受外國人申請入國。二者，國家可依正當原因而排除特定之外國人。如有犯罪紀錄、帶傳染病者。三者，國家可以附帶規定，外國人入境須具備特定條件，始許可其入國。四者，國家可以自由決定，對國家有利者始准許其入境。一般的通說，則採取前述之二、三說[31]。

傳統的國家觀認為，所謂國家係由依據對人高權所劃定的持有國籍者，所組成的政治共同體，從而，本國國民與他國國民的區別，係國家與憲法典所重大關心的事。然而，國際上人與資訊的交流急速進展，國際機關亦努力於人權保障的實踐，人權保障在國際的擴展中被重新認識，本國國民與他國國民的區別，亦被相對化。不過，無論此種區別如何地被相對化，是否使不具本國國籍者（亦即是「外國人」）入境，係委諸主權國家自由判斷之，外國人無「入國的自由」。外國人屬基本權享有主體性，係針對既已進入主權國家的外國人而論的[32]。

任何一個國家有權准許外人入境，亦可以拒絕，不准入境。在一般情況下，一個國家除掉若干類外國人如恐怖主義者、共產主義者、毒販者等外，原則上大都允許外人依照規定入境旅行或居留[33]。

外國人在入國之前，一般須取得該國之簽證。簽證目的係在對來訪之

30 外國人與外來人口，二者之間雖為不同意涵與範圍，但在入出國之規範理論上，有其相類之處。如本文未特別強調其中之一，意指二者可為併用之意。
31 筒井若水，外國人の經濟活動—國際法の原則と問題點，ジュリストNo. 451，1970年6月1日，第69頁。
32 阿部照哉等編著，周宗憲譯，憲法（下）—基本人權篇，元照出版，2001年3月，第44-45頁。
33 張乃維，國際法上人權與其保障問題，臺灣商務印書館，1979年6月，第50頁。

外國人能先行審核過濾，確保入境者皆屬善意以及外國人所持證照真實有效且不致成為當地社會之負擔。簽證乃入境國依法事前對於入境者之審核許可，屬於國家主權行為。然而，有些國家衡酌相關因素，亦有可能採取「免簽證」或「落地簽證」政策，以吸引更多外國遊客或國際貿易者。然而若入境者持偽、變造簽證、護照或冒用護照將是犯罪行為，除不得入境外，亦將可能受到處罰。再者，雖取得簽證，但是在入境之時，亦可由入出國移民審查官員審視其入境之目的與簽證目的是否相符，若有懷疑，亦將可能無法入境。入境後，亦可能因從事與簽證目的不符之活動或其他違法行為，而遭到遣返或驅逐出境[34]。

（二）出國

出國與入國為相對應的概念，指個人從我國之領域，包括領土、領海及領空的範圍而離去，其不只是形式上的到達我國領域之外，且依其個人意願亦有往我國領域以外的認知[35]，始足以構成。個人出、入國的二種行為，雖二者之間具有關聯性，但對外國人而言，從其所主張的權利性質上，乃有所不同。因入國，指外國人自我國領域以外的地區，進入本國的領域而言。而出國，指其自本國領域內，往國外之其他地區出發而言[36]。在本文中之人民出國，涉及人民自由出國、禁止人民出國及驅逐外來人口出國之議題。

「出國」指離開本國（如為外國人，指停居留之所在國）往其他國外地區而言，除形式上有離開本國領域的行為，另其目的地是國外地區，不包括公海或本國以外之其他海域範圍[37]。

1. 出國之意義

出國須於實質上其目的要往其他國外地區，始為構成。「其他國外地區」，亦不限於須屬外國之領域，如不屬於外國之領土，亦包括在內。依上所述如屬本國遠洋漁船之作業漁民，其雖離開本國，但其目的並非往其他國

---

34 蔡庭榕，論外國護照簽證、查驗與反恐執法，國境警察學報9期，2008年6月，第60頁。

35 坂中英德、齋藤利男，前揭書（註4），第526頁。

36 從國民與國家的關係而言，國民對國家依法負有相關的義務，相對的國家對國民有予接納及保護之義務。國家對於國民之出國，如合於特定情形，依護照條例規定國家可拒絕發給其護照，限制其出國；或依入出國及移民法規定之限制出國原因，限制國民之出國。

37 出入國管理・外國人登錄實務六法，日本加除出版，平成16（2004）年，第56頁。

外地區，此活動行為並不能認為是出國。對此，有關漁民之出海與入港程序，依法另有一定之檢查規範。人之出國，即離開本國領域，外國人出國後即不受本國管轄。早期皆認為國民出國，將造成國家之損失；但時至今日一般認為國民之出國，對其個人與國家而言，具有達到吸收新知、尋求經濟上商機、帶回更多利益等功能。外國人的出國，依其目的地可能回到其本國或到其他國家；外國人本來即不屬於本國國民，與我國的關係有限，除依法負有未完結的法律責任外，當然有出國的權利，國家不得任意禁止。依外國人居留目的，有多次出入國需要者，須依法申請再入國許可。外國人於出國後，其原有之居留資格與居留期間許可，即行消滅。除其已取得在我國永久居留之權利或已受到再入國許可，於其再入國時不須申請簽證外；一般出國後之外國人其重新入國，須再經過居留國家之許可。

2. 自行出國

自行出國，即依個人自由的意志，自居住地或國籍國出國之意。本國人出國，無須經主管機關許可，但仍須攜帶法定身分證件，如申辦護照，與未受限制出境狀況下，始得自由出國。在入出國規範上，自行出國所具有規範之意義，在於須依法定方式，即如上述之要求，並且從國家所規定入出國之機場或港口，始得出國。

外國人出國的自由，依其權利性質為外國人所當然具有；因出國的權利性質有別於入國，原則並不須要經過所居留國家的許可。外國人進入一個國家後，在其居住合法的期限內，有權自由地離開該國家，且此權利應受到國際法與居住國法律所保障。出國的自由，不需要有特定的原因與得到居住國的許可，但遇有特殊情形，國家為維護重大公共利益，得予禁止；或因出自當事人權益的考量，事先申請於出國之後將再入國，此出國應受到許可。出國程序與國家之入出國管理正確性，有密切相關，不分本國人與外國人皆應接受入出國查驗。再入國之制度在國際社會中，依各國互惠原則與保障外國人的人權考量，一般對於有再入國需要的外國人，於其出國前，要求先行辦理再入國許可，於其再入國時即可簡化入國申請程序。

3. 禁止出國

國家得依法禁止外國人出國，此主要為了重大公共利益之原因所致，如此可能對外國人權利造成重大限制。依入出國及移民法第21條規定：「外

國人有下列情形之一者，移民署應禁止其出國：一、經司法機關通知限制出國。二、經財稅機關或各權責機關依法律通知限制出國（第1項）。依前項規定禁止出國者，移民署於查驗時，當場以書面交付當事人，並告知其禁止出國之理由（第2項）。前二項禁止出國之規定，於大陸地區人民、香港或澳門居民準用之（第3項）。」有關此要件之合目的性與必要性程度，亦值探討。

在入出國之法制中，國家可禁止具有特定危害顧慮之外國人入國，如有危害國家安全與公共利益之顧慮者，此部分之決定國家具有較廣泛之裁量權；另一方面，對已經合法在國內居住之外國人，如國家禁止其出國，此法律要件與裁量權之行使，相對的要受到較大的制約。其主要原因為外國人有違法或犯罪嫌疑，依領土主權原理，居留地國家得加以調查。限制外國人出國之處分，只是為達到前項公共利益目的上之一種行政手段（另外並有依刑事訴訟法之限制住居）。依外國人之出國自由，從此權利之性質及其主張回到本國的權利，其正當性可說比本國人更強。禁止其出國之立法授權要件，是否符合立法比例原則及概括授權問題。第二，在具體案件的認定與處分上，應如何遵守憲法及行政法之一般法律原則。第三，現行之救濟途徑，是否具有適當及有效性，另在法制上對行政處分之監督及審查的運作問題。

4. 強制出國（驅逐出國）

執行驅逐出國之強制措施，稱為強制出國。主權國家之主體為國民，外國人不具有本國國籍，其身分與法律地位與本國國民有異。外國人的入國除依條約規定，而屬簽署國家之義務外，一般外國人均須經過許可，始得入國。其入國後居留期間之行為規範，須遵守居留國內法令。為維持國家之法律秩序，各國均訂有許多外國人須遵守之規定。外國人基於領土管轄原則，與本國國民負有相同遵守法令之義務。有關外國人入出國與居留事務，依特別法律規定，並課予外國人有特別應遵守之事項。對於違反各項法律之外國人，依規定有不同之責任；其中拒絕外國人繼續在我國居留之處分為強制「驅逐出國」。

5. 引渡出國

引渡（extradition）是「一個被控訴或被判罪的人，由他當時所在的國家把他移交給另一個認為他在其領土內犯罪或對他判罪的國家」。在通常情

形，被要求引渡的人是在引渡國領土內，但並不一定如此。除了有條約外，國家之間並無引渡罪犯的義務，但有些國家對沒有引渡條約的國家，也准許依互惠原則（reciprocity）引渡。例如，我國引渡法第10條規定，外國政府提出引渡請求書時，必須記載「請求引渡的意旨及互惠之保證」[38]。

依各國實踐其引渡法或引渡條約，引渡一般均由請求國的行政機關提出，經由外交途徑交由人犯所在國。我國引渡法第9條規定：「引渡之請求應循外交途徑向外交部為之。」由於我國現與許多國家均無邦交，未維持使領館，因此外國向我國駐在該國的官方或半官方機構提出也可以。提出引渡要求時，應提出請求書，依我國引渡法第10條規定，應記載人犯姓名、年齡、籍貫、職業住所、犯罪事實、證據及所犯法條、互惠及特定行為保證等。被請求國接獲引渡請求書後，有的採用行政機關審核制，有的採司法機關審核制，也有採折衷制。我國引渡法規定是採折衷制，外交部收到引渡請求後，應連同有關文件送法務部發交人犯所在地的地方法院檢察處辦理（第15條）[39]。本文限於探討外國人出國自由、禁止出國及強制出國之問題，對於有關罪犯引渡部分，因涉及國家間之刑事司法互助問題，限於研究範圍，不予探討[40]。

（三）小結

有關「入國」之意，為從國外其他地區或國家，進入到我國領域內；而進入到我國領土、內陸；其並須經過通關安全檢查、查對申請人之人別資料，與確認實際入國之人別，是否與申請者為同一人。如只是漁民之出海作業捕魚，當日或數日後，即返回我國港口，亦非此處所稱之「入國」。因為其並未到其他國家或地區停留；及依其原來目的，亦無出國之計畫，其出海只是在海上作業，屬工作一部分[41]。另入國與入境，實質上皆為人民之入出臺灣地區或中華民國；從法律規範上而言，二者應屬一致之概念。但是對於入出大陸地區，適用依屬於特別法之兩岸關係條例，稱之為入出大陸地區。

---

38 丘宏達，現代國際法，三民書局，2001年4月，第425頁。

39 丘宏達，前揭書（註38），第432-433頁。

40 許義寶，禁止外國人出國之法定程序與事由之研究，收於變遷中的警察法與公法學—皮特涅教授七十歲祝壽論文集，五南圖書，2008年8月，第202-205頁。

41 如有遠洋漁船到外國港口靠岸，在當地停留幾日後，再為回到船上，此則依船員手冊即可申請上岸；屬於簡易入境之程序。此與一般外國人之申請入國，亦有不同。

參、禁止入國與出國之規範

一、概說

　　國民有居住與遷徙之自由，原則上對於國民，國家須予保護及接受其返國。但國民如有法定禁止出國之情形，則例外須依法管制、禁止其出國。外來人口（或外國人）原則須經過國家許可、核發簽證之後，始得進入我國；或限於屬我國所開放，適用免簽證之國家國民，始得依據免簽證程序入國。從歷史演進來看，在近代國家形成之前（自然法），外國人得自由入出其他國家。但是在近代國家成立後，主權者依其自身的判斷，來規範外國人的入國，其所規定入國的條件，即是對外國人入國上的一種主權作用[42]。基於主權行使範圍，為國家領土管轄所及的區域；且國家對國民有保護義務，對於外國人入國，在不違反國際條約與慣例情形下，國家可為決定是否接受外國人入國。依法令明列出禁止入國之事項，可檢驗該事項之合理性與必要性。雖謂許可外國人入國與否純屬國家主權之行為，此主權之行使者及其行使依據，一般仍須依國家立法機關所訂定之法律為規範，執行機關在法令之授權範圍，得予執行並作初步認定。

　　限制（禁止）入國之目的，除為維護國家安全與國民之福祉外，另須兼顧外國人入國權利。外國人亦為憲法所保障之基本權利主體，有關其依法入國的權利，應予尊重及保護；但國家對於外國人行為有危害本國利益或有此顧慮時，得以法律限制之。外國人入國，除須經過本國之許可外，另須遵守本國法律所規定之程序。對於特定外國人行為，有明顯危害我國利益、國家安全、公共秩序之虞時，得以法律禁止。但是禁止外國人入國之範圍，並非無一定限制，而可任由主管機關自由決定。即在法治國家中權力之行使，須遵守憲法、法令所授權之範圍與界限；此部分司法機關亦有監督及審查權限。

　　有關外來人口之權利，我國法院實務上認為含有主權性質之權利，則排除外國人享有；並謂憲法第7條所定之平等原則，係為保障人民在法律上地位之實質平等，亦即法律得依事物之性質，就事實情況之差異及立法之

---

42 藤田久一，国際法講義2—人権・平和，東京大学出版会，1996年6月2刷，第15頁。

目的,而為不同規範。法律就其所定事實上之差異,亦得授權行政機關發布施行細則為合理必要之規定。[43]如入國許可事項,即屬之。但是本文認為如「保障外國人人權」事項,認為皆屬立法政策之權限,則有討論空間。

從國家主權立場言,行政機關對於個人具有優越性的地位,即概括包含對個人的自由與財產,存在侵害的風險與狀況。因此,對於行政作用之制度,特別需要有高度法安定性的要求[44]。外來人口出國的權利,從其事實生活與工作關係而言,其比國民往國外旅行或移居國外,應受到更進一步的保障。因此,國家法律所規定之限制、禁止外國人出國的原因,比較限制國民的出國原因,應受到更嚴格的檢驗。如從另外一方面言,外來人口在出國後,國家即無法對其實施有效管轄,或無法擔保其法定義務之執行,此為保全措施上需要特別考量的。原則上僅限於具有特殊之理由,如繫屬於刑事案件中之被告、有納稅義務及怠於清償債務等事由為例外[45],始限制其出國。

二、禁止入國之規範

在國際法上,國家有接納國民之義務,除國民之外,國家並無允許外來人口入國[46]之義務。但是處於國際村之今日世界,國際交通非常頻繁與便利之際,及外國人之國際旅行權利、國家之間的互助與和平等觀點,要禁止特定外國人入國[47],應有具體及合理之原因,不應任意禁止外國人入國。

---

43 經司法院釋字第412號解釋理由書前段闡示明確。故基於主權之考量,憲法所保障之權利並非必然及於任何本國人或外國人。保障外國人之人權,屬於立法政策之範疇,對於有強烈國家主權意識關聯之事項,應屬於本國人之基本權利,非外國人所得享有。參見最高行政法院92年度判字第694號判決。

44 棟居快行,適正手續と憲法,樋口陽一編,講座・憲法學4卷,權利の保障(2),1994年10月,第230頁。

45 例如,外國人欲往我國無邦交之外國,國家不得以該國與我國無邦交的理由,而禁止其前往。萩野芳夫,前揭外國人的出入國的自由,法律時報41卷4號,1969年4月,第16-17頁。

46 臺灣地區無戶籍國民,是否為外來人口,從理論上而言有很大之檢討與討論空間。目前依相關法令規定,似已將其視為外來人口。本文認為不能依事實上居住於海外,即認為外來人口,應依其與我國之實質關係而定。

47 得禁止外國人入國之原因,依入出國及移民法第18條規定:「外國人有下列情形之一者,移民署得禁止其入國:一、未帶護照或拒不繳驗。二、持用不法取得、偽造、變造之護照或簽證。三、冒用護照或持用冒用身分申請之護照。四、護照失效、應經簽證而未簽證或簽證失效。五、申請來我國之目的作虛偽之陳述或隱瞞重要事實。六、攜帶違禁物。七、在我國或外國有犯罪紀錄。八、患有足以妨害公共衛生之傳染病或其他疾病。九、有事實足認其在我國境內無力維持生活。但依親及已有擔保之情形,不在此限。十、持停留簽證而無回程或次

　　無戶籍國民雖屬於我國國民，但依我國之入出國及移民法規定，其入國申請，遇有特殊原因[48]，如參加國外暴力組織或有此顧慮，亦得不予許可或禁止其入國。對此，遇有特定原因之禁止無戶籍國民入國，亦會引起是否違反國際法上之國家義務問題。依我國大法官會議釋字第558號解釋，提及國家安全法與入出國之專門法律的適用關係，應以入出國事項最新規定之法律，優先適用。其中並強調在國民中，仍得依其是否在國內設有戶籍，而有住所為不同之入國許可規定；肯定對於無戶籍國民入國之許可制度。

　　外國人之入國程序[49]，為一般國家之入出國制度，所共同的重點對象。一般國家之入出國規範，主要應只是區分本國國民與外國人；外國人依其是否為取得永久居留權或只屬一般外國人，在入國上有不同規範。如已取得永久居留權者，其入國不再需要經過個別許可。因其生活，已與我國產生實質聯結關係。一般外國人之入國，依其後在我國之居住時間長短，可分成停留與居留，或稱為短期及長期的居住。對於短期停留，其入國原因如為觀光或商務，一般國家會開放屬於特定國家國民，可以適用免簽證規定，不需事先申請許可，於入國時，辦理通關檢查、確認其身分即可。屬於促進國家之經濟發展，或國際間之互信互惠之表現。

一目的地之機票、船票，或未辦妥次一目的地之入國簽證。十一、曾經被拒絕入國、限令出國或驅逐出國。十二、曾經逾期停留、居留或非法工作。十三、有危害我國利益、公共安全或公共秩序之虞。十四、有妨害善良風俗之行為。十五、有從事恐怖活動之虞。十六、有嚴重侵害國際公認人權之行為（第1項）。外國政府以前項各款以外之理由，禁止我國國民進入該國者，移民署經報請主管機關會商外交部後，得以同一理由，禁止該國國民入國（第2項）。第一項第十二款之禁止入國期間，自其出國之翌日起算至少為一年，並不得逾七年（第3項）。第一項第十六款禁止入國之規定，於大陸地區人民、香港或澳門居民準用之（第4項）。」

48 無戶籍國民之禁止入國原因，依入出國及移民法第7條規定：「臺灣地區無戶籍國民有下列情形之一者，移民署應不予許可或禁止入國：一、參加暴力或恐怖組織或其活動。二、涉及內亂罪、外患罪重大嫌疑。三、涉嫌重大犯罪或有犯罪習慣。四、護照或入國許可證件係不法取得、偽造、變造或冒用（第1項）。臺灣地區無戶籍國民兼具有外國國籍，有前項各款或第十八條第一項各款規定情形之一者，移民署得不予許可或禁止入國（第2項）。第一項第三款所定重大犯罪或有犯罪習慣及前條第一項第六款所定重大經濟犯罪或重大刑事案件之認定標準，由主管機關會同法務部定之（第3項）。」

49 外國人來我國，主要之依據證明，為我國所核發之簽證。如依外國護照簽證條例第4條：「本條例所稱簽證，指外交部或駐外使領館、代表處、辦事處、其他外交部授權機構（以下簡稱駐外館處）核發外國護照以憑前來我國之許可。」

大陸地區人民之入境我國，須符合法定原因[50]，始被允許。其與外國人在申請上所不同的地方，即大陸地區人民之入境，須屬於法律所特定開放的原因，如未經兩岸關係條例中所特別明列之事項，即不得申請。依兩岸關係條例規定，大陸地區人民進入臺灣地區，依法須向主管機關申請許可；未經許可者，不得入境。

實務案例如，馬祖於112年7月24日傳出有陸籍男子非法入境，有民眾向海巡人員報案，稱北竿芹壁岸際有不明人士泳渡上岸。海巡人員查獲後，曹姓男子稱遭打壓迫害，從福建省福州市黃岐半島游了約12公里過來投奔自由。連江地院審理後，依違反「入出國及移民法」判處有期徒刑2個月[51]。

三、禁止出國之規範

禁止外國人出國，屬限制外國人的自由居住遷徙，屬於不利的行政處分措施，其實施之程序應受到正當法律程序的制約。理論上，如屬國家之立法行為、行政處分與法院判決，國家作用的實體內容，皆應該要正當。其所被直接要求的，須確保在程序上的過程適當，且實體內容亦應採取正當的方式。惟有如此，才能保障其實體的正當性[52]。

（一）禁止出國之作用

禁止出國處分，造成外國人暫時不能自由離境，影響其權利甚鉅。一般之原因主要為偵查犯罪之必要，與為達執行國家刑罰權目的，所實施拘束或暫時要求不得離境之權力。除刑事追訴與執行目的外，另如外國人未履行行政義務與責任，行政機關依法亦得要求暫時不得離境，以保全該行政義務之履行。對此法院與權責機關之通知主管機關執行，尚涉及多階段行政處分的問題。

---

[50] 有關大陸地區人民之進入臺灣地區、居留、定居規範，主要依「兩岸關係條例」之下列規定。第10條第1項：「大陸地區人民非經主管機關許可，不得進入臺灣地區。」第16條：「大陸地區人民得申請來臺從事商務或觀光活動，其辦法，由主管機關定之（第1項）。大陸地區人民有下列情形之一者，得申請在臺灣地區定居：一、臺灣地區人民之直系血親及配偶，年齡在七十歲以上、十二歲以下者。……（第2項）。」

[51] 大陸公務員游12公里偷渡馬祖　上岸主動報警「我來投奔自由」，ETtoday新聞雲，2023年8月20日。

[52] 棟居快行，樋口陽一編，前揭書（註44），第230頁。

1. 國家公權力之處分

限制出國（禁止出國）有多種意義與目的，所謂「限制」有廣義與狹義的解釋，廣義之解釋可包括禁止、管制、留置與逮捕的意涵。狹義的限制出國，其目的只是單純的要求在一定之期間內禁止出國，而待責任完了後，始予解除禁止。依我國之入出國及移民法第21條規定，禁止出國屬於後者狹義解釋之作用。另外出國之查驗程序措施，因可確認外國人身分，查察是否有涉及其他違法案件、是否依法被執行強制處分者及核對身分，於此而言出國查驗與禁止出國二者之作用，並有相關。

禁止外國人出國，為設定在一定時間內，不得離開本國之領域範圍，課予其有不作為義務，如違反依法課予其一定之罰責[53]。其實施與「限制其住居」有密切相關。限制住居為限定行為人居住之範圍，課予其在特定期間內遵守住在所限定之區域。執行上一般之區域範圍，以縣市或原來之居住地為劃定原則。但因我國國內區域交通方便及國家領域不大，限制當事人只能在特定縣市內活動，應無必要。限制住居，依其本意在於要求不能離開原來之居住處所。而外國人進入我國後，其居住處所暫時設定在國內，於此之住居所認定，並不以具有戶籍登記者為限，依外僑居留證上所載之居住處，可表示該外國人之住居處所[54]。禁止出國之處分，其法律效果為強制外國人暫時不得離境，依入出國及移民法規定僅得禁止外國人出國，惟如有依法通緝則得予逮捕。

限制外國人出國，除有特殊原因須拘束其人身自由外（例如依法收容），一般執行方式為暫時禁止其離開居住國領域。拘束其人身自由，可區分為逮捕、暫時留置等，此措施因已進一步干預人民之人身自由，須依法或法院所發令狀或通緝書作為依據，始得執行。禁止外國人出國，其目的在為確認其現行責任程度所為之暫時保全處分，或外國人之責任已裁處明確，有法定義務尚未履行而有禁止其出國必要所為之執行處分。

---

53 入出國及移民法第74條第1項：「違反本法未經許可入國或受禁止出國（境）處分而出國（境）者，處五年以下有期徒刑、拘役或科或併科新臺幣五十萬元以下罰金。違反臺灣地區與大陸地區人民關係條例第十條第一項或香港澳門關係條例第十一條第一項規定，未經許可進入臺灣地區者，亦同。」

54 實務上亦有發生外國人擬欲在我國執業計程車駕駛，但因依計程車登記之相關規定，須以戶籍資料為基礎，故因外國人無戶籍登記，致無法執業之案例。理論上如須限制外國人之營業自由，自以在法律明定為原則，不宜以行政規則或無戶籍登記為由，加以限制。

2. 對居住遷徙自由之干預

外國人之出國自由，其受到保障之程度，應比國民更有理由主張。外國人在居留中之義務與責任，如已完全履行與結清，國家應無理由限制外國人不得離境。就外國人之出境言，涉及人身自由、遷徙自由、婚姻家庭自由、工作權與職業自由等。作為文明國家，對外國人該等憲法權利保障，應有義務達到文明最低標準（Mindeststandard）或最低要求（Mindestauf-forderung），而該標準是可變動、推衍、改善的，而此轉變繫於以下幾個要素：(1)一個國家是否願遵守國際協定，特別是人權協定之簽約國，是否願將國際人權公約國內法化；(2)一個國家人權觀，是否常以「主權」對抗人權，常以東方人權觀對抗西方人權觀；(3)國際法得否作為個人權利主張之依據[55]。

德國法有關限制出境，基於自由遷徙之基本權利保障，其執行只得在基本法第11條第2項所明文規定之前提下，以法律加以限制。基本法之立法者論及限制之構成要件時，只及於國內遷徙之限制；對於出境自由之一般而適當的限制則未提及。對於國民長久以來，許多國家——自由民主之國家亦同，對於離開國境，均得因國家安全，而以拒絕發給護照之方式加以限制[56]。限制外國人一段時間暫時不得出國，使其留在國內，為限制外國人出國的意義[57]。依我國入出國及移民法第21條第1項規定：「外國人有下列情形之一者，移民署應禁止其出國：一、經司法機關通知限制出國。……。」於此使用禁止其出國之用語，依行政執行法第17條第1項規定：「義務人有下列情形之一者，行政執行處得命其提供相當擔保，限期履行，並得限制其住居：一、顯有履行義務之可能，故不履行。二、顯有逃匿之虞。……」使

---

55 李震山，論「程序基本權」之建構與落實—幾個行政程序法適用問題之探討，收於行政程序法之檢討、傳播行政之爭訟，台灣行政法學會主編，元照出版，2003年7月，第86-87頁。

56 謝銘洋譯，關於「艾菲爾事件之判決」，收於德國聯邦憲法法院裁判選輯（二），司法週刊雜誌社，1991年12月，第4-5頁。

57 按限制被告出境，僅在限制被告應居住於我國領土範圍內，不得擅自出國，俾便於訴訟程序之進行，較之限制居住某縣某鄉某村，其居住範圍更為廣闊，是限制出境與限制住居名稱雖有不同，然限制出境仍屬限制住居之處分，係執行限制住居方法之一種。又限制被告之住居（出境），其目的在輔助具保、責付之效力，故法院是否解除限制出境，當以此為考量。臺灣高等法院94年度抗字第382號刑事裁定。

用限制[58]其住居[59]之用語[60]。

（二）禁止出國之依據

禁止人民出國為國家公權力或主權行為之表現，惟其限制人民之居住與遷徙自由，須符合憲法第23條之條件，始得加以限制。即須有因四大公共利益之原因、須達到必要程度時，及須以法律規定。禁止人民出國，屬於一種暫時處分措施[61]，其原因可能為義務人負有特別負擔、其責任未依法履行、須執行確定之判決；或有待調查之刑事責任事項等[62]。

國民（有戶籍）有出國之自由，依法禁止國民出國，有一般之刑事限制出境、欠稅限制出境[63]、未履行兵役義務、受有期徒刑判決確定尚未執行、有危害國家安全之顧慮等原因。一般而言，國民與國家關係甚為密切，其出國後會在特定期間內返國，並無必要過度禁止人民之出國。但依實際情形，有涉嫌犯罪人會利用事跡敗露後，即潛逃出國，使司法機關無法追訴。又我國與一般之外國，並無暢通之司法互助、遣返罪犯管道。為追訴在國內犯罪後潛逃出國者，使其接受法律制裁，有必要配合禁止出國之規範，加以管制。惟其原因如涉及不確定法律概念，或對一些細微欠稅未履行，即被長期限制出境，亦會產生手段不對等之議論；有關此原因與程序，仍應進一步修正。

---

58 相關論述，請參考呂丁旺，淺論「限制出境」，法務通訊1691期，1994年9月8日3版。

59 禁止出國與限制住居二者之意義與範圍，並不完全相同。前者指禁止其離開本國，後者指限定其居住之範圍在一定的區域，但實務上常以限制住居之原因，而禁止出國。此涉及到行動自由與居住自由二者不同之意涵。

60 許義寶，前揭文（註40），第215-218頁。

61 禁止出國，有為行政處分之性質，有為司法處分之性質；其救濟可依不同程序，提出申請。

62 禁止國民出國之原因，為依入出國及移民法第6條第1項：「國民有下列情形之一者，移民署應禁止其出國：一、經判處有期徒刑以上之刑確定，尚未執行或執行未畢。但經宣告六月以下有期徒刑或緩刑者，不在此限。二、通緝中。三、因案經司法或軍法機關限制出國。四、有事實足認有妨害國家安全或社會安定之重大嫌疑。五、涉及內亂罪、外患罪重大嫌疑。六、涉及重大經濟犯罪或重大刑事案件嫌疑。七、役男或尚未完成兵役義務者。但依法令得准其出國者，不在此限。八、護照、航員證、船員服務手冊或入國許可證件係不法取得、偽造、變造或冒用。九、護照、航員證、船員服務手冊或入國許可證件未依第四條規定查驗。十、依其他法律限制或禁止出國。」

63 請參考黃士洲，法人欠稅限制出境對象之探討——臺北高等行政法院95年訴字2675號及3352號判決簡評，財稅研究40卷2期，2008年3月。蔡庭榕，限制出境之研究——以租稅欠稅限制出境為例，國境警察學報1期，2002年10月。

外來人口合法入國後，依其被許可居留的期間，在我國居住。其亦得在居留期間內自由的出國，比較國民而言，外國人之出國，更具有其重要性；此屬涉及國際人權之範圍，須加以保護。禁止外國人出國之原因，最主要為涉及刑事司法案件，經司法機關通知禁止出國。我國移民法中，對此範圍規定之原因，有其概括性。理論上可能包括關係人或證人，或對違反輕微案件之外國人，在案件未結案前，皆有可能被禁止出國。實際上並由受理法院或檢察機關，依必要情形予以認定並通知移民署執行。對此，本文認為禁止出國有其拘束力，特別對外國人而言，回到其本國屬於其基本權利；法律上有必要對其暫時限定其留在國內，有關其原因應具體必要，而且明確；參考日本入管法（全名：出入國管理及難民認定法）的規定，如犯3年以上有期徒刑之罪之嫌疑，或依拘提令之執行對象。即至少應明示其犯特定罪之嫌疑及刑度，以作為明確執行及具有必要性之依據。如只是關係人或證人，須要協助者，入出境行政機關只依司法機關通知，即予禁止其出國，顯然在要件上有過於寬鬆之虞。

關於外國人之出境自由，原則上，國家不得禁止。國際習慣法上，對於外國人之出國較一般國民的出國，有較強烈的保障程度，此乃國家對於外國人只於其領域內具有領土主權（屬地管轄權）而無「屬人最高權」之故。因而，外國人如自願離境、出國時，除了例外情形，為保護國家及人民利益，不得限制之。此例外情形，主要為外國人在該國居留期間之義務不履行的情形，例如在訴訟繫屬中或有滯納租稅、罰金等事宜，同時欲離境的外國人必須依各國出入國境管理法規，辦理必要的出國手續。此一規定目的，一方面在管理外國人，明瞭其動向；另一方面則防止外國人規避法律責任潛逃離境，使該居留國之社會或人民蒙受損失而無從補救[64]。

申言之，外國人有出國自由，國家除非有正當理由外不得禁止。「世界人權宣言」第13條第2項之規定：「人人有權離去任何國家，連其本國在內，並有權歸返其本國」，以及「公民權利及政治權利國際公約」第12條第2項、第3項規定，除為保護國家安全、公共秩序、公共衛生或道德、或他人權利與自由所必要，有法律依據外，不得限制外國人出境之自由。據此，除外國人須履行稅金、罰金或其他民事之債務義務、犯罪案件調查中或在刑

---

64 刁仁國，外國人入出境管理法論，中央警察大學出版社，2001年3月，第40-41頁。

之執行中等正當理由外，不得限制外國人出境。從國際協調主義之精神，國際法、國際條約必須遵守，外國人之出國的自由受到當然的保障，殆無疑義[65]。

無戶籍國民，雖屬於我國國民，但因其未在臺灣地區設立戶籍，有關其入國與停居留，皆須要經過許可。無戶籍國民之入國，須要經過許可，但其有出國之自由。在入出國及移民法中，並無特別規定，在符合特定情形下，得禁止無戶籍國民出國；只能依同時規範禁止國民出國之條文，加以適用；如此解釋顯然有其問題[66]。移民法中雖未明白區分規定，惟並不表示對無戶籍國民，即不能為禁止其出國。即人民有一定責任發生時，如未依法履行其義務，或須追究其責任，即得依法採取必要之處分措施。理論上，無戶籍國民入國期間，大都為停留；且其後續之居留、定居都需再符合特別之條件，在經過申請許可後，始得在我國繼續居住。依目前法律制度，對於無戶籍國民之法律地位，應有考量將其定位在類似外國人之地位者。因為無戶籍國民，長年居住於國外，可能已取得外國國籍，或取得外國之永久居留權。因此，對於無戶籍國民，如經司法機關通知、財稅機關通知須禁止其出國者，依法亦得執行。但從法律授權明確性及法律保留原則言，應以法律明文規定為宜。一般在解釋上，會認為無戶籍之國民亦為國民，即可依禁止國民出國之原因，加以執行；惟此解釋將會產生許多問題。如未履行兵役義務、有危害國家安全原因；從其法律地位與理論體系上，此適用與解釋，均會產生一定程度之疑問。

大陸地區人民之入境，須依兩岸關係條例規定，符合特定資格者，始得申請。有關其停留與居留規定，亦與適用一般外國人之法制，有所不同。有關對其為禁止出境方面之依據，依理論上言，如其有特別之法律責任未履行，特別是有觸犯刑事罪之嫌疑或刑罰之執行未完畢，依法得予以限制（禁止）出境。但我國入出國及移民法中，並未有如何實施對大陸地區人民之禁止出境的權限規定。解釋上，只能依行政執行法、刑事訴訟法之限制住居，及稅捐稽徵法中之限制出境授權規定辦理。

---

65 刁仁國，前揭書（註64），第41頁。
66 有關禁止出國之原因；即無戶籍國民與有戶籍國民，在入出境法律地位上有所不同，二者之間，不能一律適用。

　　另依兩岸關係條例第18條第1項規定：「進入臺灣地區之大陸地區人民，有下列情形之一者，內政部移民署得逕行強制出境……：一、未經許可入境。二、經許可入境，已逾停留、居留期限。三、從事與許可目的不符之活動或工作。四、有事實足認為有犯罪行為。五、有事實足認為有危害國家安全或社會安定之虞。……」亦得作為辦理之依據規範。

　　依法律之授權，可限制特定人民出境，此屬於行政處分或刑事處分之一種。具體之執行，則屬移民署或海巡署人員之權限；檢視入出國及移民法中，對大陸地區人民並無明確具體規定得為禁止出境之事項[67]；於此，僅能依國家安全法第5條之入出境的安全檢查規範，予以檢查及留置。至於進一步之檢查具體原因、違反情形、得予採取措施，並不得而知，實有必要在入出國及移民法中，作綜合性及一般性之禁止出境規範授權[68]。

肆、驅逐出國與強制出境之規範

　　外來人口在我國居住，如有違反我國法律或從事與原來申請目的不符之活動，均影響我國社會秩序或國家利益，我國自得採取一定之處分或措施，以為制止。對此行為輕者予以警告、罰鍰，重者依法可處刑罰或為強制驅逐出國。依傳統理論基於國家對外主權運作之獨立性，有關人權的規範屬於國內的管轄事項。因此，從保全自己國家利益之觀點，外來人口進入國內及居留都不被認為屬於其憲法上的權利，國家自得加以排除；而對其入國與居留的認可與否，都委由各該國家的裁量。且從現有各國的外來人口之居留資格

---

67 入出國及移民法第91條：「外國人、臺灣地區無戶籍國民、大陸地區人民、香港及澳門居民於入國（境）接受證照查驗或申請居留、永久居留時，移民署得運用生物特徵辨識科技，蒐集個人識別資料後錄存（第1項）。前項規定，有下列情形之一者，不適用之：一、未滿十四歲。二、依第二十七條第一項規定免申請外僑居留證。三、其他經移民署專案同意（第2項）。未依第一項規定接受生物特徵辨識者，移民署得不予許可其入國（境）、居留或永久居留（第3項）。有關個人生物特徵識別資料蒐集之對象、內容、方式、管理、運用及其他應遵行事項之辦法，由主管機關定之（第4項）。」
68 入出國及移民法第63條規定：「移民署執行職務人員為辦理入出國查驗，調查受理之申請案件，並查察非法入出國、逾期停留、居留，從事與許可原因不符之活動或工作及強制驅逐出國案件，得行使本章所定之職權（第1項）。前項職權行使之對象，包含大陸地區人民、香港或澳門居民（第2項）。」

制度及其許可範圍，可說皆是如此[69]。

一、驅逐出國之規範

（一）驅逐出國之概念

1.驅逐出國之剝奪外國人的居住關係

　　實施驅逐出國之對象，並不加以區分其單只是一時間的停留或是居留的外國人，但是如果其已在居留國有職業且已長期居住在本國，如果有不當的執行驅逐出國情形，其本國可能會採取外交上的抗議或要求通知驅逐的原因。「驅逐出國」在理論上並非刑罰，屬基於警察作用上的必要，由國家採取的行政措施，因此，在執行上於可能的限度內，國家須考量充分忍受與寬容的精神。此於1892年的日內瓦國際法學會所通過的決議中，也明文要求「因為驅逐出國並非刑罰，應盡可能考量該被執行人的特殊立場，慎重的執行」（第17條）。但是，此同時如該外國人有拒絕自行出國或出國後未受許可的再入國，國家得加以逮捕、處罰，並予以執行強制出國[70]。

2.驅逐出國干預外國人之相關基本權利

　　有關個人在國際法上的權利，如在19世紀時的國際社會裡，個人僅是國際法上的客體。自20世紀的國際法理論開始，個人已被視為具有積極性的主體地位。此之改變已對國家的實施驅逐出國處分，產生一種制約的關係[71]。驅逐出國之關於外國人出入境權利，其涉及外國人人身自由、遷徙自由、婚姻家庭權、工作權與職業自由等。作為文明國家，對外國人該等憲法所保障的權利，應有義務達到文明國家最低標準或最低要求，而該標準是可變動、推衍、改善的[72]。但如何改善，有待各國於國內法中之落實。依聯合國大會基於對外國人地位之關切，於1985年通過「非居住國公民個人人權宣言」，該宣言主張在不妨礙本國或國際法所給予外國人權利的狀況下，要求

69 福王守，公法判例研究，法學新報111卷1-2號，2004年7月，中央大學公法判例研究會，第418頁。
70 島田征夫，庇護權の研究，成文堂，昭和58年（1983），第277-278頁。
71 關野昭一，出入國管理法制の運用上の問題點，ジュリスト No. 483，1971年7月，第16頁。
72 李震山，程序基本權，收於氏著，多元、寬容與人權保障——以憲法未列舉權之保障為中心，元照出版，2005年10月，第269頁。

外國人應遵守居住或所在國的法律，並尊重該國人民的風俗習慣與傳統（第4條），規定外國人應享受某些基本人權、經濟以及社會權利（第5條及第8條），禁止對外國人施加酷刑或殘忍、不人道或有辱人格的待遇或處罰（第6條），禁止恣意驅逐外國人（第9條）[73]等。

　　個人的基本權利並非絕對不受限制，國家在合於憲法規範秩序前提下，得以法律限制人民的權利[74]。外國人是否為憲法所保障之主體，一般國家憲法條文及我國之憲法中，並未明文規定。依憲法理論與國際人權保障原則，屬於自由權範圍之基本人權，外國人亦應享有之。為維護入出國管理秩序及保護國家之公共利益，對於違反法律規定的外國人於符合驅逐出國要件時，得予以處分及執行。排除外國人繼續在我國居住，剝奪其在我國生活之權利，為主權國家所擁有之當然權力。惟現代立憲法治國家行使有關此「驅逐出國之國家權力」，應受憲法及條約之制約，其處分之依據應符合法律明確性、比例原則、不濫用裁量權、考量人道立場等。

　　外國人經合法入國後，於法定居留期間內，有在國內居住的權利。此「居住自由」的權利在規範的考量上，一般其均被優先注重在「經濟自由」方面的權利；同樣地在比較精神自由方面的權利而言，其很容易地會受到政策性的限制。依憲法明文規定制約人權的要件為「公共福祉」之原因，於此「居住自由」亦有被限制的可能性。但是，依照較具有代表性的通說，認為居住自由亦與人身自由之權利屬性，有很大的相關，其也有屬形成人格方面所必要的幸福追求權的權利屬性。且遷徙自由有結合精神自由等方面的具有複合性的權利性質，須加以注意[75]。

　　對於居留中的外國人，予以驅逐出國屬剝奪其重大權利之處分。作成撤銷處分之要件，對於違法行政處分之撤銷本身亦為一行政處分。違法行政處分是否予以撤銷，原則上係由行政機關以裁量決定之。惟在授益行政處分，如其撤銷對公益有重大危害者，或受益人對該授益行政處分有值得保護之信

---

73 蔡庭榕、李立宏，我國外國人永久居留制度之研究，國境警察學報4期，2005年12月，第222頁。刁仁國，外國人入出境管理法論，中央警察大學出版社，2002年，第30頁。

74 有所謂不得限制之基本權利，即為內在之精神自由，如屬宗教、信仰、良心自由，國家不得以法律限制之。

75 近藤敦，在留特別許可の展望と課題—性質說から立憲性質說へ—法政研究，九州大學法政學會68卷1號，第285頁。

賴，且其信賴利益顯然大於撤銷所需維護之公益，則不得撤銷[76]。如對於合法入國者於居留期間未屆滿前，予以驅逐出國；或居留期間屆滿，申請延長居留未獲許可之驅逐出國，對於外國人而言均屬權利的重大干預。相關受干預影響之權利，涉及其居留、家庭團聚權、工作權、人格權、人性尊嚴等。因此，驅逐出國之法律依據是否明確？處分之法定程序是否公平、正當？應被重視。

3. 驅逐出國處分之法律性質

使外國人不得繼續在本國居留之措施，為具體的行政處分。主管機關依據調查其違反行為的結果，做成驅逐出國之處分文書，並據以通知該外國人，於通知送達之時已發生對外效力。基於依法行政原則，主管機關人員須依明確之法律始得為調查並依規定要件做成具體之處分。「行政處分」有別於行政執行，於驅逐出國處分之執行上，二者常有密切之相關。實際上二者之行使權力階段，應加以分開及觀察，一般必須先有行政處分[77]，而後才依據行政處分為行政執行。「驅逐出國處分書」一經核發、通知即產生效力。依所訂執行期間，行政執行以不停止為原則，如當事人提起救濟於執行上原則不受影響，例外才停止執行[78]。

驅逐出國處分非行政處罰，此處分與處罰兩者之關係，亦有辨明之必要。前者為一具體之行政處分，所謂行政處分為行政機關對於公法上具體事件，為單一意思表示並對外發生法律效果之行政行為。「行政處罰」又名行政制裁，為對行為人之違反行政法規行為，依法予以處罰之措施。其處罰前

---

76 董保城，行政處分之撤銷與廢止，收於行政法爭議問題研究（上），台灣行政法學會主編，2000年12月，第478頁。

77 除依行政處分之執行外，依行政執行法第27條第1項規定：「依法令或本於法令之行政處分，負有行為或不行為義務，經於處分書或另以書面限定相當期間履行，逾期仍不履行者，由執行機關間接強制或直接強制方法執行之。」另有直接依據法令之執行情形。

78 有關驅逐出國之執行原則，我國入出國及移民法未特別規定。而於外國人強制驅逐出國處理辦法第6條第1項規定：「外國人受強制驅逐出國前，有下列情形之一者，得暫緩強制驅逐出國，於其原因消失後，由移民署執行強制驅逐出國：一、懷胎五個月以上或生產、流產未滿二個月。二、罹患疾病而強制驅逐其出國有生命危險之虞。三、罹患法定傳染病尚未治癒，因執行而顯有傳染他人之虞。四、未滿十八歲、衰老或身心障礙，如無法獨自出國，亦無人協助出國。五、經司法或其他機關通知限制出國。六、其他在事實上認有暫緩強制驅逐出國之必要。」另行政執行法第9條第3項規定：「行政執行，除法律另有規定外，不因聲明異議而停止執行。但執行機關因必要情形，得依職權或申請停止之。」

提以行為人有違反法律構成要件、行為責任及違法性，始能構成。雖然理論上認為「驅逐出國非行政處罰」，但從其對外國人權利之影響，不可謂不大。如美國聯邦最高法院在1945年對布里西斯的驅逐出國事件判決中，認為「雖然在執行技術上驅逐出國並非屬刑事程序，但驅逐出國所造成對當事人的不利，使其有如煉獄的苦痛一般，即剝奪其在自由國度居住、生活及工作的權利。像此種方式的驅逐出國，其有如刑罰一般，有時無疑的其應屬最嚴重的刑罰。[79]」

依一國刑事判決之權力作用，亦有對違反刑事法律之外國人，予以裁處驅逐出境處分者[80]。外國人如有犯罪行為，被依刑法處以驅逐出境之保安處分判決，即得予執行。入出國管理機關並不需另依行政職權而處以行政之「驅逐出國處分」。如在事前即依「入出國及移民法」處以驅逐出國處分，在此如同時有二個驅逐出國處分，執行上亦執行其一[81]。

（二）驅逐出國之依據

現代國家依據屬地主權的權力，得依本國所認定適當的方式，規範入國的外國人。例如依1892年日內瓦國際法學會，所決議的「外國人入國許可與強制出國有關的國際規則」，其前文提及「各國家對其領土之內，是否許可外國人入國或所附加的許可入國條件，或是將其驅逐出國皆屬於該國家的權力，此從國家獨立與行使主權的理論而言，皆屬必然。但同時基於人道與正義的原則，各國家在行使此權力的同時，應限於維護其本國的安寧所不得已的範圍內始有必要，並對於欲進入其領土的外國人或是居留中外國人的權利與自由，須予以尊重[82]。」因此，即依國家主權的權力作用，排除外國人繼續在本國居住，屬於驅逐出國之概念[83]。

因合法入國的外國人，在國內居住的權利應被保障，未有法定原因不得

---

79 關野昭一，前揭文（註71），第17頁。

80 如我國刑法第95條規定：「外國人受有期徒刑以上刑之宣告者，得於刑之執行完畢或赦免後，驅逐出境。」

81 許義寶，驅逐外國人出國之法定原因與執行程序，收於義薄雲天‧誠貫金石—論權利保護之理論與實踐，曾華松大法官古稀祝壽論文集，元照出版，2006年6月，第465-468頁。

82 宮崎繁樹，人權と國家主權，國際法外交雜誌69卷3號，昭和45（1970）年12月，第25-26頁。

83 驅逐出國與引渡有所不同，前者為國家主動發動之權力，後者為依外國之請求將在原來本國犯罪之外國人，送回其原來之國家接受司法審判。

任意加以剝奪，此為國際法上的一般原則。驅逐外國人出國[84]，屬於一種不利益的行政處分[85]，此已影響及干預到外國人居住、生活、家庭及工作等方面的權利。一般驅逐出國為國家對於在本國領域內的外國人，自發性的以強制威嚇方式或以強制方法在一定期間內，使該外國人出國的方式。一般認為驅逐外國人出國，屬於國際法上國家的權力。

外國人獲得我國所核發之居留簽證，並經入國查驗後，取得合法在我國居留之資格。在我國合法居留之外國人，非依法定原因[86]及法定程序，不得對其驅逐出國。從驅逐出國之處分與執行上言，其剝奪外國人繼續在我國居住之權利；於特定情形，如其在我國已組成家庭、有穩定合法工作、在就學中，對其之驅逐出國，均可能對其產生重大之權利限制與影響。另執行上，依入出國及移民法規定，主管機關為「得強制驅逐出國」，屬具有裁量權之事項。傳統之理論認為，入出國之事務，屬於高度主權或涉及政治決定事項，如由立法裁量授權執行機關得為決定，在司法審查與救濟上，其可發揮之空間就顯得有限。另一方面，如自司法審查行政不法，或司法保障人權觀點；法院在受理救濟案件，得予以引用憲法法理或國際人權規約，而為審查該驅逐出國處分，有無違反相關原則，而保護外來人口居留之權利；特別為涉及家庭團聚權之部分。此理論與發展，屬較新進之部分，亦為多數較先進

---

84 驅逐出國相關之文獻，請參考李震山，論移民制度與外國人基本權利，台灣本土法學雜誌48期，2003年7月，第51-65頁。許文義，德國外國人收容法制之研究，警學叢刊，2001年7月，第191-206頁。蔡庭榕、刁仁國，論外國人人權——以一般外國人之入出境管理為中心，憲政時代25期1卷，1999年7月，第102-189頁。

85 亦有屬於依刑法之保安處分而執行者；如在刑罰之執行後或代替刑之執行，判決外國人為驅逐出境。如刑法第95條：「外國人受有期徒刑以上刑之宣告者，得於刑之執行完畢或赦免後，驅逐出境。」

86 驅逐出國之原因與程序規定，即依入出國及移民法第36條第2項：「外國人有下列情形之一者，移民署得強制驅逐出國，或限令其於十日內出國，逾限令出國期限仍未出國，移民署得強制驅逐出國：一、入國後，發現有第十八條第一項及第二項禁止入國情形之一。二、違反依第十九條第二項所定辦法中有關應備文件、證件、停留期間、地區之管理規定。三、違反第二十條第二項規定，擅離過夜住宿之處所。四、違反第二十九條第一項規定，從事與許可停留、居留原因不符之活動。五、違反移民署依第三十條所定限制住居所、活動或課以應行遵守之事項。六、違反第三十一條第一項規定，於停留或居留期限屆滿前，未申請停留、居留延期。但有第三十一條第三項情形者，不在此限。七、有第三十一條第四項規定情形，居留原因消失，經廢止居留許可，並註銷外僑居留證。八、有第三十二條第一款至第三款規定情形，經撤銷或廢止居留許可，並註銷外僑居留證。九、有第三十三條第一款至第三款規定情形，經撤銷或廢止永久居留許可，並註銷外僑永久居留證。」

國家之學說與判決所肯認。

　　強制執行出境對外國人之人權亦有重大影響，除注意執行程序、合於比例原則、人道考量外，應盡可能給予救濟機會。由於驅逐出國對當事人之人權，及其家屬，或其他法律關係人影響極大，在外國法制中，如德國外國人法第48條，對有下列情形之外國人有特別保護之規定：(1)擁有居留權；(2)擁有無限期之居留同意（長期居留），以及在德境出生或於未成年時進入德境；(3)擁有無限期之居留同意及與前兩項中所稱之外國人為共同婚姻生活；(4)與一德國家屬營家庭共同生活；(5)被認可擁有庇護權者，在德境內享有外國難民之法律地位，或依1951年7月28日有關難民法律地位協定，持有由德國機關核發之旅行文件；(6)依第32a條擁有居留許可者。有上列情形者，非遇有危及公共安全與秩序之重大原因，不得驅逐出國[87]。

　　無戶籍國民，入國後有違反法令情形，或其申請資料虛偽不實，主管機關得撤銷其停居留許可[88]；並為限令出國或強制其出國。從其屬於本國國民之立場言，無戶籍國民應得予要求在臺灣地區繼續居住；但從其與我國之實質關係言，如其在臺灣地區無直系親屬、配偶、兄弟姊妹或在臺灣地區無投資、受聘僱，實質上與我國之關係，並非密切。或可謂其有意在臺灣地區發展、長期住居；理論上，如不違反國內秩序法令或其無力維生之情形，主管機關應許可其申請居留，而不能僅許可其停留3個月；目前此部分法制規範，亦有檢討空間。亦有從人口政策上言，須管制無戶籍國民之大量入國，以免影響或造成國內人口之快速成長；但此說法在如今是否合宜，亦應再為討論。於此對於無戶籍國民，實質上應傾向於原則許可其居留，而非如現今之法制，對其規範定位為準外國人之地位。

　　但無戶籍國民[89]之真正身分，或有多種；如同時具有外國國籍，或在外國已取得永久居留權。因此，本文上述論點，亦不能一概而論，即將其視同有戶籍國民之地位。此方面問題，仍有待我國國籍法是否採取單一國籍的立法取捨，或在入出國及移民法中，進一步確認無戶籍國民之具體條件與地位，再規範其具有的資格與權利。目前在移民法中規定，為將無戶籍國民之

87　李震山，論外國人之憲法權利，收於氏著，人性尊嚴與人權保障，元照出版，2009年2月3版1刷，第376-377頁。

88　請參考入出國及移民法第11、13、14條之規定。

89　依無戶籍國民是否同時具大陸地區人民身分，許可入國上並區分其許可證之時間。

強制出國程序，準用外國人之規定辦理[90]。

二、強制出境之規範

　　依兩岸關係條例規定，大陸地區人民有違反法定原因[91]，移民署得予逕行強制出境。「出境」與出國，為不同之名稱；最主要是依憲法增修條文規定，授權自由地區（即臺灣地區）與大陸地區之往來關係，得予法律為特別規定。理論上對不符合我國所規定條件，而任意或非法偷渡進入臺灣地區之大陸地區人民，得依法強制出境。依本條例之立法方式，授權移民署得對違法者，逕行強制出境，著重在執行面；至於法律程序之審查、救濟，當然依法被執行之大陸地區人民亦得提出異議等，但並不影響原執行處分之效力。

　　「強制出境」處分，為主管機關所為之行政處分[92]，此對受處分當事人之居住權、工作權、家庭權、人身自由權、生存權等，均可能受到重大限制與影響。主管機關裁定本項處分前，應依法定程序通知當事人，當事人如有

---

90 請參考入出國及移民法第15、38、39條之規定。

91 強制出境之原因，為依兩岸關係條例第18條：「進入臺灣地區之大陸地區人民，有下列情形之一者，內政部移民署得逕行強制出境，或限令其於十日內出境，逾限令出境期限仍未出境，內政部移民署得強制出境：一、未經許可入境。二、經許可入境，已逾停留、居留期限，或經撤銷、廢止停留、居留、定居許可。三、從事與許可目的不符之活動或工作。四、有事實足認為有犯罪行為。五、有事實足認為有危害國家安全或社會安定之虞。六、非經許可與臺灣地區之公務人員以任何形式進行涉及公權力或政治議題之協商（第1項）。內政部移民署於知悉前項大陸地區人民涉有刑事案件已進入司法程序者，於強制出境十日前，應通知司法機關。該等大陸地區人民除經依法羈押、拘提、管收或限制出境者外，內政部移民署得強制出境或限令出境（第2項）。內政部移民署於強制大陸地區人民出境前，應給予陳述意見之機會；強制已取得居留或定居許可之大陸地區人民出境前，並應召開審查會。但當事人有下列情形之一者，得不經審查會審查，逕行強制出境：一、以書面聲明放棄陳述意見或自願出境。二、依其他法律規定限令出境。三、有危害國家利益、公共安全、公共秩序或從事恐怖活動之虞，且情況急迫應即時處分（第3項）。第一項所定強制出境之處理方式、程序、管理及其他應遵行事項之辦法，由內政部定之（第4項）。第三項審查會由內政部遴聘有關機關代表、社會公正人士及學者專家共同組成，其中單一性別不得少於三分之一，且社會公正人士及學者專家之人數不得少於二分之一（第5項）。」

92 最高行政法院93年度裁字第26號裁定：「按行政處分，係指行政機關就公法上具體事件所為之決定或其他公權力措施而對外直接發生法律效果之單方行政行為，行政程序法第九十二條第一項及訴願法第三條第一項定有明文。又行政機關行使公權力，就特定具體之公法事件所為對外發生法律上效果之單方行政行為，皆屬行政處分，不因其用語、形式以及是否有後續行為或記載不得聲明不服之文字而有異。若行政機關以通知書名義製作，直接影響人民權利義務關係，且實際上已對外發生效力者，如以仍有後續處分行為，或載有不得提起訴願，而視其為非行政處分，自與憲法保障人民訴願及訴訟權利之意旨不符，觀之司法院釋字第四二三號解釋甚明。」

不服，可提出行政救濟。「強制出境」處分之執行為直接強制，而予以拘束當事人身體，且主管機關以實力之方式遣送，以達成排除大陸地區人民繼續在我國居住之目的。

強制出境處分與其「執行」，可分為二部分討論。依法務部解釋：「執行措施性質上多屬事實行為，不涉及行政實體法上判斷，縱執行措施兼具行政處分之性質或為另一行政處分，然執行程序貴在迅速終結，法律既明定聲明異議為其特別救濟程序，則舉凡執行程序中之執行命令、方法等有關措施，均應一體適用特別救濟程序，不得再循行政處分之一般爭訟程序，請求救濟，以免影響執行程序之迅速終結。……綜上說明，行政執行程序中，異議人對於執行機關之直接上級主管機關所為之聲明異議決定，不得再依一般行政爭訟程序請求救濟，亦不得再次聲明異議[93]。」

依我國法制規定，對於外國人與大陸地區人民，分別適用入出國及移民法與兩岸關係條例。而稱呼上，前者稱為驅逐出國，後者為強制出境。執行的治安機關早期為警察機關與海巡機關，目前因移民署已成立，皆由移民署負責。強制出境之原因，主要為大陸地區人民違反兩岸關係條例第18條之規定。本條文之但書規定，但該案件如已進入司法程序，則應通知該司法機關，始得執行強制出境。

依日本法制對於被認定為非法的外國人，在其受到遣返出境之處分後，其是否可提起救濟，及可否請求撤銷該遣返出境處分？如該處分已經執行，是否仍有請求之實益等問題。日本法院判決上認為，依入管法（全名為：出入國管理及難民認定法）第51條規定，所為強制離境命令書的作成，及依據同法第47條第4項規定，為完成強制離境手續，所發給的強制離境命令書，其中記載被強制離境人之姓名、年齡、國籍、強制離境理由及發給日期。該強制出境之措施，具有一定之行政裁量權；且強制出境之書面，並具有行政處分的屬性。

對「驅逐出國的執行」，日本最高法院認為已被執行驅逐出國者，有權抗告人亦可對本案提出訴訟；其可藉由代理人的方式，依程序提出。另外如果本案之訴訟，有必要對本人為調查、訊問，須要求本人到庭時，依有關程序本人亦可依法再為入國。即驅逐出國的執行，雖對於抗告人其已被執行驅

---

93 法務部90年5月14日法（90）律字第015961號函。

逐出國，但理論上應不能否定抗告人的訴訟權利。如只是以訴訟進行中為主張，要求驅逐出國之處分應停止執行，應不被認可[94]。日本法上對「驅逐出國」的救濟制度，為可提起行政訴訟由法院介入判決；惟其國的「出入國管理及難民認定法」中，有特別居留規定，亦可供執行機關作為特殊情形的一種決定。

對於強制出境處分的救濟，如遇特殊情形，在日本判決上認為可適用「特別居留許可」，給予居留待遇。此指如該人已長時間在國內居住、生活及工作上安定，與有一定的資產、與本國國民有親屬關係、已育有子女等情形時，應給予特別居留許可；此時，如果採取為強制驅逐出國，應已超過裁量的範圍[95]。對於驅逐出國處分的救濟，大都採取提起行政訴訟之方式。依東京高裁判決意見認為，「外國人對違法的驅逐出國處分，主張其本身權利、利益受到侵害，可依據日本憲法第23條規定，向日本法院提起訴訟，要求司法予以救濟的權利，此乃是理所當然的。因此，外國人可依行政事件訴訟法的規定，對該處分提起撤銷訴訟，附帶的請求執行停止。」此屬認同對驅逐出國處分的提出停止執行的意見；在其他的判例上，多數亦認為可對收容及驅逐出國處分，各別提出請求停止執行[96]。

三、小結

驅逐出國與強制出境程序，皆可分成行政處分與實際執行，二個部分。理論上皆在排除該違法或不法入國的外國人或大陸地區人民之公權力決定。人民的分類，依其不同目的而作規範，以顯示出其規範之相對性與必要性。但法律的規定，如過於精細，有時會過於涉及行政規則的範圍。如對無戶籍國民的規定，依其不同特性或取得我國國籍的年限，而限定其申請文件。或對於大陸地區人民與港澳居民之申請入境，其程序與權利亦有不同之處。從入國管理規範之理論而言，自應有其體系。對於無戶籍國民，或大陸、港澳居民，皆應以朝向一致化之方向整合為宜。所餘問題，只是當事人本身所具之條件，是否符合我國法制的規定問題。而驅逐出國或強制出境，

---

94 松村博，外国人の公法上の地位——一般外国人の退去強制を中心として，收於日本國憲法の再檢討——大石義雄先生喜壽記念論文集，昭和55（1980）年9月，嵯峨野書院，第287頁。

95 昭三四・一一・一○最高裁三小（行）判決、民集一三・一二・一四九三。

96 東京高裁昭和42年3月18日判時489號，第41頁。

亦涉及救濟與收容的程序；目前對外國人與大陸地區人民之執行，顯然是二套方式，分別各依其法律與所執行措施，皆有不同。未來如何朝整合方式進行，亦有待研擬。

伍、我國未來入出國規範之方向

　　制定過多的法律，對於一個事項的執行，當然依其目的各別具有其時代性、適用對象與互補性；不能一概予以否認其功能。如從法律體系、機關職掌、權責限度，當事人權益、執行程序等觀點；當然法律規範與體系，應朝向整合或一致之方向發展。法治應優於人治，如目前有以「外來人口」，稱呼不屬臺灣地區有戶籍國民並予規範，亦是一個發展的方向。

一、確認無戶籍國民之法律地位

　　我國入出國法制上對於臺灣地區無戶籍國民之入國，並未確保其入國權利，主要原因在於因為歷史因素，即臺灣地區為維護國家安全，不得不依境管之必要性，限制特定有妨害國家安全疑慮之無戶籍國民進入到臺灣地區。此項授權規範，並經大法官會議釋字第558號解釋認為並無違反憲法。但另一方面，在規範上有關於國籍與戶籍，二者的權利性與規範體系，應如何訂定？有學者亦指出，對於國民只因為其未在臺灣地區設立戶籍，就有可能被禁止回到其本國。這樣的規定在法理思考上，也有待討論之處[97]。

　　目前依入出國及移民法的規定，採取對無戶籍國民[98]入國，需要申請許可的制度，其可以過濾一部分對我國有危害顧慮的人民，對國家安全而言，具有其重要關聯性。如無戶籍國民，依法在我國居住，經被許可定居設立戶籍後，即成為臺灣地區有戶籍國民。在此之前的入國、居留，皆須經過許可。而對其之入國停留，目前為採取較為寬鬆的列舉除外事由，除非有重大

---

97 廖元豪，前揭文（註21），第279-308頁。

98 有關臺灣地區無戶籍國民之意涵，依大法官會議釋字第558號解釋理由書提及：「……其僑居國外具有中華民國國籍之國民若非於臺灣地區設有住所而有戶籍，仍應適用相關法律之規定（參照入出國及移民法第三條第一款、第五條第一項、第七條規定），此為我國國情之特殊性所使然。至前開所稱設有戶籍者，非不得推定具有久住之意思。」

原因構成安全上的顧慮，原則其皆可經許可入國停留3個月。但其後續之居留或定居，則採取較高門檻之規範，管制其繼續在臺灣地區居留；此出發點應有人口政策及安全上的考量。

國家有接納國民的義務，且無戶籍國民亦屬國民，依法其亦具有參政權與選舉權。如無戶籍國民，其本身不具有雙重國籍，或在國外之居住地區，尚未取得永久居留權，其回到臺灣地區居住，我國應有接納其回國的義務。對此，除確認其為「國民」外，在居留與定居上，應有進一步明確其地位的必要。於此似又涉及我國國籍法中，有關單向默許雙重國籍的問題。未來在入出國法制上，應一併考量或修正，明確規定無戶籍國民的法律地位與其權利、義務。以免以行政規則、行政裁量或個案裁決方式，以為規範，此將不利無戶籍國民的入國與其居住權利的保障。

二、入出國及移民法中納入大陸地區人民之規範

我國之入出國規範上，對大陸地區人民賦予其特殊之法律地位與程序。其主要原因在於因為臺灣與大陸地區，二者是屬於地區與地區之關係。對於大陸地區人民，並不直接稱為外國人。對此，亦顯示出我國在處理兩岸之間，政治與憲法上的難題。但近30多年來，臺灣地區解嚴之後，兩岸地區人民的往來亦隨之頻繁，因此所衍生的各種行政、民事與入出境事務上的諸多議題，亟須訂定相關法制，以為解決。因此，遂有我國憲法增修條文第11條之授權，而為制定特別法——兩岸關係條例。

有關入出國規範，本文初步之建議與疑慮，即認為對同樣非本國國民的入國，卻有二種制度的規定[99]，其所引申出的申請權利、救濟方式、法制整合、法律體系與基本權理論的適用及建立，皆會產生問題。對此其解決之道，較困難者為「大陸地區人民的事務」，得予法律為特別規定。本項事務自從民國76年解嚴後，到目前為止已經過30多年期間；另觀之我國早期對外

---

99 目前法制上對大陸地區人民之入境為特別規定，亦屬合憲。依大法官釋字第497號解釋文：
「內政部依該條例第十條及第十七條之授權分別訂定『大陸地區人民進入臺灣地區許可辦法』及『大陸地區人民在臺灣地區定居或居留許可辦法』，明文規定大陸地區人民進入臺灣地區之資格要件、許可程序及停留期限，係在確保臺灣地區安全與民眾福祉，符合該條例之立法意旨，尚未逾越母法之授權範圍，為維持社會秩序或增進公共利益所必要，與上揭憲法增修條文無違，於憲法第二十三條之規定亦無牴觸。」

國人入出國的規範，亦只以行政規則方式來規定。為回應國際人權之保障，注重外國人人權，我國並於民國88年制定入出國及移民法，且即予施行，顯見近來我國此方面法制之進步與成效。

目前依移民法與兩岸關係條例之規範，外國人與大陸地區人民之入出境，顯然是二種各別獨立的制度；其二者之整合應是未來的方向，只是其中涉及相關待克服的難題。依入出國管理行政之本質，屬於較實際性、法制層面之問題，較不涉及高度政治性議題；人權與主權有其不同處，入出境之規範，應僅是對個別大陸地區人民申請入境，為審查之議題。理論上對其有關禁止入國、安全檢查、面談、蒐集資料、限令出國、居留期間、活動規範、不得有具體違反行為，均可適用或準用入出國及移民法規定；以使法律體系上趨於整合，及符合法治國家原則。

三、禁止出國條款之修正朝向具體性與明確性方向

移民法中規定外國人如有符合法定禁止出國之原因，主管機關得限制其出國。其最主要之目的，在於確保其人身所在及受調查，或為執行刑罰，或要求履行一定責任。對居留之國家而言，此屬於一種保全措施[100]，以免外國人離開我國，其所涉責任未完了，產生對我國或相對人民的不利益。另從法律明確性與必要性之面向而言，禁止外國人出國，屬於不得已的方式。理論上行政責任與民事責任，各有其特性，前者或可為立即處以行政罰，迅速結案；後者或可利用保險或保證之方法解決。最主要的禁止外國人出國原因，應在於對其刑事責任之追究或執行。

對此，我國移民法之概括條款，如經司法機關通知，主管機關即應禁止其出國；其如屬於刑案之關係人或證人，亦可能受到禁止出國處分。法律上概括授權的前提，應有其具體原因或明確責任的列舉，始符合法律明確性原則。此如觸犯3年以上有期徒刑之嫌疑，或依法被核發拘提、通緝，屬限制住居之對象，較符合法律明確性原則。

---

100 請參考張哲榮，限制出境應法官保留嗎？──以行政執行法第十七條為中心，法務通訊2378期，2008年2月。吳巡龍，論刑訴程序之限制出境，台灣本土法學雜誌100期，2007年11月。

陸、結語

　　人民依其身分在入出國時，各有不同之規範。入出國行政對於人民之區分，其主要考量點，是採取國民與非國民之分。除了國民與非國民之外，因為我國歷史與政治背景的特殊性，另外有臺灣地區無戶籍國民與大陸地區人民之分類；至目前為止，其入出國之規範制度，亦已各自獨立，且行之有年。人民之入出國境，涉及憲法之居住遷徙自由，並與國際之交通便利有關。現代國家不能自外於國際社會，而採取封閉或有不合時宜，及過度限制人權的入出國規範。我國對人民之入出國規範，主要為入出國及移民法規定；其之內容，分別為對於臺灣地區有戶籍國民、無戶籍國民及外國人，予以規定。而大陸地區人民之入出境規範，則另依兩岸關係條例辦理。

　　國家入出國境法律之規定，在於展現國家主權與公權力；另對人民之入出國權利與義務，亦為明確規定。以使本項行政更具有效率、公正性，並能維護國家的安全與基本人權。我國對於人民之入出國法律規範，主要有入出國及移民法、兩岸關係條例。依人民之分類而言，可分臺灣地區有戶籍國民、臺灣地區無戶籍國民、外國人、大陸地區人民、港澳居民等，至少有五種類別人民。而其入國，要件與申請程序上，均有不同規定；因此不免在適用與解釋上，產生許多問題。為使我國此方面法制朝向整合體系，使入出國行政更有法制上執行基礎，有必要研擬其中整合之道。依前述二種法律，在執行上由單一主管機關負責、對個案審查均須行使個別職權，且對每一個人民均有其基本權利；因此，在執行與適用上，亦應有一套完整之職權基準。

　　有關前述案例一，對於有戶籍國民涉及刑案，接到法院限制住居之通知，依移民法規定，移民署應限制及禁止其出國。另案例二，外國人持偽造證件入國，依移民法規定，得予驅逐其出國。

（本文原發表於警學叢刊40卷4期，2010年1月，
第59-88頁，後經修改與補充而成）

第二章　臺灣地區無戶籍國民之入出國

實務案例

　　甲為臺灣地區無戶籍國民，因其長年旅居海外，屬於持有中華民國護照的僑胞，因在臺灣沒有設立戶籍，返國須事先申請許可，否則就會被擋在國門外[1]。請問臺灣地區無戶籍國民之意義？臺灣地區無戶籍國民返國之程序與限制原因為何？

相關考題

　　香港人民E君，曾於2001年時取得我國護照。後因護照失效，轉而回到香港居住。今（2023）年，E君欲申請回臺定居，試問應以何身分來臺，並說明護照失效應如何處理？（112年移民三等特考）

壹、前言

　　上述相關考題，提及香港人民E君，曾於2001年時取得我國護照；後因護照失效之問題。有關僑居國外國民，為返國行使投資、置產、工商登記、遺產繼承、居留定居、僑生就學、納稅、兵役等權利義務之需要，依各該法令規定須檢具華僑身分證明者，得依華僑身分證明條例規定向僑務委員會申請華僑身分證明書；或向僑務委員會或駐外館處申辦護照僑居身分加簽，以作為在國內行使各項權利義務之依據。依據華僑身分證明條例第5條及第6條規定，申請華僑身分證明書，應檢附具有我國國籍證明文件或華裔證明文件。檢具華裔證明文件申請之華僑身分證明書，並應載明申請人檢附華裔證明文件申請之事實；該證明書之實質效力，由各目的事業主管機關依職權認定之。另依國籍法施行細則第12條第3項第6款規定，華僑身分證明書為國籍

1　參考無戶籍國民返臺將免簽，蘋果日報報導，2011年8月16日。

證明文件之一，但不包括檢附華裔證明文件申請核發者[2]。

「華僑登記證」是否可作為國籍證明文件：1.按國籍法施行細則第11條規定：「依本法第十一條規定申請喪失國籍者，應填具申請書，並檢附下列文件：一、具有我國國籍之證明。……（第1項）。第一項第一款所稱證明，指下列各款文件之一：……六、華僑登記證。……（第2項）。……」護照條例施行細則第13條第1項規定：「本細則所稱具有我國國籍之證明文件，指下列各款文件之一：……六、華僑登記證。……」及華僑身分證明條例施行細則第10條第1項規定：「本條例第五條第一項第五款所稱具有我國國籍之證明文件，指下列各款文件之一：……六、華僑登記證。……」主管機關依上開規定受理民眾檢附華僑登記證申辦業務時，應依職權調查事實（亦包含請原核發單位協助查驗真偽，行政程序法第19條規定參照），於盡一切調查方法仍無法據以判斷文件之真偽時，該文件自無法作為證明文件；反之，如當事人除提出華橋登記證外，並得提出其他證據（例如駐外館處原核發之公文書文號等）可證明確為駐外館處核發者，則似仍應予受理並同意申請。換言之，縱於相關法律刪除「華僑登記證」作為國籍證明文件，當事人仍可能主動檢附華僑登記證，則受理機關仍應依職權調查事實[3]。因此，當事人可先依香港居民身分申請進入臺灣地區，再依法提出重新申請我國護照。

臺灣地區無戶籍國民（簡稱無戶籍國民）之稱謂，為在入出國管理上特別的分類，其範圍為我國國民，長年旅居海外，未在臺灣地區設立戶籍者；或取得我國國籍，並未在臺灣地區設立戶籍者。從國際人權言，人民有出國的自由，國家不得限制國民出國，除非有特定犯罪嫌疑等事項，始得為追究其責任，而管制其出國。

國家因為安全及人口政策之考量，得在國境管理上，採取一定之必要措施。我國在民國38年以後，因政治情勢與國家安全之考量，開始管制移民入國，包括海外之國民進入臺灣地區。對此長年之政策，是否有修正之必要？近來基於國內生育率減低、少子化之影響，國內之人口已發生負成長之狀

---

2 參見僑委會網頁，https://www.ocac.gov.tw/OCAC/FAQ/List.aspx?nodeid=386，瀏覽日期：112.8.25。
3 法律字第10303507500號。

況，因此也開始思考放寬無戶籍國民入國居留之規定。

　　戶籍制度為正確統計我國人口數之一種方式，亦為國民身分之一種證明。政府在各種施政上對於國內人口流動之戶籍資料，向來重視。一般在臺灣地區出生之國民，依法登記戶籍，乃為國民之義務。但對於外來人口之如大陸地區人民、臺灣地區無戶籍國民，欲在我國定居、設立戶籍，則須依法經主管機關之許可，始有此項權利。對此許可，屬於授益行政處分。此處之許可設立戶籍行為，已等同行使國家主權行為之許可歸化一般。而非該外來人口人民，可以自行申請登記。

　　國境安全之維護，為一主權國家對外之彰顯，對於未經核准入國之外國人，禁止其任意入國；違反者，並依入出國及移民法，處以刑罰[4]。對於無戶籍國民之入國，我國採許可制；對未經許可之無戶籍國民，航空公司運送業者不得載運。在國境執法其廣義之意涵，包括入國許可之核發、入國之身分確認、准予入國、安全檢查；在其居留期間，發現有違法行為，予以撤銷居留許可、強制其出國等措施。本文之主要目的，在於釐清無戶籍國民之法律地位，在國境執法上，目前入出國及移民法對無戶籍國民之適用的相關問題。

貳、臺灣地區無戶籍國民之法律地位

一、屬於國民

（一）概說

　　具有中華民國國籍者，為中華民國國民。臺灣地區無戶籍國民，雖然旅居海外，但其持有中華民國之護照，具有國民之身分，並無疑義[5]。國民為國家之主體，是國家之主權者，享有一定的權利，依憲法規定亦負有一定的

4　相關論述，請參考簡建章，入出國許可基本問題之研究，國境警察學報6期，2006年12月，第219-246頁。
5　相關論述，請參考廖元豪，移民——基本人權的化外之民：檢視批判「移民無人權」的憲法論述與實務，月旦法學雜誌161期，2008年10月，第83-104頁。

義務。對於國民的認定，依國籍法規定；國民之來源，有二種方式；一為出生取得國籍，另一為歸化取得國籍。因出生之原因，取得國籍，不須經國家許可，當然具有國民之地位；而依歸化申請取得國籍，尚須向主管機關提出申請，且須符合法定要件，經核准之後，始生效力。

憲法所保障之核心對象，主要是本國國民；如因有重大公共利益或國家安全上必要，須依法律授權，在必要之限度內，始得對國民的基本權利加以限制。[6]如果不符合，前述之憲法第23條三項要件，即公共利益、必要時、依法律加以限制，則不符合憲法之意旨。

臺灣地區無戶籍國民，為我國國民長年旅居海外，未曾在臺灣地區設立戶籍者；或回復、取得國籍之後，未曾在臺灣地區設立戶籍者而言。雖然其具有國民之資格，但因未在臺灣地區長期居住、設立戶籍，與臺灣地區實質關聯的程度或有差異。因此，目前依是否設立戶籍，予以區別。

（二）國籍之功能

無戶籍國民，依我國國籍法之規定，屬於我國之國民。有關國籍法的性質，有法律關係說與法的地位說，二者學說相對立[7]。前說，認為國籍為國家與國民之間，從實質的權利、義務所成立的法律關係，或者為國家與國民之間為契約的關係。此說以盧梭的社會契約說為基礎，是法國學者所主張。英國所採之永久忠誠觀念，應屬於此一學說。後說，認為各個的權利、義務及其他相關部分，並非是集合性的，而是為概括的地位，各種的權利、義務，基於此地位而產生。此說稱為羅馬市民地位的由來。相對於此，亦有採折衷的立場，認為國籍法的性質，有法律關係面與法的地位面，對此兩方面

---

6 入出國及移民法第8條：「臺灣地區無戶籍國民向移民署申請在臺灣地區停留者，其停留期間為三個月；必要時得延期一次，並自入國之翌日起，併計六個月為限。但有下列情形之一並提出證明者，移民署得酌予再延長其停留期間及次數：一、懷胎七個月以上或生產、流產後二個月未滿。二、罹患疾病住院或懷胎，出國有生命危險之虞。三、配偶、直系血親、三親等內之旁系血親、二親等內之姻親在臺灣地區患重病或受重傷而住院或死亡。四、遭遇天災或其他不可避免之事變。五、人身自由依法受拘束（第1項）。依前項第一款或第二款規定之延長停留期間，每次不得逾二個月；第三款規定之延長停留期間，自事由發生之日起不得逾二個月；第四款規定之延長停留期間，不得逾一個月；第五款規定之延長停留期間，依事實需要核給（第2項）。前二項停留期間屆滿，除依規定許可居留或定居者外，應即出國（第3項）。」
7 江川英文、山田鐐一、早田芳郎，國籍法，法律學全集59-Ⅱ，有斐閣，1989年4月新版，第6頁。

都必須考慮。

因此,國籍如前述,屬於人對於國家的歸屬,成為國家構成員的資格及其身分的表示,基於此產生各種的法律關係。因此,有關國籍法性質的爭論,以主張國籍為法的地位說,為妥當。

1. 國籍之功能性概念

所謂國籍的功能性,為在特定法律或特定條約意義上的國籍,即與其他國籍者,具有不同的法律地位,為特定目的所認定的國籍。依1921年及1924年美國移民法,為確定移民的分配,依移民的國籍,加以認定。再者,曾發生的西德之英國占領區,依1948年9月15日軍事政府指令165號,對曾經為德國國民者,因納粹政權的措施而喪失德國國籍者,目前回到德國,且不具有他國國籍者,得回復成為德國國民[8]。

功能性的國籍概念,例如於二次大戰後,德國與各國締結條約,有關國籍問題上,訂定德國人的認定範圍。另為避免二重課稅之目的,在1958年8月23日德國與盧森堡之間的協定;及1951年3月29日德國與荷蘭之間的協定,皆有國籍之功能性運用。

國籍的功能如前述,其在於為達特定目的,以個別法律或條約來認定國籍的意義,此為例外的作用。

依國際判例之見解,對國籍功能性的問題,國際法院在1955年4月6日的(Nottebohm Case)判決。指出國際法上的國籍,須認定已達到個人與國家之間有真正的結合關係,此須對本人之住所、利害關係、家族、參加公共活動、對其國家之歸屬感以至於忠誠度上等原因,而為認定[9]。

2. 國籍的功能

國籍指一個人成為國家構成員的資格,以此作為基礎,而發生各種的法律效果;亦可稱為國籍的功能。依國籍的功能,國籍並非當然被認為是固有、絕對的。為了發生一定的法律效果,在法律上,無外乎皆須予以特別的規定。因此,對於國籍功能規定,會依國家、時期的差別,而有不同。國籍具有確定個別權利、義務關係的具體功能,國家與個人的關係,會依一國的

8　江川英文、山田鐐一、早田芳郎,前揭書(註7),第7-8頁。
9　江川英文、山田鐐一、早田芳郎,前揭書(註7),第8-9頁。

法律政策、各種法律關係的固有形態等作為其規範。

3. 國籍之國際法上功能

首先，國家對於住在外國的國民，予以外交保護的權利。居留在外國的國民，如受到不法或不當的對待，其身體或財產受到侵害、損害情形，該國民之本國對於居留國，基於一定的條件，得要求給予適當的救濟。

第二，國家對於不許在他國領域居住的本國國民，有接受國民返回本國領域的義務。任何的國家，在國際法上，被認為沒有接受外國人在本國國內居留的義務。對於特定的外國人，可以依一定的原因，加以驅逐。此情形，被驅逐者之本國，在國際法上有義務接受被驅逐者，回到其本國。

但上述國籍的國際法上功能，未必是排他的、絕對的。國家相互之間對於在他國的國民，得訂定外交保護條約。此情形上述他國的國民，可稱為被保護者。亞洲的各國，對當地被大使館、領事館所僱用關係之人，亦給予外交保護。此種的當地人民，受保護者又稱為事實上的國民。接著聯合國等，對於其職員權利受到侵害，亦得行使相當於外交保護的權利。此種情形的外交保護，皆非基於本來國籍的關係[10]。

4. 國籍之國內法功能

現在文明的各國，一般對外國人與本國人相同的，廣泛的在法律上認定其地位。如日本憲法即使規定「國民的權利及義務」，但有關外國人個人的基本人權，亦被肯認。對私法上的權利、義務的享有、負擔，原則上採行內外國人平等原則。從敵視外國人的法律不予保護的敵視時代；到蔑視外國人而使其不具備資格的外國人無法充分受到保護的賤外時代；到基於採取國民利己主義思想的明顯限制外國人可以享有權利的排外時代；一直到目前情形。但是，今日亦以國籍作為各種享有權利、負擔義務的標準，並有區別內外國人的功能。關於內外國人的差別對待內容，主要的部分，應有如下。

(1)出入國、居留的權利：國民不需要有特定的事由，享有自由出入國的權利。這個權利，為國籍原來本質上的權利，只有國民能享有，外國人原則上不具有本項權利。外國人如要進入我國，必須持有有效護照，及擁有特定的居留資格等限制。如要出國，外國人必須依法定程序，接受出

---

10 江川英文、山田鐐一、早田芳郎，前揭書（註7），第10-11頁。

國的確認。

另外，並保障國民在國內居住的自由；如在日本居留的外國人，依其居留資格，不得為資格外的活動，其居留期間亦有一定的限制，並課予外國人有申請登錄的相關義務。但是有的國家，因為種族、居住期間等各種因素的考量，有依特定情形限制國民出入國的；亦有認為外國人有自由出入國的例子。從此點而言，以入國、居留為基礎的國籍功能，其見解未必是絕對的[11]。

(2)參政權：國家乃以國民為其構成要素的政治組織體。因此，國民的參與國家政治，為憲法所保障的權利。選舉與被選舉等的權利，原則認為只有國民才擁有本項權利。因此，參政權亦為國籍的原來本質性的權利。

但是，對於地方自治團體區域的參政權，特別是選舉權，是否一定要限制國民始得行使，亦成為問題。寧可說，對一定種類的外國人（永久居留者及類似地位的外國人），姑且不論其被選舉權，認為其應有選舉權，為最近有力的主張。在此點上，以參政權作為國籍的基礎，其亦不具有絕對性的功能。

(3)服公職：此為限定只有國民有參政權的反映。向來，被認為外國人沒有擔任公務員的資格及權利。日本法上即使有一定的公職，需要具有國民的資格要件（例如日本之檢察審查員、人權擁護委員、民生委員、陪審員、公證人、外交官等）；另禁止外國人擔任教育職的情形，有關國公立大學的教授、副教授、講師，日本已對外國人的任用予以開放。從此點來看，關於就任公職，應不能說是國籍的絕對功能。

(4)服兵役之義務：國民對於國家忠誠義務的表現，首推兵役的義務。這個義務只能課予本國的國民負擔，為各國共通所認定的原則。如依日本制度，目前沒有兵役義務的存在；以前曾有只對國民課予兵役的義務。但是，亦有國家依據兩國之間的條約規定，相互地免除居住在其國內本國人的兵役義務。或對擁有永久居留的外國人課予兵役的義務，依上述的方式，從該外國人的本國所默許的例子，亦有不少。從此點來看，以兵役義務作為國籍的基礎，亦不具有絕對的功能。

(5)國籍之其他功能：如依日本的外國人法，關於外國人的礦業權、工業所

---

11 江川英文、山田鐐一、早田芳郎，前揭書（註7），第11-12頁。

有權、漁業權、社會保障法上的各種權利，有部分私有的及公的權利，予以禁止及限制外國人享有。有關於此點，在20世紀之後半期，各國為增加經濟、文化、社會性質的國際交流，及保障國際人權的開展，有批評指出，對人的權利、義務，如以國民與本國人的二分法之方式來確定，即以國籍來作為排他性的依據，應是不可能的。單就所謂的國籍，以一定的標準，並無法決定其權利、義務的關係。有學者提出，以一定居住期間等的原因，以決定其成為社會構成員的性質，或是以基於人作為人之人權觀念，作為社會的成員，於生存上所必要的事項等其他的標準，必須並為考量。依此，為決定每個人的權利、義務關係，應是重要的[12]。

二、在臺灣地區未設立戶籍

設立戶籍與長期居住，有重要相關。原來戶籍只是人口、家戶統計行政之一環，重在為民服務與提供政府正確的國民居住資訊。而人民之入出國，或外來人口之進入我國，涉及國家對外關係，及國家主權之表示，因此，有關是否許可外來人口入境、居留，皆與國家利益、國家安全、人口政策有關。無戶籍國民因居住的關係，長年移居海外，所以其入國到臺灣地區之後，不一定可以自由地設立戶籍，依現行戶籍法的規定，其尚須經移民機關核准設立戶籍，戶政機關始予以受理。因此，具有行政管制之作用[13]。

民國38年以後，因兩岸關係分治，為國家安全與人口政策考量，開始管制人民的入出境，包括在臺灣地區設有戶籍之國民，亦不得自由出境。且因海外華僑眾多，如果一概允許其可以自由入境，將會造成我國社會秩序、國家安全上重大影響。因我國採單向默許雙重國籍制度，國民如果在海外另取得其他國家國籍，依國籍法規定，亦不會自動喪失其具有我國國籍之資格。因此，許多長年居住海外之無戶籍國民，大都已取得所居住國家之國籍。人民因長年居住的關係，與居住國亦會發生一些緊密的聯結；因此，可能取得其國所發給之永久居留證，或申請歸化該國家。

---

12 江川英文、山田鐐一、早田芳郎，前揭書（註7），第12-14頁。
13 請參考陳長文、林超駿，論人民返國入境權利之應然及其與平等權、國籍等問題之關係——以釋字第五五八號解釋為中心，政大法學評論92期，2006年8月，第121-217頁。

　　入國、居留、設立戶籍，三者有其連貫依存的關係。且國家依其目的，有保護國家安全、利益的義務，可以篩選過濾不法之外來人口，禁止其入國，以維護國內之安全秩序。因此，自民國38年開始，一直到現在皆採取以其是否有權居留、被核准設立戶籍，作為是否能在臺灣地區自由居住之標準，亦有其原因。

三、準外國人之相關規定

　　因無戶籍國民長期居住海外，與我國之關係並非緊密，且其可能已取得外國國籍，或在外國已取得永久居留權，因此，我國現行相關法律的規定——如入出國及移民法對無戶籍國民之地位設定，有「準外國人」之意味[14]。

　　無戶籍國民欲入國，依移民法之規定，須向移民署申請許可，始得入國停留3個月；有事實需要得再延期3個月，合計6個月的停留期間。除另符合得申請居留原因外[15]，否則即應在期限內離境，不得逾期。另外，無戶籍國

14　相關論述，請參考許義寶，論無戶籍國民入出國之管理法制——以入出國及移民法第八條為例，法學叢刊48卷3期，2003年7月，第93-106頁。

15　入出國及移民法第9條：「臺灣地區無戶籍國民有下列情形之一者，得向移民署申請在臺灣地區居留：一、有直系血親、配偶、兄弟姊妹或配偶之父母現在在臺灣地區設有戶籍。其親屬關係因收養發生者，被收養者應為未成年人，且與收養者在臺灣地區共同居住，並以二人為限。二、現任僑選立法委員。三、歸化取得我國國籍。四、在國外出生，出生時其父或母為居住臺灣地區設有戶籍國民，或出生於父或母死亡後，其父或母死亡時為居住臺灣地區設有戶籍國民。五、持我國護照入國，在臺灣地區合法連續停留五年以上，且每年居住一百八十三日以上。六、在臺灣地區有一定金額以上之投資，經中央目的事業主管機關核准或備查。七、曾在臺灣地區居留之第十二款僑生畢業後，經中央勞動主管機關或目的事業主管機關許可在臺灣地區從事就業服務法第四十六條第一項第一款至第七款或第十一款工作，或從事就業服務法第四十八條第一項第一款、第三款規定免經許可之工作，或免依就業服務法申請工作許可而在臺灣地區從事合法工作，或返回僑居地服務滿二年。八、對國家、社會有特殊貢獻，或為臺灣地區所需之高級專業人才。九、具有特殊技術或專長，經中央目的事業主管機關延聘回國。十、前款以外，經政府機關或公私立大專校院任用或聘僱。十一、經中央勞動主管機關或目的事業主管機關許可在臺灣地區從事就業服務法第四十六條第一項第一款至第七款或第十一款工作或從事就業服務法第四十八條第一項第一款、第三款規定免經許可之工作，或免依就業服務法申請工作許可而在臺灣地區從事相當於就業服務法第四十六條第一項第一款至第七款、第十一款或第四十八條第一項第一款、第三款之合法工作。十二、經各級主管教育行政機關、大學或其組成之海外聯合招生委員會許可在我國就學之僑生。十三、經中央目的事業主管機關核准回國接受職業技術訓練之學員生。十四、經中央目的事業主管機關核准回國從事研究實習之碩士、博士研究生。十五、經中央勞動主管機關許可在臺灣地區從事就業服務法第四十六條第一項第八款至第十款工作，或免依就業服務法申請工作許可而在臺灣地區從事相當於就業服務法第四十六條第一項第八款至第十款之合法工作（第1項）。申請人有前項第一款、第二款、第四款至第十一款規定情形之一

民如有消極事由，例如涉及內亂、外患罪之嫌疑，移民署受理申請時，得不予許可其入境。上述規定，與外國人之申請入國程序，頗為類似。

四、小結

因國民長期旅居海外，未在我國居住、設立戶籍，此在實質上與我國的關係，可能漸疏遠。但因人民與國家之關係，目前還是以國籍為主要之判斷標準；我國對於無戶籍國民長期以來採取管制入國之做法，是否符合國家與國民關係之基本理論，仍待探討。

其中之相關問題，包括我國國籍法之採行單向默認雙重國籍制度，另一方面我國早期甚重視僑務政策，對海外華僑之聯繫、協助我國國際地位等工作，不遺餘力。因此，華僑之認定與無戶籍國民之關聯，亦有其重疊性，更加突顯出對於無戶籍國民法律地位之難以界定。

參、國境執法之意涵與作爲

主權國家對於人民之入出國管理，頗為重視；其是國家公權力執行之一環，突顯國家主權之作用，不得讓有危害我國顧慮之外來人口任意入國境，是國家之基本任務。

者，其配偶及未成年子女得隨同申請，或於本人入國居留許可後定居許可前申請之。本人居留許可依第十一條第二項規定，撤銷或廢止時，其配偶及未成年子女之居留許可併同撤銷或廢止之（第2項）。依第一項規定申請居留經許可者，移民署應核發臺灣地區居留證，其有效期間自入國之翌日起算，最長不得逾三年（第3項）。臺灣地區無戶籍國民居留期限居滿前，原申請居留原因仍繼續存在者，得向移民署申請延期（第4項）。依前項規定申請延期經許可者，其臺灣地區居留證之有效期間，應自原居留屆滿之翌日起延期，最長不得逾三年（第5項）。臺灣地區無戶籍國民於居留期間內，居留原因消失者，移民署應廢止其居留許可。但依第一項第一款規定申請居留之直系血親、配偶、兄弟姊妹或配偶之父母死亡者，不在此限，並得申請延期，其申請延期，以一次為限，最長不得逾三年（第6項）。臺灣地區無戶籍國民於居留期間，變更居留地址或服務處所時，應向移民署申請辦理變更登記（第7項）。主管機關得衡酌國家利益，依不同國家或地區擬訂臺灣地區無戶籍國民每年申請在臺灣地區居留之配額，報請行政院核定後公告之。但有未成年子女在臺灣地區設有戶籍，或結婚滿四年，其配偶在臺灣地區設有戶籍者，不受配額限制（第8項）。臺灣地區無戶籍國民經許可入國，逾期停留未逾十日，其居留申請案依前項規定定有配額限制者，依規定核配時間每次延後一年許可。但有前條第一項各款情形之一者，不在此限（第9項）。」

一、許可入國與有權入國者之認定

（一）許可入國

　　原國民有返國之權利，此為國民之國際法上權利，但在我國特殊歷史背景與法制規定下，依國家安全法、入出國及移民法中規定，無戶籍國民入國尚須向主管機關申請許可。此規定並由大法官釋字第558號解釋，予以肯認。

　　無戶籍國民分成單一國籍之無戶籍國民，與兼具外國籍之無戶籍國民。另無戶籍國民，不包括大陸地區人民、港澳地區居民。無戶籍國民主要包括我國國民旅居海外，未曾在臺灣地區設立戶籍者，及回復取得我國國籍，未曾在我國設立戶籍者。

　　入國許可之權力，是國家主權之表現，亦為對無戶籍國民入國之一種限制。其限制之原因，首要目的在於維護臺灣地區之安全，防止不法分子之滲透、破壞，維護整體國家之利益。因無戶籍國民，長期未居住於國內，在海外地區或可能參與叛亂組織、國際恐怖組織等，為國家安全考量，須予有效的過濾。

（二）有權入國者之認定

　　有關有權入國者之認定，依世界人權宣言第13條第2項規定「所有的人，有包括自其本國離去，及返回（return）本國（his country）的權利。」臺灣地區無戶籍國民，是否有權進入我國？以下擬引介國際人權法上之相關學說與討論。

1. 曖昧的文字

　　世界人權宣言（1948年）於第13條第2項規定「所有的人，有包括自其本國離去，及返回（return）本國（his country）的權利」。以此作為基礎的，有各種的國際人權文書，都規定了「返國的權利」。而世界人權宣言的條約化，即是公民及政治權利國際公約（1966年）；其第12條規定「所有的人，都得從包括其本國在內的任何一個國家中，自由的離去（第2項）」。「任何人也都有返回本國（one's own country）的權利，不受恣意的剝奪（第4項）」。

　　依世界人權宣言及公民及政治權利國際公約的規定，其條文所謂的「本國」，是使用在解釋上有利於廣義的用語。因此，各國在規定國籍、永住、居留資格的取得要件，也會各有不同。也有限定返國權的對象，予以限定具有國籍者；因此，國際人權文書的作用，並無法確保其普遍性[16]。

　　日本政府於2000年8月，對於人權事務委員會的建議，因認為公民及政治權利國際公約「第12條第4項的『本國』，從文字的解釋與審議過程，應解釋為國籍國」。因此，在國務大臣的答辯書中表示，規定外國人再入國許可制度，「都沒有違反其第12條第2項及第4項」。

　　在檢討公民及政治權利國際公約的起草作業經過，所導出的客觀性結論；因也有主張規定只以「國籍國」，才具有返國權；另一方面，也有主張永住者可返回居住國之返國權的國家；另也有對於明確規定「國籍國」的法案，予以否決的。作為妥協方案，即採取「本國」作表示。因此，即使只有從公民及政治權利國際公約的幾個審議經過，加以檢討；該「本國」是否只有指「國籍國」？或包括「永久居留者的居住國」？並無法判斷。從審議的經過，可說只有部分的主張是屬於「僅國籍國」的意義；另也可說，亦有包括「永久居留者的居住國」。

　　公民及政治權利國際公約的最詳細解說書，可說是CCPR Commentary（1993年），其中蒐集到聯合國人權委員會第8會期的討論。其中述及如下的情形，「人權委員會的多數政府代表，認為返回的權利，除了國籍國以外，如從在該處所生，長期間的在該處生活，其依此所確立的『家』，即是也應該保障這樣的個人。因提案支持前者的（返國權），只限定國民的，是法國等的提案。另支持前述之後者的為澳大利亞。」從該審議的經過，日本政府的做法，完全不同於結論。但只有檢視公民及政治權利國際公約的起草作業經過，也不能立即判斷該「本國」的意義。因此，對於出國、返國權的特別報告，採取以「這個規定的起草者，認為尚不期望能解決這個問題，只能留由將來的實踐與解釋。」作為結論[17]。

---

16 岡本雅享，永住者の歸國權をめぐる國際的潮流と再入國許可制度，法律時報80卷2號，2008年，第75-76頁。
17 岡本雅享，前揭文（註16），第76頁。

2. 出國、返國的權利宣言（草案）

「聯合國防止歧視和保護少數族群次委員會」（UN Sub-Commission on Prevention of Discrimination and Protection of Minorities）於1982年，依1982/23的決議，任命一位特定的報告者（奇坡亞），要求其分析有關出國、返國權的傾向與發展。其在最後的報告書述及，「對包括自其本國在內的任何國家離去，及所有的人都有返回其本國的權利，宣示此的自由與無差別的宣言」（以下簡稱出國、返國的權利宣言）。依據上述，有關的草案，並於1988年向聯合國防止歧視和保護少數族群次委員會提出。這個宣言草案的第11條規定，「合法離去居住國的永住者，不能否定其返國的權利」。

對這個權利宣言草案，一直到1989年8月為止，包括從各國政府、國際機關、NGO（非政府組織）等，對其所提出的評論。其中，只有日本及德國，要求刪除第11條。但德國在之後，依其國之外國人法（1990年7月）第16條規定，有8年以上在德國居住，其中有6年是在學校就學的外國籍者，認為其有返回德國的權利（現在為2003年1月所施行的移住法第37條第1項）。因此目前，如國籍法採取以血統主義為原則，在該國的第二代到第五代的外國人，有數十萬人之多，而不認為這部分的外國人，有返國權（再入國）的國家，只有日本。另外目前，指出公約的第12條第4項的「本國」，其「只是國籍國」；該永住者的居住，也有的已到了第四代、五代，但解釋為不認定其有返國權的國家，除日本以外，並沒有見到其他國家[18]。

3. 永住者的返國權與往他國的入國權

日本政府對參議院議員（竹村泰子）提出的，「有關合法永住者返回居住國權利的質詢意見書」，內閣總理大臣（海部俊樹）答辯書（1990年11月30日）中，有如下敘述：「雖然其是永住者，因其既然是外國人，該人一旦出國後，有再入國的需要，基本上即該當於外國人往他國的入國。外國人是否可進入他國？應任由主權國家為裁量。」

像這樣，永住者返回居住國的權利，作為政府否定的論據，是以「與進入其他國家的入國權」，是持同一看待的特點。

---

18 岡本雅享，前揭文（註16），第76頁。另日本管理外籍人士新制，7月實施，中央社，2012年5月1日報導。居留卡有效期限內出境後，1年以內再入境者，原則上不須先申請再入國許可；但出境逾1年者，仍須先辦理再入國許可。

目前在國際人權法上，並不認為「有往他國的入國權」。換言之，也可說是「移住的權利」。但永住者返回居住國的歸國權，因為具有不同性質；此從出國、返國權利宣言的草案設計，就已很明確。在特別報告的草案（奇坡亞）中，該「往他國的入國權」是置於第二部分的「出國權」中；「永住者的返國權」是置於第三部分的「返國權」的範圍。接著，後面敘述的是在新草案（艾迪與弗林他曼所提出）中，刪除往他國的入國權。

在永住者的返回居住國的歸國權中，也包括有家族團聚的觀點；因該當個人與其本身生活的社會間，已構成實質的聯繫，及產生相關權利；作為實際的生活者，其歸國權被否定的情形，這樣的被害，其與具有本國國籍的人民，並無不同。因為即使是短時間的往國外旅行，可返回本身的家、對其工作及家庭與朋友上的關係，應予以保障。因此，從權利的概念，永住者的返回居住國的權利，其應是「返國權」的一部分，所以日本政府的見解，應有失當[19]。

4. 聯合國防止歧視和保護少數族群次委員會的討論

防止歧視和保護少數族群次委員會在第42會期（1990年夏）中，對（奇坡亞）的草案實施修正作業，在該會期內設置工作小組；1991年的第43會期，是經由延續1989年所提出的評論，及1989、1990年的審議；該小委員會由（艾迪與弗林他曼）二位委員，整理本修正草案。

在第43會期上，擔任議長的是（艾迪）委員，原（奇坡亞）草案與新草案（new consolidated draft），其主要的不同點，被舉出的是第2點，「國民與永住者，置於平等的立場」。新草案的第10條規定，「任何人回到本國的權利，不受剝奪」；是相同的，即永住者返回居住國的權利，不受限制。對（奇坡亞）草案第11條，所課予依第7條的限制（為維持國家安全、公共秩序、公眾衛生、公眾道德、他人的權利與自由有必要的情形等）規定，予以刪除。

在這個會期，愛迪議長宣布世界人權宣言第13條第2項，以其所應規定的權利範圍作開始；除永住者的返回居住國的歸國外，應不包括往非本國的入國問題；多數委員都贊成，永住者包括在國民之內一併規定。但是，有關

---

19 岡本雅享，前揭文（註16），第76-77頁。

這一點，接著也有批評的意見；議長並提出二個問題，作為討論的總結。其一，永住者與國民，是否皆為同樣的標準？

而該次小委員會的工作小組，其報告書送到人權事務委員會之後，因伴隨著冷戰體制的瓦解，於國際情勢的變化中，這個宣言草案即被擱置。但是，關於永住者返回居住國的權利，依一直延續到1991年次委員會的討論，始有充分的可能，其已具備國際人權法的視野。

前述CCPR Commentary，認為公約第12條第4項所保護的，被視為自身的「本國」（their own country or their home country），是與該國有強烈聯結的關係，對外國人與無國籍人也適用；有這樣的記述。同書，舉出公約第12條第4項所保障外國人的權利為例；例如移民及外籍勞工的子女，在接受國出生，在國籍國已無本身的家庭，且在接受國已有好幾年的生活，其與出身（國籍）國間，已斷絕聯繫的關係；但是，如舉出其是否有居住國的國籍，儘管有上述這樣的理由，但其仍然無法成為移民[20]。

5. 關於遷徙自由的一般意見27

人權事務委員會在1999年10月18日的第67次會期，通過公民及政治權利國際公約第12條的條文解釋等，即表示的一般意見（General Comment）27。一般意見27，為對公約第12條第4項的關於「返回本國的權利」（enter one's own country），並附記如下。

「該第十二條第四項的用語，以『任何人也都』，並非是國民與外國人的區別。為此，認為可以行使這個權利的個人，只有依該『本國』的用詞，為意義解釋，才能確認。『本國』的範圍，比『國籍國』的概念要廣。這邊，在法形式意義上的國籍—即出生或被賦予而取得的國籍—因並不只限於如此，至少，他（她）與這個國家有特別的聯結，或是因為對這個國家，其有形成權利關係；如僅只是以外國人，就不被納入這樣的個人……。在第十二條第四項的用語，即使包括長期居住者（long-term residents）的類型；也應認為是廣義的解釋。……因此，在締約國的定期報告書中，須包括有關永住者返回居住國的權利之資訊」（paragraph 19-20）。從以上的敘述，公約第12條第4項的「本國」，要比「國籍國」的概念要廣。

---

20 岡本雅享，前揭文（註16），第77頁。

二、入國之身分確認

　　身分之正確與確認，為國境執法之基本要求，如無法確認其人別，即可能造成不法分子蒙混到國內，從事違法之行為[21]。在身分確認上，有護照之辨識、證明文件之認證、其他財力證明文件之認定等。或為防止被管制入國之無戶籍國民，藉由他人之合法證件而蒙騙入國，亦有可能。因此，在國境執法上，入境查驗之移民官，應具備有效辨識證件真偽之能力。

　　目前對於身分確認最有效之方式，為採行生物跡證之護照；惟我國目前尚未全面改為核發具有生物跡證辨識之護照，此為涉及法律授權與人權之問題。因此，在人別確認上，仍然採取傳統之人工查驗方式。

　　至於無戶籍國民（單一國籍）入國之原因，是否須確認，比照外國人居留原因，予以確認；從理論而言，可以為探詢查證；但如果有不相符合之處，亦無法予以禁止入國。主要原因在於其為國民，並非外國人；不得因與許可目的不符或隱瞞重要之事實，而予以禁止入國。

　　民國106年我國（中華民國）臺灣地區入國登記證修正：本次修正「中華民國臺灣地區入國許可證副本」為「中華民國臺灣地區入國登記證」之範圍如下：1.依「入出國及移民法施行細則」第13條規定，有戶籍國民冒用身分或持用偽造、變造證件入國者，向移民署申請補辦入國手續，經核准發給之入國證明文件（許可證類別：入國登記證）；2.依「入國證明書核發作業要點」第4點及第5點規定，在臺灣地區設有戶籍國民於入境前（如飛機上或機場等）護照遺失，或於大陸地區護照遺失或逾期，經移民署設於我國機場或港口之國境事務單位核發之入國證明文件（許可證類別：入國證明書及入國登記證）；3.已取得他國國籍，持外國護照入國且戶籍經遷出之我國國民，向移民署申請在臺轉換為以持我國護照入國，經核准發給之入國證明文件[22]。

21　為提升護照安全管理機制2011年5月22日起護照一經報失須重新申請。外交部表示，為了提升護照安全，以符合國際社會標準，自5月22日起，民眾的護照一經報失，就必須重新申請新護照，不再依修正前的護照條例施行細則第39條第1項可以在尋獲後撤案再使用。外交部表示，此項新制是為了提升護照安全管理機制，以符合國際社會中，護照遺失須在24小時內通報的標準，並防止不肖人士冒用已報失的護照進行偷渡等不法行為。因此，行政院已核定修正護照條例施行細則第39條，該條第1項刪除原本規定護照遺失於48小時內尋獲，可再向原申報機關申請撤回的規定，而規定護照經申報遺失後尋獲者，該護照仍視為遺失，並自5月22日起實施。

22　內政部移民署106年11月24日移署入字第10601308311號函。

外交部領事事務局及內政部移民署、戶政司跨部會合作推動簡化入國證明書申辦及入境審查作業流程將於111年7月1日起正式實施，該證明書具有「一證到底」功能，提供旅外國人更便捷、簡化的返國作業流程。在臺有戶籍的旅外國人如果急於返國，不及等候駐外館處補、換發護照時，可權宜向駐外館處申辦入國證明書，持憑該證明書返國，內政部移民署於機場或港口查核人別無誤後會在證明書上加蓋入境查驗章戳放行，國人無需另外申辦入國登記證入境。國人入境後，持憑已加蓋入境查驗章戳之入國證明書即可申辦護照或至戶政單位辦理戶籍遷入事宜[23]。

三、安全檢查

安全檢查涉及飛航安全、其他乘客安全、國內治安秩序之維護，因此，在國境執法上，有其重要性。外來人口可能藉由入境之方便，而攜帶非法物品或毒品入境而危害國內之治安。廣義安全檢查，包括海關檢查、防疫檢查。舉凡人民出入國皆須經過安全檢查。出境之檢查，重在航空器之安全；而入境之安檢，在於防止走私、攜帶非法槍械或毒品入境。

我國國家安全法第5條並規定，出入境之旅客及其物品，依法須經主管機關之安全檢查。另移民法也規定出入國須經查驗，未經查驗者，不得出入國。廣義之查驗，應可包括身分、核准文件、所攜物品之查驗。

人民進出國境，須接受安全檢查，以確認有無持非法之物品及隨身之行李，是否符合安全上之要求。「安全檢查」是執行程序，與涉及核准入國之簽證或許可文書，有所不同。惟若未經過安全檢查之程序，則尚未完成「入國」之程序，亦屬於違法之狀態；嚴重者，對於外國人或外來人口，亦構成禁止入國（境）或驅逐出國（境）之原因。「安全檢查」主要之目的，著眼在該當事人所攜帶之物品，是否符合安全之要求。一般對「物品」之管制，有所謂危險物、查禁物、違禁物等之區分[24]。

---

23 新版入國證明書將於111年7月1日正式施行，該證明書具有「一證到底」功能，國人持憑返國更便利。外交部領事事務局網頁，https://www.boca.gov.tw/cp-56-6934-2aa7e-1.html，瀏覽日期：112.7.18。

24 許義寶，論人民出國檢查之法規範與航空保安，國土安全與國境管理學報17期，第115頁。

四、撤銷居留許可

在移民法中，並未保障無戶籍國民有居留之權利。依移民法規定，無戶籍國民一般皆先申請入國許可停留，在符合居留條件後，再另向移民署申請居留許可。居留為外來人口經核准在我國居住一定期間之行政許可；其居留期間應遵守相關法令之規範，一般經許可居留一定期間之後，可以申請定居或歸化。無戶籍國民，經許可居留達一定年限之後，可以申請定居。

主管機關在核准居留之前，將審核申請人所具備之條件，是否相符？有無虛偽之情事，如果發現不符，亦不予許可。另如在許可之後，基於信賴保護原則，及相對人生活安定性之考量，不得任意撤銷。在移民法中，對無戶籍國民相關之原因得予撤銷其居留許可規定，予以適用不許可居留或定居之條款[25]。但從理論上而言，事後發現有可歸責於當事人之事由，如以虛偽文件申請者，當然得以撤銷。

因撤銷之處分決定，影響當事人之權益甚大，依移民法規定得召開審查會，給予當事人陳述意見之機會，已考慮到正當法律程序及當事人權益之事項。惟「得召開審查會」之召開要件，仍不明確，有予以法制化之必要。

五、強制其出國

有關主管機關之裁處無戶籍國民之強制出國處分權限，從理論上而

---

25 入出國及移民法第11條：「臺灣地區無戶籍國民申請在臺灣地區居留或定居，有下列情形之一者，移民署得不予許可：一、有事實足認有妨害國家安全或社會安定之重大嫌疑。二、曾受有期徒刑以上刑之宣告。三、未經許可而入國。四、冒用身分或以不法取得、偽造、變造之證件申請。五、曾經協助他人非法入出國或身分證件提供他人持以非法入出國。六、有事實足認其係通謀而為虛偽之結婚。七、親屬關係因收養而發生，被收養者入國後與收養者無在臺灣地區共同居住之事實。八、中央衛生主管機關指定健康檢查項目不合格。但申請人未成年，不在此限。九、曾經從事與許可原因不符之活動或工作。十、曾經逾期停留。十一、經合法通知，無正當理由拒絕到場面談。十二、無正當理由規避、妨礙或拒絕接受第七十條之查察。十三、其他經主管機關認定公告者（第1項）。經許可居留後，有前項第一款至第八款情形之一，或發現申請當時所提供之資料係虛偽不實者，移民署得撤銷或廢止其居留許可（第2項）。經許可定居後，有第一項第四款或第六款情形之一，或發現申請當時所提供之資料係虛偽不實者，得撤銷或廢止其定居許可；已辦妥戶籍登記者，戶政機關並得撤銷或註銷其戶籍登記（第3項）。依前二項規定撤銷或廢止居留、定居許可者，應自得撤銷或廢止之情形發生後五年內，或知有得撤銷或廢止之情形後二年內為之。但有第一項第四款或第六款規定情形者，不在此限（第4項）。第一項第九款及第十款之不予許可期間，自其出國之翌日起算至少為一年，並不得逾三年（第5項）。第一項第十二款規定，於大陸地區人民、香港或澳門居民申請在臺灣地區居留或定居時，準用之（第6項）。」

言，包括無戶籍國民在臺灣地區被核准定居之前，皆有此項權力。強制無戶籍國民出國，有如驅逐外國人出國一般，乃剝奪其在我國繼續居住之權利，其影響性重大，如果其在臺灣地區有配偶或子女，更會危害到其家庭團聚權。

對外來人口，國家有是否准許其入境、居留之權力。而現階段無戶籍國民被歸屬於外來人口之一種，國家主管機關仍得依法予以強制出境，在出境之前並得依移民法第15條規定，予以收容。

對單一國籍之無戶籍國民，有關其法律地位與權利之對待，實不宜比外國人更不如。有謂是否為單一國籍之無戶籍國民，並無法有確定統計或認定方法，所以一概將其比照居留之外國人看待。或無戶籍國民，長年居住在海外，大都已取得外國國籍，或外國之永久居留或居留權利，其會到臺灣地區大都為經濟目的等。因此，將其強制遣返出境，乃依法令之執行[26]。

國境執法與維護國家利益、守護國家主權有關，惟現在對於「國家利益」、「國家主權」之認知與解讀，應有所修正與改變。配合尊重我國主管機關所發給有效護照之效力，與對國民之基本待遇，似不應任意強制單一國籍之無戶籍國民出境，除非發現其有涉及危害國家安全之行為或顧慮。

肆、臺灣地區無戶籍國民之入國與居留之相關問題

自由與秩序二者必須互相配合，不可偏廢一方。臺灣地區無戶籍國民之存在，為目前之現實狀況，對此問題不可否認與逃避。因主管機關之不同，會發生權責認定與考量不一，如外交部、僑務機關、內政部等，基於各自之權責，對無戶籍國民之權益與規範方式，亦會有所不同；惟國家對外是一個整體，國家之法治亦應相互協調，具有一體之體制，始能順利運作與保障人權[27]。以下為本文所擬繼續探討有關無戶籍國民之入國與居留問題，並提出

---

26 入出國及移民法第14條：「臺灣地區無戶籍國民停留、居留、定居之許可經撤銷或廢止者，移民署應限令其出國（第1項）。臺灣地區無戶籍國民應於接到前項限令出國通知後十日內出國（第2項）。臺灣地區無戶籍國民居留、定居之許可經撤銷或廢止，移民署為限令出國處分前，得召開審查會，並給予當事人陳述意見之機會（第3項）。前項審查會之組成、審查要件、程序等事宜，由主管機關定之（第4項）。」
27 有關無戶籍國民之入國、居留與工作等權益問題，請參閱監察院調查報告，103內調0054。

相關看法。

一、確認臺灣地區無戶籍國民之法律地位

依大法官釋字第558號解釋，雖肯認國家得限制其入國居留權，但有關在符合憲法第23條要件之下，應如何加以限制與規範，即成為未來必須面對之問題。首先，「無戶籍國民」是國民或外國人？可能會被解讀成其是國民，但實質上之待遇與規範，比照外國人。如此解釋有逃避問題之嫌，既然是國民，就不能將其與外國人掛上等號，而應從國民加以看待或定位[28]。

雖然從國民加以看待，但仍然會遇到我國國籍法採取單向默認雙重國籍之現況，對具有雙重國籍之無戶籍國民，有關其權利地位，將如何認定。依現行做法，如其依外國人身分入國者，則依外國人之規定辦理。因此，本問題如果僅討論具單一國籍之無戶籍國民，似較為單純。

無戶籍國民長年未在臺灣地區居住，未納稅及服兵役，與有戶籍國民與我國之關係，有實際上差異，如果任由其可以返國享有一切的權利，可能違反實際平等。但本文只處理入國與居留之問題，如果對於單一國籍之無戶籍國民，將其以國民視之，在國家與國民間關係的正當性上，應比外國人更密切，實理所當然。其他方面之法律義務待其入國後，再依相關之法律予以實質平等的規定；如中醫師之認定與考試之另訂。因此，不宜一概將無戶籍國民視為準外國人，對其違規逾期居留等行為，逕予以收容、強制出境。

內政部於8月13日修正發布「臺灣地區無戶籍國民申請入國居留定居許可辦法」第6條，增訂具有我國賦予免簽證待遇國家永久居住權的無戶籍國民，經駐外館處書面建議，內政部移民署得發給與護照效期相同的臨人字號入國許可，無戶籍國民返國將更為便捷。

近年來海外僑胞一再建議政府放寬入國許可，以方便返國短期停留，從事觀光、探親及商務等活動。依現行規定，無戶籍國民入國應向內政部移民署申請許可，而入國許可證件有臨人字號入國許可、單次入國許可證、多次入國許可證、臨時入國許可證及臨時入國停留許可證五種，其中臨人字號入國許可之效期有6個月、1年、3年及與護照相同四種。內政部基於我國已賦

---

28 相關論述，請參考李建良，人民與國家「身分連結」的法制詮要與法理探索：兼論臺灣人國籍的起承斷續問題，國立臺灣大學法學論叢36卷4期，2007年12月，第1-60頁。

予免簽證待遇的43國多為經濟、法治高度發展國家，對於核予外來人口永久居住權有較高的門檻及嚴謹成熟的法規篩選制度，為衡平無戶籍國民與適用我國免簽證待遇外籍人士之入國程序，並考量我國利益及公共安全，因此修正「臺灣地區無戶籍國民申請入國居留定居許可辦法」第6條，放寬無戶籍國民申請與護照效期相同臨人字號入國許可之規定。日後只要持憑臨人字號入國許可，可在效期內多次返國，無需逐次申辦入國許可，每次停留期間為3個月，得延期1次併計以6個月為限[29]。

二、單一國籍之臺灣地區無戶籍國民原則上得入國居留

外交部所核發給無戶籍國民之有效護照，有一定的數量，其發給之對象，亦較嚴謹。另從理論上，屬單一國籍之無戶籍國民，據報導約有6萬多人。雖然其長期在海外居住，可能已取得居住國家之永久居留權利，亦有其習慣長期居住之國家；目前其如果因經濟原因，欲到我國工作，恐造成我國就業或社會福利之負擔問題。

且永久居留權利，亦屬移民之一種類型，單一國籍之無戶籍國民，亦仍得在其原居住國家居留。依目前移民之理論，包括歸化與永久居留，二者皆取得永遠居住之權利，對單一國籍之無戶籍國民，我國是否必須接納，仍有討論餘地。

目前法制上比照外國人規範方式之無戶籍國民，其入國須申請許可，入國後有合於移民法第9條規定之事由，始得申請居留；如未符合者，停留期限為3個月，有事實需要並得再延期3個月，合計達6個月之停留，即須出境。對此項規定，為一般外國人之規範模式。從移民政策上言，如國家對海外多數無戶籍國民欲入國，且會造成國內安全、治安上之嚴重顧慮，當有管制之必要。如今距民國38年時之國境管制年代，已達70多年之後，是否仍有續予嚴格管制之必要，有待重新評估。

停留與居留，有其不同之原因及影響。停留之制度，僅限短暫之居住，3個月或6個月期限一到，即須出境。而居留即會在我國居住下來，進而轉變成實質之有戶籍國民。我國為不接受移民國家，早期對於外國人之入國

---

29 具有我國賦與免簽證待遇國家永久居住權之無戶籍國民，可申辦與護照同效期臨人字號入國許可，外交部網頁，瀏覽日期：112.8.25。

門檻要求甚高[30]，以緩和我國之人口壓力。因此，對於無戶籍國民之入國，僅原則予以許可停留。

從另一層面考量，無戶籍國民，既然是我國國民，如其未具有其他國家之國籍，理論上其與我國具有最密切之關係。且自民國80年後，我國開始開放外籍勞工入國工作，其人數亦達約70多萬人；相對比較而言，無戶籍國民亦可比擬而進入我國工作；對其之限制與待遇，理論上應不能低於外國人。

三、禁止單一國籍無戶籍國民入國，應限於有危害國家安全顧慮

移民政策與國家安全有關，對長年居住海外之無戶籍國民，未曾在我國設立戶籍，可能無法認同我國之社會文化等制度，如全然全部予以保障入國居留，或會危害我國之安全。依美國法之相關規定，對人民具美國籍者，如有從事或參與恐怖活動行為之虞者，亦予以禁止進入美國，以維護國家安全。對於國民之拒絕其返回國內，已違反國際人權法之規定，其事由要屬不得已，已達危害國家安全之程度，始可禁止[31]。

對於無戶籍國民之地位、歸屬，依我國相關法制上規定，仍然不明確。或為外國人或在外國已擁有永久居留權、或為推展僑務政策考量之發給華僑證明書、或為早期自大陸地區往海外居住之人民、或為無國籍人持有我國政府發給之相關證明等。因歷史上之不同時期，政府可能核發不同文件，或為不同之國家行政目的所發給證明等，皆會造成對無戶籍國民定位之困難。

依本文所持之立場，無戶籍國民，屬於具有國民地位，在法律與移民政策之考量上，應以國民待之。特別是單一國籍之無戶籍國民，更應加以特別的保護。其可能在所居住之國家，長年受到歧視，無法取得當地國之國籍。對此人民，我國政府更應加以正視之。而既然無戶籍國民，其屬於「國民」之地位者，法律上禁止其入國之原因，即應特別的嚴謹。理論上，應限於有「危害國家安全之行為顧慮」，不應過度擴張其事由。如有犯罪紀錄者，亦應限於嚴重之犯罪或有累犯之前科者為限。

---

30 請參考李震山，論移民制度與外國人基本權利，台灣本土法學雜誌48期，2003年7月，第51-65頁。
31 相關論述，請參考刁仁國，九一一事件後美國移民政策初探，國境警察學報10期，2008年12月，第103-132頁。

伍、結論

　　無戶籍國民之入國與居留問題，有其歷史原因之事實與背景。今日我國移民法制走向民主化與保障人民權利，必須面對許多法治國家理論之檢驗。此其中之問題，或與我國之國籍制度，採行單向默許雙重國籍之規定，或有關聯。移民政策主要在保護國家之法益，防止外來的人口造成國內治安秩序的顧慮，從國際習慣法上言，外國人無主張進入一國的權利。我國國境執法，包括核發簽證、入國許可、入國身分確認與證照查驗、安全檢查、入國後居留之查察、居留期間違法行為之調查、驅逐出國之執行等。主權國家對外來人口，有決定是否許可其入國之權力。

　　除了無戶籍國民之外，我國尚面對大陸地區人民之入境、外國人之入國，在入出國境法律之規範上，不可謂不複雜。完整的法律體系規定，來自於對該人民權益與法律地位，有清晰之界定。目前對於無戶籍國民入國之規範，發生許多問題，其中亦來自於定位上的疑義。以概括及歷史上之原因，將無戶籍國民界定在類似於外國人地位，似較容易。或對於我國無法掌握其正確人數之海外人民，歸類為類似外國人身分，亦屬較為謹慎、安全的做法。有一些國家，如美國、英國將其在海外屬地出生之人民，定位為國民且不具有入境英國、美國本土之當然權利。因此，雖為國民但不具有在本土居留權者之國家規定亦有之。但海外屬地或曾管轄之地區，仍然有其公權力之相關措施或作為，此情形與我國居住於海外之華僑情形，有所不同。

　　本文主要之論點在於既然我國宣稱及承認無戶籍國民為我國之國民，且發給有效之護照，特別是單一國籍之無戶籍國民，在入國與居留規範上，就應有相對應之制度，有效保障其相關之權利。除了有危害國家安全顧慮之外，對單一國籍之無戶籍國民，我國在移民政策上似應容許其入國居留。而不宜將其視為一般外國人之規定，或設定為比外國人更不如之法律地位。

　　（本文原發表於2011年「國土安全與國境管理」學術研討會，中央警察大學國境警察學系主辦，2011年5月31日，後經修改與補充而成）

第三章　我國之移民政策與法制

壹、前言

　　有關我國移民政策之發展趨勢，可由移民署之職掌談起。移民署掌理入出國（境）管理，規範移民事務，落實移民輔導等業務。我國入出國及移民業務包括外國人入國審理、國內審核發證、國境線上查驗及管制、入國後停留居留管理、移民輔導等業務。另因全球化影響，入出國境人流與外來移入

1　參考「吸引全球外籍優秀人才來臺方案—行政程序簡化部分」（核定本），行政院97年12月3日。

人口遽增，其中以偽、變造護照等旅行證件入出國境、偷渡、人口販運、跨國犯罪、假結婚、逾期停居留及非法工作等問題亦日趨嚴重，為有效因應處理上揭問題，提升行政管理量能，成立「內政部入出國及移民署」，於96年1月2日正式成立運作。102年8月21日修正為「內政部移民署」，並奉行政院核定於104年1月2日施行[2]。

　　一個國家之「移民政策」涉及國家接受外來人口之態度，如為地廣人稀之國家，亟需勞動力以開發本國家之土地，則對外國人的移民到本國，則採取開放與寬鬆之態度。如為國家人口密度甚高，且勞動力充沛之國家，原則上並非接受移民之國家，對外來之移民，則採取高標準之門檻。移民政策為國家在考慮各項影響因素後，所作成的決定。其包括國家安全與利益、經濟之發展、競爭力之提升、外國人團聚權之保護、與其他國家之間的協定等。國家對外來人口之接受與否，有自由裁量的權限。尤其以吸收外來勞動力，補充本國產業之不足，乃是多數國家所採取的方案。

　　移民政策是國家對外國人移入我國，或國民移往外國居住的一指導策略，其是站在國家最有利的地位而制定者；隨著時代的進展與社會的變遷，移民政策亦要隨之修正。因我國並非屬於傳統接受移民的國家，因此，移民政策又有稱為外國人政策。另外，除了外國人的入國須經過我國許可之外，大陸地區人民之入境我國，亦須經過許可始得入境，屬於我國移民政策上較為特殊之部分。

　　為加強延攬及僱用外國專業人才，提升國家競爭力，「外國專業人才延攬及僱用法」業於106年11月22日經總統公布，並經行政院核定於107年2月8日施行，後並於110年7月7日修正。為因應國內人口少子化與高齡化趨勢，延攬與補充國家經濟發展所需人才與人力，強化產業升級，進而改善人口結構，促進國家生生不息之發展，國發會研擬完成新經濟移民法草案。自106年12月起，行政院邀集相關部會召開多次「育人攬才及移民政策專案會議」，研商草案規劃方向及重點[3]。

　　有關移民法制規範，主要有外國護照簽證條例、入出國及移民法、臺灣地區與大陸地區人民關係條例（以下簡稱兩岸關係條例）、就業服務法、

2　參見中華民國110年度移民署預算總說明。
3　參外國專業人才延攬及僱用法簡介，國發會網頁，https://foreigntalentact.ndc.gov.tw/，瀏覽日期：112.10.3。

國籍法等。法制配合政策,或為落實政策之具體規定。移民法制涉及諸多面向,包括移出與移入之事務。另我國並無特定之移出政策,亦無鼓勵國民移往他國之做法,在移出法制上,依移民法規定,則由國家提供特定國家之移民資訊,供給欲移民之國民參考,僅限於服務行政之性質。而我國之移民法制重點,應在接受外來人口進入我國之條件與所要求事項。本文對於移民之定義,採取一般國家較寬鬆之統計定義,包括在我國合法居住1年以上之外來人口範圍。

而對於非法移民,包括逾期居留、非法入國、在國內從事不法活動之外國人,國家必須予以取締及遣返出國,以維護國內的秩序與安全;但對於長期在國內受僱之外國人,是否保障其相關基本權利?亦值得關注。移民之外國人,如外籍配偶,在國內的人權與處遇,亦是移民政策上所需關注的。

貳、移民之成因與其法律地位

一、概說

國際間人口的自由遷徙,屬於國際人權的一環;人離開原來居住的國家,往其他國家居住、留學或工作,因時間的延續遂成為該居住國的一員,即屬實質的移民。法律上的移民概念,限於歸化入籍於居住國家,或取得居住國之永久居留資格,始可稱為移民。而誰會被稱為「移民」?於此會因各國對移民的定義,而有不同。一般所謂移民,通常使用immigrant之英文,大都不包括到國內旅遊等短期居住的外國人[4]。

另為瞭解我國目前外來人口之居留狀況,可參考移民署之統計。

二、移民之成因

凡人均會為追求理想而離開原來的居住國家,往他國去發展。在出生地

---

4 瑞典的情形,包括超過1年以上有居留目的入國的外國人,即實施登記,納入統計。一般在統計上,稱「移民」為「在國外出生之人,及取得外國籍者」。近藤敦,スウェーデンにおける外國人政策の展開,九州產業大學經濟評論4卷1號,1999年8月,第73-74頁。

國家,因工作與經濟上原因,到外國去受僱,為國際移民之主要成因[5]。其他為家庭團聚之原因,到外國與家人團聚,屬人之常情。且家庭成員之間,互相負有扶養之義務;家庭之意義與功能,具有組成社會基礎,與安定國家之效能。因此,對於家庭團聚之權利,現代之民主國家皆非常重視[6]。

除了工作與家庭團聚原因之移民外,第三種為追求理想,往外國求學、研究。利用學習新知,發展自己的人生方向。對於外國的學生、學者到我國留學、研究,一般國家均會表現出歡迎的態度,一方面可以促進居留國的經濟發展,另外亦表示外國人向我國學習,藉此可以輸出我國的價值文化、技術,屬最好的實質外交。

第四種之移民成因,為受迫害而逃離原居住國家或國籍國。在專制或發展中國家,往往因政治的發展不穩定,有部分的政治異議人士,因為其言論或參加特定團體之關係,造成其生命、自由受到迫害,必須離開其居住的地方,到外國去尋求庇護。對此,屬於國際法位階之難民地位公約,對難民有明確的保護規定。現代民主國家,基於保障國際人權,亦有接納與保護難民之義務。

三、移民在國際法上之地位

(一)移民在國際上之基本地位

移民為人民往他國發展,一般被居住國稱為外國人。傳統國際法認為,在國際上個人與國家之地位不同,只有國家是法律的主體,有關個人或是團體在本質上,應繫屬於其所在國家的主權,或是為國內管轄權的問題。

在全球化與人權國際化進展的今日,認為有關外國人人權保障事項,已傾向較廣泛的認同。但另一方面,目前國際社會大部分依然以國民為國家的構成單位,各國依其政治性、經濟性的發展狀況,而賦予外國人相對的人權;有多數國家保障外國人人權的狀況,並不如本國國民的充分,亦是眾所

---

5 相關文獻,請參考盧倩儀,政治學與移民理論,台灣政治學刊10卷2期,2006年12月,第209-261頁。

6 有關外國人家庭團聚之權利,請參考許耀明,歐盟關於結婚權與組成家庭權之保護:從歐洲人權法院與歐洲法院相關案例談起,歐美研究38卷4期,2008年12月,第637-669頁。

周知的[7]。

　　外國人的立場有關其個人，自早期即成為國家間的問題，轉而成為國際法上的問題。如以宗教活動或經濟活動等目的，住在外國的個人即應享有外國人的法律地位上之權利；其即應依一般國際法的原則，是基於關係國家間的合意所決定。但是，為了經營私人生活，應認為享有最少限度的必要權利，以此作為一般國際法上的原則及相互主義或關係國家間；特別是在外國人的國籍國與所在國間如有合意，在任何情形也都要認為，對該當外國人的權利保障，其與國家力的關係及國家利益的理論考量都列為優先。其結果，在二國間如沒有合意的存在情形，實際上是委由所在國自由裁量，或為恣意的對待[8]。

　　相互主義屬由二個國家間的合意決定的情形。外國人的本國——因為受國籍國與所在國間的力的關係影響，外國人所保有的，依其國籍關係，其得以享有的權利內容也會有異；即所謂依國籍，因而為差別對待的情形。而且像這樣傳統的國際法上，對於外國人的處遇，即使到第二次世界大戰後的國際社會，也就是現代國際法下，依然這樣維持。

　　規定國家對其國內居住的外國人，有保護義務的國際法，也有依歐美各國所主張的國際標準主義，或是文明國家標準主義，作為依據的最低標準（minimum standard）；為此，非歐洲地區，特別是中南美各國的所在地，對於歐美各國國民的特別待遇要求，包括差別性的內容；中南美各國為了抵抗，形成合意的主張國內的標準，歐美各國在此要求上，會有失敗的結果，也是眾所周知的。接著，國家為保護在外國的本國國民，在國際法上也有被認定的「外交保護權」；比較於為保護該當外國人的權利，歐美大國亦有為達成政治目的，以此作為對弱小國家實施干涉內政的「隱藏藉口」，而為濫用。所謂的「卡爾伏（カルボ）條款」，即對於隱藏在外交保護權中的為干涉內政，為中南美各國共同表示所採取的抵抗措施。然而，在外交保護上個人對於自己的國籍國，並沒有要求的權利；而其是為了該當國家的權利。其行使或不行使的實際情形，會因與相對國間的友好關係，或為其他政治目的

7　小林昭三監修，憲法政治學研究会編，人權的条件，嵯峨野書院，2007年5月，第70頁。

8　金東動，國際人權法と在日外國人の人權，收於國際人權法とマイノリティ，東信堂，2003年6月30日，第162頁。

的理由而影響。為此，特別是弱小國家的國民，其作為外國人的權利，要依國籍國的行使外交保護權，而獲得保護，幾乎是無法期待[9]。

有關保護外國人的權利，依傳統國際法及現代國際法的原則與規範，因為是受國籍的差別性待遇，與國家之間力的關係，及依其的政治利益關係，產生很大的影響。為了保護外國人的人權，可再確認其並沒有很大的作用功能。為此，外國人的權利，應非以所在國與國籍國之間的力的關係與政治利益為主；應以考量基於人權的普遍性與非差別、平等的原則，對其人權與基本的自由，個人應可以平等的享有。為了實現國際社會的目標，國際人權法必須要有更進一步的發展。

（二）移民的國際人權

在20世紀裡，「因有二次無法用言語形容，慘絕人寰的人類戰爭，及其所帶來的危害」（聯合國憲章前言），有此經歷的國際社會；特別對於防止以種族優越主義與排他性的民族主義，基於納粹主義的為大屠殺（holocaust）與集體殺害行為（genocide）等；從其對其他人權所為侵害的衝擊，為了維持國際的和平，所設立的聯合國；揭示以普遍地尊重人權與基本的自由，為其首要目的。也就是，依聯合國憲章第1條規定，維持國際的和平與安全，以人民的平權與自決原則為基礎，共同地發展各國之間的友好關係。且「……不因人種、性別、語言或宗教而有差別，為了所有人的人權，與尊重其基本的自由，作為提倡與發揚這樣的原則……。」闡述出聯合國的目的與其存在的理由。在第二次大戰後國際社會的發展上，所附隨的特徵，在於人權的國際性保護。即國際人權法的發展，以本憲章的規定作為基礎，開始的具體化[10]。

依1948年12月10日在巴黎所舉行的第三次聯合國總會，是國際社會在歷史上第一次的通過具有國際人權標準的「世界人權宣言」。這個「宣言」規定，「……是作為所有的人民與所有的國家，其應該要去達成的共同標準（common standard）」，附予它具有這樣的地位。作為應該要受到尊重與保障的內容，在伴隨著公民及政治的權利，與社會性、文化性權利的詳細規

---

9 金東勳，前揭文（註8），第163頁。
10 金東勳，前揭文（註8），第164頁。

定；使成為有享受這一些權利的基本原則，並在其之中無差別、平等的數個
條文，也是經由此宣言而規定。也就是「所有的人民（all human beings），
生來即擁有自由，而且平等地享有尊嚴及其他權利（第1條）。」，另規定
「所有的人（every one），依其人種……國民性或社會的階級（national or
social origin）、財產、出生或其他的地位等，不能有所差別。可依本宣言的
規定，享有所有的權利與自由（第2條）。」，人權（human rights），是超
越古今中外，即不論時間與場所的；很明確地其是每個社會及所有個人，所
享有的權利。在此即確認人權的普遍性與國際性。而且，接著規定，「所有
的人（all），在法律之前都是平等的，在法律上受平等保護的權利沒有任何
差別（第7條）。」有這樣明確的規定。以世界人權宣言作為國際性的確認
及宣示，表示人權的普遍性與無差別、平等的原則。在其之後所通過、訂定
的，有為數甚多的宣言與條約，也反覆地對此確認，也是眾所周知的。

　　對於人權的普遍性與人權享有的無差別、平等，在18世紀之後半，歐美
各國在市民革命過程中所通過、宣布的權利典章及人權宣言中，已為確認。
在此之後，即使國家的憲法標榜著人權與民主主義，也表示是既存的原理
與明白的確認。但儘管如此，人權即使到了歷史上的今天，也並非是所有人
（human）的權利，而是以有產階級或資產（bourgeois）階級、社會身分高
的人、男性或是健康者的權利為主；另外勞工或是無產階級、女性或是殘障
者等，就沒有此權利。特別地，即使以人權與基本的自由作為民主主義發展
的先驅，已產生具功能性成果的美國、法國與英國的國內社會與其殖民地；
其原住民、黑人及非歐洲系的有色人，其也並非是享有人權的「人民」；其
受到迫害與差別待遇，或成為被殺害的對象待遇，也是眾所周知的。也就
是，人權普遍性的觀念或只是停留在概念的階段，實際上其只有特定的個人
或團體，才能享有；其差別性——持續被維持著該不平等的內容與相對性的
狀況。於此，人權的歷史，應該伴隨其所享有權利的擴大性，廢除各種的差
別與實現平等的享有權利；即達成人權的普遍性目標，而為努力及奮鬥的歷
史。

　　人權的普遍性，即為了達成無差別、平等的努力，特別是在國內所展開
的運動，或對於阻礙的議題為奮鬥。此為，是一直到第二次大戰前的時期，
及在第二次世界大戰後也曾有一短暫時期，外國人的地位並非是一主體個
人；在亞洲、非洲或中南美洲等非歐洲地區的居住者，其人權會因是否有歐

美各國血緣背景或基因之考量而有不同。為此，傳統的或是近代國際法下，依領事裁判或不平等條約所享有特權的地位，或為了外國資本所共同進出所在的，依有經濟性之優位的立場的人（業主），所作為影響的原因；可說無法達成外國人權利與人權普遍性的目標。

在第二次世界大戰後的國際社會，所附隨的非殖民地化的特徵——伴隨著殖民地的獨立，急速增加舊殖民地的住民；有象徵著西歐的整合，及此地區社會的統合，並伴隨著跨越國境的人民，與資本的自由移動，外國人的急速增加。且接著，伴隨著國際化與世界化的潮流，離去國籍國及本國，在外國居住的人民，特別是在國外尋求勞動與僱用的遷徙勞工（migrant workers），外國人工作者也快速增加。或是因地區的戰亂或國內的動亂，因生命與生活受到威脅，往國外尋求庇護的難民也增加；可說即使到了現代的國際社會，外國人的狀況也有這樣的特徵。像這樣的外國人幾乎以勞工、難民及女性、兒童等；因為其在法律上及社會上屬脆弱立場者，所以在所謂保障人權及撤銷差別待遇的現代國內社會與國際社會，需要克服此困難；此亦成為保障外國人人權上的重要課題而有此基本認識的必要[11]。

因此，外國人作為「人」的自然權利部分，保障上則不能打折扣，因為從「人的本質」上言，本國人與外國人應無差異[12]。並將任何受中華民國國家權力管轄，且與我國有密切相關的人；例如，婚姻關係，都定位為「社群成員」，進而應該受到與國民相同的保障[13]。

參、我國之移民政策

一、概說

我國為配合國內人口、經濟、社會發展趨勢，吸引國家所需人才，強化

---

11 金東勳，前揭文（註8），第165-167頁。
12 李震山，論外國人之基本權利，收於氏著，人性尊嚴與人權保障，元照出版，2009年2月3版，第339頁。
13 廖元豪，建構以平等公民權為基礎的憲法權利理論途徑，收於憲法解釋之理論與實務第六輯，下冊，中研院法律所籌備處，2009年7月，第427頁。

國境管理，兼顧人權與國境安全，深化支持新住民，共創豐富多元新社會，特訂定移民對策目標[14]；共有六項如下：1.掌握移入發展趨勢；2.深化移民輔導；3.吸引專業及投資移民；4.建構多元文化社會；5.強化國境管理；6.防制非法移民[15]。而依國際社會的現況，考量外國人在國內之人權，其屬於憲法上的問題，必須充分檢討。此方面，即對外國人之人權，須保障到何種程度，也是政策上重要的問題[16]。

　　主要接受移民國家為美國、加拿大、澳洲等，其他之歐洲國家，傳統上屬於不接受移民國家；如西班牙之移民政策，在1991年至1996年對移民之合法化，政府實施四個政策：1.移民主管機關的改革，對相關機關的調整與配合；2.強化不法移民的罰則；3.難民保護制度的彈性運用；4.促使移民輸出國，對國內經濟發展的計畫[17]。於1996年西班牙移民權利整備，包括如下措施：1.廢除不當的差別待遇；2.採取民主主義的精神及寬容態度，與移民共處及生活；3.保證法治社會的安定性及其狀態；4.挑戰統合困擾之障礙原因；5.不容對外勞的不法壓榨；6.改正有種族差別主義及對外國人歧視者[18]，可供我國參考。

二、限定外國人居留數額

　　我國的人口密度甚高，並非接受移民的國家，對於外國人的入國門檻要求甚高。為防止外國人持續進入我國居留，並訂有屬移民管控之居留數額，由行政院每年公布，超出此限額之人數，在當年即不得取得居留資格。以有效管控在我國居留之外國人人數。基於國際遷徙自由與外國人人權保障，除非特殊有造成我國危害顧慮之外國人，須予禁止其入國外，其他一般合於入國條件之外國人，大部分國家皆會許可其短期入國停留。有關許可其入國之

---

14 有關移民政策之相關論述，請參考习仁國，九一一事件後美國移民政策初探，國境警察學報10期，2008年12月，第103-132頁。曾嬿芬，誰可以打開國界的門？——移民政策的階級主義，台灣社會研究61期，2006年3月，第73-107頁。謝立功；邱丞爗，我國移民政策之檢討，國境警察學報4期，2005年12月，第57-94頁。楊翹楚，我國移民制度之探討——以大陸地區配偶與外籍配偶為例，國境警察學報12期，2009年12月，第1-29頁。

15 內政部入出國及移民署，移民政策小組第一次會議資料——移民對策，2010年9月，第2頁。

16 小林昭三監修，憲法政治學研究會編，人權的條件，嵯峨野書院，2007年5月，第70-71頁。

17 森田有貴，スペインにおける移民政策：ヨーロッパ諸國との比較において，龍谷大學法學研究8期，2006年9月，第116頁。

18 森田有貴，前揭文（註17），2006年9月，第118-119頁。

原因，可見諸於外國護照簽證條例之停留簽證與居留簽證之申請原因[19]。

相較於美國的非移民簽證順位規定，其第三優先順位為專門職業人才，第六順位為在美國各行業部門所欠缺之人力[20]。我國之限定外國人居留數額中，對於受聘僱之外國人人數，則無限制[21]；顯然是重視國家經濟發展，由目的事業主管機關，視經濟發展與人力需求必要，而為決定。

三、永久居留與歸化之條件

狹義的移民，指外國人歸化我國或在我國取得永久居留之資格而言。因我國並非接受移民的國家，所以對永久居留資格的取得，其要件與門檻就設定的較高，要有一定的居住年限及經濟能力條件、品性素行良好等要求。另外為鼓勵高科技之專門外國人才，可以長年居住我國，在我國工作；有關永久居留之制度中，亦配合可直接進入我國，由主管機關核准之取得方式，屬於較特殊者[22]。

歸化為外國人在我國居住年限達一定期間後，可申請成為我國國民之制度設計。世界各國之國籍制度，亦皆有歸化入籍之規定。外國人在我國居住，有其一定的貢獻，經認同我國的社會、文化、國家制度之後，計畫永遠在我國長期居住下去，所以申請歸化我國。歸化亦為增加國家人口來源管道之一，屬於出生後之取得國籍方式，因涉及到國家主權行使，是否允許外國人加入國民行列？因此，歸化條件之寬嚴與否，亦會影響國家人口之成長比率[23]。目前我國之歸化外國人，主要為外籍配偶；其他之外籍勞工，最久雖可以在我國工作達12年，但法律規定排除外籍勞工之工作期間，算入申請歸化之期間[24]。此與從居留目的之區分有關，因外籍勞工來我國之目的，在於受僱工作，並非為移民我國。

---

19 有關外國人申請停留簽證與居留簽證之原因，規定於外國護照簽證條例施行細則第10條及第13條。

20 安藤幸一，アメリカの移民政策，大手前大學社會文化研究7期，2006年，第73頁。

21 依我國入出國及移民法第25條規定，不受居留數額限制之原因，包括投資、受聘僱及就學等三種原因。

22 有關高科技之專門外國人才，可以長年居住我國。請參見入出國及移民法第25條之規定。

23 有關歸化之文獻，請參考李弘毅，外籍人士之居留與歸化問題探討，國會月刊36卷9期，2008年9月，第83-98頁。

24 依國籍法施行細則第5條規定，排除外籍勞工在臺之工作期間，算入申請歸化之期間。

　　除此之外，類同於外國人之歸化，對於大陸地區人民，則適用有關在臺灣地區「定居」之申請。經核准後，即成為臺灣地區人民，轉化身分入籍成為我國國民，並取得投票權等國民權利。有關大陸地區人民之定居申請程序與要件，則規定在兩岸關係條例中[25]。

　　我國國籍法於105年12月21日及110年12月15日修正。主要考量：國籍法（以下簡稱本法）於18年2月5日制定公布施行，其後歷經四次修正。為落實「公民與政治權利國際公約」及「經濟社會文化權利國際公約」保障人權意旨，維護婚姻移民者權益，並解決外國人歸化我國國籍實務上之問題，及延攬優秀外國人才，爰擬具本法部分條文修正草案，其修正要點如下：（一）配合警察刑事紀錄證明核發條例用語，修正申請歸化要件「品行端正，無犯罪紀錄」為「品行端正，且無警察刑事紀錄證明之刑事案件紀錄。」（修正條文第3條）；（二）增訂外國人或無國籍人曾為中華民國國民配偶，經法院核發民事保護令後離婚且未再婚，或其配偶死亡後未再婚且扶養其配偶之父母者，或對無行為能力或限制行為能力之中華民國國籍子女，行使負擔權利義務、監護或輔助者，或經法院選定或改定為中華民國國民之監護人或輔助人者，其歸化要件與婚姻關係存續中之配偶相同（修正條文第4條）；（三）外國人申請歸化，應於許可歸化後一定期間內提出喪失原有國籍證明，屆期未提出者，撤銷其歸化許可。但有殊勳於中華民國者，或科技、經濟、教育、文化、藝術、體育及其他領域之高級專業人才有助中華民國利益者，免提出喪失原有國籍證明（修正條文第9條）；（四）增訂由外國籍父、母、養父或養母行使負擔權利義務或監護之中華民國國籍無行為能力人或限制行為能力人，為取得同一國籍且隨同至中華民國領域外生活，得申請喪失國籍等（修正條文第11條）[26]。

25　兩岸關係條例第17條第5、6項規定：「經依前二項規定許可在臺灣地區長期居留者，居留期間無限制；長期居留符合下列規定者，得申請在臺灣地區定居：一、在臺灣地區合法居留連續二年且每年居住逾一百八十三日。二、品行端正，無犯罪紀錄。三、提出喪失原籍證明。四、符合國家利益（第5項）。內政部得訂定依親居留、長期居留及定居之數額及類別，報請行政院核定後公告之（第6項）。」

26　國籍法部分條文修正草案總說明，https://www.moi.gov.tw/files/Act_file/行政院國籍法部分條文修正草案_1.pdf，瀏覽日期：107.8.28。

四、限制大陸地區人民入境居留

臺灣地區與大陸地區自民國38年分治以來，我國為保護國家安全，制定有國家安全法、兩岸關係條例、大陸地區人民進入臺灣地區居留定居許可辦法等。我國與大陸地區之關係，簡稱為兩岸關係。其具有歷史、政治等背景因素，又因涉及到國家安全層次，所以在移民政策上，對於大陸地區人民之入境或居留，一般採取限制與個案審查之方式。

近年來兩岸交流關係日趨熱絡，兩岸的人民因同文同種，少去語言與風俗習慣的差異，加上臺商往大陸發展、兩岸人民之間結婚的關係等，使目前的大陸地區人民進入臺灣地區，趨於頻繁。目前政府開放大陸地區之留學生來我國就讀，又會開啟兩岸人民在文化、社會關係、經濟關係上的深層交流。大陸地區人民在臺灣地區居留、定居的人數，以大陸籍配偶占多數。此從移民政策上言，既然是國民的配偶來臺，政府應無法去限制或禁止，只能從確認其婚姻真實性、使其融入我國社會、輔導其過著正常的家庭生活等方面著手。對於有虛偽結婚或利用婚姻關係，在獲准定居入籍，取得我國身分證之後，即予離婚之個案，應瞭解其背後原因。在許可定居之前，應實質審查及確認其婚姻之真實性，及早發現有虛偽之情事並加以制止[27]。

五、接受外籍移工與吸引專業人力

為國內產業之人力需求原因，我國自民國81年正式開放外籍勞工之入國工作[28]。國內有一些具骯髒、危險、勞力特性之工作，國民較無意願從事，因此，國內有許多產業，面臨勞工來源的短缺。我國目前外籍勞工之人數，約有38萬人之多，對我國產業與社會有甚大的貢獻。外籍勞工所從事的行業，大致區分為產業外勞與家事外勞二大類。

---

27 依國籍法第19條規定，歸化之許可，在事後發現有虛偽不法之情事，得於5年內予以撤銷歸化許可。

28 臺灣在1989年之前不開放低技術外勞進入國內勞動市場，並且嚴格管制其他類別的外勞。但是由於臺灣產業結構調整，產業界對引進外勞的需求越來越高；而勞動市場上也存在著許多「非法外勞」。1989年，由於政府推動十四項重要建設，勞力短缺，於是以「專案方式」正式引進第一批低技術外勞。1992年「就業服務法」通過，其中設有外籍勞工專章，允許民間產業引進外勞，並且逐次放寬引進的行業種類。當時對外勞政策的爭議主要有三項，一是外勞是否會影響國民工作權，二是外勞在國內的基本人權如何保障，三是外勞仲介制度的高額仲介費造成剝削。參見Wiki網頁，外籍勞工，http://wapedia.mobi/zh/，瀏覽日期：99.10.25。

外籍勞工入國工作，首次可以達3年一期，聘期結束之後，須出境返國，可再申請續僱用3年，因此，一般外國人勞工可以在我國工作達12到14年之久[29]。因我國人口政策上並不接受外國移民，對於外籍勞工工作期滿，即須返回其原來國家，不得在我國申請歸化或永久居留。而本文中，將外籍勞工納入探討，即從實質長期居住在我國國內之外來人民為標準。在「移民」定義上，有的指外國人在我國居留1年以上者，即歸類為移民之人數[30]。而外籍勞工長期在我國工作、生活，對我國有所貢獻，有關其工作待遇、基本人權等，亦應納入移民政策之議題的探討[31]。

【移工留才久用方案及方案重點[32]】

為推動國家重大建設，補足缺工問題，政府開放引進移工，迄今在臺移工已近70萬人，多從事國人不願投入的製造業、營造業及漁業等3K（骯髒、辛苦、危險）產業與失能照顧工作，是我國不可或缺的生產力，其中有許多移工在雇主訓練及多方合作下，不但熟悉臺灣生活環境，更熟練勞動、生產及運用的技術，已成為我國所需的中階技術人才。

而我們過去受限於法令規定，移工工作達一定年限就必須離開，等於平白將訓練好的人才送往他國，且為因應我國中階技術人力缺工逐年擴大（如110年缺工逾13萬人），再加上近年鄰近國家爭相延攬並留用優秀外國技術人力，行政院於111年2月17日通過勞動部研擬的「移工留才久用方案」，在確保國人就業前提下，開放符合資格的移工、僑外生在臺從事中階技術工作，並且無工作年限的限制，希望藉此留用在臺優秀且成熟的外國技術人才，在最短時間內補充所需人力。

---

29 外籍勞工在我國工作一期為3年，期滿可以再延期；外籍勞工最長可以在我國工作12年之久。參見Wiki網頁，外籍勞工，http://wapedia.mobi/zh/，瀏覽日期：99.10.25。
30 在「移民」定義上，有的指外國人在我國居留1年以上者，即歸類為移民之人數。近藤敦，スウェーデンにおける外國人政策の展開，九州產業大學經濟評論4卷1號，1999年8月，第73頁。
31 外籍勞工長期在我國工作、生活，對我國有所貢獻，有關其工作待遇、基本人權等，亦應納入移民政策之議題的探討。
32 移工留才久用方案，行政院網頁，111年3月4日，https://www.ey.gov.tw/Page/5A8A0CB5B41DA11E/bad691ec-b013-4a38-9e35-92d2eff33623，瀏覽日期：112.7.18。

（一）開放在臺從事中階技術工作

1. 適用對象

在臺工作滿6年以上的移工，及取得我國副學士（專科）以上學位的僑外生符合薪資或技術條件者，可由雇主申請為中階技術人力留用。

2. 薪資條件

(1)產業類：每月經常性薪資逾3萬3,000元或年總薪資逾50萬元（僑外生首次聘僱3萬元，續聘回歸3萬3,000元）。

(2)社福類：機構看護每月經常性薪資逾2萬9,000元、家庭看護每月總薪資逾2萬4,000元。

3. 技術條件

(1)產業類或其他指定工作：符合勞動部彙整各部會所提專業證照、訓練課程或實作認定等資格條件之一，但經常性薪資逾3萬5,000元者，免技術條件。

(2)看護工作：應同時符合我國語言測驗及相關教育訓練課程資格條件。

4. 開放類別

(1)產業類：製造業、營造業、農業（限外展、農糧）、海洋漁撈。

(2)社福類：機構看護工、家庭看護工。

(3)其他經中央目的事業主管機關指定之國家重點產業。

5. 名額核算

為保障國人就業，產業類個別雇主申請中階人力名額，不超過移工核配比率25%，且移工、中階人力及專業外國人合計不超過總員工50%。

（二）申請永久居留

資深移工或僑外生從事中階技術工作滿5年，符合入出國及移民法相關規定，每月總薪資逾2倍基本工資（即5萬500元）或取得乙級專業技能證

明，得申請永久居留[33]。

為發展國內之高科技及聘僱專業之外國人才，我國就業服務法亦列出外國人得在我國受聘僱之工作項目，其中主要以高科技領域、各項國內稀少性部門專業等人才，又稱為白領專業外國人，以與從事勞力之外籍勞工相區別。對於各領域之專業外國人，依移民政策考量，屬於國家亟需之人力，亦歡迎其長年在我國居住。因此，其得以攜眷居留、申請歸化及永久居留。惟聘僱「專業之外國人才」，應標準應如何認定，以與外籍勞工相區別，我國主管機關並訂有相關之標準[34]。

為加強延攬及僱用外國專業人才，提升國家競爭力，「外國專業人才延攬及僱用法」業於106年11月22日經總統公布，並經行政院核定於107年2月8日施行，勞動部配合該法發布外國特定專業人才聘僱許可期間一次最長核給5年、外籍藝術工作者核給個人工作許可、取得永久居留外籍專業人才的隨同居留成年子女得在臺申請工作許可等申請規定及書表。

勞動部表示，依據「外國專業人才延攬及僱用法」第4條及第7條規定，雇主欲聘僱外國特定專業人才，須符合相關中央目的事業主管機關公告的科技、經濟、教育、文化藝術、體育、金融、法律及建築等八大領域所定外國人資格，並由雇主向勞動部申請聘僱許可，經許可後，其聘僱許可期間最長為5年，不受就業服務法第52條最長許可3年的限制。目前科技部、金管會及法務部已將科技、金融及法律等領域的外國人資格公告發布，勞動部配合發布應備文件規定，外國人符合上開規定領域及相關資格者，雇主申請聘僱許可的期限，得一次最長申請5年[35]。

另有關新經濟移民法，為因應國內人口少子化與高齡化趨勢，延攬與補充國家經濟發展所需人才與人力，強化產業升級，進而改善人口結構，促進國家生生不息之發展，國發會研擬完成新經濟移民法草案。自106年12月

---

33 移工留才久用方案，行政院網頁，111年3月4日，https://www.ey.gov.tw/Page/5A8A0CB5B41DA11E/bad691ec-b013-4a38-9e35-92d2eff33623，瀏覽日期：112.7.18。

34 聘僱「專業之外國人才」，應標準應如何認定，以與外籍勞工相區別，我國主管機關並訂有相關之標準。相關法規有「就業服務法」、「雇主聘僱外國人許可及管理辦法」、「外國人從事就業服務法第46條第1項第1款至第6款工作資格及審查標準」等。

35 勞動部發布「外國專業人才延攬及僱用法」有關外國專業人才在臺工作的相關法令，參勞動部網頁，https://fw.wda.gov.tw/wda-employer/home/policy/2c9552e062578e19016270668cc000b8，瀏覽日期：107.8.28。

起，行政院邀集相關部會召開多次「育人攬才及移民政策專案會議」，研商草案規劃方向，並於5月15日對外公布草案規劃重點。規劃草案期間，國發會邀集專家學者、民間團體代表以及相關部會共同研商；107年7月再由主任委員邀集相關部會，召開草案協商會議，會後參考部會意見修正完成本草案，重點如下：（一）本草案之立法目的，係為強化產業升級，改善人口結構，在不影響國人就業機會與薪資水準之前提下，積極延攬國家經濟發展所需之人才及人力，以提升國家競爭力；（二）本草案之主管機關為國發會，然本法所定事項，若涉及中央目的事業主管機關職掌者，由各該機關辦理；（三）為延攬國家經濟產業發展所需之專業人才，以及補充中階技術人力，本草案適用對象包括：外國專業人才、外國中階技術人力及海外國人。1.考量數位經濟世代發展，國際競才日趨激烈，鬆綁聘僱外國專業人才工作之相關條件，包括放寬得從事工作之行職類別限制、免除國家重點產業之雇主資本額及營業額限制，以及針對受僱者資格條件，改採評點制，建立多元僱用條件等，以強化延攬力道；2.為解決國內產業中階技術人力不足問題，本草案參考國際做法，規劃聘僱具中階技術工作能力僑外生、基層外國人員，以及直接引進具中階技術工作能力外國人。該等技術人力皆須符合一定薪資水準及工作資格認定，並訂定產業別配額及總量管制。其中，直接引進中階技術人力部分，將視前二類技術人力聘僱情形及我國產業發展需求，訂定日出條款；3.考量旅居海外國人眾多，不乏傑出優秀專才，應積極延攬，本草案鬆綁海外國人現行入國許可、來臺工作及定居等相關規定；4.放寬外國專業人才永久居留及依親等條件。另訂定外國中階技術人力之永久居留條件，並針對達外國專業人員薪資水準以上，或取得永久居留者，賦予其配偶及未成年子女之依親居留及永久居留權；5.為建立更友善之移民環境，對於取得永久居留之外國人，提供就業保險、勞工退休金新制，以及相關社會安全保障及生活協助等配套措施[36]。

六、防止不法居留與保障移民人權

非法移民，潛藏在社會各階層中，會造成社會不穩定原因。又非法移民

---

[36] 參國家發展委員會網頁，https://www.ndc.gov.tw/Content_List.aspx?n=23A01384BEEFEBAA，瀏覽日期：107.8.28。

其人權會被剝奪，無法受到國家法律保護。因此，一般國家對於非法移民之取締，都是持續在進行。

（一）防止不法居留

外籍勞工在我國工作，基於各種原因，離開原來受僱工作或逾期繼續滯留於我國之人數，約有3萬多人。外國人基於經濟原因，為改善其生活水平，常須往他國家工作。而因外籍勞工之聘僱制度，或僱用條件、個人問題等，致使原來合法受僱之外勞，不法轉至其他場所工作，而長期居住於我國，造成社會上問題或治安的隱憂[37]。

為防止非法外勞之持續增加，我國就業服務法對於雇主聘僱非法外勞，已加重其處罰之規定。近來並結合各治安機關，加強查察非法工作之外勞，並逕予遣返回本國。而早期大陸地區人民偷渡入境我國工作，人數頗多；近年來亦有利用假結婚方式，入境我國工作，相關主管機關與治安機關，均訂定執行計畫，加強查察與遣返。並透過大陸地區人民之入境面談機制，有效遏止利用假結婚之方式，進入我國[38]。

除取締非法外勞之外，另對於非法在我國居留之大陸地區人民及非法之人口販運行為，我國各有關權責機關，亦積極查察並有具體績效。

112年5月30日入出國及移民法修正三讀，其中包括強化人流安全管理，增訂處罰態樣及修正收容規定。為防杜外國人逾期滯臺從事違法（規）活動情事而危害社會治安，逾期者罰鍰從現行2,000元至1萬元加重為1萬元至5萬元，並延長禁止入國期間至7年。另增訂違規罰則，如媒介外國人從事不符合停（居）留原因活動者，可處20萬元至100萬元罰鍰；意圖使逾期者從事不法活動而容留、藏匿或隱避之者，可處6萬元至30萬元罰鍰。另為強化國境安全管理，增訂刑責，如有使外國人或無戶籍國民非法入國，處1年以上7年以下有期徒刑或100萬元以下罰金，以嚇阻不法。此外，為確保執行強制驅逐出國，修正違反收容替代處分者，得再暫予收容，且重行起算再次收容期間；另增訂再延長收容，以因應不可抗力因素無法遣送之情事[39]。

---

37 據新聞報導，我國目前之非法逃逸外勞，約有5萬多人。詳見聯合報，2018年6月23日。

38 有關大陸地區人民入境面談之規定，為依據「大陸地區人民申請進入臺灣地區面談管理辦法」加以實施。

39 入出國及移民法修正三讀 兼顧人權保障及社會安全，內政部移民署新聞稿，112年5月30日。

（二）保障移民人權

在移民法制定之前，已入國、居住在我國之無國籍人，原未經許可入國，或無合法居留原因，可以在我國繼續居住。從移民法規定之目的而言，該人民不具有在我國居留之權利。且因我國之人口密度頗高，無法再接受其他非國民繼續於我國居住，如要無條件接納使其成為合法住民，或准許其歸化定居，會造成一定之人口壓力。但基於國際人權，對於長期居住在某一地區之人民，依無國籍人權公約規定，居留國應儘量給予其居留權。且世界上許多國家，均給予早期已居住在當地國之不法移民，使其居住合法化，給予其居留權，以減少發生社會問題，或肯定其先前對本地社會之貢獻[40]。

我國有多數之外籍勞工，為我國產業與家事服務之需要所僱用。有關外籍勞工之待遇與工作環境，涉及到其基本人權。如提供惡劣之居住空間、三餐飯食無法下嚥、生活管理嚴苛，動則剋扣薪資，則已侵害外籍勞工人權，應予制止及制裁不法雇主。雖然外勞的工作，屬於私法上契約關係，一切的勞動條件，已經由當事人雙方同意。但是，如果契約所訂定之內容，違反法律強制規定，或已達侵害人權程度，則該契約應屬無效，應由主管機關介入調查制止。

近年來我國外籍配偶與大陸籍配偶（新名稱為新住民）人數持續增加，基於婚姻關係之進入我國。對於國民家庭團聚之權利，依國際人權與憲法上婚姻家庭權之維繫，應予保障。但外籍配偶進入我國後，有關其合法居留、語言能力、家庭經濟生活、在社會上不受歧視地位、工作權之保障等[41]，均有待輔導與重視。

另我國對外籍配偶及大陸籍配偶之入境、居留或定居後，有關其生活適應之事項。因依目前的統計人數，已達到53萬多人之數，對此我國主管機關內政部入出國及移民署，相當重視其融入我國生活之移民輔導事項，亦訂定相關法規及編列特別預算，以從事對其之就業、教育、生活等各領域之輔導[42]。

---

40 且世界上許多國家，均給予早期已居住在本國之不法移民，許可其居住合法化。參見森田有貴，前揭文（註17），第114頁。

41 請參考潘淑滿，從婚姻移民現象剖析公民權的實踐與限制，社區發展季刊105期，2004年3月，第30-43頁。

42 如依「新住民發展基金收支保管及運用辦法」（104.11.30）。第1條規定：「為協助臺灣地

有關新住民發展基金之運用，依行政院93年7月28日第2900次會議指示
「籌措專門照顧外籍配偶之基金」，自94年度起設置外籍配偶照顧輔導基
金，分10年籌措30億元，以附屬單位基金之方式設立於內政部，來進一步強
化新移民體系、推動整體照顧輔導服務。本基金所推動新住民照顧輔導工
作，實際照顧對象已含括外籍與大陸配偶，近年來亦擴及其子女，為符實務
運作，並加強培力新住民及其子女發展成為國家新資源，爰依行政院新住
民事務協調會報104年8月4日第1次會議決議修正基金名稱為「新住民發展基
金」，基金規模維持10億元。為持續落實照顧新住民，本基金將依新住民家
庭生命週期及來臺需求規劃辦理相關社會安全網絡服務與更適切之輔導及培
力工作，補助辦理「新住民社會安全網絡服務計畫」、「新住民家庭成長及
子女托育、多元文化計畫」、「家庭服務中心計畫」及「新住民創新服務、
人才培力及活化產業發展計畫」[43]。

如觀察瑞典的移民政策，最早使用「適應」之用語。例如，1968年的
外國人調查委員會報告書，討論移民在瑞典社會的適應問題，國會並決議外
國人政策的指導計畫。一直到後來1975年的訂定「移民及少數族群之基本政
策」，才有重大的改變。以前採取支配的見解，要求移民能儘早在國內被同
化，以成為瑞典人。但是，所謂統合之字義，最早即反對使用「同化」之用
語。人與人之間，使用統合的概念，即有平等的目標與意圖[44]。於1998年瑞
典在移民統合政策上，列出下列三者：1.儘管有民族性、文化性的背景，所
有的人都應有平等的權利與機會；2.基於社會的多樣性，而為社會的結合；
3.以相互尊重及寬容為特徵，儘管有各種的背景，也應協力使所有人共同參
加社會之發展[45]，可供我國參考。

112年5月30日入出國及移民法修正，包括增進移民人權保障，保障家庭
團聚權部分。為維護婚姻移民的家庭團聚權及兒少最佳利益，增訂外籍配偶

區人民之配偶為外國人、無國籍人、大陸地區人民及香港、澳門居民（以下簡稱新住民）適
應臺灣社會，並推動整體新住民與其子女及家庭照顧輔導服務，人力資源培訓及發展，建構
多元文化社會，有效整合政府及民間資源，特設置新住民發展基金（以下簡稱本基金），並
依預算法第二十一條規定，訂定本辦法。」
43 內政部移民署網頁，https://www.immigration.gov.tw/5385/7445/7451/7508/7511/30446/，瀏覽
日期：112.7.18。
44 近藤敦，前揭文（註30），第87-88頁。
45 近藤敦，前揭文（註30），第88-89頁。

喪偶，或曾為合法居留的外籍配偶，對我國未成年子女有撫育事實或會面交往的情形，持停留簽證入國後可申請居留的規定。另考量現行規定，判決離婚且取得未成年親生子女監護權，才能繼續居留。為保障受家暴的外籍配偶居留權益，修正放寬因家暴離婚，無論有無未成年子女，且無須經法院核發保護令，均不廢止居留許可[46]。

肆、我國之移民法制

一、概說

　　有關吸納優質人才來臺，鬆綁停居留規定。112年5月30日入出國及移民法修正，為吸引外籍優秀人才來臺及留臺，在外國人取得永久居留部分，現行規定須每年居住超過183日，放寬為最近5年內「平均」每年居住183天以上即可，以便利白領人士因業務須不定期出差，恐無法長期居住國內。另也新增納入對我國有特殊貢獻、高級專業人才、於各專業領域得首獎者及投資移民申請人的配偶、未滿18歲子女及身障子女，得隨同申請永久居留。另為簡化外國人申辦居留程序，對於學術研究機構顧問、大學講座或外國專業人才延攬及僱用法所定的白領專業人才，持免簽或停留簽證入國後，修正放寬得免向外交部改辦居留簽證，直接向移民署申請外僑居留證，其配偶與子女亦同。又為便利來臺的外國人有充足時間尋找住所及熟悉環境，放寬外國人取得居留許可者，入國後申請外僑居留證的期限，由15日延長至30日。此外，為延攬海外僑民返國，鬆綁無戶籍國民持我國護照入國得免申請入國許可、合法連續停留從現行7年以上放寬為5年以上，且每年居住183日以上者，得申請居留。另對於國人海外出生的子女持我國護照入國，取消申請定居的年齡限制[47]。

　　外國人並無主張進入一個國家的權利，除非國家與外國訂有條約，必須遵守條約之容許特定外國人入國之義務外，一個國家可以決定是否許可特

---

46 入出國及移民法修正三讀 兼顧人權保障及社會安全，內政部移民署新聞稿，112年5月30日。
47 入出國及移民法修正三讀 兼顧人權保障及社會安全，內政部移民署新聞稿，112年5月30日。

定之外國人入國，此屬於一個國家當然之主權權力範圍[48]。在現代國際社會裡，各個獨立的民主國家，皆以國民為組成國家之主體，國家所保護之核心對象，亦以國民為主。另對於外國人之入國，為防止外來危害、遵守國際人權條約、顧及外國人人權，各國均訂有移民法或外國人入出境法律，以為依循。

從理論上言，境外之外國人，雖然亦應是憲法人權保障之主體，但於此已受到憲法第7條明文之例外排除；從憲法之立法政策上言固尚有可以討論之餘地，惟外國人主張入境的基本人權，在現今國際社會中仍是一種有待推行的概念[49]。

國境管理為國家主權之表現，外來人口須經過國家之許可，始得入國。國民之外籍配偶與子女，亦須經過核發簽證、入國查驗，始得進到我國。對於有不符合法律規定資格之外國人，國家得予拒絕核發其簽證，禁止其進入我國。依傳統自由裁量之理論，國家得以設定各種不同的原因，禁止外國人入國，並擁有絕對的權限。所謂自由裁量之理論，因國家所保護的對象，以具有國籍的國民為核心，外國人並不能主張有入國及居留的權利。國家拒絕核發簽證的行為，並非行政處分，外國人並不能提出救濟。核准入國與居留的權限，屬於國家的主權行為。

為防止外來危害，避免外國人造成國內治安、秩序之危害行為，一般國家的入出國法律，皆會規定須具有一定要件之外國人，始得入國。如本文所探討之為家庭團聚關係的外國人，並須以依親、國民之配偶、合法居留外國人之配偶或子女等為申請居留原因，始得入國。核發簽證為一國所出示，對外國人來我國之許可文件，簽證的核發機關為外交機關，代表對外關係。核發簽證須核對外國人之條件資格與相關規定，是否符合？有無利用虛偽結婚之名義，而欲來我國從事其他活動或工作之顧慮。

國境管理與國家整體利益、國家安全及公共秩序，均有所關聯。因此，立法機關亦得依公共利益之目的，而制定法律限制特定之外國人進入我國。在合法必要之範圍內，自屬憲法之所許。我國的入出國法制，其規範對

---

48 相關文獻，請參考簡建章，入出國許可基本問題之研究，國境警察學報6期，2006年12月，第219-246頁。
49 李念祖，論我國憲法上外國人基本人權之平等保障適格，收於國際法論集，丘宏達教授六秩晉五華誕祝壽論文集，三民書局，2001年3月，第156頁。

象包括外國人、臺灣地區無戶籍國民、大陸地區人民、港澳地區人民。上述之人民，其進入臺灣地區即我國，須經過主管機關許可，除外國人之外，其他人民之許可機關為內政部入出國及移民署。或可稱上述之人民為外來人口，為相對於臺灣地區設有戶籍之國民。外來人口或外國人進入我國，須有合法原因，其法定原因或目的，及所須具有之條件與資格，分別規定於入出國及移民法、兩岸關係條例、香港澳門關係條例中[50]。

二、每年公布外國人居留數額

接受移民之國家，為平衡世界各洲或各主要國家外國人之移入其本國，使不致由一特定國家人民過多的移入，所採取的移民配額制度，可以有效管制緩和特定國家移入人口之壓力。依我國入出國及移民法規定，授權行政院得每年對特定國家地區之人民到我國居留之人數，限定其名額，並公布[51]。以避免到我國居留之外國人人數過多，使我國無法承受此人口壓力，及不符我國之移民政策。本方式在於特定國家或地區之外國人，每年准許到我國居留，有一定之數額，如當年度超出之額度，則不再發給居留許可，只能暫時發給停留許可。同樣地，於兩岸關係條例中，亦授權行政院對於每年大陸地區人民到我國居留與定居之人數，依個別居留之項目與原因，核定與公布其數額，以有效管制外來人口之進入並長期居住於我國[52]。

但對於外國人數額限制之項目，不包括投資、受聘僱、就學與配偶因婚姻關係之居留。其主要之原因在於：1.外國人到我國投資，有利於我國經濟發展，創造就業名額；或受聘僱之外國專業人才及外籍勞工，為我國所需之專門人力，有助於我國產業與競爭力之提升，或外籍勞工所從事之行業，多屬勞力與較低所得之工作，於我國無法找到適當之人力，亟需由外籍勞工來補充我國不足之人力。因此，無限制居留名額之必要；2.外國人到我國就學，可輸出我國文化、學術，對我國在國際上形象與影響力，皆有幫助。且

---

50 轉引自許義寶，入出國法制與家庭權保護，發表於「司法與人權」學術研討會，中正大學法律系主辦，2010年9月27日，第25-26頁。

51 行政院得每年對特定國家地區之人民到我國居留之人數，限定其名額，並公布之。請參見入出國及移民法第25條。

52 有關外國人之居留數額，目前有法律授權，可依法公布外國人之居留數額為管控，但實際上並未訂定。對於外國人之入國，外交部在核發簽證上，仍會過濾及採取必要之管制。

外國人到我國就學，有助於經濟消費，亦不會從事特定工作，影響國民之就業；因此，世界大部分國家皆歡迎外國留學生；3.因與臺灣地區有戶籍國民結婚之外籍配偶的居留，此與外國人家庭團聚權有關，世界大部分國家對於婚姻團聚之入國，皆不予限制名額。惟會查證其是否屬於真實之婚姻[53]。

　　在外國判例提及「家族生活被尊重的權利」，對外國人出入國的領域，也可適用；屬於間接保護性的一環。具前導性判例的，為下列因配偶的居留資格被拒絕，所為的爭訟事件。認為「雖然外國人要進入一個國家，及居留的權利，其本身並不受公民與政治權利國際公約（簡稱本公約）所保護；因移民規制與本公約的要求，也必然地，會像如此形成對立的關係」。因此「在移民領域所為的措施，不能排除其將有對家族受尊重的權利，給予侵害的危險性。」於此歐洲人權法院認為可適用歐洲人權公約第8條，對締約國的出入國管理處分，認為可實施審查。但因並非審查原告配偶其入國或居留被拒絕本身上的問題；而究竟是強調，原告在其國家與其配偶之生活，所被禁止的問題[54]。

三、規範外國人與大陸地區人民之入國法制不同

　　一般國家之移民法或外國人法，規範之主要對象為外國人。但我國之入出國法律，除了須規範外國人之外，另對於大陸地區人民，亦須作規範。其原因在於大陸地區人民並非外國人，又與臺灣地區人民之法律地位及有權利在臺灣地區居住之性質不同。為維護國家安全依憲法增修條文規定，在國家統一前，為規範兩岸人民之間往來的事務，及保障兩岸人民之間的權利，得依制定特別法之方式，加以規定[55]。因此，大陸地區人民在入出國境管理上，不同於外國人之概念與地位，須依兩岸關係條例之規定，適用其進入臺灣地區之資格與條件。

　　我國之「入出國及移民法」於民國88年制定及開始施行，屬於較完整

---

53 有關外國人家庭團聚權與規定，請參考館田晶子，フランスにおける「通常の家族生活を營む權利」と家族の再結合，跡見學園女子大學マネジメント學部紀要3期，2005年3月15日，第92頁以下。

54 馬場里美，出入國管理における「私生活及び家族生活を尊重される權利」：フランス及び歐洲人權裁判所の判例を素材として，早稻田法學會誌50期，2000年3月25日，第199頁。

55 依憲法增修條文第11條規定：「自由地區與大陸地區間人民權利義務關係及其他事務之處理，得以法律為特別之規定。」

的一部移民法律規定。依其第1條規定：「為統籌入出國管理，確保國家安全、保障人權；規範移民事務，落實移民輔導，特制定本法。」本法目的在於「統籌入出國管理」，對有關國民、外國人、臺灣地區無戶籍國民之入出國，均依本法規定。特別是移民法規範對象的除「外國人」之外，更規定入國檢查、禁止入國、停留、居留期間與義務、驅逐出國等。

移民法立法目的之一，為「確保國家安全」，其重點在於防止不法的外國人進入我國，可能會對我國造成危害。如有危害我國公共秩序、社會安全之具體事實的外國人，或有此方面顧慮的外國人，均得依本法授權，禁止其進入我國。但該「危害安全的顧慮」，須有具體的可疑事實作為依據，始得禁止其入國。另本法之立法目的尚有「保障人權、規範移民事務、落實移民輔導」，主要在於將規範移民事務，以法律規定，遵守依法行政原則，以符合明確性與可預測性，保障人民權利。

依移民法第2條規定：「本法之主管機關為內政部。」主管機關為負責及管轄之機關。因移民事務事涉多元，與外交部、法務部、勞委會、海巡署等部會所管轄之事務，有所關聯。為協調聯絡、共同執行等事宜，須有較適當層級之單位，作為主管機關。有關擬定移民政策與草擬每年所公布之移民配額，亦與國家未來發展有關。有時與教育部、經濟部所需之外籍教授、外籍高級技師之來我國規範，亦有關聯，因此，以內政部作為主管機關，在溝通協調、政策擬定上，有其必要。內政部為中央部會，實際執行為入出國及移民署，因此有關主管機關與權責機關之權限劃分，如何明確？須進一步劃分。是否在本法所定之政策事項、執行事項、處分事項，皆須一一明定委任入出國及移民署執行？又內政部與移民署之間在權限劃分上，是否法律未特別明定，其職責均在於內政部？此等問題亦須釐清。

有關外國人之入國程序、檢查權限、在臺灣地區居留規範、居住登記、申請永久居留、執行驅逐出國等，在移民法中均有明確規定。相較於兩岸關係條例，其不僅規定兩岸人民之間的往來行政事項，且及於民事及刑事、兩岸通航等關係。因此，對於大陸地區人民之入境檢查程序等，依移民法之規定，亦列入適用大陸地區人民。此亦為未來之趨勢，入出國境之查驗程序與職權，應規定在同一之法律。另外依香港與澳門關係條例，在大陸地區人民之中，亦有屬於香港與澳門地區之居民。早期我國與香港與澳門地區，皆為自由地區，人民相互往來熱絡，相對的對於香港與澳門地區居民，

入境我國之規定，就採取較為寬鬆之程序[56]。

四、管制臺灣地區無戶籍國民之入國與居留

　　國民原有返國之權利，國家並有接受與保護國民之義務，此為國籍之國際法上功能[57]。但我國因特殊歷史背景，居留在海外之華僑眾多，基於國家安全與可接受之人口壓力程度，特別對未曾在臺灣地區設立戶籍之國民，有關其入國，採取許可之程序。對於臺灣地區無戶籍國民，依移民法規定其亦須經過主管機關許可，始得入國。惟其身分屬於國民，依本法禁止其入國，是否有違反國際法上之國家必須接受國民之義務？經過大法官會議釋字第558號解釋，認為依立法形成自由，對於特定人民的入出國，作為適當的規範，並無違反憲法。

　　有學者認為依我國現行實務之做法，凡是於臺灣地區出生之國民，不大可能於國內未有任何戶籍登記，所以會產生無戶籍國民之情形，當是以中華民國國民於海外所生之子女為主，而中華民國國民之所以會停留於海外，原因當然有多樣，不過基本上可以區分為兩類，一是因移民之故而居留海外，另一則是因非移民，諸如經商、旅遊、留學等，而停留海外。區別此兩類無戶籍國民，也就是移民與非移民之情形，絕對是有其實益的。簡單說，對於非移民之中華民國國民言，依據釋字第558號解釋之看法，渠等於海外所生子女，因未於臺灣地區設有戶籍，無論年紀多大，皆是可能被拒絕入境者，其不合理之處，可以概見[58]。依入出國及移民法第7條第1項規定：「臺灣地區無戶籍國民有下列情形之一者，移民署應不予許可或禁止入國：一、參加暴力或恐怖組織或其活動。二、涉及內亂罪、外患罪重大嫌疑。三、涉嫌重大犯罪或有犯罪習慣。四、護照或入國許可證件係不法取得、偽造、變造或冒用。」亦有禁止特定對象入國之可能，惟其要件，屬於嚴格。

　　一般所言之接受移民之政策，指接受外國人或不具有本國國籍之人，到

56 對香港與澳門地區人民，入境我國之規定，採取較為放寬之程序。請參見香港澳門關係條例第10條至第16條之規定。
57 江川英文、山田鐐一、早田芳郎，國籍法，法律學全集59-Ⅱ，有斐閣，平成元（1988）年4月新版，第10頁。
58 陳長文、林超駿，論人民返國入境權利之應然及其與平等權、國籍等問題之關係，政大法學評論92期，2006年8月，第166頁。

我國長期居住或歸化我國之意。而從實際上，臺灣地區無戶籍國民之入境與居留，亦與實質移民有關。目前對於無戶籍國民之入境居留，逐漸放寬其申請條件[59]，主要在於考量國家不得將國民排斥在外、國民有返國自由等原則之落實。

　　與上述之限制，相關之外國判決，即早期東德人民入境西德後，申請居留被拒之案例。本案原告是東德難民，進入西德後，申請居留被拒絕後，提起行政訴訟，經Braunschweig地方行政法院認為本「收容法」違憲。主要是違反第11條之「遷徙自由」及第3條之「平等權」，後經聲請聯邦憲法法院裁決。聯邦憲法法院認為本法律並未違反憲法之規定，而維持本法之效力。依據憲法法院之見解，基本法第11條保障人民擁有在「聯邦國境」內遷徙之自由，這種自由，也應該及於在蘇聯占領區內之東德人民，亦即，東德人民擁有「進入」西德之「入境權」。這也是基本法在第116條第1項，規定那些人可獲得基本法所承認的「德國人」的當然結果。不過，法院也體認到，基於當前西德聯邦的「規模及功能」，無法容納許多之難民。故而國會基於這種考量，可援引基本法第11條第2項之「無充足之生活基礎條件，故會造成公眾特別負擔」，來立法限制之[60]。

　　有關印度或尼泊爾地區無國籍人民之居留問題，法院認為：「中華民國105年6月29日以前入國之印度或尼泊爾地區無國籍人民，未能強制其出國，且經蒙藏事務主管機關組成審查會認定其身分者，移民署應許可其居留。」現行移民法第16條第4項定有明文。所稱「未能強制其出國」，其立法理由明揭：「係指當事人於本法施行前，持偽造、變造、冒用之護照或其他入國許可證件來臺，因其『身分不明』而於執行遣送時，遭有關國家拒絕渠等入境或航空運輸業者拒絕搭載等情事，致未能強制渠等出國之謂也。」是依上揭移民法第16條第4項申請居留者，其條件資格已有所限定，縱於105年6月29日以前入國，並經蒙藏事務主管機關認定有藏族身分，惟如非屬印度或尼泊爾地區之「無國籍人民」，亦即，因其無有持偽造、變造、冒用之護照或其他入國許可證件來臺，而有身分不明致於執行遣送時，發生有關國家會拒

---

59 目前對於無戶籍國民之入境居留，逐漸放寬其申請條件。請參見入出國及移民法第9條之規定。

60 陳新民，人民「旅行權」之保障與限制，收於氏著，憲法基本權利之基本理論（下），元照，2002年7月5版，第484-485頁。

絕其入境或航空運輸業者拒絕搭載之情事，換言之，具他國國籍者，既無國籍身分不明致無其國家可歸之情形，即不符合移民法第16條第4項之「未能強制其出國」要件，依法不應予以居留許可。惟如為印度或尼泊爾地區無國籍人民，於獲他國核發合法之旅行文件，或他國予以保護之情形，於執行遣送時，不致遭有關國家拒絕入境或航空運輸業者拒絕搭載，即非未能強制出國，仍不合致此條項之要件。總言之，應符合：1.中華民國105年6月29日以前入國；2.為印度或尼泊爾地區無國籍人民；3.有未能強制出國情形；4.經蒙藏事務主管機關審認其有藏族身分等四項要件者，依法始應許可其居留[61]。

五、限定外籍移工之工作期限

外籍移工來我國之目的為受僱工作，工作期限結束之後，即將依約返回其本國。因此，外籍移工來我國，並非移民或得無限期居住下去；從其入國目的而言，與移民之概念，亦有所不同[62]。自民國80年以來，因國內勞工人力來源短缺，致影響我國產業的發展，從而政府開放招募外籍移工到我國從事相關生產及家事類工作。而國內對於移民之探討，一般不列入外籍移工項目；而將其界定在補充國內勞力不足，在定期工作結束之後，即會返回其國籍國，而無在我國長期居住與定居之可能。且因主管機關之不同，外籍移工事務部分屬勞委會所管轄，有關引進國家別、人數、工作期間等，完全由勞工主管機關負責，因此與移民政策之間，產生部分區隔。因此，有關其居住期間、移民人權等，即會產生相關問題[63]。

外來人口之進入我國前，依我國之移民法制，並無區分移民與非移民之原因種類[64]。一般外國人在我國合法居留達一定期間之後，並符合其他之歸化我國條件，即可依國籍法之規定，申請歸化我國。但基於人口政策考量，對於外籍移工在我國受聘僱期間，並不列入申請歸化之合法居留期間。有關

61 臺北高等行政法院高等庭109年度訴字第87號判決。
62 相關文獻，請參考藍佩嘉，合法的奴工，法外的自由：外籍勞工的控制與出走，台灣社會研究64期，2006年12月，第107-150頁。
63 如目前逃逸之外籍移工，約有3萬多人；其原因可能包括雇主的不法剝削，或勞動條件不佳，致使合法引進之外勞，逃離原來工作，從事非法受僱工作。
64 高科技外國專業人才，依移民法之永久居留規定，在一入國之時即給予其永久居留條件，屬於較特殊之規定。

此期間排除之規定，如外國專業人員之受聘居留期間，納入歸化居住期間之計算，亦會產生二者在期間計算上，是否平等之問題。

涉及移工權益之有關就業服務法修正重點[65]有：（一）取消外籍移工3年須出國一日規定無損本國勞工就業機會：「就業服務法」第52條修正案取消外籍移工在臺工作每滿3年須至少出境1天之規定，並未涉及申請資格的放寬。未來雇主如有缺工需求，欲繼續聘僱外籍移工，仍應先以合理勞動條件辦理國內招募求才，經招募人力不足時，才可以申請繼續聘僱外籍移工。如無正當理由，卻拒絕國內招募求職者，外籍移工申請案件將不予許可，因此不會影響本國勞工就業機會；（二）修法兼顧外籍移工權益及雇主用人需求：1.「就業服務法」第52條原規定外籍移工聘僱3年期滿需出境至少1天，若要再度來臺工作，必須再繳一次仲介費，不但造成工作的空窗期，仲介費對於外籍移工也是一大負擔。如今修法通過後，雇主可直接續聘，不僅縮短人力需求之空窗期、減少訓練成本並使人力調配有彈性，同時也減輕外勞經濟負擔，有助於改善外籍移工在臺工作權益，是勞工人權一大進步；2.修法後外籍移工於聘僱許可期間，得向雇主請假返國，雇主依法不能拒絕，雇主拒絕經限期改善而不改善者，將處新臺幣6萬元以上至30萬元以下罰鍰，並將廢止雇主的招募許可及聘僱許可。至於返鄉探親的假別，則依現行「勞動基準法」規定及勞動契約約定辦理，由外籍移工使用當年度特別休假或請事假返鄉。倘若以特別休假返鄉者，特別休假工資應由雇主照給，如請事假返鄉者，休假期間雇主得不給工資。前述事項將規劃增訂相關辦法，以保障外籍勞工返鄉休假權益；（三）配合修法研擬相關配套措施：1.勞動部將配合本次「就業服務法」修正，針對原雇主與外籍移工期滿繼續聘僱者，於雇主聘僱外國人許可及管理辦法中明定相關申請程序及管理規定；同時針對原雇主與外籍移工期滿不再繼續聘僱者，則於轉換雇主準則中明定申請程序，讓未獲續聘僱的外籍移工有充分時間轉換新雇主，繼續工作，以保障雇主用人權益及外籍移工就業權益；2.為減輕外籍移工來臺工作之負擔，勞動部成立「直接聘僱聯合服務中心」，提供多元外籍移工引進管道，由專責人員協助雇主辦理直接聘僱外籍移工，無需完全依賴仲介提供服務。本次修法後，

---

65 修正就業服務法強化勞動權益，105年11月15日，參行政院網頁，https://www.ey.gov.tw/Page/5A8A0CB5B41DA11E/5f377c31-30c8-4ca5-82d5-aaae7d67f7b1，瀏覽日期：107.8.28。

規劃擴大直聘中心功能，將納入外籍移工期滿，由原雇主續聘或由新雇主轉聘，且未委託外勞仲介代辦之申請案件。

　　有關移工在臺居留期限；依規定產業類及家庭類移工，在臺累計工作年限最長為12年。另家庭看護工可向勞動部申請「累計工作期間延長至14年」之評點。104年10月9日「就業服務法」第52條修正公布施行，放寬家庭看護工如經專業訓練或自力學習而有特殊表現，經評點達60點以上者，其在臺累計工作年限可由原12年延長至14年。為使勞雇關係穩定且優秀的家庭看護工能繼續留臺工作，評點表分為「專業訓練」及「自力學習」兩大評點項目，其中，「自力學習」項又細分為：「語言能力」、「工作能力」及「服務表現」等三個小項目，同一評點項目具備二項以上資格條件者，擇較高點數者計點，加總各項目得分60點以上者為合格[66]。

六、永久居留、歸化與定居之要件

　　在入出國及移民法中，有外國人申請永久居留之規定。我國對於永久居留之條件，要求較高，一般而言要比申請歸化之居住期間要長。究其原因在於，永久居留為外國人可以在我國自由居住與工作，同時擁有其他國家國籍。且外國人要在我國合法居留，必須有特定居留原因，且經過主管機關許可，具有一定的難度；目前以專業人員受聘於我國之白領階級外國人申請居多[67]。

　　申請歸化之程序，為依國籍法之規定辦理。歸化為出生以外之取得國籍的方式，申請歸化的外國人，在被核准之後，即成為我國國民，具有與原出生取得國籍之國民，具有同樣之權利與義務。要有良好素行者，與具備經濟能力等基本要件之要求，始能符合申請歸化之條件。為使歸化之人，很快可以融入我國社會，國籍法並規定歸化之前提條件，須通過語言能力與生活基本常識之測驗。

　　有關「定居」之適用對象，在我國有臺灣地區無戶籍國民之依移民法

---

66 臺北市勞動力重建運用處，https://fd.gov.taipei/News_Content.aspx?n=4D3DD171F182A498&sms=87415A8B9CE81B16&s=07999180FAAEC9F4，瀏覽日期：112.8.29。

67 請參考刁仁國，英國永久居留制度初探，國境警察學報12期，2009年12月，第273-300頁。蔡庭榕、李立宏，論外國人歸化制度與人權保障，國境警察學報6期，2006年12月，第65-113頁。

申請定居，與大陸地區人民之依兩岸關係條例申請定居二種。臺灣地區無戶籍國民長年居住在國外，或取得我國國籍後，未曾在臺灣地區設立戶籍，因此，在入出國管理上，將其與臺灣地區有戶籍國民，予以區別規範；有人口政策上的考量。依目前法制，臺灣地區無戶籍國民入國停留，須經過許可；有特定原因，始可申請居留。另在符合定居之條件，經申請核准之後，始得在臺灣地區長期居住，轉換身分為臺灣地區有戶籍國民。

對於大陸地區人民之入境，我國採取許可制[68]。其目的在為確保臺灣地區之安全，且客觀上因無法給予兩岸人民相同程度之基本權利保障之事實，依「兩岸關係條例」規定，其中大陸地區人民進入臺灣地區，須經主管機關許可[69]，在國家情勢特殊下，此種法制並未違反憲法增修條文第11條規定[70]。大陸地區人民其入境之許可方式、程序、相關事項，主要依據「大陸地區人民進入臺灣地區許可辦法」。而限制大陸地區人民入境之規定，是否違反「居住遷徙自由」之規定，依大法官釋字第265號解釋理書：「人民有居住及遷徙之自由，固為憲法第十條所規定，但為防止妨礙他人自由、避免緊急危難、維持社會秩序或增進公共利益所必要者，仍得以法律限制之，此觀憲法第二十三條規定甚明。」如從外國人的入國及居留之法理而言，雖任何的國家無義務許可外國人入境，然而一旦許可其合法入境後，外國人則取得停留、居留資格，所附帶的義務為停、居留中，應遵守相關法令的規定[71]。

伍、結論

我國並非接受移民之國家，原則對外來人口採取管制與高門檻入國資格的措施。移民政策與人口政策有關，國家因人口密度高，所以相對的對外來人口之進入我國，常會有多種顧慮。另一方面，在世界化與國際化的今日，

68 轉引自許義寶，論人民之入出國及其規範，警學叢刊40卷4期，2010年1月，第65頁。
69 依臺灣地區與大陸地區人民關係條例施行細則第15條第2項：「本條例第十八條第一項第一款所定未經許可入境者，包括持偽造、變造、冒用或持冒用身分申請之護照、旅行證或其他相類之證書、偷渡以及其他非法之方法入境者在內。」
70 張永明，禁止SARS病患入境，月旦法學教室9期，2003年7月，第9頁。
71 李震山，論移民制度與外國人基本權利，台灣本土法學雜誌48期，2003年7月，第61頁。

國際間的交流，對國家的進展或帶來經濟上的利益，已屬非常重要的事項；一個現代國家絕不能自外於國際社會。

　　移民指長期居住於本國之內的外來人口，移民並區分為合法移民與非法移民，其對國內社會秩序、經濟發展、治安上等，均會產生一定的影響。因國內勞工人力來源短缺，致影響我國產業的發展，從而政府開放招募外籍勞工到我國從事相關生產及家事類工作。而國內對於移民之探討，一般不列入外籍勞工項目；而將其界定在補充國內勞力不足，在定期工作結束之後，即會返回其國籍國，而無在我國長期居住與定居之可能。且因主管機關之不同，外籍勞工事務部分屬勞委會所管轄，有關引進國家別、人數、工作期間等，完全由勞工主管機關負責，因此與移民政策之間，產生部分區隔。因此，有關其居住期間、移民人權等，亦會產生相關問題。另對於大陸地區人民之入境，我國採取較嚴之政策，其原因在於兩岸之間的歷史背景與政治關係，並依憲法增修條文之授權，制定兩岸關係條例為特別之規定。

　　在移民法制上，主要有外國護照簽證條例、入出國及移民法、兩岸關係條例、就業服務法、國籍法等。法制配合政策，或為落實政策之具體規定。另政策之訂定，亦受到國際人權、基本權利、國際間協定、國家利益等之影響，而須加以遵守與明定。

　　為加強延攬及僱用外國專業人才，提升國家競爭力，通過「外國專業人才延攬及僱用法」，勞動部配合該法發布外國特定專業人才聘僱許可期間一次最長核給5年、外籍藝術工作者核給個人工作許可、取得永久居留外籍專業人才的隨同居留成年子女得在臺申請工作許可。

（本文原發表於2010年國境管理與移民事務學術研討會，2010年11月，
中央警察大學國境警察學系主辦，後經修改與補充而成）

第二篇

大陸地區 （含港澳）人民

第四章　大陸地區人民（含港澳）之入出境及居留規範

實務案例

　　李某係我國國民，與大陸地區女子夏某，於民國95年3月17日在大陸地區結婚，夏某以配偶來臺依親，於96年1月7日入境臺灣。李某於98年7月21日向派出所自首其與配偶即夏某係假結婚；案經地檢署檢察官偵查認定兩人確有假結婚情事。移民署專勤隊依李某自首及地檢署偵查結果，認有事實足認夏某有為來臺工作而假結婚之違法行為[1]。請問對違法之大陸地區人民，移民署得採取何種之處分與措施？

壹、前言

　　隨著兩岸人民與經貿間交流的發展，大陸地區人民來臺居留的人數，也隨之增加[2]。大陸地區人民，屬於外來人口之一種；在民國76年之前，兩岸之間因處於特殊之對立關係，而禁止人民自由往來；而後來隨著兩岸政治形態與關係之變化，及顧及人民親屬間團聚之權利，逐漸開放兩岸人民互相往來之條件規定。而兩岸不同地區之人民，往其他地區之入境與居留，皆須經過該地區主管機關之許可，乃理所當然。

　　人民有遷徙之自由，乃憲法第10條所明定。但憲法第23條同時規定[3]，國家遇有四大公共利益之原因，即為防止妨害他人自由、避免緊急危難、維護公共秩序與增進社會福祉等事由，並達到必要之程度時，得透過制定法律之程序，來限制人民之事由。對於人民入出境之規範，我國並定有國家安全

1　參考最高行政法院101年度判字第216號判決。
2　大陸地區人民來臺人數，累計至99年12月底，大陸人民來臺達479.7萬人次。資料來源：行政院大陸委員會，http://info.gio.gov.tw/ct.asp?xItem=19882&ctNode=2841，瀏覽日期：100.10.9。
3　憲法第23條規定：「以上各條列舉之自由權利，除為防止妨礙他人自由、避免緊急危難、維持社會秩序或增進公共利益所必要者外，不得以法律限制之。」

法、入出國及移民法、臺灣地區與大陸地區人民關係條例（以下簡稱兩岸關係條例）等規定。

對外來人口之居留，我國得依法律規定開放具備何種資格與條件者，始得入境之規定[4]。此從保護國家之利益而言，我國具有此項之權利[5]。大陸地區人民如因與臺灣地區人民結婚之關係，自得依親屬關係申請到臺灣地區居住。其他大陸地區人民來臺居留之事由，尚有專業人士、依受僱契約派駐到我國任職者、留學生、因受政治迫害者等之原因。處於開放的國際社會，各國之間人流往來十分頻繁；為國境安全及移民政策考量，我國自應有一定之接受大陸地區人民來臺之規定。而大陸地區人民因其身分與法律地位之特殊，並不稱其為外國人，另一方面其又不屬臺灣地區設有戶籍之國民，因此在入國與居留制度上，有其特殊性。大陸地區人民之居留制度，有其一定法治之演進；從理論上探討大陸地區人民來臺居留之制度[6]，以作為實務之參考，應具有一定之意義。

所謂「居留」，即外來人口到我國居住之意；從居住期間而言，居留屬於較長期間之居住，而「停留」屬於短期間之入國，完成其特定目的後，即返回其本國而言[7]。與居留相關之程序，如申請過境、停留、定居等，皆屬相關之程序或項目。在用語上對於大陸地區人民之居留，並區分成「依親居留」、「長期居留」二者，有其特殊之考量。一般對外國人之長期居住而言，即只以「居留」稱之。至於對大陸地區人民「居留」名稱之分類，為考量目前大宗之申請為「依親居留」，因此，亦具有必要性。依不同居住期間，而區分外來人口之權利，亦屬移民法上制度之一；如對於達到長期間居住之外國人，且符合特定符合國家利益條件者，亦可賦予該人得申請「永久居留權」。

---

4 相關文獻，請參考早坂圭一，ドイツにおける移民統合政策―2005年の移民法を中心に―，名古屋大學大學院國際開發研究科學報8期，2011年3月，第17-31頁。中谷真憲，フランスの移民政策とそのディスクール，京都產業大學法學部法學論集42卷2期，2008年9月，第153-196頁。

5 請參考後藤光男，外國人の出入國の自由，早稻田大學法學會法學論集85卷3期，2010年，第457-492頁。

6 相關論文，請參考黃彥傑，大陸地區人民在臺居留制度之研究，中央警察大學外事警察研究所碩士論文，2009年。

7 有關停留與居留之定義，依入出國及移民法第3條：「……七、停留：指在臺灣地區居住期間未逾六個月。八、居留：指在臺灣地區居住期間超過六個月。」

因民國100年起開始我國開放大陸留學生來臺就學，此後大陸人民之「就學」亦屬停留原因之一，並有別於原來之大陸人民專以「依親」、「社會」、「政治」、「專業人士」等之申請居留[8]。

依大陸地區人民來臺就讀專科以上學校辦法第10條第5項：「大陸地區學生於第三項停留期間屆滿前，得檢附下列文件向移民署申請換發多次入出境許可證：一、就讀學校出具之在學證明。二、國內指定醫院出具之健康檢查合格證明。三、移民署所規定之其他文件。」第6項：「前項多次入出境許可證之有效期間及停留期間自核發之翌日起算二年，並得視修業情況於停留期間屆滿前三個月內申請酌予延長，每次延長期間不得逾二年。但有下列情形之一者，每次延長期間不得逾六個月：一、博士班修業已滿五年。二、碩士班修業已滿三年。三、學士班（不包括二年制學士班）修業已滿四年。但其修業期限因系、院、學程性質，經依法延長者，於修業期限屆滿後。四、二年制學士班及二年制副學士班修業已滿二年。」

本章主要探討大陸地區人民來臺之居留原因及其相關規範，包括居留事由、相關認定之標準、何種情形拒絕其申請、何種情形禁止其入境等議題。因對於大陸地區人民之入境居留，與對外國人之規範有所不同；而兩岸關係條例之規定，亦有多處與入出國及移民法不盡相同[9]。對此，本章從移民法相關理論之觀點，提出分析與建言，以供參考。

---

8 有關大陸地區人民申請居留之原因，依兩岸關係條例第17條：「大陸地區人民為臺灣地區人民配偶，得依法令申請進入臺灣地區團聚，經許可入境後，得申請在臺灣地區依親居留（第1項）。前項以外之大陸地區人民，得依法令申請在臺灣地區停留；有下列情形之一者，得申請在臺灣地區商務或工作居留，居留期間最長為三年，期滿得申請延期：一、符合第十一條受僱在臺灣地區工作之大陸地區人民。二、符合第十條或第十六條第一項來臺從事商務相關活動之大陸地區人民（第2項）。經依第一項規定許可在臺灣地區依親居留滿四年，且每年在臺灣地區合法居留期間逾一百八十三日者，得申請長期居留（第3項）。內政部得基於政治、經濟、社會、教育、科技或文化之考量，專案許可大陸地區人民在臺灣地區長期居留，申請居留之類別及數額，得予限制；其類別及數額，由內政部擬訂，報請行政院核定後公告之（第4項）。……。」
9 另請參考蔡庭榕，從平等權論外籍與大陸配偶之差別待遇，中央警察大學國境警察學報7期，2007年6月，第175-214頁。

貳、大陸地區人民之概念

一、大陸地區人民之意義

因我國歷史背景與兩岸之間的政治關係，對於大陸地區人民入境及居留事項，依憲法增修條文授權另訂定「兩岸關係條例」。所謂大陸地區人民，事實上既不具有中華民國國籍，習慣上又不逕稱為外國人。依憲法增修條文第11條規定：「自由地區與大陸地區間人民權利義務關係及其他事務之處理，得以法律為特別之規定。」依此授權，除制定「兩岸關係條例」外，另為規範香港與澳門居民之入出我國，並訂有「香港澳門關係條列」相關法令[10]。依兩岸關係條例第2條規定：「本條例用詞，定義如下：……四、大陸地區人民：指在大陸地區設有戶籍之人民[11]。」

有關大陸地區人民之認定，依臺灣地區與大陸地區人民關係條例施行細則第5條：「本條例第二條第四款所定大陸地區人民，包括下列人民：一、在臺灣地區或大陸地區出生，其父母均為大陸地區人民者。二、在大陸地區出生，其父母一方為臺灣地區人民，一方為大陸地區人民，在大陸地區設有戶籍、領用大陸地區護照或未依前條第一項第四款規定在臺灣地區設有戶籍者。三、在臺灣地區設有戶籍，中華民國九十年二月十九日以前轉換身分為大陸地區人民，未依第六條規定回復臺灣地區人民身分者。四、依本條例第九條之一第二項規定在大陸地區設有戶籍或領用大陸地區護照，而喪失臺灣地區人民身分者。」

大陸地區人民其入境之許可方式、程序、相關事項，主要依據「大陸地區人民進入臺灣地區許可辦法」。而限制大陸地區人民入境之規定，是否違反「居住遷徙自由」之規定，依大法官釋字第265號解釋理由書：「人民有居住及遷徙之自由，固為憲法第十條所規定，但為防止妨礙他人自由、避免緊急危難、維持社會秩序或增進公共利益所必要者，仍得以法律限制之，此觀憲法第二十三條規定甚明。」此如從外國人的入國及居留之法理而言，雖任何的國家無義務許可外國人入境，然而一旦許可其合法入境後，外國人

---

10 李震山，論外國人之憲法權利，憲政時代25卷1期，1999年7月，第105頁。
11 李建良，外國人權利保障的理念與實務，台灣本土法學雜誌48期，2003年7月，第93頁。

則取得停留、居留資格，所附帶的義務為停、居留中，應遵守相關法令的規定[12]。依大法官釋字第497號之解釋文，認為內政部所定「大陸地區人民進入臺灣地區許可辦法」及「大陸地區人民在臺灣地區定居或居留許可辦法」並未逾越母法之授權範圍，而未侵害人民之遷徙自由。由於本號解釋係涉及大陸地區人民來臺定居之問題，於本號解釋中大法官雖未宣告系爭規定違憲；惟其中並未否定大陸人民之遷徙自由權，故大法官本號解釋之作成，無異承認「大陸地區人民」亦享有憲法所保障之遷徙自由權[13]。

　　針對中國大陸發布居住證申領發放辦法，我國陸委會表示，將進一步根據其內容，瞭解申領居住證與在中國大陸設籍有無實質差異，以及是否有違反兩岸關係條例相關規定。大陸委員會指出，依據兩岸關係條例第9條之1第1項規定，臺灣人民不得在中國大陸設有戶籍或領用中國大陸護照，違反者將喪失臺灣人民身分、被依法註銷在臺戶籍，以及因戶籍所衍生之相關權利。陸委會表示，居住證是為臺灣民眾在中國大陸工作、就學的生活便利性證件。至於陸方公布「港澳臺居民居住證申領發放辦法」，將進一步根據其內容瞭解申領居住證，與在中國大陸設籍有無實質差異，以及是否有違反兩岸關係條例相關規定。至於臺灣民眾申請居住證需提供指紋資料一事，陸委會認為，此舉可使陸方對於在陸居住之臺灣民眾，採取更嚴格之監控作為，對有意赴中國大陸就業或就學的臺灣民眾，都可能會產生一定的風險[14]。

二、大陸地區人民之法律地位

　　目前兩岸之間的關係，各以不同的地區相稱謂，兩岸地區人民有關的權利、義務，以特別法律規定。兩岸人民之入出兩岸地區，須經各該主管機關之許可，始得進入對方境內。另中華人民共和國人民（包括港澳地區人民）是否屬於本國人或外國人之問題，從兩岸政權在歷史上、政治上歷經之諸多糾葛，兩岸二邊之人民復有血統上及親屬上的聯繫關係，是以中華人民共和國人民的法律地位，究屬本國人或外國人？學說及實務上之見解亦不一。

　　確認大陸地區人民在我國憲法上之地位，究明其是否為我國憲法所保

12 李震山，論移民制度與外國人基本權利，台灣本土法學雜誌48期，2003年7月，第61頁。
13 李建良，大陸地區人民的人身自由權，台灣本土法學雜誌11期，2000年6月，第133頁。
14 領居住證等同設籍？陸委會：將瞭解有無差異，中央社，2018年8月19日。

障之基本權利主體？保障之基本權利程度如何？亦有其必要性。首先憲法保
障基本權利主體之概念，為基於普世價值之人權保障理念及近代之倡導維護
國際人權。立憲主義國家，其憲法之目的除在保障本國國民外，另基於遵守
國際人權條約與慣例，理論上認為依基本權利性質，如給予外國人享有不致
於違反國家主權與重大利益，依權利性質為適合時，給予外國人享有此種權
利，並不違反憲法精神的「權利性質說[15]」。如從大陸地區人民不能主張有
入境權利及無參政權，可說目前大陸地區人民之法律地位，較接近於外國
人。亦有學者認為一國之國民應以「國籍」為識別標準，大陸地區人民既不
具備中華民國國籍，縱令其與臺灣人民之間具有血緣及親屬關係，仍不能因
此而取得中華民國國民的身分[16]。

　　有關「大陸地區人民」之法律地位[17]，從形式上觀察，因國家定位關
係，對其之稱謂不逕稱為「外國人」，無法如一般國家對於人民之分類，只
採二分法的區別，即非外國人即是本國人；大陸人民之法律地位，以往皆認
為同是中國人。但從國家名稱而言，經過我國國籍法的修正之後，目前本國
人則稱為「中華民國國民」與大陸地區人民為「中華人民共和國國民」，有
所不同。從國家名稱、主權行使範圍等要件而言，中華民國與中華人民共和
國，既在國家名稱有所不同，從法律規範面而論，自然國民之國籍，亦為不
同。此似不能以政治上原因，而在法律面上稱「大陸地區人民」，亦為我國
國民。在入出境法規範上，目前僅能以「大陸地區人民」稱之；此做法可以
暫時避免政治上之爭論。但遇大陸地區人民入境、居留權利及其待遇，或對
非法入境案件之處理程序上，要如何看待大陸地區人民及其法律地位仍必須
面對。是否要將大陸地區人民定位為準外國人，理論上須依各別法規而定，
如依就業服務法第80條：「大陸地區人民受聘僱於臺灣地區從事工作，其聘
僱及管理，除法律另有規定外，準用第五章相關之規定。」該法第五章規
定，其條文自第42條至第62條，規定有關外國人聘僱與管理之相關要件與程
序。從上述之條文規定，亦可略知大陸地區人民在我國工作時之法律地位。

　　對於大陸地區人民之入境，我國採行許可制。其目的在為確保臺灣地

---

15 周宗憲譯，憲法（下）──基本人權篇，元照出版，2001年3月，第46頁。

16 李建良，前揭文（註11），第96頁。

17 有關大陸人民之法律地位，請參考陳靜慧，從平等權的觀點論大陸配偶在臺灣地區之法律地
　位及其基本權利之保障，憲政時代28卷2期，2002年10月，第58-78頁。

區之安全，且客觀上因無法給予兩岸人民相同程度之基本權利保障之事實，依兩岸關係條例規定，其中大陸地區人民進入臺灣地區，須經主管機關許可[18]，在國家情勢特殊下，此種法制並未違反憲法增修條文第11條規定[19]。

另依大法官釋字第558號解釋理由書：「憲法第十條規定人民有居住、遷徙之自由，旨在保障人民有自由設定住居所、遷徙、旅行，包括入出國境之權利。……依現行憲法增修條文第十一條規定，自由地區與大陸地區間人民權利義務關係及其他事務之處理，得以法律為特別之規定，是法律就大陸地區人民進入臺灣地區設有限制，符合憲法上開意旨。」值得一提的，有關外國人之入出境管理行政，日本最高法院也一貫認為主管機關有廣泛的裁量權[20]，但從法治國家公權力之行使，應受到憲法制約的原理而言，大陸地區人民亦受到憲法基本權利之保障，有關限制其入境之原因，亦可為實質的檢討。雖然大陸地區人民，並非本國國民；但依現行法制仍不將其逕認為屬外國人，且其之入出境與居留，更有特別規定。

三、香港與澳門居民之概念

依「香港澳門關係條例」第2條規定：「本條例所稱香港，指原由英國治理之香港島、九龍半島、新界及其附屬部分（第1項）。本條例所稱澳門，指原由葡萄牙治理之澳門半島、氹仔島、路環島及其附屬部分（第2項）。」

香港在1997年回歸中國大陸之前，屬於英國之屬地，採行自由民主之制度，與我國在經濟、文化、社會上有密切的關係。香港居民具有一定之經濟能力與久在民主體制中生活，與我國之制度較為相近，因此，有關其法律上地位與進出我國，另依「香港澳門關係條例」規定行之。

在1997年香港回歸中國大陸之後，仍舊保留香港現有之制度，稱為一國兩制；香港屬於特別行政區，在中共法律之下，保留其個別、獨特之制度。

---

18 依臺灣地區與大陸地區人民關係條例施行細則第15條第2項：「本條例第十八條第一項第一款所定未經許可入境者，包括持偽造、變造、冒用或持冒用身分申請之護照、旅行證或其他相類之證書、偷渡或以其他非法之方法入境者在內。」

19 永明，禁止SARS病患入境，月旦法學教室9期，2003年7月，第9頁。

20 日笠完治，外國人登錄法における登錄事項確認申請制度の合憲性，法學教室，判例セレクト98（憲法），第3頁。

從國家與國籍而言，香港成為中華人民共和國之一部分，香港居民亦屬於中共人民之範圍。

依「香港澳門關係條例」第4條規定：「本條例所稱香港居民，指具有香港永久居留資格，且未持有英國國民（海外）護照或香港護照以外之旅行證照者（第1項）。本條例所稱澳門居民，指具有澳門永久居留資格，且未持有澳門護照以外之旅行證照或雖持有葡萄牙護照但係於葡萄牙結束治理前於澳門取得者（第2項）。前二項香港或澳門居民，如於香港或澳門分別於英國及葡萄牙結束其治理前，取得華僑身分者及其符合中華民國國籍取得要件之配偶及子女，在本條例施行前之既有權益，應予以維護（第3項）。」

有關入出境上對人民可以有不同之分類，因多數香港居民，已取得英國海外國民之身分，與英國具有一定之關係；但其並非屬於英國公民，並不享有在英國居住之權利。且在1997年之前，香港屬於自由地區，依我國僑委會之核發華僑身分，在此之前香港人，仍得申請取得華僑之身分，但在1997年之後，因香港已回歸中國大陸，我國僑委會基於兩岸關係條例，及尊重中共之主權，遂不再核發華僑之身分證明[21]。

澳門在1999年回歸中國大陸之前，亦屬於葡萄牙之屬地，屬於自由地區；其同樣採取自由經濟與民主體制，與我國關係，亦相當密切，因此，我國對於國民前往澳門在早期亦採取較為寬鬆之方式，不加以管制。

大陸委員會表示，為因應中共強推港版國家安全法造成香港的變局，依總統及院長指示規劃的「香港人道援助關懷行動專案」（以下簡稱本專案），已奉行政院核定，執行本專案所建置的「臺港服務交流辦公室」並將於109年7月1日正式營運，以提供港人便捷服務與必要照顧。陸委會表示，本專案係透過跨部會的協調，整合相關資源，並由政府挹注必要經費，期為進入臺灣、需要協助的港人、香港跨國企業及國際法人團體，提供親切、便捷的服務及基本照顧，並吸引香港資金及專業人才，壯大臺灣經濟發展。陸

---

21 僑務委員會88年1月5日（88）僑證照字第880020050號函稱：「自86年7月1日起本會依法不得受理香港居民申請華僑身分證明書。」是以，該地區人民自86年7月1日起，其出售土地時，自無法取得華僑身分證明書，適用前揭函釋規定辦理。三、本案曾某持有僑務委員會86年5月5日核發之華僑身分證明書，依上開僑務委員會示：「依據86年10月6日行政院大陸委員會港澳會報第57次會議決議，香港地區居民於『九七』前所取得之華僑身分證明書不受效期影響，可繼續使用。」臺北高等行政法院95年度訴字第03700號判決。

委會並指出，執行本專案的「臺港服務交流辦公室」，係在既有推動臺港交流平臺——「臺港經濟文化合作策進會」下，特別成立對外的服務窗口。該辦公室下設「諮詢服務」、「專案管理」及「行政庶務」等3組，提供港人來臺就學、就業、投資創業、移民定居，以及跨國企業、國際法人團體來臺等專案諮詢與協處服務；同時也會在兼顧國家安全前提下，依據既有法律規範及公私協力的方式，務實處理港人人道援助及關懷事宜[22]。

參、大陸地區人民來臺之居留原因

一、概說

依大法官釋字第265號解釋，有關限制大陸地區人民入境，得依憲法第23條符合公共利益原因及必要情形下，以法律限制之[23]。另對於兩岸之間的關係，依憲法增修條文第11條之授權，亦得以法律為特別之規定。大陸地區人民與我國之間，具有同文同種、且地理位置相近、在文化與生活習俗上，皆有關聯性。

隨著兩岸之間的家庭往來、經濟與文化之交流，目前對於大陸地區人民入境之申請，亦大幅開放。除目前尚不考慮開放大陸籍勞工之外，有關大陸人民之來臺申請原因，已趨近於外國人之申請來臺居留。而對於外國人之申請來我國居留，所為之許可為核發居留簽證；其職掌屬於外交部之權限。而對於大陸人民之申請來臺居留，其許可主管機關為內政部，內政部為執行核發入境臺灣地區之許可事務，則委由移民署執行[24]。

---

22 陸委會公布「香港人道援助關懷行動專案」，成立「臺港服務交流辦公室」，提供港人必要協助，陸委會新聞稿，109年6月18日。

23 另請參考習仁國，論外國人入出國的權利，中央警察大學學報37期，2000年10月，第147-166頁。簡建章，入出國許可基本問題之研究，中央警察大學國境警察學報6期，2006年12月，第219-246頁。

24 依行政程序法第15條：「行政機關得依法規將其權限之一部分，委任所屬下級機關執行之。」內政部為執行核發大陸地區人民入境臺灣地區之許可證事務，得委由入出境及移民署執行；此屬於行政程序法之委任關係。

許可大陸人民入出境及在臺灣地區居留，涉及國家主權行為[25]。有關其居留原因及依居留原因，所須具備之資格條件，國家自得依合於國家利益之考量而為規定。但對入出境與居留行為之規範，因涉及對外關係，亦須衡量國家之間的合作或互惠情況；另此亦涉及申請人之人權，因此，須綜合地考量如前述三者之關聯與必要性而為訂定。

我國為人口密集之國家，人口密度相當高，因此對於外來人口之申請進入我國，皆採取高門檻之要求。如對於在我國工作之外籍勞工，亦要求其在最長12到14年之受僱期限之後，原則必須返回其國籍國[26]（例外符合移工留才久用方案，可以申請永久居留）。且在受僱期間，一次以3年之合法居留為限；對此之居留年限，不得併算入申請歸化之期間[27]，以減輕我國人口之壓力。因此，對於大陸地區人民之申請來我國居留，亦設定一定門檻之要求。

二、親屬關係與社會考量

大陸地區人民如屬於國民之近親，國家有予以維護其家庭團聚之責任；此屬於憲法上家庭權所保障之範圍。為公共利益考量之入國資格要求，與人民家庭團聚權之主張，二者之間的調和，依國際人權法與有關國家移民法之規定，一般皆尊重家庭團聚權之申請入國[28]。

依兩岸關係條例第17條規定：「大陸地區人民為臺灣地區人民配偶，得依法令申請進入臺灣地區團聚，經許可入境後，得申請在臺灣地區依親居留

---

25 另請參考李弘毅，外籍人士之居留與歸化問題探討，國會月刊36卷9期，2008年9月，第83-98頁。

26 為留用外國中階技術人力，我國已自111年4月30日起推動「移工留才久用方案」相關措施，勞動部鼓勵國內雇主可依規定將目前所聘僱的優秀資深移工及取得我國大專校院畢業副學士以上學位的僑外學生，申請轉任或聘僱為中階技術人力，適時填補企業所需長期穩定的技術性勞動力。勞動力發展署網頁，https://www.wda.gov.tw/News_Content.aspx?n=7F220D7E656BE749&sms=E9F640ECE968A7E1&s=E29AF881C2629FFC，瀏覽日期：112.8.29。

27 對在我國工作之外籍勞工，要求其在最長12年之受僱期限後，須返回其國籍國。且受僱期間，一次以3年之合法居留為限；對此居留年限，不得併算入申請歸化之期間。依國籍法施行細則第5條第2項規定：「申請人以下列各款事由之一為居留原因者，其居留期間不列入前項所定合法居留期間之計算：一、經勞動部許可從事就業服務法第四十六條第一項第八款至第十款規定之工作。」

28 另請參考蘇裕國，放寬大陸地區配偶依親居留期間在臺工作規定，就業安全7卷1期，2008年7月，第108-111頁。

（第1項）。……。」

　　主管機關基於社會考量，得專案許可大陸人民來臺長期居留之原因，包括：依兩岸關係條例第17條第4項規定，大陸地區人民有下列情形之一，申請長期居留者，主管機關基於社會之考量，得予專案許可：（一）在臺灣地區之配偶死亡後未再婚，其臺灣地區配偶之年逾65歲父母或未成年子女，無其他法定撫養義務人照顧，而有由其在臺照料之需要；（二）被其大陸地區親生父母之臺灣地區配偶收養，且未滿18歲；（三）中華民國38年政府遷臺後，至76年11月1日間，在臺灣地區原有戶籍，前往大陸地區繼續居住逾4年，未在大陸地區設有戶籍或領用大陸地區護照；（四）其為經許可長期居留或定居之臺灣地區人民配偶之未滿18歲親生子女，依大陸地區人民進入臺灣地區許可辦法第24條第1項第2款規定申請探親，在臺停留連續滿4年，且每年在臺灣地區合法停留期間逾183日；（五）其為臺灣地區人民之未滿18歲親生子女[29]。

　　許可大陸籍配偶入境居留，為保障家庭團聚權利之考量。惟不得有以居留為目的，而為虛偽結婚之情事；依上述兩岸關係條例之規定，如有虛偽原因，並予以撤銷居留許可。大陸籍配偶於入境臺灣地區之後，依法取得合法居留權，得予以從事工作，並不須再經向勞動部申請；以保障其工作權。對此，在外國理論上，有認為國民之配偶，雖為外國籍，但依其居留目的、在國內生活形態、未來計畫等，皆等同於國民，所以對其地位之待遇與保障，以國民視之為宜[30]。

　　有關婚姻真實性之說詞、證據不符之案例，考量大陸地區人民以與我國國民結婚為由申請來臺依親居留、長期居留或定居，非僅關係我國國民個人之家庭生活，亦將影響國家人口政策、就業市場、資源分配及社會秩序等諸多層面。是無論申請結婚文件證明，或依親居留許可之核發，均攸關國家利益，倘該大陸地區人民與我國國民間之婚姻真實性顯有疑義，或是否有以假藉結婚之形式，取得我國國民配偶之身分來臺居留，甚至工作等情，即屬重要，則基於公共安全及社會利益之維護，移民署依據居留定居許可辦法第8

29　參見大陸地區人民在臺灣地區依親居留長期居留或定居許可辦法第23條規定。

30　對於國民之外籍配偶，在外國憲法理論中，有認為國民之配偶，雖為外國籍，但依其居留目的、在國內生活形態、未來計畫等，皆等同於國民，所以對其地位之待遇與保障，應以等同國民為宜。

條規定：「依親居留、長期居留或定居之申請人，應依相關法規及移民署之通知，接受面（訪）談。申請人之配偶及其他親屬，移民署認有面（訪）談之必要者，亦同。」即得以面（訪）談作為蒐集資料之行政調查方法之一，以資查證申請人所提出之申請事由及相關事證是否與入境之目的真實且相符，此除公益上之發現真實、取締不法外，對婚姻移民雙方亦具保護作用，兼具維護公益及私益之效果[31]。

如經核被告於行政調查後，認已達可高度合理懷疑原告與賴君無正當理由未共同居住及彼此實質婚姻之真實性，其判斷均未悖於婚姻生活之經驗法則。則原告身為大陸地區人民，即失其與賴君再在臺灣地區經營婚姻家庭生活而定居在臺灣地區之正當性基礎。原處分以原告「有關婚姻真實性之說詞、證據不符」為由，依居留定居許可辦法第27條第1項第3款、第34條第1項第3款等規定，不予許可定居，並廢止其長期居留許可及註銷長期居留證，並對原告形成自不予許可（發文日期）之翌日起算1年，不許可再申請長期居留及定居之法律效果等，核均屬合法有據。原告雖一再主張其與賴君並非假結婚云云，惟本件被告係依居留定居許可辦法第34條第1項第3款前段有關「有事實足認其無正當理由未與依親對象共同居住，或有關婚姻真實性之說詞、證據不符。」進行審查及為准駁，並非依據居留定居許可辦法第33條第1項第2款規定：「大陸地區人民申請定居，有下列情形之一者，不予許可，並自不予許可之翌日起算一年以上、五年以下之一定期間，不許可其再申請：……二、有事實足認其係與臺灣地區人民通謀而為虛偽結婚、其婚姻無效或經撤銷。」之認原告與賴君係通謀而為虛偽結婚為由予以否准[32]。

而規定居留之原因，所列「依親」之名義（如外國護照簽證條例中所規定），亦可能被誤認其附屬於本國「配偶」之處。對此，如日本之出入國管理及難民認定法中規定，即列為「國民之配偶」；雖然二者之意義，大概相同，但如遇有家庭離婚或一方死亡之續為申請居留問題等，在判斷或認定上，則較易生疑義。所以如參考日本法之規定，以「國民之配偶」則較適當[33]。

---

31 臺北高等行政法院111年度訴字第786號判決。

32 臺北高等行政法院111年度訴字第786號判決。

33 另請參考新井信之，國際家族の人權保障強化の可能性について：アメリカ判例理論を素材として，長崎外國語大學紀要7期，2004年6月30日，第1-18頁。

三、受聘僱與科技、經濟原因考量

早期世界上人口遷徙之原因，主要在於人民為找尋更好的工作及發展，使其能過更好的生活而移動。大陸地區人民在10多年前為改善其生活，紛紛利用偷渡方式，進入到臺灣地區，造成我國治安與入境秩序之重大影響，究其來臺原因，主要亦在於來臺工作，以改善其生活之經濟原因。目前各國為求經濟發展，紛紛提出吸引外籍高科技人才，到其國家任職之優渥條件；對此，我國在移民法制上亦不遺餘力，推動相關之配套措施[34]。雖然我國目前尚無開放大陸籍勞工之計畫，但對於大陸籍之專業人士來臺，已有相關之法源依據，以適時配合及提升我國產業發展之所需。

依兩岸關係條例第17條第2項規定：「前項以外之大陸地區人民，得依法令申請在臺灣地區停留；有下列情形之一者，得申請在臺灣地區商務或工作居留，居留期間最長為三年，期滿得申請延期：一、符合第十一條受僱在臺灣地區工作之大陸地區人民。二、符合第十條或第十六條第一項來臺從事商務相關活動之大陸地區人民。」

另大陸人民申請科技考量，專案許可來臺長期居留者，包括：（一）在基礎及應用科學專業領域有傑出成就，為臺灣地區迫切需要，並曾任著名大學或研究機構之教授、副教授（研究員、副研究員），最近5年內有著作發表；（二）在特殊領域之應用工程及技術上有傑出成就，並在著名大學得有博士學位後繼續執行專門職業4年以上著有成績；（三）具有臺灣地區所亟需之特殊科學技術，並有豐富之工作經驗[35]。

與科技考量相類似者，為經濟發展之原因。依規定主管機關基於經濟之考量，得予專案許可：（一）在產業技術上有傑出成就，且其研究開發之產業技術，能實際促進臺灣地區產業升級；（二）在金融專業技術或實務操作上有傑出成就，並能促進臺灣地區金融發展；（三）在新興工業、關鍵技術、關鍵零組件及產品有專業技能，且確為臺灣地區所亟需或短期內不易培育；（四）在數位內容、影像顯示、光電、半導體、電子、資訊、通訊、工

---

34 我國在移民法制上亦不遺餘力，推動相關吸引外籍人才之配套措施；如給予特定高科技人才直接申請「永久居留」之待遇。另請參考黃慶堂，專技移民與投資移民對我國經濟之影響，第二屆「國境安全與人口移動」學術研討會論文，2008年，第93-110頁。
35 參見大陸地區人民在臺灣地區依親居留長期居留或定居許可辦法第21條規定。

業自動化、材料應用、高級感測、生物技術、奈米科技、製藥、醫療器材、特用化學品、健康食品、資源開發與利用、能源節約等著有成績，且確為臺灣地區所亟需或短期內不易培育[36]。

發展國內之經濟及產業，為各國目前所致力之未來方向；並皆以提出具體計畫，以求得在短時間內，發揮作用。近來國內之學者與產業界各方面，並呼籲政府應該重視人才培育及保護作為。大陸籍專業人士，如為我國所需者，並不須因其是大陸籍，而予排斥或管制；如其有意願到我國工作，亦應歡迎之[37]。對於白領工作之外國人，依就業服務法規定有一定之條件規範；大陸地區人民如受僱在臺灣地區工作，並準用就業服務法對外國人之規定。為保護國民之就業機會，外國人如欲在臺灣地區工作，原則上應申請許可；未申請者，屬於違法行為。大陸地區人民屬於外來人口，當然其工作亦應受到規範。

四、就學之原因

各外國之吸引留學生，一般而言有二大利益與目的；一者在於透過學術教育，以推展國家之文化與價值觀。二者，留學生到我國就學居住期間，其之消費亦對我國之經濟發展，有所助益。於民國100年開始我國開放大陸留學生來臺就學，包括大學部及碩博士班之學生。兩岸之間的交流，除了經貿、文化、社會等之外，今又開啟了教育層面，當可以使大陸地區人民更瞭解臺灣地區之社會與深一層文化。

兩岸關係條例第22條第3項：「大陸地區人民經許可得來臺就學，其適用對象、申請程序、許可條件、停留期間及其他應遵行事項之辦法，由教育部擬訂，報請行政院核定之。」另依大學法第25條：「……大陸地區學生及外國學生進入大學修讀學位，不受前條公開名額、方式之限制（第1項）。前項大陸地區學生，不得進入經教育部會商各有關機關認定公告涉及國家安

---

36 參見大陸地區人民在臺灣地區依親居留長期居留或定居許可辦法第19條規定。

37 大陸地區專業人士來臺從事專業活動，是政府自82年分別就兩岸專業人士，依宗教、經貿、財金、農業、勞工、學術、文教、體育、法律、交通、環保、大眾傳播及民俗技藝等二十類專業領域進行專業交流活動。渠等來臺必須由臺灣地區專業團體邀請並代為提出申請，經主管機關就當事人所具備之專業資格、活動內容（座談、參訪、會議、觀摩、觀展、學術研討等）及行程進行審查後，方由內政部入出國及移民署核發入境許可。參考行政院陸委會網站，http://www.mac.gov.tw/ct.asp?xItem=78089&ctNode=5649&mp=1，瀏覽日期：100.10.9。

全、機密之院、系、所及學位學程修讀（第2項）。第一項學生進入大學修讀學位之名額、方式、資格、辦理時程、招生委員會組成方式、錄取原則及其他有關考生權利義務事項之辦法，除大陸地區學生部分由教育部擬訂，報請行政院核定外，其餘由教育部定之（第3項）。」

依大陸地區人民來臺就讀專科以上學校辦法第1條：「本辦法依臺灣地區與大陸地區人民關係條例第二十二條第三項、大學法第二十五條第三項及專科學校法第三十二條第一項規定訂定之。」同辦法第2條：「本辦法所稱大陸地區學生，指大陸地區人民經許可來臺灣地區就讀國內二年制專科以上學校修讀學位者。」同辦法第3條：「大陸地區人民符合國內下列學制報考資格之一者，得依本辦法申請來臺就學：一、公私立大學校院日間學制博士班、碩士班及學士班。二、公私立專科學校日間學制二年制副學士班。三、公私立大學校院進修學制碩士班（第1項）。前項學制，不包括軍警校院（第2項）。」

大陸籍學生來臺就學，其目的在於受教育，因此，於就學期間之活動，須符合與學習之內容相關，不得從事其他工作等行為。而就學依大學法之相關規定，有一定之年限，在合法修習年限之中，自得合法於臺灣地區停留；但從停留規範之立場言，仍應以就學為其主要目的，不得從事其他應另為申請之活動，如新聞採訪、就業[38]。

因中國大陸當局在2020年4月宣布暫停陸生來臺就學，使得原本在臺的學士班陸生，在112年6月成為最後一屆畢業生。在臺海情勢緊張之際，兩岸教育人士與陸生都認為，開放陸生來臺攻讀學位，將有助於兩岸發展。臺灣開放中國大陸8個省市（京、滬、蘇、浙、閩、粵、鄂、遼）的學生，可來臺就讀大學和研究所，不過中國大陸當局在2020年4月9日宣布暫停新生來臺，已在臺的陸生可繼續完成學業，並留臺升讀碩士班或博士班[39]。

---

38 所謂與申請目的不符，即不得從事其他應另為申請之活動項目，如採訪、就業、傳教等均須個別申請；如申請來臺從事參訪，逕行受僱工作，即屬與申請目的不符之活動。
39 恢復陸生來台就學，兩岸教育界都支持，中央社，2023年7月11日。

五、申請庇護與政治考量

兩岸關係條例第17條中,所規定之政治考量,其範圍甚廣;重點在對我國政治、國際地位有幫助之大陸人民,得予專案許可其入境長期居留。其中有一原因,為領導民主運動而有受具體迫害之危險性。只有後者之「領導民主運動受具體迫害者」,與國際難民地位公約之規定,有部分相關[40]。

而申請政治考量之原因,即除上述領導民主運動,受迫害之立即危險。另包括:(一)對臺灣地區國防安全、國際形象或社會安定有特殊貢獻;(二)提供有價值資料,有利臺灣地區對大陸地區瞭解;(三)具有崇高傳統政教地位,對其社會有重大影響力;(四)對國家有特殊貢獻,經有關單位舉證屬實[41]。

大陸地區之民運人士,基於政治原因,可能受到中國當局之迫害;而民主制度為我國之特點,亦為吸引大陸人民之處。依目前兩岸關係條例之特別規定,有予以列出,因政治原因受到大陸當局之迫害顧慮者,得申請來臺居留,有其值得肯定之處。此規定與難民地位公約之規定,有共通之處[42]。但是否真正有受到迫害之虞,及是否因政治主張而受到迫害,我國主管機關自得依職權調查之。

廣義的難民,包括戰爭難民、經濟難民及政治難民。依「難民地位公約」所規定之難民意義,限於因種族、宗教、階級、政治意見不同之原因,而受到迫害之人,即指狹義難民;亦稱為「受政治迫害」之人。國際間因各國政治狀況不同,可能產生當權者迫害不同政治意見之人,受迫害之人其個人生命、自由有受到迫害或恐懼受到迫害,須逃離國籍國或所居住的國家,或無法期待其國籍國給予保護,必須請求第三國家予以接納。因此,聯合國於1951年訂定「難民地位公約」,並要求各簽署的國家,負起國際上人道的義務,接受及保護政治難民。各國保護難民之制度,原則上簽署國家以本公約為基礎,依各國可接受之能力與限度,予以落實到其國之入出國與外國人法制中,或有的國家訂定保護難民之專門法律如德國,予以規定難民之申請

---

40 另請參考柳井健一,イギリス出入國管理法制の構造轉換:庇護法制の成立と實体的市民權概念の生成,山口經濟學雜誌52卷3期,2004年3月31日,第375-398頁。

41 參見大陸地區人民在臺灣地區依親居留長期居留或定居許可辦法第18條規定。

42 難民地位公約之規定,有共通之處,即受到迫害。但兩岸關係條例之規定,甚為嚴格,須領導民主運動;如非領導之人,只是參加與主張者,則不得適用。

及相關審理程序。

　　依難民地位公約規定，「難民」有申請庇護的權利，其為遭受到本國政府迫害之人，逃離至他國（逃亡者、政治難民）並請求保護之意。庇護權為世界人權宣言及西歐幾個國家憲法中，所予明定的。日本憲法中對此項請求保護之權利，並無明文規定；但亦有學說主張依憲法的解釋，應可以導出庇護權應受到保障，此屬有力的學說。惟實務上一般解釋，採取否定的見解。另外，有關政治犯不引渡原則及禁止驅逐、遣返難民之原則，此二原則在國際習慣法上，應屬於已被確立之原則。此對保障難民之請求庇護權，有所幫助；但依早期日本之判例，則採消極說（最判昭51、1、26）[43]。後來其國於1981年簽署加入「難民地位公約」，因此，日本目前之國內法制已接受外國人的申請難民庇護。日本對於難民的申請，如認定為不符合難民要件之人，另外可向法務大臣申請許可為特別的居留。有關對此之決定，法律是否授予法務大臣有廣泛的裁量權？在很多的訴訟案件中，都成為爭議的焦點。亦認為所謂是否接受外國人的入國與居留許可，以國家的法律而言，並沒有此義務。如以被確立的國際習慣法的一般原則作為依據，是否接受外國人及要求有何種的條件？可依各國的立法政策加以決定[44]。

　　經認定為難民者，因難民與一般的外國人有所不同；此情形國家具有國際義務之性質，適用上排除與外國間的相互主義規定。如從其有請求庇護與可受到被請求國保護的權利等二方面而言，前提上應給予其概括的保護。對於難民的待遇，須有如一般外國人一樣，給予最低程度的保障。因此，對其之待遇應與本國國民為同樣的規定，使其得享有接受初等教育、接受公共扶助、依勞動法制與社會保障法的權利及負擔公租與公課的義務[45]。而我國至目前為止尚未簽署「難民地位公約」及「有關難民地位議定書」，為履行保障國際人權之責任，我國亦積極草擬有關「難民保護法律」。依我國目前法制，外國人如請求庇護，因國內無專門庇護難民之法律依據，一般欲申請難民庇護者期望在我國內居留，尚有困難；如遇有特殊個案僅能個別處理，協助其轉往願意接受之第三國。

---

43 戶波江二，外國人の入國限制，收錄於和田英夫編，憲法100講，學陽書房，1983年5月，第145頁。

44 本間浩，同性愛者の難民該當性，ジュリストNo. 1291，2005年6月10日，第285頁。

45 園部逸夫編集，住民參政制度，株式會社ぎょうせい，平成2（1990）年1月，第61頁。

近來行政院研擬放寬兩岸關係條例第17條規定，放寬未經許可入境的大陸人民，可以申請政治考量專案長期居留，不用提出喪失原籍證明，也免除未經許可入境的刑責。對此修法方向，立法院內政委員會表示支持，因放寬兩岸關係條例符合人權普世價值，另一方面，兩岸人民互動交流越發頻繁，我們總不能回到過去反共的時代，過去有大陸人民來臺，我國都予以重賞，然而兩岸不再是敵對狀態，應該訂出一個符合現狀又能符合我國民主自由的規範，保障來臺尋求政治庇護的大陸人[46]。

我國為民主國家崇尚自由、法治與人權保障，而與大陸所採取之政治專制制度，有重大差距。依大陸地區人民在臺灣地區依親居留長期居留或定居許可辦法（以下簡稱許可辦法）第18條第1項第5款規定：「依本條例第十七條第四項規定，大陸地區人民有下列情形之一，申請長期居留者，主管機關基於政治之考量，得予專案許可：……五、領導民主運動有傑出表現之具體事實及受迫害之立即危險。」

另我國之難民法，至目前為止，尚未正式立法通過，所以對於申請政治庇護之外來人口，無法依現行法予以受理，給予庇護。目前相關之規定，有於人口販運防制法中規定，對於人口販運之被害人，須給予保護；並有給予停留或居留之規定。但人口販運之被害人，與政治案件之被害人，仍有本質上之不同。

依許可辦法第18條第1項：「依本條例第十七條第四項規定，大陸地區人民有下列情形之一，申請長期居留者，主管機關基於政治之考量，得予專案許可：一、對臺灣地區國防安全、國際形象或社會安定有特殊貢獻。二、提供有價值資料，有利臺灣地區對大陸地區瞭解。三、具有崇高傳統政教地位，對其社會有重大影響力。四、對國家有特殊貢獻，經有關單位舉證屬實。五、領導民主運動有傑出表現之具體事實及受迫害之立即危險。」

有關專案許可停留處分之實務案例，行政法院指出發給上訴人專案許可停留處分所為附款建議內容記載：「一、經許可進入停留經許可進入臺灣地區停留之目的，係為尋求轉赴他國接受庇護。首次停留期間自發證之日起算為3個月，必要時得延長，至其他國家同意安置並安排轉往之時止。……二、在臺灣地區停留期間可選定適當處所居住，但需依法令向當地轄區警局

申報流動戶口。為顧慮人身安全，居住地點不予公開。三、停留期間不得從事任何工作。四、……原則上不得接受媒體採訪及參加公開活動。五、如有從事與許可目的不符之活動或違反附款或切結事項，查獲機關將依兩岸關係條例第18條規定強制出境，於強制出境前得暫予收容。」等語，且經上訴人簽名出具切結書同意遵守等情，亦為原審依法確定之事實，經核上開附款內容，係課予上訴人於停留期間應履行上述事項之義務，足見系爭專案許可停留處分屬於附負擔之授益處分性質，並非附條件之行政處分；申言之，系爭專案許可停留處分一經作成發給上訴人即發生效力，不論上訴人是否履行負擔，惟上訴人未履行上開負擔，移民署得依行政程序法第123條規定廢止系爭專案許可停留處分，或由查獲機關依兩岸關係條例第18條規定將上訴人逕行強制出境。況上引兩岸關係條例第17條第4項及大陸人民進入臺灣地區許可辦法第19條第1項規定，對於大陸地區人民以政治考量申請專案許可在臺灣地區長期居留，亦未就其經主管機關許可進入臺灣地區之目的及准許停留時間久暫設有限制[47]。

六、文化與教育之特別技藝

國際上之優秀人才，各國政府皆歡迎其可到各該國家居住；以期提升其國家之各方面水準與貢獻此方面能力。不管文化、體育、技藝等方面之優秀人才皆屬之。依兩岸關係條例第17條第4項規定：「內政部得基於……教育……或文化之考量，專案許可大陸地區人民在臺灣地區長期居留……。」

大陸地區人民在國際間之文化有特別表現，主管機關得專案許可其來臺長期居留，具體項目包括：（一）在民族藝術或民俗技藝領域具有卓越才能，並獲許可延攬，在臺灣地區從事傳習期間，績效卓著；（二）對中華文化之維護及發揚有特殊貢獻，並有豐富工作經驗或重大具體成就；（三）曾獲頒重要文化勳（獎）章，並在文化、電影、廣播電視等專業領域具有研究創見或特殊造詣；（四）曾獲國際著名影展、國際廣播電視節目競賽主要個人獎或其他國際著名獎項，並在文化藝術傳承及創新工作有卓越貢獻[48]。

大陸人民之來臺長期居留，基於教育考量包括：（一）曾獲諾貝爾

---

47 最高行政法院100年度判字第1813號判決。

48 參見許可辦法第22條第1項規定。

獎;(二)曾獲國際學術獎,在學術專業領域具有崇高地位與傑出成就,並為臺灣地區迫切需要,受聘在臺灣地區大專校院或學術研究機構擔任教學研究;(三)曾參加國際藝術展演,在專業領域具有創新表現,其特殊才能為臺灣地區少有;(四)曾獲優秀專業獎,並對其專業領域具有研究創新,而為臺灣地區迫切需要,且受聘在臺灣地區大專校院或學術研究機構擔任教學研究;(五)曾獲得奧林匹克運動會前三名或亞洲運動會第一名成績,且來臺灣地區居留後有助於提升我國家運動代表隊實力;(六)曾擔任大陸代表隊教練,經其訓練之選手獲得奧林匹克運動會前五名或亞洲運動會前三名成績,並經中央目的事業主管機關核定受聘擔任我國家運動代表隊之培訓教練[49]。以上二種類別之長期居留,均對於我國文化與教育方面能力之提升,有所助益。該二種之大陸地區人民,當亦為各國所爭取之對象。

七、其他

對於大陸地區人民之入境居留與永久居留,除依親居留規定,當事人具有法定原因者得申請外,其他舉凡經濟、科技、教育、政治、社會等原因,依兩岸關係條例第17條之規定,皆為我國之專案考量。較偏向屬於我國所開放,或我國所需之人才性質,並非是當事人得主張之權利。另對大陸地區人民之來臺長期居住,區分成居留與長期居留;居留為一定期間居住之許可,期滿之後,須再申請延長。而長期居留之制度,較偏向接續為申請定居,包括我國所需之人才,各方面具有傑出表現之大陸人民,或是依親居留之後,可再依規定續而申請「長期居留」。

而一般對外來人口之居留規定,除法定明確所列舉之原因項目之外;另外,大都亦保留有「其他」經主管機關核准者;雖不符合現行法所列項目之一,但考量實際情形,有給予居留之必要者[50]。但如在兩岸關係條例中,無明文之授權,則在實務上之執行,亦有其困難之處。

---

49 參見許可辦法第20條規定。
50 例如2008年,居住在臺灣多年的流亡西藏人,因印度、尼泊爾等地營生不易、工作難求,不得不再度離鄉背井來到臺灣學習技術,尋求工作機會。有關合法解決給予其居留與身分證之法律依據與問題,參見http://www.civilmedia.tw/archives/1911,瀏覽日期:100.10.9。

肆、大陸地區人民居留之相關規範

一、概說

　　大陸地區人民欲申請來臺居留，須符合我國移民法規之相關規定。對於大陸地區人民之入出境與居留，我國另制定兩岸關係條例，以為規範；而不適用入出國及移民法之規定。居留資格或地位之取得，必須符合二個條件；即來臺許可書（入境許可），及接受與通過入境查驗。具備此二個要件與程序，始具有合法居留之地位。另在合法入境後，亦須於法定期間，申請居留之登記。

　　從外國人之申請入國與居留規範理論而言，國家有關決定許可外國人的居留與否及居留的條件，具有廣泛之自由裁量權[51]。即為保護國家的利益與公共秩序，外國人入國須經過居留國之許可。作為判斷是否許可外國人入國之依據，須依法定之「外國人入國原因」的規定，以界定是否符合國家所接受具有正當居留原因的外國人。從國民主權原理而言，外國人與本國人有不同的法律地位，自然國家沒有接納外國人的義務，一般國家對外國人入國，均設有一定的居留條件要求，以防止造成國家安全與公共利益上的危害或有此方面之顧慮。外國人入國須符合國家法律規定之「居留資格」原因。此「法定原因」為居留之事由，惟在法律上僅能大致規定「居留」之項目與類別，對於各別的居留原因、事由、目的、範圍，因可能涉及到其他主管機關之管轄事務所需，無法一一的明定，此可見於我國「外國護照簽證條例施行細則第13條」之規定[52]即明。

　　有關外國人的申請入國居留，是否符合資格之要求，該「居留資格」之法定範圍與依據的明確性要求，實所必要。依各目的事業主管機關所訂定之各個法規中，並授權各目的事業主管機關所為決定。如有關受聘僱之外國人，原則上依就業服務法第46條之規定為準。但因其受聘僱之種類眾多、

51　荻野芳夫，判例研究―外國人の人權，明石書店，1996年4月，第191頁。
52　外國護照簽證條例施行細則第13條：「申請居留簽證目的，包括依親、就學、應聘、受僱、投資、傳教弘法、執行公務、國際交流及經外交部核准或其他相關中央目的事業主管機關許可之活動（第1項）。申請前項所定簽證，應檢附中央目的事業主管機關或其授權機關核發之許可從事簽證目的活動之文件。但不須經許可者，不在此限（第2項）。」

目的各有不同，因此除該條第8款到第11款之範圍，特別規定其要件與相關申請程序外（外籍勞工部分）；其他之聘僱，則授權各目的事業主管機關依相關法規辦理，是否許可聘僱外國人與出具證明文件[53]。外國人之居留資格[54]有如國民之身分基本資料，包括其入國目的、個人基本身分資料、居住處所、工作項目、親屬狀況等，主管機關依法得為核對、登錄及課予相關義務[55]。

二、拒絕居留申請事由

依現行大陸地區人民之居留申請，區分成居留與長期居留之申請；且不予許可，區分成「不予許可」及「得不予許可」。因居留與長期居留，在兩岸關係條例中有其不同之目的與作用考量，所以將其之申請原因與審查標準，予以區分，亦有其必要性。但其中有一規定，即對「依親居留」之申請，特別單獨規定，不予許可與予以撤銷。雖然大陸人民來臺申請居留者，以依親為大宗；但從居留與移民法上言，如有其他受僱或專案居留者，亦應一體適用，予以規定較為一致。

有關申請依親居留之不予許可，依許可辦法第14條：「大陸地區人民申請依親居留，有下列情形之一者，不予許可；已許可者，撤銷或廢止其許可，並自不予許可、撤銷或廢止許可之翌日起算一年以上、五年以下之一定期間，不許可其再申請：一、未經合法程序入境。二、有事實足認其係與臺灣地區人民通謀而為虛偽結婚、其婚姻無效或經撤銷。三、冒用身分或所提供之文書係偽造、變造、無效、經撤銷或申請原因自始不存在。四、有危害國家安全或社會安定之虞（第1項）。大陸地區人民申請依親居留，有下列情形之一者，不予許可；已許可者，撤銷或廢止其許可：一、申請依親居留原因消失。但已許可依親居留，有下列情形之一者，不撤銷或廢止其許可：（一）依親對象死亡且未再婚。（二）於離婚後三十日內與原依親對象再

53 如依專科以上學校及學術研究機構聘僱外國教師與研究人員許可及管理辦法第6條：「各校、各機構聘僱外國教師、研究人員，應檢具下列文件，向本部申請聘僱許可：……二、聘僱契約書影本（應加蓋核與正本無誤章）。聘僱契約書應載明受聘僱外國人之職稱、聘僱期間、工作內容及薪資給付方式與數額等事項。」
54 出入國管理法令研究會編著，新版出入國管理法講義，日本加除出版，平成10（1998）年4月，第23頁。
55 許義寶，論外國人之居留資格與法定範圍，警察法學6期，2007年10月，第265-299頁。

婚。（三）於離婚後對在臺灣地區設有戶籍之未成年親生子女，有扶養事實、行使負擔權利義務或會面交往。（四）因遭受家庭暴力經法院判決離婚，且有在臺灣地區設有戶籍之未成年親生子女。（五）因依親居留許可被廢止而遭強制出境，對在臺灣地區設有戶籍之未成年親生子女造成重大且難以回復損害之虞。二、無正當理由不按捺指紋。三、無正當理由拒絕接受面談或未通過面談。四、喪失大陸地區人民身分。五、其他不符申請程序之情形（第2項）。」

　　對長期居留之不予許可，為依許可辦法第26條：「大陸地區人民申請長期居留，有下列情形之一者，不予許可；已許可者，撤銷或廢止其許可，並自不予許可、撤銷或廢止許可之翌日起算一年以上、五年以下之一定期間，不許可其再申請：一、未經合法程序入境。二、有事實足認其係與臺灣地區人民通謀而為虛偽結婚、其婚姻無效或經撤銷。三、冒用身分或所提供之文書係偽造、變造、無效、經撤銷或申請原因自始不存在。四、有危害國家安全或社會安定之虞（第1項）。大陸地區人民申請長期居留，有下列情形之一者，不予許可；已許可者，撤銷或廢止其許可：一、申請長期居留原因消失。但有下列情形之一者，不在此限：（一）依親對象死亡且未再婚。（二）於離婚後三十日內與原依親對象再婚。（三）於離婚後對在臺灣地區設有戶籍之未成年親生子女，有扶養事實、行使負擔權利義務或會面交往。（四）因遭受家庭暴力經法院判決離婚，且有在臺灣地區設有戶籍之未成年親生子女。（五）因長期居留許可被廢止而遭強制出境，對在臺灣地區設有戶籍之未成年親生子女造成重大且難以回復損害之虞。二、無正當理由不按捺指紋。三、無正當理由拒絕接受面談或未通過面談。四、喪失大陸地區人民身分。五、其他不符申請程序之情形（第2項）。」

　　上述規定申請居留之「不予許可」原因，屬於羈束行政，並無裁量空間，申請人一有上述之消極原因，主管即應予以否准，而無予以許可之可能。一般外國移民法之規定，大都對消極事由之認定有裁量空間之授權規定；但因國情不同，或我國實務上考量裁量權之行使，可能難於掌握或斟酌，以法規直接規定應不予許可原因，可增加其明確性[56]。

---

56 申請人如符合上述第3款之「無正當理由拒絕接受或未通過面談」者；依規定即應否准其長期居留之申請；但申請人應有再重新再申請或另依規定接受面談之機會；或有其他正當理由

上述對申請長期居留之「得不予許可」原因，並未列入「依其技能與財產，顯無力在我國維持生活者」之原因。此與入出國及移民法之禁止入國規定，有所不同。究其原因可能因大陸籍配偶申請長期居留者居多，而一般其經濟狀況，並不優裕；如有此條款之規定，顯然會造成其陷於不利之地位。依本文之看法，此應屬於「法律要件」之解釋問題。既然大陸籍配偶與國民結婚，其當有臺灣地區之配偶與家人；且大陸籍配偶，在依法入境居留後，即可直接合法工作，不須再申請許可；依此事實其即可正常在臺灣地區生活。因此，實不應再規定須每月收入或財產達一定之數額，始符合此要求。即對此法律要件之規定，應屬相對性之標準，而非絕對性之須達多少資產或每月收入。在法國之移民案件判例中，法院亦認為單對收入不足之原因，而禁止國民之配偶或子女入國，已違反比例原則，而將原不許可處分予以撤銷[57]。

本文建議列入「依其技能與財產，顯無力在我國維持生活者」為「得不予許可」之原因。因為，可預見之將來，依其他原因之大陸地區人民來臺居留或長期居留，如來臺就學、學習、研究、居住等，但依其經濟無力，如屬無能力在我國維持生活者，將會造成我國社會之負擔，對此點亦應先行考量。

依屬於國際法之「外國人入國許可與強制遣返原則」中第3條規定，對於有關外國人入國原因與強制驅逐之事由，期待各國以法律規定。雖然兩岸事務有其特殊性，且涉及到國家安全，及依行政程序法第3條與兩岸關係條例之規定，亦排除其適用行政程序法。但屬於民主法治國家之我國，對於不予許可之事由規定，應朝向以明定在兩岸關係條例中為宜。一者在層級上較具有公信力；另一者，則較為明確。否則如不予許可之後，接續可能為命令其出境，及採取強制出境之處分；對當事人權利影響頗大。

三、禁止入境事由

對於外來人口之申請入境居留，除了取得書面之入境許可文件外，並須

者，如因重大傷病等原因，無法依通知前往接受面談。因此，在執行與認定上，亦應對符合特殊情形時之解釋空間；但此屬於法律要件之認定，而非裁量權之行使。

57 馬場里美，出入國管理における「私生活及び家族生活を尊重される權利」：フランス及び歐州人權裁判所の判例を素材として，早稻田法學會誌50期，2000年3月25日，第193頁以下。

於入境時接受查驗合格，始准予正式入境居留。如對於大陸籍配偶之於國境線上面談，予確認是否為真實之婚姻；如屬虛偽結婚，事實明確者，並得予以禁止入境及遣送出境。在國境線上之查驗大陸地區人民入境之合法身分，及有無攜帶違法之物品，與來臺居留是否與所申請相符等，均屬在國境線上必須執行或確認之事項。

在入出國及移民法第18條中，並制定有禁止入國之事由；而於兩岸關係條例中，並未特別規定禁止入國之原因。在執行與規範之考量上，可能對於大陸地區人民之申請入境居留（包括依親居留、長期居留），皆屬門檻較高之規定；於申請時須繳交相關證明及符合資格之文件，於審查認定上，已可充分認定是否達到目前法規之要求。另對於如有消極事由之有犯罪紀錄、無法維持生計、曾被強制遣返等，均已在申請時要求其提出必要之文件，或透過我國之紀錄，以為確認。

另在實際入國查驗執行時，如發現有重大違法事由，如冒用身分、申請事由虛偽不實、攜帶違法物品等，似亦得依兩岸關係條例第18條之規定，予以強制出境。依兩岸關係條例第18條第1項規定：「進入臺灣地區之大陸地區人民，有下列情形之一者，內政部移民署得逕行強制出境，或限令其於十日內出境，逾限令出境期限仍未出境，內政部移民署得強制出境：一、未經許可入境。二、經許可入境，已逾停留、居留期限，或經撤銷、廢止停留、居留、定居許可。三、從事與許可目的不符之活動或工作。四、有事實足認為有犯罪行為。五、有事實足認為有危害國家安全或社會安定之虞。六、非經許可與臺灣地區之公務人員以任何形式進行涉及公權力或政治議題之協商。」

有關「未經許可入境」，依臺灣地區與大陸地區人民關係條例施行細則第15條：「本條例第十五條第一款所定非法進入臺灣地區，包括持偽造、變造、冒用或持冒用身分申請之護照、旅行證或其他相類之證書、有事實足認係通謀虛偽結婚、偷渡或以其他非法之方法入境在內（第1項）。本條例第十八條第一項第一款所定未經許可入境者，包括持偽造、變造、冒用或持冒用身分申請之護照、旅行證或其他相類之證書、偷渡或以其他非法之方法入境者在內（第2項）。」

強制出境與禁止入境原因，有其連貫性之關係。如上所述，在發現有未經許可入境、以假冒證件申請入境者，得依兩岸關係條例第18條之規定，

主管機關得逕為採取為強制出境之處分作為。但如發現當事人有重大犯罪紀錄，或被我國所管制之對象，持有合法證件入境，此時查驗之權限中，未明確授予得禁止其入境之處分權，在執行上恐有疑義，有待補強。

禁止入境原因，依大陸地區人民進入臺灣地區許可辦法第12條第1項之規定：「大陸地區人民申請進入臺灣地區，有下列情形之一者，得不予許可；已許可者，得撤銷或廢止其許可，並註銷其入出境許可證：一、現（曾）擔任大陸地區黨務、軍事、行政或具政治性機關（構）、團體之職務或為成員。二、參加暴力或恐怖組織或其活動。三、涉有內亂罪、外患罪重大嫌疑。四、在臺灣地區外涉嫌重大犯罪或有犯罪習慣。五、曾有本條例第十八條第一項各款情形之一。六、申請人、邀請單位、旅行業或代申請人現（曾）於申請時，為虛偽之陳述、隱瞞重要事實，提供偽造、變造、無效或經撤銷之相片、文書資料。七、有事實足認其現（曾）與臺灣地區人民通謀而為虛偽結婚。八、曾在臺灣地區有行方不明紀錄二次或達二個月以上。九、有違反善良風俗之行為。十、患有重大傳染性疾病。十一、原申請事由或目的消失，且無其他合法事由。十二、未通過面談或無正當理由不接受面談或不按捺指紋。十三、同行人員未與申請人同時入出臺灣地區，或隨行人員較申請人先行進入臺灣地區或於申請人出境後始出境。但同行人員因工作、其他特殊情形須先出境或罹患重病、受重傷須延後出境，或隨行人員有第十九條第一項各款情形之一須延後出境，經主管機關核准者，不在此限。十四、經主管機關或中央目的事業主管機關認定，對臺灣地區政治、社會、經濟有不利影響。十五、從事違背對等尊嚴原則之不當行為。十六、違反第六條第三項或第七條第二項變更保證人順序或更換保證人、第三十二條或第三十八條未事先報請備查或第三十七條轉任、兼任職務之規定。十七、有事實足認其無正當理由現（曾）未與臺灣地區配偶共同居住。十八、邀請單位、旅行業或代申請人未配合遵守主管機關或中央目的事業主管機關依第十五條第一項要求之行為，或拒絕、規避、妨礙各該機關依規定進行訪視、隨團或查核。十九、有事實足認進入臺灣地區有逾期停留之虞。二十、分別以不同事由申請進入臺灣地區。二十一、已領有有效之入出境許可證，再申請進入臺灣地區。二十二、曾於入境時，拒不繳驗入出國查驗及資料蒐集利用辦法所定之有效證照文件。二十三、曾於入境時，被查獲攜帶違禁物。二十四、違反其他法令規定。」加以執行。

四、居留數額之限制

我國為非接受移民之國家，對於外來人口之入境，採取較高之標準，以免造成國內人口成長之過度壓力。透過居留數額之核定，得以有效管控申請居留、長期居留等之人數。依兩岸關係條例第17條授權規定：「內政部得訂定依親居留、長期居留及定居之數額及類別，報請行政院核定後公告之（第6項）。前條及第一項至第五項有關居留、長期居留、或定居條件、程序、方式、限制、撤銷或廢止許可及其他應遵行事項之辦法，由內政部會同有關機關擬訂，報請行政院核定之（第9項）。」

移民政策之方向與訂定，其重點在於考量採行對我國最有利之制度。對居留數額之訂定，即屬於移民管制方式之一。其首先會被討論者，即移民政策與人權之間的關係，如對國民之大陸籍配偶之申請入境依親居留，即會涉及其家庭團聚權利之行使。如依規定予以每年核定一定之「居留」數，理論上即可能會有不被許可依親居留者。對此問題，雖然法律上有授權，得予公告核定居留數額，但實務上的做法予以放寬，採取「不予限制」，值得肯定。對此，如美國法之規定，對於國民之配偶入國居留，屬於移民類別之入國，並不予限制其配額。

伍、香港或澳門居民之入出境

一、香港或澳門居民申請臨時入境停留

多數之香港居民，雖取得英國海外國民之身分，但其仍不具有在英國居留之權利。我國對於英國公民，給予入國免簽證之待遇，但對於香港居民，只給予類似落地簽證之待遇。給予澳門居民之入境規定，亦同。

依「香港澳門居民進入臺灣地區及居留定居許可辦法」（以下簡稱本辦法）第3條：「香港或澳門居民應持有效之入出境證件及有效期間三個月以上之香港護照、英國國民（海外）護照或澳門護照，經機場、港口查驗入出境。但持臺灣地區居留證、臺灣地區居留入出境證者，得以有效護照查驗入境（第1項）。香港或澳門居民依本辦法規定入境前，應填入境登記表，由機場、港口入境查驗單位於其入境查驗時收繳，送內政部移民署（以下簡稱

移民署）處理。但持有中華民國居留證或其他經移民署認定公告者，免予填繳（第2項）。」

得不予許可之原因，依本辦法第9條第1項規定：「香港或澳門居民申請進入臺灣地區，有下列情形之一者，得不予許可；已許可進入者，得撤銷或廢止其許可，並註銷其入出境許可證：一、曾未經許可入境。二、現（曾）經許可入境，已逾停留、居留期限。三、現（曾）有從事與許可目的不符之活動。四、現（曾）有事實足認為有犯罪行為。五、現任職於大陸地區行政、軍事、黨務或其他公務機構或其於香港、澳門投資之機構或新聞媒體。六、原為大陸地區人民，未在大陸地區以外之地區連續住滿四年。七、現（曾）冒用身分或持用偽造、變造證件申請或入境。八、現（曾）有依本辦法規定申請時，為虛偽之陳述或隱瞞重要事實。九、現（曾）在臺灣地區有行方不明紀錄達二個月以上。十、現（曾）有危害國家利益、公共安全、公共秩序、善良風俗或從事恐怖活動之虞。十一、現（曾）依其他法令限制或禁止入境。」

基於政治及歷史因素，我國國境管制法規，依照人員身分之不同，於移民法、兩岸關係條例及香港澳門關係條例（以下簡稱港澳條例）設有相關規定，其中兩岸關係條例及港澳條例適用對象特定，分別係規範臺灣地區與大陸地區間人民、港澳居民，而移民法原僅適用於中華民國國民（包括居住臺灣地區設有戶籍國民及臺灣地區無戶籍國民）、外國人、無國籍人，嗣該法於96年間修正，將移民署職權行使對象（第63條）、入出國查驗時之暫時留置（第64條）、停留、居留或定居申請案件之面談實施（第65條）、查察登記（第71條）等規定適用於大陸地區人民及港澳居民，於100年12月9日修正施行時，又配合國家安全法第3條、第6條第1項規定之刪除，將禁止出國（第21條第4項）、未經許可入國或受禁止出國處分而出國之處罰（第74條）等規定，擴大納入大陸地區人民及港澳居民為該法之規範對象[58]。

二、強制出境

大法官釋字第710號解釋指出：「臺灣地區與大陸地區人民關係條例施行細則第十五條規定：『本條例第十八條第一項第一款所定未經許可入境

---

58 臺北高等行政法院109年度訴字第1242號判決。

者，包括持偽造、變造之護照、旅行證或其他相類之證書、有事實足認係通謀虛偽結婚經撤銷或廢止其許可或以其他非法之方法入境者在內。』九十三年三月一日訂定發布之大陸地區人民申請進入臺灣地區面談管理辦法第十條第三款規定：『大陸地區人民接受面談，有下列情形之一者，其申請案不予許可；已許可者，應撤銷或廢止其許可：……三、經面談後，申請人、依親對象無同居之事實或說詞有重大瑕疵。』（即九十八年八月二十日修正發布之同辦法第十四條第二款）及第十一條規定：『大陸地區人民抵達機場、港口或已入境，經通知面談，有前條各款情形之一者，其許可應予撤銷或廢止，並註銷其入出境許可證件，逕行強制出境或限令十日內出境。』（九十八年八月二十日修正發布之同辦法第十五條刪除『逕行強制出境或限令十日內出境』等字）均未逾越九十二年十月二十九日修正公布之臺灣地區與大陸地區人民關係條例第十八條第一項之規定，與法律保留原則尚無違背。八十八年十月二十七日訂定發布之大陸地區人民及香港澳門居民強制出境處理辦法第五條規定：『強制出境前，有下列情形之一者，得暫予收容。一、前條第二項各款所定情形。二、因天災或航空器、船舶故障，不能依規定強制出境者。三、得逕行強制出境之大陸地區人民、香港或澳門居民，無大陸地區、香港、澳門或第三國家旅行證件者。四、其他因故不能立即強制出境者。』（九十九年三月二十四日修正發布移列為同辦法第六條：『執行大陸地區人民、香港或澳門居民強制出境前，有下列情形之一者，得暫予收容：一、因天災或航空器、船舶故障，不能依規定強制出境。二、得逕行強制出境之大陸地區人民、香港或澳門居民，無大陸地區、香港、澳門或第三國家旅行證件。三、其他因故不能立即強制出境。』）未經法律明確授權，違反法律保留原則，應自本解釋公布之日起，至遲於屆滿二年時失其效力。」

　　基於保護國家利益的目的，防止外來人口從事不法行為，及制止其危害活動，對於香港與澳門居民，有法定違法行為得加以強制出境。一般國際之間，排除外國人繼續居住之處分，為驅逐出國；而現階段我國與香港及澳門之關係，並不屬國家之間的關係，而屬地區之間的關係，因此，予以排除其在我國居住處分名稱，以從實際執行面稱呼為宜，即為「強制出境」。

　　依港澳條例第14條規定：「進入臺灣地區之香港或澳門居民，有下列情形之一者，內政部移民署得逕行強制出境，或限令其於十日內出境，逾限

令出境期限仍未出境，內政部移民署得強制出境：一、未經許可入境。二、經許可入境，已逾停留、居留期限，或經撤銷、廢止停留、居留、定居許可（第1項）。內政部移民署於知悉前項香港或澳門居民涉有刑事案件已進入司法程序者，於強制出境十日前，應通知司法機關。該等香港或澳門居民除經依法羈押、拘提、管收或限制出境者外，內政部移民署得強制出境或限令出境（第2項）。內政部移民署於強制香港或澳門居民出境前，應給予陳述意見之機會；強制已取得居留或定居許可之香港或澳門居民出境前，並應召開審查會。但當事人有下列情形之一者，得不經審查會審查，逕行強制出境：一、以書面聲明放棄陳述意見或自願出境。二、依其他法律規定限令出境。三、有危害國家利益、公共安全、公共秩序或從事恐怖活動之虞，且情況急迫應即時處分（第3項）。第一項所定強制出境之處理方式、程序、管理及其他應遵行事項之辦法，由內政部定之（第4項）。第三項審查會由內政部遴聘有關機關代表、社會公正人士及學者專家共同組成，其中單一性別不得少於三分之一，且社會公正人士及學者專家之人數不得少於二分之一（第5項）。」

強制出境停止執行之申請，依行政訴訟法第116條第3項、第5項分別規定：「於行政訴訟起訴前，如原處分或決定之執行將發生難於回復之損害，且有急迫情事者，行政法院亦得依受處分人或訴願人之聲請，裁定停止執行。但於公益有重大影響者，不在此限。」「停止執行之裁定，得停止原處分或決定之效力、處分或決定之執行或程序之續行之全部或部分。」是行政訴訟起訴前，如原處分或決定之執行將發生難於回復之損害，且有急迫情事，當事人固得依行政訴訟法第116條第3項前段規定聲請裁定停止執行，惟訴願法第93條第2項亦有規定受處分人得申請受理訴願機關或原處分機關停止執行，理論上得由上開機關獲得救濟，殊無逕向行政法院聲請之必要。且行政訴訟係審查行政處分違法之最終機關，若一有行政處分，不待訴願程序即聲請行政法院停止原處分之執行，無異規避訴願程序，而請求行政法院為行政處分之審查，故必其情況緊急，非即時由行政法院予以處理，則難以救濟，否則尚難認有以行政法院之裁定予以救濟之必要，應認欠缺保護之必要。其次，法院依行政訴訟法第116條第3項規定裁定停止執行，必須同時具備：（一）處分或決定之執行將發生難於回復之損害；（二）有急迫情事；（三）停止執行於公益無重大影響等三要件，始得為之，如欠缺其中一個要

件，即應駁回其停止執行之聲請，而無再審酌其餘要件之必要。是以，行政機關之處分或決定，在依法撤銷或變更前，除法律另有規定外，原則上不因提起行政訴訟而停止執行；必其執行在客觀的相當因果關係上，可以預期將發生難於回復之損害，且情況緊急，非即時由行政法院予以處理，則難以救濟者，始得為之。至於是否有將發生難於回復之損害或有無急迫情事，固應以處分相對人立場為考量，惟所謂難於回復之損害，係指其損害不能回復原狀，或回復困難且在社會一般通念上不能以金錢估價賠償者而言，若僅係當事人主觀上認有難於回復之損害，尚不屬該條所指難於回復之損害[59]。

陸、結論與建議

一、結論

　　大陸地區人民入境臺灣地區居留，必須符合兩岸關係條例所規定之原因；其申請之項目與實際之活動，亦須相符。為管理大陸地區人民之入境我國，主管機關特別依憲法增修條文授權，訂定兩岸關係條例。近年來隨著兩岸之間交流日趨頻繁與多元，本兩岸關係條例中之規定，亦須配合隨時修正，以符合實際狀況。對於外國人之進入我國，在移民政策上，我國採取高門檻之原則，外國人須具有依外國護照簽證條例及其施行細則中，所規定之居留原因，始得申請及進入我國居留。對於大陸地區人民之進入我國居留或長期居留，則依屬於特別法之兩岸關係條例規定；其中並在第17條規定長期居留之各種考量原因。另大陸人民之申請依親居留，及依民國100年所開放之大陸學生來臺就學，亦皆屬於現行大陸地區人民之來臺居留事由。

　　本文探討之各種居留原因，主要初步歸納與分析大陸地區（含港澳）人民來臺居留之事由與類別，其依序規定在兩岸關係條例、許可辦法、港澳條例之中。有關現行居留原因與項目之規範是否明確，從移民法理論與立場，在本文中提出各別之看法。

59　臺北高等行政法院111年度停字第76號裁定。

二、建議

（一）申請居留之不予許可原因，宜以法律規定

雖然大陸地區人民原則上無主張進入臺灣地區之權利，對於大陸地區人民申請在我國居留，主管機關得依法律授權，詳為審核，以為准駁。又法律保留原則之理論，亦區分成絕對法律保留與相對法律保留；對於特定事項之處理，亦得由法律授權主管機關訂定法規命令，以為規範。且有關移民政策之方向與重點規範，我國立法機關有高度之裁量權；及因入出境之事務，涉及國家主權與安全性質，所以不得已須規定相關之消極不予許可事由。

但從已入境停留之大陸地區人民或欲申請入境臺灣地區居留之大陸地區人民之權益上言，有關其申請在臺灣地區居留（包括居留與長期居留），亦有其期待權益。雖然目前我國依許可辦法所訂定之不予許可事由，相當嚴謹，在內容上與一般法律所定之原因，並無差別，只是並未將其規定在「兩岸關係條例」中之不同而已。但從依法行政與法治國家之原則來檢視而言，仍有所不足。因法律之安定性與位階性，皆比法規命令為適當與明確，及具有效力性。

（二）宜明確規定禁止入境之事由

隨著兩岸人民交流與往來之密切，我國對於大陸人民之申請入境，亦簡化許多申請程序。相對的，對於大陸地區人民欲申請在臺灣地區居留或長期居留，仍屬須較慎重之事務；因為如其居留經許可後，可能即長期在我國居住，或接續申請在我國定居，成為我國之一分子。一般國家之移民或入國程序，主要有幾個過程；包括申請入境許可、入境查驗、居留規範、遣返出國等。對此，在兩岸關係條例中，對大陸地區人民之入出境程序，主要規定為：大陸地區人民之入境許可、居留、長期居留之原因、得強制出境之事由；目前已有大致之考量與規定。

本文之建議，即對於「禁止入境」之事由，有必要明列，以免在適用及解釋上發生疑義。即目前對於禁止入境原因，主要應是援引兩岸關係條例第18條第1項第1款之原因，即「未經許可入境」；其包括以假冒證件、虛偽原因之入境，依法得逕行強制出境。但如從禁止入境與強制出境，二者之意涵而言，卻有所不同。前者（禁止入境）為對開始問題之處理，後者（強制

出境）為對結果之善後；當然二者，亦有其交集之處。因兩岸人民之往來日趨密切，大陸人民欲來臺居留，須先經過入境程序，如果在入境時發現有虛偽情事、為我國所管制禁止入境之人士、有妨害我國社會秩序之虞者，當即禁止其入境。因此，在法律上似應另行規定「禁止入境」之原因，以較為明確。

　　　　　（本文原發表於2011年「人口移動與執法」學術研討會，中央警察大學國境警察學系主辦，2011年10月17日，後經修改與補充而成）

第五章 香港及澳門居民之來臺居留與定居

實務案例

近年不少香港人有意移居我國，惟我國擬緊縮港澳居民移民門檻，投資額加碼，倍增至1,000萬新台幣（約260萬港元）。內政部指，提高投資移民門檻是為了避免難以預期的衍生性人口，未來更考慮僅限有直系血親或配偶在臺有戶籍的港澳居民申請居留[1]。請問何謂香港、澳門居民？香港及澳門居民申請到我國居留與定居，須符合何種之條件與程序規定？

壹、前言

香港與澳門地區（以下簡稱港澳地區）與我國向來有密之往來關係，香港與澳門實施自由經濟與高度之民主自治，因此，我國與港澳地區乃有別於與大陸地區之關係。在1977年及1999年香港與澳門地區分別回歸中國大陸之後，我國須重新擬定港澳政策；在確立我國駐港澳機構繼續設立及保持與港澳之交流、照顧港澳居民之權益等原則，並訂定香港澳門關係條例，以為依循。

我國並非接受移民國家，因地理及人口等因素，我國無法全盤接受海外華僑與香港澳門居民（以下簡稱港澳居民）來臺定居。另我國對於外國人之入國居留，亦採取高門檻之資格，以有效掌握人口數。有關國際間之人口流動，有各種不同之原因，其中以經濟原因，找尋工作、受聘僱之原因為大宗。另一依親之居留，屬於人道與人倫關係之原因，依保護家庭團聚權之原因，亦得申請居留。有關港澳居民來臺居留與定居之事由規定，為依香港澳門關係條例（以下簡稱港澳條例）授權由內政部訂定香港澳門居民進入臺

---

1 移民臺灣收緊港人趕尾車，晴報專訊，2014年2月7日。

灣地區與居留定居許可辦法[2]（以下簡稱居留定居許可辦法），作為核准之依據。

除了臺灣地區有戶籍國民之外，外來人口之居留或定居、歸化，皆涉及移民政策與國家利益、安全、人權等事項[3]。而港澳條例主管機關為行政院大陸委員會，依港澳條例授權訂定之居留定居許可辦法之主管機關為內政部，因此可知對於港澳居民之居留定居等事項之執行，乃須配合與尊重我國之港澳政策。

【我國港澳工作推展情形[4]】

一、持續密注香港情勢發展，維護我國人安全並聲援民主自由。

二、檢視研修港澳相關法規，完善港澳交流規範及配套措施，健全交流秩序。因應港澳情勢，持續盤點檢討港澳相關交流規範，除協調教育部於111年4月25日修正發布香港澳門居民來臺就學辦法，開放港澳高中生來臺升學；協助內政部於111年6月13日修正發布香港澳門居民進入臺灣地區及居留定居許可辦法，增列尋職及在臺修讀碩博士就學期間得折抵居留期間等規定。

三、強化在臺港澳人士之關懷照顧，延攬港澳優秀人才。

近年來臺居留及定居港澳居民持續增長，已成為渠等之「第二故鄉」。本會建議將移居來臺之港澳人士納入新住民服務之對象，協助渠等儘速適應及融入臺灣生活。為增進港澳學生對臺灣自由

2　有關強制香港或澳門居民出境，大法官釋字第710號解釋文，提及：「……八十八年十月二十七日訂定發布之大陸地區人民及香港澳門居民強制出境處理辦法第五條規定：『強制出境前，有下列情形之一者，得暫予收容。一、前條第二項各款所定情形。二、因天災或航空器、船舶故障，不能依規定強制出境者。三、得逕行強制出境之大陸地區人民、香港或澳門居民，無大陸地區、香港、澳門或第三國家旅行證件者。四、其他因故不能立即強制出境者。』（九十九年三月二十四日修正發布移列為同辦法第六條：『執行大陸地區人民、香港或澳門居民強制出境前，有下列情形之一者，得暫予收容：一、因天災或航空器、船舶故障，不能依規定強制出境。二、得逕行強制出境之大陸地區人民、香港或澳門居民，無大陸地區、香港、澳門或第三國旅行證件。三、其他因故不能立即強制出境。』）未經法律明確授權，違反法律保留原則，應自本解釋公布之日起，至遲於屆滿二年時失其效力。」

3　相關文獻，請參考蔡震榮，國境管制與人權保障，月旦法學雜誌204期，2012年5月。林益山，外國人歸化法制之探討——兼論大陸地區人民入臺居留之規定，真理財經法學6期，2011年3月。夏曉鵑、王增勇，逾期居留移民之實證研究，全國律師14卷9期，2010年9月。

4　臺海情勢與政府兩岸政策，大陸委員會，行政院網頁，112年3月1日，https://www.ey.gov.tw/state/B099023D3EE2B593/8f16df5d-c00c-44df-8c38-35adb7845102，瀏覽日期：112.8.2。

民主多元價值之認同，鼓勵渠等留臺發展，提升國內勞動市場供給及人才動能，本會辦理在臺港澳學生職涯啟航培訓營、金門體驗營等多項在臺港澳青年交流暨參訪活動，鼓勵渠等留臺發展，以吸納優秀人才，提升國家人才動能。

四、透過公私協力，務實處理人道援助事宜。

為應香港變局，特別建置對外服務窗口「臺港服務交流辦公室」，提供港人就學、就業、投資創業、移民定居等相關諮詢服務，自109年7月成立起迄111年止，已接獲近2,600通電話與電子郵件諮詢案件；在兼顧國家安全前提下，依據既有法規規範及公私協力之方式，務實處理港人人道援助事宜。

五、因應香港情勢調整駐港機構業務辦理方式，保障國人權益及安全。

由於香港情勢變化，令我香港辦事處派駐人員赴任受阻，駐處業務自110年6月21日起進行若干調整，辦公處所及聯繫電話不變，維持必要運作[5]。

本章擬從移民法之立場與相關理論，探討港澳居民來臺居留與定居之原因，包括得以申請之事由及不予許可之原因。探討港澳條例之規定是否完整？在具體適用上之相關疑義？其中與入出國及移民法相關規定之比較，或定居之原因與外國人申請歸化之要件，加以比較，並提出本章之看法與建議。

貳、香港澳門居民與居留定居之概念

一、概說

（一）我國之港澳政策

我國於1987年11月開放人民往大陸地區探親後，臺灣過港往來大陸者

5　臺海情勢與政府兩岸政策，大陸委員會，行政院網頁，112年3月1日，https://www.ey.gov.tw/state/B099023D3EE2B593/8f16df5d-c00c-44df-8c38-35adb7845102，瀏覽日期：112.8.2。

眾，旅遊、貿易、投資亦隨即跟上，在對大陸仍然「三不」的政策框架下，香港成為兩岸間十分重要之「第三地」。1989年3月，臺灣當局訂定了「對港澳問題近、中、長程因應方案」，並確立駐港澳機構在「九七」、「九九」後不撤退的原則。到了1991年春，臺灣當局改變大陸政策，陸續終止「戡亂時期」，設立國統會、陸委會、海基會等三個專責機構分掌決策、執行和接觸談判的職責，並制定了「國家統一綱領」。行政院陸委會在其轄下設港澳處，負責關於港澳政策及事務之研究、規劃、溝通和協調，旋即研訂「現階段港澳工作方案」，作為各機關推動有關工作之藍圖。緊接著又草擬「港澳條例」，以為規範臺港澳關係之法律依據。

如從臺北看問題，臺港關係在九七後不得不納入兩岸關係中，臺灣必須及時考慮一些相關問題。比較主要的包括：香港特別行政區之法律定位、駐港機構之撤守或調整，中共利用香港對臺滲透統戰之應對，臺港人民往來交流、定居、居留、就業、投資、貿易之規範，對忠貞、親臺人士及「華僑」之照顧，航運之具體運作方式，法律適用與司法之互助，技術合作及智慧財產權之保護等項。

自1991年以來臺灣的港澳政策，基本上雖是整體大陸政策的一環，卻不無其獨特之目標、原則和內容。它以「一國兩區」為定位架構，透過特別立法釐定港澳為「有別於大陸地區的特別地區」冀能保持臺灣在香港澳門之地位與利益，並重新拓展各種關係，促進雙邊及多邊交流與合作[6]。

我國大陸委員會設有香港辦事處（駐地名稱：台北經濟文化辦事處），專責處理臺、港關係相關事務。現時辦事處在香港以「台北經濟文化辦事處」名義運作，首長冠以「台北經濟文化辦事處處長」職銜；但在2011年7月15日前，辦事處在當地係以中華旅行社名義運作。另有臺北貿易中心、臺灣觀光協會香港辦事處、中央社香港分社等相關駐港業務單位。其內部單位設有：1.服務組，掌理國人護照新申請、申換、補發及文書驗證、外籍人士簽證事項。掌理大陸及港澳人士申請赴臺灣入境證、網簽領證事項；2.經濟組，掌理臺港經貿、投資及商業往來之推廣及查詢事項；3.新聞文化組，臺港新聞發布、文化交流事務之聯繫與交流；4.聯絡組，政務、學術、教育

6　翁松燃，兩岸三地的港台關係政策及其互動，二十一世紀雙月刊41期，1997年6月，第64-65頁。

及社會各界之交流聯繫等[7]。

（二）具體之港澳工作方案

依據1991年之「現階段港澳工作方案」，我國對港澳有四項基本政策，即：1.積極支持港澳地區朝國際化、自由化發展，促使愛好自由、民主人士參與公共事務，全力維護港澳地區自由、民主、安定與繁榮，增進港澳同胞福祉；2.促進臺灣與港澳地區之交流合作，加強對港澳同胞服務，爭取港澳同胞對我認同與支持；3.加強在港澳推動各項工作，建立我駐港澳機構在「九七」、「九九」後持續發展基礎；4.發揚臺灣與港澳地區成功建設經驗，擴大經濟與貿易影響力，促使國際社會關切港澳前途並支持現行自由體制。

依陸委會1996年2月的「港澳政策說明書」，我國的港澳政策目標是「始終一貫的」，即：「1.維護港澳地區之民主、自由、安定繁榮；2.增進臺港澳人民間之瞭解與合作；3.共同追求中國的民主、自由、均富和統一。」為要貫徹這三大目標，臺灣將秉持四項原則：1.秉持互利互惠原則，擴大雙邊交流合作；2.強化經貿文教關係，厚植留駐港澳基礎；3.尊重港澳同胞意願，就地落實服務工作；4.確立港澳地區定位，貫徹長期港澳政策。除此以外，臺灣當局應還有以下三項對港政策之實質目標：1.確保臺灣及臺灣人民在港澳之政治、經濟利益；2.繼續利用港澳地區進行各項大陸工作；3.以香港為中介，善用海外華人資源，發展臺灣為「亞太營運中心」[8]。

（三）訂定港澳條例

為規範我國與港澳地區往來之關係，必須研定相關特別法律，以為依據。有關「九七」後香港定位方面，係以香港能維持現有自由經濟制度與高度自治地位之前提下，視其為有別於「大陸地區」之「特別區域」，排除「臺灣地區與大陸地區人民關係條例」（以下簡稱兩岸關係條例）在香港澳門之適用，並另制定「港澳條例」，以規範臺灣地區與港澳地區居民往來及其他相關事項。故依以上之說明，「九七」後之「香港」應與「大陸地區」

7　參大陸委員會香港辦事處網頁，https://www.teco-hk.org/cp.aspx?n=E95449C113CEA258，瀏覽日期：107.8.28。

8　翁松燃，前揭文（註6），第65-66頁。

有所區別[9]。

　　臺灣地區與港澳地區原有密切之往來，與兩岸之對立關係有別。雖然理論上，由於英、葡分別於1997年或1999年，把香港、澳門地區之主權，移交給中共，因此1997年或1999年後，港澳地區已成為大陸地區之一部分。就臺灣地區與港澳地區之關係，原應適用兩岸關係條例。然果真如此，我國與港澳間目前之各項密切往來關係，勢將出現倒退之情形。此種狀況並不符合我國之利益。況且港澳地區在英國及葡萄牙分別結束其治理後，與大陸地區仍將有相當大的差異。也就是在港澳地區情勢無大幅變更之情況下，我國與港澳之關係，不宜逕行適用兩岸關係條例，而有另行立法規定之必要[10]。

二、香港澳門居民之概念

（一）香港居民之概念

1. 香港居民護照之意義

　　多半土生土長的香港人原先所持有的是英國屬土公民護照（British Dependent Territiories Citizen, BDTC），從1997年7月1日起他們不再是英國屬土公民，但可以在1997年7月31日以前換發英國國民（海外）護照（British National (Overseas) passport, BNO），此種護照的持有人仍無法取得在聯合王國的居留權。另一方面，中共卻於備忘錄中宣示：「根據中華人民共和國國籍法，所有香港中國同胞，不論其是否持有『英國屬土公民護照』，都是中國公民。」凡持有英國屬土公民護照或英國國民（海外）護照的港人，仍可於1997年7月1日以後，持該證件出國旅行。但在中共控制地區及香港，不得享受英國領事保護的權利。至於歸化取得英國公民護照者，則不在此限[11]。

　　英國公民（海外）護照，即因有數以百萬計的香港居民持有英國公民（海外）護照（BNO）。其為在香港於1997年主權回歸中國大陸前，具有英國國籍的香港居民，可獲英聯國政府發給這類護照。英國和中國政府於1984年所發表的中英聯合聲明（促成香港回歸中國管治）的附件內作出協

9　行政院大陸委員會（88）陸港字第8806720號。
10　黃立，「港澳關係條例草案」與「港、澳基本法」相關問題研究，政大法學評論52期，1994年12月，第60-61頁。
11　黃立，前揭文（註10），第65頁。

定，上述人士在其有生之年內有權繼續使用英國的旅行證件[12]。在香港回歸中國前登記的人士，才有權取得英國公民（海外）護照。根據香港和中國大陸的法例，這些護照僅被視為旅行證件，而並無授予持有人任何公民權利。根據英國法例，這些護照的持有人會被視為英籍人士，如在中國以外任何地方遇上困難，有權獲得其領使館的保護。這些護照的持有人不須事先獲得簽證，即可獲准到訪英國，但他們並無英國的居留權。英國公民（海外）護照持有人在英國居住期間，亦有權在該國投票。這類護照獲很多其他國家認可免簽證旅遊。英國公民（海外）護照受香港1986年（英國國籍）法令規限。該法令是英國樞密院的頒令[13]。

2. 香港永久性居民之類別

永久性居民指有居留權者，亦即有入境權，不受居留條件限制而在香港居留，及免受遣送離境或遞解出境的權利。港澳條例所涉及者，應僅限於港澳地區之永久性居民。香港基本法第24條第2項規定：「香港特別行政區永久性居民為：一、在香港特別行政區成立以前或以後在香港出生的中國公民；二、在香港特別行政區成立以前或以後在香港通常居住連續七年以上的中國公民；三、第一項、第二項所列居民在香港以外所生的中國籍子女；四、在香港特別行政區成立以前或以後，持有效旅行證件進入香港，在香港通常居住連續七年以上，並以香港為永久居留地的非中國籍人；五、在香港特別行政區成立以前或以後，第四項所列居民在香港所生的未滿二十一歲子女；六、第一項至第五項所列居民以外，在香港特別行政區成立以前只在香港有居留權的人[14]。」

3. 港澳條例之「香港居民」

依港澳條例第1條第2項規定「本條例未規定者，適用其他有關法令之規定。但臺灣地區與大陸地區人民關係條例，除本條例有明文規定者外，不適用之。」香港居民，依同條例第4條第1項規定，指「具有香港永久居留資

---

12 何謂英國公民（海外）護照？香港大學法律及資訊科技研究中心—社區法網，https://www.clic.org.hk/zh/topics/immigration/passports_and_identity_cards/q1，瀏覽日期：112.8.2。

13 何謂英國公民（海外）護照？香港大學法律及資訊科技研究中心—社區法網，https://www.clic.org.hk/zh/topics/immigration/passports_and_identity_cards/q1，瀏覽日期：112.8.2。

14 黃立，前揭文（註10），第63-64頁。

格，且未持有英國國民（海外）護照或香港護照以外之旅行證照者」，符合前述規定之香港居民，其繼承臺灣地區人民之遺產，依同條例第38條規定，係類推適用涉外民事法律適用法有關繼承之規定，不被視為大陸地區人民而有所限制。至港澳條例施行前之香港，原屬「僑區」，尚與兩岸關係條例所稱之「大陸地區」有別；「九七」前之香港永久性居民並非兩岸關係條例所稱之「大陸地區人民」[15]。

4.於「九七」前所取得華僑身分之香港居民

港澳條例第4條第3項規定：「前二項香港或澳門居民，如於香港或澳門分別於英國及葡萄牙結束其治理前，取得華僑身分者及其符合中華民國國籍取得要件之配偶及子女，在本條例施行前之既有權益，應予以維護。」本會經港澳會報第57次會議決議，香港居民於「九七」前所取得之華僑身分證明不受其上所載效期影響，可繼續使用；如認定上有疑義，可向僑務委員會查證[16]。

香港或澳門居民，如於香港或澳門分別於英國或葡萄牙結束其治理前，取得華僑身分，或屬於符合中華民國國籍取得要件之配偶及子女，則可依「取得華僑身分香港澳門居民聘僱及管理辦法」之規定，向本部申請聘僱許可。未符合以上資格者，視為大陸地區人士，目前尚未開放大陸地區人士來臺工作[17]。

（二）澳門居民之概念

依港澳條例第4條第2項規定，「本條例所稱澳門居民，指具有澳門永久居留資格，且未持有澳門護照以外之旅行證照或雖持有葡萄牙護照但係於葡萄牙結束治理前於澳門取得者。」

---

15 行政院大陸委員會（89）陸港字第8906100號。
16 澳門於「九九」（民國88年12月20日）後亦比照辦理。「九七」後香港及「九九」後澳門已非屬僑區，香港、澳門居民不再視為華僑，惟政府為保障友我僑胞之權益，特別於港澳條例中明定該等人士「條例施行前之既有權益，應予以維護」。既「九七」、「九九」前曾取得「華僑身分證明書」者可在工作、投資、擔任公職、組織政黨及取得或設定土地權利方面等有較一般香港或澳門居民優惠之待遇。「九七」後香港居民或「九九」後澳門居民與臺灣地區人民之收養事件，依照港澳條例第38條規定，係類推適用涉外民事法律適用法有關收養之規定。行政院大陸委員會（90）陸港字第9001369號。
17 參勞動部勞動力發展署網頁，https://www.wda.gov.tw/，瀏覽日期：112.8.29。

有關澳門居民的護照，其效力較為具體。因澳門的情形與香港頗有差異，澳門本土人士與香港人不同，其取得之葡國護照，並無次等護照之設置。中共國籍法上的單一國籍規定，對於持有葡國護照的澳門本土人士，尤成問題，因為中共也於備忘錄中宣示：「澳門居民凡是符合中華人民共和國國籍法規定者，不論其是否持有葡萄牙旅行證件或身分證件，均具有中國公民資格。」在1999年12月20日澳門特別行政區成立後，持有葡萄牙旅行證件或身分證件的澳門中國公民，仍可繼續使用該證件出國旅行。但在中共控制地區及澳門，不得享受葡國領事保護的權利。此處之「單一國籍說」，實在是變調的雙重國籍，因為持有葡萄牙旅行證件或身分證件的澳門中國公民，一旦離境，是不折不扣的葡萄牙人，可以隨時進入葡萄牙及歐體任何國家定居。只有返回澳門時，暫時喪失了葡萄牙人的身分[18]。

三、居留與定居之概念

（一）居留之概念

港澳居民，對我國而言，亦屬於外來人口之一種。國際社會早期並沒有管制外來移民，早期世界上人口，移往歐洲與美洲新大陸的人數甚多。但在18世紀末，主權國家陸續成立之後，國際社會中強調各國之關係與權力，開始有管制移民的做法[19]。具有居留資格與取得簽證，便是外國政府之入國許可。外國人欲合法入國並居留的前提，須事先取得居留國之居留簽證資格。居留資格之原因，並限於依國家所開放之範圍[20]。

1. 居留資格之概念

因世界上的人口分布，已開發的先進國家其人口較少，為國內產業之需求，人力常有不足現象；開發中之國家，常因其人口數快速成長，形成國內人口過多，致使在其國家中，不易找到適當工作，而產生難以謀生現象。如此情形，長期以來致其生活狀況無法改善，極可能陷入惡性循環。因此，世

---

18 黃立，前揭文（註10），第65-66頁。

19 和田英夫，強制送還と入管行政—国際政治的自由裁量の盲点—，ジュリストNo. 401，1968年7月，第43頁。

20 許義寶，外國人居留資格與法定範圍，警察法學6期，2007年10月，第270頁以下。

界上人口移動的情形，經常從開發中的國家，往已開發的國家遷移[21]。另一方面，世界上人口的移動現象，依國家的分布位置而言，亦出現由南到北的遷移現象。但人的遷徙活動，並非全部皆屬合法，以合法的方式依一個國家的法令移民至另一國或合法進入他國，屬遵守所在國的法律秩序，其權益亦較容易受到保障。

且觀察至今人類歷史所形成的原因，其中有一大部分，皆屬人往未知的世界遷徙與發展而建立。概觀西元15世紀以後，國際人口的遷徙狀況，可歸納出下列四種類型。第一，為滿足世界經濟勞動體系之工作需求，此所相對應的為因勞動力需求目的的人口遷徙。並依照世界經濟體系中心的景氣起伏狀況，持續不斷地配合與供應勞動力之需求。第二，因恐於受到迫害之人的移居他國，屬於「難民」的人口遷徙。對此，在定義上除本來的難民之外，另外有因戰爭、內亂或鬥爭的結果，被強制逼迫遷徙的人（紛爭難民），或因為貧窮或自然災害的遷徙（經濟難民）等，亦包括在內。第三，為實現自己願望之目的的遷徙。因人均有離開自己出生及成長的地方，嘗試去尋求新世界的可能，如往他國留學之人，亦包括在內。第四，為因結婚及家庭團聚的人口遷徙[22]。

外來人口或外國人進入另外一個國家，須經過該國家之許可，除國家之條約另有規定外，一個國家不負有接受外國人入國之義務。欲進入並在我國居留之外國人，須取得我國法定之居留資格許可，為外國人申請居留之前提要件。其必須依我國主管機關所定之居留種類、項目及相關程序，提出申請。而現代主權國家，有關其入出國之法規，理論上雖屬於一國之國內法，國家有權自行訂定相關之居留資格、範圍，但是在規範之同時，依國際人權法規定，各國亦應遵守與受到規範，考量有關國際人權及相關人道立場之許可其入國居留。

人與植物最大的不同，即人會往有利的地方去遷徙與發展[23]，以改善生活或尋求自己的理想。外國人之入國與居留，依國際法及憲法理論對於基本權利之保障，其主要保障範圍與程度，依序為本國公民、國民、外國人。依

---

21 坂中英德，日本の外国人政策の構想，日本加除出版，平成13（2001）年3月，第81-82頁。
22 駒井洋，日本の外国人移民，明石書店，1999年12月，第20-21頁。
23 坂中英德，今後の出入国管理行政のあり方について，平成元年（1989）2月20日，日本加除出版，第213頁。

國際習慣法原則，外國人要進入另外一個國家，須得到所在國家同意，因此有關外國人入國的自由，並不受保障；外國人進入另一國家領域後，須遵守當地國之法令；對於違反法令之外國人，居留地國家亦得依據相關法令，將其驅逐出國。惟如已取得合法居留資格之外國人，居留地國家亦應保障其應有之自由權利。

例如依「外國護照簽證條例」及「入出國及移民法」規定，外國人之居留，必須取得居留簽證及經過主管機關之入國查驗。「居留資格」名稱，為日本及美國所採行外國人入國管理制度，其內容為要求外國人在入國之前，須取得在國內居住、活動或工作的特定資格。其於入國後，有關活動之界限必須遵守在居留資格之範圍內，居留資格並可作為主管機關管理及查察的依據。我國自民國88年制定及施行「入出國及移民法」後，有關「外國人」之入出國法制上，已有長足進步並邁入法治時期。立法院通過「內政部移民署組織法」，明定主管機關—移民署之設立法源，入出國及移民事務之主管機關，為內政部移民署。

2. 居留資格之原因

如從居留目的之類型區分，外國人居留原因不外乎勞動經濟目的、恐於受迫害、為實現願望、家庭團聚及長期永久之居留。

(1)勞動經濟目的之入國

為滿足世界經濟勞動體系之工作需求，此所相對應的為因勞動力需求目的之人口遷徙。並依照世界經濟體系中心的景氣起伏狀況，持續不斷的配合與供應勞動力之需求。如我國有關白領外國人之聘僱，依就業服務法第47條第1項規定：「雇主聘僱外國人從事前條第一項第八款至第十一款規定之工作，應先以合理勞動條件在國內辦理招募，經招募無法滿足其需要時，始得就該不足人數提出申請，並應於招募時，將招募全部內容通知其事業單位之工會或勞工，並於外國人預定工作之場所公告之。」是外國人受僱在臺工作，如為本法第46條第1項第1款至第8款及第11款規定之一者（以下簡稱白領外國人），自須由雇主向中央目的事業主管機關申請聘僱許可[24]。另大部分之外籍勞工則依就業服務法第46條第9款至第10款規定辦理。

---

24 法務部86年10月28日（86）法律字第039752號。

(2)恐於受迫害之移居他國

恐於受到迫害之人的移居他國屬於「難民」的人口遷徙。定義上除本來的難民之外，另外有因戰爭、內亂或鬥爭的結果，被強制逼迫遷徙的人（紛爭難民），或因為貧窮或自然災害的遷徙（經濟難民）等。於此，對特定個案獲准在我國居留之難民，應許可其工作。主管機關並明示（依就業服務法）「雇主聘僱左列外國人從事工作，得不受第四十三條第一項、第四十九條、第五十條、第五十二條及第五十四條第二項規定之限制，且免依第五十一條、第五十五條規定繳納就業安定費及保證金。……二、獲准居留之難民……。」為判決時同法第42條、第43條第1項及第48條第1項所規定[25]，明示保障難民之工作權。

(3)實現自己願望之目的

為實現自己願望之目的的遷徙，如往他國留學之人；其他如傳教、研究之目的，亦屬之。有關到我國就學之人，每年居留之名額，移民署並不予以限制。為促進國際交流，且外國人進入我國非以經濟之目的，應放寬其可入國就學或從事正當之活動。

(4)家庭團聚

家庭是社會的基石。家庭團聚，不僅為中華文化所重視的價值之一，也是國際人權法所遵循的基本原則。夫妻、父母、子女生活在一起，共享天倫，向來是天經地義的。然而這樣的想法可能是基於以前異國婚姻不像現在的普遍。因為，夫妻雙方大多是「在地人」，除了因為工作、求學等因素分隔，家庭團聚根本不是問題。但婚姻若涉及另一半是外國人時，所牽涉的問題就錯綜複雜的多。因為這不僅是兩個人或是兩個家族的事，也是兩個國家的事[26]。

外來人口與國民結婚或國民之外國未成年子女之請求團聚入國，國家自應予以保護；且家庭團聚權利，亦屬受憲法保障之權利。此「家庭團聚權」在國際人權法上屬於家庭權的下位概念。自「世界人權宣言」問世以來，婚姻和家庭得到各國及國際人權法案的普遍認可。大多數涉及人權問題的國際

---

25 最高行政法院92年度判字第1399號判決。
26 刁仁國，論外籍配偶的家庭團聚權，收於「我國入出國與移民法制之變革與挑戰」學術研討會論文集，中央警察大學國境警察學系，2005年5月，第85頁。

文書均包含有關保護家庭團聚的類似規定。儘管存在不同的傳統和社會結構，一切社會的支柱就是作為最小單位的家庭。因此，國際人權法有關家庭婚姻的保障，就是具有保護作為整個社會秩序支柱的家庭，避免趨向解散的功能[27]。

　　國際法對於婚姻、家庭權利之保障，如「世界人權宣言」第16條、「公民及政治權利國際公約」第23條、「經濟、社會、文化權利國際公約」第10條第1項、與「非居住國國民個人人權宣言」第5條第4項。其中甫於2003年7月1日生效的「保護所有移徙工人及其家庭成員國際公約」（International Convention on the Protection of the Rights of all Migrants Workers and Members of Their Families）第44條，更強調締約國應便利移徙工人與其配偶與未成年子女的家庭團聚，以維持家庭的完整。若遇移徙工人死亡或解除婚約關係，就業國應有利地考慮准許以家庭團聚為由以及應考慮到他們已在該國時間的長短，允許該家庭成員留在該國，若未獲居留許可則應准許他們在離境前一段合理時間處理其在就業國的事務（第50條）[28]。

　　而我國有關移民配額規定，影響外籍配偶之婚姻家庭生活的權利至深且鉅。此因臺灣地區地狹人稠、人口密度高，且自然資源有限，外國人來臺居留，固然涉及公共設施、社會福利及工作機會等生活資源的分配，並與我國人口政策、勞工政策等息息相關。訂定外國人來臺居留配額是否適宜？有待探討。以美國法制言，美國在1952年「移民與國籍法」（Immigration and Nationality Act）規定，美國公民或永久住民（legal permanent resident, LPR）合法結婚，即可在美國境內調整為「永久住民」之身分。因「假結婚，真定居」（marriage fraud）案件層出不窮，以及郵購新娘（mail-order bride）所衍生的問題，1986年國會通過「移民婚姻詐欺修正案」（Immigration Marriage Fraud Amendments (IMFA) of 1986），規定了2年的觀察期，即與美國公民結婚或永久居留住民合法結婚，即取得「附條件永久住民」（conditional status）之身分。由此可知，美國對於家庭團聚權的尊重，即使為了防止「假結婚，真居留」案件發生並未採取「配額總量管制」的手段規範，而且美國公民的「近親」（immediate relatives），指配偶、未成年子女及成年公

27 刁仁國，前揭文（註26），第85-86頁。
28 刁仁國，前揭文（註26），第86頁。

民的父母，列為不受配額限制的移民類別，本國公民的成年子女與永久居留
權者的配偶以及未成年子女，亦分別列為第一、二優先順位移民[29, 30]。

（二）定居之概念

　　長期在臺灣地區居住，在臺灣地區設立戶籍，稱為定居。定居須經過
主管機關之許可，亦為移民政策與人口管制之一種方式。對於外來人口之移
民我國，成為我國國民之方式，有歸化、永久居留、定居等三種方式。前二
種，為外國人之申請成為我國人民及在我國永久居住，後一種之「定居」，
為臺灣地區無戶籍國民，或大陸地區人民、港澳居民之申請，在我國可以長
期居住，而轉換成為臺灣地區有戶籍國民。

　　有關申請定居之事由，依我國之移民政策考量，對於臺灣地區無戶籍國
民，或大陸地區人民、港澳居民之申請，而有不同之規定。臺灣地區無戶籍
國民之申請，為依入出國及移民法之規定[31]；或大陸地區人民，依兩岸關係

29　刁仁國，前揭文（註26），第92-93頁。
30　轉引自許義寶，外國人居留資格與法定範圍，警察法學6期，2007年10月，第271-276頁。
31　臺灣地區無戶籍國民之申請定居，為依入出國及移民法第10條規定：「臺灣地區無戶籍國民
　　有下列情形之一者，得向移民署申請在臺灣地區定居：一、前條第一項第一款至第十一款
　　之申請人與其配偶及未成年子女，經依前條規定許可居留者，在臺灣地區居留滿一年且居住
　　三百三十五日以上，或連續居留滿二年且每年居住二百七十日以上，或連續居留滿五年且每
　　年居住一百八十三日以上，仍具備原居留條件。但依前條第一項第二款、第四款或第八款規
　　定許可居留者，不受居留滿一定期間之限制。二、在國外出生之未成年子女，持外國護照入
　　國，出生時其父或母為居住臺灣地區設有戶籍國民。三、在國外出生，持我國護照入國，出
　　生時其父或母為居住臺灣地區設有戶籍國民。四、在國內出生，未辦理出生登記，出國後持
　　我國或外國護照入國，出生時其父或母為居住臺灣地區設有戶籍國民（第1項）。依前項第
　　一款規定申請定居，其親屬關係因結婚發生者，應存續三年以上。但婚姻關係存續期間已生
　　產子女者，不在此限（第2項）。臺灣地區無戶籍國民於第一項第一款居留期間出國，係經
　　政府機關派遣或核准，附有證明文件者，不視為居住期間中斷，亦不予計入在臺灣地區居住
　　期間（第3項）。臺灣地區無戶籍國民於居留期間依親對象死亡，或與依親對象離婚，其有
　　未成年子女在臺灣地區設有戶籍且得行使或負擔該子女之權利義務，並已居留滿一定期間
　　者，仍得向移民署申請定居，不受第一項第一款所定仍具備原居留條件之限制（第4項）。
　　申請定居，除第一項第一款但書規定情形外，應於居留滿一定期間後二年內申請之。申請人
　　之配偶及未成年子女，得隨同申請，或於其定居許可後申請之。本人定居許可依第十一條第
　　三項規定撤銷或廢止時，其配偶及未成年子女之定居許可併同撤銷或廢止之（第5項）。臺
　　灣地區無戶籍國民經許可定居者，應於三十日內向預定申報戶籍地之戶政事務所辦理戶籍登
　　記，屆期未辦理者，移民署得廢止其定居許可（第6項）。臺灣地區無戶籍國民申請入國、
　　居留或定居之申請程序、應備文件、核發證件種類、效期及其他應遵行事項之辦法，由主管
　　機關定之（第7項）。」

條例之規定[32]；而港澳居民之申請，則依港澳條例之規定申請[33]。

參、香港澳門居民之來臺居留與其相關問題

一、香港澳門居民之來臺居留

（一）申請居留之原因

依「香港澳門居民進入臺灣地區及居留定居許可辦法」第16條規定：「香港或澳門居民有下列情形之一者，得申請在臺灣地區居留：一、其直系血親或配偶在臺灣地區設有戶籍。但其親屬關係因收養發生者，應存續二年以上。二、香港或澳門分別於英國及葡萄牙結束其治理前，參加僑教或僑社工作有特殊貢獻，經教育部或大陸委員會會同有關機關審查通過。三、在特殊領域之應用工程技術上有成就。四、具有專業技術能力，並已取得香港或澳門政府之執業證書或在學術、科學、文化、新聞、金融、保險、證券、期貨、運輸、郵政、電信、氣象或觀光專業領域有特殊成就。五、在臺灣地區有新臺幣六百萬元以上之投資，經中央目的事業主管機關審查通過；或在臺灣地區以創新創業事由經中央目的事業主管機關審查通過。六、在國外執教、研究新興學術或具有特殊技術與經驗，經中央目的事業主管機關核准。七、經中央目的事業主管機關核准來臺就學；或其畢業回香港或澳門服務滿

---

32 大陸地區人民之申請定居，依兩岸關係條例第16條之規定。即：「大陸地區人民有下列情形之一者，得申請在臺灣地區定居：一、臺灣地區人民之直系血親及配偶，年齡在七十歲以上、十二歲以下者。二、其臺灣地區之配偶死亡，須在臺灣地區照顧未成年之親生子女者。三、民國三十四年後，因兵役關係滯留大陸地區之臺籍軍人及其配偶。四、民國三十八年政府遷臺後，因作戰或執行特種任務被俘之前國軍官兵及其配偶。五、民國三十八年政府遷臺前，以公費派赴大陸地區求學人員及其配偶。六、民國七十六年十一月一日前，因船舶故障、海難或其他不可抗力之事由滯留大陸地區，且在臺灣地區原有戶籍之漁民或船員（第2項）。大陸地區人民依前項第一款規定，每年申請在臺灣地區定居之數額，得予限制（第3項）。依第二項第三款至第六款規定申請者，其大陸地區配偶得隨同本人申請在臺灣地區定居；未隨同申請者，得由本人在臺灣地區定居後代為申請（第4項）。」

33 港澳居民之申請定居，則依港澳條例第12條授權訂定。即：「香港或澳門居民得申請在臺灣地區居留或定居；其辦法由內政部擬訂，報請行政院核定後發布之（第1項）。每年核准居留或定居，必要時得酌定配額（第2項）。」

二年。八、經中央勞動主管機關或目的事業主管機關許可在臺灣地區從事就業服務法第四十六條第一項第一款至第七款或第十一款工作，或依取得華僑身分香港澳門居民聘僱及管理辦法規定許可工作，或依外國人才專法第二十四條準用同法第五條第一項至第四項、第六條、第七條第一項、第八條及第十條規定從事專業工作。九、其他經政府機關或公私立大專校院任用或聘僱。十、對政府推展港澳工作及達成港澳政策目標具有貢獻，經行政院設立或指定機構或委託之民間團體出具證明，並核轉大陸委員會會同有關機關審查通過。十一、有本條例第十八條之情形，經大陸委員會會同有關機關審查通過。十二、在臺灣地區合法停留五年以上，且每年居住超過二百七十日，並對國家社會或慈善事業具有特殊貢獻，經主管機關會商有關機關審查通過。十三、經中央勞動主管機關許可在臺灣地區從事就業服務法第四十六條第一項第八款至第十款工作。十四、為經核准居留臺灣地區無戶籍國民、經核准居留或永久居留外國人或經核准長期居留大陸地區人民之配偶或未成年子女，且非屬中央勞動主管機關許可在臺灣地區從事就業服務法第四十六條第一項第八款至第十款工作者，或經中央目的事業主管機關核准來臺就學者之配偶或未成年子女。十五、來臺傳教弘法或研修宗教教義，經主管機關會商相關目的事業主管 機關審查通過。十六、經行政院許可香港或澳門政府在臺灣地區設立機構之派駐人員及其眷屬（第1項）。前項第一款至第六款、第七款後段、第八款至第十二款及第十五款規定，申請人之配偶及未成年子女得隨同申請，未隨同本人申請者，得於本人入境居留後申請之；前項第八款之香港或澳門居民依外國人才專法第二十條準用同法第五條第一項至第四項、第六條、第七條第一項、第八條及第十條規定居留者，其因身心障礙無法自理生活之成年子女得隨同申請，未隨同本人申請者，得於本人入境居留後申請之；前項第十六款之眷屬名冊，由大陸委員會提供（第2項）。第一項第三款及第四款情形，應經中央目的事業主管機關審查通過；其審核表，由主管機關會商各中央目的事業主管機關定之（第3項）。」

依前述規定第7款，港澳居民於經中央目的事業主管機關核准來臺就學畢業回香港服務滿2年者，得申請在臺灣居留或定居，但依規定移民署會同國安局、陸委會及相關機關審查後，認為申請人有危害國家利益之虞者，得不予許可。又法律授權訂定命令，如涉及限制人民之自由權利時，其授權之目的、範圍及內容固須符合具體明確之要件；若法律僅為概括授權時，則

應就該項法律整體所表現之關聯意義以推知立法者授權之意旨，而非拘泥於特定法條之文字，司法院釋字第394、497號解釋意旨可參。查港澳條例第12條對於港澳居民申請在臺灣居留或定居是採取申請核准制，必要時得酌定配額，且港澳條例第14條第3項第3款所規定得不經審查會審查逕行強制出境之事由即為「有危害國家利益、公共安全、公共秩序或從事恐怖活動之虞，且情況急迫應即時處分」，依此規範之意旨可知港澳居民若有危害國家利益之虞且情況急迫應即時處分者，已屬得逕行強制出境之情形，則對於仍在申請居留階段尚未入境之港澳居民，若有危害國家利益之虞，被告所屬移民署自得將此款事由作為是否許可之審查事由之一，並得會同對於相關事務較具專業之國安局、陸委會及相關機關審查，是港澳居留許可辦法第22條第1項第1款第4目、第5項規定符合授權明確性之要求[34]。

（二）不予許可居留之原因

依香港澳門居民進入臺灣地區及居留定居許可辦法第22條：「香港或澳門居民申請在臺灣地區居留，有下列情形之一者，得不予許可：一、現（曾）有下列情形之一：（一）未經許可入境。（二）從事與許可目的不符之活動。（三）有事實足認為有犯罪行為。（四）有危害國家利益、公共安全、公共秩序或從事恐怖活動之虞。（五）參加或資助內亂、外患團體或其活動而隱瞞不報。（六）參加或資助恐怖或暴力非法組織或其活動而隱瞞不報。（七）有事實足認涉嫌重大犯罪或有犯罪習慣。二、有事實足認係通謀而為虛偽收養。三、原為大陸地區人民。四、現（曾）冒用身分或持用偽造、變造證件申請或入境。五、現（曾）依本辦法規定申請時，為虛偽之陳述或隱瞞重要事實。六、現（曾）在臺灣地區有行方不明紀錄達三個月以上。七、與臺灣地區人民結婚，其婚姻無效或有事實足認係通謀而為虛偽結婚。八、健康檢查不合格。九、經許可入境，已逾停留、居留期限。但有本條例第十四條之二情形，或取得在臺灣地區設有戶籍之未成年親生子女權利義務之行使或負擔，不在此限。十、現（曾）任職於大陸地區行政、軍事、黨務或其他公務機構、具政治性機關（構）、團體或其於香港、澳門投資之機構或新聞媒體（第1項）。前項

不予許可之期間如下：一、有第一款第一目、第四款及第五款情形：二年至五年。二、有第一款第二目、第二款、第六款、第七款及第九款情形：一年至三年（第2項）。前項不予許可期間之計算，已入境者，自出境之日起算；未入境者，自不予許可、撤銷或廢止許可之翌日起算（第3項）。香港或澳門居民經許可入境，未逾停留期限三十日，其居留申請案有數額限制者，依規定核配時間每次延後一年許可。但有第十二條第一項各款情形之一，未辦延期者，不在此限（第4項）。第一項第一款第四目、第三款及第十款情形，移民署得會同國家安全局、大陸委員會及相關機關審查（第5項）。」

　　港澳居民符合香港澳門居民進入臺灣地區及居留定居許可辦法第16條第1項所列共16款之原因者，得申請在臺灣地區居留，為積極之條件資格；但對於申請之審查，如發現申請人有居留定居許可辦法第22條所列之原因，則得不予許可。「得」不許可，為裁量權之行使，原則有法定之消極事由，不同意其申請居留，但如有特殊情形，依裁量之比例原則等之考量，則例外予以許可。即不予許可原因，有港澳條例第14條：「進入臺灣地區之香港或澳門居民，有下列情形之一者，內政部移民署得逕行強制出境，或限令其於十日內出境，逾限令出境期限仍未出境，內政部移民署得強制出境：一、未經許可入境。二、經許可入境，已逾停留、居留期限，或經撤銷、廢止停留、居留、定居許可（第1項）。內政部移民署於知悉前項香港或澳門居民涉有刑事案件已進入司法程序者，於強制出境十日前，應通知司法機關。該等香港或澳門居民除經依法羈押、拘提、管收或限制出境者外，內政部移民署得強制出境或限令出境（第2項）。內政部移民署於強制香港或澳門居民出境前，應給予陳述意見之機會；強制已取得居留或定居許可之香港或澳門居民出境前，並應召開審查會。但當事人有下列情形之一者，得不經審查會審查，逕行強制出境：一、以書面聲明放棄陳述意見或自願出境。二、依其他法律規定限令出境。三、有危害國家利益、公共安全、公共秩序或從事恐怖活動之虞，且情況急迫應即時處分（第3項）。第一項所定強制出境之處理方式、程序、管理及其他應遵行事項之辦法，由內政部定之（第4項）。第三項審查會由內政部遴聘有關機關代表、社會公正人士及學者專家共同組成，其中單一性別不得少於三分之一，且社會公正人士及學者專家之人數不得少於二分之一（第5項）。」

如其有從事與許可目的不符之活動者。在解釋上應限縮解釋，即未經許可工作，而從事有收入之活動；或該活動應申請許可，而在未許可前從事該活動。如依觀光名義入境，卻從事新聞採訪行為。

在居留定居許可辦法中，規定有「得不予許可」之法定事由。從理論上言，申請人有消極之得不予許可事由，例如曾未經許可入境之紀錄，原則上主管機關即得不予許可；但在執行上應視其情節有管制之適當年限，以免過度限制申請人之權益。另外如有妨害社會秩序之具體事實或有安全上之顧慮，則得進一步不許可其申請居留。

二、香港澳門居民來臺居留之相關問題

上述不予許可之原因中，依居留定居許可辦法第22條第1項第3款規定：「原為大陸地區人民，未在大陸地區以外之地區連續住滿四年。」配合是否不予許可，主管機關須考量裁量權之行使，是否符合比例原則。如不予許可，屬於行政處分，申請人或其利害關係人，得依法提出救濟。因目前依兩岸關係條例之規定，臺灣地區有戶籍國民之大陸籍配偶申請進入臺灣地區依親居留，其入境之後，即可申請居留；因此，在居留定居許可辦法中仍然保留規定，大陸地區人民須在大陸地區以外居住滿4年始得申請在臺居留之規定，即有修正或在適用上，始予限定之必要。至少依家庭團聚權之原因，即不宜予以否准其申請。

另不予許可之原因，同條項第5款規定：「現（曾）依本辦法規定申請時，為虛偽之陳述或隱瞞重要事實。」依入出國及移民法第18條規定禁止入國之原因，其中列有來我國之原因有虛偽之陳述，或隱瞞重要之事實者[35]。即與申請入國之目的不符，另在移民行政上，許可居留為一接受移民之門檻，外來人口經許可居留後，即可在我國（或臺灣地區）長期的居住，其行為亦會影響我國之治安秩序。如果隱瞞重要之事實，即有詳加調查其來臺之本意，是否為有害我國之活動？而予即早發現。

有關「經濟能力」之要件，在居留與定居許可辦法中，並未明定。包括

---

35 入出國及移民法第18條第5款規定禁止入國之原因，其中列有來我國之原因有虛偽之陳述，或隱瞞重要之事實。「外國人有下列情形之一者，移民署得禁止其入國：……五、申請來我國之目的作虛偽之陳述或隱瞞重要事實。」

定居之要件，亦未列為必備之要求。依本章之看法，可能考量依親之定居，如申請人有經濟上之問題，自有臺灣地區有戶籍國民之近親，可以提供經濟援助。但其他事由之申請居留，如來臺就學、宗教原因等，應具備有經濟能力之要求，應較為適當。

　　港澳居民申請居留之原因中列有：因政治因素而致安全及自由受有緊急危害之香港或澳門居民，得提供必要之援助；經行政院大陸委員會會同有關機關審查通過者。本資格之設定，主要考量者，應在於保護政治難民、及該人來臺對我國有利。

　　實務案件上法院認為：港澳條例第1條規定：「為規範及促進與香港及澳門之經貿、文化及其他關係，特制定本條例（第1項）。本條例未規定者，適用其他有關法令之規定。但臺灣地區與大陸地區人民關係條例，除本條例有明文規定者外，不適用之（第2項）。」第4條第1項規定：「本條例所稱香港居民，指具有香港永久居留資格，且未持有英國國民（海外）護照或香港護照以外之旅行證照者。」第12條第1項規定：「香港或澳門居民得申請在臺灣地區居留或定居；其辦法由內政部擬訂，報請行政院核定後發布之。」故港澳條例為規範臺灣地區與香港、澳門間往來相關事項之專法，且該條例並未規定有關港澳居民申請來臺居留或定居者，應適用兩岸關係條例之規定予以審查，則依前揭港澳條例第1條第2項但書之規定，該條例第4條第1項所定香港居民如欲申請來臺居留或定居，自應符合被告根據港澳條例第12條第1項授權訂定之辦法始可，至於兩岸關係條例及該條例授權主管機關訂定之行政規則，並無適用之餘地。又被告依據港澳條例第12條第1項之授權，訂有居留定居許可辦法，行為時之該辦法第16條第1項第11款規定：「香港或澳門居民有下列情形之一，得申請在臺灣地區居留：……十一、有本條例第十八條之情形（按港澳條例第18條規定：『對於因政治因素而致安全及自由受有緊急危害之香港或澳門居民，得提供必要之援助。』），經大陸委員會會同有關機關審查通過。」[36]

---

36 本案法院認為原告於99年11月25日提出本件申請時，已具有香港永久居留資格，此有香港永久性居民身分證附原處分卷第2頁足憑，故其為港澳條例第4條第1項規定之香港居民，依上說明，原告必須符合居留定居許可辦法規定之要件，始得申請在臺灣居留或定居。次查，被告於收受原告之申請書後，其所屬入出國及移民署曾於99年12月22日，以書面通知原告應於3個月內補提符合居留定居許可辦法第17條第1項各款得申請居留之相關證明文件，原告接獲

　　本案主管機關認為：「依原告所提資料似無涉政治上之緊急狀況，亦未有安全及自由受危害之具體事證。」而認為不符合申請居留之條件，予以否准。對此要件之認定，主管機關應具有判斷餘地，原則上法院應予尊重。另一方面，是否給予政治上受害之外來人口，進入臺灣地區居留，涉及國家主權，主管機關應有其認定與判斷之權限。

三、小結

　　有關申請居留之原因，其中依親居留屬於大宗，包括：居留定居許可辦法第16條第1項第1款之其直系血親、配偶、兄弟姊妹或配偶之父母在臺灣地區設有戶籍者。但其親屬關係因收養發生者，應存續2年以上。及第14款之其配偶為經核准居留之臺灣地區無戶籍國民、或經核准居留或永久居留之外國人、或經核准長期居留之大陸地區人民。但該配偶係經中央勞工主管機關許可在我國從事就業服務法第46條第1項第8款至第10款工作者，或經中央目的事業主管機關核准來臺就學者，不得申請。

　　另有關經濟原因之受聘僱或取得專業技術證明者，屬高門檻之要求。其他另包括就學、宗教、政治避難、曾任職我國駐港機構、在臺灣地區長期停留有具體貢獻等事由。在不予許可之事由上，包括曾被強制出境之三種原因，授權主管機關之認定，有其安全與秩序上之考量。

該通知書後，於100年1月23日以書面回覆稱：其係以提供有價值資料，及因政治上緊急狀況，安全及自由受有危害為由，申請來臺定居云云。經核原告主張之上述申請事由中，提供有價值資料部分，實係內政部依兩岸關係條例第17條第9項之授權，訂定之大陸地區人民在臺灣地區依親居留長期居留或定居許可辦法第17條第2款：「提供有價值資料，有利臺灣地區對大陸地區瞭解者」所定大陸人民申請來臺長期居留之事由，原告既為香港居民，依上說明，自不得適用該大陸人民許可辦法之規定，申請來臺居留或定居。至其另主張因政治上緊急狀況，安全及自由受有危害部分，核係依居留定居許可辦法第17條第1項第12款規定，申請來臺居留，然被告所屬入出國及移民署曾向陸委會函詢：原告是否符合港澳居民許可辦法第17條第1項第12款所定有港澳條例第18條情事，經陸委會會同有關機關審查通過之情形，陸委會則回覆：依原告所提資料似無涉政治上之緊急狀況，亦未有安全及自由受危害之具體事證，可見原告並無經陸委會會同有關機關審查通過，具有港澳條例第18條之情形，故與居留定居許可辦法第17條第1項第12款所定來臺居留之條件亦非相符。是原告提出本件申請所依據之理由，既不符合居留定居許可辦法所定申請居留或定居之要件，被告以原處分予以駁回，尚無不合。臺北高等行政法院100年度訴字第2065號判決。

肆、香港澳門居民之來臺定居與其相關問題

一、香港澳門居民之來臺定居

（一）申請定居之原因

　　依居留定居許可辦法第29條規定：「香港或澳門居民有下列情形之一者，得申請在臺灣地區定居：一、依第十六條第一項第一款至第六款、第七款後段、第九款至第十二款規定之申請人與其隨同申請之配偶及未成年子女，經許可居留，在臺灣地區居留一定期間，仍具備原申請在臺灣地區居留之條件。但依同條項第一款規定申請者，其直系血親或配偶死亡者，仍得申請定居。二、未滿十二歲，持入出境許可入境，其父或母原在臺灣地區設有戶籍。三、有本條例第十七條之情形。四、經中央目的事業主管機關核准來臺就學者畢業後，依第十六條第一項第八款規定許可居留連續滿五年，每年在臺灣地區居住一百八十三日以上，且最近一年於臺灣地區平均每月收入逾中央勞動主管機關公告基本工資二倍。取得博士學位者及碩士學位者得各折抵二年及一年在臺連續居留期間；二者不得合併折抵（第1項）。前項第一款所稱一定期間，指自申請日往前推算連續居留滿一年，或連續居留滿二年且每年在臺灣地區居住二百七十日以上。但依第十六條第一項第五款後段規定許可居留者，指連續居留滿五年，且每年在臺灣地區居住一百八十三日以上（第2項）[37]。」

　　居留與定居，二者有密切之相關。定居為轉換身分，取得臺灣地區有戶籍國民，亦為移民之一種。原來我國對於移民之管制，採取高門檻，不宜接受過多之外來人口，包括外國人如欲申請歸化或在我國居留，其條件都相當嚴謹。一來對於該人之素行、經濟能力之要求；二來考量我國接受移民之條

---

37 香港澳門居民進入臺灣地區及居留定居許可辦法第29條第3項至第5項：「依第一項第一款規定申請在臺灣地區定居，其親屬關係因結婚或收養發生者，應存續三年以上。但婚姻關係存續期間已生產子女者，不在此限（第3項）。第二項之連續居留期間，一年內得出境三十日；其出境次數不予限制，出境日數自出境之翌日起算，當日出入境者，以一日計算；其出境係經政府機關派遣或核准，附有證明文件者，不予累計出境期間，亦不予核算在臺灣地區居留期間（第4項）。依第二十一條第二項規定逕向入出國及移民署申請變更居留事由者，其在臺灣地區居留一定期間，自核准變更之翌日起算（第5項）。」

件，二者皆須考量。從理論上而言，對於港澳居民之申請定居，應考慮之條件與面向，亦應有上述之主觀與客觀之方向。

　　申請定居之原因，排除居留定居許可辦法第16條第1項第7款前段，經中央目的事業主管機關核准來臺就學者。及第8款，限於經中央勞動主管機關或目的事業主管機關許可在臺灣地區從事就業服務法第46條第1項第1款至第7款或第11款工作者，或依取得華僑身分香港澳門居民聘僱及管理辦法許可工作者。其主要考量點為，留學之目的，並非移民來臺之原因；在接受移民類別上，因目的不同，予以排除。在該人於臺灣地區完成學業後，即不得再依同一原因申請居留。另對於來臺工作者，因其目的在於工作，於工作結束後，即應返回港澳地區。此點與白領外國人在臺灣地區工作一段時間，得申請歸化與永久居留之規定，有所差異[38]，是否予以調整？有待觀察。

　　居留定居許可辦法第29條第1項第2款規定，未滿12歲，持入出境許可入境，其父或母原在臺灣地區設有戶籍者。本款之申請條件，與第1款有所不同，即不須有居留期間之要求。對於12歲以下之臺灣地區有戶籍人民之子女，其入境之後，即可定居設立戶籍。本款之要件有二，即持入境證進入臺灣地區，即經過申請入境，取得許可入境之證件；另一要件為「其父或母原在臺灣地區設有戶籍」，因原有戶籍國民，雖出國或出境2年以上，依規定戶籍將被遷出國外，但於其入境後，即可重新辦理遷入，成為臺灣地區有戶籍國民。又12歲以下子女，應受父母親之照顧保護，於其入境後即得辦理定居及設立戶籍；惟此時其如持有外國籍之身分，仍須先放棄該外國籍，始得申請定居，乃為當然[39]。

---

38 此點與白領外國人在臺灣地區工作一段時間，得申請歸化與永久居留之規定，有所差異。即入出國及移民法第25條第1項規定：「外國人在我國合法連續居留五年，每年居住一百八十三日以上，或居住臺灣地區設有戶籍國民，其外國籍之配偶、子女在我國合法居留十年以上，其中有五年每年居住一百八十三日以上，並符合下列要件者，得向移民署申請永久居留。但以就學、依第二十三條第一項第三款、第二十六條第一款、第二款、第三十一條第四項第五款至第八款規定經許可居留者或經中央勞工主管機關許可在我國從事就業服務法第四十六條第一項第八款至第十款工作之原因許可居留者及以其為依親對象許可居留者，在我國居留（住）之期間，不予計入：一、十八歲以上。二、無不良素行，且無警察刑事紀錄證明之刑事案件紀錄。三、有相當之財產或技能，足以自立。但為居住臺灣地區設有戶籍國民之配偶，不在此限。四、符合我國國家利益。」

39 應解釋為先放棄該外國籍，始得申請定居；依國籍法第9條規定：「外國人依第三條至第七條申請歸化者，應提出喪失其原有國籍之證明。但能提出因非可歸責當事人事由，致無法取得該證明並經外交機關查證屬實者，不在此限。」

（二）不予許可定居之原因

依居留定居許可辦法第31條：「香港或澳門居民申請在臺灣地區定居，有第二十二條第一項各款情形之一者，得不予許可（第1項）。第二十二條第二項及第三項規定，於本條準用之（第2項）。」第22條第1項：「香港或澳門居民申請在臺灣地區居留，有下列情形之一者，得不予許可：一、現（曾）有下列情形之一：（一）未經許可入境。（二）從事與許可目的不符之活動。（三）有事實足認為有犯罪行為。（四）有危害國家利益、公共安全、公共秩序或從事恐怖活動之虞。（五）參加或資助內亂、外患團體或其活動而隱瞞不報。（六）參加或資助恐怖或暴力非法組織或其活動而隱瞞不報。（七）有事實足認涉嫌重大犯罪或有犯罪習慣。二、有事實足認係通謀而為虛偽收養。三、原為大陸地區人民。四、現（曾）冒用身分或持用偽造、變造證件申請或入境。五、現（曾）依本辦法規定申請時，為虛偽之陳述或隱瞞重要事實。六、現（曾）在臺灣地區有行方不明紀錄達三個月以上。七、與臺灣地區人民結婚，其婚姻無效或有事實足認係通謀而為虛偽結婚。八、健康檢查不合格。九、經許可入境，已逾停留、居留期限。但有本條例第十四條之二情形，或取得在臺灣地區設有戶籍之未成年親生子女權利義務之行使或負擔，不在此限。十、現（曾）任職於大陸地區行政、軍事、黨務或其他公務機構、具政治性機關（構）、團體或其於香港、澳門投資之機構或新聞媒體。」

申請定居之原因與申請居留之事由，有所關聯，或可稱居留之後的港澳居民大都可以再行申請定居。而依居留定居許可辦法第31條規定得不予許可，屬於裁量行政，主管機關內政部得依申請人之違反情形，而決定是否不予許可定居；被否准之申請人，應可依法提起訴願、行政訴訟等之救濟。或等一段時間或待來年，再為申請。

如曾違反港澳條例第14條，依法被逕行強制出境，在執行強制出境後，當事人依相關規定，即港澳居民來臺居留定居許可辦法，仍得申請在臺居留。對於曾發生違法之紀錄者，較具有危害社會秩序與國家安全之顧慮，如逕予許可其在臺灣地區定居，使其轉換成臺灣地區有戶籍國民，可能造成往後社會治安秩序之影響，因此，得不予許可；使其仍保持居留之身分。

對於港澳居民，從理論上而言，仍屬於外來人口之一種；雖然大法官釋

字第497號解釋，認為依憲法第23條之立法比例原則，得對與臺灣地區實質上不同關係為合理差別之規定，此乃符合比例原則之立法。但是從目前我國之移民政策而言，港澳居民應定位為外來人口之一種，較為適宜。於此，如果「有在臺灣地區無力維持生活者」之原因，是仍予以核准在臺定居，可能有再加以探討之必要。與此相關者，為外國人之歸化，須具備有獨立維持生活之財產或技能；對申請永久居留之外國人，亦要求須具備有相當之經濟能力之要件[40]。

　　有報導指出，依目前的規定香港居民原居留1年即可申請定居，已不合時宜。在中共強行制定「港版國安法」、撕毀一國兩制承諾後，現今香港民主、自由、人權蕩然無存，且中國移民大舉移入香港，中共藉香港這層關係要滲透臺灣，國安單位意識到這一點，要加緊腳步將國安漏洞補上。官員強調，因香港情勢較複雜，目前僅須居留1年就可申請定居拿身分證的寬鬆規定，已不合時宜。原本在香港出生、與中國沒有關係的港人，未來比照外國人，須在臺居留4年才可申請定居。若來自中國大陸，在港取得永久居留者，想要再轉來臺灣定居，以後就是比照中配的6年時間[41]。此項政策方向，亦值得關注。

二、香港澳門居民來臺定居之相關問題

　　本於接受外來人口移民至臺灣地區的政策，及兼顧港澳居民申請在臺定居之權益，主管機關內政部依港澳條例之授權，訂定港澳居民來臺居留與定居許可辦法，以供為申請與審查上之依據。本於我國安全與國家利益，仍得否准相關有消極事由者之申請，乃屬當然。

　　依居留定居許可辦法第22條第1項規定，得不予許可定居之原因：（一）未經許可入境；（二）從事與許可目的不符之活動；（三）有事實足認為有犯罪行為；（四）有危害國家利益、公共安全、公共秩序或從事恐怖活動之虞；（五）參加或資助內亂、外患團體或其活動而隱瞞不報；（六）

---

40 有關外國人之歸化，須具備有獨立維持生活之財產或技能。依國籍法第3條第1項第4款：「外國人或無國籍人，現於中華民國領域內有住所，並具備下列各款要件者，得申請歸化：……四、有相當之財產或專業技能，足以自立，或生活保障無虞。」

41 港人擬比照外國人留台4年才可申請定居，自由時報，2023年5月1日，https://news.ltn.com.tw/news/politics/paper/1580414，瀏覽日期：112.8.2。

參加或資助恐怖或暴力非法組織或其活動而隱瞞不報；（七）有事實足認涉嫌重大犯罪或有犯罪習慣等。

與入出國及移民法之相關規定比較，對於一些不確定法律概念之適用與解釋，如果涉及過度影響當事人之權利，則在入出國及移民法中即規定，其認定即以召開審查會之方式辦理[42]。而港澳條例之規定，對相關正當程序之要求，則未明定。對於不利之否准定居申請處分之決定，是否以召開審查會方式，及准許其到場陳述意見，則本案所引為有待考量。特別對不確定法律概念之認定上，尤有須要。

實務上曾發生一爭訟（以下本案所引法條為當時規定）案件，法院判決認為：「港澳居民欲在臺灣地區居留或定居，依香港澳門關係條例第十二條第一項之規定，須依申請為之。港澳許可辦法第二十六條『臺灣地區居留證或臺灣地區居留入出境證有效期間屆滿，原申請居留原因仍繼續存在者，得申請延期，每次不得逾一年。……所為前項申請，應於臺灣地區居留證或臺灣地區居留入出境證有效期間屆滿前，備下列文件辦理：一、延期申請書。二、臺灣地區居留證或臺灣地區居留入出境證。三、流動人口登記聯單。四、其他相關證明文件。第二十二條（判決時規定本案下同）之規定，於本條準用之。』之規定，主管機關所為之居留許可，係有期間之限制，非屬永久有效，如原申請居留原因仍繼續存在者，自得申請延期，反之，如原申請居留原因已不存在，非但不得申請延期，依同辦法第二十八條第一項第四款之規定，主管機關更得在有效期間屆滿前撤銷或廢止原許可居留之處分。是可知港澳居民於取得定居許可前，港澳許可辦法所規定之申請居留原因須始終存在，且即便於居留許可處分作成後亦如此，否則其許可將遭廢止，於申請延期居留案件及申請定居案件時亦同，否則將遭否准。」

原告既依港澳許可辦法第16條第1項第5款所稱之「在臺灣地區有新臺幣五百萬元以上之投資，經中央目的事業主管機關審查通過者。」為申請居留之事由，則該要件非但應於申請居留許可時須具備，且於居留許可處分作成後乃至於取得定居許可時，均應具備。港澳許可辦法第28條第1項第4款

---

[42] 入出國及移民法中規定，涉及對居留、永久居留外國人為強制驅逐出國之認定，以召開審查會之方式辦理。即第36條第4項：「移民署依規定強制驅逐外國人出國前，應給予當事人陳述意見之機會；強制驅逐已取得居留或永久居留許可外國人出國前，並應召開審查會。……」

（判決時規定本案下同）既係規定：「經許可在臺灣地區居留之香港或澳門居民，有下列情形之一者，得撤銷或廢止其依第二十三條規定所為之居留許可，並註銷其臺灣地區居留證或臺灣地區居留入出境證：四申請居留之原因消滅者。」本件原告申請居留之原因消滅亦已如前述，依上開規定，被告即有廢止原許可居留處分之裁量權，原告並未主張並舉證被告為廢止該許可時，有何於事理以外之考量，且本院亦查無有此情形，是被告所為之原處分關於廢止許可居留處分，並無應予撤銷之瑕疵[43]。

三、小結

　　港澳居民申請在臺灣地區定居，即轉換身分，成為臺灣地區有戶籍國民，主管機關在要件認定與裁量上，須依法認定及查證。另申請定居原因與申請居留之事由，有所關聯，或可稱居留之後的港澳居民大都可以再行申請定居。而依居留定居許可辦法第31條規定：「香港或澳門居民申請在臺灣地區定居，有第二十二條第一項各款情形之一者，得不予許可（第1項）。第二十二條第二項及第三項規定，於本條準用之（第2項）。」「得不予許可」屬於裁量行政，主管機關內政部得依申請人之違反情形，而決定是否不予許可定居；被否准之申請人，應可依法提起訴願、行政訴訟等之救濟。或等一段時間或待來年，再為申請。對於不予許可之要件，如妨害社會秩序之虞，在認定標準上，宜加以確立或採取更慎重之方式，召開審查會加以認定，較能保障申請人權益。

伍、結語

　　據報導，每年平均約有1,000名香港、澳門民眾獲准來臺定居，但依美國之音（VOA）整理臺灣接納香港移民的歷年數據，發現暴增階段都發生在港人因中國行徑而感前途未卜之際：第一波是1983年，當時殖民香港近150年的英國政府與中國談判香港前途問題不順，香港民間因而動盪，大批港人出走，部分就近移民臺灣。第二波是在1989年，原因是中國發生「六四

---

43 臺北高等行政法院91年度訴字第3674號判決。

事件」。第三波是在1997年香港主權移交中國，擔憂言論自由受限的其他港人也陸續來臺定居，4年內獲准人數逾5,100人。最高峰則發生在2014年的「雨傘運動」後一年，要求中國政府放手讓香港進行特首「真普選」未果，另一批香港、澳門民眾也決定跟進來臺生活，2015年9月及10月就有3,930人申請成功；到了中國政府欽點的香港行政長官人選林鄭月娥2017年3月確定出線，下定決心移民的案件更超出前年一倍之多[44]。

因「港版國安法」2020年7月施行，香港特區趨向中國「內地化」。為強化風險控管，陸委會內部已研議修正居留定居許可辦法，將現行港人在臺連續居留滿1年可以申請定居的規定，擬修改為至少須居留4年才能申請，比照外國人標準。目前許可辦法規定，香港或澳門居民，其直系血親或配偶在臺設有戶籍，或香港或澳門分別於英國及葡萄牙結束其治理前，參加僑教或僑社工作有特殊貢獻，經教育部或陸委會等審查通過，或在臺灣有新臺幣600萬元以上投資，經中央目的事業主管機關審查通過等，在臺居留一定期間，得申請定居[45]。

許可港澳居民來臺居留與定居，涉及我國之港澳政策與移民政策、人權與安全等問題。依居留定居許可辦法之規定，已將得予申請居留與定居之原因，加以明定，符合法律明確性原則。另其中亦相對規定，主管機關得不予許可之事由，包括有違法被強制出境之紀錄或虛偽陳述之原因等。另對於外來人口入境、居留與定居之事項，涉及國家主權，有關其申請之原因、我國所開放之類別，具有高度之裁量權。

在居留定居許可辦法中，規定有「得不予許可」之法定事由。從理論上言，申請人有消極之得不予許可事由，例如曾未經許可入境之紀錄，原則上主管機關即得不予許可；但在執行上應視其情節有管制之適當年限，以免過度限制申請人之權益。另外如有妨害社會秩序之具體事實或有安全上之顧慮，則得進一步不許可其申請居留。

另有關「經濟能力」之要件，在居留定居許可辦法中，並未明定。包括定居之要件，亦未列為必備之要求。依本章之看法，可能考量依親之定居，

---

44 拒絕中國，大批香港人想移民臺灣，自由時報，2018年2月2日。

45 港人擬比照外國人留台4年才可申請定居，自由時報，2023年5月1日，https://news.ltn.com.tw/news/politics/paper/1580414，瀏覽日期：112.8.2。

如申請人有經濟上之問題，自有臺灣地區有戶籍國民之近親，可以提供經濟援助。但其他事由之申請居留，如來臺就學、宗教原因等，應具備有經濟能力之要求，應較為適當。

（本文原發表於2012年「人口移動與國境執法」學術研討會，
中央警察大學移民研究中心主辦，後經修改與補充而成）

第三篇

外國人

第六章　外國人之相關基本權利保障

實務案例

　　某一平日為移工服務的外籍神職人員甲，因參與本地勞工的抗議行動，收到警察局通知，以違反入出國及移民法中「外籍人士在臺居留期間不得從事與申請居留目的不符之活動或工作」為由，欲將其移送法院甚至驅逐出境[1]。請問外國人基本權利受到保障之程度為何？現行移民法規定，有何值得檢討之處？

壹、前言

　　韓國Hydis是臺灣永豐餘集團分公司，在2015年關廠後，Hydis工會幹部李相穆（韓國人）等8人去年來臺，在永豐餘公司前靜坐並絕食抗議，希望向資方爭取協商機會，移民署依「入出國及移民法」處分8人，並於2015年6月10日強制驅逐出境，關廠工人在臺灣人權團體的協助下提出行政訴訟，要求移民署撤銷禁止入境處分，並賠償8人各10萬元，臺北高等行政法院宣判，Hydis工人等8人敗訴[2]。

　　外國人在國內居住，須受到國內法律規範；外國人不具有本國國籍，在法律地位上與本國國民自然有部分差異。有關對外國人的人權保障，居住國應盡到何種程度的義務？外國人是否可作為基本權利的主體？或對外國人保障的基本權利，應到何種的程度等？均是近來國際社會中，值得重視的問題。

　　有關人的外在精神自由權，例如言論自由、集會自由等；理論上外國人均應得享有與主張，此權利涉及對基本人權的保障；人如無言論自由，已嚴重違反人性尊嚴及近代法治國家的原則。因此，對於外國人的精神自由權方

1　外國人心酸血淚，移民法枉顧人權，2004年2月18日，苦勞網，https://www.coolloud.org.tw/node/11861，瀏覽日期：101.4.10。
2　韓國Hydis工人敗訴，民團：判決淪移民署橡皮圖章，新頭殼newtalk，2016年8月11日。

面，原則上是比照本國人民[3]，受到國家憲法所保障。但有關集會自由，其雖屬於精神自由與表現自由方面的權利；但有關外國人的參與集會、遊行等具有爭議性特徵的活動；在早期日本的實務見解，認為此項自由權之行使，僅限於在出入國管理的範圍內，受到保障；如果超出此範圍，主管機關亦不能保證其在國內能保有繼續延長居留的權利。因此，外國人行使集會遊行基本權，有可能受到不利益處分，產生對外國人「基本權利」保障上的問題。

2015年6月曾發生臺灣永豐餘集團旗下的元太科技入主韓國Hydis公司，取得專利後即關閉Hydis生產線，為此韓國Hydis工人自2015年2月以來三度來臺，尋求與母企業高層對話溝通，非但未得到任何正面回應，設置於永豐餘集團總裁何壽川住家前的「靈堂」絕食靜坐現場，也在同年6月9日晚間7點被臺北市警局突襲式清場。8名韓國工人遭警方逮捕，經中正一分局及移民署超過12小時的偵訊與行政調查，依「移民法」強制驅逐出境，在該日（6月10日）下午3點45分遣返[4]，引起有關外國人「基本權利」保障上的相關問題。

本章主要參考日本的理論與學說，探討外國人的相關基本權利。包括居住遷徙自由、婚姻與家庭權、集會與政治活動自由、工作權與財產權、訴訟權與程序權、隱私權與資訊自決權等。如居住與遷徙自由，涉及出入國與居留權利。此範圍依國際法學說，均認為屬國家自由裁量的範圍；外國人無主張進入一個國家的權利。但外國人應有在居住國內自由移居的權利與出國的自由。對於遷徙自由的限制，因本項權利除與經濟自由有關外，另亦與人格發展權有關，在限制本項自由上，要有更嚴格的依據。如禁止入國、不許可延長居留，要具備更嚴格及明確，且符合必要性的理由。

對外國人基本權利的探討[5]，有助於具體決定保障外國人的權利事項，

---

3 後藤光男，外國人の人權，收於憲法の爭點，ジュリスト增刊，有斐閣，2008年11月，第74頁。

4 突襲清場後20小時，韓國Hydis工人速遭遣返，苦勞網，https://www.coolloud.org.tw/node/82727，瀏覽日期：107.8.28。

5 蘆部信喜，憲法學Ⅲ人權各論(1)，有斐閣，2000年增補版，第479頁。安念潤司，「外國人の人權」再考，樋口陽一‧高橋和之編，蘆部信喜先生古稀祝賀、現代立憲主義の展開（上），有斐閣，1993年，第167頁。伊藤正己，憲法，弘文堂，1995年3版，第293頁。佐藤幸治，憲法，青林書院，1995年3版，第543頁。松井直之，市民會館の使用不許可處分と在日外國人の集會の自由—倉敷市民會館事件，橫濱國際經濟法學17卷1號，2008年9月，第202-203頁。木村俊夫，基本的人權總論，收於憲法Ⅱ基本的人權，法律文化社，2001年4月，第20頁。

及限制外國人權利的合理範圍。本文屬於初探性質，因各項的基本權利，有其核心內容、實際開展與運用到外國人的領域等問題。因此，本文只能對上述基本權利內容及保障外國人的原則為初步分析探討，先行敘明。

貳、居住與遷徙自由權

　　外國人入出國與在國內居留，皆屬居住與遷徙的範圍。憲法保障此權利的界限如何？須加以探討。人可以自由選擇自己居住住所，為現代人權的基礎。居住與遷徙自由，關係到人的自由活動及人選擇工作與營業的自由，此權利應屬身為人即有的基本權利。現代立憲主義國家，以國民為國家的主體，國家目的與組織，應以保障國民的基本權利為目的，不得任意限制本項權利。居住與遷徙區域，除在本國領域內之外，另亦有往國外遷徙或自國外回國的情形。人在國際間遷徙，要受到外國法律限制，相對的外國人進入本國，亦應遵守本國的規範。國際間的合作與互惠及普遍尊重國際人權的原則，為現代國際社會發展的趨勢。因此，人在國家領域內，可自由活動，為獲得其他一切權利的基礎或前提。確保人的居住遷徙自由，其權利範圍包括：居住自由、經濟自由、精神自由及人身自由等領域，此屬現代社會關於自由人的重要且屬於基礎性質的自由。此權利的行使，與維持公共秩序與避免危害發生間，亦有密切相關，國家得於一定限度內，予以限制。

一、居住與遷徙自由之起源

　　人之居住自由，有其歷史淵源；其權利性質，究屬經濟自由權或兼有精神自由權之問題，應先予探討。

（一）居住與遷徙自由之起源

　　近代民主國家約在18世紀末到19世紀初產生，在此之前，為中世紀的封建主義國家時期。當時人民居住的土地為君主所有，在土地上居住的人民附屬於該領地，人屬於該土地的從屬物，由各個不同的領主所支配、運用，人民不得自由移居。通常人皆在出生的地方居住，成為該土地上的住民，同時取得該國家人民的資格。在此時代，人與國家的關係，完全以居住的地緣為

基礎，由封建領主支配[6]。

在封建時代，一般人民不得自由遷往本籍地以外的地方，或者未經許可，不得自由旅行及沒有選擇職業的自由。此情形，如從現代憲法的精神解釋，此種「對個人自由活動及營業的拘束、限制情形，使人不得自由活動的程度，當時人民被限制的情形，可比喻為有如植物一般」。此時期的封閉社會，不承認個人的尊嚴。後來所發展的近代立憲主義國家中，已經排除上述對個人自由的各種拘束。有關居住、遷徙自由及選擇職業的自由，不管在各別的國家憲法有無明文規定，此項自由在法理上均很明確，應受到國家尊重。且此項自由，亦是發展資本主義經濟的基礎[7]。

從人權歷史發展起源上看，在封建時代，農民被土地所束縛，人的職業依各種世襲的不同身分決定。在破除封建體制後，市民革命時期所確立的近代憲法，有1789年的法國人權宣言、1776年的維吉尼亞權利章典、1791年的美國憲法權利章典的最初十個條文修正案等。在以上的權利憲章中，對於居住遷徙自由，均未明文規定。其中規定屬於近代的自由權之類的，有表現自由、信教自由、財產權保障等。其原因是上述的自由，屬於經過市民革命所獲得的人權。對此，考察人權發展的緣由，因居住遷徙自由，早在此之前既已獲得，此「居住遷徙自由」權利，在市民革命的時期，已被視為當然的權利。因此，在擬定上述的人權宣言時，認為無特別記明的必要。然而，在19世紀末到20世紀初，各國頒定的憲法法典中，對於居住遷徙自由，則予以明文列入保障。例如，1919年的威瑪憲法第111條規定：「所有的德國人，在全國領域內，有移居的自由。每個人在國家的領土內，可停留在任何場所，而且有居住、取得土地及從事各種生產職業的權利。」於此，對居住遷徙自由與選擇職業自由及營業自由的保障，予以並列。在第二次世界大戰後的各國憲法，如西德基本法的相關規定，如遷徙的自由（第11條）與職業選擇的自由（第12條），予以分開在個別條文規定；世界人權宣言亦採相同的方式，對居住遷徙自由（第13條）與職業選擇自由（第23條），分別規定保障[8]。

---

6 江川英文、山田鐐一、早田芳郎，國籍法，法律學全集59-Ⅱ，有斐閣，平成元（1989）年4月新版，第3頁。
7 橋本公亘，日本國憲法，有斐閣，1992年2月改訂版，第347-348頁。佐藤幸治，憲法Ⅱ基本的人權，大學講義叢書，成文堂，1990年8月，第321頁。
8 中村睦男，居住移轉の自由，收於氏著憲法30講，青林書院，1992年，第170-171頁。

從遷徙自由的歷史上看，美國憲法沒有直接規定遷徙自由，但經聯邦法院解釋，任何聯邦的人民均得在他邦自由旅行和選擇居所，故亦無異承認人民有遷徙之自由。法國人權宣言亦僅於第4條保障一般的自由，並無特別規定遷徙自由。但後來的各國憲法大都均明文規定遷徙自由。例如意大利共和國憲法第16條規定：「一切人民，除受因健康或安全所設置之一般法律限制外，在國家領土內之任何地方，得自由遷徙及居住。任何限制不得因政治理由設定之。一切人民，除受法律所課義務外，得自由自共和國領土出境，並再入境於其領土[9]。」

有關「居住及遷徙自由」的權利，在日本方面依明治憲法第22條規定：「日本的臣民，在法律的範圍內，有居住及遷徙的自由。」在該時期只保障居住遷徙的自由。通說認為營業自由，憲法並未明文保障。但是，在伊藤博文的「憲法義解」中認為，憲法第22條的居住遷徙自由規定，應含有保障營業的自由。對照日本國憲法的制定過程，其最早版本為依麥克阿瑟的憲法草案規定，將居住遷徙自由與職業選擇自由的條文，予以分開，之後因增訂有關結社自由的條文，由日本政府提案修正為現在的規定[10]。

（二）居住與遷徙自由之權利性質

個人可選擇自己的住所及可依自己的喜好，自由地遷徙其住所；有這樣的權利，不受侵害與限制，稱為「居住遷徙自由」。基本權利的性質，依憲法對權利性質的區分，一般分為自由權、社會權及參政權。在自由權中，可分為外在精神自由、內在精神自由。外在的精神自由，可分為人身自由、居住自由、集會自由等。

居住與遷徙自由，早期對此權利保障目的，主要認為其屬於「經濟自由」的性質。因人有工作及營業的自由，不應被土地及世襲身分所拘束，人可以依自己能力及希望去找尋工作。在自由經濟體制下，人的居住處所不應被限制，事屬必然。資本主義所需的勞力，須來自於其他勞力充足的處所，國家不應介入及限制人的自由移動。除經濟目的外，另外，人的自由移動，亦與人身自由、集會自由、吸收新知及發展人格有關。狹義的人身自由指人

9　劉慶瑞，比較憲法，大中國圖書公司，1982年8月再版，第95頁。
10　中村睦男，前揭文（註8），第171頁。

不被拘禁在一定處所；廣義的人身自由，應指確保人可以依其意願，自由的到其所希望地方。參與多數人的共同活動，增加其知識及促進其人格的形成。

如對照人權的分類，居住遷徙與職業選擇自由，傳統學說一般被認為該二者屬於經濟自由權的範圍。但「居住與遷徙自由」，亦含有人身自由及精神活動自由的部分，此屬「職業選擇自由」之外的權利。依照近來有力的學說認為「居住遷徙自由」，不應單單只限於經濟自由權方面的權利屬性，其並含有人身自由、表現自由、形成人格基礎的自由等多方面的複合性權利[11]。

因居住遷徙自由，應不單只限於經濟性質方面的自由，亦含有人身自由與精神自由方面的性質，對於居住遷徙自由問題的違憲審查基準，與此亦有相關。一般可說，對於居住遷徙自由的限制，如屬有關經濟自由方面的事項，適用類似經濟自由的違憲審查基準；有關人身自由或精神自由方面的事項，則應適用人權的違憲審查標準[12]。「經濟自由」與「外在精神自由」雖同屬自由權範圍，但其權利性質不同。限制經濟自由，國家有較大的自由空間，可依政策、公共利益等目的而限制；在違憲審查上對因經濟自由的限制，採取較寬鬆的標準。但對於「精神自由」權利的限制，則採取嚴格審查標準。因此，區分「居住遷徙自由」之權利性質，在人權保障上具有意義。

二、居住與遷徙自由之內涵

居住與遷徙自由，一般常並列規定，前者指靜態的自由，後者指動態的自由。基本權利的內涵，常須透過立法論或解釋論的方式，而後可以確定其權利被保護的範圍。我國憲法第10條將居住與遷徙自由並列，實乃因遷徙自由與居住自由有密切關係。居住自由與遷徙自由兩者的區分，前者係為保障人民住宅的隱私不受干預，屬於靜態；而遷徙自由，較偏重動態的遷徙或旅居各地的權利[13]。所謂定居自由，意指人民得以自由選擇以國內任何地點作為自由個人退蔽以及經營私生活的空間與場所，並且依自己的自由意志隨時

---

11 中村睦男，前揭文（註8），第171-173頁。佐藤幸治，前揭書（註7），第321-322頁。

12 中村睦男，前揭文（註8），第173頁。

13 刁仁國，論遷徙自由，收於Heinrich Scholler教授七十大壽祝賀論文集，五南圖書，2000年5月，第24-25頁。

變更；國家不得非法強制指定或禁止特定區域作為人民的住居所。在自由的態樣上，尚可進一步包括人民在國內任一地點定居或移居，以及國民從國外入境定居的兩種類型[14]。

在國際人權公約中可區分為三種類型，第一項是人民於某一國家國境內自由移動之權利；第二項則是有關人民出國之權利；第三項則是有關人民返鄉之權利。其中，於前兩項遷徙權利之情形，國際人權公約係允許內國政府得基於社會安全、公序良俗等不一而足之理由，予以一定限制[15]。

為找尋好的居住環境，古有孟母三遷，並傳為美談。現代立憲主義國家，為確保人民的基本權利，不能任意限制人民的居住處所與身分，並在憲法中明文規定「居住遷徙自由」與「職業選擇自由」等權利[16]。人可依自己的意思，自由的變更住居所，或將住居所遷往自己所喜好的地方，且不應受到管制或許可程序。除未成年人、受監護宣告人或法律有特別規定的情形外，人的自由遷徙權利，不應受到限制。遷徙自由除與找尋職業、從事工作有關外，並與精神自由權利的行使有關。「遷徙」為人移動的事實行為，其變更目前所居住地方。實際上除移動遷徙之外，在法律上依戶政法律規定，並有申報義務。或依選舉法律規定，住所遷徙並須與實際相符始具有選舉權，如有虛偽情形，並有相關罰責規定[17]。

傳統對「居住與遷徙」這兩項自由，通常分別詮釋：就居住自由而言，自由選擇居住處所，具有動態的性質，而一旦有居住事實則應受充分的

---

14 詹鎮榮，居住自由，法學講座30期，2004年11月，第20頁。

15 陳長文、林超駿，論人民返國入境權利之應然及其與平等權、國籍等問題之關係，政大法學評論92期，2006年8月，第144頁。

16 大法官會議在釋字第517號與第398號解釋中，分別對於「法律課予後備軍人遷徙之申報義務」與「農會會員遷徙之法律效果規定」，認為現行法律之規定，並未違憲。其解釋文簡列如下：「農會法第十八條第四款規定農會會員住址遷離原農會組織區域者為出會之原因，係屬法律效果之當然規定，與憲法第七條及第十條亦無牴觸。」前者以立法比例原則，認為屬維護特定召集目的，所必要之規定。後者認為會員地址遷徙，其會員資格當然消失，以戶籍地址為依據之基準。但是此亦應考量會員資格之確保可以移轉至他農會，而不受影響之問題。

17 最高法院94年台上字第1696號刑事判決：「……故候選人親友以選舉該特定候選人為目的，並無遷入及居住該選舉區之事實，而於四個月前虛報戶籍遷入登記，經戶政機關編入選舉人名冊並公告確定，而參加投票選舉，如仍認屬合法之選舉權人，無異任由與選舉區內利害無關之人代為行使選舉權，自與公職人員選舉罷免法第十五條第一項規定之立法意旨有悖；是以，公職人員選舉罷免法第十五條第一項規定之目的在於管理戶籍、維護社會秩序及選舉之公平性，均係為維護社會秩序之必要，而對人民居住遷徙自由所附加之限制。」

保障。故居住自由就靜態而言，就是居住處所不受公權力或他人侵犯[18]。遷徙自由是指移居或旅行的權利，故應與人身自由僅屬於身體行動自由而不涉及居停留處所移動者，概念上有所區隔。論者或將遷徙自由理解為行動自由，易造成與人身自由重疊。又遷徙自由的保障不僅涵蓋積極的任意遷徙的權利，也包括消極的免於受強迫遷徙的自由。無論積極或消極的限制居住或遷徙皆應有法律明文依據，且法律內容應符合憲法第23條的比例原則[19]。到了現代人民為了能夠擁有廣泛獲得知識的接觸外界事物的機會，確保本項的自由，已屬不可或缺的權利[20]。

我國大法官會議對「居住與遷徙自由」的解釋，包括人民在國內或出入國的居住與遷徙自由。其解釋有釋字第265、345、398、443、454、497、517、542、558號等；其中大多為闡明本國國民在國內外的居住遷徙自由與其限制。有關限制人民「入出國境」的法律，是否有違反憲法之疑義？大法官的解釋，分別在第265、443、454、558、710號解釋中，予以論及。上述解釋並涉及大陸地區人民、臺灣地區無戶籍國民的入國權利限制。

三、小結

外國人的出入國，亦屬居住及遷徙的權利範圍。外國人並無主張入國的權利，及要求繼續在一個國家為居住的權利。但外國人有出國的自由，沒有依據法律及正當理由；不得限制外國人出國。外國人的出國，為其國際法上的權利，可說此權利要比本國人受到更強的保護。另外，外國人在國內的居住期間，其在國內自由的遷徙權利，亦應受到保護。

參、婚姻與家庭團聚權

一、婚姻與家庭之意涵

人類社會有法律後，試圖以規範方式，將多數人共信的「符合道德倫

---

18 吳庚，憲法的解釋與適用，三民書局，2003年9月，第203頁。
19 吳庚，前揭書（註18），第204頁。
20 蘆部信喜著、李鴻禧譯，憲法，月旦出版，1995年12月，第204-205頁。

常觀念」（釋字第502號解釋參照）或多數人所遵循一定文化模式加以規範化，即將社會的承認為法制化。我國民法第1122條規定：「稱家者，謂以永久共同生活為目的而同居之親屬團體。」該「親屬團體」主要是以「婚姻為橋樑」，若未經合法婚姻，即難組成由法律所承認之家庭。因此，該模式下之婚姻與家庭關聯性，乃是社會意義與法律意義家庭區別之關鍵。換言之，合法婚姻下之家庭，稱為法律意涵下之家庭；惟不論婚姻是否合法，而以實質同居共處，有永久共同生活實質之家庭，為前項所謂「社會意涵下之家庭」[21]。

　　我國憲法雖未明文保障婚姻與家庭，但合乎人性且不違反公序良俗及法律強制禁止規定之婚姻與家庭，即是社會安全保障之基石，至少依憲法第22條之概括規定，可加以容納。結婚權利係人格自由發展之要素，自應當成一種基本人權而受尊重。基此，外國人配偶在臺或來臺居留之權利，自應予以保護；換言之，人格自由發展之尊重，自必推衍出婚後同居共處之權利，應予保障之必然結果。司法院大法官會議釋字第242號解釋即提及「保障家庭生活及人倫關係」，在第372號中提及「憲法保障人民結婚自由權」，就此點，本國人與外國人應無區分之必要[22]。

　　一項基本權利之保障，應先確定其範圍，其範圍之變遷，將影響基本權利侵害概念之變遷，關係侵害之合憲性。一般而言，基本權利之保障範圍，可從其應保障之人、應保障之事項，以及該保障是否與其他基本權利保障範圍產生競合等面向去分析。就「家庭權」保障對象（人）而言，其應及於每個有組成家庭需求的人，或組成家庭後成為家庭之成員或家屬，或組成家庭後決定解除婚姻關係之人等，皆為保護對象。至於保障事項，吳庚大法官僅論及「婚姻自由」，包括：（一）婚姻締結自由；（二）共同生活之維持；（三）受扶養權利；（四）離婚自由[23]。若以德國基本法第6條對婚姻與家庭保障之規定為例，內涵即包括防禦性之基本權（例如締結婚姻之自由）、制度保障（例如一夫一妻制）、受益權（例如母性之保障請求）、保護義

21 李震山，家庭權，收於氏著，多元、寬容與人權保障—以憲法未列舉權之保障為中心，元照出版，2005年10月，第153頁。
22 李震山，論外國人之憲法權利，收於氏著，人性尊嚴與人權保障，元照出版，2001年11月，第410頁。
23 吳庚，前揭書（註18），第311-312頁。

務（例如平衡非婚生子女之地位）以及歧視之禁止（例如非婚生子女之保護）[24]。

就家庭權保障範圍，是否與其他自由權利保障範圍競合。由上述可知，家庭權內涵相當豐富，難免涉及平等權、人身自由、居住、遷徙、秘密通訊言論、宗教信仰、生存、工作、財產等，但並非表示不宜單獨架構家庭權之保障範圍。「家庭權」之保障範圍至少可歸納為下列事項：（一）組成或不組成家庭之權利。（二）和諧家庭生活之權利。（三）維持家庭存續之權利。（四）維持家庭親屬關係之權利[25]。我國憲法對於婚姻與家庭之保障，主軸應解為個人的「婚姻自由」與「家庭自由」。在此，憲法上的依據，為第22條概括基本權之保障；而這種具有對抗國家公權力干涉之「主觀防禦權功能」的基本權利內涵，非但呼應司法院大法官歷來針對婚姻與家庭之各號相關解釋，並且也吻合我國釋憲實務向來對於人民之基本權利概念的理解[26]。

家庭之成員中，配偶與未成年子女之間的關係，最為密切。在有關家庭成員中有外國人者，因涉及其入國前，應先經過我國許可。因此，入出國管理上，得申請依親居留者，一般國家皆以配偶及未成年子女，可作為依親的申請名義。在實際生活或民事法律規定，亦明定父母子女有相互扶養義務[27]。因此，對於「屬配偶、子女」關係者，在入國許可上應受到較強的保障。其他家屬成員，國家可依法律規範，對其入國原因條件，予以必要規定。

二、婚姻與家庭團聚之權利

人有自由選擇婚姻對象的權利，婚姻對象除本國人外，亦可能為外國人。婚姻的構成要件，除形式上的登記外，實質上亦應有合意及同財共居的生活。結婚為成立家庭的基礎，其他親屬關係亦因婚姻關係而建立。結婚與

---

24 蔡維音，論家庭之制度保障，月旦法學雜誌63期，2000年8月，第138頁。

25 李震山，憲法意義下之「家庭權」，中正大學法學集刊16期，2004年，第61-104頁。

26 林明昕，婚姻、家庭與憲法——以憲法與親屬法之關係為中心，發表於「第三屆家庭與法律社會學研討會」，國立中正大學法律系，2006年6月，第10頁。

27 親屬間有相互扶養之義務，如民法第1114條：「左列親屬，互負扶養之義務：一、直系血親相互間。二、夫妻之一方與他方之父母同居者，其相互間。三、兄弟姊妹相互間。四、家長家屬相互間。」

國籍，依照國籍法規定，二者為不同法律關係，前者為私法上身分關係；後者為國家賦予人民，使其成為國民的資格，屬公法上法律關係。大法官釋字第552號解釋理由書並提及：「婚姻不僅涉及當事人個人身分關係之變更，且與婚姻人倫秩序之維繫、家庭制度之健全、子女之正常成長等公共利益攸關。……及對前後婚姻關係存續中所生之子女，在身分、財產上應如何保障，屬立法政策考量之問題，應由立法機關衡酌信賴保護原則、身分關係之本質、夫妻共同生活之圓滿及子女利益之維護等因素……。」

　　異國婚姻結成後，如配偶的一方為外國人，其應有入國與居留的權利。一般人的居住處所，依民法規定，區分為「住所」與「居所」二種。前者指依一定事實並以有久住意思，住居於特定處所稱之。後者指，並非有久住意思，現住於特定之處所稱之。人是群居的動物，因組成家庭而可繁衍後代、享受家庭天倫之樂。夫妻間負有同居義務，依民法第1002條規定：「夫妻之住所，由雙方共同協議之；未為協議或協議不成時，得聲請法院定之（第1項）。法院為前項裁定前，以夫妻共同戶籍地推定為其住所（第2項）。」為正確人的身分與住所，依我國戶籍法規定[28]，人之出生與遷徙，應依規定申報其戶籍。外國人在我國居留，雖不依戶籍法登錄其身分，而依居留法規向主管機關申請「外僑居留證」；惟國民之外籍配偶與未成年子女，應有權主張入國與居留。

　　歐盟以外國家的國民，如欲主張以家庭團聚權之原因進入歐盟，依「歐盟2003年家庭團聚指令」前言及第3條至第5條有關家庭團聚權利，有如下規定：「一、家庭團聚僅限於核心家庭，亦即指配偶以及未成年子女。成員國擁有是否允許成年的未婚子女以及同居人申請家庭團聚的裁量權。本指令不承認一夫多妻或一妻多夫的家庭團聚，多婚關係中僅能有一妻或一夫有權申請家庭團聚（前言）。二、本指令適用於申請人擁有居留證，合法居留期間一年以上，而且有合理期待獲得永久居留權，其家庭成員亦屬非歐盟公

28　戶籍法第4條：「戶籍登記，指下列登記：一、身分登記：（一）出生登記。（二）認領登記。（三）收養、終止收養登記。（四）結婚、離婚登記。（五）監護登記。（六）輔助登記。（七）未成年子女權利義務行使負擔登記。（八）死亡、死亡宣告登記。（九）原住民身分及民族別登記。二、初設戶籍登記。三、遷徙登記：（一）遷出登記。（二）遷入登記。（三）住址變更登記。四、分（合）戶登記。五、出生地登記。六、依其他法律所為登記。」

民。本指令不適用於歐盟成員國公民的家庭成員（第3條）。三、有權申請家庭團聚者包括申請人的配偶以及夫妻未成年的子女（含收養子女）。四、家庭團聚權的申請，應由申請人或家庭成員向成員國主管機關申請入境與居留許可。申請人應附上第六條所需的證明文件。主管機關為查證家庭關係存在，必要時，得對於申請人與家庭成員實施面談或是實施其他必要的調查。得依案件的複雜性延長決定時間。不許可處分應附理由。決定許可時應考量未成年子女的利益（第5條）[29]。」

　　基於人有結婚與選擇結婚對象的自由，且家庭是形成社會的基礎，國家有義務對家庭，予以特別保護。國民結婚的對象，不限於本國人，與外國人、大陸地區人民均有可能結婚。對此，人民基於真意的結婚，國家自應予以保護[30]。因依親名義的入國，與人道及對基本人權的保障有關，一般法律不得任意限制其申請入國，尤以國民的配偶與未成年子女，非有重大理由，不得限制其入國[31]。

三、入國管理與家庭權利之保障

　　有關入國及居留、拒絕入國（或再入國）拒絕居留期間的延長或強制出國；被處分的外國人，國家是否已侵害其權利，此也會有問題。對於外國人，是不被認為有入國與居留及不被強制出境的權利，此尚沒有爭議。因此，本領域上很少有論及外國人權利的。但是，同時出入國管理行政，像這樣的規制措施，如對外國人的其他人權有侵害；即使採取如上處置，可說是合法嗎？有關這一點，判例與學說並不一致。判例上，在日本的馬克林（マクリーン）事件中，最高裁的判決，幾乎是一貫的；認為外國人出入國管理制度與其基本人權，是不同層次的。入國、居留、出國等有關出入國的事

---

29 刁仁國，論外籍配偶的家庭團聚權，收於「我國入出國與移民法制之變革與挑戰」學術研討會論文集，中央警察大學國境警察學系，2005年5月，第88頁。

30 但如藉結婚為名義，以達到入境、居留於臺灣地區，實際並非為結婚，除妨害入出境管理之公正性外；非法工作或從事違法之行為，對於國內之治安、秩序，自然有不良之影響，國家得依法律之授權，加以制止、限制。

31 目前我國入出國及移民法、外國護照簽證條例之規定中，並未特別明文保障因「配偶與未成年子女」之依親的入國申請。有關外籍配偶的入國，一般採停留、居留之許可。另在驅逐出國之原因中，亦為一般規定，並未對如上述有特別親屬關係者，加以個別保障。如此，有可能因一般違反法令之原因，配偶及未成年子女即被驅逐出國，如執行過度，恐有侵害外國人「家庭團聚」之基本權利。

項，不包含在基本人權的射程內；居留外國人的基本人權，只是在出入國管理制度的體制內所被保障。但同時，也有另一方面的主張，認為出入國管理制度也包含在基本人權的射程內；有關出入國管理機關的裁量，也受到基本人權的制約，這是有力的學說[32]。

　　後者的立場，依憲法或條約所保障外國人的人權，判斷其有無受到侵害；對外國人入國及居留的問題，也須以考量。像這樣外國人出入國面向上的問題，也屬人權的範圍；特別是在國際人權法的領域中，具有普及性的「公民及政治權利國際公約」第17條規定「對私生活及家族的保護」。因歷史性的經過或婚姻等其他的理由，與居住國已具有深切關係的外國人，被拒絕進入居住國（再入國）；或因規定居留的期限已過，或因犯罪而有該當於被強制出國的事由；所執行的強制出國，像這樣國家的作為，有論者認為，其是否已涉及對公民及政治權利國際公約第17條「對私生活及家族不許為干涉」的問題。

　　有關外國人家族團聚及私生活自由的問題，特別是在出入國管理的程序，也會發生廣泛的問題。主管機關依據及彈性運用出入國管理法，期望從人道的觀點，開展其面向。但同時，隨著為工作新入國的外國人，每年增加；依續可見到其中外國人的長期居住，為保障外國人的安定地位；對此問題，附加人道的觀點；從外國人的權利保障觀點來考察，有其思考上的意義[33]。

　　有關移民面談，不是一味阻絕外國人入境臺灣，也要保護國人，因為有些國人真的是被騙的。曾發生的案例，即太太有男朋友、曾經結過婚、特種行業等，如果沒有面談國人因為語言不通的關係根本不知道。早年外籍配偶最多只是想來工作，但近年來越來越多惡意欺騙的案例。很多是臺灣的外籍配偶回頭邀請原鄉姊妹，拿了聘金但人卻不願意來臺灣。程序上，在面談結束後會把所有紀錄給當事人看，當事人簽名確認後留存。有些狀況是人口販運的女生要求我們保護她，因為自己是被父母賣掉逼婚，唯一的解套方式是在面談時表達她不願意嫁過來，所以若因面談不通過，男方要調閱面談紀

32 馬場里美，出入國管理における「私生活及び家族生活を尊重される權利」—フランス及び歐州人權裁判所の判例を素材として，早稻田法學會誌50期，2000年3月，第193-194頁。
33 馬場里美，前揭文（註32），第194頁。

錄，基於保護女生個人隱私不給男方看。另面談如沒過有提供行政救濟管道，可以在15天內提出異議，30天內提出訴願[34]。

因此，入出國與居留管理，雖是國家的行政權力；原對外國人的入國、居留，國家有其裁量權；但裁量權的行使，須依據法律，且適當的行使。處於國際社會，依據公民及政治權利國際公約，國家須保護家庭及子女的權利。於行使入國管理權限時，相關處分與決定的考量，如拒絕發給簽證、施予驅逐出國處分、不予延長居留許可等，都會直接影響外國人本身的權利。該處分措施，如涉及該當外國人的家庭生活時，行政權力之決定，應要受到拘束；如不得違反比例原則、不得濫用裁量權等。

有關「請求准許發給外籍配偶居留簽證案」，司法院作成111年憲判字第20號判決，認定最高行政法院2014年8月份第1次庭長法官聯席會議決議：「外籍配偶申請居留簽證經主管機關駁回，本國配偶提起課予義務訴訟，行政法院應駁回其訴。」僅就是否符合提起課予義務訴訟之要件所為決議，並未承認本國籍配偶得以自己名義提起課予義務訴訟，也並未排除本國籍配偶以其與外籍配偶共同經營婚姻生活之婚姻自由受限制為由，例外依行政訴訟法第4條規定提起撤銷訴訟之可能。因此，最高行政法院的判決合憲。司法院發言人說：「於此範圍內，最高行政法院的決議尚未牴觸憲法第22條保障本國（籍）配偶之婚姻自由與第16條保障訴訟權之意旨。」[35]

肆、集會遊行與地方選舉權

一、集會自由

集會自由在權利性質上，雖非屬先於國家而存在的原權，但至少是諸立憲國家憲法所保障的「基本權利」或憲法上權利，應無疑義。既作為基本人權，對其保障即成為民主法治國家核心的任務之一；因為人權保障之功能若

---

34 「結婚、歸化，遙不可及的夢想？」跨國婚姻境外面談與與家庭團聚權政策對話論壇，南洋台灣姊妹會，tasat.org.tw/sites/tasat.org.tw/files/20141105平台會議境外面談會議記錄（定）.pdf，瀏覽日期：107.8.28。

35 外配申請居留遭駁國人不得提行政訴訟 憲法法庭判決合憲，中廣，2022年12月30日。

喪失，國家存在之正當性即將遭到質疑[36]。所稱集會遊行，包括在一處所的集會與集體移動的遊行。集體行進，特別是「遊行示威」及集體示威活動的集會遊行，集會參加人的意思表示是其重要的形態之一，可說是行使集會自由的典型情形[37]。

　　集會自由屬一時性的，集會參加者之間，相互的連結感情及精神上有相互的連繫，可交換彼此的資訊等。與表現活動無關的集會，亦有如利用活動中心，舉辦飲食料理的活動，即使如此，畢竟行使集會自由，原則上為憲法所保障，屬於當然[38]。而集會自由是否屬於參政權的性質？有關的學說，提到集會自由也有「政治自由」的作用功能，也受到重視。此自由權的性質，也有解釋屬於「參政權」的。但是，上述的集會，未必侷限於政治性質。亦有非政治性的，如宗教性、經濟性等各種的集會。原來所保障的集會自由，並不問其目的、時間、場所及方法等是何種情形，有關其舉行及參加行為，不受公權力妨害之意。可說其原本的性質，具有消極性、防禦權性質；如稱為屬「積極的權利」，並解為是參政權，可說並不正當[39]。

　　依憲法第14條規定：「人民有集會及結社之自由。」及第11條規定：「人民有言論、講學、著作及出版之自由。」均係憲法保障人民的表現自由之規定。因人民有參與政治意思決定的權利，表現自由在使個人的意思，在公意形成的過程中，得以充分表達，為實施民主政治重要的基本人權。其中講學、著作及出版自由，大多由知識分子行使，至於集會自由是以行動為主的表現自由，對於不易利用媒體言論管道的眾人，作為其公開表達意見的直接途徑；因此，集體意見的參與者，使集會、遊行發展成「有積極參與國家意思形成的參與權」，亦兼有受益權的性質[40]。

---

36 李震山，民主法治國家與集會自由，收於氏著，人性尊嚴與人權保障，元照出版，2001年11月修訂再版，第323-324頁。

37 日本最高法院在「東京都公安條例事件」的判決中，提到「集體行動其之表現自由，作為憲法上的保障，寧可說其存在此要件的」。當然這個自由，應該特別思考，其一方面為實質上的「表現自由」。像這樣的解釋，並非沒有根據。依上述判決，其意義即為日本憲法在此概括的加以保障，應可說是其理由。初宿正典，憲法2基本權，成文堂，2001年11月，第275-276頁。

38 結社的各種價值也與上述的集會相類似；此可說，其並不包括表現自由的獨自價值在內。初宿正典，憲法2基本權，成文堂，2001年11月，第276頁。

39 初宿正典，前揭書（註37），第276頁。

40 大法官釋字第445號解釋理由書參照。

美國Brenan大法官對於結社自由,有如下看法:由於某些密切之人際關係,係於憲政架構下維繫個人自由所重視者,因此防止政府過度的介入人民選擇進入,或形成某些密切關係之自由是必須者。於此種情形下,結社自由之所以受到保障,係由於該項權利為個人自由之基本要素。Brenan大法官此種看法,係從美國憲法權利清單之立法目的,係在確保個人自由的推論而來,而許多高度重要性之人際關係既是維繫個人權利所必須,憲法便需確保此種人際關係之形成與持續。而事實上美國最高法院於之前判決已一再強調,透過諸多人際聯繫所培養及傳遞之共同信念,對於國家文化及傳統之延續上扮演重要角色,同時不同種類的結社,也是促進社會多元以及作為國家與個人緩衝之工具[41]。

舉行集會,擔任指導或參加等的行為;並不問其目的、時間、場所、方法及規模如何。再者,亦不問其公開或非公開的與該集會的關係,原則上,保障其不受公權力的限制。另外,依此自由所實施的行為,包括不受公權力強制[42]。集會在很多的情形,像在道路、公園、市民活動中心等公共場所舉行。依此,並無理由要求私有土地或設施,其所有人或使用人,必須同意供作集會遊行使用;但是,國家或自治團體所管理的土地(特別是道路、公園),應提供公用營造物,限於在無正當理由,不得拒絕人民使用。依日本地方自治法規定「為增進住民福祉的目的而提供」所建造的「此公共設施供利用」(例如市民活動中心等)。有關「限於無正當的理由」,不得拒絕市民使用[43]。在利用上,「禁止不當的差別待遇」也有規定(第244條)。依照這個精神所規定的,美國有利用「公共論壇」(public forum)的權利問題,有關此的議論,鑑於道路、步道、公園等場所的利用,其效果具有影響傳統表現活動的重要性[44]。但是,集會在公共道路、公園舉行,會造成一般公眾的影響;即使利用室內的設施來舉行,也可能會與其他集會相競合。道路、公園、公共設施等,即使依其設置目的來看,因其屬與市民日常生活

---

41 法治斌、林超駿,結社自由與犯罪組織—試評司法院釋字第五五六號解釋,收於憲法解釋之理論與實務4輯,中研院法律所籌備處出版,2005年5月,第201-202頁。

42 初宿正典,前揭書(註37),第276頁。

43 松井直之,市民會館の使用不許可處分と在日外國人の集會の自由—倉敷市民會館事件,橫濱國際經濟法學17卷1號,2008年9月,第202-203頁。

44 初宿正典,前揭書(註37),第277頁。

上，所不可欠缺的設施；有關限制其利用的正當性，只能在必要的最小限度內[45]。

有立法委員提案建議，「入出國及移民法」第29條增訂合法停留外國人得享有參與請願及合法集會遊行之權利至關重要。因臺灣民主發展及深化的過程中，國內及國際的力量結合以請願、示威、遊行的方式達到今日民主進步的成果。開放的民主制度以及逐漸進步的公民社會已成為臺灣至關重要的軟實力。然而，由於現行法規未臻完備，合法停留來臺之外籍人士之言論與和平集會自由屢受箝制，甚至遭致被驅逐出境之威脅或是被列管入境之限制等相關案例層出不窮。此現象顯然不符民主國家之精神，進而限制公民社會的蓬勃發展，更違反國際的人權價值且有損臺灣的國際形象。有鑑於此，於「入出國及移民法」第29條修訂至為迫切，應積極避免外國人的人權於臺灣遭受侵害之事件再次發生。臺灣公民社會發展至今，於各項公眾議題的請願遊行中皆不乏前來經驗交流或者表達關心支持的外籍人士。現今臺灣社會，多元意見得以透過各種合法申請的管道呈現。臺灣作為亞洲民主國家之典範，藉由請願、示威、遊行等方式表達一己之見之相關活動屢見不鮮，對於多元價值的包容與尊重已成為各國先進思潮倡議者或是人權遭受侵害者所嚮往的自由之地。外籍人士對於我國公眾事務的關心與參與不僅是對於我國多元價值的肯定，更能夠促進我國社會運動的蓬勃發展。例如2012年於臺北舉辦之同志遊行共有23個國家的外國同志朋友、團體與國際媒體前來參加，吸引了將近3,000名外籍人士特地前來，鄰近亞洲各國，日本、新加坡、菲律賓、馬來西亞等來臺參加遊行的人數也逐年穩定成長。又如臺灣動物保護團體所成立的組織以及舉辦的各項相關活動中，皆可見諸多外籍人士積極倡議動物權益、主動參與協助活動甚至擔任流浪動物救護的志工，相關例證不勝枚舉。臺灣應認可集會自由深刻及長遠的利益，積極鼓勵多元價值的自由輸入與輸出，不僅有助於公民社會的成形，更得以透過媒體或各項宣傳使臺灣各種公眾集會達到廣泛與世界溝通的目的。倘若能夠更進一步開放外國合法停留者集會遊行之權利，世界各國的國民都得自由前來臺灣表達對社會運動的支持以及對公眾事務的意見，除了益於民主外，更可以創造一個包容的社

---

45 有關道路、公園等室外的集會，與一般公眾的利用關係上，比較利用室內公共設施限制的正當性情形，應會比較多。初宿正典，前揭書（註37），第277頁。

會讓不同的信仰、習俗或政策都能夠和平共存[46]。

二、與政治活動有關之集會遊行

政治活動與集會、結社的權利有關；結社屬於人民組成特定團體的權利。有關人民團體的類型與限制外國人的參與政治團體規定；依人民團體法第4條規定：「人民團體分為左列三種：一、職業團體。二、社會團體。三、政治團體。」同法第39條：「社會團體係以推展文化、學術、醫療、衛生、宗教、慈善、體育、聯誼、社會服務或其他以公益為目的，由個人或團體組成之團體。」同法第51條：「政治團體不得收受外國團體、法人、個人或主要成員為外國人之團體、法人之捐助。」

對於政治性的表現自由，日本最高法院判決曾表示，「大體上，政治行為除具行動面外，亦具有表達政治意見的層面，故在此範圍內，顯然受憲法第二十一條所保障」。一般國民其政治表現自由是否受到強烈保障呢？因國家掌控國民日常生活的各種機會，取締國民的政治表現行為之事態，已不復存在，由整體觀之，人們得自由表達政治意見，在此意見上，或可謂政治表現自由已受保障[47]。憲法所保障的基本人權，依其權利性質其適用的對象除本國國民之外，另在國內居留之外國人亦應同樣享有[48]。如政治活動的自由，除了對我國的政治的意思決定或實施有影響之活動，鑑於外國人的地位而認為不適當者外，其保障亦應及於外國人，這樣的解釋應為恰當[49]。

但一般而言，外國人對國政不須負責任，其政治活動應該要受到一定的限制，如此推論，也是必然的。如其在所居住的國家，外國人對國內的政治問題任意批評，從國際禮儀上來看，是否恰當？亦有問題。但是如其所表現的活動內容，與居留外國人的本身利害有切身關係，採取批評及持特定主張意見的方式來表達，在判斷、裁決上如單以其是外國人為理由，即限制其此項自由，從「表現自由」的保障來看，也會有問題。另如從國家長遠的眼

---

46 立法院第八屆第三會期第六次會議議案關係文書，第114-115頁。
47 阿部照哉等著，周宗憲譯，憲法（下）—基本人權篇，元照出版，2001年3月，第135-137頁。
48 安念閏司，「外國人の人權」再考，收於現代立憲主義の展開（上），有斐閣，1993年9月15日，第166頁。
49 黃宗樂、劉姿汝譯，請求撤銷不許可更新居留期間之處分事件，收於日本國最高法院裁判選譯第1輯，司法院發行，2002年12月初版，第124頁。

光來看，依此做法之限制外國人活動自由，對於國家的利益，亦絕對沒有好處[50]。

　　有關外國人在我國參加集會遊行。內政部長說，外國人在臺參加集會遊行，政治活動及敏感時間應排除，將再研擬如何規範。立法院內政委員會初審入出國及移民法部分條文修正草案。依現行規定，外國人在停留、居留期間，不得從事與許可停留、居留原因不符的活動或工作；不過，有立法委員提案修法，擬賦予在臺合法停留外國人參與請願及合法集會遊行權利。日前有外國人來臺參加保護東海岸活動，被警察攔阻，不准他們參加集會遊行；因政府已簽署公民與政治權利國際公約及經濟社會文化權利國際公約，目前也有施行法，兩公約等同國家法律，限制外國人參加集會遊行是否違反兩公約規定？部長答詢表示，原則上尊重兩公約精神，可適度修正集會遊行法規範外國人集會遊行，如果要在入出國及移民法處理，內政部也不反對，但需保留點空間，政治性活動或某段敏感時間除外，其他活動原則上同意可以參加，將明確界定。因某段敏感時間就是選舉期間，至於是要在集會遊行法或入出國及移民法規範外國人參加集會遊行，將再和立法院討論，也會與專家研議如何界定政治活動[51]。

　　有民眾申請於2019年9月29日的護港大遊行，沿著立法院繞行，民眾不畏風雨，撐傘為自由民主進程貢獻心力。而知名的香港藝人何韻詩持加拿大護照上臺演講，被質疑是否不合法律。移民署則澄清，何韻詩來臺參與合法遊行經事前報備，且完全合乎「公民與政治權利國際公約」第21條。內政部表示：「何韻詩所參與的是民間人權團體事先報備並經許可的集會，且發表的是捍衛民主自由之言論。故何韻詩以外國人身分合法來臺參加合法集會遊行的權利，應予保障。」並強調臺灣是民主法治的社會，法律上沒有問題[52]。

---

50 中村睦男等編著，外國人の人權，教材憲法判例，北海道大學圖書刊行會，1990年6月3版，第62頁。

51 臺內政部：外國人集會排除政治類，大紀元報導，2013年4月24日。

52 移民署：何韻詩演講合法 外國人參與集會遊行獲保障，四方報／NOWnews今日新聞，2019年10月1日。

三、地方選舉權

我國曾發生有一人民火大民主參選連線暨不合格公民參政團,推舉一位來自香港,已在臺灣就讀研究所4年的學生林瑞含登記參選基隆市議員,因為林沒有身分證以及戶籍謄本等資格文件,而遭到選舉委員會拒絕。這是繼2012年新北市立委選舉,不合格公民參政團推出移民立委,喊出外國人參政權之後,再度用實際的外國人參選登記行動,來喚起臺灣社會思考,在臺居留外國人的政治權利[53]。

長期居留在國內之外國人,生活上與地方施政有密切相關,而其是否有地方選舉權,亦會影響其居住品質與法律地位。有關選舉權之行使,我國實務上認為憲法第17條規定人民有選舉權,惟其如何行使選舉權,則仍須依法律規定為之。此就憲法第113條及第123條規定觀之至明。依公職人員選舉罷免法第15條規定,有選舉權人在各該選舉區繼續居住4個月以上者,為公職人員選舉各該選舉區之選舉人。前項之居住期間在其行政區域劃分選舉區者,仍以行政區域為範圍計算之。其立法意旨,以其在各該選舉區居住一定期間為條件,因其在該地方居住相當期後,對該地方情況較為熟悉,興革事項較為熱心,對促進地方繁榮與進步有所貢獻[54]。並未提及外國人,是否具有選舉權。

有關選舉權[55]的性質,日本法上舉出幾種主張:一是將其解為個人之自然權利說。二是將選舉解為執行公職務之義務,所謂公務說。三是解為國家機關權限行使之權限說或以其為前提,承認個人選舉人資格請求權之請求權說。四是認為選舉權乃是同時具有權利及公務性質之二元說。在向來討論中,以二元說為通說。最近之討論,則不少從人民主權論為基礎之權利(一

---

53 龔尤倩,正視外國人參政權,獨立評論,https://opinion.cw.com.tw/blog/profile/52/article/1845,瀏覽日期:112.8.29。

54 參照77年判字第623號判決。

55 我國有關選舉、罷免之參政權,依釋字第442號林永謀大法官協同意見書,指出:「選舉、罷免此一參政權,基本上係屬公法上之權利,其爭議之處理,雖非與私人權益完全無關,然究其本質,則重在公益之維護,並以匡正選舉罷免法規之適用為其主要之目的,藉以保障選舉、罷免之公正、合法,其當事人間殊無具體而特定之權義存在。因此,現制之選舉、罷免訴訟雖出以民事訴訟之程序,但亦明定不準用民事訴訟法關於捨棄、認諾、訴訟上自認或不爭執事實效力之規定(見公職人員選舉罷免法第一百十條但書),此蓋當事人關於選舉、罷免訴訟所主張之事實,是否確屬真實存在,影響選舉、罷免之公正,事關公益,自不得任由當事人對於他造所主張反於真實之事實為自認或不爭執,而直接影響於判決之結果。」

元）說之角度，對二元說加以嚴格批判。亦即，認為選舉權乃主權者之各個市民，行使主權之權利，因此選舉權之制約，係作為主權者之資格，只能於其內在之最小限度範圍才可，但是向來之二元說，很容易從選舉之公務性格而承認權利之限制[56]。向來日本之判決認為選舉權為非常重要之憲法上權利，同時關於相關制度之建構，也廣泛承認立法裁量權限。就日本憲法關於選舉權之規範架構為選舉權及其行使原則上不得加以限制，若欲加以限制必須有「必要之事由」，問題在於如何解釋所謂必要事由[57]。

　　因地方選舉權屬參政權之一種；其他之參政權中，有選舉權、罷免權等。其他之基本人權如屬於生為人即有之範圍，當然任何人皆應受保障，此種人權與其他權利之性質尚有差異。參政權擁有之前提，首先必須要有國家存在，並對於該國家政治有參與的權利，因而要行使此權利之性質者，當然應屬該國家之屬員。一般認為所被保障可以行使參政權之人，應限定必要為該國家之構成員。但實際上，對於何謂國家之構成員，其範圍應如何？及其權利行使之方式、內容等，應由國家憲法規定[58]。而外國人一般被否定有參政權利；但屬於地方層次之選舉權，因與住民權利密切相關；又長期居住之外國人亦為地方住民，且開放地方選舉權給具有一定資格之外國人，並不涉及國家政權。因此，有一些西歐國家立法，賦予特定外國人有地方選舉權。

　　對於外國人參政權利方面，依日本通說認為在國政層級及地方層級，都不被肯認[59]。一般學說認為外國人應不具有參政權，主要範圍為外國人無國家及地方公務員的選舉權及被選舉權（公職選罷法第9條、第10條；地方自治法第18條）。此限制的法理，乃基於國民主權的「確保本國主權的獨立及國家利益的觀點，對有關國防、外交、內政等重要事項，原則上只限於本國國民才能擁有，外國人不得參與[60]」。此見解，理解「國民主權」限於持有

---

56 陳春生，論人民政治上權利（地位）之平等，收於憲法解釋與平等權之發展（下冊），司法院大法官九十五年度學術研討會，2006年12月9日，第26頁。
57 陳春生，前揭文（註56），第33頁。
58 中村睦男，外國人の地方參政權，ジュリストNo. 1036，下級審時の判例，1993年12月，第95頁。
59 日比野勤，外國人の人權(1)，法學教室210號，1998年3月，第35頁。
60 後藤光男，外國人の人權，收於憲法の爭點，ジュリスト增刊，有斐閣，2008年11月，第74頁。李仁淼，外國人之參政權——評介日本最高法院第三小法庭一九九五年二月二十八日判決，月旦法學雜誌8期，第64-69頁。

國籍要件的「國民」。但在實際上是否必須限定「具有國籍」的人？因「國民主權」理論，當然「外國人」必須被排除，這種說法是否即可成立？亦有再斟酌的必要[61]。

依日本最近有力的學說主張，認為屬地方公共團體層級的市町村選舉權，外國人應被賦予此方面的權利。即主張「與住民日常生活，有密切關係的市町村之層級……賦予定住（長期居住）外國人有選舉權的做法，不應排除」。對都道府縣的層級，也有相同的見解。主張區分「擔任外交、國防、幣制等國家政務，與擔任屬住民日常生活有密切相關的地方公共團體的政治、行政上公共事務，與國民主權原理的關聯程度。考量二者的差異性，應可委由立法政策決定，賦予符合有一定居住要件的外國人，有地方公共團體層級的選舉權」。

另有主張在決定賦予外國人政治方面的權利時，應考量其生活形態。對以我國為生活中心的外國人（定住外國人[62]），應不問是屬於地方或國家的層級，應保障其選舉權與被選舉權。因民主政治的理念，乃以統治者與被統治者的同源性為要件。從國民主權的另一方面考量，以保障定住（長期居住）外國人選舉權為起點的保障其參政權，應是適當的做法。因此，對傳統採取全面否定外國人的參政（選舉）權，應予檢討。對此問題，主要可透過立法的方式解決[63]。

日本最高法院判決，也認為「即使對在我國居留的外國人，有永住者及類似的居住形態者，其與居住的地方公共團體之間有特殊密切關係，考量其享有權利的程度」，如賦予其有地方參政權，在憲法上應不至於禁止。此判決開啟了外國人地方參政權之門[64]。依此見解，其前提是外國人沒有國政層級的參政權，但是，是否不管任何的外國人均只能有地方性的選舉權？或採取與傳統通說的見解相同，亦有問題。再者，有見解批評認為「住民自治」與「國民主權」為適用分別原理；依上述的傳統見解主張，「對照地方自治

---

61 後藤光男，前揭文（註60），第74頁。
62 日本之定住外國人，為長期居留於日本之外國人而言。與其相關，另有特別永住者，即依日韓特別條約規定，韓國人享有長期居留權利之人。
63 後藤光男，前揭文（註60），第74-75頁。
64 最判平成7（1995）‧2‧28民集49卷2號，第639頁。

的本旨」，應不妥當[65]。此亦可作為我國未來是否賦予外國人有地方選舉權時參考。

伍、人身自由與身體不受傷害權

人身自由為人享有一切權利的基礎；無人身自由，其他如表現、集會、家庭團聚等權利均無從實現。依憲法的理論，保障人身自由的權利，並無分本國人與外國人；在刑事訴訟程序的適用，均為如此；但在行政調查、收容則有不同。實務上，如對逾期居留之外國人，在遣返出國前，得逕依行政處分予以收容。此並不符合憲法第8條之規定程序，有進一步檢討之餘地。外國人如受行政收容，已侵害其人身自由。另入出國之安全檢查，如涉及對人身之侵入性檢查，亦已傷害人之身體，其授權與執行自須有法律之明定。

一、人身自由

曾發生警察進教堂盤查拒檢移工，遭控涉侵害人權及宗教自由。警政署表示，警方為查緝犯罪、預防危害，依法可查證身分，且未進入彌撒會場，尊重宗教自由，無冒犯之意。越南籍天主教神父阮文雄與民間團體舉行記者會，表示樹林天主堂進行主日彌撒時，警察闖入教堂查緝失聯移工，涉侵犯宗教自由。警政署表示，本案起於員警先在教堂外發現民眾有異狀，進而追捕盤查，過程中並未進入彌撒會場，對於宗教自由和人權的尊重未造成任何影響。員警為查緝犯罪，預防危害發生，依警察職權行使法規定，對於合理懷疑其有犯罪嫌疑或有犯罪之虞者得查證身分；本案員警攔查過程積極認真，依法維護社會治安，應予支持肯定[66]。

「人身自由」為不受不當的拘束其身體自由之謂。不被不當的拘束其身體，屬作為一個自然人的個人基本尊嚴[67]。人身自由遭受侵犯，主要內涵可分為消極的驅離或禁止入內，係行動方向上受阻，以及積極拘束行動自由，

---

65 後藤光男，前揭文（註60），第74頁。
66 警入教堂盤查移工，警政署：依法執勤無冒犯之意，中央社，2023年6月14日。
67 浦部法穗，憲法學教室Ⅰ，日本評論社，1993年1月，第331頁。

係空間上受限，憲法之規定主要係指後者，指違反當事人意願或在其無法表達意願下，而將之留置在一特定狹窄範圍之地，側重在人身自由拘束之結果，至於手段或動機則不在所問[68]。

人身自由權應屬一種普遍性的人權[69]，人身自由就是身體的行動自由（Koerpliche Bewegungsfreiheit），凡隨心所欲於任何時間前往任何地點，或任何時間不前往任何地點，都屬於身體的行動自由。對人身自由的侵犯即指以實力（直接強制），積極地使個人於一定時間內，必須出現或停留在一定處所，或消極地使其不得於一定時間離開一定處所[70]。人身自由作為一切基本人權之基礎，近代民主國家之成立，源自於對個人人格之尊重；國家之中所有的人皆應受平等對待，人不被當成奴隸，及不受非法拘禁等。因此，狹義的人身自由，指身體之所在，不被拘禁在特定處所，或要求在一特定之地方服勞役。廣義的人身自由，包括人的移動自由，可依自由意願離去、參與特定活動，前往特定處所[71]。因此，現行我國對於外國人之行政收容，亦有必要檢討是否符合憲法第8條之規定。

曾發生有民眾搭乘捷運時，在文湖線忠孝復興站至大安站車廂內疑似遭身旁陌生男子蓄意以手觸碰渠下體及大腿，渠因深感不舒服而向警方報案，臺北市政府警察局捷運警察隊遂派員針對涉案嫌疑人積極追查，在善導寺站攔獲該名男子，捷警盤查身分時發現嫌疑人為外籍移工，即對該男子出示之身分證明文件仔細比對，赫然發現該名男子持另一名外籍移工證件影本企圖蒙混過關，經查該涉案人原係在臺逾期停留近半年之逃逸外勞，竟在逃逸期間還涉嫌對女子伸出鹹豬手，全案警詢後除依性騷擾防治法函移中正第一分局續辦，並將冒名頂替之男子移交移民署專勤隊收容[72]。

有關外國人收容之問題。大法官釋字第708號解釋認為：「……受收容人於暫時收容期間內，未表示不服或要求由法院審查決定是否收容，且暫時收容期間將屆滿者，入出國及移民署倘認有繼續收容之必要，因事關人身自

---

68 李震山，論行政管束與人身自由之保障，收於氏著，人性尊嚴與人權保障，元照出版，2001年11月修訂再版，第228-229頁。

69 李建良，外國人權利保障的理念與實務，台灣本土法學雜誌48期，2003年7月，第98頁。

70 吳庚，前揭書（註18），第191-192頁。

71 人身自由的意義，宣示各個自然人為一權利主體，不屬於任何人或領主。人非物品，不能將人視為物品而買賣，將人視為本身財產而拘禁、任意處分，此皆違反憲法基本精神。

72 失聯移工涉性騷擾遇警盤查，以假證件蒙混仍被識破，民眾新聞網，2023年3月17日。

由之長期剝奪，基於上述憲法保障人身自由之正當法律程序之要求，系爭
規定關於逾越前述暫時收容期間之收容部分，自應由公正、獨立審判之法院
依法審查決定。故入出國及移民署應於暫時收容期間屆滿之前，將受暫時收
容人移送法院聲請裁定收容，始能續予收容；嗣後如依法有延長收容之必要
者，亦同。綜上所述，系爭規定授權入出國及移民署對受驅逐出國之外國人
得以行政處分暫予收容，其中就遣送所需合理作業期間之暫時收容部分，固
非憲法所不許，惟對受收容人必要之保障，雖於一○○年十一月二十三日已
修正增訂入出國及移民法第三十八條第八項，規定收容之處分應以當事人理
解之語文作成書面通知，附記處分理由及不服處分提起救濟之方法、期間、
受理機關等相關規定，並聯繫當事人原籍國駐華使領館或授權機構，但仍未
賦予受暫時收容人即時有效之司法救濟，難認已充分保障受收容人之基本人
權，自與憲法第八條第一項正當法律程序有違；又逾越上開暫時收容期間之
收容部分，系爭規定由入出國及移民署逕為處分，非由法院審查決定，亦牴
觸上開憲法規定保障人身自由之意旨。衡酌本案相關法律修正尚須經歷一定
之時程，且須妥為研議完整之配套規定，例如是否增訂具保責付、法律扶
助，以及如何建構法院迅速審查及審級救濟等審理機制，並應規範收容場所
設施及管理方法之合理性，以維護人性尊嚴，兼顧保障外國人之權利及確保
國家安全；受收容人對於暫時收容處分表示不服，或要求由法院審查決定是
否予以收容，而由法院裁定時，原暫時收容處分之效力為何，以及法院裁定
得審查之範圍，有無必要就驅逐出國處分一併納入審查等整體規定，相關機
關應自本解釋公布之日起二年內，依本解釋意旨檢討修正系爭規定及相關法
律，屆期未完成修法者，系爭規定與憲法不符部分失其效力。」目前我國已
增修入出國及移民法第38條及相關條文，以符合第708號解釋之意旨。

二、身體不受傷害權

　　外國人於入國時，遇有特定可疑情形，可能受到強制的檢查身體；此亦
涉及侵害其身體不受傷害權，是否符合憲法意旨，亦待探討。依我國憲法第
二章有關人民權利規範，並未明文揭示人民「身體權」之保障。而僅在具有
基本國策性質之增修條文第10條第6項中，提及概念相近的「保障婦女之人
身安全」。國際人權規範中，涉及身體權之保障者，除人身安全外，會特別
強調酷刑之禁止。例如世界人權宣言第3條規定：「人人有權享有生命、自

由與人身安全。」及第5條規定：「任何人不容加以酷刑，或施以殘忍不人道或侮慢之待遇或處罰。」公民及政治權利國際公約第7條規定：「任何人均不得加以酷刑或施以殘忍的、不人道的或侮辱性的待遇或刑罰[73]。」

為了特定目的，如懷疑入境外國人的身分有疑義，須進一步檢驗其正確身分；或其涉有違法，為取得鑑定證物，而須採取關係人的體液、毛髮，例如血液、唾液、尿液、頭髮等身體物質（Kopermaterial），此皆涉及身體完整性及自決權。此權力之發動，依法治國家之原則，須有明確法律授權依據[74]與依正當的法律程序為之。

據媒體報導，106年8月31日，新竹縣發生了一起警方處理民眾通報涉嫌竊盜案件。1名越南籍勞工被民眾發現時，全身赤裸，看似要偷竊路邊車輛。1名警員及2名民防人員到現場處理。但因制止無效且勞工出手攻擊，警員因此對其開了九槍，導致失血過多身亡。對於這名越南籍勞工之死，我們有許多疑點，請警政署回應及說明：1.【面對全身赤裸的移工，有無進行適切的盤查及勸說】一般受過專業教育訓練的員警，面對一名全身赤裸、疑似竊盜的現行犯，首先應該對於其審慎觀察。因為一般行為、精神狀態正常的人，不會無故全身赤裸。這名移工為什麼會全身赤裸，是否精神狀況出了問題，或經歷了甚麼過程被迫赤裸，更或許可能是需要協助的販運被害人，警方在執法過程中有沒有試圖瞭解，為何出現全力逮捕，警方受傷，移工遭警方槍擊失血過多死亡的結果？2.【語言隔閡，口頭勸說徒具形式】據媒體報導，警方處理案件過程，已發現該名「現行犯」是越南籍勞工，由於口頭勸說無效，只好強力追捕，開槍前也已「口頭警告」。一般警方必然無法以越南語與該名移工溝通，當現場對峙雙方情緒皆極為緊繃時，儘管該名移工已來臺3年，在語言隔閡情況下，能否清楚理解警方口頭警告之意義，其警告效果頗有疑義。臺灣面對60萬東南亞的移工及50萬新移民，為保障其權利，發展通譯系統多年，為何警方面對名越南移工不向警局請求協助，或調派越南語翻譯？在面對現場強大壓力下，用對方無法理解的語言無法達到勸說效果，開槍前的「口頭勸說」變成徒具形式而已。3.【「連續」「近距離」開

---

73 李震山，憲法未列舉之固有權—生命、身體、尊嚴與人格，收於氏著，多元、寬容與人權保障—以憲法未列舉權之保障為中心，元照出版，2005年10月，第115頁。
74 李震山，前揭文（註73），第128頁。

九槍，是否符合比例原則】根據媒體報導該名移工攻擊警察，在使用辣椒水及警棍皆無法制伏的情況下，警察只好開槍自衛。媒體報導提到，「打到警棍歪了」、「辣椒水都噴完了」，這說明了移工攻擊警察之前，亦遭到警方攻擊，是否因此才爬進警車想要開車逃跑，目前不得而知。但報導指出，警方擔心外勞搶警車，因此朝外勞開槍。然而，該名員警在開槍前有沒有對空鳴槍，讓該名移工知道警方要使用槍械？雖然警方遲遲未公布現場影像，但根據電視台播出影片，受傷移工兩腳已不能移動，用手爬進警車駕駛座，警察開槍擊破車胎即可達到制止，卻連續向移工至少開了五槍。這樣的用槍時機及方法是否符合比例原則？亦待探討[75]。

陸、資訊隱私與資訊自決權

有關外國人進入國內居留，國家對其個人資料之蒐集，涉及其資訊隱私與資訊自決權保護的問題。對個人資料之保護原則，在於強調個人資料未受同意或未依法律程序，個人有不受強制蒐集之權利，此為憲法「資訊自決權」之意涵。我國憲法上雖無明文規定此項權利，但基於憲法保障人民自由權利無漏洞之意旨，依憲法第22條之保障其他概括之基本權利規定，應屬適當[76]。

一、資訊隱私權

「個人資料」之立法定義，依個人資料保護法第2條第1款之規定：「個人資料：指自然人之姓名、出生年月日、國民身分證統一編號、護照號碼、特徵、指紋、婚姻、家庭、教育、職業、病歷、醫療、基因、性生活、健康檢查、犯罪前科、聯絡方式、財務情況、社會活動及其他得以直接或間接方式識別該個人之資料。」依德國聯邦資料保護法第2條規定：「涉及特定或

---

75 政策殺人，警察幫兇？苦勞網，https://www.coolloud.org.tw/node/89098，瀏覽日期：107.8.28。

76 大法官釋字第603號解釋，則稱：「其中就個人自主控制個人資料之資訊隱私權而言，乃保障人民決定是否揭露其個人資料、及在何種範圍內、於何時、以何種方式、向何人揭露之決定權，並保障人民對其個人資料之使用有知悉與控制權及資料記載錯誤之更正權……。」提出個人資訊自我主張權利之概念。

可得特定自然人之所有屬人或屬事之個別資料。」因此,「個人資料」當然不限於利用電腦所處理的資料,尚包括其他與個人有關之資料。

對「隱私權」的保護理論,指個人獨處,不受干擾的權利;包括私生活不被公開、不受侵擾等權利的主張。在國內外理論與實務法院的判決上,均肯認這一項權利。個人隱私資料[77]與個人人格有關,個人隱私資料如受到非法蒐集、利用,屬基本權利受到侵害,我國稱此為「人格權的保護」。對隱私權[78]的保護,基於隱私權利與個人生活有關,其最早理論之建構,由美國發展出來[79]。個人的資料非常廣泛,舉凡個人特徵、容貌、家庭、親屬、私生活、精神自由、宗教、信仰、思想、前科資料、學經歷、財務狀況、居家地址、工作場所等,皆屬之。

對個人資料之保護,包括政府不得任意蒐集個人資料,亦不得任意對第三人洩漏該資料。此一觀點係由個人隱私出發,有關得蒐集個人應受保護資料之理由,依美國聯邦最高法院在一項判決,指出適用僅需有合理關係作為判斷標準,認定該案中紐約市政府要建置電腦集中處理持有特定處方者之姓名及地址,並規定醫師有填具該項資料之義務之立法並未違憲,其主要理由係基於隱私權保障之二大特性,一為避免個人事務外洩之個人利益保障,另一為個人對特定重要事務之獨立決定權。本案所涉立法已訂有較嚴密之保密措施,同時在許多方面所涉及者均與健康保險有關之隱私限制,病患亦不致因知悉電腦資料之存在而拒絕所需之醫療[80]。

---

77 日本法上有關「個人的資訊」,其意義為與個人相關聯的所有資訊。因此,並不限於在個人的屬性、人格、私生活有關的資訊,另有關個人的創作、作為組織體構成員的個人活動,有關的資訊,亦包括在內。行政情報システム研究所編,行政機關等個人情報保護法の解說,株式會社ぎょうせい,平成17(2005)年3月,第15-16頁。

78 傳統對於「隱私權」的含義,早期所被承認的為在判決中指出,為「私生活不受任意公開的法律保障及權利」。但是在現代資訊化社會之下,通說認為其中所構成的,應包括可以積極請求作為的自我資訊控制權。小山剛,新しい人權,ジュリスト1289號,2005年5月1日,第95-97頁。

79 有關「隱私」概念的著作,請參考,愛倫‧艾德曼、卡洛琳‧甘迺迪著,吳懿婷譯,隱私的權利,商周出版,2001年2月。

80 基於憲法對隱私權之保障,個人有免於受特定政府事實蒐集及散布之權,在處理政府蒐集及散布個人資料之事件上,基於上述案例,政府應保證:(一)其所蒐集或散布個人資料確有其必要,且未違背該項資料原蒐集之目的;(二)該項資料應力求正確,始足以保障個人之隱私。郭介恆,正當法律程序—美國法制之比較研究,收於憲法體制與法治行政(2),城仲模教授六秩華誕祝壽論文集,三民書局,1998年8月,第150-151頁。

因國家有多元行政，各為達成其特別必要目的，必須有所作為。蒐集廣泛的資料，以供分析參考，有助於施政的有效性。而行政機關之任務，縱然經過明定，並不就表示情報機關可同時取得採取一切達成任務所必要手段的權能，仍須賴立法者在不違比例原則的範圍內為進一步的授權，否則所謂隱私權之保障勢必徒托空言。在此立法者有義務決定情報機關在何種情況下（wann）得如何採取情報手段（wie）以達取得情報之任務[81]。

有關資訊隱私權之保護，依大法官釋字第603號解釋文，有如下重點敘述：「維護人性尊嚴與尊重人格自由發展，乃自由民主憲政秩序之核心價值。隱私權雖非憲法明文列舉之權利，惟基於人性尊嚴與個人主體性之維護及人格發展之完整，並為保障個人生活私密領域免於他人侵擾及個人資料之自主控制，隱私權乃為不可或缺之基本權利，而受憲法第二十二條所保障（本院釋字第五八五號解釋參照）……國家得於符合憲法第二十三條規定意旨之範圍內，以法律明確規定對之予以適當之限制。」外國人與本國人不同，其居停留處所、工作地點、家庭成員、停留期間、居留資格、財務狀況等內容事項，皆屬其個人資料。對此資料之保護，關係其私生活、個人人格、隱私自由，屬於外國人個人權利，應予以如同本國人的保障程度。

內政部依臺灣地區與大陸地區人民關係條例（以下簡稱兩岸關係條例）第10條及第17條之授權分別訂定「大陸地區人民進入臺灣地區許可辦法」及「大陸地區人民在臺灣地區定居或居留許可辦法」，明文規定大陸地區人民進入臺灣地區之資格要件、許可程序及停留期限，係在確保臺灣地區安全與民眾福祉，符合該條例之立法意旨，尚未逾越母法之授權範圍，為維持社會秩序或增進公共利益所必要，與上揭憲法增修條文無違，於憲法第23條之規定亦無牴觸。而系爭許可辦法係依兩岸關係條例第17條第9項規定授權訂定，雖對大陸地區人民之人性尊嚴、隱私權、行動自由、婚姻權及家庭權等基本權利有所限制，惟僅在其欲申請依親居留、長期居留或定居時才有適用，尚難認已達影響嚴重之程度，更係為增進及確保臺灣地區安全與民眾福祉之公共利益目的所必要，已在考量各種基本權利衝突下所為折衝及價值

---

81 基本上，法治國原則要求立法者對此干預人民隱私權的授權與限制規定必須盡可能明確，如此，法院事後才有明確標準審查干預手段的合法性。許宗力，民主法治國家的情報活動，收於氏著，法與國家權力，月旦出版，1994年10月2版，第387頁。

取捨，要難認有侵害人性尊嚴、隱私權或違反無罪推定、不自證己罪原則之疑慮，符合該條例之立法意旨，尚未逾越母法之授權範圍，且為維持社會秩序或增進公共利益所必要，核與法律保留及比例原則無違，更未牴觸憲法第23條之規定。至司法院釋字第497號解釋後，系爭許可辦法固已變更原法規名稱及為數次修正，並增列不予許可依親居留、長期居留、定居暨撤銷或廢止其許可之原因包括「有事實足認其無正當理由未與依親對象共同居住，或有關婚姻真實性之說詞、證據不符」，惟系爭許可辦法既係規範大陸地區人民來臺居留、依親、定居之申請要件、許可及不予許可之程序，暨撤銷、廢止許可之條件等，故系爭許可辦法增列不予許可依親居留、長期居留、定居暨撤銷或廢止其許可之事由所為之修正，自仍合於司法院釋字第497號解釋意旨範圍。細究系爭規定中「有事實足認其無正當理由未與依親對象共同居住」「有關婚姻真實性之說詞、證據不符」之所以列為許可條件、許可後得撤銷或廢止之事由，亦係依循兩岸關係條例第17條第7項明文基於臺灣地區人民配偶之地位而經許可依親居留、長期居留或定居之人員，若有事實足認係通謀而為虛偽結婚者，即不在同條第1項許可係為令臺灣地區人民配偶得與大陸地區人民在臺灣地區團聚，維護圓滿家庭生活之人性尊嚴之保障範圍，自應溯及撤銷前所許可長期居留、定居許可。且「有關婚姻真實性之說詞、證據不符」之意涵，並非一般人難以理解，當可由主管機關依調查所得相關證據綜合研判取捨後而為認定，尚不因受訪談者自認其記憶、表達能力、人格特質、文化背景、教育程度等與他人有差異而有不同之認知而有異，且亦為受規範者所得預見，並可經由司法審查加以確認，均與憲法第23條規定之法律保留、授權明確性及比例原則無違[82]。

二、資訊自決權

對於上述「個人隱私權」，德國提出「資訊自決權」的概念。德國提出此項權利目的與主張依據，較具積極性；除消極防止被不當干預外，另外有積極主張之意。即對本身之資訊，有權掌握、同意被蒐集或公開、要求更正或註銷、請求公權力保護等權利[83]。「資訊自決權」用語在德國聯邦憲法法

---

82 最高行政法院111年度上字第183號裁定。
83 所稱之「資訊」與一般所稱之個人「資料」，應屬相同之範圍。

院1983年之「人口普查判決」中出現後，受到廣泛引用[84]。

我國法制除民法與刑法之相關條文，分別對個人隱私權、人格權保護外，另我國亦制定、頒布個人資料保護法，施行並適用在所有行政機關與私人機關之間，規範有關利用個人資料之事務。另在「警察職權行使法」中，亦規定有關警察蒐集、利用、傳遞個人資料之規範。在一般行政法規範中，尚有其他法律、法規命令規定，其中均以保護人民資訊隱私與資訊自決權為前提，兼顧公共利益之維護。違反有關保護人民資訊自決的規定，須負一定民事、刑事及國家賠償責任。

自然人中，外國人之基本權利問題，亦產生於資訊自決權之適用上，隨著人權國際化的趨勢，一般都基於人權本質上應超越國家、憲法而存在，除非是憲法及國際法上明確限定本國人才能享有的權利外，外國人成為基本權利主體，才能符合現代憲法的國際主義原則。若賦予外國人之資訊自決權，是關乎個人人格及尊嚴的問題，尚不涉及較複雜之「干涉內政」、「侵犯主權」、「政治參與權」等，應無特別再以排除適用之必要[85]。

依法律保留原則，凡基於正當目的、有採取特別干預措施之必要性與合理性情形，對符合特定條件者予以蒐集其資料，應不違反法治國家原則；亦不會過度干預人權，如對刑事嫌疑犯的依法採取指紋資料等。但如法律規定，全面性的蒐集屬個人敏感性、隱私性的資料，在無特別正當原因下，應為違憲。因違反目的性的蒐集個人資料，已違反法治國家公權力行使的必要原則及侵害個人尊嚴，已違反憲法[86]。因此，各國有關「保護個人資料」的法律，均以法律明定蒐集資料的目的性拘束原則[87]。

---

84 其中，幾個要點值得再引申：（一）個人資料保護有其必要性與迫切性；（二）資訊自決權係源自基本人權中之一般人格權與人性尊嚴，應屬舊基本人權條款之保護範圍，暫不論資訊自決權是否有需要成為一新而獨立之基本權利，至少它在基本法上已找到依據；（三）扼要揭示資訊自決權之概念。李震山，論個人資料之保護，收於「行政法爭議問題研究」（上），台灣行政法學會主編，五南圖書，2000年，第656頁。

85 李震山，論資訊自決權，收於氏著「人性尊嚴與人權保障」，元照出版，2001年11月修訂再版，第300-301頁。

86 目的拘束性的法律原則來看，行政機關對所保存個人的資料，不得為超出利用目的的必要範圍。參見野村武司，情報收集、管理、公開，法學セミナー608號，2005年8月，第33頁。

87 如日本之「行政機關個人資訊保護法」第3條。我國之「個人資料保護法」第16條：「公務機關對個人資料之利用，除第六條第一項所規定資料外，應於執行法定職務必要範圍內為之，並與蒐集之特定目的相符。但有下列情形之一者，得為特定目的外之利用：一、法律明文規定。二、為維護國家安全或增進公共利益。三、為免除當事人之生命、身體、自由或財

而外國人並非本國人，其與我國社會，一般較缺乏密切關係；為確認外國人身分與其居住關係，必須蒐集外國人相關特徵、基本資料，以「確定其人別[88]」。此從，因人的本籍有不同的理由，可作為對外國人須特別蒐集資料的依據[89]。但對「個人資料保護內容規範」，外國人亦應有其適用[90]。

柒、工作權與財產權

工作與人的維持生活需要之經濟來源，有依存關係；國家基於合理差別，對於外國人之工作，均會作必要之限制。另外，外國人之財產權，如同本國人受到保障；例外，外國人的取得土地，國家得依法予以限制。

一、工作權

工作不僅是物質生活的基礎，亦是基本權利價值的自我實現。工作權之概念極廣，典型傳統的職業，如木匠、醫生當然屬之，非典型具經濟意義之活動，只要是合法以及對社會不造成損害的，縱使是短期、非獨立性工作亦皆屬工作的概念。而此，凡人民作為生活目的必要之正當工作，均屬憲法所保障工作權範圍。工作權包含二個意義，一為要求國家提供適當工作機會，二為選擇工作之權[91]。

憲法第15條規定：「人民之生存權、工作權及財產權，應予保障。」由

產上之危險。四、為防止他人權益之重大危害。五、公務機關或學術研究機構基於公共利益為統計或學術研究而有必要，且資料經過提供者處理後或蒐集者依其揭露方式無從識別特定之當事人。六、有利於當事人權益。七、經當事人書面同意。」

88 西井正弘，外國人指紋押捺拒否事件，昭和五十九年重要判例解說，ジュリスト，1985年，第274頁。

89 相關外國人之入國規範，如入出國及移民法第22條規定：「外國人持有效簽證或適用以免簽證方式入國之有效護照或旅行證件，經移民署查驗許可入國後，取得停留、居留許可（第1項）。依前項規定取得居留許可者，應於入國後之翌日起算三十日內，向移民署申請外僑居留證。但申請取得工作許可、居留簽證、外僑居留證及重入國許可四證合一之有效證件，或其他已含有外僑居留證功能之證件者，得免申請外僑居留證（第2項）。外僑居留證之有效期間，自許可之翌日起算，最長不得逾三年（第3項）。」

90 行政情報システム研究所編，前揭行政機等個人情報保護法の解說，株式會社ぎょうせい，平成17（2005）年3月，第17頁。

91 法治斌，董保城，憲法新論，元照出版，2005年1月，第253頁。

於憲法第15條將工作權與具典型受益權性質的生存權及自由權性質之財產權並列，以致學說上對於憲法工作權保障之性質有自由權說、自由權兼受益權說，與受益權說三種[92]。依工作權所具有的社會權性質，關於其內容，有如次兩個觀點。其一，係認為有工作意思與能力者，有於自己所屬的社會，要求提供工作機會的權利，其二，係認為有工作意思與能力者，若無法於私企業等就業時，有向國家要求提供工作機會，且於國家不可能提供時，得請求支付相當生活費的權利[93]。

「職業」，指人為獲得最低生計，所從事經濟、社會的活動。「選擇職業自由」，並非僅是決定自己所應從事的職業自由，乃是指個人得從事自己所選擇的職業，不受國家妨礙[94]。選擇職業自由，又稱為工作自由權；與此相關的為營業自由。此二者之範圍，並稱為「經濟活動自由」。人的工作，為依靠本身勞動力或勞務，而獲得一定之對價給付，且因此得以維生。工作權屬憲法保障的基本人權之一，人有工作自由的權利，原則上不需經過國家許可，例外因該工作性質特殊，會影響公共利益或他人權利，國家可以法律而採取適度管制。

我國憲法雖未明文提及職業自由或工作自由，但憲法第15條明定人民之工作權應予保障，大法官歷來解釋均逕以此作為職業自由之保障依據。至於有關營業自由之問題，大法官一開始是在「工作權」的概念下處理，從實質內涵來看，應可認為甚早即獲大法官實質上之肯認。至於其憲法保障之依據，雖有認為應由憲法第22條的概括保障條款中導出營業自由之主張者，但自釋字第514號以來，大法官皆以憲法第15條的工作權與財產權之保障規定為依據[95]。經濟自由依其主體、動態的層面來看，其活動自由之保障，不外乎人民以主體地位選擇從事職業活動營業活動自由之保障，以及選擇受僱於人之職業自由的保障兩種。前者謂之「營業自由」，後者通稱為「職業選擇

---

92 法治斌，董保城，前揭書（註91），第252頁。
93 阿部照哉等編著，周宗憲譯，憲法（下），元照出版，2001年3月，第236頁。
94 阿部照哉等編著，周宗憲譯，前揭書（註93），第184頁。
95 職業自由應受憲法基本權所保障，與憲法下的經濟體制有密切關係；採行市場經濟體制的國家，個人營生的憑藉是透過工作，而工作則是於經濟市場中選擇與進行。因此，職業自由所欲保障者，為人民於市場中，對於工作、營業或職業、工作場所等的自由選擇權。蔡宗珍，營業自由之保障及其限制—最高行政法院2005年11月22日庭長法官聯席會議決議評釋，臺大法學論叢35卷3期，2006年5月，第286-287頁。

自由」，此等自由均包括積極行使與消極不行使兩種層面。按憲法規定之工作權保障，在我國是否及於勞動基本權，因之帶有社會權之性格容或有所爭議，但其涵蓋職業選擇自由則屬無可置疑[96]。

對於外國人經濟活動自由之保障，並非毫無界限。原本外國人之經濟自由與本國人相較，往往受有較多之限制[97]。對於外國人在國內工作，為保護國民的就業權利，原則外國人工作要經過許可。特殊與本國具有密切關係的外國人，如國民的配偶、難民、永久居留者，則進一步開放其可為工作[98]。

依就業服務法第42條：「為保障國民工作權，聘僱外國人工作，不得妨礙本國人之就業機會、勞動條件、國民經濟發展及社會安定。」第43條：「除本法另有規定外，外國人未經雇主申請許可，不得在中華民國境內工作。」可知原則上，外國人在我國工作，須申請許可。例外情形，如國民之配偶（新住民），在我國取得居留後，不須申請，可以自由工作。

另有關提升新住民就業能力方面，我國政策面上的建議，立即可行的包括提升職訓課程的可接近性：（一）於婚姻移民集中之地區加強辦理在地化的職業訓練，包括提供到宅授課或是線上教學的課程服務，甚至可視情況彈性調配訓練課程的時間，以降低上課密集度的方式提升學員參與率（主辦機關：勞動部勞動力發展局（原勞委會職訓局）；協辦機關：各縣市政府）；（二）放寬民間團體承辦職業訓練的資格與經費限制，並建置一套公允客觀的審核機制，定期輪配不同地區的單位承辦，讓更多致力協助婚姻移民就業的單位均能共襄盛舉（主辦機關：勞動部勞動力發展局、內政部移民署；協辦機關：各縣市政府）[99]。

---

96 許志雄、陳銘祥、蔡茂寅、周志宏、蔡宗珍合著，現代憲法論，元照出版，2000年3月，第174頁。

97 營利法人於其性質允許之範圍內固受經濟自由之保障，但諸如公平交易法禁止獨占之限制，仍屬不可免。又此等自由權在私人間有無適用之餘地，屬基本人權之效力問題。再者，經濟活動自由受到公共利益之限制，亦屬其界限之一種類型。許志雄、陳銘祥、蔡茂寅、周志宏、蔡宗珍合著，前揭書（註96），第175頁。

98 放寬外國人屬於國民的配偶、難民、永久居留者，開放其可工作的條件，詳請參見就業服務法第48條、第51條的規定。

99 「我國婚姻移民勞動工作權益保障及促進之研究」，國家發展委員會委託研究報告，2014年3月。

二、財產權

　　財產權之意涵，大法官在釋字第400號解釋中提及：「憲法第十五條關於人民財產權應予保障之規定，旨在確保個人依財產之存續狀態行使其自由使用、收益及處分之權能，並免於遭受公權力或第三人之侵害，俾能實現個人自由、發展人格及維護尊嚴。」憲法對財產權的保障就是在於私有財產制度的保障，這種制度保障（Institutsgarantie）的效力，具有籠罩全部法制的作用，各種私法上的制度固應遵守，並維護由私有財產而衍生的私法自治、契約自由、營業自由、市場交易機能等[100]。

　　財產權可作為維繫人類生命以及滿足人性尊嚴的權利，其中之「所有權」一直與基本人權之發展息息相關。回顧近代民主革命的導火線，不論是徵稅問題或是物質分配的不平均，亦皆與所有權的保障有關。而嗣後由於工商業的進步，所有權的概念即擴張為較廣義之「財產權」。例如德國基本法第14條之財產權保障範圍，便是先從民法上的「所有權」概念出發，再逐漸及於「所有私法上之權利」。該國憲法上財產權的保障首重所謂的「制度性保障」，而其中又以表彰所有權使用、收益與處分自由的私使用性為最重要之部分。故憲法財產權乃是在保障權利人可以藉由財產實現個人之自由權，以及因應其人格發展與維護尊嚴之所需[101]。

　　外國人作為享有基本權利者的地位，在屬於經濟自由方面的權利，受到較多的限制。國家對於關外國人取得特定或獨占的財產權，有較大裁量空間，得依法限制[102]。例如依土地法第17條第1項：「左列土地不得移轉、設定負擔或租賃於外國人：一、林地；二、漁地；三、狩獵地；四、鹽地；五、礦地；六、水源地；七、要塞軍備區域及領域邊境之土地。」此係強制

---

100 吳庚，前揭書（註18），第245頁。
101 鍾秉正，社會福利之憲法保障—兼論相關憲法解釋，收於憲法解釋之理論與實務第4輯，中研院法律所籌備處出版，2005年5月，第44-45頁。
102 有關財產權保障之採互惠原則見解，如：按現代文明社會，有權利即有救濟，已成普世價值，亦為我國憲法保障訴訟權之真諦。國際上專利之申請互惠與訴訟互惠，本質雖然不同，前者屬實體法上之概念，後者則為訴訟法上之範疇，惟具獨立司法主權之國家、區域若允許外國人或團體於該國或區域申請專利權，自應許該外國人或團體於該國或區域得以訴訟保護其權利，始符前述有權利即有救濟之原則。因而主張我國國民及團體於外國或非我國司法權效力所及區域取得專利權，依該外國或區域法令、慣例仍不能提起訴訟者，乃為前述原則之例外，自應就其主張負舉證責任。最高法院95年度台抗字第268號民事裁定。

禁止規定。所謂「設定負擔」，依其文義解釋，包括設定抵押權在內，因之凡屬上開法條所列舉之土地，自不得設定抵押權於外國人，否則依民法第71條規定，應屬絕對無效[103]。

基於全球自由化之趨勢，為增加人力投入本國市場，挹助產業產能，以提升國家整體經濟實力，我國允許引進外籍勞工；然外籍勞工之引入對於社會秩序及國民工作權可能引致負面衝擊，為有效管理外國人在本國工作之聘僱及媒介行為，避免非法外籍勞工增加社會治安問題，及妨礙本國人之就業機會，就業服務法規定雇主聘僱外國人工作，須經事前申請許可，且若有為申請許可以外之雇主工作、非依雇主指派即自行從事許可以外之工作、連續曠職3日失去聯繫或聘僱關係終止、拒絕接受健康檢查、提供不實檢體、檢查不合格、身心狀況無法勝任所指派之工作或罹患經中央衛生主管機關指定之傳染病、違反依就業服務法第48條第2項、第3項、第49條所發布之命令或其他我國法令且情節重大、拒絕提供依規定應提供之資料或提供不實等情形，即廢止其聘僱許可，並即令其出國，不得再於我國境內工作，如此嚴格管制對外國人之聘僱，除基於國家經濟發展需要而聘僱外國人工作，應為有效管理之外，亦著眼於外國人之聘僱不得顯有妨礙本國人之就業機會，及對國內社會治安不得造成不利影響等立法目的，其使用之手段有助於該目的實現，且屬必要，尚與比例原則無違。至於就業服務法第73條第6款規定之「情節重大」，其個案情節是否重大，應以該外國人行為違反我國法令所破壞法益是否重大，及個案具體行為態樣所破壞法益程度是否重大，二者綜合予以整體判斷，此非屬行政機關裁量範圍，其決定自應受行政法院全面性審查[104]。主管機關如廢止外國人聘僱許可，並即令其出國，亦會影響雇主及該外國人之營業權及財產權。

三、與財產權相關之權利

使一般人能過著最低生活程度的權利，與人性尊嚴有關；國家有照顧

---

[103] 至於經編定為「一般農業區養殖用地」之土地，究屬土地法第17條規定之「農地」或「漁地」，宜由貴部（內政部）依職權認定之。惟不論係農地或漁地，依上開法條規定，均不得設定抵押權於外國人。法務部75年7月25日（75）法律字第8963號。

[104] 最高行政法院110年度上字第418號判決。

國民的義務；另外，對於外國人的照顧，則須視國家財政狀況[105]。人民生存、工作及財產權，為憲法第15條所保障的權利。人民如果無法工作，在生活上產生問題，國家有予救助、給付，使能過著最低生活所需。此屬社會權概念中的給付、照顧人民可過最低生活的義務。社會權屬積極性受給付、照顧的權利，此權利為20世紀的福利國家，採行給付行政的特徵。其目的在照顧人民，使其生活不虞匱乏，保有其最低生存的基準，擁有作為人的尊嚴生活。因國家由國民所組成，國家的財政來源，是來自於人民的納稅，基於國民主權原理，社會權的主要照顧對象[106]，應以本國國民為主。「社會扶助」制度乃為因應緊急事件或突發狀況所產生的困境，用以提供人民最低的生活保障[107]。

　　考量可能因居住的外國人貧困原因，造成居住國家的負擔。依我國入出國及移民法第18條的禁止入國規定中，即有「有事實足認其在我國境內無力維持生活者」。該款規定，事先排除可能於入國後，會造成我國社會福利支出負擔的考量。在國家財政資源有限情況下，原則上可被認同。但是如果國家財政能力足以因應，是否應為另外之考量，而不應以「社會負擔」為主要原因。其他有正當的理由，如因該外國人為難民或其為本國國民的配偶、子女者，應為有限度許可。

　　以促進社會目的之提供給付，並不是為生活陷入困境之國民提供最低生存之保障，也不是補償那些為國家、為公益而身體上或經濟上受有損害的國民，更不是為工作所得中斷或喪失之經濟風險預作準備，而是針對值得予以促進的社會事實，由國家提供一般性給付，藉以平衡因此形成的社會落

---

[105] 對於入國前之外國人，屬無能力維生者，並列為禁止入國之原因。

[106] 有關排除外國人領取津貼之判決，如敬老福利生活津貼暫行條例（已廢止）第1條規定：「為落實照顧老人生活，增進老人福祉，特制定本條例。」第3條第1項規定：「年滿六十五歲，在國內設有戶籍，且於最近三年內每年居住超過一百八十三日之國民，……得請領敬老福利津貼（以下簡稱本津貼），每月新臺幣三千元……。」其立法意旨乃為照顧於國內設有戶籍，而生活上需要受照顧之老人。臺北高等行政法院93年度簡字第781號判決。

[107] 在德國乃為基本法第1條第1項「人性尊嚴」條款的落實，我國則是憲法第15條「生存權」的體現。常見的扶助措施乃為社會救助，其給付標準通常由地方政府依照當地之生活水平來規定，目的則在維持國民的「基本生活條件」，原則上是用以補充社會預護給付之不足。在給付種類上，我國現行社會救助法分有「生活扶助」、「醫療補助」、「急難救濟」與「災害救助」四類。其中接受長期性的生活扶助者稱為「低收入戶」，按規定必須經過「家庭收入調查」才能確定其資格。鍾秉正，前揭書（註101），第18-19頁。

差,而即使日後不再給付,也不致危及受領者的生存基礎[108]。如我國現行對外籍配偶之生活照顧及輔導措施[109],亦屬於社會權的一種;外籍配偶的家庭,在符合一定條件,應受到給付。

有關外國人的保險給付,大法官在釋字第560號解釋理由書稱:「……受聘僱外國人其眷屬在勞工保險條例實施區域外死亡者,不得請領保險給付,係指該眷屬未與受聘僱之外國人在條例實施區域內共同生活,而在區域外死亡者,不得請領眷屬死亡喪葬津貼而言。就業服務法上開限制之規定,乃本於社會安全制度功能之考量,並因該喪葬津貼給付之性質,與通常勞工保險之給付有別[110]。」但目前已刪除此項排除適用之規定。

日本有學說認為社會權的權利應屬由各個人民所屬的國家,予以保障。但亦有學者,認為如果因此而解釋社會權的保障,即可排除外國人,應不妥當。應解釋為如果在國家的財政負擔沒有特殊困難情形下,以法律層次,保障外國人的社會權,在憲法上應無問題。外國人中,亦有短期、觀光入國與長期居住者之不同。特別的,如定住(長期居留)外國人,考量其居住年限及在我國實際生活情形,對其的待遇如能與日本的國民相同,採取這樣的政策,從憲法的精神上看,應屬相符。對此問題,在日本的「塩見訴訟」中,最高法院判決的論點,並未觸及憲法第25條是否保障外國人的生存權問題,僅表示「在既有的財源下,實施分配福祉的給付,採取本國國民優先於居留外國人的做法,應被許可」。因此,對有關外國人生存權的保障,被認為屬廣泛的立法裁量範圍[111]。

在外國人的待遇上,許宗力前大法官認為憲法基本上僅是就合乎人性尊

---

108 一般而言,歸入此一類型之給付包括子女津貼、育兒津貼、教育補助、住宅津貼等,在此國家透過社會給付有計畫地、積極地引導或形塑所期待的社會事實。孫迺翊,全民健保保費補助性質之分析——單向性社會給付與設籍要件之關聯性,發表於「第六屆行政法實務與理論學術研討會」,臺大法律學院等主辦,2006年11月4-5日,第16頁。

109 如依「外籍配偶生活適應輔導實施計畫」:……二、目的:本部為落實外籍配偶照顧輔導措施,提升其在臺生活適應能力,使能順利適應我國生活環境,共創多元文化社會,與國人組成美滿家庭,避免因適應不良所衍生之各種家庭與社會問題,特訂定本計畫。

110 大法官在釋字第560號解釋理由書:「就社會扶助之條件言,眷屬身居國外未與受聘僱外國人在條例實施區域內共同生活者,與我國勞工眷屬或身居條例實施區域內之受聘僱外國人眷屬,其生活上之經濟依賴程度不同,則基於該項給付之特殊性質,並按社會安全制度強調社會適當性,盱衡外國對我國勞工之保障程度,立法機關為撙節保險基金之支出,適當調整給付範圍乃屬必要,不生歧視問題。」

111 後藤光男,前揭文(註60),第75頁。

嚴最低生活標準或社會地位之確保的範圍內，承認人民得直接根據基本權規定（特別是生存權與受國民教育權）向國家請求給付，其給付可說是已無從再低的最基本的人道要求，故在此範圍內之給付實不宜再有本國人與外國人之別。當然，超此範圍之給付已不歸基本權所保障，而純屬立法者的裁量，此時立法者即非不能對外國人為差別待遇，或排除或限制對其之給付[112]；可作為立法排除界限之參考。

有關外國人之參加全民健康保險，依全民健康保險法第9條：「除前條規定者外，在臺灣地區領有居留證明文件，並符合下列各款資格之一者，亦應參加本保險為保險對象：一、在臺居留滿六個月。二、有一定雇主之受僱者。三、在臺灣地區出生之新生嬰兒。」同法第12條：「符合第二條規定之被保險人眷屬，應隨同被保險人辦理投保及退保。但有遭受家庭暴力等難以隨同被保險人辦理投保及退保之情形，經主管機關認定者，不在此限。」

捌、訴訟與程序權

民主法治國家，首重對人民權利之保障。依憲法權力分立原則，要求立法、行政、司法權力各自分離，以相互制衡，進而可確保人民權利；而訴訟權即具有保障人民基本權利之功能。憲法所保障人民之權利，除實質權利外，另程序上權利亦不可或缺；此對於外國人，亦得適用。

一、訴訟權

受裁判之權利，乃是所有個人，可平等要求超然獨立於政治權力之公平的司法機關，對其權利與自由的救濟；而且有不受公平法院以外的機關為裁判的權利。這種權利與近代立憲主義，密切關聯[113]。由自力救濟轉化為公力救濟，乃人類文明發展之重要轉折，國家並因此設立司法機關，以排難解紛。故如於人民尋求法院協助時橫加阻撓，使得訴訟權有名無實，即頗有商榷餘地。尤其是附加因人而異之歧視條件，致使若干人由於不可歸責於己之事由，竟無法或充分行使訴訟權，甚至因此而敗訴，自更非平等保護所應

---

112 許宗力，基本權主體，月旦法學教室4期，2003年1月，第81頁。
113 蘆部信喜著，李鴻禧譯，前揭書（註20），第230頁。

然[114]。

在憲法下，立法及行政應受憲法比例原則拘束，司法依法律獨立審判，以審查行政不法，及受理違憲審查訴訟。司法為社會正義最後一道防線，其中包括民事、刑事審判及行政爭訟之判決。依憲法第7條一直到第22條，列舉具體受保障權利及概括受保障權利，然此權利之行使及保障範圍，皆由立法界定其範圍，而後才由行政機關適用與處分。其保障範圍及適用之合法性，依法治國家原則，如有疑義應由法院審查及作最終之決定。

訴訟權之要點有四：（一）有關人民權益的事項不得剝奪或限制其訴訟救濟的機會，如「特別權力關係」中的身分變更或重大影響事項，或對起訴加以不合理的限制，例如提起稅捐復查或異議應先繳稅款（釋字第224、321、439號等解釋），均屬違反訴訟權的保障；（二）受憲法上法官審判的權利；（三）訴訟程序應符合正當法律程序；（四）審級救濟應發揮實際效果[115]。人民之訴訟權，憲法第16條有所明文。在提起行政訴訟前，依法規定有須先提起訴願者，稱為訴願前置主義[116]。訴訟權，為請求法院救濟之權利，法諺有云：有權利，即應有救濟之途徑；如有權利而沒有救濟之途徑，該權利即不能稱為是權利。

司法權之特質，在於其擔負對法律問題的裁定角色，及為法律保障的作為。其權限的對象，不限於法律上的爭訟案件，即使是爭訟案件以外，對於法律要件的解釋與認定；如以法律賦予法院有此種權力，亦不違反憲法的精神。有關法律爭訟事件，依憲法的要求須由法院裁判，人民依據憲法有受裁判權利，因有此規定之故，如有拒絕裁判則違反憲法[117]。人民權利的保障可分為法律的層次及憲法的層次，通常訴訟制度的功能屬於前者，憲法審判制度屬於後者[118]。外國人權利如受到侵害，與本國人相同，可依法提起訴訟。

有關本國籍配偶是否得為其外籍配偶申請居留簽證之公法上請求權問

---

114 法治斌，司法審查中之平等權：建構雙重基準之研究，收於氏著，法治國家與表意自由，憲法專論（三），正典出版文化，2003年5月，第219頁。

115 吳庚，前揭書（註18），第289頁。

116 訴願為人民對於國家或地方行政機關之處分，認為違法或不當致損害其權利，對該處分不服者，得向該處分之上級機關或該處分機關，提出異議之救濟程序。

117 安念潤司，司法權の概念，收於憲法の爭點，有斐閣，1999年5月，第225頁。

118 吳庚，前揭書（註18），第291頁。

題？最高行政法院103年8月份第一次庭長法官聯席會議認為：行政訴訟法第
5條第2項：「人民因中央或地方機關對其依法申請之案件，予以駁回，認為
其權利或法律上利益受違法損害者，經依訴願程序後，得向行政法院提起請
求該機關應為行政處分或應為特定內容之行政處分之訴訟。」人民根據此項
規定提起課予義務訴訟，係以依其所主張之事實，法令上有賦予請求主管機
關作成行政處分或特定內容行政處分之公法上請求權，經向主管機關申請遭
駁回為其要件。如果對於人民依法申請遭駁回之事件，法令上並未賦予第三
人有為其申請之公法上請求權，第三人即不可能因主管機關之駁回該項申請
而有權利或法律上利益受損害之情形。外國護照簽證條例第11條：「居留簽
證適用於持外國護照，而擬在我國境內作長期居留之人士。」第12條：「外
交部及駐外館處受理簽證申請時，應衡酌國家利益、申請人個別情形及其國
家與我國關係決定准駁；……。」同條例施行細則第6條：「外交部及駐外
館處應審酌申請人身分、申請目的、所持外國護照之種類、效期等條件，核
發適當種類之簽證。」據此等規定可知，得以外國護照申請居留簽證者，限
於持外國護照之外國國民，該外國國民之本國配偶，並無為其申請居留簽證
之公法上請求權。又公民與政治權利國際公約（以下簡稱公政公約）及經濟
社會文化權利國際公約（以下簡稱經社文公約）所揭示保障人權之規定，固
具有國內法律之效力，然其得否直接發生人民對國家機關請求作成一定行為
之請求權，仍應視此兩公約之各別規定，對如何之請求權內容及要件有無
明確之規定而定。有明確規定者，例如公政公約第24條第3項兒童之出生登
記及取得名字規定，及經社文公約第13條第2項第1款義務免費之初等教育規
定，始得作為人民之請求權依據。至公政公約第23條第1項：「家庭為社會
之自然基本團體單位，應受社會及國家之保護。」經社文公約第10條第1款
前段：「家庭為社會之自然基本團體單位，應盡力廣予保護與協助，其成立
及當其負責養護教育受扶養之兒童時，尤應予以保護與協助。」就如何之請
求權內容及要件，並未明確規定，不得據以認為本國配偶有為其外籍配偶申
請居留簽證之公法上請求權。因此，外籍配偶申請居留簽證經主管機關駁
回，本國配偶主張此事實，不可能因主管機關否准而有權利或法律上利益受
損害之情形，其提起課予義務訴訟，行政法院應駁回其訴。

　　於111年憲判字第20號，有關請求准許發給外籍配偶居留簽證案，憲法
法庭判決指出：最高行政法院103年8月份第1次庭長法官聯席會議決議：

「外籍配偶申請居留簽證經主管機關駁回，本國配偶……提起課予義務訴訟，行政法院應駁回其訴。」僅係就是否符合提起課予義務訴訟之要件所為決議，其固未承認本國（籍）配偶得以自己名義提起課予義務訴訟，惟並未排除本國（籍）配偶以其與外籍配偶共同經營婚姻生活之婚姻自由受限制為由，例外依行政訴訟法第4條規定提起撤銷訴訟之可能。於此範圍內，上開決議尚未牴觸憲法第22條保障本國（籍）配偶之婚姻自由與第16條保障訴訟權之意旨，值得參考。

二、程序上權利

廣義程序上權利，包括國家行政、刑事、民事上程序；狹義程序上權利，應指特定之程序權利，如本文所指之「行政程序」權利。為達行政效率、建立民主、公平與公正之行政過程，有必要將行政程序法制化。所有行政機關依其各別之法定職權，在達到法律目的之過程中，須有一致的程序規定；以呼應現代國家之實現「正當法律程序原則」。

依人民基本權利被「保護範圍」（Schutzbereich）的功能，可認定其是否受到侵害。任何一個基本權利主體，如其基本權利，諸如財產權、工作權、生命權、身體權等，經過一定行政程序的進行，「可能」因行政決定的作成而受有侵害，則該權利主體須在系爭行政程序中享有「必要的」程序權利，以便有效防禦基本權利所保障的法益受到侵害，或是能順遂地行使其基本權利。換言之，該行政程序規定必須有助於基本權利的實現。法律保留原則，固對行政權有授權及統制之效果，但一來因為實體規定在性質上有時難以實現，即令強為規定通常亦只能為抽象之訓示規定而不具統制意義[119]。

行政程序保障之意涵，依行政程序法作為實現基本權利的配件，主要涉及憲法與法律間的關係。通常憲法只是設定國家活動與基本價值的框架，其內涵尚須透過法律予填補與充實。立法者在履行此項憲法委託時，原則上享有一定的裁量空間，但須顧及憲法的價值決定。憲法基本權利的規範作用，不僅在程序與組織的建構上，具有重要性，同時在程序內涵上，亦具有作用。對程序基本權之保障，為現代國家之基本要求。程序正義可彰顯國家對人權之重現與符合憲法之基本精神。對每一項基本人權之保障，都須透過程

---

119 蔡茂寅，行政程序法制定之意義與內容，全國律師，1999年2月，第41頁。

序方法與要求，始能竟其功[120]。

　　依世界人權宣言第13條：「人人在一國境內有自由遷徙及擇居之權。」依公民與政治權利國際公約第12條：「在一國領土內合法居留之人，在該國領土內有遷徙往來之自由及擇居之自由。」這裡的主要區別，與其說是外國人與國民之區別，在程序上權利，不如說是非法居留外國人與一般公民及合法居留外國人之區別[121]。有關行政處分之作成，須考量個人權利，其內容及形式皆應注意，特別是有關行政程序的撤銷原授權處分。即使有關如何公正的行使撤銷原處分之具體原因，沒有規定，此可從其行為性質的瑕疵程度，加以判斷。在未明確規定公正程序的情形，亦有採取委由行政機關裁量的立場[122]。

　　雖然我國行政程序法第3條規定，本法排除外國人出入國事項之適用。但並非意指有關外國人之事項，即無程序之權利可言。從上述所論憲法的程序權利，須落實到各別之行政法領域；本正當法律程序原則，即應在入出國及移民法中明定，有關外國人入出國及居留事項之程序。

　　依兩岸關係條例及其授權訂定之面談管理辦法規定，大陸地區人民申請進入臺灣地區團聚者，應接受面談，訪談結果無積極事證足認其婚姻為真實，其申請案不予許可；本案訪談結果，認就有關共同經營婚姻生活之事項，彼此說詞出入甚大，有重大瑕疵，且無積極事證足認婚姻為真實，主管機關遂以此為由，不予許可申請來臺團聚等情甚詳。上訴意旨雖以原判決違背法令為由，惟核上訴意旨無非重述其在原審提出而為原審所不採之主張，就原審取捨證據、認定事實之職權行使，指摘其為不當，並就原審已論斷者，泛言未論斷，及執與本件爭議無涉之行政程序法有關給予處分相對人陳述意見之規定[123]。

---

120 只重視實質而輕視程序，亦有所偏差。透過程序之透明、公正、民主化，可使相對人信賴行政機關，及公權力之實行能兼顧人權與效率。

121 李震山，前揭文（註22），第404-406頁。

122 對形式上已受到許可，不能解釋為並須有符合再審查的相當理由；此可認為當事人間的法律關係，已允諾而形成。對此的撤銷，不只在公共福祉上依據高度的政治判斷，認為其會侵害國家利益；另外其違反的具體內容，亦必須明確。土居靖美，判例研究上許可の取消の効力が停止された事例，關西行政法研究會，法學論叢89卷3號，京都大學法學會，1961年6月，第85頁。

123 最高行政法院112年度上字第385號裁定。

玖、結語

　　基本人權有屬於生來即擁有的權利，不待國家賦予，即能獲得。如人身自由、精神自由權。對外國人基本權利之保障，屬現代國家不可或缺之任務。憲法上的權利，依其性質有保障外國人享有的；但也有部分權利，是屬於國民專屬的；如外國人不能主張享有入國自由、參政權。

　　本章探討外國人之基本權；在有關居住遷徙自由方面，對外國人的入國，有一定的資格要求，且可能會受到限制。國家處於國際社會，對於外國人禁止其入國，也要有明確原因及有法律依據。但對外國人之出國自由，應予保障。在外國人人身自由方面，於入出國行政上有所謂的行政收容；此如，依照憲法第8條規定，其決定應由法官審查。在隱私權與資訊自決權方面，所蒐集外國人之資料，應予必要保護；其程度也等同國民。在有關集會自由方面，應保障外國人合法參與集會的權利；此部分於我國的移民法中，也有明文規定。在工作權與財產權方面，為了保障國民就業的機會，原則外國人的工作，應經過國家許可。在訴訟權與程序上權利部分，外國人與本國人同樣享有訴訟的權利。有關程序的權利，依行政程序法第3條規定，排除外國人入出境事項的適用。但依正當法律的原則，在外國人入出境特別法中（入出國及移民法），亦應訂定適當合理程序。

　　國家的立法裁量有其權限，但並非毫無限制。依照憲法理論，外國人屬於基本權利主體，其基本權利應受到保障。如欲以法律限制或施予行政處分，都應遵守憲法的原則。有合於憲法的基礎，立法規定與實務作為，才屬合法。現代國家處於國際化的社會中，對外國人的權利要予重視及予必要的尊重與保護，乃是當然。因此，上述本文案例中，外籍神父如只是單純參與集會活動，無其他違法情形，主管機關自不得將其驅逐出國。

（本文原發表警察法學8期，2009年11月，第81-127頁，後經修改與補充而成）

第七章　我國之禁止外國人入國規範

實務案例

　　有一國際人士熱比婭，擬申請進入我國；內政部表示，熱比婭本身是政治人物，訪問臺灣可能與她所鼓吹的新疆獨立運動有關；加上世界維吾爾大會與恐怖組織東土耳其斯坦關係密切，世界維吾爾大會的秘書長多里坤・艾沙（Dolkun Isa）又是國際刑警組織通緝的恐怖分子，經過內政部與移民署的研議，基於國家安全考量，不希望恐怖主義的陰影籠罩臺灣，因此依「入出國及移民法」第18條的規範，禁止熱比婭入境[1]。此項議題，引起諸多討論。請問我國禁止外國人入國之原因？在決定上應考慮何種之原則？

壹、前言

　　恐怖主義[2]為利用不法、暴力手段，以造成大眾之傷害或破壞國家重要設施，藉以使大眾造成恐慌或使國家施政為之停頓；或透過報復手段，進而要求國家提供其各種的不法需索。美國在911事件中，受到恐怖活動攻擊，屬近百年來最大之恐怖破壞活動。依其所受到危害程度，美國政府已公開宣稱此屬一種戰爭行為；且美國絕對不向恐怖主義低頭及屈服。其全國上下總動員，一致公開向恐怖活動宣戰，並整備國家各相關政府機關職權、成立國

1　參考台灣禁止入境　熱比婭深感失望，中央社，Newtalk新聞，2009年9月26日，https://newtalk.tw/news/view/2009-09-26/502，瀏覽日期：101.4.10。

2　有關抗制恐怖主義法制之論文：如李震山，德國抗制恐怖主義法制與基本權利保障，月旦法學雜誌131期，2006年4月，第5-20頁。洪文玲，國際反恐法制之研究，中央警察大學學報44期，2007年7月，第233-256頁。廖福特，反恐與人權—以英美兩國的立法措施為中心，台灣國際法季刊3卷2期，2006年6月，第35-92頁。蕭淑芬，反恐、國安與人權保障之衝突—日本相關法制之制定及其爭議，月旦法學雜誌132期，2006年5月，第58-65頁。楊永明，聯合國之反恐措施與人權保障問題，月旦法學雜誌131期，2006年4月，第21-36頁。廖元豪，多少罪惡假「國家安全」之名而行？—簡介美國反恐措施對人權之侵蝕，月旦法學雜誌131期，2006年4月，第37-49頁。蔡庭榕，論反恐怖主義行動法制與人權保障，刑事法雜誌47卷4期，2003年8月，第37-70頁。

土安全部，配合制定愛國者法[3]，賦予政府偵查機關有相當權力，使得予對抗恐怖組織活動。

通常恐怖主義活動在發生之際，被害狀況屬於重大，此為其與一般的犯罪之間，在本質上的差異；另外，因其行為會使一般人在心理上感受到恐怖作用。因此，在擬定恐怖主義對策時，須考量要在「該重大性被害」的發生之前，即須為制止及有效查獲其犯行，應為最高的處理及指導原則。因此，在法制對應上，可能會發生與近代憲法的基本原則，如保障人權、依法行政、遵守近代刑事司法各原則間，產生矛盾與衝突[4]的問題。

國家有保護國民的義務，為防止外來危害，國家得依相關法律授權，禁止相關外國人入國、防制違法有害物品的輸入，及查察、調查對國家危害的可疑對象。平常時期的國家法制，對於國家法益、公共秩序維護，已有刑法、槍砲彈藥刀械管制條例、入出國及移民法、外國護照簽證條例、社會秩序維護法、洗錢防制法、通訊保障及監察法等法律，以規範相關違法行為，防止可能的恐怖組織活動。恐怖主義有其特性，屬於國際間組織犯罪的一種形態；其透過使用恐怖、殘暴的大規模破壞活動，使一國政府受威嚇。因此，國際間之各國政府，訂定各種共同防制的條約，以求有效遏止此種不法行為。相對的，為機先防制此種恐怖主義攻擊活動，有關對其資助資金、予以協助或聯絡人、或對欲實施恐怖活動而申請簽證之外國人，在法律上有必要予以禁止。

本章擬探討相關外國之禁止入國法制，並以反恐原因之禁止入國為主要論述重點。文中並檢討我國入出國及移民法第18條有關禁止外國人入國之規範問題。其他對於無戶籍國民與大陸地區人民之入國（境）法制亦提及，但並非本章主要重點，先予敘明。

貳、各國反恐法制之概要與外國人之入國程序

「恐怖主義」之用語，來自於法國大革命時期的恐怖政治活動；其採取

3　其法律全名：提供美國阻止及防止恐怖主義所必要且適切的手段以結束該行為所需強化的法律。

4　木下智史，憲法とテロ對策立法，法律時報78卷10號，2006年10月，第7頁。

以「暴力」手段使一般人感受到籠罩在恐怖的狀態之下，以達到受其支配的目的，此為其二者共通之處[5]。理論上，有關如何擬定反恐法制，首先社會上所質疑的，究竟誰可能是恐怖分子，在不清楚前提的情況下，究竟要採取何種「對策」？一般會想出最簡便的方法，即在特性上指向不同於本社會的團體作為對付、預防的目標。進而以阻止恐怖分子進入我國為理由，實施嚴格化的管理外國人入出國、強化取締非法居留之人、對於外國人入國之際採取指紋，及進一步導入蒐集個人的生物跡證。如依美國的愛國者法，開啟了一連串的對付恐怖分子的立法；其不僅對付恐怖分子，即使對有支援恐怖主義組織之嫌疑的外國人，亦對其加以拘禁、驅逐出國、禁止其入國；另外，進一步採取外國人的生物跡證，並集中此資料的處理[6]。

　　法律為國家公權力行使之依據，除一般之法規範外，對於國際間之恐怖攻擊活動，因其行為隱密、且破壞性嚴重、危害範圍廣泛、危害手法經過組織訓練等，因此與一般之犯罪行為，有極大差異。在抗制恐怖活動上，如經評估特定事務或範圍，有受恐怖攻擊之虞，國家即應考量制定特別授權之法律，以為因應。以下簡述各國之反恐法制與外國人之入國程序。

一、各國反恐法制之概要

（一）英國

　　在英國2000年恐怖主義防制法中，共分八章，其綜合六個主題。在禁制組織中之第2條，界定「恐怖主義」為從事威脅或下列活動：1.藉以影響政府或恐嚇公眾，從而達到政治、宗教或思想的目的；2.有關活動涉及使用嚴重暴力侵害他人，嚴重損害財產、危害生命、嚴重危害公共健康或安全、或策劃嚴重擾亂電子系統；3.如所從事或威脅從事的活動涉及使用火器或爆炸品，則不論是否嚴重損害財產，也屬恐怖主義活動[7]。

5　木下智史，前揭文（註4），第6頁。
6　木下智史，前揭文（註4），第8頁。
7　英國後續於2006年之恐怖主義法，可謂起源於2005年7月的倫敦爆炸案，英國首相布萊爾提出十二點的反恐計畫。詳請參見習仁國，「英國反恐法制初探」，發表於「國土安全與移民、海巡執法」學術研討會，中央警察大學國境警察學系，2007年6月，第91-93頁。

（二）日本

日本對付恐怖主義，亦有相關之對策。有關其定義之問題，亦曾遇到部分困難。其一般的困難性，單就「恐怖主義」之概念，不只具有多樣性，且依其定義出現，亦可得知定義者的意識形態。依恐怖主義研究專家（宮坂直史）所指出之定義：「其存在的目的，出自於政治性、宗教性、意識形態性以至於社會性的非國家主體，其將對其集團以外所存在的個人身體、財產、設施、國家統治的基本組織、公共運輸機關、公眾衛生、電子系統、其他重要基礎建設為標的，以其中之一或複數為目標，有計畫的加以危害，或威脅將對其施予暴力的行為之所稱。」亦有專家（佐渡龍己）指出：「恐怖主義之信仰者，其信念為採取威脅手法，使人感到不安與恐怖，以使掌有權力者屈服，或藉此獲取執政者政策的配合，以反向操作的威脅執政者，或使國內外民眾感到受威嚇，間接的脅迫執政者，並接續採取對執政者的過度報復行為，以操作國際輿論，對執政者造成壓力。」另外，依日本的公安調查廳，於2002年所出版的國際恐怖主義要覽中，指出：「其屬於國家從事機密工作人員及國家以外的結社、團體等為遂行其政治目的，對於當事人以外周遭的人，使用不法的暴力，以達到發生影響力；其所危害的目標與計畫及於非戰鬥員範圍的行為。[8]」

日本為強化防止恐怖分子入國，採取下列措施：1.於入國審查時及申請簽證時，要求外國人捺印指紋等措施，以強化入國的審查；2.管制恐怖分子入國；3.要求飛機機長、船舶船長，有義務事先提出機組員及乘客的名冊；4.妥善運用與聯繫國際刑警組織，通報其國所遺失或被竊的護照資料檔案，以防止被恐怖分子冒用而入國；5.要求航空公司及運輸業者等，有確認核對旅客護照正確性的義務；6.派遣文書鑑定指導員到各有關國家，以支援及提升各外國文書鑑定的能力[9]。

（三）東南亞國協

有關區域的反恐協議，如2005年6月東南亞國家協會第十次年會，提出「有關國境管理對於恐怖主義組織對策的協力聲明」，有如下重點：1.基本

8　木下智史，前揭文（註4），第6頁。
9　木下智史，前揭文（註4），第9頁。

認識：恐怖組織的跨越國境與犯罪間，有密切的相關。要掌握恐怖組織行為或其多面向的關係現象，各國必須採取全面性的參與國際合作。為達此目的，國境管理要以阻止恐怖分子及其物資、資金的進出各國。一般作為上，各國須致力於執行防制恐怖組織的對策；彼此之間應密切交換情報、整備國內的法律制度及促進國際之間的協力；2.人的移動：為達到能事先蒐集及傳送旅客資料，各國應支持及儘速實施有關資料登錄及傳送作業，可達到世界共通的標準。有關發給旅行文書、身分證明書時，須致力於符合各國間最低的要求標準。對於重點注意人物之動向須予傳達並檢討其合作成效，以符合情報國際性的交流目的[10]。

（四）美國

美國「愛國者法」，其法律全名為：「提供美國阻止及防止恐怖主義所必要且適切的手段以結束該行為所需強化的法律[11]。」（The Uniting and Strengthening America by Providing Appropriate Tools Required to Intercept and Obstruct Terrorism act.，以下簡稱「愛國者法」）。

美國愛國者法主要目的在於防止、處罰國內外的恐怖行為，及強化法律執行機關的偵查權力等。其重點分別有：1.對於恐怖活動的強化國內安全；2.強化監視程序；3.防止國際間的洗錢行為；4.去除對於恐怖行為偵查的障礙；5.國境的管理；6.對於因恐怖行為犧牲的人、執法人員有關安置其家族的相關措施；7.有關恐怖攻擊之際，聯邦與地方相對應的執法機關為達能快速聯繫目的，須擴充其地區性的共有資訊情報系統；8.對於恐怖行為強化有關刑法法律規定；9.強化情報蒐集活動[12]。

依美國政府所使用的「恐怖活動」（terrorist activity）定義，屬於規定禁止發給簽證及禁止其入國範圍，其內容依移民法第212條有如下規定。

恐怖活動的定義及指定外國的恐怖組織，包括：

1. 劫持運輸工具（航空器、船舶、車輛）的行為。

---

10 海渡雄一，國境を超えて移動する者を潛在的犯罪者テロリストとみなす國境管理—監視されているのは誰か，法律時報78卷4號，2006年4月，第60頁，註5。

11 大沢秀介，アメリカのテロ對策と人權問題，國際問題526號，2004年1月，第47頁。

12 石垣泰司，九一一事件以後における人の國際移動に關する法規制の變容と人權問題—展開する國際テロ對策法制の特徵と問題點，東海法學29號，2003年，第73頁。

2. 對於政府人員或其他第三人採取不法行為或藉強制行為使其不作為，或者對其施以殺害、傷害以致於綁架的行為，作為威脅。

3. 對於國際法上所保護的人物之身體或自由，加以暴力攻擊。

4. 暗殺。

5. 為直接或間接的危及一人以上的個人安全，或以將對其財產造成相當損害為目的，而使用生物、化學、核子武器以至於其裝置、炸藥、燃燒彈之行為。

6. 威脅採取以上行為、或採取但未遂或者尚在謀議階段。

接著同條項規定的恐怖行為「所附隨」的定義，依「2001年美國愛國者法」作一部分修正，以下行為被認為屬於該當：

1. 準備、計畫恐怖行為。

2. 蒐集恐怖行為相關潛在目標情報的活動。

3. 支援被公認為實施恐怖行為活動之人的行為。

4. 提供資金等資源予從事恐怖行為者或給予恐怖組織。

5. 遊說使人參加恐怖組織、恐怖政府或恐怖活動之行為[13]。

具體的恐怖組織，依美國移民法第219條所指定，於2002年3月時，有316個團體被指定。

依美國愛國者法第802條，創設新的聯邦犯罪—定名為「國內恐怖主義」，其犯行如下：1.有危及人命的行為，並涉及違反國家或州的刑法有關的行為；2.(1)以脅迫或威嚇一般的市民；(2)透過此脅迫、威嚇，以達到影響政府政策的行為；(3)採取大肆破壞、暗殺或綁架、誘拐的行為，以達到影響政府的政策。以上任何行為，其有明確意圖為達成其活動；3.其主要都在美國裁判管轄權領域內，所實施的行為[14]。

在美國反恐與管制入國方面，屬為反恐目的對外國人出入國之管理[15]事項，依美國愛國者法規定為防止恐怖分子進入美國，其「國境管理」部分有如下重點規定：

---

13 石垣泰司，前揭文（註12），第73-74頁。
14 木下智史，前揭文（註4），第7頁。
15 石垣泰司，前揭文（註12），第73-74頁。

1. 北方國境的管理

(1)為有效執法，北方國境的巡邏人員、稅關、出入國審查官的人數，計畫提出增加三倍人力的預算。

(2)司法部長官與聯邦調查局為調查申請簽證之人及申請入國之外國人的犯罪前科，得利用國務院及移民局的情報資訊。

(3)國務院長官為嚴格的審查簽證，對有關採取指紋程序的規則及訂定確認本人同一性的技術基準事項，須建構綜合性的指紋比對系統。

2. 強化出入國與居留的管理

(1)恐怖活動的定義及指定外國的恐怖組織：
有關恐怖活動的定義，依規定（移民法第212條）之範圍，並禁止該當之人入國。

(2)對被認為有合於恐怖分子之嫌疑的人予以強制拘禁。

(3)多數國家間採取協力行為，以防止恐怖分子。

(4)簽證的保全及安全：
所有的機場、港口、進入國境的地點，立即建置出入國資料統合的系統；此系統須開發出生物辨識技術及使用不能偽造的證件用紙。

(5)參與國土安全保障局的工作。

(6)外國學生的監視制度：
依1996年所規定的「改革不法入國者‧入國責任者法」，徹底地實施外國學生的監視制度。其實施的學校對象範圍，並加入所有的飛行訓練學校。

(7)可以機器讀取的護照：
國務院須對於目前適用免除簽證的各該國家，有關其國護照的防止變造措施，定期加以審查、報告。

(8)防止領事館被利用（收買）：
為了獲得有利的入國簽證、資格，申請者可能會向領事館拉攏關係，現實有所謂的「向領事館申購」行為。對此問題，應有審查

及防止的措施[16]。

（五）我國

　　鑑於國際間恐怖主義之攻擊活動，屢有發生；我國有關反恐行動，亦在各相關部會中展開。目前已由行政院擬定計畫，分派各主管機關執行。並由國家安全局總其成，各治安機關並受國家安全局之協調、統合。行政院亦擬定反恐怖行動法草案，送請立法院審議中，以對有恐怖主義嫌疑之人，治安機關得有權事先調查、防制。另為了預防與處理國際恐怖主義對於臺灣的威脅，911事件發生後，政府立即成立專案小組，研議因應計畫與緊急處理措施。除了加強重要設施、外國駐臺機構以及美國學校的安全維護，更針對臺灣成為恐怖組織洗錢中繼站的傳聞，進行嚴格的金融管制，並清查可疑帳戶[17]。

　　民國92年我國訂定行政院反恐怖行動小組設置要點，其設置目的與主要任務如下：「一、行政院（以下簡稱本院）為防制恐怖行動，確保國家安全，維護社會安定及秩序，特設反恐怖行動小組（以下簡稱本小組）。二、本小組任務如下：（一）反恐怖行動政策之統籌。（二）反恐怖行動相關法規規定之推動。（三）反恐怖行動緊急應變體系之建立及檢討。（四）反恐怖行動之應變訓練及教育宣導。（五）反恐怖行動相關事項之督導及考核。（六）其他有關反恐怖行動之事項[18]。」

　　我國因應國際反恐趨勢及實務需要，於93年成立「反恐怖行動管控辦公室」任務編組（2004～2007年），歷經「國土安全辦公室」任務編組（2007～2012年）、101年依據行政院處務規程成立「國土安全辦公室」正式組織編制（2012年迄今）等三階段，主要執行反恐任務，並於第三階段開始，增加防護關鍵基礎設施之策進與督導工作。綜合「行政院國土安全政策會報設置要點」的國土安全涵義與目的，以及「國家關鍵基礎設施安全防護指導綱要」，以全災害防護（包括天然災害、意外事件、人為攻擊、非傳統攻擊及軍事威脅）推動風險管理之概念，「國土安全辦公室」設立目的及定

---

16 石垣泰司，前揭文（註12），前引書，第74-77頁。
17 李佳玫，臺灣反恐怖行動法制之研究，行政院國家科學委員會專題研究計畫成果報告，2005年10月，第23頁。
18 參照行政院92年1月6日所訂定之「行政院反恐怖行動小組設置要點」。

位為：「預防及因應全災害所造成之危害，整備及維護國家重要基礎建設及政府持續運作與人民安定生活。」在執行策略上，依據過去幾年國際間對我國遭受恐怖攻擊風險評估結果，雖顯示我國目前屬低風險國家，但由於ISIL等恐怖組織進行極端恐怖攻擊行動，並在全球各地招募訓練恐怖分子，有分散化、獨狼式攻擊之趨勢，為各國反恐工作帶來嚴峻挑戰。對我國而言，全球化及交通、通訊之便利，讓國際恐怖分子藉由各種途徑或管道入境我國之可能性大增，且境內仍存在組織犯罪、黑槍走私、不法洗錢、非法居留，甚至本土型極端行為等風險，可能引發重大危安或與恐怖活動相關聯之問題，均須謹慎防範。在關鍵基礎設施方面，除了上述人為災害以外，尚面臨人為疏失、極端氣候、駭客攻擊、疫病襲擊的威脅，對設施功能中斷及失效造成極大風險。因此，綜合以上風險評估結果，採取如下國土安全策略：1.善盡國際公民責任，恪遵聯合國各項反恐決議，反對任何形式恐怖主義。從人道與安全的立場，全力防杜任何恐怖活動滋生的根源及從事恐怖活動的途徑，將可能的威脅阻絕於境外，並防範境內重大危安或與恐怖活動之風險。2.以全災害防護概念，實施關鍵基礎設施風險管理；盤點關鍵基礎設施，發展防護計畫；結合公、私部門建立防護機制；整備國家有限防護資源，維持政府功能持續運作[19]。

有關「恐怖行動」之定義[20]，依「反恐怖行動法」草案第2條規定：「本法所稱恐怖行動，指個人或組織基於政治、宗教、種族、思想或其他特定之信念，意圖使公眾心生畏懼，而從事計畫性或組織性之下列行為：一、殺人。二、重傷害。三、放火。四、投放或引爆爆裂物。五、擄人。六、劫持供公眾或私人運輸之車、船、航空器或控制其行駛。七、干擾、破壞電子、能源或資訊系統。八、放逸核能或放射線。九、投放毒物、毒氣、細菌或其他有害人體健康之物質（第1項）。本法所稱恐怖組織，指三人以上，有內部管理結構，以從事恐怖行動為宗旨之組織（第2項）。本法所稱恐怖分子，指實施恐怖行動或參加、資助恐怖組織之人員（第3項）。」

另對於恐怖情報資訊之蒐集及處理，依上述草案第4條規定：「國家安

---

19 參立法院第九屆第三會期第七次會議議案關係文書，第3044頁。
20 參見行政院版「反恐怖行動法」草案，2003年11月7日，http://webdb.lawbank.com.tw/fnews/news.php?nid=18784.00，瀏覽日期：96.12.2。

全局負責統合協調反恐怖情報資訊之蒐集及處理，並應將國際間已認定之恐怖組織、恐怖分子，或疑為恐怖組織或恐怖分子之資訊，及其他必要之情報資訊，適時提供行政院反恐怖行動小組、情治機關及相關權責單位；各該機關或單位對國家安全局所提供之恐怖行動情報資料應予保密，非經國家安全局同意，不得公開。各情治機關應主動針對國內、外恐怖行動蒐集相關情報資料，即時送交國家安全局；其他政府機關蒐獲涉及恐怖行動之相關情報資料者，除依權責處理外，應即送交國家安全局。」

我國於96年12月21日行政院核定「行政院反恐怖行動政策會報設置要點」修正為「行政院國土安全政策會報設置要點」，由行政院國土安全辦公室作為幕僚單位，主要任務在整合國內反恐怖行動、核子事故、傳染病疫病、毒災應變及資通安全等機制，以建立專業分工、協同合作之「國土安全應變網」。嗣因應國內外情勢變化，103年11月7日行政院核定增列重大人為危安事件之應處，納入各應變組任務，並將名稱修正為「行政院國土安全政策會報設置及作業要點」，建立三級制應變中心架構[21]。

二、各國對外國人入國程序之規定

（一）國外之規定

1. 入國許可

外國人之入國，須經過該國家許可。一般以核發簽證作為許可入國之表示；對於短期停留者，又有採取便利方式之落地簽證與免簽證入國的做法。有關核發簽證之要件，該申請之外國人須提出相關文件，以供查證，如無犯罪紀錄及可證明入國居留原因之文件。在反恐法制上可供恐怖分子利用為入國簽證之原因，須加以進一步限制[22]；如對特定國家之外國人，以短期入國觀光、學習者名義申請入國，須進一步確定其真實性。

入國許可為確保外來進入我國之人，無危害可能性，所需透過之一定審

---

21 行政院國土安全政策會報網頁，https://ohs.ey.gov.tw/Page/A971D6B9A644B858，瀏覽日期：112.8.13。
22 據報導，被警政署列為「一級管制」的國際恐怖分子，共有344人，包括中東人士111人，警政署說，如果國際恐怖分子企圖闖關，警方將依法拒絕入境，並通報國際刑警組織。美遭恐怖攻擊／國際恐怖分子STOP，東森新聞，2001年9月12日。

核程序。依國際間之交流，人的移動自由對於人權、地區的融合、經濟與文化之提升等均有很大的助益。國際間不同國籍之人的互相往來各國家間，已成為非常普遍及原則許可入國[23]，例外才為禁止的做法。透過國家相互間的彼此互信，免除入國簽證，可以增進人民的交流及減少申請簽證時間。

　　但自2001年9月11日美國發生911之恐怖攻擊事件以來，美國對於外國人的入國申請，採取一些保護國家的制度，要求申請人必須填具一些安全的資料[24]。對於支持恐怖主義國家的國民，申請進入美國採取一些相對嚴格審查措施，以防範對美國造成危害。並列出該相關國家的名單，要求各駐外館處受理申請時，須嚴謹審查。

2. 證照查驗及安全檢查

　　於外國人入國時須核對申請人之資料與實際入國者，是否為同一人，以防止假冒證明文件入國。對此作為，在國際間反恐法制運用上，屬非常重要的措施。因無法證明及查出入國者的真正身分，即隱含著許多不確定及危害因素在內[25]。目前相關國家透過要求入國的外國人，須接受按捺指紋及照相的義務；如美國與日本的做法。另要求須在護照製作上，採取附有生物跡證之護照，以便在通關檢查時，可核對當事人本人與護照上之生物跡證是否相符。但是，對於外國人要求捺印指紋，與本國人待遇有所不同，亦引起許多異議。

　　安全檢查之主要目的，在於防止攜帶有危險性物品之趁機劫持飛機，以確保飛航安全。另外許多入國須報關之物品，須依規定申請或登記。過濾簽證所申請之人，與入國之人是否為同一人性，為證照查驗的目的；除靠人的辨識外，目前引進機器掃瞄或比對指紋、照片，亦有助於確認當事人人別的

---

23 外國護照簽證條例第6條：「持外國護照者，應持憑有效之簽證來我國。但外交部對特定國家國民，或因特殊需要，得給予免簽證待遇或准予抵我國時申請簽證（第1項）。前項免簽證及准予抵我國時申請簽證之適用對象、條件及其他相關事項，由外交部會商相關機關定之（第2項）。」

24 如留學生及訪問學者，進入美國前之申請簽證，所須填寫之資料，包括在本國之住所、配偶、子女、父母雙親、兄弟姊妹的姓名及住所。石垣泰司，前揭文（註12），第73-74頁。

25 另一般外國人於居留期間，須如同國民一樣遵守居留之法令規範。居留活動須與所申請之居留資格相符合；不得有申請留學，而故意休學或從事其他與留學不相關之活動。居留期間為依入國之不同目的，而予以核發不同之居留期間。停留為短期間之入國，有的國家規定為3個月期間；我國則為超過6個月以上之居住期間，才屬長期性的居留。一般未超過6個月以上之入國居住，均屬短期之停留。

正確性。此措施對於外國人的基本權利產生干預，須有法律之明確授權，且其所蒐集的資料，應予妥善保管，不得作為不法使用。

證照本身的不可偽造性，是防止不法持有之人入國的一重要方法。美國已對相關國家，要求其所發的護照，應附有生物跡證資料，以供確實查驗、比對；包括歐盟的各國。

（二）我國對外國人、臺灣地區無戶籍國民與大陸地區人民之入國規定

人的移動自由，屬於人的思想良心自由及表現自由等的基礎性自由。此為以促進世界化之人與物的國際交流作為前提。在歐洲憲章中所揭示的目標之一，即在於其區域內人有移動的自由[26]。外國人為不具有我國國籍之人，包括無國籍人。有關人民之類別，除依國籍區分外，另有依居住權、人民與我國關係區分者。如大陸地區人民、臺灣地區無戶籍國民，其與我國之關係，均與一般有戶籍國民不同。其之入國，原則上須經我國許可。從入國許可程序言，外國人、大陸地區人民、臺灣地區無戶籍國民，既然其入國須經我國許可；在未經許可前，屬於禁止之狀態。

國民有返國的權利，依入出國及移民法第7條規定[27]，禁止特定臺灣地區無戶籍國民入國，引起許多爭議。依大法官釋字第558號解釋，肯認本項規定；其主要區分之依據，為國民是否在臺灣地區設有戶籍，以作為認定與我國的實質關係，另基於維護國家安全利益的必要，對特殊對象具有可能危害國家安全的無戶籍國民，不許可其入國，並無違反憲法[28]。

---

26 海渡雄一，前揭文（註10），第58頁。

27 依入出國及移民法第7條規定：「臺灣地區無戶籍國民有下列情形之一者，移民署應不予許可或禁止入國：一、參加暴力或恐怖組織或其活動。二、涉及內亂罪、外患罪重大嫌疑。三、涉嫌重大犯罪或有犯罪習慣。四、護照或入國許可證件係不法取得、偽造、變造或冒用（第1項）。臺灣地區無戶籍國民兼具有外國國籍，有前項各款或第十八條第一項各款規定情形之一者，移民署得不予許可或禁止入國（第2項）。第一項第三款所定重大犯罪或有犯罪習慣及前條第一項第六款所定重大經濟犯罪或重大刑事案件之認定標準，由主管機關會同法務部定之（第3項）。」

28 臺北高等行政法院92年度簡字第120號判決亦肯認無戶籍國民之入國應經過許可，且運輸業者應遵守此義務。依入出國及移民法第5條規定：「國民入出國，應向主管機關申請許可；未經許可者，不得入出國。但居住臺灣地區設有戶籍國民，自本法施行一年後，入出國不需申請許可。」是於89年5月21日該法施行滿1年後，需設有戶籍之國民方不需申請許可入出國，而同法第38條第2項法條文字用語為「搭載未具許可入國證件之乘客」，並非為「搭載未具

　　大陸地區人民為居住及設戶籍於大陸地區的人民，依我國憲法增修條文規定，對於大陸地區人民與臺灣地區人民之間的往來權利義務，得以法律為特別規定。兩岸之間基於政治背景等原因考量，有國家安全與政治上的緊張關係。依前述憲法增修條文授權，我國訂有「臺灣地區與大陸地區人民關係條例」，分別規定我國與大陸地區人民間的民事、行政、刑事法律關係。其中有關大陸地區人民的入境我國，並採許可制[29]。

（三）小結

　　我國的入出國法制，較為特殊；除一般在臺灣設有戶籍的國民外，其他如外國人、臺灣地區無戶籍國民、大陸地區人民的進入我國，皆須經過許可。依「外國護照簽證條例」及「入出國及移民法」規定外國人申請簽證與入國程序；依入出國及移民法規定臺灣地區無戶籍國民的入國申請程序與禁止入國原因；依「臺灣地區與大陸地區人民關係條例」規定大陸地區人民進入臺灣地區之原因與申請程序。惟本章以下所論述重點，皆以對外國人的禁止入國部分為限。

　　反恐法制為世界各國因應近年來發生之恐怖攻擊事件，所必須及早因應之各種規範。限制外國人人權或增加偵查機關權力，依法治國家原則，須經過法律授權，且須符合比例原則。在反恐法制中，對於外國人的規範，亦占其中之一重要部分；舉凡外國人之入國申請、確認其身分、入國核對檢查、居留中規範等均包括在內。以下之探討，並以禁止入國之條款為主。

參、禁止入國條款與其適用範圍

　　對於反恐我國所採行的措施，考量在2002年之後，所進行的反恐戰爭，

護照證件之乘客」，再依入出國及移民法第5條第3項規定授權所訂定之國民入出國許可辦法（第4條以下參照），已就未在國內設有戶籍之國民入國所需申請之入國證件相關程序有所規定，是該法第38條第2項之規範對象自包含應申請入國許可證件之本國國民，因而無戶籍國民，雖有我國護照，但未經許可入國者（無回臺加簽即護照內頁無臨人字入出國許可證貼附其上），運輸業者，不得以其航空器、船舶或其他運輸工具予號以搭載。

29 臺灣地區與大陸地區人民關係條例第10條：「大陸地區人民非經主管機關許可，不得進入臺灣地區（第1項）。經許可進入臺灣地區之大陸地區人民，不得從事與許可目的不符之活動（第2項）。前二項許可辦法，由有關主管機關擬定，報請行政院核定之（第3項）。」

大致上是循著2001年所採行的措施，包括進行國際表態（支持美國軍事行動
與承諾提供人道救援）對邊境與國內重要設施進行高度安全警戒、對飛往美
國之飛機進行嚴格的安檢、對在臺之中東人士全面進行追查、審慎核發入臺
簽證、防制國際不法集團進行洗錢、允許美國海關官員進駐高雄港，檢查運
往美國的貨物，以及採行美國所要求的機場與空中飛安的安檢標準[30]。其中
禁止外國人入國之原因條款，亦屬重要項目之一。

就我國而言，禁止入國的對象，包括外國人、臺灣地區無戶籍國民與大
陸地區人民。無國籍人，理論上其屬於外國人的範圍；其雖無法由國籍國發
給護照，但因是屬特殊情形，仍得由居住國發給居留證明，依此申請相關國
家的入國許可。香港、澳門地區人民，依香港澳門關係條例（以下簡稱港澳
條例）有特別的入境規定；雖然港、澳地區已回歸中華人民共和國，但依港
澳條例的規定，該地區人民之申請進入我國，仍享有較為簡易的申請規定。
一般禁止入國的原因，主要在於過濾未經過我國許可的外國人，防止其進入
我國。理論上，雖然取得我國的簽證許可，但在入境時的證照查驗，仍得再
行確認當事人身分與居留目的，如有發現符合禁止入國原因者，仍得禁止其
入國[31]。

在我國外國人的權利，應受到保障；基於法律保留原則與國際人權法的
要求，對於限制外國人權利的事項，應以法律規定。有關禁止外國人入國之
事由，應由法律規定，始符合上述原則。雖然國際間，無一定的標準限定，
必須屬於何種事由，才得禁止外國人入國，此部分完全委由各國家的不同考
量。但是禁止外國人入國的原因，國家不得濫用，否則將會受到其他國家的
報復與受到各國的抵制。

我國法上所列出禁止入國之原因，不外乎包括：未取得合法入國文
件、未持有合法身分證明、拒絕經過證照查驗或安全檢查、攜帶違法物品、
有事實足認其在我國境內無法獨立生活、有事實認為其將有危害公共秩序與

---

30 李佳玟，前揭文（註17），前引文，第23頁。
31 依入出國及移民法第18條第1項第8款及第36條第2項第1款規定：「外國人有下列情形之一
  者，移民署得禁止其入國：……八、患有足以妨害公共衛生之傳染病或其他疾病。……」
  「外國人有下列情形之一者，移民署得強制驅逐出國：……一、入國後，發現有第十八條第
  一項及第二項禁止入國情形之一。」外國人停留居留及永久居留辦法第15條（91年舊法）規
  定：「外國人有本法第三十四條各款情形之一者，主管機關得限令外國人於接到通知後七日
  內出國。」臺北高等行政法院95年度訴字第1532號判決。

社會安全之虞者。涉及從事恐怖主義活動之人，當然會危及國家安全，得依有事實足認有危害我國安全之虞的原因，禁止其入國。在法律明確性上，使用不確定法律概念之規範，其如符合定義不難以理解、受規範人得以知其受規範範圍、得經由司法審查加以救濟等三個要件。立法者並非不得使用不確定法律概念之要件，加以規範，以補充具體明確規定之不足[32]。

一、美國與日本

（一）美國

　　欲進入美國的外國人，如申請依據家族優先的移民資格、工作僱用的優先移民資格或非移民種類的資格，於符合上述條件後，並須「不該當」有入國不許可的事由。因此，對於領事官及移民歸化局的調查，必須負舉證責任。美國移民及國籍法第212條(a)項規定許多入國不許可的事由，主要為犯罪或與犯罪有關的原因。以下舉出其相關之類別。

1. 與犯罪有關的事由（第212條）

(1)違反倫理的犯罪：因違反倫理的犯罪（a crime involving moral turpitude）（純粹政治犯罪除外）受有罪判決的外國人。

(2)有關觸犯管制藥物的犯罪，受有罪判決的外國人。

但是，前述之(1)(2)有下列情形者為例外，即該犯罪發生在該人的18歲以下時，且簽證之申請，與前之犯罪時間相距在5年以上者，除外。另外，其所犯之罪，最高法定刑度為1年以下，且該外國人未受半年以上有期徒刑之有罪判決者，除外。

(3)犯二種以上之罪，被判有罪之人：犯任何種類之罪，達二種以上，受到有罪確定判決者，並因此之判決被執行拘禁時間，合計達5年以

---

32 另禁止入國之對象，包括外國人、臺灣地區無戶籍國民及大陸地區人民。前者二者，即外國人、臺灣地區無戶籍國民，依入出國及移民法有明定其入國之程序與禁止其入國之要件。而大陸地區人民之入國採許可制，經個案的審查之後，有關其入國之查驗，亦比照入國查驗辦法之規定。如發現有符合禁止入國之情形，亦得禁止其進入國內。入國管制執行之規定，為依入出國及移民法第18條所定禁止入國之原因，為後續執行管制之做法，並由主管機關訂定行政規則加以執行。從執行裁量之立場而言，其具有法律之授權；從個案違反事由之不同程度，有必要依個別情節而訂定所管制之期限。但從法律保留原則之理論言，所管制之事由與期間，應明定在入出國及移民法為宜。

上的外國人。

(4)非法輸入管制藥物之人：因有違反管制藥物有關的法律行為，被領事職員或司法主管機關發現，或有相當理由足以認為有違反本款之外國人。在此，並不需要受有罪判決之要件即構成，值得注意。

(5)從事賣春的外國人或因賣春或類似之其他有害營業，而受利益的外國人[33]。

2. 因國家安全保障的原因

在1990年本法修訂前，有關違反國家安全保障的拒絕入國事由，有極為詳細的規定，具體上如無政府主義者、共產主義者、破壞分子及倡導以暴力手段，實施顛覆美國政府之人等。美國最高法院在Kleindienst v. Mandel判決中，對於上許人主張上述條款規定，違反美國憲法第一修正案的異議案件，加以駁回，而支持本條款的規定。美國最高法院認為「外國人，並不被認為有進入美國的憲法上權利。美國市民亦不具有請求傳達此思想的外國人入境美國，而要求主管機關同意的權利。」此事件在本質上，聯邦議會對移民的規制有絕對的權限，美國憲法第一修正案有關市民有接受資訊的權利，在此為無效[34]。

國家限制外國人入國，因「國家」為國際的成員之一，並以其特定機關為代表。其權力的行使，並非僅由行政機關來決定，國家的決定權，包括締結條約的政府，主要其結果與標準應以國會的決定為依據。有關外國人的入國規定，行政機關有第一次的認定權限，但應限於在不違反國會的意思內。有關於此，值得一提的例如美國法，依其判例認為有關限定外國人的入國條件及入國管理的權限，為專屬於聯邦議會。依聯邦議會的委任及依聯邦議會所規定的方法，有關行使此權限由行政機關實施。但如行政機關的處分，有明顯地違反公平原則或是有恣意的情形，則得請求法院制止[35]。

有關美國入境簽證，其在911恐怖攻擊之後，新增許多與安全密切相關的反恐措施。例如強化申請簽證者的相關資料提供，與審核簽證核發及非

33 松林高樹，米國における移民關聯法制の概要と治安問題との關聯について（上），警察學論集57卷2號，2004年2月，第172-173頁。
34 松林高樹，前揭文（註33），第173頁。
35 萩野芳夫，外國人の出入國の自由，法律時報41卷4號，1969年4月，第16頁。

國民之入境許可及查驗等。2002年1月11日起，美國國務院開始要求所有在16歲以上45歲以下之男性入境申請者到領務局加填一些與安全資訊有關的補充資料，旨在避免恐怖分子或同情恐怖組織者入境所增列之新規定，使申請非移民簽證入境，都需填寫新增加的身家安全調查表。這項新增的反恐怖規定，國務院要求海外美國領事單位立即執行。更在2003年7月起，國務院依據「2004年情報改革與預防恐怖活動法」所定之政策，強制領務局官員必須對大部分之簽證申請者實施親自面談[36]。

　　另外美國免簽證之申請，經檢討美國免簽證方案，亦認為係屬美國安全境管的弱點。反對者主張缺乏領務申請與面談查驗，將導致不易查驗出其是否與恐怖分子有掛勾，因為有此危險威脅，乃將阿根廷與烏拉圭從免簽證國家名單中剔除。再者，美國政府依據「2002年加強國境安全與入境簽證改革法」要求國務院對「支持恐怖活動的國家」在發給簽證前，應特別嚴格要求親自面談，並詳細說明其同行者及旅行歷史[37]。

（二）日本

　　日本現行之出入國管理法令，主要參考美國的制度[38]。依日本出入國管理及難民認定法規定，其規範主要之對象為外國人。因本國人有回國自由，除有拒發給護照或被依法留置的原因外，一般本國人可自由出國。外國人在本質上與本國國民有所不同，依國民主權、領土主權理論，國家得依國內法規定，決定是否接受外國人入國，及設定排除外國人入國的原因。依國際慣例則以持有護照、取得簽證、依法律規定的入國方式，並接受證照查驗後，始得入國。

　　外國人在進入日本前，依法必先取得外交機關的許可文件。除其所屬國家與日本之間有訂定相互免除簽證外，一般外國人在入國[39]前，皆須申請簽證許可。外交機關所核發之簽證，有短期間之簽證、長期間之居留簽證。居

---

36 蔡庭榕，論護照簽證查核與反恐之法律相關問題探討，發表於第三屆「恐怖主義與國家安全」學術研討會，中央警察大學恐怖主義研究中心，2007年11月19日，第157頁。

37 蔡庭榕，前揭文（註36），第157頁。

38 荻野芳夫，國籍・出入國と憲法—アメリカと日本の比較—，勁草書房，1982年2月，第429頁。

39 日本法有關入出國之用語，「入國」為進入日本領土、領海、領空之意；「上陸」為經機場、港口，經檢查之後，進入陸地之意。

留資格,有一般居住外國人、定住(長期)外國人與具有永久居留權外國人之分[40]。對未取得簽證許可、未持有船員(機組員)手冊之外國人及沒有經過入國查驗者,禁止其入國。另對有危害國家安全、公共衛生、傳染病、無力維生、居留資格虛偽不實或被認定為有害日本利益之外國人,亦禁止其入國。對於非法入國之外國人,依「出入國管理及難民認定法」規定,並課予相關刑責。

日本禁止外國人入國原因,依「出入國管理及難民認定法」第5條規定如下:「該當於以下各款之一的外國人,禁止進入我國國內。

一、對於預防傳染病及傳染病患者醫療有關的法律(平成10年法律第114號)所規定第一類傳染病、第二類傳染病或指定的傳染病(依據同法第7條的規定,以政令所發布的範圍,限於準用同法第19條及第20條的規定)或被發現有新傳染病之人。

二、因為有精神上的障礙,欠缺如一般常人辨別事理的能力之人,或此能力顯著不足之人,在我國內的活動或行動的伴隨者,未符合法務省令所規定的輔助人。

三、因屬無力維生之人、遊蕩之人等,在生活上有造成國家及地方公共團體負擔之虞者。

四、違反日本或日本國以外國家的法令,被判處1年以上懲役或禁錮或相當於此之刑的人。惟因政治犯罪被處刑之人,不在此限。

五、違反日本取締有關毒品、大麻、鴉片、覺醒劑或迷幻藥法令或日本國以外的法令,被處刑之人。

五之二、對舉行國際規模或準國際規模的競賽會或舉辦國際規模會議(以下稱「國際競技會等」)的經過或與其結果相關聯活動,以妨害其順利進行為目的,採取殺傷人、對人施加暴行、脅迫他人或損壞建築物或其他物品,依違反日本法令或日本以外國家的法令將被處刑,或依出入國管理及難民認定法的規定,被從我國驅逐出國者,或在日本國以外的國家,依其國法令將被驅逐出國者。對在我國舉行的國際競技會等的經過或結果有關聯的活動,或以妨害其順利進行為目的,在該當國際競技會等所舉行的場所或其所在的市町村(東京都的特別區所在區域及地方自

---

40 依日本「出入國管理及難民認定法」規定,有關外國人之居留資格,目前有27種。

治法（昭和22年法律第67號）第252條之19第1項所指定的都市、區）的區域內，或其近傍之供不特定人或多數人所使用的場所，有殺傷人、對人施加暴行、對人脅迫或損壞建築物或其他物品之顧慮者。

六、不法持有依毒品及迷幻藥取締法（昭和28年法律第14號）所規定的毒品或迷幻藥，依大麻取締法（昭和23年法律第124號）所規定的大麻，依鴉片法（昭和29年法律字第71號）所規定的罌粟、鴉片或罌粟類等，依覺醒劑取締法或覺醒劑原料或鴉片煙吸食器具之人。

七、賣春或從事有關對此之斡旋、招攬、提供場所直接給從事與賣春有關係業務之人（從事於因依人身販賣等，將他人置於自己實力支配之下的業務者，除外）。

七之二、實施、教唆或幫助從事人身販賣等行為之人。

八、非法持有依槍砲刀劍類所持等取締法（昭和33年法律第6號）所規定的槍砲或刀劍類或依火藥類取締法（昭和25年法律第149號）所規定的火藥類。

九、以下（一）到（四）所列舉之人，各別依該當於（一）到（四）所規定的期間，尚未超過者。

（一）該當於第6款或前款規定被禁止入國者，從被禁止之日起1年。

（二）該當於第24條各款（第4款（5）到（15）及第4款之3除外）之一，從我國被驅逐出國之人，從我國執行驅逐出國之日前，並未被執行驅逐出國，及依第55條之3第1項規定所發布的出國命令而不出國者；從強制出國之日起5年。

（三）該當於第24條各款（第4款（5）到（15）及第4款之3除外）之一，從我國被強制驅逐出國者（（2）所列舉者，除外）。從強制出國之日起10年。

（四）依第55條之3第1項規定，所發布的出國命令而出國者。從出國之日起1年。

九之二、具有別表第一上欄的居留資格，在我國居留期間因違反刑法（明治40年法律第45號）第2編第12章、第16章到第19章為止，第23章、第26章、第27章、第31章、第33章、第36章、第37章或第39章的罪，或依有關處罰暴力行為等的法律（大正15年法律第60號）第1條、第1條之2或第1條之3（有關刑法第222條或第261條部分，除外）之罪，及依有關

防止及處分竊盜犯的法律（昭和5年法律第9號）之罪，或依禁止持有特殊開鎖用具有關的法律（平成15年法律第65號）第15條或第16條之罪，受到懲役或禁錮確定判決者。在其後出國，在我國以外期間而判決確定者，從確定之日起未經過5年者。

十、該當於第24條第4款（5）到（15）之一，從我國被驅逐出國之人。

十一、企圖以暴力破壞日本國憲法及依其所成立的政府，或有此主張，或企圖有此主張而組成政黨或其他團體，或加入之人。

十二、組成以下所列舉的政黨或其他團體或加入此組織之人，或與其有密切性關係的人。

　　　（一）專門以公務員為對象的理由，鼓吹加暴行於公務員，或殺傷公務員的政黨或其他團體。

　　　（二）鼓吹不法的損害公共設施，或對其破壞的政黨或其他團體。

　　　（三）鼓吹停止對於工場及作業場所的安全設施及其維護正常運作的行為，或從事妨害的爭議行為的政黨或其他團體。

十三、為達成依第11款或前款所規定的政黨或其他團體的目的，為製造印刷品、影像或其他的文書圖畫或散佈、或有公開等的企圖之人。

十四、除前述各款所列舉之外，法務大臣有相當理由足以認為其行為對日本國的利益或公安上將有危害之虞的人。

　　　法務大臣對於將進入日本之外國人，即使其不該當於前項各款所列舉的情形，因該人的國籍或市民權所屬國家依同項各款以外的事由，禁止日本人進入其國內時，可以依同一事由禁止該外國人進入日本國內。」

二、我國之禁止入國條款與適用範圍

　　　依我國入出國及移民法[41]第18條[42]：「外國人有下列情形之一者，移民

---

[41] 請參考刁仁國，論外國人入出國的權利，中央警察大學學報37期，2000年10月，第147-166頁。

[42] 外國護照簽證條例第12條：「外交部及駐外館處受理簽證申請時，應衡酌國家利益、申請人個別情形及其國家與我國關係決定准駁；其有下列各款情形之一，外交部或駐外館處得拒發簽證：一、在我國境內或境外有犯罪紀錄或曾遭拒絕入境、限令出境或驅逐出境者。二、曾非法入境我國者。三、患有足以妨害公共衛生或社會安寧之傳染病、精神病或其他疾病者。四、對申請來我國之目的作虛偽之陳述或隱瞞者。五、曾在我國境內逾期停留、逾期居留或非法工作者。六、在我國境內無力維持生活，或有非法工作之虞者。七、所持護照或其外國

署得禁止其入國：一、未帶護照或拒不繳驗。二、持用不法取得、偽造、變造之護照或簽證。三、冒用護照或持用冒領之護照。四、護照失效、應經簽證而未簽證或簽證失效。五、申請來我國之目的作虛偽之陳述或隱瞞重要事實。六、攜帶違禁物。七、在我國或外國有犯罪紀錄。八、患有足以妨害公共衛生之傳染病或其他疾病。九、有事實足認其在我國境內無力維持生活。但依親及已有擔保之情形，不在此限。十、持停留簽證而無回程或次一目的地之機票、船票，或未辦妥次一目的地之入國簽證。十一、曾經被拒絕入國、限令出國或驅逐出國。十二、曾經逾期停留、居留或非法工作。十三、有危害我國利益、公共安全或公共秩序之虞。十四、有妨害善良風俗之行為。十五、有從事恐怖活動之虞。十六、有嚴重侵害國際公認人權之行為（第1項）。外國政府以前項各款以外之理由，禁止我國國民進入該國者，移民署經報請主管機關會商外交部後，得以同一理由，禁止該國國民入國（第2項）。第一項第十二款之禁止入國期間，自其出國之翌日起算至少為一年，並不得逾七年（第3項）。第一項第十六款禁止入國之規定，於大陸地區人民、香港或澳門居民準用之（第4項）。」除此之外，我國對外國人工作者另有限制其攜眷居留之規定[43]。

　　依日內瓦國際法協會所訂的「有關外國人的入國許可與驅逐出國的規則」，其中規定國家對外國人可為的措施及相關事項，一直到如今亦有許多國家並未以法律規定，且各國的做法也不一致，其有關的問題也顯現出來。但是今日的先進國家，沒有例外的即對有關外國人的入出國事項，皆以法令作為規範依據。以法律作為入出國的規範，應屬國際社會中較為成熟的做法[44]。依世界人權宣言：「任何人，有離去任何國家包括其本國在內的權利，及有返回其本國的權利（第13條第2項）。」於此一個國家出入國的問題，並非僅考量該國家的自由裁量，有關該個人的基本人權問題，事實上有被強調的必要性。但是，儘管理論上有這樣的發展，外國人的出入國問題，

人身分不為我國承認或接受者。八、所持外國護照逾期或遺失後，將無法獲得換發、延期或補發者。九、所持外國護照係不法取得、偽造或經變造者。十、有事實足認意圖規避法令，以達來我國目的者。十一、有從事恐怖活動之虞者。十二、其他有危害我國利益、公共安全、公共秩序或善良風俗之虞者（第1項）。依前項規定拒發簽證時，得不附理由（第2項）。」

43　相關論述，請參考李震山，憲法意義下之「家庭權」，中正法學集刊16期，2004年7月。

44　萩野芳夫，前揭文（註35），第16頁。

依然屬該當國家的排他管轄權所支配的範圍[45]。

我國禁止外國人入國原因，共有16款（入出國及移民法第18條第1項）。除此之外，並有互不惠原則之適用，即外國以其他事由禁止我國國民入國之情形，我國亦得等同對待其國人民。以下擬檢討各該條款規定之事由：

1. 屬於無正當身分及資格者

屬於本條文第1項之第1款至第4款的原因，屬之：「一、未帶護照或拒不繳驗。二、持用不法取得、偽造、變造之護照或簽證。三、冒用護照或持用冒領之護照。四、護照失效、應經簽證而未簽證或簽證失效。」入國之法定程序，須提出護照，以申請簽證許可；若未帶護照或不出示護照，以供查驗，無法確認其真實身分，自然無法許可其入國。或有冒領、冒用、持有他人之護照、簽證者，將會影響入國管理資料之正確性，或可能被管制、禁止入國之外國人，趁此機會而入國。護照失效或未經簽證者，表示其個人身分有問題，其國籍所屬的國家因而未再發給其有效護照；未經簽證，指未經我國許可其入國之外國人。基於入國資料之正確性與國家主權之維護，對未具正確身分或未經許可之外國人，得禁止其入國。既然為「得」禁止其入國，意謂主管機關具有裁量權，得依合義務性之裁量決定之。縱然有不符本條之規定，仍得視情況許可其入國，如違反或不符之情節輕微或屬難民之申請庇護者。

2. 可能對我國造成具體危害者

即本條文第1項第5款至第9款規定之情形：「五、申請來我國之目的作虛偽之陳述或隱瞞重要事實。六、攜帶違禁物。七、在我國或外國有犯罪紀錄。八、患有足以妨害公共衛生之傳染病或其他疾病。九、有事實足認其在我國境內無力維持生活。」國家有保護國民之義務，對有預見可能會對我國造成危害之外國人，得為預防必要之禁止其入國。禁止外國人入國，將影響外國人權益，其原因自應以客觀上明確及有具體可能發生之危害為限。依上述虛偽目的或隱瞞重要事實，應以有不法目的或假藉名目入國為限；攜帶違

---

45 金東勳，現代國際法における外國人の法的地位—西ヨーロッパにおける發展，收於國際人權法とマイノリティの地位，東信堂，2003年6月，第205頁。

禁物，構成刑事責任自應依法律程序，加以制止處理；如其違反情節輕微，自得依具體情形裁量決定是否禁止其入國。有犯罪紀錄者，其入國之後可能會影響國內治安；但是如屬過失犯罪、輕微犯罪、政治犯罪之情形，自有另外考量必要。對有傳染病、精神病之外國人，國家有禁止其入國之正當性。但是傳染病與精神病之範圍，亦不能無限上綱、擴大，以致過度禁止外國人入國，從國際人權條約（經濟社會文化權利國際公約），有關對個人衛生醫療上的權利規定，如屬輕度精神病之外國人，且有陪同照顧之家屬同行，應得許可其入國[46]。

　　不實的表示，必須要有故意的要件。故意的不實表示，為與依所認識的不實來陳述，並隱瞞真實的一面，以虛偽方式述說。但是在決定是否拒絕其入國時，對有關該不實的陳述，須查明是否有如下之故意性要件。即其不實要件之一，須依「事實的重要性」為標準，入出國官員要區別下列三種程度之不同：(1)該外國人如有此事實，將被禁止入國。對有關其事實不予表示，即該當於故意不表示「重要的事實」；(2)該外國人即使有此事實，亦不會被禁止入國，如對此有不實的表示，與「重要的事實」並沒有關聯；(3)該外國人有此事實，將被禁止入國，且依據該事實，即屬於禁止發給簽證的事由，而不表示此事實，屬於該當「重要事實」不表示的情形[47]。

　　對於有事實足認其在我國境內無力維持生活者，因國家或地方政府對於貧窮或無力維持生活之人，需要進一步的提供援助，如果此對象是從國外不斷的進入我國，其不只會造成財政上顯著的負擔，另外也不能輕忽其會對社會造成的影響。對於有高度的此種可能性之人，國家自可排除其入國。規範上以貧困者、遊蕩者表示，認為其有造成高度公共負擔的可能性[48]。

3. 有無法如期出國之顧慮者

　　依本條文第1項第10款至第12款：「十、持停留簽證而無回程或次一目的地之機票、船票，或未辦妥次一目的地之入國簽證。十一、曾經被拒絕入

---

46 如日本入管法第5條第1項第2款禁止入國之但書規定：「二、因為有精神上的障礙，欠缺如一般常人辨別事理的能力之人，或此能力顯著不足之人，在我國內的活動或行動的伴隨著者，未符合法務省令所規定的輔助人。」
47 荻野芳夫，前揭書（註38），第69頁。
48 出入國管理法令研究會，注解‧判例出入國管理‧外國人登錄實務六法，日本加除出版，2004年，第16頁。

國、限令出國或驅逐出國。十二、曾經逾期停留、居留或非法工作。」外國人入國之目的與先前之在國內停居留的紀錄，都可作為是否許可外國人入國之依據。停留簽證為短期間之入國，於目的結束之後，即應返回其本國或往其他第三國，如未備妥回程之機船票，可能無法順利成行，形成在國內逾期停留情形。曾經被拒絕入國或驅逐出國者，該被拒絕之原因或驅逐出國之原因，可能還存在，對我國會有不良影響。惟本款之情形，應有其必要限度，即管制一段時間後，如該外國人無續有違反情形，宜許可其入國。

4. 其他有害我國利益之顧慮者

依本條第1項第13款至第16款：「十三、有危害我國利益、公共安全或公共秩序之虞。十四、有妨害善良風俗之行為。十五、有從事恐怖活動之虞。十六、有嚴重侵害國際公認人權之行為。」有危害公共安全、公共秩序、善良風俗，屬不確定法律概念之構成要件。另外，外國政府以其他事由禁止我國人民入國者，我國得以同樣事由，禁止該國人民進入我國。屬原則上國家之間應遵守國際間之互惠原則，如有其他國家之法令任意禁止我國人民入國，則我國得採取互不惠原則，予以對待。

三、限制入國事由與不確定法律概念

凡法律規定，對所規範之事物皆有其侷限性，無法全部明確列出所管制與禁止之事項。在刑事法律中應遵守罪刑法定主義，不得類推適用或以不明確之法律，以處罰人民。但行政法律之目的，在以防止危害發生，其重點在於講求維持公益與受規範人民權利間，可以取得平衡。如因事實上之必要，常以不確定法律概念，作為規範之法律要件，理論上其運用符合相關要件原則，亦無違反法律明確性原則之要求。禁止入國之規範，其目的在於防止外國人會造成國內的危害，對其有關的事由，如全部的要予列舉，在立法技術上有其困難性。即使外國人未符合法定明確所列的原因之一，但有顧慮其將會危害我國的利益或公安，亦可禁止其入國。此國家利益，大都從外交利益予以考量，並廣泛的包括經濟上及社會上的利益[49]。

依一般解釋的前提，外國人的入國權利沒有受到保障，此為今日國際

---

49 出入國管理法令研究會，前揭書（註48），第19頁。

法之所當然。既然其沒有入國的自由[50]，依我國入出國及移民法第18條第13款：「有危害我國利益、公共安全、公共秩序或善良風俗之虞者。」判斷上不確定法律概念，屬法律問題並非裁量問題，如有誤認事實或與社會通念有所不符，或解釋法令超過法律之必要程度，則屬於違法處分。適用上主管機關可先行認定，但如遇有爭議，應接受司法審查。

　　當行政機關在適用不確定法律概念時，由於涉及構成要件之涵攝，因此在個案中，只可能存在一種正確之決定[51]。有關不確定法律概念之合憲性問題，德國實務界並不認為以不確定法律概念方式規定違憲。特別是憲法上之十分明確要求，並不禁止立法者制定不確定法律概念之規範，即使規範有解釋必要，並非即表示不符法治國必要之明確性。當然法律之概念不能不明確至無法區別屬於概念範圍與不屬於概念範圍者，而是法律須將其干涉與許可之授權之目的、內容與範圍規定得可理解之程度，而明確性之範圍，並非一般地確定，而是依規範之事實領域基本權利相關之範圍，以及行政被授權行為之樣式決定之[52]。

　　禁止特定外國人入國，屬具體行政處分，主管機關於決定後，應告知當事人所處分之事由及相關認定之事實依據，以使外國人可提出有關證據或說明，以為救濟。依入出國及移民法第18條第3項：「第一項第十二款之禁止入國期間，自其出國之翌日起算至少為一年，並不得逾七年。」外國法制上，如日本法規定由法務大臣認為有害國家利益、公共秩序之虞，得拒絕其入國。採取由較高層級之長官決定。我國採取由組成委員會之方式認定，較為客觀，不會因執行之公務員個人主觀認定，而有偏差之情形發生。但是採取委員會之方式，其時間上可能會受到延遲，且委員會之組成方式、認定標準，亦須進一步明定。對涉及我國利益、公共安全、公共秩序、善良風俗之不確定法律概念的判斷事項，立法上採取組成委員會方式，由合議方式決定，以期能有中立性、公正性、客觀性之判斷，應值得肯定。

---

50 門田孝，在留權，收於近藤敦編，講座グローバル化する日本と移民問題—外國人の法的地位と人權擁護，明石書店，2002年5月，第44頁。

51 董保城，判斷餘地與正當法律程序—從釋字第四六二號探究起，收於氏著，法治與權利救濟，元照出版，2006年3月，第160頁。

52 陳春生，行政裁量之研究，收於氏著，行政法之學理與體系（一）—行政行為形式論，三民書局，1996年8月，第157頁。

除客觀禁止入國之原因考量外，在法律位階上之入出國管理法，屬法律層次其仍須受憲法之制約。在禁止入國之對象上，亦有差異。如對有特別入國居留保障權利之人，其執行標準亦須考慮其必要性。即因外國人之人別不同，有無特別保護其入國權利之問題？理論上認為移民法對於人權的限制程度，亦應受到憲法的制約，如對家庭近親團聚的申請入國居留，在法律上的限制程度，及對於結婚的入國居留，亦須考量予以特別保護[53]，在執行上可依必要程度為裁量決定。

禁止外國人入國，裁量仍應受行政程序法一般法律原則之拘束。依入出國及移民法第18條第1項第3款規定：「外國人有下列情形之一者，移民署得禁止其入國：……三、冒用護照或持用冒領之護照。」此規定乃由於入境他國涉及他國主權之行使，外國人冒用護照或持用冒領之護照入國，影響本國對於外國人入、出境管理，事涉國家安全，與社會秩序及公共利益有關；又外國人雖未享有憲法第10條人民享有居住遷徒自由所保障之入境基本權利，但仍無妨立法者基於國家政治社會經濟狀況，在合乎一般國際文明標準之原則下，以法律規定外國人入國之條件，上開規定即賦予主管機關在符合一定要件下，得裁量後不許外國人入國。而行政程序法第3條規定：「行政機關為行政行為時，除法律另有規定外，應依本法規定為之（第1項）。……下列事項，不適用本法之程序規定：……二、外國人出、入境、難民認定及國籍變更之行為（第3項）。……」準此，有關外國人入國之行政行為，仍適用行政程序法之實體規定，主管機關於裁量是否禁止外國人入國時，其裁量仍應受行政程序法一般法律原則之拘束，不得恣意為之。依上開規定及說明，被禁止入國之外國人就主管機關之禁止入境之裁量是否有瑕疵容有訴訟權能[54]。

肆、反恐原因之禁止入國與相關法律問題

依據國際法上國家之自衛權，對於有危害國家安全之可疑外國人，一國

---

[53] 佐藤潤一，日本國憲法における「國民」概念の限界と「市民」概念の可能性—「外國人法制」の憲法的統制に向けて，專修大學出版局，2004年3月，第211頁。

[54] 最高行政法院110年度上字第452號判決。

得禁止其入境。但是國際間之人的自由移動，為自二次大戰以後，所形成的基本自由。原則上國家不任意去禁止外國人入境，以確保國際人權與人的自由遷徙。預防「恐怖主義活動」，屬國家安全領域事務，早先即存在各國之入出國法制中，近年來因陸續發生美國之911攻擊等恐怖事件，使各國重新檢討各項國家安全問題，其中更管制涉及恐怖主義活動之可疑外國人入國，此亦會干預一些無辜外國人的權益。

一、恐怖主義活動之定義範圍問題

法律之規範首重法律之明確性，受規範者因此才能遵守與知所進退，以符合法治國家之原則。從事恐怖主義活動者，具有破壞性、威脅性、政治性等特質。為有效防範，必須採取事先預防性之措施，以為因應。而其規範之前提，對於恐怖主義活動之定義與範圍，須加以確定。

（一）參加恐怖主義活動

如依美國之愛國者法授權，指定國際間相關之團體為恐怖主義團體。因此，凡外國人屬參與該團體之成員，皆屬於應被禁止入國之人。除了參與被指名為恐怖主義團體活動之人以外，另參加其聚會、與恐怖主義團體網站彼此有所聯繫之人，亦包括在內。此除有具體參與恐怖主義活動之嫌疑原因外，另資助恐怖主義活動、勸誘其他人參與該組織、宣揚恐怖主義活動之行為，皆包括之。

提供物資或場地給恐怖主義活動者使用、協助恐怖主義活動者、容留及給予其他之助力，亦皆涉及恐怖主義活動。而一般「有犯罪紀錄者」，並非屬涉及恐怖主義活動。雖然為維持國家安全與治安秩序，對於有犯罪紀錄之外國人，得禁止其入國；但禁止入國之期限，會依犯罪種類及情節，而有不同程度之限定[55]。但對涉及恐怖主義活動之外國人，為永久性禁止入國之對象，二者之概念與禁止法律效果，皆屬不同，應予明確區分。

（二）與恐怖主義活動地區有關聯者

恐怖主義活動有高度之隱密性與危險性，依其特性其所從事之活動，會

---

55 請參考「外國人入國管制資料作業規定」之規定。

規避國家公權力之偵查與被發現。一般防制措施如以發現有確實之恐怖主義活動計畫後,始採取相關之作為,可能為時已晚、無法制止及逮捕其從事之人。因此,涉及恐怖主義活動之範圍,達到有可疑之程度,即可加以約束與採取行動。在此,其關聯程度如何?在禁止入國之條款訂定與執行上,亦會產生問題。

如對於現今居住於中東地區國家國民與信仰伊斯蘭教之男性,可能被認為與恐怖主義活動有關。但如此推論,與實際情形不一致。美國亦極力的辯明,防制恐怖主義活動並非即全部的禁止中東地區國家國民與信仰伊斯蘭教之外國人的入國[56]。此二者,並非相等。

(三)預防性推論與法律明確性原則

國家之任務,有保護全體國民安全之義務;而為確保公共之利益,必須賦予公權力機關有特定權限,且有足夠的法律依據,以實施相關之作為。禁止特定外國人入國,以防止可能的恐怖分子入境危害我國安全。雖然在定義上,對於何謂「恐怖分子」?仍有待商榷。但是防範的警覺與必要性,則不能等待定義確定後,始為實施。於今,涉及恐怖主義活動之定義為何?亦有加以確認之必要,以免過度侵害外國人之人權。如我國之外國護照簽證條例亦修正加入,對於有從事恐怖活動之虞者,得拒發簽證之規定[57]。

法律之規範,首重明確性原則;其執行之程度與界限,須事先予以確定,執法機關始能執行,外國人亦有預知之可能性。涉及「恐怖活動」之意,主要應為參加恐怖主義組織、資助或鼓吹加入其團體之行為,皆應列入本項規定之內。不一定要有從事恐怖主義之犯罪前科,只要其行為可能有助於恐怖主義在國內之活動,皆應加以禁止。因其行為均直接與恐怖主義活動有所關聯。惟在此之外,任意的以主觀推測,無客觀合理證據,即禁止外國人入國,將不符合法律明確性原則。

---

56 石垣泰司,前揭文(註12),第99頁。

57 對有從事恐怖活動之虞者,民國91年12月17日立法院外交委員會通過行政院版的「外國護照簽證條例修正草案」,這項草案增訂,凡有來臺灣從事恐怖活動之虞者,外交部得拒發簽證,以彰顯我國配合打擊國際恐怖活動的政策,http://www.libertytimes.com.tw/2002/new/dec/17/today-p8.htm,瀏覽日期:96.11.23。

二、禁止入國條款與外國人人權之保護

（一）概說

安全與人權保障之間，常會產生緊張關係，兩者常常會被認為不可兼得。要防止恐怖分子入國，唯一辦法即是提高外國人入國之條件。對有可疑在我國造成危害之外國人，即可禁止其入境。於此，在講求國際人的移動自由之當今時代，為反恐原因之過度禁止外國人入國，可能會波及外國人人權之保護。

國際法學家委員會針對反恐行動與如何捍衛人權，提出如下之柏林宣言：全球正面臨對於法治及人權的重大挑戰。原本建立完善且行之有年的法律原則由於不當的反恐行動而在世界各地遭到質疑。許多人權的法律保障成果都已遭到破壞。恐怖主義造成對人權的極大威脅。其譴責恐怖主義並確認所有國家皆有義務採取有效措施對抗恐怖行動。依據國際法，國家有權也有義務保障所有人民的安全。自2001年9月以來，許多國家採取違反其國際義務的新反恐措施。911時期後所瀰漫的不安氣氛更被某些國家利用來合理化其以國家安全為名的長期人權侵害[58]。

（二）限制特定國籍人之國際遷徙自由

對於來自於承認或資助恐怖主義國家、地區之人民，是否即推論其涉及恐怖主義活動，應有疑義。於此，僅能在簽證核發前，多加查核其行為、資歷是否與恐怖活動有關；可要求其提出更多之證明，以求周全。美國法上，對於來自與恐怖主義發源地有關國家之人民，申請非移民簽證之人，原則上在未證明其無危害國家安全顧慮之前，原則不核發簽證[59]；此屬高標準之門檻，如此實施當然會限制外國人之人權。

從憲法或國際人權法理論上，國家皆不得以因與該特定國家無外交關係，而禁止該國人民之進入我國；其主要之原因，在於不能因國家間之外交

---

58 採取打壓恐怖行動之措施時，各國必須嚴格遵守法治，包括刑法和國際法的核心原則，以及國際人權法、難民法、和人道主義法中載明之特定準則和義務。這些原則、標準、及義務清楚界定法律允許的國家反恐行為。柏林國際法學家委員會針對反恐行動捍衛人權及法治宣言，http://www.icj.org/IMG/pdf/BDchinese.pdf，瀏覽日期：96.11.23。

59 石垣泰司，前揭文（註12），第99-100頁。

關係，而凌駕個人之基本權利。對於特定與恐怖主義活動有關之國家，有關其人民之國際間遷徙自由，仍應受到保障。從參與恐怖活動之人數、比例而論，並非所有來自此地區之人民；或信仰伊斯蘭教之人民，皆與恐怖主義活動有關。原則上，落實外國人申請簽證之查核，即可化解此問題。

（三）維護國家安全與外國人權利之保護

防恐法制目的在於保護公共利益，防止國家設施與一般人民的生命、財產免於受到危害。特定外國之恐怖分子，會因特定政治目的、宗教信仰，而作出極端危害我國安全之行為，政府有必要予以制止與事先預防。而因為恐怖分子之行蹤極難發現，或因其可能冒名、化為一般之外國人申請入國；因此為了防患未然，舉凡涉有支援或支持外國恐怖主義者，均予納入禁止入國之對象。恐怖分子之行為，可能事先蒐集相關下手之對象，探究我國可以破壞之目標與對象，與國際間恐怖主義組織聯手，共同執行。因此，禁止相關可疑從事或涉及恐怖主義者之入國為首要防制之方法。

禁止涉及恐怖主義之外國人入國，為保護國家安全之所必要。然而外國人大部分並非與恐怖分子有關，在無特定合理證據證明之下，不能任意推定外國人有涉及參與恐怖分子行動之可能。或對特定地區國家人民或信仰特定宗教外國人，認為與恐怖分子有關，而不發給其簽證。如此將會引起國際間國家之不友好關係或將侵及外國人人權。

三、我國法制之檢討

有關外國人入出國事項，我國現行法上已有規定。對於禁止恐怖分子入國，亦有相關得引用為禁止之規定。但現行法之適用，亦有相關問題，於此擬加以提出。

（一）涉及恐怖活動與其合理關聯性

恐怖活動為各國家所不能容忍之行為；有關恐怖行動之意義，依我國入出國及移民法第18條第1項第15款「有從事恐怖活動之虞」及「反恐怖行動法」草案第2條規定：「本法所稱恐怖行動，指個人或組織基於政治、宗教、種族、思想或其他特定之信念，意圖使公眾心生畏懼，而從事計畫性或組織性之下列行為。」另對於外國人涉有此行為，依我國外國護照簽證條例

規定[60]，對於有「從事恐怖活動之虞者」，得拒發簽證。乃為配合國際間防恐之趨勢，預先在法制上規定，以為禁止涉及恐怖活動之外國人入國。

　　但是如何解釋外國人有涉及恐怖活動或有從事恐怖活動之虞，應有一定的界限，且其依據應有客觀合理之事實，始可加以判斷。原則上，以其行為、言論涉及從事或鼓吹、有具體處分財產或提供資金協助恐怖分子為限。至於其家人、朋友等如涉及恐怖活動，該當事人是否應予禁止入國；於此尚難立即判斷，仍需調查其他相關資料，以作為最後決定。依外國護照簽證條例第12條明文授權得予拒發簽證，其在執行與認定上，仍應以具有合理之關聯性為依據。不應以特定地區或國家國民，即皆採取拒發簽證之做法。

（二）有危害我國公共安全顧慮之解釋與適用

　　依我國入出國及移民法第18條第1項第13款：「外國人有下列情形之一者，移民署得禁止其入國：……十三、有危害我國利益、公共安全或公共秩序之虞。」

　　入出國及移民法之禁止入國條款，並未如外國護照簽證條例明文規定「有從事恐怖活動之虞」。但是觀察世界各相關國家，在移民法中明文規定「拒絕從事恐怖活動之虞者」入國，亦非屬於所有國家之做法。如日本之出入國管理及難民認定法中，仍以有特定犯罪紀錄、被認為有害其國利益或妨害公共安全之顧慮，得作為禁止入國之依據。因恐怖分子之活動，確實會危害到「公共安全」；且其危害之屬性異常重大。在法制上予以明定之前提，亦須觀察是否我國有防患於未然之高度或然性，如有恐怖分子及其協助者，可能進入我國之跡象，在禁止入國條款中，即應加以明定；包括其可能實施之行為或從事間接之協助活動，皆應在禁止之列。

（三）有關機關之認定一致性問題

　　核發外國人簽證，為外交部之職權；禁止外國人入國為移民署之權

---

60 外國護照簽證條例第12條規定：「外交部及駐外館處受理簽證申請時，應衡酌國家利益、申請人個別情形及其國家與我國關係決定准駁；其有下列各款情形之一，外交部或駐外館處得拒發簽證：……四、對申請來我國之目的作虛偽之陳述或隱瞞者。……十、有事實足認意圖規避法令，以達來我國目的者。十一、有從事恐怖活動之虞者。十二、其他有危害我國利益、公共安全、公共秩序或善良風俗之虞者（第1項）。依前項規定拒發簽證時，得不附理由（第2項）。」

限;維護國內治安、追查危害我國之犯罪,為治安機關之職責。於此,防範恐怖分子入國,涉及到各相關機關權責,機關彼此之間應相互尊重與配合。各機關之間各有其所建立之資料檔案;而理論上對於所管制入國之可疑恐怖分子資料,主要應為入出國及移民署與外交部之權限;對此,在判定上亦應結合各有關治安機關之資料,加以研判。在法制上亦應予以授權,遇有特定為防範恐怖分子入國,得相互使用各機關之情報資訊,以免各自為政,疏漏相關重要防範措施。

外交部及駐外館處針對外籍人士來臺之處理經過及因應作為:相關具體因應措施上,外交部及駐外館處基於業務職掌及維護國家整體利益與國境安全及有效打擊恐怖活動及人口販運等考量,經參酌國際趨勢及實務需要,多年來已陸續完成強化外籍人士來臺簽證安全查核系統建置及資訊分享機制,有效達成「阻絕風險於境外」之政策目標。至適用免簽證之46國人民來臺,則由內政部依權責辦理入國查驗作業。在兩部通力合作下,已有效遏止涉恐人士滲透來臺事件發生。為因應全球恐攻警戒持續升高,外交部自104年11月23日巴黎恐怖攻擊後,已兩度訓令駐外館處配合行政院針對國防、國境安全業務等單位下達之三項指示:1.強化恐攻情資蒐報與通報;2.強化國境安全查核;3.強化預防應變相關措施,採行下列簽證防範措施:(1)蒐集近期駐在國政府及其他國家駐當地使領館之相關涉恐分子情資及簽證管控因應措施並與外國政府加強涉恐情資交換,以作為我國相關防恐政策之參考;(2)加強簽證案件審核(尤其針對中東、南亞、非洲國家人士,或近期曾經前往敘利亞等中東國家,或發生重大恐攻事件之國家),嚴防外籍人士持偽變造證件或變更身分申辦簽證來臺。另外交部領事事務局亦採行以下各項措施:1.研議擴大簽證作業系統申請人生物特徵資料採擷適用對象及介接國內政府機關已建置之資料庫,將相關可疑涉恐分子之境外篩濾作業納入國家反恐體系之一環;2.針對涉恐分子及違常案件,與國內外國安、警政、移民及調查等相關機關保持密切聯繫,並積極配合相關機關之防恐業務需求,提供必要之協助;3.依據各國人士來臺情形,檢討現行簽證政策及相關作業流程,並提醒國內相關主管機關注意防範或研議修訂相關政策及法規(例如外籍勞工、僑外投資、外籍配偶來臺居留等)[61]。

---

61 立法院第九屆第一會期外交及國防委員會第九次全體委員會議紀錄,第141頁。

（四）其他

　　我國境內無恐怖組織，亦無國際恐怖組織在臺灣發展分支，加上宗教、文化、地理位置等因素，僅少數個人因精神支持或認同恐怖主義，透過網路或社群媒體接觸境外恐怖組織或激進人士，而可能成為潛在資恐者，然而2018年至2021年11月止我國境內並未發生資恐案件，亦無緝獲恐怖分子或恐怖組織在臺活動的案例。因此無法就資助恐怖主義主要行為者、行為者能力進行評估，亦難以估算犯罪所得。考量恐怖組織募資財源轉為網路、虛擬資產籌資或其他替代性籌資系統，且虛擬資產之金流查證增加執法機關的查證困難度，因此我國透過「資恐者直接／間接接觸恐怖組織程度」、「資恐者實施資恐之知識、技巧、專業」、「資恐者之網路、資源及實施資恐能力」、「資恐操作可及範圍及區域」、「每年概估之資恐金額」、「資恐者蒐集處理資金多元性」及「募得資金用於損害我國或國際利益程度」等7項指標分析我國可能面臨之資恐威脅[62]。

伍、結語

　　自由與安全為一相對性之概念。此二者常相互影響，為求安全之無虞，常會限制人民部分的自由。國際間之反恐怖法制，在各國紛紛重視下，許多國境嚴格管制措施，已逐漸付諸執行。此對於國際間之人口移動與遷徙自由，已造成一定之影響與不便。禁止外國人入國為主權國家之既有權限，依國際法原則，其禁止應以法律明文規定。在二次世界大戰後，國際人權普遍受到重視，並肯認外國人權利亦應受到保障。禁止外國人入國條款，應有合理性及不可對特定地區、特定國家國民完全的予以歧視、禁止其入國。且不可因國家之間未建立外交關係，以致拒絕該國人民之申請入國。因國家之間主權對外關係的差異性，不能因之即剝奪外國人之國際遷徙自由。

　　近來我國亦開始整備反恐的各項作為，包括擬訂反恐怖行動法送請審議。有關禁止從事恐怖活動嫌疑之外國人入國，在外國護照簽證條例中，亦

---

62 2021年國家洗錢資恐及資武擴風險評估報告，行政院洗錢防制辦公室，110年12月，第32-33頁。

明文增訂。執行上依入出國及移民法第18條規定，亦得禁止有特定危害公共安全之顧慮的外國人入國。但是保障外國人人權，亦是民主法治國家所應遵守的重要原則；不可表面上以反恐為藉口，而恣意侵害外國人人權，此做法將會遭到各國所抵制。本文中提到許多美國愛國者法之規定，美國採取將其國家之公權力強力介入及嚴格管制國境。而我國是否須依美國之嚴格管制國境做法，仍須依我國之現況及實施必要性而定。

依本文見解，對於上述案例之當事人，應以其符合入出國及移民法第18條第1項第13款規定：「有危害我國利益……公共秩序之虞。」之原因，予以禁止入國，較為適當。

（本文原發表於國境警察學報13期，2010年6月，
第67-111頁，後經修改與補充而成）

第八章　禁止外國人出國之法定程序與事由

> ### 實務案例
>
> 　　2001年發生阿瑪斯號輪船之擱淺漏油，為臺灣近10年來最大之油污染案。該外籍船長及輪機長為當事人，該船在我國領海附近漂流12小時，下船時遺漏最重要的航海日誌[1]。請問依我國海洋污染防治法及入出國及移民法之相關規定，對於此案例得否禁止相關外國籍船員出國？另禁止外國人出國之程序為何？

壹、出國之概念與程序

　　外國人出國（或稱出境），一方面屬於其個人自由，另一種情形，可能為其義務。如外國人應依其被許可之居留期限居留於我國，於期限屆滿前有延長居住之必要，須依法辦理延長居留，如未辦理延長居留而未受許可者，依法應於居留期限屆滿前，自行出國。於特殊情形，國家得依法禁止外國人出國，如為調查犯罪嫌疑或執行有期徒刑。另合法居留之外國人，有一定居住期待利益；遇有違法行為發生情形，國家亦得驅逐外國人出國。法制上有關其違反之原因與執行程序，亦涉及外國人之重要權益。

　　理論上外國人入國須經國家許可，但在今日國際間，因各國間人民的交流非常頻繁，各國有關外國人的入出國規定，已漸漸確認出在一定的條件下，具有入出國的資格與權利。每一個外國人進入其他國家，皆有其不同目的；國家因外國人入國目的不同及其所申請停居留期間之長短，亦訂定有相關規範。外國人於國內之居住期間，長者可能達數十年或為歸化或取得永久居留權；短者的停留，則可能僅是數日之間的入國觀光、訪問、參與會議，

1　參見臺灣人權促進會網站，環保署說明，2001年7月25日。

即再出國。出國為每一個人的自由，依世界人權宣言第13條及公民與政治權利國際公約第12條規定，皆明文宣示保障人人有離去任何國家，包括其本國在內的自由。

為維護與行使國家主權，確保落實國家之法律秩序，此與保護公共利益有密切相關。依國家特定目的之行政法律規定，得予限制人民之自由權利，人民亦負有忍受與遵守的義務。外國人在我國領土範圍內，受我國管轄，自應遵守相關法令規定。出入國管理行政目的，在於確認入出國之人民其入出國之概況與執行有關法律規定，以維持入出國行政之秩序。入出國之查驗程序，並不區分國民與外國人皆應一體適用。外國人出國，依法應接受主管機關之查驗，並依規定從國家所開放之入出國機場或港口出國。當然地，實施查驗程序可能會影響外國人之出國時程，此實施查驗之程序，縱然造成當事人之不便與延遲，但不能解釋為已限制其出國之自由。外國人出國與入國的意義與程序，有所不同；出國的程序，其事先並不需要經過許可，而入國的程序依其入國目的，一般應先取得許可證明，即須事先取得簽證或入國許可書等文件，始得進入一個國家。在外國人出國方面的執行檢查程序，其重點為國家透過出國的查驗，可達到確認相關外國人的出境與核對其個人資料目的，並可藉此發現非法入國、逾期居留、逮捕犯罪嫌疑人或留置有違反法律重大嫌疑之人或執行其他法律所規定之措施（如禁止出國）。於此，主管機關均可依出國查驗過程，予以執行留置或採取必要之通報、禁止措施[2]。

外國人出國，除回到其本國外，如往其他之第三國，在身分證明與許可文件上亦須具備有合法的護照及相關的入國許可證明。因此，其在出國之際，亦會關係到其進入其他國家是否被許可的問題。在歐盟國家中，依歐盟條約規定對於所屬盟約國家之國民，相互開放其邊界，如屬於歐盟各國人民，可在歐盟各國之領域自由移動、居住。相對於此，其他國家的國民，除二國之間互有條約規定相互免除簽證外，外國人出國到另外一個國家（第三國），仍應受到許可[3]。執行上除主管機關之查驗檢查外，另在各國入出境法律中，亦都課予運輸業者負有事先檢查該人民是否持有合法之入國許可證

---

2 請參考入出國查驗及資料蒐集利用辦法第4條、第5條規定。
3 國際之間的通行證件，除了各國的簽證之外，另依難民旅行證明書、執行聯合國事務人員之證明文件，亦可依此證件進入相關的國家。

件責任。

　　我國之出國查驗與日本之出國確認相類似。依日本出入國管理及難民認定法（以下簡稱入管法）第25條規定：「外國人預計自日本出國，到日本以外之地區（機船員除外、包含依本法第26條規定之再入國許可者。下一條文亦相同），該外國人於出國之出入國機場（港口），須依法務省令所規定程序，並必須接受入國審查官之出國確認程序（第1項）。前項之外國人，必須接受出國確認才得以出國（第2項）。」日本之出國確認，其目的在於經由入國審查官的出國確認，以確實掌握從本國出國的外國人資料，以正確出入國管理，因此須對各別之外國人的出國事實加以確認。依上所述，本項之出國確認與外國人的出國許可，並無關係。出國確認之對象，將船員之出國程序排除在外，因其與船舶進出國一致，鑑於船員出入國次數頻繁，其之出國程序須依特別的管理法令規定。對於搭乘船舶的船員等有關資料，船長依法有報告的義務。出國的確認，指入國審查官對於外國人的護照，加蓋出國查驗章。惟對緊急入國許可、遭難入國許可，或暫時入國庇護原因，所付予許可書的外國人，於實施出國確認時，採取將其許可書收回的方式（出入國管理規則第26條第2項）。

　　外國人出國的法律效果，並使其在本國的居留期間與居留資格或特殊入國的許可，歸於消滅。但其如已經受到再入國許可的外國人出國，依其再入國許可的期限，再入國者，其原來居留資格及居留期限，仍繼續有效[4]。依日本法規定外國人有義務，須接受出國確認程序，即法律課予外國人出國，必須接受入國審查官之出國確認義務；未履行本項義務的外國人，依法並禁止其出國。本項規定外國人必須遵守，如不遵守此程序，不許可其出國，於此對外國人的出國並未在法律上有實質的限制。依入管法第71條規定，有違反本項規定之出國或企圖出國者，處1年以下懲役或禁錮或30萬元以下罰金。在出國確認之判例上，認為：1.出入管法第25條第1項，並非對出國者本人加以法律上之限制，其只對出國程序有關配合事項加以規定。此事實上程序規定，即使可能造成限制往外國遷移的自由，依同法第1條規定，對進入日本或自日本出國的人，所必須遵守的程序，其目的屬於為達成公共福祉

4　坂中英德、齋藤利男，新版出入國管理及び難民認定法逐條解說，日本加除出版，平成9（1997）年8月，第527頁。

所規定,有其合憲性的基礎[5];2.入管法第25條,其規定範圍除對合法在日本居留或入國的外國人外,如屬不法入國的外國人,亦無排除,均一體適用[6]。

有關外國人的出國自由,日本法上認為此從憲法第22條第2項規定,屬依照「權利性質」加以保障之範圍。依入管法的規定,外國人於出國時,其護照的接受查驗是必要的,對違反者「處以一年以下懲役或禁錮或十萬元以下罰金」的規定,這個程序的措施,屬為「達成公共福祉的目的,所實施出入國的公正管理……」,強調為出入國的公正管理,其程序措施的實施程度,不能有不當侵害人權的情形[7]。

有關嫌犯潛逃出境之問題,民國102年初,先有英商林克穎被發現早於去年8月持友人護照潛逃出境,還不斷透過媒體與檢察官談條件。近又有「地下金融教父」之稱的亞陸機構負責人萬眾潛逃。法務部所屬檢察機關對於部分犯罪嫌疑人或被告之行蹤未能確實掌握,導致刑罰權未能實現,其後始藉發布通緝或引渡犯人的方式來彌補,皆造成司法資源的浪費。因此,立法院要求法務部對防範重大案件之犯罪嫌疑人或被告逃匿,與相關部會及專家研議後,擬定具體防範措施及辦法,並建置與各部會即時聯絡的管道,以防範再有重大案件之犯罪嫌疑人或被告逃亡[8]。

貳、外國人出國自由之原則與例外

出國的自由涉及外國人之人身自由與行動自由,此為依其自由意願離開任何國家或居住地區的權利。出國的自由如被限制,其他甚多的權利亦相對的不能行使,包括有職業、工作[9]與家庭團聚權等。因此,國際人權條約與

---

5 昭32年12月25日最高裁大法廷判決。
6 昭32年7月9日最高裁第三小法廷決定。
7 中野昌治,外國人の人權享有主體性,收錄於蘆部信喜・高橋和之編,憲法判例百選Ⅰ,1988年6月2版,第13頁。
8 立法院第八屆第三會期,司法及法制委員會會務報告,立法院司法及法制委員會,第281頁。
9 「出國」之行為,亦可能為依法課予當事人之義務。相關判決如:「原告依法有於聘僱許可期限屆滿前將外勞送出國之作為義務,其應注意能注意SARS期間或出國旺季期間機票恐有難訂之虞,惟其並未提早作業訂票程序,以致遲誤上開期限,違反作為義務,又不能舉證證

各國之國內法，均紛紛明文規定或保障此權利。

一、一般出國自由保障之原則與例外

世界人權宣言與公民及政治權利國際公約[10]中，均明文規定人人有權離去任何國家包括其本國在內之自由。人依其自由意願，可決定往所希望的其他國家或地區去發展，國家非有正當理由，不得限制人的自由遷徙與出國。

（一）國際法之相關規定

國際法之目的，在於宣示與落實屬於普遍全體人類社會之人權，可以得到世界各國的遵守與保護，並藉由各國的參與簽署，可以有效地執行。外國人離開一個國家，比本國人出國的權利與其正當性都要更強，應受到進一步的保障。在歐盟國家[11]中，屬於其成員國之人民得自由地出入國、居住，其到任何成員國境內，不需事先獲得許可與人民之往來不使用簽證，以一般身分證明代替出入國之護照、簽證，可說已經形成無國界之區域，增加人民可自由遷徙之範圍。另依美洲人權公約第2條第2項[12]，亦明文保障人人有自由離去任何國家之權利。

國際人權之規定，大都是針對個人而來的，它是一種先驗的，超越國界、超越時間的一種人類共同行為標準，它先於國家及國際法而存在，且不得解釋為源自國際條約之同意或由國家意志所創設。否則人權保障將受國家

明自己無過失，仍難卸免其過失之責任。」臺北高等行政法院93年度簡字第666號判決。

10 有關「公民與政治權利國際公約」（International Covenant on Civil and Political Rights），我國之簽署日期為1967/10/5，立法院於2002/12/31審議通過，惟：（一）對第1條民族自決加列聲明，後民進黨立法院黨團提出復議案，該案另定期處理。（二）對第6條廢除死刑提出保留，並附帶決議。（三）對第12條入出境自由提出保留。參見外交部網頁。

11 歐盟最初僅有6個成員國：比利時、德國、法國、義大利、盧森堡及荷蘭。其後，丹麥、愛爾蘭及英國於1973年加入歐盟，希臘1981年加入，西班牙及葡萄牙於1986年加入，奧地利、芬蘭及瑞典於1995年加入。2004年，歐盟史上規模最大的一次擴大呈現在世人面前，此次共有10個新成員國加入，2007年羅馬尼亞以及保加利亞的加入，使歐盟會員國增加到28個。歐盟成立初期，成員國之間的合作多數集中在貿易及經濟方面，但現在歐盟同時還處理各種各樣直接影響我們日常生活的事宜，如公民權利，確保自由、安全與司法正義，就業政策，地區發展，環境保護，以及促進人民享受全球化進程所帶來的利益。參見歐洲經貿辦事處簡介，http://www.deltwn.ec.europa.eu/CH/whattheeuis/whattheeuis_theeuataglance.htm，瀏覽日期：103.5.31。

12 芹田健太郎，日本における外國人の國際法上の權利と義務，ジュリストNo. 877，1987年2月，第36頁。

主權之作用與藉口，而受不當限制[13]。外國人離境或出境的條件，一般由國內法加以規定，如須辦理出境簽證、付清稅捐或債務、沒有未了結的民事、刑事糾紛等。對於合法出境的外國人，應允許按照居留國法律的規定，帶走其所有的金錢與物品[14]。如從國家的形成理論，有主張依社會契約說者，但依國民主權的概念，最早出現在法國革命的過程。儘管依據盧梭的「社會契約說」，高唱人民主權，但是在法國大革命時期，以國民主權為口號，於此可能認為人民為較低階層之意思，而予避免使用[15]。人與國家的關係，傳統的理論認為主權國家最初建立時，各國家都嚴格地管制外國人進出本國，並認為此已是一種入侵本國的現象。但時至今日，外國人與另外一個國家的關係，已經依其居住的形態而有所變更，甚或可依外國人與居住國的密切關係，而取得居住國所承認的永久居留權。在此之後，其法律地位則有如居住國本國國民。保障國民入國的權利，為國家國際法上的義務；保障長期居住的外國人有出國旅行與回到居住國的權利[16]，則為近來有力的學說。

外國人的入國與再入國，依國際習慣法上的理論基礎，是屬於國家的自由裁量範圍。於此二種情形，入國與再入國二者，並非可以採取同樣程度的限制。外國人在具備居留資格的合法居留期間內，通常被認為可以再入國[17]。外國人所居留的國家，對於外國人的出國，如果沒有合理的原因是不能禁止的，此為國際法上的原則。保障外國人可以自由出國，亦為一個國家國際法上的義務[18]。日本學者認為從學說與理論，皆認為人有出國的自由，依世界人權宣言第13條第2項規定：「任何人有自由離去任何國家的權利，包括其本國在內[19]。」世界人權宣言（第13條第2項）及公民與政治權利國際公約（第12條）明文規定此自由，從國際習慣法原理，外國人的出國比國民的出國，具有更強度的應受到保障。因此，外國人有欲出國者，國家在政

---

13 李震山，論「程序基本權」之建構與落實—幾個行政程序法適用問題之探討，收於行政程序法之檢討、傳播行政之爭訟，台灣行政法學會主編，元照出版，2003年7月，第87頁。

14 王鐵崖等，國際法，五南圖書，1992年5月，第303-304頁。

15 鷲見誠一、蔭山宏編，國家主權と國籍條項，收於近代國家の再檢討，慶應義塾大學法學部政治學科開設百年紀念論文集，1998年10月，第322頁。

16 芹田健太郎，永住者の權利，信山社，1991年11月，第238-239頁。

17 鷲見誠一、蔭山宏編，前揭書（註15），第312頁。

18 日比野勤，外國人の人權(1)，法學教室No. 210，1998年3月，第43頁。

19 荻上泰男，出入國管理と行政廳の裁量權，法律のひろば26卷11號，第27-28頁。

策上不得審查其原因。從外國人的出入國規範上言，雖說此屬國家固有的權力，但在查驗的程序上除有特殊的情形外，一個國家應沒有禁止其出國的權力[20]。

（二）國內法之相關規定

對於居住在我國的外國人，有回到其本國的權利乃是當然的。另其如欲自居留國出國至其他第三國，此自由權利亦應給予保障，此原則如對照憲法的規定精神而言，應很明確。而具體的憲法條文中，雖未明定外國人有出國的自由，但依照憲法精神，在解釋上應認為外國人與本國國民同樣受到保障，有出國自由的權利[21]。依日本憲法第22條第2項規定：「任何人往國外移居及脫離國籍的自由，不受侵害。」此規定，不僅只是保障日本國民而已，當然外國人的出國自由，亦受到保障[22]。

人民之遷徙自由，除確保其在國內可以自由移居、旅行之外，另亦應保障其可自由出國。人民的遷徙自由雖以在國內遷徙為主要內容，但亦應包括其往國外遷徙之自由（出國自由），只是此出國自由須受到較大的限制而已[23]。人民出國的行為意味其離開國家主權所及的領域，且出國可分為長久性與短暫性的出國[24]。

依世界人權宣言[25]及公民與政治權利國際公約[26]，二者均明文規定人人得在一國境內自由移居並有自由的離去任何國家之權利。人可依其自由的意思，前往國外工作、留學或參與特定目的的活動。依上述國際公約規定，國

---

20 荻野芳夫，外國人の出入國の自由，法律時報41卷4號，1969年4月，第16頁。
21 判例S32.12.25大法廷判決，昭和29（あ）389，出入國管理令違反等，11卷14號，第3377頁。
22 荻上泰男，前揭文（註19），第28頁。
23 國內遷徙與國外遷徙之不同，如往國外出國，須該人不得被限制出境或擁有出國之目的地，即居留國之簽證許可，為二者之不同。
24 陳新民，中華民國憲法釋論，三民書局，2002年10月4版，第217-219頁。
25 世界人權宣言第13條：「人人在各國境內有權自由遷徙及居住（第1項）。人人有權離開任何國家，包括其本國在內，並有權返回他的國家（第2項）。」
26 公民及政治權利國際公約第12條：「一、在一國領土內合法居留之人，在該國領土內有遷徙往來之自由及擇居之自由。二、人人應有自由離去任何國家，連其本國在內。三、上列權利不得限制，但法律所規定、保護國家安全、公共秩序、公共生或風化，或他人權利與自由所必要，且與本公約所確認之其他權利不牴觸之限制，不在此限。四、人人進入其本國之權，不得無理褫奪。」

家應確保人之出國自由，但是單有出國自由在國際社會裡仍有不足，其前提是須得到其所欲進入國家之同意，始能達成其往外國之目的。對於國民出國的自由，國家依據法律亦得加以限制，此種情形限於如行為人有犯罪嫌疑、欠繳稅金、未服兵役等與重大公共利益有關之情形[27]。

外國人有出國的自由，國家除非有正當的理由，對此自由不得加以禁止。此正當理由指為保護國家安全、公共秩序或道德或他人權利與自由所必要，而有法律之依據，除此之外，不得限制外國人出境之自由。即除須有履行稅金、罰金或其他民事債務之義務、犯罪案件調查中或在刑之執行中等正當理由外，不得限制外國人出境。依國際協調之精神，各國對有關國際法、國際條約必須遵守，外國人之出國自由受到當然的保障，應無疑義。且出國之自由，本質上兼有多項人權的意涵——諸如：遷徙及移動自由、人身自由、歸國自由等，惟以明確的公共福祉理由、合理必要的手續，得暫時予以禁制之外，不容恣意地剝奪及侵犯外國人此自由[28]。

外國人出國之後，亦有再回到原先居住國的情形，但此自由亦會受到限制。如須事先受到再入國許可或已取得永久居留權，且其出國之後，在國外停留期間之限度，亦受到居留國國內法的限制[29]。但依現代國家的入出國管理，應調和人權與尊重國際慣例及條約，對於外國人的出國，一般國家均承認外國人有此項權利，非依法律及達於必要程度，不得限制。且此種限制出國措施，應屬不得已的手段，須在具體狀況已無其他處分可為代替的情形下，始得為之。

因一般國家法律中，較少明定外國人有居住及遷徙自由之規定。此項權利大都透過該國憲法之解釋或法院判決，進一步肯認外國人之出國權利應受保障[30]。此處之保障，指不被任意限制之意。依法律保留原則、法律明確性原則、立法比例原則及尊重國際慣例，國家不得任意以廣泛的法律限制外

---

27 入出國及移民法第6條第1項：「國民有下列情形之一者，移民署應禁止其出國：一、經判處有期徒刑以上之刑確定，尚未執行或執行未畢。但經宣告六月以下有期徒刑或緩刑者，不在此限。二、通緝中。三、因案經司法或軍法機關限制出國。四、有事實足認有妨害國家安全或社會安定之重大嫌疑。五、涉及內亂罪、外患罪重大嫌疑……。」
28 刁仁國，論遷徙自由，收錄於法與義——Heinrich Scholler教授七十大壽祝賀論文集，五南圖書，2000年5月初版1刷，第27頁。
29 此限制包括外國人被許可再入國之有效期間、居留簽證合法期間、護照合法期間等。
30 日比野勤，外國人の人權(1)，法學教室No. 210，1998年3月，第43頁。

國人出國。如依具體情形有必要限制外國人出國，應遵守上述之相關立法原則，且主管機關之認定與執行，亦應限於在必要限度內。

二、再入國目的之出國權利保障與例外

對於外國人申請再入國，國家是否給予許可，將影響外國人出國的意願。國家法令如對於再入國的規定過嚴，有可能間接造成限制外國人出國的法律效果。依日本法規定，在日本居留的外國人，有出國後再入國的必要情形，要另外申請法務大臣的再入國許可（出入國管理及難民認定法第26條第1項），再入國許可的審查是否與新入國的情形一樣？實務認為此屬法務大臣的自由裁量，亦有學說認為外國人此權利，類似於日本國民的海外旅行權，而否定法務大臣的自由裁量。但主管機關法務省則採取前者的立場，學說則大都支持後說。因為外國人新申請入國許可，此情形外國人屬於在日本的國外提出，有關該外國人的資歷素行，通常不清楚。對此，比較居住在日本領土主權內，其住所、人別已經明白，對於原居留外國人的申請再入國，考量上如採取與對新入國的申請者一樣的標準來審查，並不妥當[31]。

如對取得永久居留權的外國人，對其往國外旅行後從海外入國之許可，在審查上亦屬於外國人的「再入國」案件；如要將其比照為國民的自海外回國的絕對受保障的程度，亦有困難。因取得永久居留權之外國人，其在國內居住之期間亦有規定；有特殊屬於涉及國家安全、公共衛生之原因，仍得加以限制其入國。因此，如一律認為外國人有再入國的自由，亦不妥當。考量上須對居留外國人的實際生活、在國內生活情形、出國旅行目的與再入國的必要性，加以考慮。如果回到國內與其生活結合上，有充分必要時，予以比照有如國民自海外回國的絕對保障，應屬妥當。因此，在國內有家庭及工作，以居留國為生活基礎中心的外國人，對其申請自海外旅行後的再入國，尚不得予以剝奪及拒絕。有關此之具體案例，申請人為在日本的北韓人，為申請出國去參加北韓建國二十週年典禮，而申請再入國許可[32]。主管機關不予許可其申請再入國處分，一、二審判決均撤銷該不許可處分，惟最

---

31 戶波江二，外國人の入國限制，收於和田英夫編，憲法100講，學陽書房，1983年5月，第144頁。
32 戶波江二，前揭文（註31），第144-145頁。

高法院判例認為因該典禮已過,其訴訟利益已消滅為由,駁回該訴訟(最判昭45、10、16)。此應已侵害該外國人之出國自由,無疑將外交的權力,凌駕於外國人人權之上。

　　一般已取得永久居留權之外國人,在一定範圍內有出國之自由,不必事先申請許可[33]。所謂永久居留權,指外國人長期實際居住生活之處所,已在本國內,其居住關係主要在本國,並獲得所居住國家給予永久居留許可。如出國回到其國籍國,只是暫時在本籍國居住,即返回其居留國家。於此,自然應該保障永久居留權之外國人有自由出國且回到居住國的權利。

參、禁止外國人出國之法定程序與事由

　　從國家主權的立場,行政機關對於個人具有優越性的地位,即概括包含對個人的自由與財產,存在侵害的風險狀況。因此,對於行政作用在制度上,特別需要有高度法安定性的要求[34]。有關外國人出國的權利,從其事實生活與工作關係而言,其比國民往國外旅行或移居國外,應受到更進一步的保障。因此,國家法律所規定之限制、禁止外國人出國的原因,比較限制國民的出國原因,應受到更嚴格的檢驗。從另外一方面言,外國人一旦出國後,國家即無法對其實施有效管轄,或無法確保其法定義務之執行,此為保全措施上,亦需要特別考量。原則上僅限於具有特殊理由,如該人為繫屬於刑事案件中之被告、未履行納稅義務及怠於清償債務等事由為例外[35],始限制(禁止)其出國。

一、禁止外國人出國之法定程序

　　禁止外國人出國,屬限制外國人的居住遷徙自由,屬於不利的行政處分措施,其實施之程序應受到正當法律程序的制約。理論上,如屬國家之立

33　永久居留權者之出入國自由,仍以其保有永久居留權為前提,在遇有特殊情形如其之永久居留權被撤銷或有法定禁止入國之事由發生,為屬例外。

34　棟居快行,適正手續と憲法,樋口陽一編,講座・憲法學第四卷,權利の保障(2),1994年10月,第230頁。

35　例如,外國人欲往與我國無邦交之外國,國家不得以該國與我國無邦交的理由,而禁止其前往。荻野芳夫,前揭文(註20),第16-17頁。

法行為、行政處分與法院判決，國家作用的實體內容，皆應該要正當。其所被直接要求的，須確保在程序上的過程適當，且實體內容亦應採取正當的方式。惟有如此，才能保障其實體的正當性[36]。

（一）禁止外國人出國之作用

禁止出國處分，造成外國人暫時不能自由離境，影響其權利甚鉅。一般之原因主要為偵查犯罪上之必要，與為達執行國家刑罰權之目的，所實施拘束或暫時要求不得離境之權力。除刑事追訴與執行目的外，另如外國人未履行行政義務與責任，行政機關依法亦得要求暫時不得離境，以保全該行政義務之履行。對此法院與權責機關之通知主管機關執行，尚涉及多階段行政處分的問題。

1. 國家公權力之處分

限制出國（禁止出國）有多種意義與目的，所謂「限制」有廣義與狹義的解釋，廣義之解釋可包括禁止、管制、留置與逮捕的意涵。狹義的限制出國，其目的只是單純的要求在一定之期間內禁止出國，而待責任完了之後，始予解除禁止。依我國之入出國及移民法第21條規定，禁止出國屬於後者狹義解釋之作用。另外出國之查驗程序措施，因可確認外國人身分，查察是否有涉及其他違法案件、是否依法被執行強制處分者及可核對身分，於此而言出國查驗與禁止出國二者之作用，並有相關。

禁止外國人出國，為設定在一定時間內，不得離開本國之領域範圍，課予其有不作為義務，如有違反，依法課予一定之罰責[37]。其實施與「限制其住居」有密切相關。限制住居為限定行為人居住之範圍，課予其在特定期間

---

36 棟居快行，前揭文（註34），第230頁。

37 入出國及移民法第74條：「違反本法未經許可入國或受禁止出國（境）處分而出國（境）者，處五年以下有期徒刑、拘役或科或併科新臺幣五十萬元以下罰金。違反臺灣地區與大陸地區人民關係條例第十條第一項或香港澳門關係條例第十一條第一項規定，未經許可進入臺灣地區者，亦同（第1項）。受禁止出國（境）處分而有下列情形之一者，處三年以下有期徒刑、拘役或科或併科新臺幣九萬元以下罰金：一、持用偽造或變造之非我國護照或旅行證件，並接受出國（境）證照查驗。二、冒用或持冒用身分申請之非我國護照或旅行證件，並接受出國（境）證照查驗（第2項）。冒用或持冒用身分申請之非我國護照或旅行證件，並接受出國（境）證照查驗者，處一年以下有期徒刑、拘役或科或併科新臺幣九千元以下罰金（第3項）。」

內遵守住在所限定之區域,執行上一般之區域範圍,以縣市或原來之居住地為劃定原則。但因我國國內區域交通方便及國家領域不大,限制當事人只能在特定縣市內居住活動,應無必要。限制住居,依其本意在於要求不能離開原來之居住處所。而外國人進入我國後,其居住處所暫時設定在國內,於此之住居所認定,並不以具有戶籍登記者為限,依外僑居留證上所載之居住處所,可表示該外國人之住居處所[38]。禁止出國之處分,其法律效果為強制外國人暫時不得離境,依入出國及移民法規定僅得禁止外國人出國,惟如有依法通緝則得予逮捕。

限制外國人出國,除有特殊原因須拘束其人身自由外,一般執行方式為暫時禁止其離開居住國領域。拘束其人身自由,可區分為逮捕、暫時留置等,此措施因已進一步干預人民之身體自由,須依法或法院所發令狀或通緝書作為依據,始得執行。禁止外國人出國,其目的在為確認其現行責任程度所為之暫時保全處分,或外國人之責任已裁處明確,有法定義務尚未履行而有禁止其出國必要所為之執行處分。

2. 對居住遷徙自由之干預

外國人之出國自由,其受到保障之程度,應比國民更有理由主張。外國人在居留中之義務與責任,如已完全履行與結清,國家應無理由限制外國人不得離境。就外國人之出境言,涉及人身自由、遷徙自由、婚姻家庭自由、工作權與職業自由等。作為文明國家,對外國人該等憲法權利保障,應有義務達到文明最低標準(Mindeststandard)或最低要求(Mindestaufforderung),而該標準是可變動、推衍、改善的,而此轉變繫於以下幾個要素:(1)一個國家是否願遵守國際協定,特別是人權協定之簽約國,是否願將國際人權公約國內化;(2)一個國家人權觀,是否常以「主權」對抗人權,常以東方人權觀對抗西方人權觀;(3)國際法得否作為個人權利主張之依據[39]。

德國法有關限制出境,基於自由遷徙之基本權利保障,其執行只得在基本法第11條第2項所明文規定之前提下,以法律加以限制。基本法之立法

---

38 實務上亦有發生外國人擬欲在我國執業計程車駕駛,但因依計程車登記之相關規定,須以戶籍資料為基礎,後因外國人無戶籍登記,致無法執業之案例。理論上如須限制外國人之營業自由,自以在法律明定為原則,不宜以行政規則或無戶籍登記為由,加以限制。

39 李震山,論「程序基本權」之建構與落實——幾個行政程序法適用問題之探討,收於行政程序法之檢討、傳播行政之爭訟,台灣行政法學會主編,元照出版,2003年7月,第86-87頁。

者論及限制之構成要件時，只及於國內遷徙之限制；對於出境自由之一般而適當的限制則未提及。對於國民長久以來，許多國家——自由民主之國家亦同，對於離開國境，均得因國家安全，而以拒絕發給護照之方式加以限制[40]。限制外國人一段時間暫時不得出國，使其留在國內，為限制外國人出國[41]。依我國入出國及移民法第21條規定：「外國人有下列情形之一者，移民署應禁止其出國：一、經司法機關通知限制出國。二、經財稅機關或各權責機關依法律通知限制出國（第1項）。依前項規定禁止出國者，移民署於查驗時，當場以書面交付當事人，並告知其禁止出國之理由（第2項）。前二項禁止出國之規定，於大陸地區人民、香港或澳門居民準用之（第3項）。」於此使用禁止其出國之用語，依行政執行法第17條規定：「義務人有下列情形之一者，行政執行處得命其提供相當擔保，限期履行，並得限制其住居：一、顯有履行義務之可能，故不履行。二、顯有逃匿之虞。」使用限制其住居[42]之用語[43]。

（二）禁止出國之執行程序

依行政程序法第100條第1項規定：「書面之行政處分，應送達相對人及已知之利害關係人；書面以外之行政處分，應以其他適當方法通知或使其知悉。」及入出國及移民法第21條第3項，亦規定禁止出國有通知當事人之義務。行政處分之效力，原則上在「通知」之後，始能發生。而主管機關於實施通知禁止出國行政處分後，使當事人知悉公權力之決定，並應即為執行該處分之管制出國。

---

40 謝銘洋譯，關於「艾菲爾事件之判決」，收於德國聯邦憲法法院裁判選輯（二），司法週刊雜誌社，1991年12月，第4-5頁。
41 按限制被告出境，僅在限制被告應居住於我國領土範圍內，不得擅自出國，俾便於訴訟程序之進行，較之限制居住某縣某鄉某村，其居住範圍更為廣闊，是限制出境與限制住居名稱雖有不同，然限制出境仍屬限制住居之處分，係執行限制住居方法之一種。又限制被告之住居（出境），其目的在輔助具保、責付之效力，故法院是否解除限制出境，當以此為考量。臺灣高等法院94年度抗字第382號刑事裁定。
42 禁止出國與限制住居二者的意義與範圍，並不完全相同。前者指禁止其離開本國，後者指限定其居住之範圍在一定的區域，但實務上常以限制住居之原因，而禁止出國。此涉及到行動自由與居住自由二者不同之意涵。
43 相關論述，請參考呂丁旺，淺論「限制出境」，法務通訊1691期，1994年9月8日3版。

1. 禁止出國之通知

依入出國及移民法第21條第2項規定：「依前項規定禁止出國者，移民署於查驗時，當場以書面交付當事人，並告知其禁止出國之理由。」因禁止出國處分，當事人之出國權利會受到干預，依正當法律程序原則當事人有受到通知之權利。依入出國及移民法規定，主管機關——即入出國及移民署應以書面通知當事人。而主管機關所為之通知，大都依據法院或檢察機關、財稅機關、其他權責機關之通知而續為執行處分。實施程序上，各相關機關通知移民署之同時，並會以副本通知當事人。對此，副本之通知是否即具有行政處分之效力，行政法院之見解前後有所不同[44]。早期認為該「副本通知只是意思表示，並不構成行政處分」；後來實務見解改變「認為該副本之通知，亦具有行政處分之效力」，其主要之不同考量，即在於當事人對此通知亦可提出行政救濟。

檢視我國入出國及移民法之禁止外國人出國處分，重點置於法律目的的完成，一般未附有期限規定，使被處分之外國人無法預知何時可以解除禁止出國。而未附期限之做法，並採取附條件之要求，須待責任追究終了或履行義務後，始解除禁止出國。此種方式藉由禁止出國作為手段，以達成要求當事人履行義務之行政目的。其可能會發生所使用之手段與達成目的間，是否具有正當關係？是否符合比例原則？程度上可否以需要協助相關機關調查之名義，而限制外國人出國？其中無非是法律授權範圍、內容明確性、是否有禁止出國之必要的問題。於此由法律進一步規定，實施禁止出國處分之明確範圍、具體原因，自有必要。

2. 禁止出國之執行管制

禁止出國之目的，在於防止外國人離開我國，以達到保全該人所在之特定公益目的。管制實施上，並於出國檢查時，查驗並確認是否有被禁止出國之外國人，如有查出即應予以告知、登錄、管制、禁止其出國。執行之方法，可採取相關必要之驗證措施或利用電腦儀器判別。執行管制只是單方面的禁止，一般並不留置該當事人，其可依自由意願離開，除非為通緝犯或依

---

44 請參考蔡庭榕，限制出境之研究——以租稅欠稅限制出境為例，國境警察學報2期，2002年10月，第27-50頁。

法可採取留置對象之人[45]，始得續為調查及暫時拘束其身體自由。入出國及移民法規定，須明文規定可以為查證身分及暫時留置之職權，或於相當期限內通知權責機關依法處理等[46]。

　　有關違反禁止出國規定之責任問題，即如被禁止出國之外國人欲離開我國，是否違反入出國及移民法第74條之規定？依法條規定之行為要件，屬「既遂」之構成要件，一般在其出國的階段被主管機關查出，其違反行為尚屬未遂，應不構成本法條之責任。但是如已出國既遂，其即已出國在外，在執行追查實際上，有所困難。依目前法律規定之行為要件，仍有檢討修正之處。如其尚不知其被禁止出國之外國人，則無此方面責任問題。

3. 留置與逮捕

　　執行禁止出國之管制與逮捕外國人，二者為不同之措施。前者僅管制其不得出國，後者為拘束其人身自由。出國之查驗確認，執行上遇有通緝犯、犯罪嫌疑人可依法予以逮捕、留置。如屬非法入國之外國人，其已違反入出國及移民法第74條：「違反本法未經許可入國……，處五年以下有期徒刑、拘役或科或併科新臺幣五十萬元以下罰金……。」另對於違反行政法規者，如逾期停留外國人之出國，在執行上應調查其逾期原因與具體情形，予以作成裁罰或為其他處分[47]後，始准許其出國。

　　暫行留置之措施，在行政行為中常有其需要。因此措施已限制當事人之人身自由，應有法律明文之授權。依入出國及移民法第64條授權得為留置特

45　對有涉及在外國犯罪嫌疑之外國人，依入出國及移民法第38條第1項：「外國人受強制驅逐出國處分，有下列情形之一，且非予收容顯難強制驅逐出國者，移民署得暫予收容，期間自暫予收容時起最長不得逾十五日，且應於暫予收容處分作成前，給予當事人陳述意見機會：一、無相關旅行證件，不能依規定執行。二、有事實足認有行方不明、逃逸或不願自行出國之虞。三、受外國政府通緝。」

46　依入出國及移民法第64條規定：「移民署執行職務人員於入出國（境）查驗時，有事實足認當事人有下列情形之一者，得暫時將其留置於勤務處所，進行調查：一、所持護照或其他入出國（境）證件顯係無效、偽造、變造、冒用或持冒用身分申請。二、拒絕接受查驗或嚴重妨礙查驗秩序。三、有第七十三條或第七十四條所定行為之虞。四、符合本法所定得禁止入出國（境）之情形。五、因案經司法或軍法機關通知留置。六、其他依法得暫時留置（第1項）。依前項規定對當事人實施之暫時留置，應於目的之達成或已無必要時，立即停止。實施暫時留置時間，對國民不得逾二小時，對外國人、大陸地區人民、香港或澳門居民不得逾六小時（第2項）。第一項所定暫時留置之實施程序及其他應遵行事項之辦法，由主管機關定之（第3項）。」

47　如有不可抗力之原因而致逾期居留，應屬不裁罰之範圍。

定之行為人，以符合實際之需要。且具體留置之原因為何？亦應一併由法律明定，不宜以概括之原因即授權為之，以符合立法比例原則之要求。

有關入出國及移民法第4條：「入出國者，應經內政部移民署（以下簡稱移民署）查驗；未經查驗者，不得入出國（第1項）。移民署於查驗時，得以電腦或其他科技設備，蒐集及利用入出國者之入出國紀錄（第2項）。前二項查驗時，受查驗者應備文件、查驗程序、資料蒐集與利用應遵行事項之辦法，由主管機關定之（第3項）。」其中亦未明確授權，可為留置之規定。解釋上亦併入一般職務執行之權限中；遇有可疑得為查證、暫時留置。

4. 其他禁止出國之方式

其他限制外國人出國之執行原因或方式，有依刑事訴訟法之羈押、依入出國及移民法之收容，此已屬對人身自由的拘禁，當事人自無法出國。另是否可採取扣留其證件之方式，而達到禁止其出國之目的？依入出國及移民法之規定，並未明確授權。

外國人因工作關係進入我國受僱，實務上亦曾發生，其護照被僱主保留者。依法個人之身分證件，他人非依法律規定不得予以扣留。如僱主利用強制保留方式，加以收取保管，已屬於侵權、強制行為，國家機關應介入調查。一般之僱主，有利用代替保管以免遺失名義，商得當事人同意，而加以收取；此種情形仍應視是否當事人在自由意願下之同意而定。受僱之外國勞工，其1年中可回其母國次數，一般在勞務定型化契約中[48]，包括其休假之日期等，皆有明定。如所約定內容無違反聘僱專門法律之強行規定，經外國勞工同意1年回其母國的次數，亦不能認為此約定有限制外國人之出國自由。

二、禁止外國人出國之法定事由

國家限制（禁止）外國人出國，屬不得已之做法。即是因其所涉及之責任，已達到非暫時要求該外國人須停留於國內不可的程度。一般的原因，主要有涉及犯罪嫌疑、執行有期徒刑、有依法應逮捕或留置之事由、欠繳稅金

---

48 就業服務法第46條第3項：「雇主依第一項第八款至第十款規定聘僱外國人，須訂立書面勞動契約，並以定期契約為限；其未定期限者，以聘僱許可之期限為勞動契約之期限。續約時，亦同。」

及民事責任未了結。

（一）禁止外國人出國事由之主要考量

外國人進入我國領域，依領土主權管轄原則其須遵守我國法令，我國主權對其亦有管轄權力。從國家與國民具有較密切的法律關係而言，外國人與本國國民間的法律地位在公法範圍，有部分的不同。但在憲法上亦肯定外國人為基本權利主體，有關其權利之保障範圍，除依該權利性質不適合賦予外國人之外，在解釋上外國人亦得享有憲法上之基本權利。除通說之依權利性質說外，更進一步的主張，為對於外國人基本權利之保障，應認為外國人如其與本國之實質關係，已具有準國民之地位者，應給予其有如本國國民之基本權利保障。限制外國人之出國，屬限制遷徙自由，其法定原因與執行程序，應受到憲法與相關法律原則之檢視。

依入出國及移民法第21條規定：「外國人有下列情形之一者，移民署應禁止其出國：一、經司法機關通知限制出國。二、經財稅機關或各權責機關依法律通知限制出國（第1項）。依前項規定禁止出國者，移民署於查驗時，當場以書面交付當事人，並告知其禁止出國之理由（第2項）。前二項禁止出國之規定，於大陸地區人民、香港或澳門居民準用之（第3項）。」本國人因身分與居住的關係，比起外國人而言屬相對的明確。對於外國人的自本國出國，於理論上有其自由與權利；另一方面在國家入出國法制上，應考量的主要為外國人在國內是否有未了結責任；如果有尚未了結之責任，未在其出國前處理，於其出國後發現，可能造成無法執行或執行上有困難的情形。因此，各國的國內法中均會以法律規定，對於有涉及未了結責任案件之外國人，可依法律規定限制其出國。

入出國及移民法第21條第1項第1款規定，經司法機關通知，包括刑事、民事、行政法院及檢察機關之通知均包括在內，其案件可能在訴訟中或已判決確定，尚未執行之前皆屬之。同條第2款規定，經財稅機關通知限制出國者，其範圍包括財政部與各稅捐機關之通知，範圍尚屬確定。

上述之各種原因，或依各別法律規定可以事先預防、解決者，即可減少禁止外國人出國之處分。其中要以刑事責任之調查與追究，因與國家刑罰權之行使有關，成為禁止外國人出國之重點。依屬於國際法位階之外國人人權宣言規定，除非一國為維護其國家安全、秩序、公共安全、衛生、道德及為

保護他人之法律規定外，外國人有自由出國的權利。其具體規定如下[49]：非居住國公民個人人權宣言第5條第2項：「在依照法律規定的限制以及民主社會為了保護國家安全、公共安全、公共秩序、公共衛生或道德或他人的權利和自由所必需的限制並符合有關國際文書所承認的以及本宣言所規定的其他權利的情況下，外僑應享有以下權利：(a)離開該國的權利。」而限制外國人出國，主要在追究外國人在國內之責任，較主要的有：刑事責任、金錢給付義務二者，以下並續為探討。

另依行政程序法第102條規定：「行政機關作成限制或剝奪人民自由或權利之行政處分前，除已依第三十九條規定，通知處分相對人陳述意見，或決定舉行聽證者外，應給予該處分相對人陳述意見之機會。但法規另有規定者，從其規定。」本條規定乃為落實負擔處分相對人在憲法上所應受保障之聽審權，是植基於憲法法治國原則對正當行政程序保障的要求。且其意義重在使處分相對人於處分機關作成決定前，能有表達其意見的機會，而受聆聽審酌，使負擔處分的作成或重新審查的維持，得以參酌處分相對人的意見陳述作為判斷基礎。因此，此等正當行政程序的內涵，並非將聽審權保障予以絕對化，仍容許立法者基於各種利益衡量結果，在有其他重要公益考量的正當情形，例如行政程序法第103條第8款規定：「有下列各款情形之一者，行政機關得不給予陳述意見之機會：……八、為避免處分相對人隱匿、移轉財產或潛逃出境，依法律所為保全或限制出境之處分。」得不予其陳述意見的機會。依大量解僱勞工保護法第12條第1項所為禁止出國之處分，既係基於「避免因事業單位大量解僱勞工，致勞工權益受損害或有受損害之虞，並維護社會安定」、「保障弱勢勞工爭取法定權益，維護公共利益，降低社會成本」之立法目的，對於大量解僱勞工，且未依法給付退休金、資遣費或有積欠工資，造成勞工權益損害情節重大之事業單位應負責之董事長及實際負責人，所為「禁止出國，謀求解決途徑」之措施，則本件禁止上訴人出國處分之性質即屬避免處分相對人潛逃出境，依法律所為限制出境之處分。被上訴人於作成原處分前未給予處分相對人即上訴人陳述意見之機會，於法並無不

---

49 有關「非居住國公民個人人權宣言」，http://www1.umn.edu/humanrts/chinese/CHw4dhri. htm，瀏覽日期：95.2.17。

合[50]。

（二）有犯罪嫌疑與為執行刑罰

　　禁止外國人出國原因之一為經司法機關通知，此範圍包括刑事、行政、民事法院與檢察機關。大多數行政、民事案件，都可經由擔保、強制執行或其他替代方式，加以解決。本款主要探討有犯罪嫌疑與為執行刑罰之適用情形。在刑事程序上外國人除具有特殊身分之外交豁免權者外，應與本國人具有同樣的法律地位。刑事司法機關對有犯罪嫌疑之外國人，得依職權限制其出境以為調查，此應具有正當性[51]。而犯罪偵查之強制處分，有羈押、逮捕、搜索、限制住居等；偵查犯罪之結果，依檢察機關之處分決定，最後並為起訴與不起訴。因「經司法機關通知限制出國者」，主管機關須限制外國人出國，此處分與執行會影響外國人權利，於此如其所涉嫌違反案件之行為情節輕微或其僅屬關係人，是否一律對其處以限制出境，應考量限制之必要性與相當性、合理性等。雖然被限制出國之外國人，對訴訟中之處分，依法可提出聲請法院裁定撤銷，以為救濟。但是權責機關於決定處以限制住居（出國）處分之前，如能先行判斷有無必要性，可以免除許多不必要之後續救濟程序。因此，依本款之規定其屬廣泛授權，司法機關之認定應受比例原則之拘束。

　　入出國管理機關之執行禁止出國處分，依入出國及移民法第21條第1項第1款規定，並無裁量權，遇有司法機關行文通知，即應執行。「司法機關[52]」之處分依據為刑事訴訟法之限制住居，限制外國人不能離開臺灣地區。於此司法機關有權決定，是否採取處分及通知主管機關。主管機關居於執行者地位，並無審查及裁量之空間；實務上為免發布處分與執行機關接受

---

50 最高行政法院110年度上字第548號判決
51 據報導新加坡航空006號班機2000年10月31日15時17分，企圖在象神颱風的暴雨之下於中正國際機場由05R跑道起飛。當時這條跑道為了修理而暫停開放，原來應該是從05L跑道起飛（跟05R跑道平行）。結果，因為大雨造成能見度不佳，飛行員直到飛機太過靠近才看到停在跑道上的施工設備，來不及煞停。因此飛機就一頭撞進施工設備並裂成碎片，接著引起大火，共有79名乘客和4名機組員在這場意外中罹難。報告發表後，臺灣的桃園地方法院檢察署召回3名飛航組員回臺接受查問。當時傳聞指3名機師會被拘留並起訴。國際民航飛行員協會表示，如果飛航組員被起訴，將會號召協會會員，拒絕飛入臺灣領空。當時為調查需要限制機師出國，引起爭議。
52 此司法機關之通知，應包括檢察機關與法院之通知。

公文之時間空隙，可能產生疏漏，並訂定即時電傳及執行之作業規定[53]。經司法機關通知與具有犯罪嫌疑，二者法律要件之要求程度，仍有不同。有關犯罪嫌疑之認定，依法應屬權責機關之權限。犯罪嫌疑與限制住居，二者有所相關，並以犯罪嫌疑達到一定程度，始可實施限制嫌疑人之住居。對於具體案件犯罪嫌疑的相關跡證，須達明確、極有可能構成犯罪嫌疑的程度，且有必要對該嫌疑人採取具體強制處分時，以確保偵查程序之得以順利進行，始得施以限制住居處分。因此，我國移民法規定寬鬆之由司法機關通知禁止出國之要件，在執行上可能很容易發生違反比例原則之禁止出國處分。

司法機關之通知限制出境，此與發布通緝或執行有期徒刑，尚屬有異。刑事上之限制出境為依刑事訴訟法之限制住居，執行上由入出境管理機關，禁止其出國。刑事訴訟程序中之措施，其決定限制住居在偵查中由檢察官發布，在審判中由法官發布。其性質屬刑事追訴之目的[54]，以防止被告逃匿[55]，採取透過行政處分之執行方式，屬執行機關之移民署只能依法配合。

另一方面，對具有犯罪嫌疑或刑事案件審理或經判處有期徒刑確定，未受緩刑宣告之外國人，如仍容許該外國人可以自由出國，將損害國家刑事司法權力之施行。司法機關一般對嫌疑人或被告，在未受羈押情形下，可能裁定限制住居處分；對於判刑確定者，則交由檢察機關指揮執行。執行上，入出國主管機關並須與司法機關相配合，以執行限制出國處分。依日本之出入國管理及難民認定法規定，則對於符合本法規定條件之外國人，入國警備官

---

53 內政部入出國及移民署辦理各權責機關通知緊急管制人民入出國電傳作業規定第2點：「權責機關依法規辦理緊急管制人民入出國案件，應先以電話通知移民署相關業務承辦人員，再以傳真傳送緊急管制人民入出國公文，待傳送訊號完成後，須再以電話確認接收狀況（第1項）。權責機關因情況緊急，須立即辦理管制人民入出國者，得先行傳真公文至移民署，必要時傳真公文得免蓋用機關印信或簽署。前項權責機關應於七日內補送公文原件（第3項）。」

54 法務部85年2月26日（85）法檢（二）字第0472號函指出：對於相案調查中，檢察官函請內政部警政署入出境管理局限制關係人出境，是否屬於檢察官強制處分權之實施？是否必須簽分或改分偵案？認為檢察官於相案調查中，如有函請入出境管理機關限制某特定之關係人出境之作為時，即係依據刑事訴訟法所為之強制處分，必須簽分或改分偵案。

55 如依「防範刑事判決確定案件受刑人逃匿聯繫作業要點」：「五、前點之檢察官認有確保執行之必要時，得指揮司法警察機關派員對特定刑事案件受刑人，就無隱私或秘密合理期待之行為或生活情形，進行必要之觀察及動態掌握，並隨時向檢察官報告觀察及動態掌握情形（第1項）。司法警察機關依前項觀察及動態掌握之結果，認該特定刑事案件受刑人有逃匿之虞時，應即報請指揮之檢察官為適當之處置（第2項）。」

可依逮捕令、拘提令、留置書，暫時拘束該欲出國之外國人的人身自由，並即通知主管機關。此與我國法之規定相比較，一方面縮小禁止出國之法定範圍；另一方面，執行之依據較為具體明確及具有執行效果。

外國人經有罪判決確定尚未執行，有罪判決包括有期徒刑、拘役、罰金等之刑罰。例如受有期徒刑之判決確定，未受緩刑宣告者；及有期徒刑在執行中，尚未完畢者，但受假釋宣告者，不在此限。符合上述原因之外國人，原則上不得出國，如其欲出國者，應受到法院或執行機關之許可。法治國家入出國管理機關之執行強制處分，須依法律之授權。依移民法規定經「司法機關」通知禁止出國者，法院或檢察機關之通知依據，應載明依刑事訴訟法之規定予以限制住居，以使入出國管理機關有明確之依循。

因涉及未了結訴訟中之案件，是否因此亦可禁止外國人出國，在判定上亦應有其界定原則。包括檢察機關與法院在衡量上，應以案件之重要性、當事人有無逃逸之虞、當事人之嫌疑程度、案情之調查進度等情形，而綜合判斷決定。如外國人涉嫌重罪，依法符合羈押之要件，可依法聲請羈押。如未達羈押必要之程度，其犯罪情節重大或有逃亡之虞者，可命交保並限制住居，或僅為限制住居處分。如屬犯罪情節輕微或應調查之證據已明確，應可採取其他「緩起訴」方式，或聲請適用簡易判決儘速結案，以免案件審理過久，浪費司法資源及影響當事人權益。如外國人非屬本案之嫌疑人而僅屬關係人或證人者，應可儘速傳訊、調查證據，並無禁止其出國之必要。

依日本入管法規定[56]，授權入國警備官可留置欲出國外國人的原因，主要對有犯罪嫌疑者或為執行刑罰，或須依令狀執行之對象。依入管法第25條之2規定：「入國審查官對於居留之外國人意圖離開日本往國外地區，如該外國人有符合相關機關之通知，相當於下列各款之一，有關前條之出國確認手續，得於二十四小時之內，對該外國人施予出國確認保留（第1項）。犯死刑或無期徒刑或屬長期三年以上懲役或監禁罪之罪，受追訴者；或有犯此罪之嫌疑，並已發出逮捕令、拘提令、羈押令、調查令者（第1項第1款）。受監禁以上刑之處分，未受緩刑宣告者，在刑執行未完畢前或未受刑之執行者（受刑執行後之假釋者除外）（第1項第2款）。依逃亡犯罪人引渡法（昭和28年法律第68號）規定，外國人已被核發暫時拘禁許可令或拘禁許可令者

---

56 參考日本出入國管理及難民認定法第25條之2規定。

（第1項第3款）。入國審查官依前項規定，實施出國確認保留時，必須即時通報於前項之通知機關（第2項）。」

我國入出國及移民法第21條規定，泛指經「司法機關」[57]之通知者，未指定其具體涉案程度與是否為嫌疑人及被告、是否依強制處分之令狀執行，很容易被誤以為只要有調查必要之當事人，即得禁止其出國。於此，移民法中之規定，應有進一步加以明確規定有關涉案之程度及範圍，始得由司法機關通知請求禁止其出國，較符合法律明確性原則。

（三）保全執行金錢給付義務

禁止外國人出國的原因，除有犯罪嫌疑與為執行有期徒刑之外，其他涉及未了結責任之保全措施，亦得禁止外國人出國。因外國人在我國須受我國法律管轄，其依法亦負各種的法律責任，除違反刑事法之犯罪嫌疑或為執行有期徒刑，得禁止其出國已如上述之外。另外，如民事法院與行政法院為執行必要之通知主管機關；或其他依「行政執行法」之特別規定，負有公法上金錢給付義務者，行政執行分署可依法查封其動產及不動產，以為拍賣抵價。如無法查封其動產及不動產以為抵價，並得要求當事人提出擔保。在相關措施均無法達到執行目的時，可限制該外國人出國。依入出國及移民法第21條第1項規定：「外國人有下列情形之一者，移民署應禁止其出國：一、經司法機關通知限制出國。二、經財稅機關或各權責機關依法律通知限制出國。」從執行租稅或金錢給付義務言，包括法院、法務部行政執行分署、財政部及其所屬國稅局及稅捐稽徵機關，皆可依法通知入出國管理機關執行。法院之通知限制出國原因，除依刑事訴訟法之規定外，另外民事法院亦得因債權人之聲請，得依強制執行法之規定，而通知主管機關執行限制出境[58]。

---

57 有關「司法機關」之作用，釋字第569號解釋文謂：「憲法第十六條明定人民有訴訟之權，旨在確保人民權益遭受不法侵害時，有權訴請司法機關予以救濟。惟訴訟權如何行使，應由法律規定：法律於符合憲法第二十三條意旨之範圍內，對於人民訴訟權之實施自得為合理之限制。」

58 依司法院民國86年3月1日民事法律專題研究研討結論：按限制住居，包括禁止出境在內，民事強制執行事件，對於債務人或強制執行法第25條第2項、第3項所定之人，有同法第22條第1項各款情形，執行法院於必要時，得依職權或依聲請，限制其住居於一定之地域，如不限制其住居於一定地域，而僅限制其出境亦無不可。至財務執行案件依「限制欠稅人或營利事業負責人出境實施辦法」之規定，欠稅及罰鍰達50萬元或100萬元固得限制出境，但欠稅人或營利事業負責人其欠稅及罰鍰未達50萬元或100萬元，而有強制執行法第22條第1項各款情形，亦得依強制執行法規定限制出境。

此部分對於本國人或外國人之間在適用上，並無差異。

　　財稅機關之通知限制外國人出境，其目的在保全國家之稅收，不使欠稅之外國人任意離境。限制外國人出境之標準，早期財稅機關依法之授權，訂定有「相關辦法」其中規定個人欠稅達新臺幣50萬元，公司與法人達新臺幣100萬元者，可依法限制當事人出境。依此標準有其合理性，且外國人與本國人間，其標準並無不同，無差別待遇之問題。依「限制欠稅人或欠稅營利事業負責人出境實施辦法（現已廢止）」第2條規定：「在中華民國境內居住之個人或在中華民國境內之營利事業，其已確定之應納稅捐或關稅逾法定繳納期限尚未繳納，其欠繳稅款及已確定之罰鍰單計或合計，個人在新臺幣五十萬元以上，營利事業在新臺幣一百萬元以上者，由稅捐稽徵機關或海關報請財政部函請內政部入出境管理局（現為入出國及移民署）限制該欠稅人或欠稅營利事業負責人出境……。」本實施辦法為依法律所授權訂定，其執行限制出境標準，為「欠繳稅款及已確定之罰鍰」達一定額度，欠繳稅款依行政機關依法所核定之處分額度；已確定之罰鍰，為行政機關依法對行為人違反秩序法律規定所處之罰鍰，但此決定金額尚未經過最後之行政救濟程序。其實施之標準以「個人在新臺幣五十萬元以上，營利事業在新臺幣一百萬元以上者」，以金額而言有其合理性，但在近來物價提高，亦有認為應提高其標準[59]。目前對於欠稅人依入出國及移民法第21條授權即可執行。

　　對欠稅人民之限制出境的合憲性問題，依大法官釋字第345號解釋理由書：「『限制欠稅人或欠稅營利事業負責人出境實施辦法』，即係依上開法律明文授權所訂定。其第二條第一項規定：並未逾越上開法律授權之目的及範圍，且依同辦法第五條規定，有該條所定六款情形之一時，應即解除其出境限制，已兼顧納稅義務人之權益。上開辦法限制出境之規定，為確保稅收，增進公共利益所必要，與憲法第十條、第二十三條規定，均無牴觸。」外國人如為公司負責人或實際之欠稅人，對其之限制出境與本國國民之間，其裁處標準，應無不同。惟依上述規定為確保稅收是否為增進公益所必要，

59　有關限制出境之門檻，有「立委」提出的實施條例草案若通過，未來限制「出境」的金額在個人部分，將由50萬提高為300萬；至於營利事業則由100萬提高為500萬，稅徵機關必須先向「法官」申請，待「法官」裁定同意限制「出境」後，才可函請出「入境管理局」限制欠稅人或營利事業負責人「出境」，http://big5.huaxia.com/xw/tw/2005/00322645.html，瀏覽日期：95.2.21。

而限制出境是否為確保稅收之最後手段，均有斟酌餘地。按確保稅收，宜由租稅保全及行政執行之改良著手，憲法上基本權保障應先於租稅請求權，除非出境係逃避執行之手段，否則即有比例原則及不當聯結禁止之適用可能[60]。

　　另依「行政執行法」規定，為執行公法上金錢給付義務之目的，限制義務人住居之問題[61]。即對於義務人未在法定期間之內及相關程序繳交公法上金錢義務者，執行機關得依本法規定限制其住居，並通知入出境管理機關禁止其出國。此所執行「限制其住居」之金額標準，並無如上述「限制欠稅人或欠稅營利事業負責人出境實施辦法」，有一定金額標準及法律的明確授權，在執行上亦引起許多爭議，有認為已違反比例原則。如案件尚在訴訟進行中，即對該外國人限制出境，是否符合正當程序之要求？較佳之解決方法，為主管機關在將來應在法律中明確訂出限制出國之依據及其執行程序。目前依行政執行法第9條規定，對於執行程序上[62]之爭議，只能提起「異議」，並由執行機關之上級機關審理決定。實務上並認為對此「程序」上之限制出境，不得再提出行政訴訟。上述之見解，實有再討論之必要。解決之道，應可考量雖屬於程序上之爭議，但如與人民之「重要權利」有關，應允許其提出行政訴訟[63]。

　　禁止外國人出國原因，有司法機關、財稅機關請求及有關機關之依法請求；除刑事責任之追究原因外，大部分為將來執行金錢給付或求償之「保全目的」。有關機關主要有法務部行政執行署所屬之各行政執行分署，或依海洋污染防治法之交通部所屬港務局、法務部調查局、其他依法有權限制外國人出境之機關，皆包括在內。禁止外國人出國，作為保全執行目的之方法，可謂最廣泛、基本手段，亦為最不得已做法，此可確保該外國人之所在，以作為後續處理之擔保。但其責任內涵、責任人、限制出國期限、其他代替措

---

60 葛克昌，租稅債務不履行與限制出境，月旦法學雜誌70期，2001年3月，第27頁。
61 行政執行處是否屬入出國及移民法第21條第1項第2款之財稅機關？亦有問題。從法律解釋上，財稅機關應指財政部、各稅捐機關而言；並不包括行政執行處。
62 限制住居屬於行政執行之程序處分，依目前之規定不得單獨提出訴願、訴訟救濟。但有關限制人民重大權利之程序處分，已在研擬可以單獨提出救濟之中。
63 相關論述請參考陳淑芳，對行政執行行為不服之第一次權利保護—評最高行政法院九十四年度裁字第一二二八號裁定，發表於第五屆行政法實務與理論學術研討會，臺大法律學院，2006年1月7日，第1-16頁。

施等，應進一步研擬或限定在明確範圍內，以免依過度廣泛原因，致形成濫權或無法監督執行之情況，而違反立法比例原則、法律明確性原則，致生侵害外國人人權。

（四）其他禁止出國之原因

刑事上追訴犯罪與保全金錢給付之執行目的，為禁止外國人出國之主要原因。有依刑事訴訟法之限制住居[64]、行政執行法之限制其住居[65]、海洋污染防治法之限制其出國[66]，執行上依入出國及移民法第21條規定。禁止出國者，主管機關應以書面敘明理由，通知當事人。入出國及移民法規定限制外國人出境，其一為經司法機關之通知[67]。二者，由財稅機關之通知。三者，為相關機關之依法查證中，有限制出境必要之通知。此規定之授權甚為廣泛，顯現入出境之管理機關角色，只著重在於執行，只要是上列機關所通知，即足以構成禁止出國之依據。至於具體責任、違反原因、對公共利益之影響，則不在執行機關審查之列。

---

64 刑事訴訟法第93條第3項：「前項情形，未經聲請者，檢察官應即將被告釋放。但如認有第一百零一條第一項或第一百零一條之一第一項各款所定情形之一而無聲請羈押之必要者，得逕命具保、責付或限制住居；如不能具保、責付或限制住居，而有必要情形者，仍得聲請法院羈押之。」

65 行政執行法第17條第1項：「義務人有下列情形之一者，行政執行處得命其提供相當擔保，限期履行，並得限制其住居：一、顯有履行義務之可能，故不履行。二、顯有逃匿之虞。……」

66 海洋污染防治法第38條：「未在我國依法設立分公司之外國籍船舶因違反本法所生之損害賠償責任及費用負擔，於未履行前或有不履行之虞者，主管機關得命該船舶泊靠我國港口，禁止其航行、開航或要求移航，並得限制船舶所有人及重要船員離境；開航後，復駛入我國領海者，亦同。但經提供足額擔保者，不在此限（第1項）。前項情形，港口管理機關、事業機構應協助規劃船席、泊靠船舶及限制該船舶出港；必要時，主管機關得要求執行機關強制其泊靠至指定席位（第2項）。依第一項但書規定提供之擔保金額，不足以支付各有關機關採取應變措施、清除與處理所生費用及損害賠償金額時，船舶所有人應於主管機關通知之期限內補足擔保（第3項）。」

67 有關司法機關之意涵，依大法官釋字第392號解釋文：「司法權之一之刑事訴訟、即刑事司法之裁判，係以實現國家刑罰權為目的之司法程序，其審判乃以追訴而開始，追訴必須實施偵查，迨判決確定，尚須執行始能實現裁判之內容。是以此等程序悉與審判、處罰具有不可分離之關係，亦即偵查、訴追、審判、刑之執行均屬刑事司法之過程，其間代表國家從事『偵查』『訴追』『執行』之檢察機關，其所行使之職權，目的既亦在達成刑事司法之任務，則在此一範圍內之國家作用，當應屬廣義司法之一。憲法第八條第一項所規定之『司法機關』，自非僅指同法第七十七條規定之司法機關而言，而係包括檢察機關在內之廣義司法機關。」

有關上述案例依海洋污染防治法第38條規定之禁止出國，有學者認為本條規定在手段方面的問題是：相關船員並非賠償義務人，船舶所有人才是賠償義務者。如今卻限制非賠償義務人的船員出境，來逼迫真正的義務人出面解決，這種手段無異是「綁小孩威脅大人」。對於賠償義務的保全而言，本條規定已經授權行政機關可以扣留船舶而禁止其離境，這種對物的限制已經具有類似假扣押的效果，現又將扣押範圍及於非義務人的第三人，顯然也非最小限制手段，甚至是不具正當關聯的手段[68]。而入出境管理機關依法接受通知後，即應執行禁止外國人出國，惟限制出國為行政處分，亦為國家作用之一種，應依其必要性、合理性、相當性而作處分，不宜凡事以限制出境作為解決其他問題之方法。

三、禁止出國之執行

為有效管控國境安全，防止潛逃出國，移民署利用個人的生物特徵，以查驗入境及出境是否為同一人。此為對於外來人口、外籍勞工身分查驗部分，跨機關整合外交部生物特徵資料，爾後外勞入境時，將先行比對在外交部外館申請入臺前的採擷生物特徵，確保外勞入臺身分。針對國內管制對象、強制出境等身分資料也能藉由本系統比對，建立更先進的查驗防線，本系統的創新作為如下：（一）有效管控國境安全：利用個人的生物特徵，查驗入境及出境是否為同一人，偷渡客及冒用護照人士未來將難逃生物特徵採擷設備的辨識；（二）大幅節省採擷時間：各國之入出境生物特徵設備皆為指紋與臉部分開或不同時擷取，本系統創新突破為同時擷取，10秒內可完成擷取，有效降低民眾等待時間，同時維持查驗安全；（三）輔助人別查驗升級：利用生物特徵比對技術，鑑於個人的生物特徵特徵值唯一性，出境比對二手食指指紋，可以準確比對人別，查驗官再經三方比對，與查驗系統整合，有效輔助查驗工作；（四）創新查驗再造流程：本系統使用方法便捷，並不增加查驗時間，也不增加查驗官負擔，查驗官可專注於查驗工作，在查驗工作同時，旅客即完成生物特徵採擷及系統比對[69]。

---

68 黃昭元，行船人ㄟ悲哀—阿瑪斯號貨輪船員限制出境案，月旦法學雜誌77期，2001年10月，第9頁。
69 內政部移民署「外來人口個人生物特徵識別系統」簡介，政府機關資訊通報316期，2014年2月。

肆、結語

外國人之出國，為其自由權利，原則上居留地國家不任意予以禁止。另一方面，基於外國人的特性，因其出國後可能即與居留地國家，無法產生聯繫，有關法律責任之履行，將難以實現。因此，基於居留地國家管轄權，遇有特定情形要件時，可禁止外國人於一定期間或未履行完法律責任前，不得離境之權。有關法律授權，為入出國及移民法第21條規定。其主要原因為司法機關之通知、財稅機關之通知、或相關機關依法查證中之通知。對前二者之案件，應為禁止出國；在相關機關依法查證中之案件，得予禁止出國。法治國家行政處分與公權力之措施，須符合正當性，不得違反比例原則與濫用公權力。

在禁止外國人出國之程序與要件上，須受到一定原則之檢視與規範。對此，本文認為法律規定有關司法機關之通知、財稅機關之通知要件，尚不夠明確，應進一步規定依法責任名稱與可實施公權力程度。且基於此項問題之探討，可得出國家對外國人之法律責任，應事先採取預防或其他之保證措施，以求保障人權及更有效率；以免凡事皆以禁止當事人出國作為方法，有損公權力強制措施之最後手段性原則。

有關前述案例之外籍船長等當事人，依法我國主管機關得禁止其出國，但執行上仍須符合比例原則。

（本文原收錄於變遷中的警察法與公法學，皮特涅教授七十歲祝壽論文集，
　　　　　　五南圖書，2008年8月，第201-232頁，後經修改與補充而成）

第九章 外國人合法居留期間之相關法定義務

實務案例

　　B係外國人，於民國96年4月22日持受催之居留簽證入境。工作一段期間後，因無展延聘催許可，無法申請居留延長。嗣後，B向相對人（移民署）聲請國家賠償，同時以「訴訟」事由，向相對人申請辦理及延展外僑居留證，經相對人以其申請展延事由與原來臺目的事由不符而予以駁回。B認其依入出國及移民法已取得居留資格，相對人不應受就業服務法拘束，要求其提供行政院勞動部核發之展延聘催許可[1]。請問B之主張是否有理由？另外國人在居留期間有何法定義務？

壹、前言

　　行政程序法第3條第3項第2款規定，外國人出、入境事項不適用該法之程序規定。即行政機關對於外國人簽證申請之准駁，固係國家主權之行使，且外國人出、入境事項，與外交事務有關，除應維護國家利益外，並涉及高度政治性。惟就該法之實體規定仍應適用，是行政機關就外國人簽證申請所為之准駁決定，其性質核屬行政程序法第92條第1項之行政處分，因此所生之爭執，仍屬公法上之爭議，依行政訴訟法第2條規定，在法律別無規定將此部分爭議排除在行政訴訟審判權範圍外之情形下，不服行政機關對於簽證申請所為之行政處分者，自得依行政訴訟法規定提起行政訴訟。此時僅行政法院應否考量該處分涉及國家利益維護並具高度政治性，與一般行政行為有間，而予以較低密度之審查而已，尚非司法不得介入審查[2]。

　　國家許可外國人居留之原因，依國際法原則國家有決定之自由。我國

1　參考最高行政法院100年度裁字第254號裁定。
2　臺北高等行政法院高等庭109年度訴字第1065號判決。

對於外國人居留，依外國護照簽證條例施行細則第13條，列舉規定依親、受聘、就學、宗教等原因，但至於具體範圍仍多未確定。外國人居留期間之延長與居留期間之義務規定，前者依法並未明確何種情形得予不許可，在適用上應如何認定？有關外國人居留期間之行為，是否可作為消極評價，予以不許可居留延長？有其問題[3]。有關居留期間之義務，法令須對外國人有特別規定，如為了明確外國人居住關係與身分關係，要求外國人有登錄義務，屬為達成公正管理行政目的上之必要。惟外國人之義務程度與具體違反之認定問題，仍待探討。

本章主要在探討有關外國人居留資格與居留期間；及居留期間之義務與活動之規範議題。一般而言國家對外國人入國居留，會依國家公共利益事先規劃與衡量相關之資格與活動規範，以免因外國人之居留影響國內之秩序。惟有關規範之具體性與合理性，仍有許多待研究之處。

貳、居留期間之申請延長

外國人依原申請居留事由，在居留期間屆滿前，其居留目的尚未達成，仍有繼續居留必要者，應在期限前向主管機關申請居留期間之延長。

一、申請居留延長之原因

外國人之居留原因，雖有法律依據，主管機關所發給居留合法期限，仍採取一定適當期限方式。依法律規定申請居留延長，屬外國人之作為義務，當事人應予遵守，如有違反即會產生一定不利益之法律效果[4]。原則上視違反之情節，如屬輕微者，可能構成罰鍰；違反情節重大者，可能被處以驅逐出國處分。而對當事人提出申請居留延長，主管機關可否逕更改當事人之居

3　另外案例，例如依2011年5月1日，公共電視報導，福島災民登臺聲援反核，遭限期離境。反核遊行在昨天結束，不過，卻出現了插曲。就是從日本福島來參加遊行的日本災民，昨天在上台說話之前，就先接到警方的警告，說她們是拿著觀光簽證、不能上台說話，但最後她們還是選擇上台，並且表示很遺憾、臺灣政府這樣對待她們，不過移民署回應表示，這本來就是法令規定，與她們說話的內容無關，會要求她們7天內要離境。

4　相關論述，請參考蔡庭榕，從反恐觀點論美國之外國人管理——兼論對我國之啟示，國境警察學報10期，2008年12月，第59-102頁。

留資格問題。日本案例中曾有外籍配偶與其國民，因離婚正在訴訟中，主管機關於其居留期間屆滿前，不予許可其申請居留延長，而自動將其原有因屬國民之配偶資格，改為其他短期停留資格。當事人提起訴訟，請求撤銷該處分。法院認為原處分機關之判斷，有所不當。因當事人未提出申請，主管機關主動為之，有所瑕疵。又當事人婚姻關係在訴訟中，不即代表不存在原有之居留資格，因此，撤銷原變更居留資格之處分[5]，而認為不予許可其申請居留延長之處分為違法。

　　法律課予當事人申請義務，與是否許可延長居留，為二種不同程序，其亦有不同法律效果。居留中外國人，如有違法或對本國不利益行為，主管機關可決定不予許可其申請延長居留。而依國際法原則，拒絕外國人入國與限定居留原因在為保護本國公共秩序與重大利益事由；因此，禁止入國與拒絕延長居留，二者規範目的與對當事人之影響性不同，應分別考量。而已在本國居住一段時間之外國人，如拒絕其繼續居留，應有明確、必要法定原因，在決定程序上亦應保障當事人利益，如給予其陳述意見；另其亦得向法院請求救濟。

　　外國人合法居留期間，須遵守有關法令及須從事與許可目的有關之活動。核可一定之居留期間，並在期限屆滿於申請延長居留時，主管機關可查對外國人居留活動是否與居留資格相符。對於具備積極居留資格的外國人，國家均須依法令規定，核予相對應的居留期間，在居留期間屆滿前，有繼續居留需要的外國人，得依法定程序申請延長居留期間。在未取得永久居留，有長期居留需要之外國人，亦占居留中外國人的多數。其居留原因，可能為依親（新住民）、傳教、受聘、外籍勞工、外國公司派駐等。其有繼續居留需要，須依程序提出申請。

　　居留期間延長與居住自由，有重要相關。如依日本入管法規定，居留中的外國人依原有的居留資格，亦可受到居留期間的延長。即在其居留期間結束後，依當初的居留目的，需繼續居留之人，在有相當理由認為給以更新為適當者，得予以許可[6]。外國人於合法居留期間屆滿，須申請延長居留始

5　德川信治，短期滯在變更許可後の在留期間更新不許可處分の違法性，民商法雜誌，1997年11月，第305-308頁。
6　岡田照彥，外國人の法的地位──その在留管理を中心に──，ジュリストNo. 451，1970年6月，第77頁。

為合法。申請之依據,首先其原有居留資格原因必須存在,如原來之居留原因[7]資格已消失,則不得續作為申請延長居留之依據。一般不得以停留(短期)之資格,變更申請為居留資格。但有特殊之情形,仍得向主管機關申請轉換[8]。

依外國人停留居留及永久居留辦法第8條第1項規定:「外國人依本法第三十一條第一項規定申請延期居留時,應於居留期限屆滿前三十日內,檢具下列文件及照片一張,向移民署提出:一、申請書。二、護照及外僑居留證。三、其他證明文件。」申請延長居留,主管機關之許可屬於授益行政處分[9]。依外國人所受保障權利程度,應如同外國人入國一樣,依理論通說,並不保障外國人絕對可獲延長居留許可[10],因此主管機關可依裁量權而為決定,如有特殊原因,仍得不予許可。

已取得永久居留權之外國人,則不需申請居留延期。具有永久居留權之外國人,與一般居留之外國人有所不同,在於其亦非本國國民。近來在國際社會中,除以國籍區分為本國人、外國人方式外;另現有一種新的區分方式,即在本國居住之人中,可分成國民、永久居留市民(永久居留權人)、一般居留市民、非合法居住的外國人[11]。依此分類的人民,所分類的標準即依其生活核心與國家的關係程度不同,而給予其不同程度的權利保障。[12]「永久居留市民(永久居留權人)」其生活中心,因已經在本國,與本國國民並無不同,只是國籍上差異而已。即外國人若獲得永久居留權,其權益之

---

7 居留目的、居留資格,此二種不同名稱在相關法規中,皆有出現。從理論上而言,此三名詞,具有相關性,並具有不同之作用。

8 如獲得大學之入學許可;與有戶籍之國民結婚,獲准居留;投資商業,獲准居留等。依我國之法令規定,停留簽證變更為居留簽證,須經外交部之許可。

9 塩野宏,在留期間の更新と裁量,行政判例百選 I,有斐閣,1999年2月4版,第164-165頁。

10 有關持停留簽證者不得申請延期之判決,如:按行為當時之「外國人入出國境及居留停留規則」(註:現已廢止)第20條規定:「外國人持停留簽證入境者,應於停留期限內離境。外國人持可延長停留之簽證入境者,因故需延長停留時,應於停留期限屆滿前向停留地警察局申請,每次延長不得逾原簽證許可停留之期限,以二次為限。但合計停留期限不得逾六個月。外國人停留或居留期限屆滿前,有繼續停留或居留之必要時,應向主管機關申請延期。」其立法意旨係指性質上得以延期停留或居留之簽證,始有申請延期之可言,是原告持用短期不得延期停留之簽證,自無本條規定之適用。臺北高等行政法院91年度訴字第3510號判決。

11 近藤敦,外國人の人權と市民權,明石書店,2003年12月,第13頁。

12 相關論述,請參考廖元豪,外人做頭家?——論外國人的公民權,政大法學評論113期,2010年2月,第245-306頁。

保障雖不能等同於本國人，但自應較其他外國人受到更為優惠之待遇，包括遷徙、工作、婚姻、家庭等自由與權利[13]。

二、主管機關審查居留延長之裁量權界限

主管機關有受理及決定外國人申請居留延長之權限，在內政部移民署成立後，即受理有關此方面案件之申請，成為外國人事務之主管機關。有關權限與管轄之理論，依我國法律論及權限，經常與管轄聯結，此如，我國行政程序法第二節所稱之管轄中，有所謂的權限之委任或委託之規定。一般認為，管轄與權限其實兩者只是觀察點不同而已；管轄，係就主觀之觀點，係指「行政主體或行政機關」有執行特定事項之權。權限，係就客觀之觀點，是指行政主體或行政機關有「執行特定事項」之權，亦即，權限屬管轄之標的。例如「內政部」對警察事宜有管轄權，而「警察事宜」屬內政部之權限。管轄與權限相同之處，在於皆屬對外與他機關作區別，此如事物管轄、土地管轄或層級管轄，劃分各機關權限所至之範圍。因此，在法理上，管轄係指行政主體或行政機關對外與他機關所掌理「權限」之劃分[14]。有關其他外國人之事務，未來移民署與警政署之間，仍有許多管轄事項，須加以明確劃分。

有關外國人申請居留延長之外國案例，日本第二審的法院判決認為「法務大臣有廣泛的裁量權，指出接受外國人入國，基本上屬於接受國家的自由」。但是外國人是否有請求居留延長的權利，與法務大臣行使裁量權的性質、範圍之問題，應有二點可分別探討。有關前者（入國權利），法院的意見從第一審到上告審，都採取否定見解。因此，既然基本上申請延長與入國都是屬同樣被看待的權利，外國人的請求繼續居留權利，此主張在憲法上的基礎，當然也是沒有的。此點，解釋上應包括依入管法第21條第3項規定，「有相當理由，足以認為更新適當」[15]之範圍內。但也有日本學者持反

---

13 李震山，論外國人之憲法權利，收於氏著「人性尊嚴與人權保障」，元照出版，2001年11月修訂再版，第406頁。

14 蔡震榮，管轄權之意義，收於行政法爭議問題研究（上），台灣行政法學會主編，五南圖書，2000年，第310-311頁。

15 齋藤靖夫，外國人の政治活動の自由，收於憲法判例百選I，有斐閣，1987年12月2版，第15頁。

對意見認為入國與居留權利，應屬不同層次之考量範圍，一旦入國後之居留權利應受保障，不能任意被剝奪[16]。

在日本法中認為法務大臣的裁量範圍，具有廣泛的裁量權限度，是不能否定的。但是依第一審法院的意見認為，此裁量權之行使依據，當然亦是依憲法以下的法令，其應受到一定的限制，即使依實際狀況必須拒絕許可其之申請延長居留，應是非常少見的。有關此之論述，第二審、上訴審法院也認為主管機關之審查，可依該外國人的「一切行為活動」、「各種情事」，作為斟酌的依據。而在考量此要件之後，所形成的結果亦會有所不同。依第一審法院之意見，認為居留屬「基於一種既得權的說法」，來加以評論。但是，如果為不許可處分，並非一般的例外。其認為外國人有居留的必要，應表示其具有相當理由；在考量不許可時，主要應該須有積極性的不許可事由，並該當於「準於管理令第5條第1項第11款至第14款的理由」。簡要言之，依目前規定延長更新原則上完全的空白授權，於此，理論上須界定出限於例外與採取不能有完全空白授權的二種可能方式。有關此問題，其與基本人權的享有及行使上關係，前提是申請延長與居留權利，二者之間應該有什麼樣的定位[17]關係，須先加以確定。縱然外國人沒有主張繼續居留之權利，但是主管機關之裁量權不得濫用及應受法律原則之拘束，乃屬當然。

主管機關之裁量，其應依據法令規定的範圍，行使裁量權為其準則。有謂行政裁量之準則，其目的僅在確保行政處分的妥當性，即使其處分違反裁量的準則，原則上僅屬於是否妥當的問題，並非當然的違法。構成違法的處分，只限於其處分超過法律所授權的裁量範圍或有濫用的情形為限。另外，如被處分人有受不法處分情形，得依法提起訴訟，請求以裁判來撤銷該處分，此依據日本行政事件訴訟法規定，亦相當明確。特別的行政機關依法律為裁量，所作成的行政處分，依其意旨、目的、範圍是否超過法律授權或是否有濫用而構成違法，亦因個別行政情形，而有不同，且必須依照個別的處分，加以檢討。依日本入管法規定，可獲得居留更新（延長）之要件，為法務大臣認為「有足夠相當理由，認定延長居留期間為適當者」；並依具體情

16 安念潤司，「外國人の人權」再考，收於現代立憲主義の展開（上），蘆部古稀，有斐閣，1993年9月，第177-179頁。
17 齋藤靖夫，前揭文（註15），第15頁。

形判斷是否符合。依上述鑑於法務大臣裁量權性質而言，應限於完全欠缺判斷事實的基礎，或其處分依社會之通念，顯著欠缺妥當性，且已很明確的情形或有超出裁量權範圍或為濫用，始應構成違法[18]。

　　法治國家行政，須受到法律與法律原則之拘束；行使裁量權，須符合實質正當及比例原則。是否許可外國人居留延長，首先在於檢視外國人之居留資格是否存在，給予其繼續居留是否適當而定。外國人有繼續居留必要，可在期限內檢附相關證明，向主管機關申請延長。主管機關須依法律目的，裁量是否許可；於此，應屬原則許可，例外才不予許可。許可延長居留與平等權之關係問題，如對外國人予附條件的許可居留，並以對其自由活動為限制的前提，是否所附之條件有其界限的問題，如禁止其為政治或集會遊行活動之附款。除了取得永久居留權以外的外國人，一般均屬附期限的居留，其活動的範圍亦有所限定[19]。因外國人對入國條件原有其合意，另在一定的限制範圍內再為要求，如對其申請延長居留期間要件及變更居留資格或限制被許可以外之資格活動。因此，原則上述之規範措施應不致造成侵害外國人的平等權及其他的基本人權（例如，職業選擇的自由）[20]。在平等原則之適用上，對於外國人與本國人間的規範，有容許其差別待遇餘地。

　　一般不予許可延長居留原因，除其居留資格已消失，如原為宗教原因之傳教士，因其傳教士資格被撤銷；或工作原因之居留，因其受聘僱期間已屆滿，並未獲續為僱用時。因結婚之居留，後因配偶死亡或離婚情形，是否可繼續居留，則應分別情形予以討論：（一）因配偶死亡屬不可抗力原因，理論與實務上均認為應予繼續居留許可；（二）如以虛偽結婚取得形式上合法婚姻，則屬非法行為，當然應予撤銷居留許可，使其不得續為居留；（三）先有合法婚姻，但處於離婚及長期分居狀態，依日本判決中認為實質已無婚姻之存在，應不具有繼續居留之資格；（四）離婚之情形，是否得繼續居留，除考量婚姻之資格已消失外，另如其育有子女或長期在本國居住，符合必要特殊之情形則可考量許可其居留。

　　憲法上對於外國人居住遷徙自由之保障，限於在國內之居住、遷徙範

---

18 中村睦男等編著，教材憲法判例，北海道大學圖書刊行會，1990年6月3版，第58頁。
19 如不得為與許可目的不符之活動的限制，如擴大此附款條件之解釋，將限制外國人活動之自由。
20 尾吹善人，外國人の基本的人權，ジュリストNo. 483，1971年7月，第24頁。

圍，有關外國人繼續居留權利並不受保障[21]。但對有正當居留原因之申請，原則上應予許可，主管機關之行使裁量權，亦受到一定限制。外國人如仍存在其居留原因，如續受聘僱、學業未完成等，在合理範圍內，應給予其居留延長。有關居留是否延長之規定，一般入出國管理法中未予明定，有主張除具有禁止入國、驅逐出國原因之外，皆應予許可。但法律如作這樣之限縮解釋，對於維持國內治安秩序上，可能有所不利。

我國法律對是否具有「消極原因」而不予延長，法律上並未明定。主管機關在行使裁量權時，可考量該外國人是否仍具有「積極居留資格」，如外國人受聘僱期間已屆；留學目的已達成；被外國公司派遣至我國工作的外國人，其工作已結束等。上述情形，均不再具備原有之「居留資格」。該外國人如有繼續居留之必要，須變更居留資格。有關「消極資格」之部分與外國人在國內的居留活動有關。原則上對於「是否給予居留延長」的決定，所為的行政裁量仍須受合目的性、不違反比例原則等法律原則的拘束。而延長居留雖屬居留主管機關之權限，但從居留許可之附款意涵，應解釋為外國人在國內無構成消極要件之違反法令、或不存在原有居留資格外，均屬有正當理由得予繼續居留。對於具有居留資格之外國人，除其有違反法令原因，否則不得任意拒絕其申請延長居留。居留之許可方式，為一附期限的處分，此機制為採取核准定期居留之方式，其目的在於管理外國人之居留。在一定期間後，檢視外國人的活動與居留目的是否相符，如該外國人無特別違法，且遵守相關法律之義務規定，應予許可。

至於對有違反法令之外國人，是否均不許可其申請延長居留，對此有二方面問題須考量。其一，其所違反法令之行為是否具有嚴重性、反社會性、影響入出國管理秩序之原因，實質上如前述之具有影響國家秩序之違法行為，對其不予以許可，應具有正當性與必要性。二者，因外國人之身分不同，不予許可之原因，亦應有差別。如屬外籍配偶、國民之外籍未成年子女，因有特別保護必要，相對的不予延長居留原因，亦應更加嚴謹。因外國人居留類型與我國實質關係之不同，即所規範事物之本質有所不同，而予以不同程度對待，應合於差別待遇原則。

---

21 高乘正臣、佐伯宣親，現代憲法學の論點─判例から學說へ，成文堂，平成8（1996）年4月，第101頁。

三、居留期間之申請再入國

　　居留中之義務，有屬必須忍受之義務與法律規定屬當事人本身應作為之事項。前者如申請登記外僑居留、捺印指紋；後者屬延長居留之申請、法定居留期限內再入國之申請。外國人居留皆有其特定目的，如依親、受聘僱、就學等。主管機關所許可外國人居留期間，原則上配合其居留目的，一般之居留許可期間，分成1年之內，3年之內之居留原因等期間[22]。即外國人在依原先所申請之居留期限屆滿前，如有繼續居留之必要，應檢附相關之居留原因證明文件，向主管機關申請。另在合法居留期限內，有出國後再入國之需要，亦應在出國前向主管機關申請，以作為簡化入國程序之依據。當事人違反申請延長居留與申請再入國之義務，將構成不同之法律效果。

　　不履行義務與法律效果，常有一定之連帶關係。合法居留期間之外國人，原有繼續居留權利，但在此期間有出國後再入國需要者，亦有申請許可之義務。此義務之規定，亦為出入國管理行政之一環。理論上，再入國亦為憲法保障外國人之居住遷徙權利範圍，惟為防止危害國家利益、安全與國民福祉，得容許對其限制[23]。另外國人入國後，依其許可居留期間內有權在本國繼續居住，除非有重大違法情形，被撤銷居留資格屬例外。入出國行為與國家管理行政有關，如在此期限內有出國後再入國需要，須於出國期限前，提出申請。本國人民有出國旅行自由，外國人於居留期間內之出國後再入國，亦與旅行自由有關。如具有永久居留權者，其出國後再回到居住國，應屬當然的權利，理論上應不需再申請許可。課予外國人申請義務，主管機關同時有裁量決定權力，入出國管理法上同時並未規定何種情形得不許可，從理論上而言，對於有正當原因之申請，原則應予許可。只是再入國期限仍須受到合法居留期限之限制。

　　取得永久居留權之外國人，應毋需申請再入國。有謂「具有永久居留權者，有回到其居留國之自由」，如同世界人權宣言之稱，回到本國之權利[24]。而依世界人權宣言之保障範圍，其內容限於「國籍國」。從今日國際

---

22 詳請參考外國人停留居留及永久居留辦法第9條之規定。
23 森本精一，憲法解釋ノート（人權）1，法學書院，1996年9月，第20頁。
24 請參考芹田健太郎，永住權者の再入國の自由，收於氏著，永住者の權利，信山社，1991年11月，第202-239頁。

世界上人員交流頻繁，外國人在國內長期居住人數亦多，外國人常以居住國為其生活或工作中心。規定外國人申請再入國目的，應只是確認外國人入出國資料與居住期間之管理目的，除有特殊情形外，一般皆應許可。如未申請再入國許可，違反法律所規定之義務，理論上於外國人再次入國時，須再重新申請入國許可（簽證）。我國實務上做法，對於再入國申請亦有放寬情形。許可白領階級外國人於其申辦居留證時，如有再入國需要時可同時辦理，增加其便利性。對外籍勞工之再入國申請，亦採取每年二次或三次給予其再入國許可。另一方面，永久居留外國人在保持其永久居留資格身分時，得自由出入國。因永久居留外國人身分有如國民一般，自然對其所課義務與一般外國人，亦有不同。

四、小結

居留資格為外國人入國居住之原因，法定之居留資格，可由國家自由訂定。居留簽證之主管機關為外交機關，而外國人入國後之登記、管理事項，為入出國及移民署。從今日國際間對外國人入國，已採取原則許可，例外禁止之方式，原則已放寬外國人之居留資格範圍。但依國家人口政策與保障國民就業機會，對於外國工作者，有較大的限制。從國家採取之接受外來人口政策而言，居留資格或原因之範圍，仍為一個國家所採取之門檻。

我國外國人居留資格之主要依據，有外國護照簽證條例及其施行細則、入出國及移民法、就業服務法等相關規定。居留資格為外國人入國之積極條件，從機關組織管轄權限而言，主管機關應對外國人之居留資格，明確列出其範圍並配合國家的移民與人口政策，訂定適當的外國人居留資格。另一方面，發展國家經濟為各國共同之重點，我國亦不例外。對於投資與受聘僱原因之居留，依入出國及移民法規定，不予限制其名額。早期對依親居留者，則每年有配額之限制。因外國人之家庭團聚權，屬國際人權條約及憲法上權利。如對國民之外籍配偶、未成年子女，應不得限制其入國居留。入出國及移民法屬於法律層次，亦應受到國際人權條約及憲法上所保障之基本權利的拘束。另有關難民之庇護，依我國法制目前尚未立法通過，只能為個案處理。因難民未經申請許可，以往亦有將其視為非法入國者。如果將難民視為偷渡犯，對於屬國際人權層次權利之保障，我國做法將不符國際法上之難民地位公約所規定之原則。

有關外國工作者的居留，特別是外籍勞工之入國工作。其一方面對居留國家經濟發展有很大幫助，另一方面其入國工作會影響國民就業機會，法制上往往予以特別限制在特定工作項目內。除其之工作項目與期間，依據法律為限制外，其他之個人基本權利，原則上仍與一般居留之外國人相同，不應受到違法、不合理或不公平對待。許可外籍勞工入國工作之名額，與國家經濟發展有關，勞工主管機關有其裁量空間，惟一旦核准其入國，並應保障其基本權利，特別是應避免對其生活作過多限制，或有不合理勞動條件或要求居住配合條件過於嚴苛，或訂有可任意隨時解僱契約等情形，將有違憲法保障外國人基本權利精神。

對於被認為不符合居留資格受不利處分之外國人，是否得提起救濟，當視具體情形而定，原則上國家有訂定居留資格範圍之權力，外國人不符合法令居留資格，除明顯不符外，亦可能為行政解釋或認定上的不符。另一方面，如外國人所屬國家與我國訂定條約，其效力應高於居留之法律，我國自有義務依條約接受特定外國人之居留。如外國法人之代表人、經理人為執行業務必要之入國。外國人依居留形態區分，亦應有不同對待。如其已取得永久居留權，其相關權利在不違反權利性質（參政權或其他法律特別限制）限度內，宜準用對於國民之保障。設定居留資格門檻與範圍與國家人口政策，有密切相關。除人口政策考量外，另亦應遵守國際人權、人道與家庭團聚、國際法慣例原則。此從我國憲法條文明示外交應遵守國際條約、採取國家間互惠平等原則，亦可得知。

雖然訂定居留資格，國家有自由裁量的權力，但此裁量亦非無限制。其限制之依據，主要在於遵守國際人權條約與憲法。於此，可說立法裁量與憲法要求，屬二個不同層次之權力作用與規範。理論上如認為外國人居留資格規定，屬立法裁量範圍，則無適用違憲審查之可能[25]；因此而任意規定外國人的居留資格，限制其權利、或可恣意剝奪其合法居留權益，將致無法提出救濟或請求違憲審查。基於維護現代國家法秩序與保障外國人人權考量，應認為此亦受到憲法制約，可適用違憲審查之範圍。從入出國管理行政而言，明定外國人居留資格之範圍，從組織的管轄或外國人居留活動的明確性或法治行政的效率而言，有其必要性。一般或長期居留之外國人，為外國人行政

---

25 日比野勤，外國人の人權(2)，法學教室No. 217，1998年10月，第48頁。

之核心，對其居留原因與活動及相對應的基本權利保障範圍，有必要予以法制化、體系化。其中具有永久居留資格與類似國民的外國人（新住民），因其實質關係與生活重心已在我國，對其權利保障應予重視或準用國民之對待，在法令上不宜對其居留資格作過多的限制。

參、居留中與身分登錄有關之義務

一、概說

外國人的活動與居留資格，具有密切不可分的關係[26]。對於外國人在國內居留之規範，通常分為作為義務與不作為義務二種。前者之作為義務，為須配合法令之規定，登記其身分與工作、居住關係等基本資料[27]。後者之不作為義務，為其活動須遵守居留地法律，不得有違法行為之謂。外國人經許可入國居留，基於服從國家領土管轄權力，必須如同國民遵守有關法令的規定。另外針對外國人之特別法中，亦有對於外國人特別的規定要求或限制其活動範圍。國家許可外國人入國居住，為依據外國人入出境法律授權，在得以許可範圍許可外國人入國居留。此項權利並非外國人得以主張或其當然的權利；即外國人受許可居留後，負有遵守相關規範之義務，其入國後的行為，不得有違反法令、危害公共秩序或善良風俗或其行為與原先申請居留目的不符情形。

外國人為憲法所保障之基本權利主體，依權利性質說認為基本權利所保障之範圍，除其性質賦予外國人有顯不適當者外，外國人亦當然受憲法之保障[28]。依國家法令規定對個人行為的規範，國民有遵守之義務；此部分外國

---

26 坂中英德、齋藤利男，新版出入國管理及び難民認定法逐條解說，日本加除出版，平成9（1997）年8月，第441頁。

27 有關護照與居留關係之判決，如臺北高等行政法院92年度訴字第1453號判決。入出國及移民法第31條第1項規定：「外國人停留或居留期限屆滿前，有繼續停留或居留之必要時，應向移民署申請延期。」外國人欲取得我國居留資格，必須持居留簽證之「有效」護照或旅行證件，逾期護照並非有效之護照，無從藉此取得我國居留許可，自亦不得藉此申請外僑居留證。

28 日比野勤，前揭文（註25），第43頁。

人與本國人，基於領土主權之原理，外國人亦應遵守及有服從義務。另基於
特殊目的之需要，法律有對於外國人之特別規定與要求之義務（如限制私法
上所有權）。前者指因事務性質上的不同，而為不同的規定，例如外國人須
申請外僑居留證之規定，程序上其必須於入國15日內申請。後者指法律上的
特別義務或限制，指對其有特別負擔之規定，課予其另外的義務，如稅捐、
保證金或對土地、船舶、航空器所有權之特別限制。本章有關外國人居留中
的規範，大都屬於前者範圍，即為維持治安秩序需要，要求外國人另外遵守
相關規定。有關作為義務之部分依我國法制，目前主要為課予外國人申請居
留證、捺印指紋、必要時之申請延長居留與再入國、攜帶居留證等。

二、須於期限內申請居留證

外國人之居留證，有如國民之身分證件。主要為行政管理上資料正確性
之所需，而要求外國人申請登錄相關個人資料。外國人入境居留原因，依各
國所訂定之種類與資格，有所不同。我國主要依外國護照簽證條例及其施行
細則與入出國及移民法之規定為主。而申請居留證之原因，亦限於上述法令
所規定之範圍。

（一）要求申請居留證之目的

外國人之身分資料不同於國民有戶籍登記，因此，規定外國人須登記之
制度，亦應合於法律之目的性、必要性及相當性範圍[29]。即為確定居留中外
國人的身分與居住關係，外國人必須依規定於入國後一定期間內，向主管機
關申請外僑居留[30]，其目的在使主管機關可得知外國人居住與生活情形及

---

29 植野妙實子，外國人登錄原票の登錄事項確認制度の合憲性，平成九年度重要判例解說，ジュリストNo. 1135，平成10（1998）年6月，第6頁。

30 申請居留證相關程序及規費之依據，屬法規命令具有合法性之判決，如臺北高等行政法院92年度訴字第1453號判決。入出國及移民法第35條授權訂定之「外國人停留居留及永久居留辦法」，其母法授權之目的、範圍與內容已屬具體明確，符合前揭司法院釋字第402號解釋理由書授權明確性之意旨，而該授權訂定之外國人停留居留及永久居留辦法，亦係為達成統籌入出國管理、確保國家安全、規範移民事務及落實移民輔導之立法目的，不僅牽涉國家主權之行使，更涉及國內外整體社會條件與結構之判斷，實不宜強由法律鉅細靡遺規範，而應許於符合授權明確性之前提下，由行政機關補充訂定。是外國人停留居留及永久居留辦法，乃主管機關內政部，於符合授權明確性之前提下，考量國家主權及國內外整體社會條件與結構，為求確實統籌入出國管理等而補充規定者，無悖於母法之授權意旨與立法精神。

工作地點。外國人依憲法保障之居住遷徙自由權利，在國內亦有選擇居住處所及遷徙居住處所之自由。居留處所包括住所、居所或目前事實上居住之地方，並僅容許登記實際居住之處所[31]。並要求如外國人在國內遷徙新處所，依法須向主管機關為變更登記。因對於居留中之外國人，國家有保護外國人之生命、身體及財產安全。另雖然在國內之居住遷徙自由為外國人之權利，惟為維護公共秩序必要及對於外國人的管理，可依法律為必要規定對其姓名、居住地等要求登記[32]。

確認外國人身分之目的，在於因外國人與我國之關係，不如國民般的密切。可能因文化、語言不相容而產生秩序維護與社會治安的問題。依國際習慣法原則，外國人並無進入其他國家的權利，除條約、國際協定外，居住地國家之法律，有權規定外國人的入國資格。因此，外國人之居住，即以受許可入國為其前提。外國人入國形態，依居住期間可分成短期、長期、永久居留。依入國原因，可分成觀光旅遊、經濟目的、工作、家庭團聚、留學、文化事務、政治難民等。國家所屬的國民，有入國、再入國及自由居住的權利，並對國家得以主張其居住權利。但是，如屬無居住年限限制之取得永久居留權的外國人，即與我國有密切的相關，在法律規範上即應有如國民加以對待。其是否有再入國的自由，有肯定與否定的意見。原則上永久居留權者，如保留其永久居留身分，其再入國應不須受到許可；但如因超過一定期間，未在我國居住致喪失其永久居留資格，其再入國即須再重新申請。因此，身分登錄與外國人行政或其在我國活動有密切相關。

居留登記為外國人入國管理行政之一環，合法入國之外國人有義務須為登記。但法律層面之居留與憲法之居住自由，仍有區別。依日本通說及判例，認為無居留權的外國人，未必即屬明顯的無居住自由的權利。有判例認為在日本領域內的外國人，都應該有居住的自由。儘管通說及判例所謂「任何人」及「國民」，可各依其文義或從權利性質上來界定，是否保障外國人的權利，在判斷上一般也以「權利性質說」為基礎。但是，如在憲法上規定對「任何人」都予保障的權利，而對於外國人有不予保障的不成文制約原

---

31 兼子仁、関哲夫編著，自治体行政法事典，北樹出版，昭和62（1987）年6月，第66頁。
32 岡田照彥，外国人の法的地位—その在留管理を中心に—，ジュリストNo. 451，1970年6月，第74頁。

則，將違反立憲主義[33]之精神。對於特殊情形雖不合於居留資格的外國人，從憲法理論亦得經過一定法院或主管機關認定程序，取得居住權利。

外國人居留期間如逾期未申請居留證，依法構成行政罰責[34]。對於未經合法入國或居留外國人，是否有申請居留證之義務，在外國判決與理論上亦引起討論。因法律課予居留中之外國人，有申請居留證義務，主要在明確外國人的居住原因與居住身分關係。依此而言，從居留行政立場，每位外國人都有申請之義務；但是，對非法居留之外國人，因無居留原因資格依法不得居留，如果亦課予其有主動申請義務，將使其被查知有違法居留情形，因此解釋，似有違反「期待可能性」之問題，或有違反不自證己罪之原則。從規範之罰責而言，其違反居留之行為，應比違反申請義務之處罰為重，一行為違反二種罰則，採從重主義亦可化解在解釋上之疑義問題。

一般對於行政上義務的規定，其要求應採取最低限度或不得已做法。依我國法規定為取得居留資格之外國人，有申請之義務[35]，不含非法入國之外國人。未經許可入國之外國人，為違反入國許可之行為，依入出國及移民法之規定有行政刑罰之罰責。另外，居住自由與居留登記的關係，有學者指出對於日本憲法中的「居住自由」內容，應有必要進一步使其明確。向來一般的解釋，對於居住、遷徙自由其中所謂居住自由之意，應屬於「依自己的意思決定或變更住所或居所自由」之意。「所謂保障居住、遷徙自由之意，為個人各居住於依其所喜好之處所及有關其變更住所，不受公權力干涉及妨害之意。[36]」外國人在國內遷徙除登記方式與國民不同外，一般在無特殊情形

---

33 近藤敦，前揭書（註11），第273頁。

34 持停留簽證之外國人在符合一定條件情形下，亦得改辦居留簽證，如行政院經濟建設委員會86年4月17日（86）外領二字第8603008672號函：「為配合推動『發展臺灣成為亞太營運中心計畫』，業自上（八十五）年十一月一日正式實施跨國企業聘僱外籍人士在華改辦居留簽證措施，為簡化非跨國企業聘僱外籍人士來華工作之居留簽證手續，同意自本（八十六）年五月一日起試辦一年，非跨國企業聘僱之外籍人士（外籍勞工除外），得檢具左列文件向本部申請將原持駐外單位核發之停留簽證在華改辦居留簽證（依規定，以落地簽證或免簽證方式入境者均不適用）：（一）非跨國企業之雇主於外籍人士來華前已擬聘僱之證明函。（二）目的事業主管機關之聘僱許可函正、影本。（三）護照（效期六個月以上）。（四）提出申請時無非法停留情事。」

35 有關認為不符合法居留之判決，如臺北高等行政法院91年度訴字第2571號判決：「查入出國及移民法第十六條第二項適用之對象為該法施行前已入國之泰國緬甸或印尼地區無國籍之人士，原告並非上述三地區之無國籍人士，自無適用之餘地。」

36 近藤敦，前揭書（註11），第278-279頁。

考量下，對其居住遷徙之保障應與國民相同。

（二）申請登錄形式

國家核發簽證、入國查驗、申請居留證，為外國人入國之三個基本程序。外國人入國原因，國家得自由決定。依國際法原則[37]對外國人地位之規範原則，國家應以法律規定，且排除、禁止入國、驅逐出國之外國人範圍，應以有正當原因為限。外國人入國居留，應含有積極之取得入國原因資格。此簽證上之居留原因，亦應與居留申請登錄之原因相同，並作為外國人在國內活動之主要範圍。登錄之形式，其項目範圍包括，居住處所、具體親屬的關係、居留期間、工作內容、聯絡電話方式等[38]。外國人入國後之相關活動及目的，管轄上與其他目的事業主管機關亦有相關，其工作或活動之範圍，應遵守目的事業主管機關之規定。

申請居留證，指在期限內有主動向主管機關登記之義務，同時主管機關依法核予一定期限之居留許可證明。除有法定原因外，例如非法入國、逾期居留、持虛偽證件、有重大違法行為，不得給予其居留證。對一般合法入國之外國人，主管機關應無不予許可或不發給居留證之理由。依一般理論而言，許可為禁止之解除，一般在未許可前，均屬於禁止之狀態。但是許可居留雖依法律課予外國人有申請之義務，惟主管機關為許可裁量之時，應受到一定之拘束。

（三）申請之相關程序規定

依上所述外國人申請居留證，實質上屬於登記之性質，除特殊原因外，主管機關皆應核發居留證明。從確認本人身分關係之必要，應由本人親自辦理為原則；申請之後，為確認申請人之居住處所，亦應加以確認。外國人欲長期在我國居留，其期間超過6個月以上者，須取得居留簽證[39]。另外短期觀光者，因持停留許可簽證，或免簽證國家國民或落地簽證國家國民

---

37 請參考山下潔，定住外國人と國際人權法，收於氏著，人權擁護三十年—人間の尊嚴と司法，日本評論社，1997年10月，第224-238頁。

38 兼子仁、関哲夫編著，前揭書（註31），第66頁。

39 依外國護照簽證條例施行細則第11條：「本條例第十一條所稱長期居留，指擬在我國境內作起過六個月之居留者。駐外館處簽發之居留簽證一律為單次入境，其簽證效期不得超過六個月；持證人入境後，應依法申請外僑居留證……。」

之入國停留，則不需辦理居留證。一般外國人欲在我國長期居住（超過6個月），除外交人員由外交主管機關造冊送由主管機關辦理外，均須申請外僑居留證。

　　申請外僑居留證[40]，為合法居留之要件。未申請外僑居留證者，構成違反行政罰之效果（違反入出國及移民法第85條）。主管機關得通知當事人限期補為申請，在未另為通知之前，是否可逕予處罰或主管機關有無通知之義務問題，應可分開觀察。一者，因法令有明文規定，須在期限內為申請之義務，逾越期限即構成罰則之要件，此部分與主管機關之通知，應可分開處理。二者，縱然外國人不在期限內申請，其不作為已構成行政責任，另外主管機關亦有通知其限期登記之義務。此從行政程序之效率與正當原則考量，自應如此。另從住民登記行政目的與主管機關之關係而言，只要事實上居住於地方之所在地即已構成，不問自然人與法人、本國人或外國人，而有不同[41]。

　　依行政程序法第3條第2項第2款規定：「下列事項，不適用本法之程序規定：……二、外國人出、入境、難民認定及國籍變更之行為。」所考量的為因外國人出入境具高度政治性，因此行政程序法第3條第2項第2款規定，該事項不適用該法之程序規定，以賦予行政機關較大之自由裁量形成空間[42]。或可解釋為外國人入出境及居留事務，究與本國國民之出入境有所不同，在行政程序對應下，有必要為另外的程序規定方式，始能維護國家安全與主權。如上述在裁罰處分之前，並不適用行政程序法之通知規定。惟外國人未於期限內申請外僑居留證，並不得予以註銷或撤銷居留資格，撤銷居留資格影響重大，須符合法定原因始可為之。

---

40 外國人持有外國護照並持有「入境簽證」、「入境許可證」、或「重入境許可證」來華經查驗站查驗合格並在護照內蓋有入境查驗章者，始得向警察機關辦理外僑居留證，准予在華居留。其居留期限在外聘居留證內有明確記載，本案如係以在中華民國有居留處所者，似應憑外國護照及外僑居留證為其證明文件。參見內政部警政署64年1月21日（64）警署外字第134號函。

41 兼子仁、関哲夫編著，前揭書（註31），第63頁。

42 有關行政行為須受司法審查之判決，如：「但並非謂行政機關就該事項所為之判斷，均不受司法審查；此揆諸上揭訴願法第一條第一項及第十八條規定自明。本件原告申請居留簽證，遭被告否准並註銷其前申獲居留簽證，原告不服，依上揭規定，自得提起行政爭訟，請求救濟；至被告基於國家高權地位，為否准居留簽證申請及註銷前居留簽證之行為，有否行政程序法之適用，乃另一問題。」臺北高等行政法院92年度訴字第4830號判決。

　　依報載移民署將依入出國及移民法第29條及第36條,警告兩位福島反核朋友因參與合法集會遊行,限令於7日內離境,並取消免簽證待遇。430向日葵廢核行動在得知消息後即與律師研商,瞭解此事件法律爭議,並提出以下說明:入出國及移民法第36條(舊法)規定:「外國人有下列情形之一者,入出國及移民署『得』強制驅逐出國:……六、違反第二十九條規定,從事與申請停留、居留原因不符之活動或工作。……。」顯示行政機關在法律詮釋上有其裁量權限,行政機關仍應視來臺的外國人,違反第29條情節輕重來決定之。在本案的情形,福島的居民來臺參與430反核電,該遊行是經合法申請的集會遊行,二位日本朋友亦未有任何暴力及違反公序良俗的情形,行政機關在行使第36條的行政裁量時,必須將前述的情形一併考慮,以免有裁量濫用的情形發生,法規之所以會規定「得強制驅逐出國」,就是讓行政機關在行使裁量權時仍得視實際情況予以斟酌。依據行政程序法第102條一般性的規定:「行政機關作成限制或剝奪人民自由或權利之行政處分前,除已依第三十九條規定,通知處分相對人陳述意見,或決定舉行聽證者外,應給予該處分相對人陳述意見之機會。但法規另有規定者,從其規定。」仍應給當事人陳述意見之機會[43]。主要為因行政程序法第3條第2項第2款規定,外國人入出國事項不適用該法之程序規定,以賦予行政機關較大之自由裁量。

　　與上述問題相關者,外國人出、入境之事項,是否包括居留登記、申請範圍?從權利性質上言,外國人不能主張入境及繼續居留之權利,該二種權利之性質,有其相類似之處。決定准許入境與決定准許繼續居留,均具有國家主權行為之屬性。惟此決定權之行使,仍應遵守法治國家之依法行政原則。程序上之特定事項,如無法依一般行政程序法之規定,事先公告、通知、給予陳述意見、聽證等做法,但仍應有相對應之適當程序為依循。在無特殊之處,仍應比照適用行政程序法之規定,如申請期間、不許可處分前之給予說明理由等。對此在受理外國人居留事務方面,宜有進一步之法令明確規定。

---

43 430向日葵廢核行動針對福島反核朋友遭移民機關警告一事之聲明,苦勞網,https://www.coolloud.org.tw/node/60725,瀏覽日期:107.8.28。

（四）受理申請之機關與職權

早期在移民署成立前，有關外國人停留、居留事務之委辦，由警政署委託直轄市及縣市政府警察局辦理。此項機關之間的權限委託關係如何？亦產生疑問[44]。今依內政部移民署組織法第2條第1項：「本署掌理下列事項：一、入出國、移民及人口販運防制政策、法規之擬（訂）定、協調及執行。二、大陸地區人民、香港或澳門居民及臺灣地區無戶籍國民入國（境）之審理。三、入出國（境）證照查驗、鑑識、許可及調查之處理。四、停留、居留及定居之審理、許可。五、違反入出國及移民相關規定之查察、收容、強制出國（境）及驅逐出國（境）。六、促進與各國入出國及移民業務之合作聯繫。七、移民輔導之協調、執行及移民人權之保障。八、外籍及大陸配偶家庭服務之規劃、協調及督導。九、難民之認定、庇護及安置管理。十、入出國（境）安全與移民資料之蒐集及事證之調查。十一、入出國（境）及移民業務資訊之整合規劃、管理。十二、其他有關入出國（境）及移民事項。」有關移民署之調查與檢查、留置職權，必須有作用法上之明確依據，在入出國及移民法中，已有相關規定。

三、要求有捺印指紋之義務

利用指紋為辨識個人身分之一種重要方式，而依法事先要求當事人捺印指紋，於有需要時再行比對本人之指紋，是確認當事人身分，最有效的一種方法。但是一般人對被國家採取指紋，內心會有一種不愉快感覺。因為對於採取指紋之依據、方法及程序無法充分瞭解。通常只知道，如無犯

---

44 法務部有如下解釋：「按入出國及移民法第二條第一項規定：『本法之主管機關為內政部。』該法施行細則第六十四條第三款規定：『內政部依本法第二條第二項設移民署前，依下列分工方式執行本法規範之入出國及移民業務。三、外國人入出國、停留、居留、永久居留、收容管理及驅逐出國：由內政部警政署辦理，或由其委託直轄市政府警察局、縣（市）警察局辦理。』依行政程序法第十五條規定將該等業務另行委由各直轄市、縣（市）警察局辦理之問題。來函所述情形，核屬不同行政主體（公法人）間之權限移轉，揆諸前揭說明，尚不涉及行政程序法第十五條規定之適用。按行政程序法第十五條第一項及第二項規定：『行政機關得依法規將其權限之一部分，委任所屬下級機關執行之。行政機關因業務上之需要，得依法規將其權限之一部分，委託不相隸屬之行政機關執行之。』分別係指行政機關依據法律、法律具體授權或概括移轉所屬下級機關或同一行政主體（公法人）不相隸屬之其他機關而言。又上開規定所稱『委託不相隸屬之行政機關』，依學者通說認為係指同一行政主體之法人不相隸屬機關間之委託情形。」法務部93年7月21日（93）法律字第0930028195號。

罪嫌疑，應該無此方面之問題[45]。而為辨別外國人的身分，防止外國人非法偷渡入國[46]、犯罪或有不法行為時之核對身分，依入出國及移民法第91條規定：「外國人、臺灣地區無戶籍國民、大陸地區人民、香港及澳門居民於入國（境）接受證照查驗或申請居留、永久居留時，移民署得運用生物特徵辨識科技，蒐集個人識別資料後錄存（第1項）。前項規定，有下列情形之一者，不適用之：一、未滿十四歲。二、依第二十七條第一項規定免申請外僑居留證。三、其他經移民署專案同意（第2項）。未依第一項規定接受生物特徵辨識者，移民署得不予許可其入國（境）、居留或永久居留（第3項）。有關個人生物特徵識別資料蒐集之對象、內容、方式、管理、運用及其他應遵行事項之辦法，由主管機關定之（第4項）。」蒐集生物特徵，包括捺印指紋，本捺印指紋規定目的，主要為預防性的蒐集外國人指紋資料，建立外國人之指紋檔案，屬預防危害性質之作用，如有需要再予執行比對。依上述規定，法律明確要求申請居留證之外國人，一定要接受捺印之義務，且亦有明確之法律依據。在解釋上，可得知符合法律保留、法律明確性要件。

有關早期課予外國人登錄義務的規定，日本法院也大都判斷其為合憲。即使在對於捺印指紋所提出之訴訟，亦予以駁回，而認為該規定合憲[47]。我國實務上對於捺印指紋之執行，依外國人管理行政，主管機關有很大的裁量權，對於白領之外國人一般對其入出國與居留之管理政策，即很寬鬆；且未執行捺印指紋之規定。是否執行捺印指紋，在法律上並未明確授予裁量權，但實務之執行上，卻有選擇執行之現象。而依人的指紋來辨別其身

---

45 大沼保昭，「ひとさし指の自由」のために，收於氏著，新版單一民族社會の神話を超えて—在日韓國・朝鮮人と出入國管理体制，東信堂，1993年9月，第278頁。

46 有關外國人與本國人在捺印指紋上之不同考量，司法院大法官釋字第603號林子儀大法官協同意見書稱：「……美國於九一一事件後，要求入境美國之外國人須按捺並錄存指紋始得入境，以及於二○○六年將有四十餘國採用記載持照人生物特徵之護照等事例……然而並非所有涉及錄存生物特徵的身分證件，均得作為本案之佐證。首先，為入出境管制及國境安全之目的，針對外國人蒐集生物資訊；與基於不特定的人別辨識需要，蒐集全國人民之生物特徵，係不可相提並論之二事。國境管制較諸於國民的一般身分辨識有更高的需要、更明確且狹隘的適用範圍及更多的自主決定空間，因此也較具有正當性。……而且辨識不同國家國民的照片，通常比辨識本國人民的照片難度更高。是為確保國境安全，試圖藉由護照加註生物資訊的方式減輕對外國人的入出境管制負擔，是比較具有正當性的。」值得重視與參考。

47 日笠完治，外國人登錄法における登錄事項確認申請制度の合憲性，法學教室，判例セレクト98（憲法），第3頁。

分，是一個重要的方法。相較於相片、簽名，似更具確定性；但是辨識指紋，須依賴辨識之機器，始能達成。另對於指紋之捺印，自古以來人對被強制捺印指紋，即有干預人性尊嚴、個人不被尊重之感覺，或可能被當成嫌疑人之對待一般。因此，依國家法令之規範，原則上不輕易要求人民有捺印指紋之義務。有關外國人指紋權利之保護，亦應受到同等之對待。

從指紋之權利性質，屬於具有隱私、人格與個人資訊自決權之本質，對其之保護程度，因屬精神自由權之範圍，對其之保護程度，應與本國人受到相同之對待。依上所述我國要求外國人捺印指紋之義務，雖符合法律保留、法律明確性原則，但是有關立法目的、立法比例原則、平等原則、資料使用限制、保存限制、違反保管規定責任等均有待進一步規定或探討。

我國隨著國際經貿活動持續增加，商務與觀光入出境人數與日俱增，非法移民與跨國犯罪分子也相對增加，國境查驗工作面臨挑戰。查驗官受限肉眼查驗無法完全精確，內政部入出國及移民署（以下簡稱移民署）建置「外來人口個人生物特徵識別系統」（Biometrics Verification System），業於102年新移民節（12月18日）在高雄小港國際機場開始試營運，整合外來人口入境基本資料，並錄存臉部影像、指紋特徵，有效輔助查驗正確性，防範類似美國911、波士頓爆炸案等恐怖攻擊事件再度發生，移民署運用生物特徵辨別科技進行人流通關過濾，有效保障國家安全[48]。

四、須隨身攜帶居留證

為明確外國人的身分，除課予申請居留證、捺印指紋的義務外，另亦要求外國人須隨身攜帶居留證，以備查驗。在國內生活，外國人有行動之自由，可以參加相關活動、從事休閒、旅遊等行為，課予外國人隨身攜帶居留證明，是否會干預外國人外出自由活動權利。對此，亦有學者質疑，法律規定要求外國人隨身攜帶居留證及有出示的義務，已侵害個人的人格權[49]。

國民除從事特定行為，如駕駛車輛有攜帶駕照義務外，一般生活之外出

---

48 林逸塵，內政部入出國及移民署「外來人口個人生物特徵識別系統」簡介，https://ws.ndc.gov.tw/Download.ashx?u=LzAwMS9hZG1pbmlzdHJhdG9yLzEwL1JlbEZpbGUvNTU2Ni83NzYwLzAwNjI5MzhfMS5wZGY%3D&n=cGFydDIucGRm&icon=..pdf，瀏覽日期：112.8.15。
49 小野幸治‧武村二三夫編，外登証常時攜帶制度と人權侵害，日本評論社，1987年12月，第80頁。

並無強制要求攜帶證件之義務規定。國民之身分登記，為依戶籍法規定，一般有個人基本資料、出生、死亡、遷徙、親屬身分登記等要求。如違反登記者，並課予行政罰責。外國人在我國居留，依法律規定與一般對本國國民有所不同。對其身分確認或瞭解，有其特別的規定需要。要求攜帶居留證義務與正確外國人資料目的，有密切相關[50]。依實務上查察居留外國人做法，區分成「住宅及工作場所查察」與「一般查證身分」。依就業服務法規定，主管機關得查察特定外國人工作之處所，業者不得拒絕。因「工作場所」之法律性質與住宅有所不同，因其具有公開之屬性，主管機關可依勞動目的、聘僱關係而為查察，以瞭解是否符合及遵守有關工作安全、勞動法規規範。如對查察外國人居住處所，則應遵守法律保留原則，應於不妨害外國人居住安寧之限度內實施。有關對外國人居住處所之保護，屬居住自由權之範圍與一般本國國民受保護程度，應屬相同。

法律課予外國人隨身攜帶居留證義務，不代表公權力可隨時、任意檢查。原則上，公權力之實施仍須有正當、合理懷疑原因為限。如在公共場所或公眾得出入場所，查證相關外國人身分，亦應遵守此原則。依入出國及移民法之規定，外國人有隨身攜帶居留證之義務，但此並非指行政機關人員可任意查察外國人之身分。對於在國內居住之外國人其一般精神自由、行動自由，受保障程度應與本國人相同。在公共場所執行查察、要求出示證件之要件，應有類似如「警察職權行使法」第6條規定之特別授權[51]，在遇有可疑

---

50 居留證與駕照皆可作為身分識別之用，但二者之目的並不相同，相關訴願決定，如：「研商外籍、大陸人士考領本國駕照後其駕照期限規定等事宜」會議結論，按其性質，既非法律，亦不屬法規命令，其內容又與前揭道路交通安全規則第52條第1項規定有間，原處分機關何能持該會議結論內容與法令不符部分憑為核發駕駛執照之依據？則原處分機關以前揭會議紀錄憑為本件處分之依據，是否違反法律保留原則？容有檢討必要。雖原處分機關訴願答辯指稱，現今有部分外籍人士居留期限已屆滿，仍長期非法滯留本國，並以所持駕駛執照作為身分憑證，企圖規避警政機關查察，造成社會治安死角，基於駕照管理目的及維護國家安全考量，駕照核發有效日期，以居留證期限為準云云，惟查駕駛執照其管理目的即在於維護交通安全，與居留證用以規範外國人士居留期間甚或藉以維護國家安全，係屬二事，原處分機關執此為由於駕駛執照有效日期對外國人採取此項限制措施，有無違反不當聯結禁止原則，亦有商榷餘地。綜上各節，原處分機關以「駕照有效日至居留證屆滿日止」限制訴願人考領駕照之權益是否妥適，即有重酌之必要。交通部90年3月7日（90）交訴字第02199號訴願決定書。

51 入出國及移民法修正草案總說明：「十五、為維護國家安全，增訂入出國及移民署人員辦理入出國查驗，調查受理之申請案件，查察非法入出國、逾期停留、居留，從事與許可原因不符之活動或工作及強制驅逐出國案件，得行使暫時留置、面談、詢問、查證身分、查察登記

情形，認為有查證身分之必要時始得為之，以免恣意侵害外國人權利。

法律對於外國人特別規定有攜帶居留證義務，且對違反者處予罰鍰，是否有違反憲法平等原則之問題。有學者認為一般法律規範，皆無視外國人與國民之實質上差異，僅規定「對在我國居住的所有外國人，有必要依規定程序管理」。[52]所謂平等權之實質內涵，應容許為合理差別待遇；對事物因其本質之不同，可依其差別合理性，為不同待遇規定。對攜帶居留證之義務規定，於其執行上亦應遵守相關法律原則，不得恣意為之。

肆、居留中相關行為義務及活動限制

不問是屬於本國人與外國人，凡在國家領域內之自然人，國家具有統治的排他權力，依國際習慣法原則，對於在國家領域內外國人的地位與待遇，國家得在憲法之下，依國內法自由規定[53]。

一、居留中外國人之自由與規範概說

外國人居留期間，除依法令規定有申請居留證、捺印指紋、攜帶居留證等義務外，另有關其活動、工作與行為，亦須遵守法令之範圍。憲法所保障之自由權利，原則上外國人亦得享有，國家法令不得任意為不合理的限制；限於在符合憲法立法比例原則下，始得為必要限制。為維持國內治安、秩序與保障國民就業機會，對於外國人的活動、行為範圍，原則限定須與其居留資格相關，另其資格外之「工作」，原則上須經過主管機關之許可。

從國際間交通自由之趨勢，各國國境線已日趨模糊；基於保障人權、擴展國際交流、遵守國家間互惠原則下，對於外國人之入國、居住，已大幅放寬其要求與相對地保障外國人人權。外國人與國民間，有關基本權利享有的差異性，外國人受限制者，一般有入國、居留自由、參政權、社會權。依照

及使用戒具或武器等職權，其職權行使之對象包含大陸地區人民、香港或澳門居民。（修正條文第五十一條至第六十條）」，http://www.ey.gov.tw/public/Attachment/20050822170856390.doc，瀏覽日期：96.1.24。

52 齋藤靖夫，外國人と平等，公法研究45期，有斐閣，1983年，第93頁，註11之意見。

53 畑野勇等，外國人の法的地位—國際化時代と法制度のあり方，信山社，2000年12月，第305頁。

外國人居住之類型，有謂外國人具有「永久居留權」者，對其基本權利之保障，應有如本國國民一般，不能過度限制其行為與活動自由。因限制外國人的活動，已干預外國人的行動、表現自由。從國家行政立場而言，外國人入國活動內容，須符合其居留目的範圍。但是居留目的、資格，往往只是申請時所為之主要活動代表，其他有關日常生活、行使基本權利活動，是否應受限制亦有討論之空間。

限制外國人的活動、工作自由，亦應視實際上外國人基本權利受保障程度，對此法令之規範，亦須受憲法之制約。且保障外國人的人權為國際潮流，外國人因其居住、生活關係不同，亦可分成各種的類型。尤其對與本國有密切關係之長期居留外國人，更不能任意限制其基本權利。有日本學者提出區分身分之外國人類型論，即對於外國人，依其實際生活情形，配合今日的秩序與規範必要，訂出妥當的保障其權利或對待的標準。其類型可分為如下：（一）依實際生活情形該個人已成為我國社會一員，與國民過著同樣的生活形態，可稱為「屬社會構成員性質者」；（二）依其個人生活現狀，實際上僅限於在國內，始得生存。給予其生存權保護，有其必要[54]。依以上所述之永久居留權者或難民的工作權，因其實際與國民地位類似或其生存權應受保障，即不應限制其工作權。

限制外國人的活動範圍，主要考量國民的工作機會與治安秩序。外國人因其類型不同，在實體上有很大的差異，法律上僅概括的稱為外國人，須予檢討。分析現行實體法上，加入依與本國實質關係的標準，可分成：1.定住（永久居留）外國人；2.（廣義的）難民；3.一般外國人等三種類型。前述之（一），已具有本國社會構成員的性質；前述（二），有保障其生存權的必要性[55]。因此，對於外國人行為規範，亦需考量其實質類型的相對性。如原則限制外國人之工作權利，即不能皆予限制，對於如屬國民配偶、永久居留權者、難民，其即需在本國長期生活，自需要有自由工作之權利。此與規範一般其他居留目的之外國人，應申請許可始能工作，二者在規範必要性上，有所不同。但有關精神自由權層面之權利，應無區別之必要。因一般外

54 大沼保昭，「外國人の人權」論再構成の試み，收於氏著，單一民族社會の神話を超えて，東信堂，1993年9月，第203頁。
55 大沼保昭，前揭文（註54），第203-204頁。

國人與永久居留權者，皆有表現之自由，此時為法律規範限度如何之問題。

　　近來亦有政黨提出新住民基本法草案，其總說明稱：隨著婚配關係、商業貿易、職涯選擇以及文化交流等因素，使得我國新住民人數日漸增多。根據內政部資料顯示，統計至民國111年6月底止，新住民的人數已經超過57萬人。儼然已成為我國繼閩南人、客家人、外省人及原住民這四大族群之外的新興族群。依據我國「憲法」第二章人民之權利義務第7條規定：「中華民國人民，無分男女、宗教、種族、階級、黨派，在法律上一律平等。」以及「憲法增修條文」第10條基本國策部分，第11項前段，「國家肯定多元文化……」等規定，可知我國憲法以促進族群平等為總綱以及人民之權利規範。憲法增修條文則是將促進多元文化，作為我國基本國策之明文規定。惟，憲法所指之平等為實質之平等，而非齊頭式平等，國家應就各族群狀況、條件以及情形不同，而為有差異之作為。促進多元文化也不應侷限於單一或少數族群，而抱以「泰山不讓土壤，故能成其大；河海不擇細流，故能就其深」之氣度，對於多元文化包容、接納、保存甚至予以發展。是故，偉大的國家都會善待且歡迎新住民，成為離鄉背井人士拼搏與圓夢之地。因此，關懷新住民族群、瞭解新住民語言和文化內涵、建構多元文化公民社會、促進族群交流與和諧，進一步落實族群融合是國家重要的發展方向。基於上述理由，特擬具「新住民基本法」草案以資保障[56]。

二、行為須遵守居留國之法令

　　從領土主權管轄理論，外國人入國後，須服從我國法令、遵守我國有司法管轄與警察維持秩序之權力。外國人之自由與權利，原則亦受到憲法保障。其中自由權為排除公權力介入之不作為請求權，其保障亦及於外國人[57]。遵守一般法令，有二種意涵，其一包括如同國民一般，須遵守國家所規定之法令與相關規定；二者，為遵守對於外國人為特別規定之法令，如上述居留中之特別義務。我國的法令其效力及於我國主權所及領域，即本國之領土、領海及領空範圍。從理論上而言，外國人一進入本國領域後，即應接

---

56 立法院台灣民眾黨黨團擬具「新住民基本法」草案，https://www.lawbank.com.tw/news/News-Content.aspx?NID=186686.00，瀏覽日期：112.8.15。
57 蘆部信喜，憲法學II（人權總論），有斐閣，2000年1月，第151頁。

受本國之管轄。所謂「一般法令」為國家法規範，其在於為維護公共法益之目的[58]，依其性質並具有一定的強制力。從國際禮儀及慣例上，外國人應尊重居留國的主權，對於居留國家之法令，外國人應予遵守[59]。除有治外法權之外國人，如外交官員等有豁免權之外，其他一般外國人，均受一般法令之規範效力所及。遵守居留國法令，相對亦可保障外國人之合法居住地位；另一方面，外國人仍享有一般之自由權利。有關一般法令之規範，仍須受憲法平等原則、法律保留原則、立法比例原則等之拘束。

外國人之基本權利，受較多限制者主要有入國、社會權與參政權之範圍。一般精神自由權利，原則與本國國民同樣受到保障。外國人依一般法令規定，除與本國國民具有同樣義務外，法令對於外國人為特殊限制，應合於有特別目的性、必要性與相當性要件。對於外國人為不同對待，依日本憲法第14條規定：「所有國民在法律之下，應屬一律平等，且無分種族、信仰、性別、社會身分或階級，對於其在政治性、經濟性或社會性關係上，不得有差別的對待。」因前述規定其中並無「國籍」之列舉，有認為對不同國籍之外國人，可以為不同的對待，另有學說認為對不同國籍之人，亦同受平等權的保障。依日本最高法院判決認為憲法第14條意旨，限於在沒有特殊情形下，外國人亦應適用或類推適用平等原則[60]。

外國人是否瞭解一國法令與能否遵守之間，具有相關性。主管機關除於外國人入國前之宣導，入國後提供外國人手冊、設置服務及諮詢中心等，皆屬提供相關規範訊息供外國人知悉、參考。外國人與本國國民具有同樣遵守法令之義務事項，除服兵役外，一般其義務皆與本國國民相同。除短期觀光停留之外國人外，一般工作居留之外國人，亦負有納稅義務。此為一般義

---

58 如2005年8月22日高雄捷運外勞之暴動事件。其因高雄捷運公司僱用的外勞，不滿宿舍管理員禁止他們喝酒，失控放火燒房子，還用石塊攻擊消防員警。捷運公司人員稱因：「宿舍不能喝酒，外勞不高興被管理員制止，失控暴動。」外勞之行為如有毀損或公共危險，已屬違反刑法之行為。另，宿舍管理規則是否屬法令及其規定是否合法？亦值得討論。

59 「按國家之行政法規，對於本國人，不問其在國內或國外均應適用之，至對於僑居本國之外國人，除上開法規明定不適用於外國人，或依國際慣例某種法規不適用於外國人，原則上均適用本國行政法規。本件關於外籍人士於我國主權範圍之領域內，涉及虐待或疏於照顧兒童、少年，違反兒童、少年權益者，參諸前述說明，即就該事件應適用之法規明定不適用於該外籍人士，或依國際慣例有不適用之情形外，原則下均應適用我國法規。」法務部80年12月18日（80）法律字第18908號。

60 阿部照哉、野中俊彥，平等の權利，現代憲法大系3，法律文化社，1984年6月，第37頁。

務規範，包括作為、不作為、忍受及給付事項。同樣的法治國家之法規範，對於人民要求負擔義務，要遵守法律保留原則。法令對於外國人有特別的規定，即與本國國民之規範程度，有所不同。對於該項權利，外國人為被特定的限制。如依歐洲人權公約第16條規定，居住國對於外國人的表現自由、集會、結社自由及相關得為差別對待事項等，即有關外國人的政治活動，得課予相關限制[61]。

三、從事工作之申請許可

工作權屬經濟自由權之一部分，依我國憲法第15條規定，人民之生存權、工作權、財產權，應予保障。而從權利性質說之理論，有關經濟自由權部分，外國人會受到較多的限制。外國人在我國居留，有各種不同原因，國家從優先保障國民之工作機會考量，一般會對外國人予以限制，採取須經過主管機關之許可始得工作。但如屬長期居留者之國民的外籍配偶、獲准居留之難民、永久居留權者，則應予許可或放寬。另屬工作關係上之權利，亦有特定之工作是禁止外國人擔任，亦從考量國家安全或就業政策上之原因。

（一）外國人之工作權與限制

我國憲法第15條雖未如第7條冠以「中華民國人民」之字樣，似未限制外國人之工作權。但平等權是主觀權利，且為複數的權利，換言之，外國人既不能主張平等權，平等權即無從與工作權相結合，其結果即外國人不得主張工作平等權。德國聯邦憲法法院所發展出來之見解，依基本法之明文規定，職業自由基本權主體限於「德國人」，換言之，此種經濟基本權係屬「國民權」，以國籍為要素。外國人或無國籍人之職業活動只能主張基本法第2條有關「人格發展自由」之保障[62]。

工作之目的在提升經濟能力與改善生活品質，在不涉及基本生存權時，性質上屬於社會經濟性權利，原則上授權立法者依社會經濟情況斟酌裁量之。為保障國民之就業工作機會，且為避免吸引過多外來工作者湧入臺灣

---

61 中山勳，基本的人權の享有主体，收於佐藤幸治編，憲法Ⅱ，基本的人權，成文堂，1990年8月，第55頁。

62 李惠宗，憲法工作權保障之系譜，憲法解釋之理論與實務，1998年6月，第353-354頁。

地區，目前我國對於外來工作者[63]來臺工作都予以管制[64]。對選擇職業自由的限制，如依日本公證人法、電波法、辯理士法的限制。外國人的經濟自由，被認為屬立法機關的裁量權範圍，但是，如沒有合理的理由，則構成違憲[65]。外國人不得為公證人，為依公證法第12條第1項規定[66]。原則上，一般外國人在國內未經主管機關之許可，不得工作[67]。

　　選擇職業之一種的擔任公務人員資格，又稱為參政權。因參政權為國民之政治上權利，其範圍有選舉、被選舉、罷免、創制、複決及成為公務員的權利。此等權利之行使，因涉及國家主權的決定，依一般傳統的理論，均認為只限於國民，且必須符合一定的資格、年齡者，始得行使。

　　有關外國人擔任公務員的問題，即擔任一般公務員的資格，依日本憲法、法律並沒有特別的限制。實務上的運作標準以「擔任相關的公務員，因其從事行使公權力及參與規劃形成國家的意思，因此，成為公務員的條件，其當然法理必須要具有日本的國籍」。此為1953年（昭和26年）內閣法制局的意見。因為此標準相當廣泛且抽象，有造成增加擴張解釋機會的虞慮。因此，在明確性上有必要訂定其之限定性及具體性的標準。通說的立場認為行使公權力的職務，「如屬調查性、諮詢性、教育性的事務」，定住的外國人亦可擔任。但是，此根本的問題，其前提應掌握公務就任權是參政權的一種。如認可外國人可以擔任，有違反國民主權的原理。擔任行政事務，成為

---

63 實務上有關外國人之訴訟權、工作權認定，如最高行政法院93年度裁字第1275號裁定：「按行政訴訟法第一條及第四條所保障之『人民』，應係指中華民國之『人民』而言。菲律賓並不承認中華民國，與我國並無邦交，則本件抗告人依法能否為本國行政訴訟法所保障之人民，是否能依我國行政訴訟法提起行政訴訟，本滋疑義。復按『除本法另有規定外，外國人未經雇主許可，不得在中華民國境內工作。』為就業服務法第四十三條定有明文。」

64 對已取得居留權的外籍配偶與大陸配偶的工作權已幾乎不受限：前者得向主管機關申請工作許可後受僱，後者更可以不必申請工作證即可在臺工作。陳靜慧，從平等權的觀點論大陸配偶在臺灣地區之法律地位及其基本權利之保障，憲政時代28卷2期，2003年10月，第69頁。

65 後藤光男，外國人的人權，收於憲法的爭點，有斐閣，1999年6月3版，第65頁。

66 對於外國人享有土地的權利，增加相互主義原則的依據，得予禁止或限制之依據，為外國人土地法第一條規定，亦課予外國人相當多的限制。日比野勤，外国人の人權(1)，法學教室No.210，1998年3月，第35頁。

67 實務上並認為：「行政訴訟法第一條及第四條所保障之『人民』，應係指中華民國之『人民』而言。則本件抗告人依法能否為本國行政訴訟法所保障之人民，是否能依我國行政訴訟法提起行政訴訟，本滋疑義。復按『除本法另有規定外，外國人未經雇主許可，不得在中華民國境內工作。』為就業服務法第四十三條定有明文。」最高行政法院93年度裁字第1275號裁定。

普通公務員的權利，考量上如說其是日本憲法第22條所保障的「職業選擇自由」範圍，應較恰當[68]。

（二）居留中外國人工作之許可與規範

　　就業服務法第44條規定之意旨，無論自然人或法人只要有未依就業服務法及相關法令規定申請許可，而私自容留外國人從事工作之情事，即違反上開規定，並不以其有給付薪資報酬或指揮監督該外國人工作為要件。倘若容留者與未經許可、許可失效或他人所申請聘僱之外國人有約定勞務與報酬或指揮監督關係之客觀事實者，因雙方成立聘僱關係，則屬違反同法第57條第1款雇主行為限制之規定，而非同法第44條所規範之行為態樣。換言之，就業服務法第44條之立法原意本係就無聘僱關係之非法容留外國人從事工作之情形為規範，自不能以容留者與外國人間無指揮監督關係或未給予薪資報酬為由，憑為其未違反該規定之論據。非法容留外國人工作乃助長其逃逸不受入境管制之重要成因，而外國人入境後一旦行蹤不明不但影響社會治安，更潛藏國家安全隱憂。再觀諸就業服務法第63條為遏止違反同法第44條規定之行為，對於初犯者採取行政罰，其於5年內再犯者，則予以刑罰制裁（按：對於違反第57條第1款及第2款之非法聘僱外國人工作，亦適用此規定為相同處遇）。可見非法容留外國人工作所生之危害，不只妨礙本國人之就業機會、勞動條件，不利國民經濟發展外，更危害社會安定與國家安全，其嚴重性不容輕忽[69]。

　　主張居住與遷徙自由之權利，亦有因在於為經濟目的而往他國工作者。早期主張居住與遷徙自由，並與勞動力之自由流動權利有重要關係。國家接受外來之勞動力，一方面有助於國內建設與補充不足勞力，但另一方面，可能產生損害國民就業機會或影響社會秩序與治安。一般國家為保障國民工作機會，對於外國人在國內工作，均課予其須經就業主管機關之許可義務，而未經許可工作者，屬違法行為。依就業服務法規定，外國人在國內工作，原則上應經過主管機關許可[70]。現代各國依其經濟發展需要，有各種不

68　後藤光男，前揭文（註65），第65頁。

69　最高行政法院111年度上字第596號判決。

70　有關外國人工作經許可後，不宜任意限制之訴願決定，如「外籍人士得否於我國工作，就業服務法等相關法令設有一般性限制，至於外籍人士得否加入計程車運輸合作社，公路法等相

同之勞動力需求，如本國內無相關之人力，有必要招募外國人入國工作。外國人依其技術、知識、專業能力，可能受聘僱在國內工作，一般國家對外國人工作，均課予雇主、外國人相關申請義務[71]，以照顧、調整、保障國民就業機會。與一般精神自由權相比較，因外國人入國工作，與經濟自由權有關，屬國家經濟政策方面之計畫，會受到較多條件的限制；惟一旦被許可入國後，其在居住國受到憲法保障之精神自由權，並不受影響。

申請工作許可與居留目的有關，而非工作目的之入國，未經主管機關許可，不得從事工作[72]。而有的外國人利用其他短期觀光名義入國後，即逾期停留，未經許可工作，產生許多治安或社會上的問題[73]。國家必須加以介入、調查，以維護治安與秩序。具有特殊地位之外國人，如外籍配偶之工作，應比照國民一般不應給予太多的限制。此從憲法保障家庭團聚權利、生存權、工作權方面言，外籍配偶既然將長期在我國居住、生活，應與對一般居留外國人之地位，有所不同。對其之工作許可規範，亦應有所放寬[74]。

工作為一般人民經濟基礎之主要來源，依憲法保障人民之工作權意

關法令並無特別限制，似應依勞動法令辦理；本件訴願人既經行政院勞工委員會許可在我國境內工作，交通法令對於外籍人士加入計程車運輸合作社亦無特別限制，則原處分機關依前揭臺北市計程車運輸合作社社員申領牌照作業準則及計程車運輸合作社設置管理要點臺北市補充規定之相關規定，以戶籍設定為由，限制外籍人士加入本市計程車運輸合作社，似有以行政命令增加法律所無限制之虞。」臺北市政府92年12月24日府訴字第09227662500號訴願決定書。

71 有關外籍教師之聘僱解釋，如關於教育部函詢外籍教師於聘僱期滿擬不續聘時，應適用就業服務法抑或教師法之規定案。「按就業服務法之立法意旨在於保障國人之工作權，對於外國人之聘僱、管理及解僱等事項予以規範（就業服務法第五章參照）外國教師來臺應聘工作，自應符合該法相關規定。至於外籍教師之資格檢定與審定、聘任、權利義務、待遇等則應依教師法之相關規定辦理（教師法第二條參照）本件外籍教師聘僱期滿，不論雇主決定續聘或擬不續聘，皆應依就業服務法相關規定辦理。」法務部87年10月28日（87）法律字第034875號。

72 請參考山崎哲夫，在留資格と外國人勞動者問題，收於現代法律實務の諸問題，第一法規出版，平成元（1989）年3月，第31-55頁。

73 田村博，外國人勞動者問題と治安，警察學論集45卷1號，第180-181頁。

74 就業服務法第51條：「雇主聘僱下列外國人從事工作，得不受第四十六條第一項、第三項、第四十七條、第五十二條、第五十三條第三項、第四項、第五十七條第五款、第七十二條第四款及第七十四條規定之限制，並免依第五十五條規定繳納就業安定費：一、獲准居留之難民。二、獲准在中華民國境內連續受聘僱從事工作，連續居留滿五年，品行端正，且有住所者。三、經獲准與其在中華民國境內設有戶籍之直系血親共同生活者。四、經取得永久居留者（第1項）前項第一款、第三款及第四款之外國人得不經雇主申請，逕向中央主管機關申請許可（第2項）。」

旨，國家應提供人民就業的機會。有關外國人是否得主張工作權之問題，依本項權利性質，其屬具有經濟自由、職業自由方面權利。另有關社會權之保障範圍，原則上國家以保障本國國民為優先[75]，一般外國人應不能主張有入國工作之權利。外籍配偶、受永久居留許可之外國人及難民，因與我國有實質密切關係，且其已經以我國為生活中心，為保障其生存權，許可其在我國工作有其正當性與必要性，因此原則上其工作不需要經過許可或應簡化其申請程序。工作，指經過本身一定的勞力或勞務付出，而得到一定的酬勞之謂；工作亦是個人自營生活的基礎。禁止外國人為資格外的活動，其中規範的重點即在於防止入國後不遵守其非工作之居留目的，而從事有報酬的活動。我國對於外國人工作許可的解釋，認為凡是生活上的工作皆屬之，不管是受聘僱或自營，有無報酬皆包括在內。有關我國外國人之居留目的範圍，並沒有明確或嚴格的區分，以致於對於外國人活動的限制，須採取較廣義的限制。即原則未經主管機關許可，即不得工作，並包括資格外之其他勞動或工作。

　　我國長期以來對於外國人工作，有區分成「白領」與「藍領」階級，而為不同規範。並依就業服務法第46條第1項第1款至第7款及第11款規定，為屬對前者之規範；同條第8款至第10款，為屬於對後者之規範。雖然是否許可外國人入國工作，國家有廣泛裁量權，且程序上雇主要向主管機關申請許可。但有關此二者之工作期間、工作條件、申請程序、是否得轉換雇主等，卻有很大差別。此其間涉及經濟自由部分，如許可之工作項目、人數、許可期間，主管機關有裁量權。但對於屬精神自由權利部分，二者所享有程度應無不同。

　　有關曾引起爭論之外籍教師須健康檢查之規定。即依就業服務法第46條第1項：「雇主聘僱外國人在中華民國境內從事之工作，除本法另有規定外，以下列各款為限：一、專門性或技術性之工作。二、華僑或外國人經政府核准投資或設立事業之主管。三、下列學校教師：（一）公立或經立案之私立大專以上校院或外國僑民學校之教師。（二）公立或已立案之私立高級中等以下學校之合格外國語文課程教師。（三）公立或已立案私立實驗高級中等學校雙語部或雙語學校之學科教師。四、依補習及進修教育法立案之

---

75 後藤光男，國際化時代の人權，成文堂，1998年3月，第42-43頁。

短期補習班之專任教師。五、運動教練及運動員。六、宗教、藝術及演藝工作。……」依受聘僱外國人健康檢查管理辦法第2條第1項：「本辦法用詞，定義如下：一、第一類外國人：指受聘僱從事本法第四十六條第一項第一款至第六款定工作之外國人。二、第二類外國人：指受聘僱從事本法第四十六條第一項第八款至第十款規定工作之外國人。……」同辦法第3條：「雇主申請第四條規定以外之第一類外國人之聘僱許可及展延聘僱許可，得免檢具該類人員之健康檢查合格證明。但對於入國工作三個月以上者，中央衛生主管機關得依其曾居住國家疫情或其他特性，公告其應檢具之健康檢查證明。」此健康檢查之規範是否適當？將在本書第十章予以探討。

伍、集會活動之自由與界限

在我國之外國人，其一般之精神自由權依憲法之理論，應與本國國民受到同等之保障。因本項權利中有的先於國家而存在，不待國家之明文保障而擁有。如言論、人身自由、身體不受傷害權等。依早期之理論，又有稱為消極之自由權，在於防止國家的干預；惟目前此項權利之主張，除消極之自由權性質外，另有積極之請求權的本質。如集會遊行場地之由國家提供，人身自由受到第三人侵害，可請求國家保護。外國人在居留期間，有關意見表達，亦屬其基本人權之一種，應受到憲法所保障。

一、外國人之集會活動權利

曾發生韓國關廠工人（即原告）等自104年5月25日以免簽證方式，於填妥入國登記表後經許可入境我國，詎料竟在臺陸續從事下列與入國登記表旅行目的不符之活動，嚴重破壞我國公共安全、公共秩序：（一）104年5月26日原告等於臺北市○○○路○○號永豐餘公司總部從事陳情抗議活動，經警方依集會遊行法舉牌警告，而當場與維持秩序之警方人員發生推擠衝突；（二）104年5月26日復於臺北市○○路○段○○號至94號永豐餘公司董事長何壽川住處後門搭設帳棚、設立靈堂並焚香祭拜，危害我國公共秩序，以及從事陳情抗議活動，經警方依集會遊行法舉牌警告，並當場與維持秩序之警方人員發生推擠衝突；（三）104年5月26日起持續於仁愛路陳抗地點周圍

搭設靈堂、簡易帳棚及懸掛抗議標語，進行焚香祭拜、靜坐抗議、呼喊口號及遞發抗議傳單等行為，並夜宿於該址；（四）104年5月29日結合勞工團體於仁愛路陳抗地點高舉抗議布條、標語並呼喊口號，從事陳情抗議活動；（五）104年6月1日於仁愛路陳抗地點圍牆張貼抗議布條；（六）104年6月3日於仁愛路陳抗地點從事陳情抗議活動，經警方依集會遊行法舉牌警告，並當場與維持秩序之警方人員發生推擠衝突；（七）104年6月3日復於凱達格蘭大道從事陳情抗議活動並與現場警方發生嚴重推擠及肢體衝突，遭警方依集會遊行法舉牌警告[76]。

　　集會自由為我國憲法明文保障人民權利之一，其雖屬表意自由之本質，但有別於其他形式之表意自由，例如言論、講學、著作、出版等，集會自由必然係由多數人共同行使，以達到彼此意見交流、傳播思想或理念之目的。尤其是社會中之弱勢團體、少數族群或持非主流觀點者，既無法掌握充分之社會資源，又欠缺有效之管道，接近使用大眾傳播媒體，集會及遊行即為其所能利用之唯一方式[77]。

　　在日本法上對於在集體示威運動表現的自由方面，認為其乃任何國家均予承認的普遍原理，不僅對於國民，縱然其為外國人，如在國內而服從於我國主權，應認為亦受到保障。在此，其受保障的權利與國民相同，僅得依相關公安條例的規定，予以必要且最小限度的限制[78]。有關外國人之集會自由，有稱為外國人的政治活動之表現，如考量其有參政權的行使作用，應注意如下幾點：（一）表現活動造成干預參政權的效果，只不過是會對主權者的意思決定有一些影響，其與直接影響參政權的主權決定，兩者在性質上有所不同，應不能忽視；（二）外國人提出不同的見解及觀點，可使國民主權意思的決定更豐富化，因有此效用，所以也有主張外國人的政治活動自由應與本國國民相同。在考量時應肯認保障外國人的政治上表現自由，應可確保民主過程的自由與可流通豐富的資訊[79]。

---

76 臺北高等行政法院高等庭104年度訴字第1861號判決。
77 法治斌，集會遊行之許可制或報備制：概念之迷思與解放，收於氏著，法治國家與表意自由──憲法專論（三），正典出版文化，2003年5月，第343頁。
78 昭和42年11月23日東地裁定〔行ク〕52號，收錄於日本國憲法判例譯本6輯，司法週刊雜誌社，1990年7月再版，第70頁。
79 後藤光男，前揭文（註65），第65頁。

　　參政權之行使與集會遊行之權利，在本質上有所不同，前者指行使國家主權者之核心權利，包括選舉、罷免、創制、複決權利，會影響到政府之組成與國家政策之規劃。後者，只是單純的表達意見，讓民主政治能更落實。外國人之集會遊行權利，為國家憲法所保障。我國集會遊行法中，亦無限制外國人不得參加集會遊行，只限定負責人須具有本國國籍，外國人亦有參加集會遊行權利。因此，以外國人有熱衷參與集會遊行而撤銷其居留資格，或於申請延長居留時，予以不許可作為限制其集會遊行之方法，有侵害外國人集會自由之問題。

　　另有關外國人之結社權利，早期實務上認為有關僑居國內之外籍人士，可否適用「非常時期人民團體組織法」組織人民團體一案，法務部函稱：「查非常時期人民團體組織法為國內法，凡在中華民國領域內，不論其為外國人或本國人均有該法之適用[80]。」在限制公職人員選舉經費之捐助對象，依公職人員選舉罷免法第45條之2第1款規定之旨，係就政黨及候選人不得接受「外國團體、法人、個人或主要成員為外國人之團體、法人」競選經費之捐助而為規範，是否為外國團體、外國法人或外國人，似應以其是否為依外國法令規定設立或具有外國國籍認定[81]。因此，外國人亦得組成部分之團體。

二、限制外國人集會活動之界限

　　各種思想與表現，為民主主義之糧食，外國人的思想與表現，亦具有同樣的價值[82]。對屬於精神自由權範圍之集會與表現自由，外國人應與本國人受到同樣程度之保障。因表達意見屬現代民主國家不可或缺之要素。居留中之外國人，當然具有表達意見之自由，且原則上不應受限制或禁止。憲法上之精神自由權，對外國人應給予最大限度的保障；但是如有關形成國家意思或行使國家權力，因其屬於國民之權利範圍，如果外國人的言論對此有造成不良的影響，在排除該不良影響的必要限度內，該外國人的權利應不受到保

---

80 司法院72年11月9日（72）秘台廳一字第01835號。
81 法務部83年12月5日（83）法律決字第26590號。
82 萩野芳夫，外国人の人権，收於樋口陽一編，別冊法學教室，有斐閣，昭和60（1985）年12月，第8頁。

障[83]，屬於例外。外國人在國內活動，應依其居留資格之範圍，且應遵守國家法令[84]。外國人依權利性質，不能主張享有參政權。有關集會活動，其屬性除屬消極之自由權外，另國家對於合法集會，亦應適度地提供場地。有日本學者主張表現自由與參政權，二者並不相同[85]。不能將外國人參與集會遊行，而指為其從事具有政治行為性質之參政權，而予禁止。原則上，集會遊行之表現自由，屬於精神自由層次權利；且民主國家之外國人對相關政策，亦得表示意見，此並可促進多元意見交流，或使主管機關有改進或參考的機會。

　　外國人如參與政治活動，對於國家政府決策造成干預，已屬影響國內之政治秩序。若外國人之活動有不當行為，國家得予禁止。但是對純為表達意見之行為，或爭取其該有之權利，尚不能直接與參加或從事政治活動，劃上等號，而給予其不利益之對待。因基本的精神自由權，外國人亦應受保障。居留中之外國人，也可以對本身相關事務提出請求，如有被不當對待，亦得透過相關管道，表達其訴求之意願。課予外國人「不得參與政治活動」，應指其政治活動，有不當影響國家政治秩序而言。如捐獻政治獻金、選舉競選活動[86]、成立政黨的行為，依法均受到較多的限制。究其原因在於外國人與國家之組織成員，有所不同。如任由其成立政黨[87]、參與競選活動，將會影

83　中山勳，前揭文（註61），第55頁。

84　主管機關單純函告外國人相關法令規定之通知，尚非行政處分之裁定，如臺北高等行政法院90年度訴字第4635號裁定：「……入出國及移民法第二十七條規定：『外國人在我國停留、居留期間，不得從事與申請停留、居留目的不符之活動或工作。』違反者，依該法第三十四條第五款規定，得強制驅逐出國。核非依法申請之案件，上開函亦未對原告之請求有所准駁，應係單純事實之通知，本件非行政處分，依首揭規定及說明，自不得依行政訴訟法第五條第二項規定提起行政訴訟。從而，行政院九十年五月三十一日台九十訴字第○一六五九五號訴願決定略以：被告上開書函僅係向原告說明外國人參加本國競選活動是否違反入出國及移民法第二十七條之規定，請逕洽該法主管機關內政部，並未對原告之請求有所准駁……。」

85　阪本昌成，憲法理論Ⅱ，成文堂，1994年11月，第199頁。

86　外國人不得從事競選活動之裁定，如臺北高等行政法院90年度訴字第6530號裁定：「本件原告為外國人，請求允許其在中華民國參加競選活動，警署函以：『……選舉關係國家政權之移轉，為國家內政之重要事項。外國人不得干涉他國內政，為國際間普遍原則，外國人參與本國助選活動，應屬違反入出國及移民法第二十七條規定。』舉凡輔佐、幫助候選人或政黨從事競選之行為，均屬助選行為，係屬違反入出國及移民法第二十七條規定之行為。」

87　另請參考藤本富一，外國人の政黨活動—試論，收於現代憲法の理論と現實—佐藤功先生喜壽記念，青林書院，1993年5月，第98-126頁。

響國家之政治秩序。

因此，可謂集會遊行活動與參政權之權利性質，有所不同。前者為外在之精神自由權，後者為行使政治權利。並不能謂外國人有參與集會遊行，即認為其行使參政權，而加以禁止或對其施以不利處分。集會遊行之權利，外國人亦應享有之。但外國人之參與集會遊行，仍須遵守相關之法令程序與規範，不得有暴力或其他違法行為，乃屬行使此權利之界限。

依集會遊行法修正草案，我國擬開放具有永久居留權利的外國人，得作為負責人等資格。其立法理由說明：集會、遊行之負責人、第1項第2款規定，無中華民國國籍不得為室外集會、遊行之負責人、負責人之代理人或糾察員。因入出國及移民法第25條規定，外國人在我國合法連續居留一定期間並符合一定要件者，得申請永久居留。考量本法有關集會、遊行之負責人、負責人之代理人或糾察員須負擔維持秩序等較重之責任並非單純參與集會、遊行者，爰於第2款後段增訂永久居留者，始得為應報備之室外集會、遊行之負責人、負責人之代理人或糾察員[88]。

香港女歌手何韻詩在臺灣參加挺港活動遊行，並上臺演講，遭到兩名統促黨的黑衣人潑紅漆，事發後警方第一時間逮捕黑衣人，警政署更舉行記者會表示將全力調查，並朝組織犯罪偵辦。不過有媒體質疑，何韻詩持加拿大護照搭機來臺時，應該是持觀光簽證，怎麼可以參加政治遊行活動，對此內政部移民署回應指出，「公民與政治權利國際公約」第21條，和平集會的權利，應予確認；除依法律規定，且為民主社會維護國家安全或公共安寧、公共秩序、維持公共衛生或風化、或保障他人權利自由所必要者外，不得限制此種權利的行使。其揭櫫人民和平集會遊行之權利，除有必要者外，不得恣意限制之。因此外國人在臺灣合法停留、居留期間，從事請願或合法的集會遊行應予保障。其次，內政部認為集會遊行法就集會遊行的申請程序、範圍等相關事項，已作規範，可供民眾遵循，但集會遊行法並沒有限制在我國停留的外國人，不得參與合法的集會、遊行[89]。

---

88 集會遊行法修正草案總說明，內政部網頁，https://www.moi.gov.tw/files/Act_file/d13f4cf6-e82c-43c3-8b87-90c39b901245.pdf，瀏覽日期：107.8.30。

89 何韻詩可參加遊行？內政部：法令沒說外國人不能參加，https://today.line.me/tw/v2/article/raL3Wk，瀏覽日期：112.8.15。

陸、結論

　　外國人之居留目的，因人而異各有其不同，而國家所許可外國人簽證目的，亦有一定範圍，外國人不得以概括目的申請入國[90]。決定國家所許可之居留範圍，依國際法原則國家有決定之自由。我國對於外國人居留範圍，雖然依外國護照簽證條例施行細則第13條，列舉規定依親、受聘、就學、宗教等原因，但至於具體範圍仍多未確定。此有待未來修法或修正入出國及移民法加入具體之居留目的範圍，亦可稱居留資格。居留期間之延長與居留中義務規定，前者依法並未明確何種情形得予不許可，或外國人有無請求權利。有關居留期間之行為，是否可作為消極評價，不許可居留延長容有問題。原則上，外國人之居留目的仍具備，在無特殊違法原因，應予許可其申請延長居留。居留中之義務，常對外國人有特別規定，如為明確外國人居住關係與身分關係，要求外國人有登錄義務，屬為達成公正管理行政目的上之必要[91]。但有關差別待遇規定，應符合憲法平等原則、比例原則之精神。

　　課予外國人工作須申請許可之義務與不得為不符合居留目的之活動，前者在於保護國民就業機會，維持工作與勞動力僱用秩序；後者依外國人居留目的範圍，實質上要求不得有超過此範圍之活動，例如以虛偽觀光名義入國，而從事工作之行為。但一般日常生活所必須之參觀、訪友、旅遊之活動，並不在此限。另有關外國人之集會遊行活動問題，依此權利性質應屬外在精神自由權領域，從憲法理論而言，其保障程度原則應與國民受同樣程度。但因此權利之行使，亦間接具有參政權之效果，因此，必須進一步探討其原則。理論上，集會遊行不得有暴力、違法行為是所當然。另外國人有表達意見之自由，應予保障，不得以集會遊行與參政權有關聯，即予限制或禁止，此應已侵害外國人之外在精神自由權。

　　規範外國人在國內之行為，主要目的在於不使外國人危害我國安全、公共秩序及安寧。依各種不同行政法規，對外國人行為亦有不同規範[92]。但是

---

90 安念潤司，「外國人の人權」再考，收於現代立憲主義の展開（上），蘆部古稀，有斐閣，1993年9月，第169頁。

91 植野妙實子，外國人登錄原票の登錄事項確認制度の合憲性，平成九年度重要判例解說，ジュリストNo. 1135，平成10（1998）年6月，第6頁。

92 相關外國人在國內活動之限制，如外國人進入山地管制區，依「人民入出臺灣地區山地管

法規目的與出發點及其範圍，仍應受憲法原則拘束，不能有違反憲法保障人權、平等原則[93]、立法比例原則之規定。如任意以法規限制或任意為適用解釋限制外國人居留中之基本權利[94]，亦有違憲或適用法律違法的問題。

上述案例，B君申請展延事由與原來臺目的事由不符，故無法繼續居留。一般如居留事由變更，原則上另應再向外交部申請所符合之居留簽證。

（本文原發表於中央警察大學國土安全與國境管理學報15期，

2011年6月，後經修改與補充而成）

制區作業規定」：九、外國人申請入出山地經常管制區合於下列各款之一者，得予許可：（一）各國駐華使領館或其他在華享有外交待遇機構之人員及其眷屬。（二）政府聘僱之技術人員或邀請來臺參觀、訪問之人員及其眷屬。（三）入山傳教之傳教士。（四）巡迴醫療及辦理衛生工作之醫師或醫務人員。（五）辦理慈善事業之人員。（六）因學術研究參觀訪問之教師或人員。（七）經中央目的事業主管機關同意有必要入山之人員。（八）前往經中央目的事業主管機關劃定開放路線登山健行之人員。

93 有關外國人國外眷屬不補助喪葬津貼之原因，依大法官釋字第560號解釋理由書：「受聘僱外國人其眷屬在勞工保險條例實施區域外死亡者，不得請領保險給付，係指該眷屬未與受聘僱之外國人在條例實施區域內共同生活，而在區域外死亡者，不得請領眷屬死亡喪葬津貼而言。就業服務法上開限制之規定，乃本於社會安全制度功能之考量，並因該喪葬津貼給付之性質，與通常勞工保險之給付有別，已如前述。就社會扶助之條件言，眷屬身居國外未與受聘僱外國人在條例實施區域內共同生活者，與我國勞工眷屬及身居條例實施區域內之受聘僱外國人眷屬，其生活上之經濟依賴程度不同，則基於該項給付之特殊性質，並按社會安全制度強調社會適當性，盱衡外國對我國勞工之保障程度，立法機關為撙節保險基金之支出，適當調整給付範圍乃屬必要，不生歧視問題。」惟目前已刪除此排除之規定。

94 請參考浦部法穗，憲法學教室1，日本評論社，1993年1月，第65-68頁。

第十章 外國人之個人資料保護與 國家之蒐集利用

實務案例

A為外籍人士，入境我國依法須捺印指紋。入出國及移民法第91條規定外國人、臺灣地區無戶籍國民、大陸地區人民、香港及澳門居民於入國（境）接受證照查驗或申請居留、永久居留時，移民署得運用生物特徵辨識科技，蒐集個人識別資料後錄存。然大法官釋字第603號認為指紋為敏感性資料，要強制蒐集，須有正當理由及合法程序，相關規定對外籍人士是否有差別待遇[1]。請問A可否主張隱私權，而拒絕接受捺印指紋？

壹、外國人個人資料保護之法理

　　隱私權雖非憲法明文列舉之權利，惟基於人性尊嚴與個人主體性之維護及人格發展之完整，並為保障個人生活私密領域免於國家與他人侵擾及個資之自主控制，隱私權乃為不可或缺之基本權利，而受憲法第22條所保障。其中就個人自主控制個資之資訊隱私權而言，乃保障人民決定是否揭露其個資、及在何種範圍內、於何時、以何種方式、向何人揭露之決定權，並保障人民對其個資之使用有知悉與控制權及資料記載錯誤之更正權（司法院釋字第603號解釋參照）。進一步而言，資訊隱私權保障當事人原則上就其個資，於受利用之前，有同意利用與否之事前控制權，以及受利用中、後之事後控制權。除當事人就獲其同意或符合特定要件而允許未獲當事人同意而經蒐集、處理及利用之個資，仍具事後控制權外，事後控制權之內涵並應包括請求刪除、停止利用或限制利用個資之權利[2]。

　　基本權利之保障，除本國人民之外，外國人——即不具有本國國籍之

1　參見民間兩公約施行監督聯盟網站，2012年4月5日。
2　參見111年憲判字第13號，健保資料庫案。

人（包括無國籍人），其權利亦應受到尊重與保護。目前國際社會為以主權國家為成立之基礎，其中國民為組成國家的一分子，因此外國人的權利與本國國民之間，基於合理的差別原則，在法制上往往有所不同。外國人進入一個國家，依國家的領土主權，得禁止特定的外國人入國。在本國的外國人所享有的基本權利，是否與本國國民完全一致；依照國際法通說及國民主權的理念，認為外國人仍與本國國民享有的權利，有所差異。在個人基本權利中，有屬於本於人既應享有的權利；此又稱為原權或自然權，如生命權、人性尊嚴、身體不受傷害權。另一般之精神自由權，如人身自由、人格權、訴訟權、言論、宗教自由等，外國人原則上亦應與本國國民享有同等程度的保障。依世界人權宣言、公民與政治權利國際公約等國際法規定，各國應無分種族、階級的對待世界上每一個人，每一個人皆應享受到最低程度的國際人權保障。從歷史上發展看外國人權利受保障的情形，各國法制上對於外國人的法律地位保障，從最早期到現在的情形，分別是敵視、賤視、輕視、互惠，而期望未來的「平等」對待。

基於國家之間的互惠原則，且從尊重國際人權的立場，合理地對待外國人並保障外國人的人權，為現在的國際趨勢。外國人進入我國後，依相關法令規定，主管機關得對其蒐集資料、要求按捺指紋、課予登錄及隨身攜帶居留證的義務。依「入出國及移民法」的相關規定，可禁止特定的外國人入國者，包括有犯罪紀錄、無財力證明、有傳染病、可能造成危害者。上述這些資料的蒐集，有來自直接對外國人的採取、檢查取得；有來自從國外地區，因與我國有互助、合作關係之外國，所提供之資料。我國亦因與外國之間的合作，而將外國人的資料傳遞給外國。此將涉及二個問題，一是蒐集外國人資料之法律問題；二是傳遞外國人資料之範圍與原則。

一、個人資料保護與憲法上權利

個人資料應受到國家保護[3]，並不分本國人或外國人而有不同對待。

---

3 有關個人資料保護之相關著作，請參考許文義，個人資料保護法論，三民書局，2001年1月。范姜真媺，檢視行政機關蒐集利用個資之問題及展望，法學叢刊63卷2期，2018年4月，第29-60頁。黎家興，歐盟通用資料保護規範之新修重點與臺灣因應之道，月旦會計實務研究3期，2018年3月，第134-142頁。張陳弘，新興科技下的資訊隱私保護：「告知後同意原則」的侷限性與修正方法之提出，國立臺灣大學法學論叢47卷1期，2018年3月，第201-297頁。

（一）個人資料保護之意義

個人資料應受到保護，此原則並不分本國人或外國人而有區別。如個人資料、隱私被無端蒐集、任意使用、公開，將侵害人的基本權利、危害人的人格權；人無隱私，其人格亦不完整，若整個社會都如此，將成為喪失人性尊嚴的社會，則嚴重違反憲法的精神。因此，依據憲法的原則國家應保護個人的人格權、隱私權、資訊自決權利，乃理所當然。有關個人隱私權、資訊自決權、個人資料保護之用語雖不同，但其之間具有密切相關性。

行政機關利用各項科技工具大量、快速蒐集及儲存、傳遞個人資料，可提高一般查詢功能、提升各項行政服務措施或作為偵查犯罪之基礎，並大幅提高行政過程的效能。而國家的任務，除達成行政目的外，另尊重基本人權，保障人民的各項權利，遵守法治國家原則。即對於人的隱私權利、自我意識、自決權利，亦應予積極保障。個人的隱私不受非法干預，在未受個人同意之前，公權力不應任意侵犯或妨害個人的隱私。

「個人資料」之立法定義，依個人資料保護法第2條第1款之規定：「一、個人資料：指自然人之姓名、出生年月日、國民身分證統一編號、護照號碼、特徵、指紋、婚姻、家庭、教育、職業、病歷、醫療、基因、性生活、健康檢查、犯罪前科、聯絡方式、財務情況、社會活動及其他得以直接或間接方式識別該個人之資料。」依德國聯邦資料保護法第2條規定：「涉及特定或可得特定自然人之所有屬人或屬事之個別資料。」因此，「個人資料」當然不限於利用電腦所處理的資料，尚包括其他與個人有關之資料。

（二）個人資料之憲法上權利

個人資料之被蒐集、傳遞、利用，涉及對個人隱私權、資訊自決權及一般人格權之干預。美國對個人資料之保護稱為「資訊隱私權」，德國稱為「資訊自決權」，我國概稱為「人格權」。從權利保護之觀點言[4]，資料保

紀振清、陳永鴻，以HFMEA檢視我國醫療資訊保護法制，高大法學論叢13卷2期，2018年3月，第63-133頁。吳蕙玲、黃正安、鄭天浚，新修訂個人資料保護法對特種個資之規定，病歷資訊管理期刊16卷1期，2018年1月，第20-30頁。

[4] 國家之公開資訊亦與個人權利有關，如：對於「建立臺灣以外地區旅遊風險預警制度計畫構想草案」中當各權責單位發生蒐集資料不週延或未能即時發布旅遊警（通）告等情事，致使人民權益受損時，有無國家賠償法適用疑義之意見。……其所謂「行使公權力」如採廣義解

護係從隱私權保護發展而來，此一發展是漸進且有軌跡可循的[5]。如個人的內心狀況，被從外部加以觀察及紀錄，個人的思想及信仰等自由，就受到侵害。只是如此就造成整個基本人權保障的所有基礎，無法形成。為防止其侵害的問題，所以在現代的社會，需展現出「保護個人資訊」的形態。因個人資訊無法真正的受到保護，所有的基本人權亦無法受到保障[6]。

依憲法第23條之立法比例原則及法律保留原則，凡基於正當公共目的、有採取特別干預措施之必要性與合理性情形下，對於符合特定條件者予以蒐集資料，應不違反法治國家之原則，如對刑事嫌疑犯的依法採取指紋資料等。但如法律規定全面性的蒐集個人資料，且蒐集屬個人敏感性、隱私性的資料，在無特別正當原因的情形下，應有違憲之虞。因違反目的性的蒐集個人資料，已違反法治國家公權力行使的必要原則及侵害個人尊嚴，及違反憲法第23條之原則[7]。因此，各國有關「保護個人資料」的法律，皆以法律明定蒐集資料的目的性拘束原則[8]。

二、對外國人個人資料保護之原則

外國人範圍[9]，並不包括大陸地區人民。大陸地區人民之入出國與居留規範，主要為依「臺灣地區與大陸地區人民關係條例」，有關其之入境，依本條例採許可制；其在國內工作，一部分準用就業務服法之相關規定。對非法入境或違反我國法律之大陸地區人民，並採取強制出境與收容方式[10]。從

釋，應包括公法上事實行為（如行政指導、提供資訊等）在內。法務部80年3月11日（80）法律字第03709號。

5 許文義，德國警察資料處理職權之探討，中央警察大學學報35期，1999年，第185頁。

6 渡邊脩，行政機關と個人情報，法學セミナーNo. 404，1988年8月，第44頁。

7 從目的拘束性的法律原則來看，行政機關對所保存個人的資料，不得為超出利用目的的必要範圍。參見野村武司，情報收集、管理、公開，法學セミナーNo. 608，2005年8月，第33頁。

8 如日本之行政機關個人資訊保護法第3條。我國之個人資料保護法第15條：「公務機關對個人資料之蒐集或處理，除第六條第一項所規定資料外，應有特定目的，並符合下列情形之一者：一、執行法定職務必要範圍內。二、經當事人同意。三、對當事人權益無侵害。」

9 相關論述，請參考习仁國，外國人入出境管理法論，中央警察大學出版社，2001年3月，第4-8頁。

10 有關「大陸地區人民之非法入境收容」，請參考李震山主持，針對大陸地區人民執行強制出境與收容相關法律問題之研究──以臺灣地區與大陸地區人民關係條例第十八條為中心，行政院大陸委員會專案研究報告，2005年7月。

大陸地區人民之入境須受許可；工作方面之規範，一部分準用外國人[11]，另依本條例規定主管機關並自94年9月1日起入境時，對入境之大陸地區人民，全面實施按捺指紋[12]。

外國人因在「國籍歸屬」上與本國國民不同，自主權國家成立以來，將外國人的地位予以區別對待，並主要從治安與國家安全之考量為出發點，防止有危害之虞的外國人入國，或嚴格規定其入國後的行為限度，掌控其在國內的言行及活動資料，遇有違反法令行為，則採取處罰並驅逐出境之方式，防止其繼續在本國居住，影響國內之治安秩序。因而，蒐集外國人的相關資料，並作為相關處分之決定依據，即為入出國行政上之重要事項。

（一）資料保護與外國人人權

國家如基於公共利益之必要，須蒐集外國人的相關資料，須有法律保留原則之適用。基於多元行政，為達成特別之行政目的，須蒐集廣泛的資料，以供分析參考及助於施政的有效。考量外國人並非本國國民，其與我國社會之間的關係，一般較缺乏密切的相關性，為確認外國人身分與其居住關係，國家常須進一步蒐集外國人的基本資料，以「確定其人別[13]」。此從，人因其本籍上不同的原因，可作為特別蒐集外國人資料的依據[14]；惟有關「個人資料保護之規範內容」，外國人亦應有其適用[15]。

---

11 就業服務法第80條：「大陸地區人民受聘僱於臺灣地區從事工作，其聘僱及管理，除法律另有規定外，準用第五章相關之規定。」

12 依大陸地區人民按捺指紋及建檔管理辦法第1條：「本辦法依臺灣地區與大陸地區人民關係條例（以下簡稱本條例）第十條之一規定訂定之。」同辦法第4條第1項：「按捺指紋應查明受捺人身分後，建立受捺人姓名、性別、出生年月日、住址、身分證明文件號碼、相片及指紋等基本資料，並註記按捺單位、按捺時間及按捺人員。」依臺灣地區與大陸地區人民關係條例第10條之1：「大陸地區人民申請進入臺灣地區團聚、居留或定居者，應接受面談、按捺指紋並建檔管理之；未接受面談、按捺指紋者，不予許可其團聚、居留或定居之申請。其管理辦法，由主管機關定之。」

13 西井正弘，外國人指紋押捺拒否事件，昭和五十九年重要判例解說，ジュリスト，1985年，第274頁。

14 相關外國人之入國規範，如入出國及移民法第22條規定：「外國人持有效簽證或適用以免簽證方式入國之有效護照或旅行證件，經移民署查驗許可入國後，取得停留、居留許可（第1項）。依前項規定取得居留許可者，應於入國後之翌日起算三十日內，向移民署申請外僑居留證。但申請取得工作許可、居留簽證、外僑居留證及重入國許可四證合一之有效證件，或其他已含有外僑居留證功能之證件者，得免申請外僑居留證（第2項）。外僑居留證之有效期間，自許可之翌日起算，最長不得逾三年（第3項）。」

15 行政情報システム研究所編，前揭行政機關等個人情報保護法の解說，株式會社ぎょうせい，平成17（2005）年3月，第17頁。

　　保障人權是近代國家存立的根本理念，其中心思想為每個人生而平等，不論性別、種族、宗教，甚至於國籍，每個人都應得到一定程度的尊重及保護[16]。受到地球村的思潮以及國界日漸淡化的影響，人民跨國的自由移動，毋寧是非常自然的現象，換言之，國際間經常有許多「外國人」在移動，也因為大家成為外國人的機會大增，所以外國人之基本權利，就逐漸受到重視[17]。外國人基本權利之保護[18]，有其演進的歷史，依日本相關的學說與理論，分別有主張否定說、肯定說、準用說之不同[19]。亦有主張依人權的國際性與憲法的採取國際協調主義，因此應依權利的性質而定，如果在性質上賦予外國人享有，不造成本質上的衝突，給予外國人該項權利保障，應不違反憲法的精神[20]。今日的國際社會，各主權國家對於外國人的進入國內，仍認為與國家有重要關係，許可與否屬國家之自由決定，惟因應國際情勢與憲法上的國際互惠精神，對外國人的入國申請，已形成原則上許可，例外始為禁止[21]。外國人既合法入境，則取得停留、居留資格。在取得居留資格後，應在一定期間內向主管機關申請外僑居留證。居留中涉及國際互惠原則及人道精神考量，亦有必要訂定外國人永久居留之規定。外國人若獲得永久居留權，其權益之保障雖不能等同於本國人，但自應較其他外國人受到更優惠之待遇，包括遷徙、工作、婚姻、家庭等自由權利[22]。有關要求外國人入

---

16 李建良，外國人權利保障的理念與實務，台灣本土法學48期，2003年7月，第92頁。

17 李震山，論移民制度與外國人基本權利，台灣本土法學48期，2003年7月，第52頁。

18 相關論述，請參考許宗力，基本權主體，月旦法學教室4期，2003年2月，第80-81頁。李念祖，論我國憲法上外國人基本人權之平等保障適格，憲政時代27卷1期，2001年7月，第80-100頁。

19 作間忠雄，外國人の基本的人權，收於小嶋和司編，憲法の爭點，有斐閣，昭和60（1985）年8月新版，第70頁。

20 後藤光男，外國人の人權，收於高橋和之·大石真編，憲法の爭點，有斐閣，1999年5月3版，第64頁。

21 禁止外國人入國之原因，依入出國及移民法第18條第1項規定：「外國人有下列情形之一者，移民署得禁止其入國：……二、持用不法取得、偽造、變造之護照或簽證。三、冒用護照或持用冒用身分申請之護照。四、護照失效、應經簽證而未簽證或簽證失效。五、申請來我國之目的作虛偽之陳述或隱瞞重要事實。……七、在我國或外國有犯罪紀錄。八、患有足以妨害公共衛生之傳染病或其他疾病。……十一、曾經被拒絕入國、限令出國或驅逐出國。十二、曾經逾期停留、居留或非法工作者。……。」為取得上述外國人之相關資訊，有規定要求外國人提出、有實施查驗、有透過外國單位所傳送。我國國民出國，外國政府亦可能因同樣原因，而要求我國主管機關提供相關資訊，其提供之範圍，亦會與個人資料之保護問題有關。如個人病歷、個人資金、通訊紀錄，是否可以提供，其範圍如何？亦有待探討。

22 李震山，論外國人之憲法權利，收於氏著，人性尊嚴與人權保障，元照出版，2001年11月修訂再版，第404-406頁。

國之提供資料、居留中之捺印指紋、身體檢查，均與外國人之個人權益有密切相關。

（二）外國人之資料保護原則

資訊是無國界的，且在現代國家或社會裡，掌握資訊就是掌握權力。因此，一般人或國家，莫不傾盡全力去取得重要之資訊。在特定條件下，國家可以拒絕外國人入境。為此須蒐集外國人之資料，包括平時未入境前、申請居留簽證時、居留面談、入國查驗時、入國後要求登錄、按捺指紋、查察生活概況等。但另一方面對外國人資料保護，有關公權力之受到憲法制約，其所保護之範圍，亦及於外國人。公務機關蒐集個人資料，依個人資料保護法第8條規定：「公務機關或非公務機關依第十五條或第十九條規定向當事人蒐集個人資料時，應明確告知當事人下列事項：一、公務機關或非公務機關名稱。二、蒐集之目的。三、個人資料之類別。四、個人資料利用之期間、地區、對象及方式。五、當事人依第三條規定得行使之權利及方式。六、當事人得自由選擇提供個人資料時，不提供將對其權益之影響（第1項）。有下列情形之一者，得免為前項之告知：一、依法律規定得免告知。二、個人資料之蒐集係公務機關執行法定職務或非公務機關履行法定義務所必要。三、告知將妨害公務機關執行法定職務。四、告知將妨害公共利益。五、當事人明知應告知之內容。六、個人資料之蒐集非基於營利之目的，且對當事人顯無不利之影響（第2項）。」目前我國對於個人資料之蒐集、處理、利用等，主要依據「個人資料保護法」。本法中大都只為原則性規定，對於具體蒐集目的、蒐集範圍，並不明確。入出國及移民法中，對於外國人資料之蒐集，除規定職權外，並未規定其目的與利用範圍。

個人資料與人之關係，從社會生活是一種具有共同連帶的相關性而言，一個人不管其是本國或外國人，都有其生活範圍及與他人相互之間的關係。「外國人的資料」，凡其生活紀錄、與人交往、工作情形、私權行為等，無一不是其個人資料。在民法上有人格權的保護規定[23]；在刑法上，有居家生活不受干預、不受強制為無義務之事項等規定，可以依此法律加以保

---

23 民法第195條第1項規定：「不法侵害他人之身體、健康、名譽、自由、信用、隱私、貞操，或不法侵害其他人格法益而情節重大者，被害人雖非財產上之損害，亦得請求賠償相當之金額。其名譽被侵害者，並得請求回復名譽之適當處分。」

護。掌控個人資料,即可瞭解個人的特徵及行為;對於有心之人,可以進一步揭開或散布該個人之私生活資料。對此傷害,輕者造成人之生活不安;重則危及個人各種具體權利,或使人對人生無望或陷於時時生活在恐懼日子之中。此種社會不能稱為立憲法治、保障基本人權之國家。

行政機關蒐集與利用個人資料之原則,應依具體的原因,在符合為達成特定目的的必要性之前提下,由法律授權[24]採用合理及必要的蒐集方式,始為合法。蒐集外國人資料之措施,除依法令規定外國人有配合之義務外,另依各別行政機關之職權,亦得個別的取得、蒐集外國人資料。有關外國人入出國與居留資料,可能被蒐集者,有提出健康證明、財產證明、無犯罪紀錄證明、要求按捺指紋、居留登記、居留查察、出示證件等。其中有與國家安全、社會秩序、公共衛生密切相關者,如提出健康證明、財產證明、無犯罪紀錄證明等,以供作為是否准許其入國、居留之依據。

我國有關「要求按捺指紋、居留登記、居留查察、出示證件義務」之規定,與對本國國民之規定,有所不同。是否存有差別對待之合理性、有無過度侵害其基本權利等,亦有探討空間。至於主管機關蒐集資料之明確目的、蒐集後之保管機關、用途、傳遞給其他機關或其他國家之規定,須受到與蒐集目的有關等之制約[25]。依「德國外國人法」[26]第75條規定:「(1)為實施本法和其他法律中有關外國人的規定,受委託實施本法的官方部門允許收集有關個人資料,只要這是為履行本法和其他法律中有關外國人的規定所賦予的任務所必須的。(2)當事人的資料必須蒐集。在沒有該當事人的參與下,它們也允許被其他的公報機構、外國人事務機構和非公共機構蒐集,如果1.本法或一其他法規定將此已擬定或強迫地列為了前提要件;2.這符合當事人的利益,同時可以認為,當事人如果知道其用途,定會表示贊同;3.當事人的協助不夠,或這所需的代價將太高;4.所需完成任務的特性決定了須向其他

---

24 早期對蒐集資料職權之看法,如行政法院47年判字第71號判例:「依礦業法第七十三條第二款之規定,礦業權者,因堆積礦產物、土石、爆發藥、薪炭、礦渣、灰燼或一切礦用材料,有必要時,固得使用他人土地。惟依同法第六十七條之規定,礦業用地,係指礦業實在使用地面而言。是礦業者依同法第七十三條規定使用他人之土地,自應以有實在使用之必要者為限。如非有實在使用之必要,即屬不應許可,乃為當然之解釋。」

25 個人資料保護法第5條:「個人資料之蒐集、處理或利用,應尊重當事人之權益,依誠實及信用方法為之,不得逾越特定目的之必要範圍,並應與蒐集之目的具有正當合理之關聯。」

26 參見聯邦德國外國人法,http://www.china-a.de/cn/dgjl/cnjl_wgrfl.htm,瀏覽日期:94.11.25。

個人或部門收集資料；或5.這為驗證當事人的陳述是必須的。根據第二句話第3點或第4點進行的資料蒐集，只有在沒有線索表明當事人重大的、值得保護的利益會因此受到影響的情況下，才允許。(3)如果向當事人蒐集其個人資料的依據是一個規定了他有答復義務的法律規定，則必須向當事人指出該法律規定的存在。非官方機構蒐集資料，必須指出其所依據的法規，否則必須指出陳述的自由性。」

上述德國外國人法之規定，有下列重點：1.本法和其他法律中有關外國人的規定所賦予的任務所必須的。表示蒐集與任務之達成，有其目的性與必要性；2.所需完成任務的特性決定了須向其他個人或部門收集資料。有此種前提之下，具有正當性的原因；3.當事人重大的、值得保護的利益會因此受到影響的情況。於此時必須注意及避免，蒐集此部分之外國人資料。如個人內心想法、特徵等資料[27]；4.蒐集資料的依據是一個規定了他有答覆義務的法律規定。此種情形為對較為特殊之情況，有高度國家安全與利益之考量時的特別授權；5.非官方機構蒐集資料，必須指出其所依據的法規，否則必須指出陳述的自由性。私人機構之蒐集資料，當有其界限，應區分出強制蒐集與自由選擇之方式。

依個人生物特徵識別資料蒐集管理及運用辦法第4條：「外國人、臺灣地區無戶籍國民、大陸地區人民、香港及澳門居民應於申請居留或永久居留時，接受個人生物特徵識別資料之錄存及辨識。但有本法第九十一條第二項各款情形之一或前已接受個人生物特徵識別資料錄存及辨識者，不在此限（第1項）。入出國及移民署於審核前項申請時，發現原錄存之個人生物特徵識別資料無法辨識或有錯誤時，應書面通知其再次接受個人生物特徵識別資料錄存及辨識（第2項）。」第5條：「入出國及移民署應建立外國人、臺灣地區無戶籍國民、大陸地區人民、香港及澳門居民個人生物特徵識別資料檔案（第1項）。前項檔案內容應包含姓名、性別、出生年月日、照片、護（證）照號碼及錄存之個人生物特徵識別資料，並註記錄存單位、錄存日期及錄存人員姓名（第2項）。」

---

[27] 但如對有涉嫌恐怖分子之嫌疑，對其進一步拘留、蒐集相關特徵等資料，應有較為嚴格要件之特別法授權。

貳、蒐集外國人資料之法律問題——以捺印指紋及身體健康檢查為例

國際上外國人在進入其他國家的同時，即要服從於其他國家的領土主權，遵守所在國家的法令。所在地國家基於合理理由，在必要的範圍內，可以設定外國人的規範制度，或與本國人之間有不同對待，有關其權利享有的差異或予以特別限制，此也是被認定為是不得已的做法[28]。外國人依其國籍與本國國民，有所不同，因國籍不同之差別對待，亦應限於合理及必要之限度內，各機關處理涉及外國人的事務所在多有，各主管機關依據其任務及管轄，涉及外國人的資料者，可能有蒐集、處理、利用、傳遞等職權。以下主要探討要求外國人捺印指紋之法律問題。

一、要求居留中外國人之捺印指紋

（一）指紋與外國人的權利

「指紋」的特徵，為依個人指頭頂端表皮的凹凸線，所形成的紋路。其紋路從隆起線開始的地方，一直到終點，有接合、分叉的地方等多數的組合，此稱為指紋的特徵點。依此特徵，經過身體的成長或年月的經過，亦被認為不會產生變化。因此，在作為個人的識別上[29]，具有「萬人不同、終生不變」的二大特性[30]。個人保有指紋隱私的權利方面，可稱「指紋乃重要之個人資訊，個人對其指紋資訊之自主控制，受資訊隱私權之保障[31]」。且指紋乃人類之「表皮顯徵」，為人類「生物特徵」之一，顯現於人身，具有與人體不可分離之特質及高度之獨特性。就所涉基本權利而言，首先，指紋乃身體之一部，屬於一種「身體權」，構成身體完整性之一環。其次，指紋所

---

28 西井正弘，外國人指紋押捺拒否事件，昭和五十九年重要判例解說，ジュリスト，1985年，第273-274頁。

29 日本早期警察實務上，採取人別識別之方法，一般以指紋、相片及簽名三種方式為主。其中並以「指紋」最具確認性。

30 大東勝利，わが國警察の指紋制度のあゆみ，警察學論集44卷10號，第24-25頁。

31 參照大法官釋字第603號解釋文。

承載之身體特徵，乃專屬於個人之一種資訊[32]。因此緣故，「指紋」可作為辨別個人之間的區別方法，此方法自古以來即廣被使用；依科學技術顯示，世界上沒有兩個人的指紋紋路是一樣的；即指紋具有辨識，「特定個人性」之作用。但是採用指紋作為辨識之方法，其可證明之機率，亦非百分之百，另其亦出完全沒有錯漏之可能。

有關隱私權利的內容，例如個人容貌有不被攝錄的自由，此屬個人隱私的一種權利；或是個人的髮型、個人的穿著決定，此類事項個人皆有決定的權利。日本有學者主張不被依刑罰強制規定採取個人指紋的自由，應屬日本憲法第13條所保障之追求幸福的權利，此為一般論述的基礎。依德國的理論認為人格自由發展的權利內容，如髮型的自由、穿著的自由事項，皆屬此權利之內容。對照日本憲法第13條的規定，「屬於有關個人本身的事項範圍，應有自己決定」的權利[33]。

早期論及「隱私權」的範圍，認為應具有「私密的特性」，而指紋並非在衣服所遮蔽處，其會留在任何所觸摸過的地方，其亦顯現在外部，可能會被其他人看見等，所以認為「指紋」並非隱私權所保護的範圍。但是，依近來的通說及學者、實務上的看法，均認為有「不被強制捺印指紋」之權利，此與人身自由密切相關，且涉及人性尊嚴之保護，因此肯認其作為憲法上的人格權利[34]。

外國人所享有的法律地位，會因所在國家或地區的不同，或因國際上人權的發展而有不同。從早期防止其進入本國的敵視時代；到目前國際上對待外國人，已趨向於互惠或平等原則。要求入國的外國人捺印指紋，有二個思考模式：一者以外國人進入一個國家，前提是須經過主權國家的許可。國家須對其個人基本資料完全掌握，以積極有效的實施入出國管理行政。這種思考方式，可能跳脫法治國家之思想，或不把外國人的基本人權，列入與本國國民同等保護的考量。早期對於外國人的管理，有些國家並未進入法制化時期，常以行政命令規定外國人的權利與義務事項且時常變更，未顧及當事人

32 李建良，「戶籍法第八條捺指紋規定」釋憲案鑑定意見書，台灣本土法學雜誌73期，2005年8月，第41-42頁。
33 橋本公亘發言，外国人登録制度と指紋押捺問題，ジュリストNo. 826，1984年12月1日，第16頁。
34 內野正幸，指紋押捺強制と定住外国人，870號，1986年10月15日，第47-48頁。

權利；此與國際法中有關外國人之待遇與法律地位應以法律訂定為原則，有所不符。另在國內法律方面，如強制規定外國人入國必須按捺指紋[35]，該規定仍要受到「憲法」相關原則之檢驗。

（二）強制按捺指紋之合憲性問題

人有不受強制捺印指紋之自由，此屬人之基本自由，應受資訊自決權所保護。在入國法律中有的國家規定外國人須捺印指紋，始得入國。其目的在於防止非法入國、偽造證件或危害國家安全之行為。外國人亦為憲法所保障之基本權利主體[36]，一般有關自由權之部分，外國人應與國民一樣受到保障的程度。國家之法律及行政處分，亦應受到憲法原則之制約。

1. 平等原則

每個人在法律之前，享有平等之原則。為現代立憲國家之基本精神。憲法之平等原則規定，中華民國人民無分男女、宗教、種族、階級、黨派，在法律之前一律平等。在解釋上，有將「國籍」認為不列入平等原則之否定說；亦有將「種族」之原因，亦應適用於「國籍」之上的肯定說[37]。惟平等原則，應考量實質的平等與容許合理的差別待遇原則，對於規範本國國民之間的法令，容許合理差別者，亦所在多有[38]。

如日本法的規範，外國人並非居留國的構成員，其與居留國的關係，因為只在於居住場所的關係為依據，此為國民與外國人基本地位不同之處。因有合理的理由，而且為達到合理的必要程度，對於內外國人的對待在法律上有差別的規劃，此對外國人與本國國民之間有不同的待遇，或是對其權利的一部分有特別的限制，一般也被認為是不得已的。憲法所保障的基本權

35 有關外國人指紋紋型，請參考彭莉娟、林茂雄、林燦璋，臺灣地區人口與外國人指紋紋型分布之比較，警學叢刊33卷2期，2002年9月，第71-110頁。
36 許宗力，前揭文（註18），第81頁。
37 相關論述，請參考李念祖，前揭文（註18），第80-100頁。
38 如大法官釋字第607號解釋理由書：「憲法第十九條規定，人民有依法律納稅之義務，係指國家課人民以繳納稅捐之義務或給予人民減免稅捐之優惠時，應就租稅主體、租稅客體、稅基、稅率等租稅構成要件，以法律明文規定。但法律規定之內容不能鉅細靡遺，故主管機關於職權範圍內適用各該租稅法律規定時，自得為必要之釋示。其釋示如無違於一般法律解釋方法，且符合各該法律之立法目的，即與租稅法律主義尚無違背；倘亦符合租稅公平原則，則與憲法第七條平等原則及第十五條保障人民財產權之規定不相牴觸……。」

利，是否及於外國人，應依照其權利的性質，如該權利性質只限於保障本國國民，於此如保障外國人即有所不當；除此之外，即使是外國人亦應受到保障[39]。

　　一般國家有課予外國人入國有捺印指紋之義務，而本國國民則無本項義務的規定。惟「按捺指紋」給人的印象，有受屈辱、不快的感受[40]。從來按捺指紋為對刑事嫌疑犯之製作特定指認卡，予以列冊管理，並作為治安管理上的重點。此在特別法令中並有授權規定，符合一般社會通念的期待，亦有其必要性。但是如課予全部的外國人皆要捺印指紋，而本國國民不需捺印指紋，是否違反平等原則？從取得「指紋」主要是為對於「特定個人性」的辨別，指紋的辨識技術，可達到特定的行政目的。而為達入國管理之行政目的需要，而要求「外國人」皆要捺印指紋。從平等原則上言，外國人與本國人因在身分上有所不同，且國家非當然有許可外國人入國之義務，從主張平等原則之立論而言，因在入國事項上，外國人有其特殊性，因此，在法制上或有容許其作為合理差別規定之處。

　　有關外國人與本國人的適用平等原則問題，有認為「依現在所形成的國際社會，是以國家主權的存在為前提，與國家有密切相關的，即國家構成員的國民；另非國家構成員的外國人，與國民二者之間，其基本地位有所不同，是不能否定的。此意為對在我國居留的外國人，為使其居住關係與身分關係能夠明確，以資作為公正管理的目的，而所設計外國人登錄制度的本身，並沒有違反法律上的平等原則」。對此，並無不同意見。但對於「為維持登錄的正確性，採取捺印指紋的制度，如限於前述作為必要前提的立法理由及有合理性的依據，是日本憲法第14條所容許的範圍」，「其當然是沒有違反國際人權條約（B規約）（公民與政治權利國際公約）第26條的」。學者認為此點，應有疑義[41]，即採用「合理性的依據」為標準，應已違反憲法保障「精神自由」所採取的嚴格審查標準。此立法比例原則之界限，亦為以

39　西井正弘，昭和五九年度重要判例解說，國際外交法雜誌85卷5號，1986年12月，第102-103頁。

40　外國人指紋押捺拒否事件控訴審判決，福岡高裁六〇（う）第五一九號判決，判例タイムズNo. 625，第262頁。

41　荻野芳夫，判例研究外國人の人權—國籍・出入國・在留・戰後補償，明石書店，1996年4月，第116頁。

下所要探討的問題。

2. 比例原則

(1)目的性原則

有關指紋之用於犯罪偵查問題，日本法上主張廢除捺印指紋者，認為依外國人登錄的指紋制度，其運用的實際情形，並非完全用在確認居留外國人的同一人性上，對於外國人所登錄的指紋，有利用於一般性的犯罪偵查及其行動的調查上，此已經不符指紋捺印制度的立法理由以及本制度的目的，形成有名無實的狀態，因此，已喪失保留此制度的合理性[42]，違反蒐集之目的性原則。

(2)必要性與狹義比例性原則

依法治國家之法律保留原則，因公共利益原因之限制人民基本權利，須遵守法律保留原則。有的基本權利之事項，係由憲法直接規定之憲法保留，法律之規定不得違反憲法，如人身自由之保護程序。依我國憲法第23條規定，因公益原因之限制基本權利，亦須在符合比例原則之下，始符合憲法原則，即不得超過必要程度之立法規定。如違反立法比例原則，乃屬違憲之立法。人有「不受強制按捺指紋的自由」，對於外國人基本權利之限制，其立法要符合憲法之原則。憲法權利屬性的區分上，一般分成內部精神自由、外部精神自由、經濟自由權。個人保有指紋隱私權利，屬於有關人身自由與精神自由之部分。對此權利之保障，外國人亦應享有。國家公權力對於此自由之限制，在合憲審查標準上，應採嚴格審查之標準[43]。

捺印指紋的必要性問題，應是必須考量的。因外國人的登錄制度，世界各國各有不同的形式，即使美國也有捺印指紋的制度。如果沒有確認人之同一人性，就會造成利用各種方式的不法入國，對國內會產生不良的影響。因此，確認同一人性的必要性，是不能否定的。問題是確認同一人性的方法，採取捺印指紋是一種方法；照相亦是一種方法。捺印指紋在此的目的並無不同，只是在確保同一人性上有進一步的利益；但是此做法同時對外國人人權方面，會造成其不愉快的感覺，也會產生各種的問題，是否應以其他方法來

---

42 福岡地裁小倉支部昭五八（わ）一〇九三號・一〇九四號、昭60.8.23刑一部判決有罪，判例時報1179號，第161頁。

43 萩野芳夫，指紋押捺と憲法判斷の基準，ジュリストNo. 826，1984年12月1日，第26頁。

代替，應有考慮的必要[44]。

　　由立法裁量或立法政策決定，一律強制按捺入國外國人的指紋，顯然已超過其必要的限度，即違反憲法上限制基本權利之比例原則。或有謂行政機關之蒐集目的及利用，原則上只用在行政上的目的，不用於犯罪偵查上的目的，此可減少當事人被當成嫌疑人之風險。但是，強制按捺指紋仍會給人聯想到是犯罪之嫌犯，會傷害到個人的尊嚴，此已有違反憲法上立法比例原則之疑慮[45]。

（三）按捺指紋之法制與其問題檢討

　　依入出國及移民法第91條規定蒐集生物跡證，包括強制居留之外國人須按捺指紋並錄存；基於外國人個人資訊自決權之保護，有關按捺指紋之目的性、必要性等，應有檢討之必要。

1. 按捺指紋之法制

　　入出國及移民法第91條規定：「外國人、臺灣地區無戶籍國民、大陸地區人民、香港及澳門居民於入出國（境）接受證照查驗或申請居留、永久居留時，移民署得運用生物特徵辨識科技，蒐集個人識別資料後錄存（第1項）。前項規定，有下列情形之一者，不適用之：一、未滿十四歲。二、依第二十七條第一項規定免申請外僑居留證。三、其他經移民署專案同意（第2項）。未依第一項規定接受生物特徵辨識者，移民署得不予許可其入國（境）、居留或永久居留（第3項）。有關個人生物特徵識別資料蒐集之對象、內容、方式、管理、運用及其他應遵行事項之辦法，由主管機關定之（第4項）。」本條文規定外國人按捺指紋之義務，並於第2項規定，如未依前項規定按捺者，不予許可居留或永久居留[46]。

　　有關捺印指紋，為兼顧外國人人權，在原來修正草案總說明[47]提及：

44　橋本公亘發言，前揭文（註33），第13頁。
45　荻野芳夫，前揭文（註43），第26頁。
46　請參考曾文昌編著，入出國及移民法釋論，正中書局，1999年，第190頁。
47　入出國及移民法修正草案總說明：「依本法第六十四條第一項規定按捺指紋者，應以全部手指按捺之。但手指殘缺無法按捺者，應記明其事由。」惟查各國外來人口指紋建檔制度，多為按捺一至二隻手指指紋，僅我國規定為全部手指按捺，雖能完整建立臺灣地區無戶籍國民及外國人十指指紋檔，惟基於人權考量，對於未犯罪者要求建立十指指紋檔之規定，並不符合比例原則，易遭反感。為避免臺灣地區無戶籍國民及外國人十指指紋建檔政策爭議過大，

「依本法規定按捺指紋者，應以左、右手拇指接受按捺。受捺手指有殘缺或傷病者，依序以該手食指、中指、環指、小指接受按捺，並由按捺人員註明該指名稱。但無手指，經按捺人員註明者，不在此限。指紋按捺後，受捺手指有殘缺或傷病者，應依順序補捺。按捺指紋應力求清晰，不清晰者應立即重新按捺，或以書面指定期日通知受捺人補行按捺；未依期限補行按捺者，不予許可其後續所提出之居留或永久居留申請。外國人於申請外僑居留證時已按捺指紋者，於申請外僑永久居留證時，免再按捺……。」

日本對外國人之管理，依外國人登錄法早期實施捺印指紋制度，長期以來經過外國人的反彈，人權團體及學者之批評，前後經過四次修正，已在1999年廢止外國人按捺指紋制度。有關捺印指紋與平等原則的問題，在相關的日本判決認為：「對有關捺印指紋，因凡人均有不被任意違反其個人意願，被要求捺印指紋的權利，……在解釋上，隱私的權利為憲法第13條保障所及的範圍，外國人也與本國國民同樣都能享有此項權利，如果沒有合理的理由，在這點上受到差別的對待時，是違反憲法第14條及國際人權條約B規約（公民與政治權利國際公約）第26條[48]。」

但據報導日本政府在2006年3月7日的內閣會議上通過「入管法修正案」，其主要內容包括16歲以上外國人接受入境審查時原則上必須留下指紋並拍攝面部照片，此舉主要目的是防止恐怖分子喬裝打扮潛入日本。此修正案將被提交本屆國會審查[49]。但此舉遭到了日本律師聯盟的反對，認為這樣做法和有關公民及政治權利國際公約相牴觸。修正案中規定，進入日本境內的外國人必須通過電磁方式提供個人識別信息。個人識別信息除指紋、照片之外，其餘將由法務省作出規定。但以下人員例外：(1)在日韓國及朝鮮人等「特別永久居住」人員；(2)未滿16歲；(3)因外交公務赴日；(4)國賓

經參酌美國、新加坡及馬來西亞之現行制度，認為建立二指指紋檔已符合指紋管理之最低需求，爰修正本細則第60條第1項按捺指數之規定。又因左、右手拇指面積最大，指紋特徵點最多，身分確認比對較容易也較準確，爰明定受捺人應以左、右手拇指接受按捺。另針對受捺手指有殘缺或傷病者及指紋按捺後，受捺手指有殘缺或傷病者，其按捺及補捺之先後順序亦一併明定，以利按捺作業之遂行。另按捺指紋應力求清晰，不清晰者應立即重新按捺，或以書面指定期日通知受捺人補行按捺，未依期限補行按捺者，不予許可其後續所提出之居留或永久居留申請。內政部95年11月8日（95）台內警字第0950922234號。

48 荻野芳夫，前揭書（註41），第115-116頁。

49 日本已於2006年5月24日經國會修正外國人入國捺印指紋之規定，並預定於一年半月之內施行。其入管法第6條規定：「入國之外國人，須提供指紋及照片。」

等[50]。

2. 按捺指紋之問題與檢討

蒐集外國人指紋資料，依法治國家原則應有特定的目的[51]，且目的應具有正當性，所使用蒐集之方法亦應符合比例原則。有關屬於外國人精神自由權之保障程度，原則上應與本國人相同。對此干預外國人精神自由權之「要求捺印指紋」，在合憲審查上，並應採取嚴格審查標準[52]。如上述我國入出國及移民法第91條，在條文中並未明示按捺指紋之目的、公共利益上之必要性。依此有二個問題，可為討論：其一，未考慮外國人此方面的基本權利，或認為有關外國人之事項，均可委由立法裁量及立法政策所決定，未納入憲法第23條立法比例原則的規範思考。其二，要求按捺指紋與干預基本權利的認知問題。為識別外國人、建立資料庫、供作治安上的比對，有其公共利益使用之目的，即認為可加以規定。在此，如何維護公共利益與外國人基本權利，使二者之間取得平衡？一律強制規定按捺指紋，給人有重治安、輕人權之感。

從按捺指紋之目的言，上述我國法之規定，其並未明示蒐集之目的。其可能之目的在於明確外國人身分、防止偽變造身分、查察非法入國、比對可疑外國人、供作犯罪偵查之用等目的。未明確界定蒐集資料之目的，可能資料被濫用。如所蒐集之指紋資料，亦供作犯罪偵查之用，當事人很容易被視為「刑事偵查對象」，無形中入境居留之外國人，將被監控或被不當歧視，如此有誤導之效果，亦會侵害外國人權利。因此，蒐集資料應限定在其目的之內，始可使用。

從蒐集指紋資料之必要性言，全面要求入國的外國人按捺指紋，是否具有防止偽變造證件之功效、可以有效查緝偷渡案件、正確外國人之人別辨識

---

50 多維新聞，日本以反恐為名打算入管法，外國人入境須留指紋，2006年3月7日，http://www. chinatopnews.com/MainNews/Topics/zxs_2006-03-07_699964.shtml，瀏覽日期：95.5.10。

51 有關「蒐集資料目的」之解釋，如：「查警察職權行使法第二條第二項明定，警察為達成其法定任務，於執行職務時，得依法採取查證身分、蒐集資料等措施；又，依據電腦處理個人資料保護法第三條第九款及第七條規定，得為個人資料之蒐集。是以，警察執行臨檢、路檢勤務時抄錄民眾身分證資料，其基於『犯罪預防』、『刑事偵查』所為必要之個人資料蒐集，自無逾越該法授權之虞。」內政部警政署93年1月12日（93）警署行字第0930002479號。

52 古川純，外國人指紋押捺拒否事件，昭和五十九年度重要判例解說，ジュリスト，1985年，第10頁。

功用？或是只出於預防性的目的，予以先行全面蒐集指紋資料，如遇有治安事件上之必要，再提出作為比對之用。目前國際上各國之社會對待外國人，為採行國家間互惠原則。依我國之法制上，為一律要求外國人居留須捺印指紋（實際執行或有裁量空間，選擇有必要的外國人要求捺印指紋），如此，外國亦可能對我國國民居住於該國者，要求按捺指紋。有蒐集外國人指紋之必要性情形，如為確保國家安全、防止恐怖分子活動、防止偽造證件、管制曾受驅逐出國者之入國，有特別蒐集外國人指紋之需要情形，應可以特別法規定其要件與蒐集之程序，以防止其冒名入境後之造成危害。依目前我國法制之採全面蒐集外國人指紋，而不針對重點、有必要者蒐集，其實施效果有待觀察，且應有違反憲法第23條比例原則之虞。

我國內政部移民署依個人生物特徵識別資料蒐集管理及運用辦法第6條第1項第1款：「個人生物特徵識別資料錄存方式如下：一、指紋：應以左、右手食指接受按捺。左、右手食指有殘缺或傷病者，依拇指、中指、環指、小指之順序接受按捺，並由錄存人員註明手指名稱。但無手指，且經錄存人員註明者，不在此限。」同辦法第5條：「入出國及移民署應建立外國人、臺灣地區無戶籍國民、大陸地區人民、香港及澳門居民個人生物特徵識別資料檔案（第1項）。前項檔案內容應包含姓名、性別、出生年月日、照片、護（證）照號碼及錄存之個人生物特徵識別資料，並註記錄存單位、錄存日期及錄存人員姓名（第2項）。」加以執行。

二、外國人入國及居留之身體健康檢查與個人資料保護

身體健康檢查資料屬個人之資訊隱私，受個人資訊自決權之保障；對外國人此方面權利之保障程度，原則上應與本國人一致。外國人入國與居留，依入出國及移民法、就業服務法等規定，有要求外國人須接受健康檢查者、有禁止特定帶有傳染病者之入國及繼續工作、在入國安全檢查時對人之身體檢查等措施，已干預外國人之個人資訊隱私（自決）權利，我國現行法制是否明確？有待探討。

（一）入國前之要求提供健康檢查資料

國家機關以安全、秩序、福祉為正當化理由下所採之資訊蒐集措施，若限制、剝奪憲法保障人民之具體自由與權利，包括秘密通訊自由、居住

自由、集會自由等，特別是由人格自由與人性尊嚴所推導出的資訊自決權（informationelles Selbstbestimmungsrecht，或稱為資訊隱私權），該等蒐集所採取之措施，則具干預性質，其權力之發動與運作應有其合法性與正當性[53]。為維護公共衛生，防止境外之傳染病移入我國，對於外國人之入國並有條件之限制。依入出國及移民法第18條第1項第8款規定：「外國人有下列情形之一者，移民署得禁止其入國：⋯⋯八、患有足以妨害公共衛生之傳染病[54]或其他疾病。」依本法規定得要求辦理簽證之外國人，提供特定未感染「傳染病」之健康檢查證明，供作核發簽證之條件。個人健康檢查資料，屬個人極隱私之資料，應受到憲法所保護；縱然依入出國及移民法規定，為保護國內之公共衛生目的，得予限制，但其限制之範圍應符合目的性、必要性與相當性。從個人資料保護觀點，與傳染病無關之健康檢查資料即不得要求當事人提供。

要求外國人提供個人健康資料，涉及個人資訊自決權，如提供後之使用範圍無法得知或被濫用，已侵害個人資訊自決權。個人之自決權以個人對於採取之作為或不作為以及其可能性有自由決定之權，並且於實際上亦能依此決定採取行為為前提。若人無法充分對於其社會周遭特定領域內，何種與其有關之資訊會被公開有概括的認識，人若無法在某一程度內能預測何者是其可能的溝通對象時，則其基於本身自決權所擁有的計畫及決定自由將受到嚴重的阻礙[55]。

受聘僱之外國人，依就業服務法第48條規定：「⋯⋯第一項受聘僱外國人入境前後之健康檢查管理辦法，由中央衛生主管機關會商中央主管機關定之（第3項）。前項受聘僱外國人入境後之健康檢查，由中央衛生主管機關

---

53 李震山，行政法導論，三民書局，2014年9月修訂10版，第481頁以下。

54 傳染病之範圍，依傳染病防治法第3條規定：「本法所稱傳染病，指下列由中央主管機關依致死率、發生率及傳播速度等危害風險程度高低分類之疾病：一、第一類傳染病：指天花、鼠疫、嚴重急性呼吸道症候群等。二、第二類傳染病：指白喉、傷寒、登革熱等。三、第三類傳染病：指百日咳、破傷風、日本腦炎等。四、第四類傳染病：指前三款以外，經中央主管機關認有監視疫情發生或施行防治必要之已知傳染病或症候群。五、第五類傳染病：指前四款以外，經中央主管機關認定其傳染流行可能對國民健康造成影響，有依本法建立防治對策或準備計畫必要之新興傳染病或症候群（第1項）。中央主管機關對於前項各款傳染病之名稱，應刊登行政院公報公告之；有調整必要者，應即時修正之（第2項）。」

55 蕭文生，自基本權保障觀點論街頭監視錄影設備裝設之問題，收於法治與現代行政法學——法治斌教授紀念論文集，元照出版，2004年5月，第242頁。

指定醫院辦理之；其受指定之資格條件、指定、廢止指定及其他管理事項之辦法，由中央衛生主管機關定之（第4項）。受聘僱之外國人健康檢查不合格經限令出國者，雇主應即督促其出國（第5項）。……」依本法規定授權衛生主管機關訂定「健康檢查」範圍之規定，此涉及專業領域，並與外國人個人資料保護有關。原則上「健康檢查」範圍，亦應與防止傳染病之移入有關；不宜因國家或外國人工作類別而有不同之差異。但從本法之授權名稱，稱「健康檢查」之意涵，仍不甚明確；如訂定以高度之體格、體能要求或蒐集其他與防止傳染病等無關之個人身體資料，已超出國際法上因公共衛生目的之項目。

如依受聘僱外國人健康檢查管理辦法第5條規定：「第二類及第三類外國人辦理健康檢查之時程如下：一、申請入國簽證時，應檢具認可醫院核發之三個月內健康檢查合格證明。但第三類外國人居住國家無認可醫院者，得檢具居住國家合格設立之醫療機構最近三個月內核發經醫師簽章之健康檢查合格證明及其中文譯本，並經我國駐外館處驗證。二、入國後三個工作日內，雇主應安排其至指定醫院接受健康檢查；因故未能依限安排健康檢查者，得於延長三個工作日內補行辦理。三、自聘僱許可生效日起，工作滿六個月、十八個月及三十個月之日前後三十日內，雇主應安排其至指定醫院接受定期健康檢查（第1項）。前項第一款入國前健康檢查有任一項目不合格者，不予辦理入國簽證（第2項）。第二類及第三類外國人依本法第五十二條第五項規定請假返國者，中央衛生主管機關得依工作性質及勞動輸出國疫情或其他特性，公告其再入國後之健康檢查時程及項目，並由雇主安排其至指定醫院辦理[56]（第3項）。雇主聘僱在中華民國境內工作之第三類外國人，於申請聘僱許可時，應檢具指定醫院核發之三個月內健康檢查合格證明，並應依第一項第三款規定辦理定期健康檢查（第4項）。」上述健康檢查之項目與外國人權利有重要相關，應予明定在相關之法律；除具有傳染危

---

[56] 受聘僱外國人健康檢查管理辦法第2條第2款：「……二、第二類外國人：指受聘僱從事本法第四十六條第一項第八款至第十款規定工作之外國人。」就業服務法第46條第1項：「雇主聘僱外國人在中華民國境內從事之工作，除本法另有規定外，以下列各款為限：……八、海洋漁撈工作。九、家庭幫傭及看護工作。十、為因應國家重要建設工程或經濟社會發展需要，經中央主管機關指定之工作。十一、其他因工作性質特殊，國內缺乏該項人才，在業務上確有聘僱外國人從事工作之必要，經中央主管機關專案核定者。」

險之病症，有其必要性；其他無傳染危險之項目，其要求外國人必須檢查，應有法律授權及說明具體原因。受理簽證之機關，取得外國人此方面健康資料，應妥予保管及限定其利用範圍，以符合個人資料保護原則。

　　當然對於受聘僱之外國人資格及條件，國家有訂定的自由；即對於經濟自由與精神自由之保障上，二者有程度上的差異；但如果不當規定過度的要求標準，即有濫用權力的問題。而如非屬一般受聘僱之外國人的入國，在具有傳染病之顧慮的禁止條件，應與受聘僱之外國人相同。因傳染病之防止，為重大之公共利益；因其他疾病之禁止入國規定，則應受到制約。

（二）入國時之檢查身體與執行界限

　　衛生或入出國主管機關，發現外國人入國時有身分人別上疑義、患有傳染病或藏匿不法物品在身體之中，則得進一步檢查其身體。

1. 入國時之檢查身體

　　外國人入國須經過查驗之程序，乃外國人應遵守之義務。入國前除經過簽證許可外，程序上應提出身分證明、主管機關於有必要時得為進一步之確認身分檢查。而入國查驗包括二個部分，其一，為核對個人證件之基本資料，是否與本人相符。其二，為特殊情形認為藏匿違禁物品於身體上，或無法確定當事人身分時，所採取之檢查身體措施。依入出國及移民法第4條規定，入出國應經查驗，未經查驗者，不得入出國。外國人於入國時依法有接受查驗身分之義務。另依國家安全法第5條：「警察或海岸巡防機關於必要時，對下列人員、物品及運輸工具，得依其職權實施檢查：一、入出境之旅客及其所攜帶之物件。……。」國家安全法施行細則第19條：「本法第四條所定入出境航空器及其載運人員、物品之檢查，依左列規定實施：……三、旅客、機員：實施儀器檢查或搜索其身體。搜索婦女之身體，應命婦女行之，但不能由婦女行之者，不在此限……（第1項）。過境之旅客，非經檢查許可，不得會晤境內人員及授受物品（第2項）。……。」

　　上述二法律之授權主管機關檢查外國人身分與身體，屬作用法之規定。其實施已造成當事人人身自由、隱私權、個人資料自決權受到干預。應有法律保留原則、法律明確性原則與正當法律程序之適用。檢查身體之干預與一般行政檢查之範圍，有所差異。一般行政檢查如無特別規定為目視、查

對文件、請當事人配合開啟物品、手持物及行李等方式為之。在無特別授權情形，尚不得強制為之。因個人隱私資料中，涉及個人身體私密部分資訊，尤其應受到更進一步之保障。如任意依法律為概括授權即可實施，已不符法律明確性原則、必要性原則。因此，有關授權之明確性、實施要件及程序應有進一步之法律規定。

2. 入國時檢查身體之執行界限

外國人雖在國籍上不同於本國國民，其入國應受到我國許可，但在入國檢查程序中，其所受到之待遇，應與本國國民相一致，應屬無疑。因其目的限於確認當事人之身分與有無攜帶違禁物品，而依法執行查驗措施。行政檢查與犯罪偵查之目的不同，其實施之界限亦有差異。一般行政目的之檢查應符合比例原則，且應遵守法律保留原則。對於外國人入國之查驗檢查，依國家安全法第4條規定，尚得檢查個人之身體，但其檢查要件、程序、範圍及程度，並不明確。在法律之授權明確性上，有所疑義。

在未明確授權之前提下，檢查身體應限於由當事人配合之檢查方式，即發現當事人衣服內部藏有物品可疑時，可請其配合檢查；如當事人不願配合，應依具體法律要件授權規定，如有具體之犯罪嫌疑，始可強制檢查。一般情形關係人拒絕答覆詢問，或提供不完全資料，令人懷疑該資料不正確，而以其他方法仍無法查證身分或有重大困難時，可否將關係人短暫留置於現場，或於不得已之際，直接將之攜往執行機關，繼續調查。身分確認職權之行使，除非經他方當事人之同意，不需明確法律依據外，若違反他方當事人意思而令其暫時停止活動，接受詢問，或將其留置或攜往執行機關，明顯已限制或剝奪人身自由權，依憲法第23條規定，應以法律限制之。若仍無法確認身分，而為防止重大危害，有借助鑑識措施（erkennungsdienstliche Masnahmen），例如按取指紋、掌紋、照相等，當然亦需法律明確授權，並依職務協助請有權機關協助之[57]。

身體檢查有非侵入性檢查與侵入性檢查之區分；依行政目的之檢查，大都為實施非侵入性檢查，如捺印指紋、量身高體重、採取掌紋、從外部檢查身體部位有無藏匿違法物品；侵入性檢查，則包括抽取血液、尿液、自身

---

57 李震山，警察機關執行安全檢查行使干預權之主要態樣，收於入出國管理及安全檢查專題研究，中央警察大學出版，1999年8月，第307頁。

體內部取出物品等措施[58]。後者之侵入性檢查，因涉及重大干預個人隱私權利，須受到法律保留原則之嚴格適用。一般為犯罪偵查目的之必要，且須經核發鑑定許可書，始得執行。

　　有關強制檢查當事人之身體內部，依日本判決上認為強制採尿，將造成當事人精神上有被侮辱的感覺，其採證的方法與檢查身體具有同樣的證明程度，在偵查程序上對嫌疑人實施此強制處分，如果皆不被容許，亦無道理；但其實施須考量嫌疑事件的重大性、具體的嫌疑、該證據的重要性、取得證據的必要性或無適當的替代方法等，在犯罪偵查上屬不得已情形的最後手段；並遵守適當的法律程序，即實施時對於嫌疑人的人身安全及人格的保護，有充分的考慮，應可認為相當[59]。

　　當事人利用入國之際，藏匿違禁物品於身體中案例，常有發生。有關對犯罪嫌疑人實施檢查身體之界限，依刑事訴訟新制法律問題研討會座談結論認為：「鑑定人因鑑定之必要，固得經審判長、受命法官或檢察官之許可，由審判長、受命法官或檢察官簽發鑑定許可書，對被告實施檢查身體，採取血液等鑑定處分……有關搜索、扣押得使用強制力之規定，並未在準用條文之列，從而鑑定人於被告抗拒時，不得違反被告之意思，逕行使用強制力採集被告之血液，必須依第204條之3第2項之規定，由審判長、受命法官或檢察官率同鑑定人實施之，而此情形因準用勘驗之規定，依第219條再準用第132條之結果，即可違反被告之意思，使用未逾必要程度強制力採集被告之血液。但審判長、受命法官或檢察官如依第204條之1第4項之規定，於鑑定許可書內附加得行使強制力檢查身體之適當條件時，鑑定人即得依據該指示，違反被告之意思，使用未逾必要程度之強制力採集被告之血液[60]。」日本對於實施強制抽血程序的探討，有認為只須使用身體檢查令狀，或須另有鑑定處分許可書者之不同主張。採前者身體檢查令狀說，認為檢查身體應不

---

58 刑事訴訟法第205條之2：「檢察事務官、司法警察官或司法警察因調查犯罪情形及蒐集證據之必要，對於經拘提或逮捕到案之犯罪嫌疑人或被告，得違反犯罪嫌疑人或被告之意思，採取其指紋、掌紋、腳印，予以照相、測量身高或類似之行為；有相當理由認為採取毛髮、唾液、尿液、聲調或吐氣得作為犯罪之證據時，並得採取之。」

59 中井憲治，体液の採取，收於刑事訴訟法の爭點，ジュリスト增刊，有斐閣，1991年5月新版，第84頁。

60 刑事訴訟新制法律問題研討會提案第12號，刑事訴訟新制法律問題彙編，2003年8月初版。

只是檢查身體外部，亦包括及於社會通念的身體內部[61]。並以主張須有強制處分書及鑑定許可書始得執行，為有力說。

有論者指出，入出國及移民法對於拒絕身分確認或查驗者，既無明文規定得以實力介入之強制執行，似宜採否定之見解[62]。本文以為入國查驗屬入國之必備程序，未經查驗者不得入國。因此，接受查驗自屬合法入國之必備條件；當事人如拒絕接受查驗者，自不得入國；執行機關在無其他法定必須強制查驗情形下，自可容許當事人放棄入國之自由，但如有明顯違法可疑之原因，自可依法強制調查。一般未具備具體犯罪嫌疑之入國檢查，仍須遵守法律授權程度執行，不得逾越比例原則。外國人資訊自決權之受保護程度，與本國人應無差別，任意決定檢查外國人身體，除無法律之明確授權外，亦侵害外國人資訊自決權。有關法律授權明確性不足之部分，我國入出國及移民法應進一步予以補充修正，明列在符合必要條件下得檢查身體，同時兼顧保障當事人之資訊自決權利。另個人有身體不受傷害權[63]，執行身體檢查自須有法律保留原則、法律明確性原則之適用，且應遵守比例原則。

三、居留期間之健康檢查與就業限制

外國人個人之健康資料與其資訊隱私有重要關係，不得任意要求其提供或因其有特定身體健康原因，而予以歧視。外國人居留中須遵守我國法令，依規定外國人於居留中，須接受健康檢查或提出健康檢查證明，始得合法居留或取得聘僱許可。

（一）居留期間之健康檢查

居留期間之外國人，依照外國人國籍國家之不同，有規定居留期間須提出健康檢查證明者；有規定須到指定醫院接受所規定範圍之健康檢查者。其目的皆在於維護我國內之公共衛生必要，防止造成傳染危害。主管機關所公布之健康檢查項目，除有特定具有傳染危險之病症外，另外亦包括不具傳染

---

61 中井憲治，前揭文（註59），第84頁。
62 簡建章，入出國身分確認措施相關法律問題之研究，國境警察學報2期，2003年12月，第46頁。
63 有關身體權，請參考李震山，憲法未列舉之固有權—生命、身體、尊嚴與人格權，收於多元、寬容與人權保障—以憲法未列舉權之保障為中心，元照出版，2005年10月，第115-129頁。

之項目，且含一般個人精神狀態。理論上，外國人入國之後的權利，應受到一定程度保障，不應受到任意撤銷此居留資格之處分。即依居留期間之健康檢查原因，作為撤銷居留許可之處分，應受到制約。此部分個人健康資料與個人資訊自決權（又稱資訊隱私權）有關；依法令之要求外國人提出，須因與公共利益（防止傳染病）之間具有關聯性、必要性及不過度侵害性，始得規定。

　　依受聘僱外國人健康檢查管理辦法第3條規定：「雇主申請第四條規定以外之第一類外國人之聘僱許可及展延聘僱許可，得免檢具該類人員之健康檢查合格證明。但對於入國工作三個月以上者，中央衛生主管機關得依其曾居住國家疫情或其他特性，公告其應檢具之健康檢查證明[64]。」同辦法第5條第1項：「第二類及第三類外國人辦理健康檢查之時程如下：一、申請入國簽證時，應檢具認可醫院核發之三個月內健康檢查合格證明。但第三類外國人居住國家無認可醫院者，得檢具居住國家合格設立之醫療機構最近三個月內核發經醫師簽章之健康檢查合格證明及其中文譯本，並經我國駐外館處驗證。二、入國後三個工作日內，雇主應安排其至指定醫院接受健康檢查；因故未能依限安排健康檢查者，得於延長三個工作日內補行辦理[65]。……。」第6條第1項：「前條健康檢查，應包括下列項目：一、胸部X光肺結核檢查。二、漢生病檢查。三、梅毒血清檢查。四、腸內寄生蟲糞便檢查。五、身體檢查。六、麻疹及德國麻疹之抗體陽性檢驗報告或預防接種證明。但辦理前條第一項第二款、第三款之健康檢查者，得免檢附。七、其他經中央衛生主管機關依工作性質及勞動輸出國疫情或其他特性認定之必要檢查。」

　　個人之健康檢查涉及個人隱私、資訊自決權，除非為維護重大之公共利益外，國家不得以法律強制規定當事人有接受檢查之義務；此部分權利屬於精神自由權之範圍，應無分本國人與外國人，而有不同。基本上本國人與外國人，在入國權利上有所差異，如事先外國人已帶有妨礙公共衛生之傳染病，國家予以禁止入國具有正當性；但如已在國內長期居留，對其個人在國內之隱私資料保護，應與國民受到同樣程度之保障。因有不可歸責之原因，

---

64 第一類外國人：指受聘僱從事本法第四十六條第一項第一款至第六款規定工作之外國人。
65 第二類外國人：指受聘僱從事本法第四十六條第一項第八款至第十款規定工作之外國人。

在國內被傳染致帶有傳染病，亦不得因此即強制其出國。判決上認為在相關防制措施上，如為防止愛滋病毒之傳染，依人類免疫缺乏病毒傳染防治及感染者權益保障條例第14條規定：「主管機關、醫事機構、醫事人員及其他因業務知悉感染者之姓名及病歷等有關資料者，除依法律規定或基於防治需要者外，對於該項資料，不得洩漏。」第15條第1項規定：「主管機關應通知下列之人，至指定之醫事機構，接受人類免疫缺乏病毒諮詢與檢查：一、接獲報告或發現感染或疑似感染人類免疫缺乏病毒者。二、與感染者發生危險性行為、共用針具、稀釋液、容器或有其他危險行為者。三、經醫事機構依第十一條第三項通報之陽性反應者。……[66]」

外國人之健康檢查，亦不宜因外國人之國籍國或工作類別，而有不同之待遇。技術上，可分為個別對外國人入國之要求提出健康檢查報告；或因工作許可之集體入國的往指定醫院檢查，但所要求檢查之項目與範圍，不可有所差異；否則將有違平等原則。除非特定國家或地區，被證明有發生特定傳染病案例，致有特別檢查之必要。依此，我國目前如上述相關就業服務法所授權之健康檢查規定，亦有檢討之空間。

（二）居留期間因健康檢查不合格之禁止就業

從國家對經濟自由與精神自由的規範權限上言，對於經濟自由原因，可依國家政策予以限制外國人入國的條件。但如屬對個人精神自由的限制，則立法規範應受到嚴格審查，不得違反平等原則、比例原則。外國人雖無入國的權利，但合法入國居留的期間，其相關權利應受到國家的保障。有關其健康檢查之規定，與個人資訊自決權有關，屬於個人之人格權範圍，不應有差別待遇。依身體健康檢查所得之資料，可進一步分析個人之基因。而基因資訊利用之益處，若從司法、治安的角度言，依去氧核醣核酸採樣條例第1條所定之立法目的，是「為維護人民安全、協助司法鑑定、協尋失蹤人口、確定親子血緣、提升犯罪偵查效能、有效防制性犯罪等」。若從醫療健康的角度言，基因資訊的蒐集利用，可有助於診療、預防基因變異所引致之疾病[67]。

---

66 另請參考臺北高等行政法院93年訴字第2809號判決。

67 李震山，基因資訊利用與資訊隱私權之保障，收於法治與現代行政法學——法治斌教授紀念論文集，元照出版，2004年5月，第88頁。

依就業服務法第73條第4款：「雇主聘僱之外國人，有下列情事之一者，廢止其聘僱許可：……四、拒絕接受健康檢查、提供不實檢體、檢查不合格、身心狀況無法勝任所指派之工作或罹患經中央衛生主管機關指定之傳染病。」依受聘僱外國人健康檢查管理辦法第8條：「雇主應於收受第五條第一項第二款及第四項外國人健康檢查再檢查診斷證明書或完成治療證明之次日起十五日內，檢具再檢查診斷證明書或完成治療證明正本文件，送中央主管機關備查（第1項）。雇主應於收受第五條第一項第三款外國人定期健康檢查再檢查診斷證明書或完成治療證明之次日起十五日內，檢具下列文件，送直轄市、縣（市）衛生主管機關備查：一、中央主管機關核發之外國人聘僱許可文件。二、再檢查診斷證明書或完成治療證明正本文件（第2項）。」

健康檢查項目與不合格之標準，應具有合理性與必要性；如超出此範圍之要求，其蒐集已干預個人之資訊自決權。事實上資訊自決權乃是針對特殊領域，以問題取向來具體化一般人格權，惟其與一般傳統人格權所關心的問題卻不盡相同。一般人格權具有雙面功能，一方面係透過確定私人領域以及確保人與人相互往來間的私密性使人民有自主發展人格的可能性，其並不取決於資訊私密的、個人特質。另一方面則主要涉及到對外的自我呈現問題，以及因而特別著重於保護人格不受偽造、扭曲，甚至禁止未受許可在公開場合表現個人人格。資訊自決權之保護重點並非在保護人格形象不受扭曲或汙衊，而是人格形象正確，詳細的建立[68]。

因居留中之健康檢查不合格，致被限制不得繼續工作，影響到當事人之工作權與居留權，應有法律保留原則之適用。在我國就業服務法中授權衛生主管機關訂定健康檢查辦法，該辦法屬法規命令，至於所檢查之內容，應與維護公共衛生、防止傳染病發生有必要關聯為限。如超過此範圍之檢查內容要求，且與一般國民之工作者有顯著差別；即同樣情形只禁止外國人工作，而對國民則無限制（不適合工作，須專業治療），則會產生差別待遇之問題。而基因歧視最容易引起爭議的地方，在於以未來發生疾病的機率，而不是現有健康狀態作為分配工作機會的根據。這種做法的利益在於可以事先剔除不適任者，但是另一方面，這種做法的缺點是導致適任者被剔除的誤

---

68 蕭文生，前揭文（註55），第242-243頁。

差[69]。

防止傳染病之發生，為與重大公共利益有關，但仍應視該外國人居留形態與其居留權利（如屬於國民之配偶，應特別考量），以為必要的規範。因發現外國人帶有傳染病，所作成之限令出國處分，屬不利之制裁性處分，仍須以該外國人有責任為原則[70]。

實務上外籍移工若在臺染愛滋，雇主可否遣返外籍勞工或廢止其聘僱許可？應不可以。因外籍勞工罹患愛滋病，其工作權益仍應給予保障。因愛滋病已非健康檢查檢驗項目，無法僅因外籍勞工罹患愛滋病而廢止聘僱許可，外籍勞工如罹患愛滋病，若其欲返回母國仲介或雇主應協助其完成解約驗證等程序，若其仍有意願留臺工作，經與原雇主達成合意，可辦理轉換雇主並由有意願承接之新雇主聘僱。此外，患有愛滋病的外籍勞工，於勞動部規定等待轉換雇主期間，倘無雇主願意承接，仍須於期滿後由原雇主安排出國。如與雇主發生勞資爭議，符合勞動部安置相關規定，經地方政府認定雇主無法妥善照顧，仍可予以安置[71]。

四、身體健康檢查資料之儲存與使用

主管機關依法取得當事人之健康資料，有由當事人所提供者、有於特定情形依法強制檢查取得、有由當事人配合往指定醫院檢查之資料。其取得來源雖有不同，惟此資料關於個人之隱私與資訊自決權則屬同一。依法當事人不得因為資料提供之後，可能發生洩漏情形而拒絕提供，在法制上對於特別隱私之資料，應有因應之保障機制[72]。

（一）身體健康檢查資料之儲存

蒐集外國人之健康檢查資料，應限於與防止傳染病有關之範圍為限；所保存資料之範圍，亦應與遵守此目的性之限制。資料保存機關及醫院，對於外國人之健康資料，應依法保存一定期限；除非法律特別規定可永久保存，

69 何建志，基因歧視與法律對策之研究，元照出版，2003年9月，第143頁。
70 臺北高等行政法院93年訴字第2809號判決。
71 外籍勞工來臺後知悉感染愛滋之處遇Q&A，www.tcj.moj.gov.tw/HitCounter. asp?xItem=465105，瀏覽日期：107.8.31。
72 曾和俊文，行政調查，法學教室226號，1999年7月，第26頁。

一般在一定期限後，須予銷毀。而儲存與蒐集個人資料，二者在法律上的意義有所不同，前者指將所蒐集的資料予以保存。一般行政機關所蒐集之資料甚多，蒐集後經過區分、過濾將有價值的資料予以儲存，以利後續利用。儲存之資料完備，可增強機關判別與處分事物的基礎依據，對當事人而言有關此資料被儲存，亦有其利益與風險性存在。前者指該資料對當事人有利，如可供申請補助案件之證明；後者，指可能對當事人將形成不利的資料，如將此資料再提供其他秩序機關予以追究、處分之用。行政機關儲存個人資料之法規範，主要包括儲存之要件與必要性與儲存之程序與期限等。

　　儲存資料，常是文件處理最重要之階段與最常用之手段。儲存通常是資料蒐集之結果，亦即未達進一步處理或利用之目的，經蒐集（例如手寫或機械抄寫）攝錄（藉助錄音機、影片或攝影機攝錄）而將個人資料保存在資料體（Datentraeger）（任何能確保個人資料之物質，例如紙張、影片、錄音帶與磁卡等）而言[73]。個人資料與行政檔案，亦有所相關；行政機關所儲存之檔案，依檔案法第2條規定：「……二、檔案：指各機關依照管理程序，而歸檔管理之文字或非文字資料及其附件。三、國家檔案：指具有永久保存價值，而移歸檔案中央主管機關管理之檔案。四、機關檔案：指由各機關自行管理之檔案。」

　　依個人資料保護法第17條規定：「公務機關應將下列事項公開於電腦網站，或以其他適當方式供公眾查閱；其有變更者，亦同：一、個人資料檔案名稱。二、保有機關名稱及聯絡方式。三、個人資料檔案保有之依據及特定目的。四、個人資料之類別。」同法第10條：「公務機關或非公務機關應依當事人之請求，就其蒐集之個人資料，答覆查詢、提供閱覽或製給複製本。但有下列情形之一者，不在此限：一、妨害國家安全、外交及軍事機密、整體經濟利益或其他國家重大利益。二、妨害公務機關執行法定職務。三、妨害該蒐集機關或第三人之重大利益。」外國人健康檢查資料屬其個人隱私之資訊，在保存上應符合相關安全性標準。主管機關及醫院並應負責保管之責任，使不任意洩漏或被非法使用。

---

73 許文義，個人資料保護法論，三民書局，2001年1月，第210-211頁。

（二）身體健康檢查資料之使用

對外國人個人健康資料之利用，須與蒐集目的相關，且應有法律之授權。因現代之電腦科技進步迅速，使用電腦能大量、快速處理各種資料，已為各國公私機關普遍採用，其亦對處理各種業務，能迅速、正確的處理[74]。對外國人資料之蒐集、傳遞、利用個人資料，並不限於使用電腦方式，尚包括其他各種方法。為維護公益，且在合於必要情形，始得因此利用該外國人之資料。但其利用範圍並非無限度，即不得濫用、或有任意、不正當、違反誠信原則的使用。理論上其利用須透過合乎「法律授權」之方式，始得為之，否則外國人健康資料盡為國家機關所掌控，為任意使用或傳遞，將造成對其權益有重大損害之風險。

依資料取得的目的，亦應限制其使用的範圍。如要求外國人提供其健康檢查之資料，主要在於為入出國管理行政上目的，而並非為刑事目的之法律所授權，因此行政目的所保管的資料，應不得供作犯罪偵查上利用。因犯罪偵查之程序，有嚴密的程序規範與限制，對於當事人人權的保障較為周到，一般行政程序規範上，則無此限制。因此，限制依目的性的使用範圍，應屬正當[75]。主管機關要求外國人健康檢查或提供此方面資料，目的在防止傳染病發生或為確認外國人身分或法律所特別規定之目的上必要為限。因此，資料之利用限於與此範圍有關之目的為限，不得任意供作他用或傳送給其他機關使用。如無法律之依據進一步分析其基因，並提供給雇主，可能造成僱用上的疑慮或中斷僱用之結果；或用於延長僱用之審查上，被用作不予延長僱用之依據，已產生對當事人權益之侵害。

（三）未來配合生物護照蒐集身體其他資料之法律問題

為達到確定入國者之身分，以防止虛偽或冒用身分者之入國，近來有所謂研發與規定須使用「生物護照者」。所謂「電子生物護照」，即在新護照裝置一小片「無線射頻識別系統」（RFID）的晶片，晶片中儲存護照持

---

74 曾隆興，隱私權之公法上保護及其界限，收於行政法爭議問題研究（上），台灣行政法學會主編，五南圖書，2000年，第685頁。

75 但有關對於偵查企業犯罪資料之使用，因屬行政刑罰之案件，二者彼此有所牽連，是否可以使用亦有討論之空間。曾和俊文，前揭文（註72），第26頁。

有人的姓名、國籍、姓名、出生日期、出生地等資訊,以及個人生物特徵(如指紋、臉型、虹膜等)。當護照持有人通關之時,護照第一頁給查驗員人工辨識,而放在護照封底的晶片,因植入個人基本資料與生物特徵,可透過網路傳送輸入機場電腦,所有個人資料一覽無遺,可在數秒內辨識是否本人。使用「電子生物護照」的目的有二:(1)本國人通關更為便利,未來朝自動通關發展;(2)為防止偽造及變造的證件,如美國對付恐怖分子。其原理是把平面照片掃入電腦,再由電腦系統轉成三度空間運算,將臉部特徵點換算成數學公式,如果採用標準照片且光線足夠的情況下,辨識率可達97%到98%。但所有生物特徵辨識中,以虹膜辨識率最高,接近100%。國際民航組織所規畫的「電子生物護照」,須包含無線射頻識別系統生物辨識系統(Biometrics)公鑰架構(RKI)三大功能[76]。

具備生物特徵辨識功能的電子護照,和傳統護照沒什麼兩樣,只是護照最後一頁嵌入了晶片。晶片內除了儲存護照上各項基本資料,如護照本人的電子檔,還存有其各項生物特徵資料,如臉部特徵,未來還可能包括護照本人的指紋及虹膜等。除了具備防偽功能,新護照還用到「無線射頻辨識技術」。其利用電磁感應方式讀取資料,有助於旅客快速通關。此系統類似傳統護照上的條碼或磁條,但最大不同是能夠長距離讀取,一次讀取數百筆資料,可節省大量時間[77]。從外國人個人資料之保護而言,如何與國家安全之間取得平衡,為未來重要之議題。國家在必要範圍內所取得個人極隱私之資料,法制如何妥善保存,將有必要更進一步予以研究。

參、外國人資料之目的外利用與國內外傳遞問題

依個人資料保護法第15條規定:「公務機關對個人資料之蒐集或處理,除第六條第一項[78]所規定資料外,應有特定目的,並符合下列情形之一者:

76　電子生物護照,晶片錄存特徵,中國時報,2007年1月15日。
77　國民出境要辨臉 晶片護照擬2008年上路,法源法律網,2007年1月15日。
78　個人資料保護法第6條第1項:「有關病歷、醫療、基因、性生活、健康檢查及犯罪前科之個
　　人資料,不得蒐集、處理或利用。但有下列情形之一者,不在此限:一、法律明文規定。
　　二、公務機關執行法定職務或非公務機關履行法定義務必要範圍內,且事前或事後有適當安
　　全維護措施。三、當事人自行公開或其他已合法公開之個人資料。四、公務機關或學術研究

一、執行法定職務必要範圍內。二、經當事人同意。三、對當事人權益無侵害。」足見對外國人資料之目的外利用，應受嚴格限制。另行政機關間之傳送個人資料，亦會干預個人之資訊自決權，非有法律授權，不得為之。因資料傳遞，屬干預人民資訊自決權類型之一；資料之傳遞，當然需要一特別法律之授權基礎[79]。

一、外國人資料之目的外利用

有關個人資料之利用機關，收受目的是為「處理」或「利用」而須受新個資法對應法規範之規制。對資料之收受者而言，首應探究，其收受之資料是否還屬「個人資料」。而其判準則為資料內容之「去識別化」作業是否已經完成。如果該資料內容已完成「去識別化」作業，「個人」屬性即已消失，不能再視之為新個資法所規範之「個人資料」，而該資料收受者對資料之後續處理及利用，亦不受新個資法之規範。但若未進行「去識別化」作業，或作業不嚴謹，未達成「去識別化」作業應有之實證效用（即徹底切斷資料內容與特定主體間之連結），該收受之資料仍具「個人資料」屬性時，則應依其收受目的是為「處理」或「利用」而受新個資法對應法規範之規制（「處理」行為受新個人資料保護法第15條及第6條之規範，而「利用」行為受新個人資料保護法第16條及第6條之規範）[80]。

行政機關蒐集或持有外國人資料的途徑有多種，依主管機關所頒布之外國人居留停留案件申請表，其中有關外國人之基本資料，有：「相片、姓名、性別、國籍、出生日期、婚姻狀況、護照號碼、護照效期、最高學歷、統一證號、抵台日期、職業、申請事由（依親、就學、應聘、投資、傳教、永久居留、其他）服務處所、就讀學校、依親對象、職位、工作地址、電話、居住地址、在華親屬。」依「內政部入出國及移民署實施查察及查察登記辦法」第6條第1項規定：「入出國及移民署對受查察人之查察登記事項如

機構基於醫療、衛生或犯罪預防之目的，為統計或學術研究而有必要，且資料經過提供者處理後或經蒐集者依其揭露方式無從識別特定之當事人。五、為協助公務機關執行法定職務或非公務機關履行法定義務必要範圍內，且事前或事後有適當安全維護措施。六、經當事人書面同意。但逾越特定目的之必要範圍或其他法律另有限制不得僅依當事人書面同意蒐集、處理或利用，或其同意違反其意願者，不在此限。」

79 許文義，論個人資料蒐集或處理之合法性，警學叢刊31卷6期，2001年5月，第260頁。

80 最高行政法院106年度判字第54號判決。

下：一、入出境許可證、護照及居留證、永久居留證之效期。二、工作、出生、死亡、結婚、離婚、收養事項。三、從事之活動與申請停留、居留原因是否相符。四、遷徙異動。五、其他應查察登記事項。」同辦法第9條規定：「查察及查察登記之資料，應妥善保存。」

　　利用資料所造成個人之影響，依德國法上的理論認為，對於不伴隨權力行為措施的蒐集個人資訊，或將資料儲存、加工等，此資訊處理之措施及過程，一般亦被認為具有侵害性，此相關措施之發動，亦成為法律保留的對象。首先須說明者，第一，對於個人資料的蒐集、處理行為，應該不能只單單將其看成是對個人權利無關的事實行為（行政內部行為）；第二，法律保留之目的，以權力手段為侵害之概念，在與手段之相關性上，以往被認為須具有密切之相關性，但在此不能再將此認為是主要的原因。對於個人資料的蒐集行為，並提供給外部機關，與其是否使用權力的手段蒐集無關。因此，其已造成個人的權利侵害，應給予個人在法律上的保護者地位，即使該措施成為法律保留的對象[81]。

　　一般依行政目的所蒐集之資料，不得供犯罪偵查上之使用。否則法律課予外國人有填寫、提出、說明本身資料之義務。國家再運用此方面資料，提供在犯罪偵查之上，當事人可能成為關係人、嫌疑人或被告。不合乎目的的使用，常常會使人落入既定的刑事司法程序，增加資料提供者的風險性。對此，法治國家行政機關蒐集資料後之利用範圍，應受其蒐集目的所拘束。教育機關、衛生機關、警察機關、社會機關等所保有外國人之資料甚多，其利用應受目的性原則之拘束。

　　有關特定目的外之利用，依個人資料保護法第16條：「公務機關對個人資料之利用，除第六條第一項所規定資料外，應於執行法定職務必要範圍內為之，並與蒐集之特定目的相符。但有下列情形之一者，得為特定目的外之利用：一、法律明文規定。二、為維護國家安全或增進公共利益所必要。三、為免除當事人之生命、身體、自由或財產上之危險。四、為防止他人權益之重大危害。五、公務機關或學術研究機構基於公共利益為統計或學術研究而有必要，且資料經過提供者處理後或經蒐集者依其揭露方式無從識別特

81　島田茂，ドイツにおける預防警察的情報收集活動と侵害留保論，收於吉川經夫編，各國警察制度の再編，法政大學現代法研究所，1995年5月31日初版，第126頁。

定之當事人。六、有利於當事人權益。七、經當事人同意。」從理論上而言，例外之適用應採從嚴解釋，否則即會破壞原則之確立。上述第3款、第4款規定，為維護國家安全者、為增進公共利益者之可作為例外使用依據，此二者概括規定失之廣泛，有予以限縮、檢討修正之必要，以免破壞個人資料保護之重要原則。

外國人入出國資料與其個人隱私有關，如受限制入出國之外國人，一般人欲查詢其是否被管制入出國。實務機關認為：「依個人資料保護法第十一條第五款規定，關於入出境管理、安全檢查或難民查證事務之個人資料檔案，得不適用同法第十條第一項應將相關事項刊登政府公報或以其他適當方式公告之規定。又依同法第十二條第一款規定，依第十一條規定不予公告之個人資料檔案，公務機關得拒絕當事人答覆查詢、提供閱覽或製給複製本之請求。準此，本件保有之個人資料檔案涉及入出境管理事務者，無論當事人是本國人或外國人，亦無論是本人或委任之代理人，得拒絕其查詢或閱覽之請求[82]。」

二、外國人資料之國內傳遞

資料傳遞係資料蒐集後處理之一環，為了避免重複蒐集與節省人力物力等，因此在法律明文規定情形下，行政機關之間，均得相互傳遞相關之個人資料。傳遞機關，對該資料之正確性，並應自行負責[83]。傳遞個人資料之方法，指透過各種途徑、方式之傳送。目前因科技、電子技術之發達，其可使用快速、精準、大量之方式傳送。包括電子郵件、傳真、電話、口頭等方式，均屬之。然須注意者，獲取資訊後，情報機關如有進一步傳遞資訊於他機關之行為，乃係對前階段資訊取得行為所造成私人資料「除隱私化」的進一步鞏固、持續化甚至永久化，故法理上構成對人民隱私權的另一新的侵害（neuer Eingriff），不僅須另有法律的授權，也應在比例原則的指導下作適當的限制[84]。

---

[82] 法務部90年5月30日（90）法律字第019409號。

[83] 警察職權行使法案，立法院內政委員會編（一二二），法律案專輯335輯，立法院公報處印行，2004年7月，第45-46頁。李震山等，警察職務執行法草案之研究，內政部警政署委託研究，1999年6月，第233頁。

[84] 許宗力，民主法治國家的情報活動，收於氏著，法與國家權力，月旦出版，1994年10月2版，第390頁。

　　行政機關間之相互提供資訊，本係屬職務協助（Amtshilf）之範圍。依行政程序法第19條第2項規定，行政機關執行職務有符合特定情形者，得向無隸屬關係之其他機關請求提供資訊之協助[85]。外國人資料經蒐集後，其重要性應在資料之如何利用，以達到特定目的。資料傳送給其他機關，自非為原來之目的，但從行政一體之觀點，如屬有利於公共利益之情況，自亦不必全面禁止。此須在法令許可之限度內，提供給其他行政機關之使用[86]。傳遞給「其他機關」，應指行政機關而言，包括中央與地方之各級行政機關。如無違背法律之精神、法律無禁止或特別保護之規定，依行政一體之原則，應相互協助傳遞資料。傳遞給其他機關之原則，原公務機關對個人資料之利用，應於法令職掌必要範圍內為之，如有個人資料保護法第8條但書情形之一者，得為特定目的外之利用[87]。

　　如何建構一個合乎法治國要求的安全資料傳遞體制，以落實人權保障？較省事的方法是仿德國聯邦資訊保護法第10條、第11條，概括以「受傳遞機關依法執行主管事務所必須，或經具體說明有獲知之正當利益，且當事人應受保障之利益不因此受損」等等，作為情報機關傳遞資料予他機關的限制要件。然德國學界一般認為這種概括授權體制過於寬鬆，不夠明確，事實上等於沒有限制，難以達到法治國的標準[88]。

　　在國內法中利用電腦、通訊科技，傳遞個人資訊有個別規範之必要

---

[85] 李震山，「電腦處理個人資料保護法」之回顧與前瞻，中正法學集刊14期，2004年，第54頁。

[86] 認為將個人資料傳遞給其他機關之利用超過範圍者，如：「貴部擬請財政部關稅總局提供航商申報艙單所載錄收、發貨人姓名及地址等資料，如該收、發貨人係為自然人，且該等資料符合電腦處理個人資料保護法第三條第一款所稱之『個人資料』之範圍，則應受憲法之規範。有關前述個人資料之蒐集，宜由貴部先行審酌是否符合上開規定蒐集之要件。再者，本法第八條規定公務機關對個人資料之利用，應於法令職掌必要範圍內為之，並與蒐集之特定目的相符：除有同條但書規定情形之一者，得為特定目的外之利用者外，不得提供使用。查貴部擬請財政部關稅總局提供之個人資料，並不符合關稅總局蒐集該等資料之特定目的，故仍須由關稅總局審酌是否具備本法第八條但書所列各款情形之一者……。」法務部90年7月27日（90）法律字第027715號。

[87] 認為傳遞給其他機關之利用，尚符合目的者，如：「本件財政部函請警政署依據外僑入出境資料，列印外僑全年在臺居留天數超過九十天之清冊，其目的在於查詢外僑居留及入出境資料，俾能迅速核課該外僑之所得稅，核與所得稅法第二條第二項、第八條第三款但書規定相符。……符合電腦個人資料保護法第八條但書第一款『法令明文規定者』之情形，應可援引該款規定逕予提供。」法務部86年5月8日法律決字第12921號。

[88] 許宗力，前揭文（註84），第391頁。

性。因為將個人資料快速且不當的傳遞或提供其他行政機關不合目的性之使用，或者依法傳遞，但個人資料因長期保存，未經註銷、修改或補充而有錯誤，已因個人資料保護之理由，構成基本權利之侵害[89]。因此，傳遞資料時應考量，個人資料因長期之被保存，未經註銷、修改或補充而有錯誤，已因個人資料保護之理由，構成基本權利之侵害。因此，其保存期限、合法使用範圍，需要明確法律依據。資料保護法上資料傳遞之責任，原則是由傳遞單位負擔之，因為資料是從其掌理事項之範圍交付出去的。因此，傳遞單位亦必須負起措施合法性責任。若資料傳遞是依據接收者之請求，為審查應作必要之陳述。若自動擷取之資料傳遞，接收者應負起擷取合法性之責任[90]。

　　如果允許政府機關間能交換使用取得之私人資訊，在於有助政府之效率統治。然而，基於維護私人之隱私及營業秘密，在法律未有特別規定之情形，原則上，應限制政府機關互相交流所取得之私人資訊。尤其在現代電腦資訊科技之幫助下，利用電腦比對（computer matching）之方式，可以將一些乍視雜亂無用的私人資訊，轉化成私人某類活動形態的模式，將使私人更容易暴露在政府的控制之下。而如果政府機關彼此間資訊交流的利益確屬重要或對私人隱私或營業秘密的侵害較小，則可以在「資訊保護法」中規定政府機關彼此間可以交換使用資訊之例外事項[91]。

　　以下擬舉德國外國人法有關規定，以供參考[92]。依德國「外國人法」第76條（向外國人事務局的通報）：「(1)如果受委託實施本法的官方機構要求，公共機構必須通報他所知的情況。(2)公共機構必須立即通知主管的外國人事務局，如果他們知道了下列情況：1.一個即不擁有必須有的居留准許證，又不擁有容忍居留的外國人的居留；2.違反空間限制的行為；或3.一個其他的驅逐出境的根據。在第1點和第2點及其他根據本法屬有罪行為的情況下，可以不向外國人事務局而向主管的警察局通報，如果考慮採取一個第63條第(6)款所述的措施，該警察局立即通知外國人事務局。(3)只有在自

---

89 李震山，前揭文（註85），第54頁。

90 李震山，論個人資料之保護，收於「行政法爭議問題研究」（上），五南圖書，2000年，第670頁。

91 林子儀，「資訊取得法」立法政策與法制之研究，收於氏著，權力分立與憲政發展，月旦出版，1993年10月，第206-207頁。

92 參見聯邦德國外國人法，http://www.china-a.de/cn/dgjl/cnjl_wgrf1.htm，瀏覽日期：101.4.12。

己的工作不受到危害的情況下，聯邦政府負責融合外籍工作人員和他們家庭成員的專員有義務按照第(1)款和第(2)款進行針對屬於這類外國人中一員的通報。」

　　上述德國「外國人法」第76條中，並規定：「聯邦政府也可以通過頒發實施細則決定，州外國人事務專員僅需依照第一句話，針對在該州或該地區合法居留、或在一結束其合法居留的行政決定頒布前合法居留在那兒的外國人進行通報。(4)主管立案和實施刑事訴訟和罰款過程的部門，必須立即向主管的外國人事務局通報該程式的立案及檢察院、法院或負責追蹤和懲罰違章行為的部門對它的處理結果，並附上相應的規定。第一句話相應地應用於因違章、但最多只能罰款一千馬克而立的案。(5)經聯邦參議院贊同，聯邦內政部長可以通過頒發實施細則決定；1.戶口登記部門，2.國籍管理部門3.護照和身分證管理部門，4.社會福利局和青年福利局，5.司法、員警和6.勞工局，7.財政局和海關總局，及8.工商管理局。必須主動將外國人的個人資料、針對外國人的公務行為和其他措施及對他們的其他瞭解通報給外國人事務局，只要該通報對外國人事務局依據本法和其他法律中對外國人權利所作規定行使職責是必須的。該實施細則決定須通報的資料、措施及其瞭解的種類和範圍。」

　　上述德國外國人法中之規定事項，與我國實務上對外國人入國居留之通報，警察、財稅、衛生、勞工與教育主管機關與外國人之事務，亦有相關。實際上，我國相關機關，亦經常性的實施必要傳遞及通報相關資料[93]。但法制上並未明定，只依據「個人資料保護法」之概括規定[94]，對是否應傳遞或傳遞資料之程度或不可傳遞，其之考量基礎為何，均有待補充或進一步修正相關規定。

---

93 如主管機關為調查驅逐出國之目的，依入出國及移民法第37條規定：「移民署對臺灣地區無戶籍國民涉有第十五條第一項或外國人涉有前條第一項、第二項各款情形之一者，為調查之需，得請求有關機關、團體協助或提供必要之資料。被請求之機關、團體非有正當理由，不得拒絕（第1項）。監獄、技能訓練所、戒治所、少年輔育院及矯正學校，對於臺灣地區無戶籍國民或外國人，於執行完畢或其他理由釋放者，應通知移民署（第2項）。」
94 如個人資料保護法第16條：「公務機關對個人資料之利用，除第六條第一項所規定資料外，應於執行法定職務必要範圍內為之，並與蒐集之特定目的相符。但有下列情形之一者，得為特定目的外之利用：一、法律明文規定。二、為維護國家安全或增進公共利益所必要。……」而本條文之例外使用、傳遞，是否會過於寬廣，形成例外變成原則，而無實質考量「個人資料保護之內涵」，應有探討之餘地。

三、外國人資料之國際傳遞

　　國家各個行政機關，基於國際交流、經濟、文化、教育、安全、外交等目的，隨時都在與外國之間相互合作、傳遞資料。有關外國人資料之國際傳遞，應考量到「個人資料之保護」原則。由於資訊傳遞技術的發達，資料在國際社會中傳遞越來越廣泛。但是，這對個人資料的保護，將會造成很大的威脅。因為即使在國內法中，已強化了個人資料的保護制度，但是如果將資料傳遞到保護不周的國家後再被處理，原來本國的相關保護規範，即無法貫徹[95]。對此，歐洲各國中所制定現代性保護隱私權的法律，例如1977年西德、1978年法國的立法性整備。其後，因一方面已有了共通點，另一方面也保有不同的差異性。對於個人資料保護等目的，因為在國際化之下的資訊化社會，並須經常為超出國境的傳遞，因此不只是要調和各國保護隱私權與個人資料的政策，也並發展出統一的方向[96]。

　　有關個人資料保護與資訊公開不同，而國家規範的具體化程度，也須加以檢討。如歐洲在1980年9月23日的經濟開發合作會議所通過的「有關理事會保護隱私權與個人資料的國際傳遞指導方針建議」，訂出保護個人資料的八大原則[97]。

　　另國際傳遞之相關法令，指我國與其他國家簽訂之相關條約者，例如國際電信公約第26條；協定者，例如北美事務協調委員會與美國在臺協會間保護資訊協定（第1條，第2條）；法律者，例如電信法第22條、第54條、廣播電視法第39條；以及命令者，例如外交部暨所屬各駐外機構檔案資訊管理注意事項第27點，皆包括在內[98]。

　　為保護人民資料之隱私，歐美先進國家大多已發展出一套法制，以避免隱私權遭受不當侵害。其中有關資料保護法制，基本上共通之法理，絕大多數均以「經濟合作與開發組織」（OECD）理事會於1980年9月通過「理事會有關個人資料之國際流通及隱私權保護準則之建議」第二章國內實施之八大原則為依據。該八大原則為：（一）限制蒐集之原則；（二）保持資料正

---

95 村上裕章，國境を越えるデータ流通と個人情報保護，收於「情報社會の公法學」—川上宏二郎先生古稀記念論文集，信山社，2002年8月，第321頁。
96 堀部政男，情報公開法・個人情報保護法の提唱と實現，法律時報75卷11號，第62頁。
97 堀部政男，前揭文（註96），第63頁。
98 李震山，前揭文（註90），第671頁。

確性之原則；（三）目的明確之原則；（四）限制利用之原則；（五）保護安全之原則；（六）公開之原則；（七）個人參與之原則；（八）責任之原則[99]。聯合國於1990年12月亦通過「關於自動資料檔中個人資料之準則」，其要求各國立法所應確保實行最低標準之基本原則有：（一）合法性及尊重誠實信用原則；（二）正當性原則；（三）目的確定原則；（四）當事人得審閱原則；（五）不得歧視原則；（六）特殊權限；（七）安全原則；（八）監督與懲罰；（九）資料跨國流通；（十）適用範圍[100]。

　　歐洲國家間為共享利用資料的利益及保護個人資料，已相互開放邊界及訂定相關協定。依申根協定其主要內容包括：（一）在協定締約國之間，不再對公民進行邊界檢查；（二）外國人一旦獲准進入「申根領土」內，即可在協定締約國領土上自由通行；（三）設立警察合作與司法互助的制度；（四）建構申根電腦系統以及有關各類非法活動分子情況的共同檔案庫。於1995年3月26日協定正式生效，德國、法國、西班牙、葡萄牙、荷蘭、比利時、盧森堡七國警察電腦系統已經連線，並在法國的斯特拉斯堡設立了電腦中心，所有須追捕的犯人或被拒絕入境人員名單，皆已輸入電腦，可供所有邊防哨所、檢查站查詢。內部開放邊界後，七國將加強外部邊界的管理，以防止偷渡。根據此協定，德、法、西、葡、荷、比、盧七國公民可在七國範圍內自由旅行，在邊境不必出示身分證。外國人只要獲得七國中任何一國的簽證，也可享受同樣的待遇[101]。

　　與上述協定相關所成立的歐洲刑警組織（Europol），其主要功能在於蒐集、分析、儲存以及傳遞資訊與情報以達成「歐洲刑警組織公約」第2條所設定的目標。為了防止個人資料被濫用或不當利用，透過公約個人資料保護的機制，期能確保執行任務時的合法性與正當程序，因之，「歐洲刑警組織公約」主要內容，乃在規範個人資料保護的議題。立法者也期待藉由公約的規範能達到抗制犯罪與保障人權之間平衡。依據歐洲刑警組織公約第4條、第5條，國家聯絡單位與聯絡官的主要任務，乃在確保Europol是否遵守各自國家的法律。此外，「國家監督單位」、「聯合監督機構」以及

99 許文義，從比較法觀點論警察蒐集個人資料之原則與方法，警政學報25期，1994年7月，第30-31頁。
100 許文義，前揭文（註99），第31-32頁。
101 刁仁國，Europol個人資料保護法制初探，國境警察學報2期，2003年10月，第159頁。

「管理委員會」（參照公約第23條、第24條及第28條），其主要任務則是
監督Europol是否確實遵守公約有關資料保護的相關規定。另，依歐洲刑警
組織公約第14條第1項、第2項，其中重要事項「歐洲刑警組織公約第18條
規定，資料傳遞到第三國的要件，該條第1項規定僅在特殊案件下，在達
成Europol的目標所必要，而且僅在接受國達成足夠資料保護的水準方得傳
遞到第三國。」此一傳遞規則，必須由理事會訂定，且須一致決議通過。
第3項係有關評估第三國資料保護法律是否達到適當的水準，必須考量資料
的特性、目的以及處理的過程[102]。

　　實務上相關機關對於擬將個人資料傳遞至國外，其合法性之問題，法務
部認為：我國刑案紀錄，目前均已由電腦處理，公務機關對該刑案紀錄之利
用，應受「個人資料保護法」之規範。本件財政部證券管理委員會得否提供
國人或外國人在臺刑案紀錄資料傳送與我簽署合作備忘錄之海外（含地區）
證券及期貨主管機關以為行政管理用途，此對該刑案紀錄保有機關而言，應
屬刑案資料管理特定目的以外之利用。按公務機關對個人資料為特定目的以
外之利用，係以：（一）法律明文規定者；（二）有正當理由而僅供內部使
用者；（三）為維護國家安全者；（四）為增進公共利益者；（五）為免除
當事人之生命、身體、自由或財產上之急難危險者；（六）為防止他人權益
之重大危害而有必要者；（七）為學術研究而有必要且無害於當事人之重大
利益者；（八）有利於當事人權益者；（九）當事人書面同意者為限[103]。

　　資料傳遞利用國際間之相互合作及符合先進國家之要求標準[104]，為目
前國際傳遞資料所要求之當然前提。有效「保護個人資料」，其中亦包括保
護外國人之資料。對於相關國際傳遞資料之標準與要求，我國有必要重視。
此不僅在國內可以保障本國人及外國人之資訊自決權，亦可與國際先進國家
相互合作傳遞有關資料。此將是未來國家資訊發展上之一重要目標。

　　有關我國推動跨國犯罪防制及司法互助，警政署與移民署執行之概
況：（一）警政署刑事警察局為內政部及行政院治安策略之特業幕僚單位，
負責規劃全國治安政策之擬定，職司預防與偵查犯罪、犯罪情資蒐集、國際

102 刁仁國，前揭文（註101），第165-166頁。
103 法務部85年9月22日（85）法律司字第242號。
104 相關重要之標準，如：歐洲議會及理事會於1995年10月24日通過95/46/EC指令。請參見李震
　　山，前揭文（註85），第37頁註3。村上裕章，前揭文（註95），第321-351頁。

刑事業務等工作，主要辦理廣蒐與國內治安有關情資，迅速通報偵處，攔截犯罪於境外，或自國內發展情報，發現犯罪源自國外，以阻絕犯罪於境外，貫徹打擊犯罪無國界之理念。該署刑事警察局與外國執法人員情資交換量持續上升，其中以毒品及電信詐騙類情資為最多；（二）移民署主要任務係執行旅客證照查驗，防止不法人士持用偽（變）造及冒領（用）護照非法闖關偷渡，以維護國境安全；掌理外來人口面（訪）談、訪查（察）、查緝、收容及遣送業務。平時由各縣（市）專勤隊編排勤務，針對外來人口在臺逾期停（居）留清冊進行實地查察，並列冊管控執行成效，若發現外來人口有涉嫌從事違法（規）活動情事，即依法偵辦；整合各部會資源，積極協調落實推動人口販運防制工作，及加強國際合作關係，建立聯繫交流管道，以打擊跨國犯罪[105]。

肆、結論

本章探討「外國人個人資料保護」之相關法制問題，因從主權國家的立場出發，在思考上外國人與本國人的地位，常有不同。但隨著國際化、科技化、資訊化、交通便捷化時代的來臨，國際間的各國人民、金錢、物品、資訊的交流及傳輸，相對的更為熱絡與一般化。外國人進入我國，我國人民出國屬於個人的自由，各外國大都也歡迎外國人進入其國家，以帶來利益。尊重人權、保護個人資料為國際的趨勢。但個人在科技化的時代，其基本資料均被大量、重複的蒐集、儲存、利用、傳遞。外國人進入我國後，其個人資料亦被相關機關蒐集、保存及利用。我國有關此方面之法制，如對外國人要求按捺指紋，其立法目的與必要性及有無達到其效用等，亦有相關法制上的問題。在越來越多外國人居住於我國的同時，此問題須予面對。

外國人的資訊自決權，原則上應與本國國民受到同等的保護。雖然在基本權利的類別中，此亦可能與其他基本權利，如社會權、教育權等，有所相關。但基本上，「資訊自決權」屬於與外國人人格有關之自我主張權利，

---

105 陳燕玲、劉宜姈，我國政府推動跨國犯罪防制及司法互助相關議題之探討，2021年8月，https://www.ly.gov.tw/Pages/Detail.aspx?nodeid=45068&pid=210809，瀏覽日期：112.8.30。

屬精神自由及人性尊嚴之層次，並受到憲法之保障。對於此種權利之立法限制，在違憲審查上應採取嚴格之審查標準。蒐集與利用外國人資料，應受目的性原則拘束；行政機關不得保有超過利用必要限度的資料。對於所蒐集資料，原則上不得為目的外的使用。資料之國內傳遞，要遵守相關之法定原則。我國之「個人資料保護法」，為一新修訂之法律；對於外國人資料之蒐集、利用及傳遞等，亦應於特別法中予以明定，以提升我國保護外國人資料之水準。如此，亦可符合相關「國際標準」，而與先進國家間可以相互利用及傳遞有關資料，共享資料使用上的便利與利益。

　　前述案例A，其入境我國，依法須捺印指紋；因依立法比例原則之必要，對於外國人與本國人民，仍容許有不同之規定。另一方面主管機關所蒐集之指紋資料，須依法妥適保存、利用。

（本文原發表於中央警察大學法學論集19期，2010年10月，第55-114頁，後經修改與補充而成）

第十一章　外國人之權益保護與行政救濟

實務案例

　　甲係外國人，向所轄戶政事務所，申請歸化中華民國國籍；但戶政事務所認為甲涉有「……從事坐檯、陪酒、推拿等工作」。此與國籍法第3條第1項規定：「外國人或無國籍人，現於中華民國領域內有住所，並具備下列各款要件者，得申請歸化：……3.品行端正，無犯罪紀錄。」[1]不符，而不予許可。請問本案之外國人甲，對此不許可決定，是否得提出行政救濟？其相關權益保護與救濟程序為何？

相關考題

　　嚴重特殊傳染性肺炎（COVID-19）疫情期間，對於新住民兒少、移工及外籍學生的各項措施，有無不當之處？依據消除一切形式種族歧視國際公約（ICERD）首次國家報告之獨立意見，臺灣國家人權委員會（NHRC）建議政府應採取那些措施來改善？（112年移民三等特考考題）

壹、前言

　　我國訂定國際人權兩公約施行法之後，對於外國人之權益，須加以注重及保護[2]。所謂保障人權的法律制度，指每一個人都能享有生而平等的理想境界環境。且社會上的各種規範，都依此出發點形成。此思考方式從近代的自然權思想加以理論化，而後在近代的憲法中使其制度化[3]，並適用於國內

1　參考高雄高等行政法院97年度訴字第00266號判決。
2　相關文獻，請參考陳郁婷，從維也納公約領事通知程序看臺灣刑事法對外國人權保障問題，刑事法雜誌54卷1期，2010年2月，第153-179頁。廖元豪，馴化並面對族群歧視——為制定「族群平等法」而倡議，月旦法學雜誌189期，2011年2月，第38-50頁。
3　高橋和之，現代人權論の基本構造，ジュリストNo. 1288，2005年4月15日，第110頁。

法的範圍。在我國之外國人，其亦為憲法所保障之基本權利主體[4]。依外國人與我國之關係，有關其入國與居留權利問題，如對於屬本國國民之配偶或未成年子女，保障其到我國居住及生活權利，就顯得相當重要。自古以來，本國人與外國人間，受到主權國家、國民國家強調國家權利至上，或以保護本國國民為主要之思考方式，外國人權利之保護，往往無法與國民相同，甚至於產生侵害其權利現象。在各國國內法中，外國人不被保障之權利，亦有多種[5]。

在疫情期間對移工之相關管制，勞動部表示，為避免傳染風險擴大、減少移工跨境流動，勞動部鼓勵雇主優先期滿續聘，繼續留用同一移工；若有用人需求的雇主，也鼓勵在國內承接已在臺的移工，代替自海外引進新移工。另對於已在臺工作的移工，若是原有休假返國計畫，勞動部也鼓勵雇主與移工協商，於防疫期間暫時不要返國休假，避免重入國後馬上面臨居家檢疫的狀況。避免成為移工成為防疫破口，勞動部也推動相關措施確保移工入境一定能落實居家檢疫14天，包含訂定「入境移工居家檢疫計畫書」、雇主於申請許可、申請入國簽證及辦理機場接機服務時，應提報該計畫書，確保雇主引進移工時有能力辦理居家檢疫，當然雇主如有執行上困難，得請仲介公司協助辦理。雇主及受委任仲介公司引進移工前，應事先準備居家檢疫處所方得引進移工。倘若遇雇主關廠歇業或因突發狀況無能力安排居家檢疫者，勞動部已規劃應變措施，將妥適安置入境移工，並依規定完成居家檢疫，再協助移工轉換雇主或工作，以保障移工權益[6]。

傳統將依據憲法所為的權力當作是國家主權，且認為外務的權力具有廣泛裁量權，特別是決定外國人法定地位的權力作用，依今日的解釋其作用應受到限制[7]。另有關外國人之請求國家賠償，依國家賠償法第15條之規定，

4　作間忠雄，外國人の基本的人權，收於小嶋和司編，憲法の爭點，有斐閣，1978年2月新版，第70頁。

5　一般通說中認為外國人不被保障之權利，有入國、參政權、社會權及政治活動權利。植野妙實子，外國人登錄原票の登錄事項確認制度の合憲性，平成九年重要判例解說，ジュリスト別冊，平成10（1998）年6月，第7頁。

6　移工來源國疫情升至第3級，勞動部推出強化防疫管理措施，勞動部勞動力發展署網頁，https://www.wda.gov.tw/News_Content.aspx?n=7F220D7E656BE749&sms=E9F640ECE968A7E1&s=1D21B4206A04947C，瀏覽日期：112.8.16。

7　萩野芳夫，國籍・出入國と憲法—アメリカと日本の比較—，勁草書房，1982年2月，第430頁。

我國對外國人之賠償責任係採互惠主義，如依條約或該外國有關國家賠償法令或慣例，並無排除我國人民適用者，該外國人亦有本法之適用[8]。

　　具體訴訟權[9]之保障程度，將依不同之權利而會產生有不同之結論。如外國人之居留延長案件而言，一般理論上認為憲法對於外國人基本人權的保障，在解釋上其只不過是僅限於在居留制度的範圍內，應是相當的。有關是否可以保障到拘束國家決定居留許可與否之程度？即於居留期間所行使憲法所保障之基本人權的行為，可不被於審查居留延長之際作為消極的原因？應是不能如此解釋的。即使居留中之外國人的行為，都是合憲合法的情形，依日本法之見解認為，法務大臣從其行為當與不當之層面，認為其對本國之影響上，有不好的評價，且從其行為預見其在將來，可能有害國家的利益；即使這樣解釋，對於上述行為的認定，並不妨礙其受到憲法的保障[10]。對於行政機關之具體個案處分，法院受理爭訟個案之審查標準，必須要注意之點如有誤認事實，此屬「重要」的認定描述，其效果將形成處分違法的事由；且對於客觀事實的判決，應完全接受法院的認定[11]，依此可制約違法處分之存在。

　　國家之主管機關，對於外國人事務有依法處分權力，有關外國人入出國行政，主管機關自有其專業性與依法裁量之權限[12]；但是對於個別具體案件之處分，均屬於人為決定，亦有可能作出違法或不當處分[13]，侵害外國人權

8　揆諸日本國家賠償法第6條之規定，採相互保證互惠主義；惟該國法第6條所稱之「外國人」，是否涵括中華民國人民而有該法之適用？請洽詢外交部惠予協助蒐集該國有關資料。法務部87年8月21日（87）法律字第029100號。

9　有關我國行政訴訟之修正，如簡易行政訴訟，可至各地方法院。依立法院院會於2011年11月1日三讀通過「行政訴訟法」修正案，將現行行政訴訟二級二審制度改為三級二審制，未來民眾進行簡易行政訴訟，一審可就近各地方法院行政訴訟庭進行，相關措施預計2012年9月上路。現行行政訴訟法規定，行政訴訟第一審都僅能集中在臺北、臺中、高雄三個高等行政法院進行，對離島或東部居民而言，相當不便。未來簡易的行政訴訟、訴訟標的金額在40萬元以下者、強制執行、保全程序、保全證據等，都可就近各地方法院行政訴訟庭進行一審訴訟。工商時報，A16版，2011年11月2日。

10　中村睦男等編著，外國人の人權，教材憲法判例，北海道大學圖書刊行會，1990年6月3版，第59頁。

11　塩野宏，在留期間の更新と裁量，行政判例百選I，有斐閣，1999年2月4版，第165頁。

12　請參考後藤光男，外國人の出入國の自由，早稻田大學法學會法學論集85卷3期，2010年，第457-492頁。

13　南博方，行政爭訟總說，收於雄川一郎、塩野宏、園部逸夫編，現代行政法大系4，行政訴訟I，有斐閣，1989年8月，第3頁。

利，亦有待司法或行政救濟程序，予以導正。世界人權宣言、公民及政治權利國際公約與經濟社會文化權利國際公約中對於人權保障規定，其目的在於確保世界上每一個人的國際人權，不被任意侵害與剝奪。而實際上外國人在居留國的權利，基於傳統排外與忽視觀念，尤其容易受到侵害與輕視。上述之國際人權條約，要求所有簽署國家必須在國內法中，履行人權公約內容之規定。外國人之入出國與居留許可，與國家主權及公權力之處分有關。

國際法中有關外國人之入國許可與驅逐出國原則之規定，僅規定國家得依所列舉之理由，禁止外國人入國。如外國人於居留中有違法行為，國家決定將其驅逐出國，亦須限於符合法定原因之範圍內[14]，以保障外國人居留中之權益。確立外國人人權的理論，為憲法基本權利理論之一部分。明確外國人權利之保障範圍，一方面可供主管機關解釋法令與裁處執行依據；亦可拘束立法裁量範圍，使不得不顧外國人基本權利而為任意限制或禁止其權利[15]。

外來人口（含外國人）近年來到我國居住之人數，逐漸增多，建立對於其權益之保護制度，有其必要性。另相關對其規範與權衡之理論，亦有待探討。因此，本章主要探討外國人之權益保護為中心，分別為外國人人權救濟與保護之理論基礎，其中包括外交保護之意義及要件議題；另外國人在居留國內提起行政救濟方之途徑等為範圍。

貳、外國人入出國與居留權益之救濟概說

一、外國人人權救濟與保護之理論基礎

有關家庭團聚議題，如果一群人根據一國的立法和慣例被視為一個家庭，就必須給予這個家庭第23條所述的保護（人權事務委員會第19號一般性

---

14 黑木忠正・細川清，外事法・國籍法，現代行政法學全集17，ぎょうせい，1988年5月，第123-124頁。
15 相關文獻，請參考高榮志，淺析我國法院實務使用提審法之現況——以外國人收容為核心，全國律師14卷9期，2010年9月，第67-74頁。陳鏡華、陳育晏，外國人收容之法律研究，中央警察大學法學論集20期，2011年4月，第47-88頁。

意見第2段）。為使能夠在一起生活，就要在各國內部，並在需要時與其他
國家合作，採取適當的措施，確保家庭的團圓或重聚，尤其是家庭成員因
政治、經濟或類似原因分離的時候（人權事務委員會第19號一般性意見第5
段）。依據臺灣地區與大陸地區人民關係條例第17條規定，大陸地區人民為
臺灣地區人民配偶，得依法令申請進入臺灣地區團聚；經許可入境後，得
申請在臺灣地區依親居留。意即並非所有國人的大陸籍配偶，皆已取得居留
證。另一方面，為因應109年新冠肺炎疫情擴散，世界各國均採行嚴格邊境
管制措施。於109年2月6日至同年7月16日期間，僅開放取得居留證之國人大
陸籍配偶來臺[16]。

　　早期有關國家外交以及外務的權力，稱其作用為依據憲法所賦予的權
力，認為具有主權的權力性質。特別其指具有廣泛的裁量權，且屬不受憲法
制約之權力，為積極性以至於萬能主權論主張者的說法。有關外國人入出國
與居留管理的權力，如從外國人方面而言，即為限制其人權的理由，依前之
積極主權主張，外國人請求救濟訴請司法審查的管道，就會受到壓縮[17]。如
日本出入國管理法令學習的國家為美國，自早期美國的傳統司法審查制度，
儘管具有優越的地位，但在有關權力的區分上，有關外國人出入國事項傳
統一直都以積極主權論為主。法院對於國會制定的法律及國會的政策，在判
決傾向上，並未對其有所質疑或要求注意，因此，有關法院的功能亦受到批
評。但是美國之此種司法傾向，在1960年代至1970年代期間，亦作出多個尊
重外國人人權的判決[18]。

　　國家為了公共利益與國家安全、福祉等原因，常須限制外國人的權
利。而可能因國家主權之行使標準不一，因特定公共利益目的，即限制外國
人權利，使主權與人權之間形成緊張關係。外國人人權在憲法權利保障理論
中，又屬有待確立之部分。如從憲法上平等原則、保障基本權利理念，基本

---

16 內政部移民署110年人權教材，第5頁，https://ws.moi.gov.tw/Download.ashx?u-
=LzAwMS9VcGxvYWQvNDAwL3JlbGZpbGUvMC8xNTc2NC8wOGUwY2UyOC0xYzY1LTQ0
OWMtYjgyMS0zNGU5NWQ3NTczYjUucGRm&n=5YWn5pS%2f6YOo56e75rCR572yMTEw5b
m05Lq65qyK5pWZ5p2QLeaWsOWGoOiCuueCjuacn%2bmWk%2bS5i%2bS6uumBk%2bWNlOi
ZlS5wZGY%3d，瀏覽日期：112.8.16。
17 萩野芳夫，前揭書（註7），第429頁。
18 萩野芳夫，前揭書（註7），第429頁。

權利之本質並無分本國人或外國人而有不同，且人的本質並無差異性[19]。依法令與處分之限制外國人基本權利規定，其目的無非在顧及國家或國民之利益必要，所不得已之限制。為取得其二者之間平衡，法治國家之基本權利理論、法律保留、法律明確、正當法律程序、司法審查等，在保障外國人人權上均具有重要效用。

從權力分立之理論言，對公權力之監督與制衡，有賴司法機關之發揮其功能。但依國際法之傳統學說，有認為主權為對外獨立，對內最高之權力決定機關。依此之推論，司法對於代表主權機關之處分或決定，似難以介入審查。但主權之意涵與行使此權力的代表性主體，在現代而言應指國家各權力機關；而非專指外交或行政機關。有關國家行使規制外國人活動之權限，亦應受到司法審查[20]。外交機關之作為，亦應符合法律授權範圍，依合法程序為決定及執行。國內之行政機關，應受憲法原則之拘束。對於有高度政治與國家利益關係事項，至多僅由法律為較廣泛授權，但其規範與處分仍須受到限制，於此司法審查之範圍，應予必要的尊重。

外國人雖無主張入國的權利，但是依國家入國法律條件的規定，如外國人符合入國資格者，依法申請應屬其法律上的利益，主管機關之決定亦應在現有法律授權範圍內為之，不得有濫權、違反法律原則之處分。因禁止入國與拒絕發給簽證，在法律關係上有所不同，外國人如被禁止入國，應有請求行政救濟之權利[21]。從「屬地主義」之管轄言，以國家領土為法律施行之效力範圍，凡在本國領土內，不問本國人或外國人，均適用本國之法律。此「絕對屬地主義」乃始自中世紀之封建制度，一方面由於土地定著，一方面由於封建領土之割據，因此，採用屬地主義，以便於其統治[22]。因外國人在居留國境內，除享有治外法權或其本國享有領事裁判權者外，在居留期間除受己國之法律支配外，居留國對之仍有管轄權。如有犯罪行為，居留國法院可對之依法懲處[23]；居留國對其亦有保護義務，其權利受到侵害，可向居留

---

19 李震山，論移民制度與外國人基本權利，台灣本土法學雜誌48期，2003年7月，第56頁。

20 荻野芳夫，判例研究外國人の人權——國籍・出入國・在留・戰後補償，明石書店，1996年4月，第180頁。

21 手塚和彰，外國人と法，有斐閣，1999年6月2版，第35頁。

22 涂懷瑩，行政法原理，五南圖書，1992年7月5版，第197頁。

23 張鏡影，比較憲法（上冊），黎明文化，1983年9月，第74頁。

國法院請求救濟。

依領土主權原則,「主權」的對外意義之所謂主權獨立,應指憲政運作悉以國民自主的意思為指南,不受外國強權之影響與指揮,但非謂即此不能將國際人權法的觀念內化為憲政規範[24]。主權的觀念,往往會隨著不同的時代,不同的人,甚至不同的環境,有不同的含義。簡單的說,主權乃一國之內最高的權力。國家有對外維持獨立,對內執行公道原則的特性[25]。主權(sovereignty)一語,係出於中古法語的sovrain,而sovrain之語原則為中古拉丁語的superanus,本來只有「較高」之意,後來遂轉變而帶有「最高」之意。現今主權有兩種意義,一為國際法上的主權或對外主權,一為國內法上的主權或對內主權。在第一種意義之下,主權表示國家對外的獨立性,即國家除受國際法之限制外,不受個別國家的干涉或統治。在第二種意義之下,主權表示國家對內的最高性,即國家的權力比之國內任何權力都居於優越的地位,而可以支配國內一切權力[26]。從另一方面言,主權亦受國際條約與國內憲法之制約,即國家應有遵守國際條約之義務;在國內之權力運作,亦應遵守憲政之法規範,乃理所當然。

外國人所以須服從國家統治權,乃由於外國人進入本國領土所致。反之,國民則不問其在國內與否,均須服從國家的統治權。國家對國民的統治權,稱為對人高權(personal sovereignty)[27]。外國人與國民在法律地位上有其差異性,但所為差別對待之原因,仍須受到檢驗是否合理與必要性。有關外國人與國民之間的差別待遇問題,依常設國際法庭於1932年之判決,曾指出:「各國對於內外國人民間,多少均有差別待遇之存在,且此一差別待遇,因其程度之嚴重性,將引起某些外國人共同體之不滿。然亦不能以『不正當』或『不正義』而加以非難[28]。」

---

24 李念祖,論我國憲法上外國人基本人權之平等保障適格,收於國際法論集—丘宏達教授六秩晉五華誕祝壽論文集,三民書局,2001年3月,第165頁。

25 董翔飛,中國憲法與政府,著者自印,1993年9月25版,第95頁。

26 劉慶瑞,中華民國憲法要義,三民書局,1993年9月,第35頁。

27 國家對旅居國外之本國國民行使對人高權時,勢必與外國的領土高權(territorial sovereignty)衝突,所以常受國際法的限制,惟於外國承認的範圍內(如治外法權或犯罪人引渡等)始得行使對人高權。劉慶瑞,前揭書(註26),第38頁。

28 曾陳明汝,外國自然人之地位,收於氏著,國際私法原理(上集)—總論篇,學林文化,2003年6月,第153頁。

　　有關入出國與居留中外國人之權利，如受到違法處分侵害，得依國內救濟制度提起行政救濟，包括異議、訴願與行政訴訟；如被禁止入國之外國人，在向主管機關提起行政救濟程序之後，亦得向法院提起撤銷訴訟[29]。另外國人權利救濟之途徑，除透過國內之行政救濟途徑以回復其權利外，如國內欠缺救濟程序或救濟程序無其功能，外國人所屬國家得提出外交保護，以為交涉。

二、外國人之權利救濟與外交保護

　　外國人居住於本國，有關其自由與權利本國之司法與警察機關應有保護之義務，如其權利受到侵害，亦可依相關之行政與司法救濟程序、方法，提出請求救濟。對於居留中外國人之地位，有主張國際法待遇原則與國內法待遇原則，一般以國內法待遇原則為通說，即對於外國人等同於國內國民之標準而對待，並且國家亦須遵守相關國際人權條約之規定。而國家對於居留中之外國人，若對其權利受侵害時，不予保護或拒絕受理救濟或依救濟程序無其效果時，外國人之國籍國得提起外交保護。

（一）外交保護之概念

　　所謂外交保護，即國家對本國人民在外國因其私人生命、財產有受到侵害，原則上私人本身被害，須利用該國內之救濟途徑，但例外有符合構成國際性條件時，本國政府得取代本國人民，透過外交途徑要求救濟，稱為對於本國國民的外交性保護（外交保護權）[30]。對於在外國民外交保護的概念，為因居留地國家違反國際法，對外國人的身體及財產造成侵害情形，外國人所屬本國對該當國家提出請求，追究其國際責任[31]之意。

　　國家之間，鑑於現代國際關係日趨複雜，國與國間的相互依賴與相互影響作用，亦日趨強化。一個國家為求自身的生存與發展，乃謀求國際間的和平，與他國的交往自屬不可避免。在與他國交往時，應和睦相處，鞏固友

---

29 手塚和彰，前揭書（註21），第35頁。芝池義一，行政救濟法講義，有斐閣，2004年9月2版補訂增補版，第23-35頁。

30 橫川新，國有化と外國人財產の保護，收於國際法の基本問題，有斐閣，1986年2月，第185頁。

31 岩澤雄司執筆，在外國民の外交的保護，收於寺澤一、山本草二、広部和也，標準國際法，青林書院，1999年3月新版，第294頁。

誼，增加相互間的瞭解，以減少糾紛，進而維護國際間的和平[32]。原則上外國人事務之解決，在提出外交保護前，須先經過國內法之救濟程序，以免產生國際紛爭。合法進入一國境內的外國人，根據居留國的法律、法令和有關的國際條約或協定，可以在該國短期、長期或永久居住。外國人在一國永久居住的時候，他的合法權利應得到保護，這是國際法的公認準則[33]。按照國際實踐，外國人的權利，包括人身權、財產權、著作權、發明權、勞動權、受教育權、婚姻家庭權以及繼承權和訴訟權等，一般都受到居住國的保護。至於本國人享受的政治權利，外國人一般是不得享受的[34]。居留國應保護外國人權利不受侵害，若外國人權利受侵害，應給予保護或許可其提出救濟。

　　國家應遵守國際慣例及人權條約，保護外國人權利。其方式通常須國內立法以實施國際法的原則；但無疑問的，近年有許多條約，賦予個人權利，或課予個人以義務。如果依照某項條約規定，締約國有賦予個人權利的意思，那麼這些權利應獲得承認，依照國際法應具效力。也就是說國際法院應予以承認，並予以適用[35]。有關國際法拘束力來源，對於國際法拘束力來源的學說，雖然林林總總，但傳統上將之分為主觀說與客觀說兩大類。主觀說認為國際法拘束力的來源立基於國家自願守法的意志上；客觀說則認為拘束力是位於國家主觀意志之外的法規範本身，而此規範憑藉其形式地位或價值內涵而擁有一種權威去施加義務於其所規範者[36]。

　　國家對簽署之人權條約當然有遵守之義務；對有關未簽署公約之效力，依司法院大法官釋字第428號解釋，引用我國並未簽署於1969年生效之萬國郵政公約最後議定書，作為憲法解釋之依據，似已有將國際法引為憲法法源之意。從憲法第141條明文規定條約及聯合國憲章應受尊重的意思加以觀察，亦可認為條約及聯合國憲章可以構成憲法之法源，而具有拘束一般法令之效力[37]。如果違反國際人權條約，國家侵害或不保障外國人權利，亦有產生國家責任之問題，外國人所屬國家得提起外交保護。

---

32 傅肅良，中國憲法論，三民書局，1991年8月增訂初版，第634頁。
33 王鐵崖等，國際法，五南圖書，1992年5月，第303頁。
34 王鐵崖等，前揭書（註33），第303頁。
35 沈克勤，國際法，臺灣學生書局，1991年10月增修8版，第64頁。
36 林立，試以哈特的分析法學解決國內法與國際法拘束力來源之永恆難題，收於黃宗樂教授六秩祝賀—基礎法學篇，學林文化，2002年5月，第487頁。
37 李念祖，論我國憲法上外國人基本人權之平等保障適格，收於國際法論集—丘宏達教授六秩晉五華誕祝壽論文集，三民書局，2001年3月，第161頁。

國家提起外交保護之前,外國人應先用盡國內救濟之原則(Rule of Local Remedies),倘仍未得到充分救濟,其本國基於外交保護權,向該國提出正當之請求,如遭拒絕,其所屬國得代為向國際司法機關追究該外國之國際責任。而國際司法機關所確立之有關外國人保護之原則,文明國家有遵守之義務[38]。外交保護之提出國,為外國人國籍之所屬國,因此,無國籍人因無國籍之所屬國,故無法請求外交保護;具有雙重國籍之外國人,居住於第三國,若其權利受侵害主張外交保護之國家,為與其居住最密切關係之國家,得提起外交保護;有一國家提出後,另一國籍所屬國家則不得提起[39]。

(二)外交保護之提起要件

外交保護有其提起之要件,以避免因外國人事務,容易造成國家間之紛爭。一般被確定之要件有二:其一,國籍繼續原則;其二,用盡國內救濟途徑。

1. 國籍繼續原則

外交保護又有稱對居住在外國國民之保護權。提起外交保護之要件,須於其權利受侵害之時,一直到提起外交保護案件解決時,一直持續保有本國國籍,始符合外交保護之要件。此期間該外國人不能變更、喪失、取得其他國籍。個人為組成國家最小的單位,個人權利受侵害亦為國家權利之受損,故國家在符合特定條件下,得提起外交保護。

外交保護之要求國籍繼續原則,亦有不合理之處,如外交保護請求交涉期間中斷國籍,即不符合提出要件,此對外國人權利保障有所不周。外國人與其國家的關係,在外交保護請求關係上,請求外交保護屬國家權利,因此,即使符合外交保護要件,國家因政治因素考量有決定是否提出的自由,並不受個人因素的拘束。請求權的主體在國際法上亦為國家,並不屬於個人,所獲得之賠償對象為國家亦非個人,此時受賠償之國家是否將此權利,給予受害之個人,由國家之國內法決定。

具有雙重國籍者之提出外交保護國,僅能由依該外國人之實質居住關係

---

38 曾陳明汝,前揭文(註28),第157頁。
39 畑野勇等著,外国人の法的地位——国際化時代と法制度のあり方,信山社,2000年12月,第309頁。

最密切之國家提出，實際上居住與生活關係是否密切，依實際情形判斷之。請求要件原則上規定須「保持國籍繼續原則」，在於防止外國人任意變更其國籍，可能由原小國之國民，變成強國之國民，在外交保護上形成不公平現象。又有國民居住於外國，先與外國政府訂定居留期間契約，約定於居留中之權益事項概由居留國之國內法解決，放棄外交保護之請求權現象。惟外交保護權屬國家之權利，國民不得放棄，國家之行使外交保護權亦不受國民事先放棄而有所影響。

2. 用盡國內救濟途徑

居留國如限制外國人之提出救濟權利，或對外國人有不平等對待，將有違國際法規定，須負一定之國家責任。國內救濟程序包括：制止危害擴大、損害賠償、回復原狀、防止損害再發生等作為或措施。有關其基本權利之保障，除屬於國民專屬權利（如參政權、社會權、入國自由）及因受國家政策較多限制的經濟自由部分權利之外，其他日常生活、人格權、精神自由、身體自由、財產權保障等權利，應與國民受到同樣程度之保護。此權利如受到侵害並得請求國內裁判程序救濟，保障其受裁判的地位[40]。

外國人若遭受損失或蒙受傷害，與僑居國人同樣運用當地的法院，同樣的法律程序，以求補償其損害或賠償其損失。僑居國對於外國人和本國人給予同樣的法律保護，除外國人因有條約或合約的關係，而別有規定者，當另行處理。對於外國人經濟自由的限制、參政權的限制，僑居國並未違反國際公法的規定，而引起任何責任，這是它主權範圍內的事情。誠如奧康奈爾所表示：「當外國人進入一國，一國既對他可有所要求，也就對他有保護的義務。這是說，一國須有一套法律制度，俾在通常情況下，能保護其自由與安全。如果他的安全為其他個人或國家官員所侵害，應使他得到救濟[41]。」

倘使外國人遭受到公然帶有壓制性的法律的裁判，或者外國人在僑居國法院起訴以獲致應有的公正，結果遭受「拒絕正義」（Denial of Justice），如此情形，當地政府是否會因而引起國際法上的責任問題？首先要問，什麼是「拒絕正義」？沒有一個簡單的定義。大體來說，倘使外國人實質權利遭受損害時，當地政府並無適當的補救辦法（adequate means of redress）而使

---

40 藤田久一，國際法講義──人權‧平和2，東京大學出版會，1996年6月，第19-20頁。
41 張乃維，國際法上人權與其保障問題，臺灣商務印書館，1979年6月，第51頁。

外國人可以獲得補償，或則外國人在僑居國犯法後，當地政府並未依照正規的法律程序（due process of law），對犯罪者起訴，而予以適當的處罰。廣義言之，此包括當地法院拒絕受理外國人起訴案，警察與司法程序上缺乏工作效能，或者是很明顯的不公平待遇或不公平的司法判決。因此名詞缺乏一致性定義，因此，每一案件，必須依照個案的特殊狀況，加以特殊的考慮，才能決定是否有「拒絕正義」情事發生，再次定僑居國是否應負責任[42]。

與「拒絕正義」有密切關聯的便是「用盡當地辦法」。依照一般法律程序，外國人在僑居國遭受損害時，應儘先在當地法院，尋求「當地救濟辦法」，倘使用盡當地救濟辦法，而未得正義，或未獲得損害的補償；此時依照一般國際法的慣例，才引起外國人所屬國家的損害問題，繼之而起才有僑居國的國際責任和賠償問題。前面的過程中，首先必須要有「當地救濟辦法」，而後再看這救濟辦法是否適當，亦就是有無正常的司法及行政程序。第二，如當地救濟辦法是合適的，可是在判決時發生偏差，致使外人未得正義，諸如法官濫用司法程序、接受行政指示的判決、不加審判之執行等。以致當事人蒙受損失，這些都可能引起僑居國責任的問題。假如僑居國法院根本不受理外國人的訴訟，那外國人便無法完成「用盡當地救濟辦法」的要求，這樣很可能便牽涉到「拒絕正義」的問題。亦有人主張，若僑居國「沒有救濟辦法可以應用，那外國人便可不必用盡救濟辦法[43]」。

（三）外交保護之提起程序

外交保護之提起，由受侵害國民之居住國，以該處之本國大使館或領事館，向該國家提起交涉；但如無邦交關係或國民已被驅逐出國，則稱為權利保護國，由本國之外交單位向侵害國交涉。一般提起之名義為國家，此外交保護亦屬國家權利，並非當事人之權利，國家是否提起可自由決定。有時從國家間之政治關係考量，雖然已符合外交保護之要件，國家仍可以不提起請求[44]。或雖然未符合外交保護之提起要件，外國人之所屬國家認為居住國有侵害權利或不為保護原因，亦可提起外交保護請求。

---

42 張乃維，前揭書（註41），第52頁。
43 張乃維，前揭書（註41），第52-53頁。
44 畑野勇等著，前揭書（註39），第310-311頁。

1. 一般外交保護之提起程序

外國人之處遇問題，乃總括外國人在內國享受權利及負擔義務之狀態。然則，內國並無有關外國人處遇之統一規定，蓋外國人在內國法律上之地位，乃散見於各種不同法規，其範圍非常廣泛，舉凡適用於外國人之實體法（民法、商法及其他一切私法）、程序法（民事訴訟法）、公法（入境、居留規則、警察法規）等等均包括在內，並依政策之需要加以決定。此非謂內國法有關外國人處遇問題之規定，無庸考慮其他國與國間往來關係之一般原則[45]。目前國家對於外國人權利之保護，大都採取互惠原則[46]。如依1902年美洲國家「有關外國人權利條約」第3條規定，外國人對於居住國或其國民，請求民事上、刑事上或行政上的事項，或提出申訴時。該外國人之請求，限於向居住地有權限的法院提出，其請求不得經由外交程序提出。但是，如有明顯拒絕裁判，或特殊性的拖延，或有明顯違反國際法的情形，則不在此限[47]。

國家有保護國民之義務，國民如旅居國外而其權利在外國遭受侵害，應有適當之保護機制。居留國依國際慣例及國際人權條約（世界人權宣言、公民與政治權利國際公約）、外國人權利宣言（非居住國國民權利宣言），有保護外國人之義務，不得非法對待，應給予其合理之待遇，對其權利之保護並負有相當注意義務。居住國如違反上述國際法義務之規定，將產生一定的國家責任。

外國人在居住國權利受到侵害，其侵害者除私人之外，亦包括居住國之公權力。外國人在居住國有關其權利之保障，原則上與本國國民同樣受到平等的對待，居住國並負有一般注意保護的義務。即居住國行政機關、法院，負有保護義務，不使其受到危害或於其受不法侵害時，提出請求追究應予受理及提供救濟管道。事先依國內法請求救濟原則，已成為國際法原則；在未經過國內法之請求救濟程序終了，不得提出外交保護。憲法所保障之訴

45　曾陳明汝，前揭文（註28），第154-155頁。

46　如實務判決認為：「外國人之著作，除條約或協定另有約定，經立法院議決通過者，從其約定外，須合於下列情形之一，始得依著作權法享有著作權。於中華民國管轄區域內首次發行，或於中華民國管轄區域外首次發行後三十日內，在中華民國管轄區域內發行者，但以該外國人之本國，對中華民國人之著作，在相同情形下，亦予保護，且經查證屬實者為限。」最高法院94年度台上字第5239號刑事判決。

47　宮崎繁樹，國際法綱要，成文堂，平成5（1993）年3月初版，第119頁。

訟權,外國人亦得享有。如果國內法院因外國人而拒絕審判或僅容許一審判決,不許可上訴;或縱然可提起訴訟,而無法獲得應有保障;或國內法律救濟制度,只虛有其表但實際上無救濟之功能,外國人所屬國家得依外交途徑,提出外交保護請求。國內救濟原則,在防止外國政府任意介入居留國事務,或避免因外國人個人原因,而產生國際間紛爭。既然居留國保有外國人可以提出救濟之管道,其權利受到侵害可依國內法獲得救濟,外國政府就無介入之必要。

2. 外交保護之提起程序與卡爾伏條款

中世紀以來,在復仇之際其前提須符合拒絕正義的要件。即使到19世紀時,依「領域國法的平等保護」觀念的執行,亦屬適當。也就是外國人依領域國法,得與內國國民受到同樣的保護,只有在不給予其同樣的保護時,才有發動外交保護的可能。這個具體決定的對待標準原則,稱為領域國法[48]。外交保護與國家管轄權間,亦會產生緊張關係或國際的紛爭。19世紀末及20世紀初,拉丁美洲所居住之英國、歐洲或美國國家人民,因當時處於民主國家轉型期間,拉丁美洲國家很多制度或事件對歐美國家外國人有侵害或不當對待,英、美等國為保護本國國民,遂要求採取外交保護方式解決。當時阿根廷法學家Carlos Calvo指出:外交保護權,很可能作為強國侵略弱國之藉口,遂提出國內法救濟原則。在此之後,拉丁美洲國家條約、憲法、法令與外國人間的條約,即紛紛明定國內法救濟原則[49]。

南美國家為了避免外交保護的糾紛,僑居國與外國人訂立合約時,在合約中訂明,凡因條約條文而引起爭端,外國人同意由僑居國的法院依照該國法律解決之;外國人並同意不因此項契約爭端而向其本國提出國際賠償的要求,這一條款便是後來很著名的卡爾伏條款(Calvo clause),外加有關其他條款,如為了實現本契約,外國人所享待遇與僑居國國民一視同仁。契約中引進這個條款,導致許多國家的反對,尤其是美國。其覺得任何私人不能訂立此項契約,而將所屬國家保護其國民的權利予以剝奪。這在保護本國的主權一點上立場很穩固,因此儘管契約中有卡爾伏條款,遇有爭端發生時,僑

---

48 山田卓平,國內的救濟原則の成立(一)──國內救濟要求の法的性質の歷史的展開,法學論叢145卷6號,平成11(1999)年9月,第47頁。

49 經塚作太郎,現代國際法要論,中央大學出版部,1992年12月補訂版,第388-389頁。

居國似乎並沒有能完全達到預期的目標，杜絕外國人所屬國家提出賠償的問題[50]。

參、外國人入出國及居留之行政救濟途徑

　　法治國家之公權力行使，應確保其之適當性與合法性，對於違法或不當處分，得透過行政救濟制度加以導正，以保障人民權利。人民之自由權利受到違法或不當處分，依憲法上訴訟權之保障，得向司法機關請求救濟。外國人亦屬憲法上之人民，有關其之訴訟權益，亦受到憲法保障之所及[51]。行政救濟之保障與途徑，從功能面與組織面而言，前者主要在於制止行政不法功能與回復人民權利；後者，則強調由客觀、獨立、第三者機關，審查行政機關之作為是否適當與合法，具有客觀性與中立性立場。

　　有關滯臺藏族人士居留問題，法院指出上訴人持以入境我國之各該尼泊爾護照，俱屬真正，渠等具有尼泊爾國籍，非屬無國籍之人，自無因身分不明而於執行遣送時，遭有關國家拒絕渠等入境或航空運輸業者拒絕搭載等情事，非不能強制渠等出國，亦與前述之審查程序期間不遣返原則無違。上訴人依移民法第16條第4項規定申請居留，於法未合。上訴人雖主張應依兩公約、難民地位公約及難民地位議定書等國際公約意旨，保障渠等居留權，並陳明臺灣是自由民主的地方，想要留在這裡生活，希原審審酌此情判決。惟我國為解決滯臺藏族人士居留問題，並非僅止於個案人道、家庭因素之考量，尚兼顧對我國整體人口及移民政策、簽證審核及國境管理等公益之影響，而上訴人所舉兩公約、難民地位公約、難民地位議定書等相關國際公約，正是移民法第16條第4項修正的緣由和所欲落實的人權價值理念。且按憲法第80條規定，法官依據法律獨立審判，法院自應基於憲法誠命及權力分立，尊重立法者所形成之價值判斷。不許可上訴人居留之申請，並無不合[52]。

---

50 張乃維，前揭書（註41），第54頁。
51 作間忠雄，前揭文（註4），第70頁。松本祥志，外國人の人權，收於中村義孝等編，憲法と人權，晃洋書房，1996年7月，第43-44頁。
52 最高行政法院110年度上字第655號判決。

法治主義之下，行政作用應符合法律及公共利益之要求。如有違法或不當之行政作為應予導正。因此，法制上必須有保護人民權利或利益的防護制度[53]，稱之為行政救濟制度。行政救濟有別於民事救濟，其為因國家機關不法之公權力處分或措施，而對人民造成權利或法律上利益受損，為達撤銷或確認違法或要求公權力機關為一定作為義務等，人民依法訴請其上級機關或法院為裁決的制度。行政救濟有廣義與狹義的範圍，廣義的行政救濟包括訴願、行政訴訟、國家賠償及補償；狹義的行政救濟，指訴願與行政訴訟。本段主要探討有關外國人入出國與居留之行政救濟問題。

一、行政救濟概念與外國人人權

行政機關之作用與處分，對人民自由與權利，會產生一定的影響。為確保行政處分與公權力措施符合法律授權範圍與正當程序，法制國家均設有各種的審查行政不法途徑，提供人民救濟之管道。

（一）有別於民事救濟

凡人民之權利受到侵害，得請求國家機關依法審理，要求侵害者負損害賠償責任。在請求程序上，如侵害權利之人屬於私人行為，則屬民事侵權法律關係。如侵害重大權利、超過一般侵權行為範圍，涉及傷害身體或拘束人身自由之行為，並可能涉及違反刑法。行政機關與人民之間的法律關係，亦有屬私法關係者，如使用借貸、私法租賃契約、公務員私人之侵權行為等。對此有關請求回復權利之救濟，則屬私法關係。應向民事法院依民事爭訟程序，請求損害賠償。

行政處分與具有法律效果之公權力措施，其作用屬於公法的關係。其為國家；中央或地方行政機關，依法對於人民為特定意思表示或實施具體公權力措施，產生具體之法律效果。對於公法上法律關係之救濟，有別於私法上之爭訟程序，因公法上法律關係涉及公共利益，主要為行政機關依法對於特定事件之決定行為。行政救濟之被請求對象主體，為公法的法律關係[54]與行政機關，因此，與一般私法上救濟程序，有所不同。

---

53 南博方，前揭文（註13），第3頁。
54 請參考室井力，公法と私法との區別，收於成田賴明編，行政法の爭點，有斐閣，1990年5月新版，第22-25頁。

如為私人間涉外之案件，例如離婚及其效力，依協議時或起訴時夫妻共同之本國法；無共同之本國法時，依共同之住所地法；無共同之住所地法時，依與夫妻婚姻關係最切地之法律。涉外民事法律適用法第50條定有明文。本案原告為我國人民，被告則為日本國人之事實，有日本國結婚登記表、原告之個人戶籍資料，足認兩造無共同之本國法。又原告於日本工作期間與被告結婚，但雙方分開後原告返臺定居至今已逾30年，是依前揭法文規定，本件裁判離婚之事由，自應適用中華民國法律之規定[55]。

（二）為糾正違法與不當之行政處分

行政處分與具有法律效果之公權力措施，對人民自由權利會產生一定的影響。行政處分與作為須依法行政，遵守法律授權範圍與法律原則，如有逾越權限或濫用須予制止，以保障人民權利，並將國家處分及措施有效控制在合法及妥當範圍內。從權力分立之理論而言，行政機關為執行法律者，有權執行與認定法律構成要件，並在法律授權範圍內裁量與執行。但人民對於行政處分如有不服之爭訟疑義，從訴訟權之保障得請求司法介入審查。糾正不法之行政處分，為行政救濟制度之重要意義。

外國人權利受公權力不法侵害[56]，自得請求救濟。因為權利原本泛指個人在國家法律秩序中之法的地位，不問來自憲法或法律之規定，亦不問屬於實體法抑或程序法範疇，一切值得保護之個人利益均包括在內。以權利或法律上利益受損害為起訴條件，其作用在於：1.排除民眾訴訟，非主張個人利益受損害者不得起訴；2.法律以外之政治上、宗教上、文化上或感情上利益，屬不在值得保護之範圍；3.與反射利益有所區隔，所謂反射利益正確之稱謂應為法律規範之反射效果，即法規之目的在於保障公共利益而非個人私益[57]。

爭訟案件要成為司法審查的對象，如提起抗告訴訟，其爭議之範圍必須是「法律上的爭訟」。另一方面，亦須符合「訴的利益」之要件，法院須從原告與該法律關係上，是否具有訴的利益加以審查。因此，提起抗告訴訟（對原處分不服），除該處分符合法律上的爭訟外，本件訴訟與原告間，亦

---

55 臺灣士林地方法院111年度婚字第263號民事判決。
56 臺北高等行政法院92年度訴字第3854號判決。
57 吳庚，行政爭訟法論，自印，1999年3月，第100-101頁。

須具有訴的利益[58]之要件。

有關違法行政處分之救濟，依行政程序法第117條本文規定：「違法行政處分於法定救濟期間經過後，原處分機關得依職權為全部或一部之撤銷；其上級機關，亦得為之。」其所稱「上級機關」，宜指對原處分機關就該行政處分具有行政監督權限之行政機關而言，自不以有上下隸屬關係者為限，其就地方自治團體之機關所為之行政處分，中央目的事業主管機關如對之具有行政監督（事務監督與合法性監督）權限者，亦可認為此所稱「上級機關」[59]。

（三）外國人亦得請求

國家賠償法第15條規定：「本法於外國人為被害人時，以依條約或其本國法令或慣例，中華民國人得在該國與該國人享受同等權利者為限，適用之。」鑑於人權保障已成為國際上各國尊重之普世價值，上開互惠原則之相關規定，與現代人權保障與平等原則及公民與政治權利國際公約精神未盡相符。基於人權立國理念、實踐人道主義，並落實國際人權兩公約，以確保在我國主權所及領域範圍內任何權利被侵害之人受到合理及平等對待，110年9月3日行政院函請立法院審議之「國家賠償法修正草案」，已將現行條文第15條互惠原則規定予以刪除，以符公民與政治權利國際公約之精神。另有學者認為，即認大陸地區人民係外國人，中華人民共和國國家賠償法第40條規定，對外國人之權利保護採用對等原則，顯已具備本法第15條之規定，故大陸地區人民自亦具有與臺灣地區人民相同之國家賠償請求權，併供參考[60]。

國民為近代國民主權國家之權利主體，國家各種權力之行使，均以謀求國民福利為目的，並依國民為代表的民主程序，訂定相關法規範。國家一切權力來自於國民的同意，國民為國家之構成員，國民與國家間，不只是居住的關係，國民並對國家負有忠誠及相關特別的義務。對於違法或不當處分之提起行政救濟權利，除國民當然享有之外，外國人之法律地位依我國憲法第141條所揭示的所謂國際敦睦友好精神，根據此國際敦睦友好精神對憲法

---

58 金子正史，抗告訴訟の對象となる行政處分の範圍，收於成田賴明編，行政法の爭點，有斐閣，1990年5月新版，第202頁。
59 法律字第11103512260號。
60 法律字第11203508310號。葉百修，國家賠償法，2017年9月初版，第78頁。

其他條文的放射與啟示作用，應認為一切泛稱人民的基本權利，原則上以解為包括外國人為宜[61]。外國人提起行政救濟之權利，在法律無特別排除情形下，理應享有[62]。

　　對居留中外國人之活動規範或是否許可其進入我國之決定，均與外國人之自由及權利有關。原則上除參政權、社會權、繼續居留權利外[63]（權利性質說），在國內居留之外國人，其應與本國國民具有同等地位，其權利受到侵害，得主張訴訟權之保障。對於外國人基本權利之保障，除如上述採權利性質說之外，較新之主張並有依外國人在我國居住類型、與我國關係程度，給予其不同程度權利保障之理論[64]。此從憲法平等原則下，對有特殊本質差異關係，如外國人取得永久居留權、國民之未成年子女或配偶者，與一般短期入國之觀光外國人究有不同，除其具有行政救濟權利之外，對其相關權利應容許更進一步予以保障。因此，倘一境內外國人或本國人的境外外國人家屬，其入境申請遭到拒絕，則不僅該境內外國人或本國人，即該入境遭到拒絕的境外外國人家屬本身，均非不能以憲法保障的婚姻關係與家庭生活遭受侵害為由尋求法律救濟[65]。

　　外國人入國與居留，依國際習慣法認為此部分權利並不受憲法所保障，但是如果對於合法入國之外國人，有關其法定期間之居留權利應有不受剝奪權利。透過行政救濟之請求，其屬於憲法上人民之訴訟權，並與享有正當法律程序權利有關，透過本二項權利之主張，可達到保障外國人入出國與居留中之權利功能。外國人得提起行政救濟[66]，在理論與實務上皆無異議。

---

61 許宗力，基本權主體，月旦法學教室4期，2003年2月，第80頁。

62 李震山，行政法導論，三民書局，2011年10月修訂9版，第548頁。

63 有關外國人權利享有範圍判決，如最高行政法院92年度判字第694號判決：按「憲法第七條所定之平等原則，係為保障人民在法律上地位之實質平等，亦即法律得依事物之性質，就事實情況之差異及立法之目的，而為不同規範。法律就其所定事實上之差異，亦得授權行政機關發布施行細則為合理必要之規定。」業經司法院釋字第412號解釋理由書前段闡示明確。故基於主權之考量，憲法所保障之權利並非必然及於任何本國人或外國人。保障外國人之人權，屬於立法政策之範疇，對於有強烈國家主權意識關聯之事項，應屬於本國人之基本權利，非外國人所得享有。

64 松本祥志，前揭文（註51），第41頁。

65 許宗力，前揭文（註61），第81頁。

66 有關是否保障外國人之基本人權判決，如最高行政法院92年度判字第1399號判決：「我國憲法所保障者為本國人民之基本權利，原告不具我國國籍，非中華民國國民，尚難與中華民國國民享有相同平等之基本權利與義務。又國際法上對境內外國人之待遇，係按國際法原則，

其中有問題者為「救濟原因」，是否符合法律上爭議、是否具有訴的利益之要件。如限於行政處分與具法律效果之公權力措施，始得提出；如非屬行政處分與具法律效果之公權力措施，即不得提起行政救濟。常見類型的為主管機關拒絕發給簽證之行為，認為屬國家主權行為，不得提出行政救濟。

司法院釋字第748號解釋施行法（以下簡稱本施行法）第2條規定：「相同性別之二人，得為經營共同生活之目的，成立具有親密性及排他性之永久結合關係。」第4條規定：「成立第二條關係應以書面為之，有二人以上證人之簽名，並應由雙方當事人，依司法院釋字第七四八號解釋之意旨及本法，向戶政機關辦理結婚登記。」在我國相同性別之二人，如符合上開本施行法第2條規定之關係，自得依同法第4條辦理「結婚」登記。惟倘民事事件涉及外國人或外國地者，為涉外民事事件，則應依涉外民事法律適用法（以下簡稱涉民法）規定，決定應適用之法律[67]。

涉民法第46條規定：「婚姻之成立，依各該當事人之本國法。但結婚之方式依當事人一方之本國法或依舉行地法者，亦為有效。」我國國民與外籍人士結婚，須其婚姻成立之實質要件分別符合我國法律及該外籍人士本國法律之規定，而其婚姻之方式符合當事人一方之本國法或舉行地法規定者，婚姻方屬有效成立。所謂婚姻成立之實質要件分別符合我國法律及該外籍人士本國法律之規定，係指我國人之婚姻成立要件依我國法規定，外籍人士之婚姻成立要件依該外籍人士之本國法，於雙方均分別具備婚姻成立要件時，始足當之。在本施行法施行後，國人除與承認同性婚姻之國家人士成立涉外之施行法第2條關係外，國人與未承認同性婚姻國家人士締結之第2條關係，在我國將不被承認[68]。

（四）包括訴願與行政訴訟等程序

對於訴願，有國家的制度稱為行政不服審查，此制度之目的，在於達到救濟國民權利與符合訴訟法的特性，以確保行政作用的適當性及遵守程序的規範。因此行政不服審查之目的，即在於利用簡易迅速的程序，以達成救

以平等互惠之相互主義賦予外國人應有之地位、待遇，國家給予境內外國人之待遇除基本人權外，原則上國國內法自行規定。」
67 法律字第10903508350號。
68 法律字第10903508350號。

濟國民權利或利益的目的，並確保行政運作的適當性[69]。審查行政不法之機關，一般制度上可分為上級行政機關與法院。由上級行政機關審查之範圍，包括訴願或訴願先行程序（亦有由原處分機關審查）。對於行政處分之救濟案件，在多數行政法律中，並規定須先提出先行之救濟程序，並稱此為訴願先行程序；除此之外，對行政處分不服者，可以提起訴願。所謂訴願先行程序，即對於大量或特殊專業之行政處分，為有效處理或專業上考量或使原處分機關有再確認之機會，依特別法規定須先依訴願之先行程序提出。而訴願程序為向原處分之上級機關或原處分機關，提出對原處分不服，要求撤銷或課予義務處分之請求。

就業服務法（以下簡稱就服法）第73條規定：「雇主聘僱之外國人，有下列情事之一者，廢止其聘僱許可：一、為申請許可以外之雇主工作。二、非依雇主指派即自行從事許可以外之工作。三、連續曠職三日失去聯繫或聘僱關係終止。四、拒絕接受健康檢查、提供不實檢體、檢查不合格、身心狀況無法勝任所指派之工作或罹患經中央衛生主管機關指定之傳染病。五、違反依第四十八條第二項、第三項、第四十九條所發布之命令，情節重大。六、違反其他中華民國法令，情節重大。七、依規定應提供資料，拒絕提供或提供不實。」上開條文所定廢止外國人聘僱許可是否屬行政罰法第2條第2款剝奪或消滅資格、權利之裁罰性不利處分而適用行政罰法，端視該廢止聘僱許可處分是否係以「違反行政法上義務」而應受「裁罰性」之「不利處分」而定。如上開規定係屬行政罰法之行政罰，則其裁罰應適用行政罰法第27條規定之裁處權時效；惟如非屬裁罰性不利處分，則依就服法第73條第6款規定廢止聘僱許可，應屬行政程序法第123條第1款規定法規准許廢止授予利益之行政處分，其廢止權之行使，除就服法另有規定外，應適用行政程序法第124條規定：「前條之廢止，應自廢止原因發生後二年內為之。」又其除斥期間之起算，應自廢止原因之客觀事實發生後2年內為之，而不論行政機關是否知悉及何時知悉其廢止原因發生之時點[70]。

為有效保障人民權利，避免濫用司法資源，並合理釐定司法權與行政權

---

69 小高剛，行政不服審查の審理手續，收於雄川一郎、塩野宏、園部逸夫編，現代行政法大系4，行政爭訟Ⅰ，有斐閣，1989年8月，第23頁。
70 法律字第10803510970號。

之功能，行政訴訟中配合各種紛爭性質、原告訴訟請求以及法院裁判方式，
建立不同之「訴訟類型」（Klagearten），使原告在具備一定要件時，得請
求行政法院，對其與被告之法律爭議，以適當內容及效力之裁判，給予公
允，並且經濟、迅速、有效之解決。各國因其歷史背景及法律政策之不同，
行政訴訟之類型未必相同，即大體相同之訴訟類型，細節上亦仍有出入[71]。
有關撤銷訴訟之提起，依行政訴訟法第4條：「人民因中央或地方機關之違
法行政處分，認為損害其權利或法律上之利益，經依訴願法提起訴願而不服
其決定，或提起訴願逾三個月不為決定，或延長訴願決定期間逾二個月不
為決定者，得向行政法院提起撤銷訴訟（第1項）。逾越權限或濫用權力之
行政處分，以違法論（第2項）。訴願人以外之利害關係人，認為第一項訴
願決定，損害其權利或法律上之利益者，得向行政法院提起撤銷訴訟（第3
項）。」

　　行政救濟中撤銷之訴之前階段，由原處分機關或上級行政機關受理。
在提起訴願與訴願先行程序之後，如仍有不服得請求司法救濟；所謂司法審
查，即由法院介入審查行政處分是否合法。由法院審查決定是否撤銷原處分
之救濟，稱為第一次權利保護之行政救濟；後續之賠償損害請求，稱第二次
之權利保障。法院審查行政處分與公權力措施是否合法，因具有客觀第三者
地位，依憲法規定法官依據法律獨立審判[72]，不受任何干涉。可從保障憲法
對基本權利之保障立場與處分之合憲性、合法性等方面審查。由法院客觀審
查，具有保障基本權利之公平性與效果。

（五）法院之審查與行政決定

1.對不確定法律概念之審查

　　行政法規中常有依不確定法律之要件，作為授權處分之依據，如有危害
公共安全或公共利益情形。如依此要件所做成之禁止外國人入國處分，將影
響其權利；因此，有關不確定法律概念之適用，應確保其衡平性。且其與裁
量之授權不同，遇有疑義應接受司法審查。日本田村悅一教授認為「依判例
特別是伴隨著政治性判斷，或有專門技術性的事項，被認為屬於不確定法律

---

71 陳敏，行政法總論，自印，2004年11月4版，第1345-1346頁。
72 請參考李震山，論法官依據法律獨立審判，收於法與義，Heinrich Scholler教授七十大壽祝賀
　　論文集，五南圖書，2000年5月，第51-90頁。

概念的裁量範圍問題，在此情形下，應在盡可能的範圍內尊重行政機關的判斷決定。因此，限於行政機關的解釋，沒有顯著的不當、不公平等違反法律原則情形，應肯定行政機關之解釋[73]。

　　儘管不確定法律概念在具體個案適用中之不確定性，但行政機關仍必須作成依其意志認為唯一正確的決定。依此，行政機關就不能於多種決定可能性下，去為選擇。然此種具體個案的適用，無論是傳統的「社會秩序」等概念或現代所形成的科技性不確定法律概念，均易使判斷者有不同的評價，此被稱為判斷空間。因此可能造成適用同一不確定法律概念於相同事件時，得到不同的結果。但是這並不表示在此所有判斷均是合法，亦不代表司法合法性審查權限應被排除，而是在此必須考慮司法審查的密度為何[74]。

2. 對裁量處分範圍之審查

　　行政裁量為法律授權行政機關在一定範圍內，得決定處分或選擇處分；但是行政裁量不得有逾越裁量、濫用裁量或裁量怠惰情形。如入出國及移民法第21條第2項即規定，外國人在被依法查證中，「得」禁止其出國。主管機關在裁量處分時，即應遵守相關原則。日本學說認為一般在處分上，違反憲法第13條的比例原則，或第14條的平等原則等情形，或作為其處分前提，有誤認要件事實的情形，或違反處分所依據之法律授權的裁量目的，或與公益的目的無關，而出自於不正的動機與恣意的情形，或欠缺處分公正的程序，都應被解為濫用裁量權[75]。

　　裁量有授權之意，外國人居留中之處分，依法有由主管機關裁量決定者。如是否准予延長居留，從理論上而言因公共福祉的內容，其本身的意義伴隨著多樣性的考量，依居留法令規定，其具有各種的內容原因。但對其違反程度之判斷，委由行政機關裁量，亦有問題[76]。對於救濟案件之審查，除進一步在法規中明文規定法律要件與效果之外，法院亦可審查行政裁量之合

---

73 三井喜彥，在留期間更新不許可處分と裁量權の濫用，收於行政訴訟の課題と展望，別冊タイムズ，大阪行政訴訟研究會編集，昭和49‧50年度主要行政判例解說，1976年8月，第194頁。

74 陳慈陽，行政裁量及不確定法律概念，收於行政法爭議問題研究（上），台灣行政法學會主編，五南圖書，2000年，第454-455頁。

75 三井喜彥，前揭文（註73），第194頁。

76 土居靖美，判例研究上陸許可の取消の效力が停止された事例，關西行政法研究會，法學論叢89卷3號，京都大學法學會，1961年6月，第87頁。

法性。

3. 撤銷授益處分之界限

因行政處分對人民有利與不利之情形，可分為侵益或授益之處分。從法律保留理論言，侵益之處分須受到法律保留原則之拘束。外國人之居留許可，屬於授益處分；反之，如不予延長居留許可之原因，須有正當理由及受到制約。

有關撤銷授益行政處分之界限問題，原則上即使存在有撤銷處分的原因，一般應無立即撤銷的權限，即考量對於既存權利或利益的侵害，其撤銷的正當性只限於公益上理由，且須受到信賴保護原則之制約。例如該案件已經過爭訟程序，其所實施的行為及瑕疵已經治癒，或是屬程序及形式上輕微瑕疵的行政處分，對實體的結果並無影響的情形，並不得加以撤銷。另外，除當事人有不法行為或有隱藏資料的申請情形外，此所考量的出發點，應高度的重視人權，或須給予損失補償。因此，原則上應限於在有優先考慮公共利益的必要性下，始得予撤銷。主管機關依職權為撤銷處分時，如只是依抽象性的處分內容，而予確定違法，尚不足夠；並須判斷其在具體的內容中亦有違法，始足以構成[77]。

二、外國人之提起行政救濟途徑

人民或外國人的主張訴訟權與程序上權利，須透過法律的程序以為請求。但並非謂無法律規定救濟程序，人民的權利即無法獲得救濟，此從憲法訴訟權之觀點，仍得依其他適當方法請求救濟；法院亦得透過憲法之規定精神，在適當範圍內，受理人民之請求與判決。

（一）訴願與訴願先行程序

訴願先行程序與訴願，皆與行政訴訟不同，其為對於行政處分不服向行政機關提起行政救濟，並非由法院受理；但其與行政內部監督亦有不同，其為人民可以提出不服的請求，亦是保障人民權利的制度[78]。

---

77 土居靖美，前揭文（註76），第84頁。
78 芝池義一，行政救濟法講義，有斐閣，2004年9月2版補訂增補版，第144頁。

1. 訴願先行程序

訴願先行程序，主要由法律特別規定在提起訴願之前，須先向原處分或原處分之上級機關（如集會遊行法之申復），提出行政不服救濟程序。其之考量，為因行政事件之特性有其專業性與大量性等特質，由原處分機關再一次審查，在救濟上較具有效率與專業性，及減輕訴願受理機關之負擔。如我國入出國及移民法第38條之2即規定，受收容人及其配偶等關係人，對於收容處分，得向主管機關聲明異議[79]。從專業性及對本案處分事實之瞭解，訴願先行程序具有一定的救濟功能，可快速審查、較瞭解本件處分之詳細內容。但其缺點為原處分機關，較不願為本身之處分做更改，以免原處分決定過程受質疑，或有認為原處分具有裁量權，雖有不妥但仍未至於違法，而不願改正原來處分。

有關訴願先行程序與行政程序法，亦有重要相關。如對於外國人入出境事項，雖依行政程序法規定，不適用之；但有關外國人居留中規範之事項，即非可完全排除，因居留中的事項規範與入出國有所不同，原則上應適用行政程序法。行政程序法所排除的外國人入出國事項，遇有救濟程序，仍應有憲法正當法律程序原則之適用。主管機關應訂定相關特殊程序法律規定，或準用行政程序法之規定，如由輔佐人到場、本人陳述意見、通知、理由告知等權利規定。

一般外國人入出國與居留案件，因具有特殊性及與國家高權有關，主管機關具有較廣泛的裁量權，且其在處分之後，案件當事人可能被執行驅逐出國，因此本先行程序之特殊程序規定，即相對重要。目前法律上之規定，除前述可提起收容異議之外，其他特別救濟程序，均尚未規定有待進一步落實。而法治國下的行政程序，當事人不應僅是行政程序的客體，而且是行政程序的參與者。雖陳述意見會造成一定程度行政決定的拖延，但由於當事人不僅是基於自己觀點補充或修正事實，亦得針對可能的決定內容提出實質的論點，因此行政機關有義務注意當事人所提出之意見並具體且公開說明其如

---

79 入出國及移民法第38條之2第1項：「受收容人或其配偶、直系親屬、法定代理人、兄弟姊妹，對第三十八條第一項暫予收容處分不服者，得於受收容人收受收容處分書暫予收容期間內，以言詞或書面敘明理由，向移民署提出收容異議；其以言詞提出者，應由移民署作成書面紀錄。」

何考量當事人之主張[80]。

收容聲請事件類型，區分為「收容異議」、「續予收容」、「延長收容」及「停止收容」四種。第1段期間之暫予收容處分由移民署作成，但經受收容人或其一定關係親屬提出異議時，移民署應主動於受理異議後24小時內移送法院審理。如超過15日或60日以上仍未能將受收容人遣送出境，且移民署認有繼續收容之必要，應於期間屆滿5日前向法院聲請續予或延長收容，經法院裁定准許才能繼續收容。法院裁定續予收容或延長收容後，如收容原因消滅、無收容必要或有得不予收容情形，受收容人或其一定關係親屬可向法院聲請停止收容[81]。

法院審理收容異議、續予收容及延長收容，會訊問受收容人（依行政訴訟法第130條之1規定，法院亦得為遠距審理），移民署並應到場陳述。如法官認具備收容事由，且有收容必要、無得不予收容情形，則駁回收容異議、准續予收容、准延長收容。如法官認具備收容事由，但無收容必要或符合得不予收容情形，則釋放受收容人、駁回續予收容聲請、駁回延長收容聲請[82]。

法律如有特別規定須先提起訴願先行程序，當事人即須依程序履行救濟程序。外國人在國內之待遇，原則與國民受到保護的程度相同。凡受到行政處分或具有法律效果之公權力措施，有所不服均可提出。現代國家為保障人民權利，使被侵害之權利即時獲得救濟，並擴大行政處分之認為範圍。依訴願法及行政訴訟法對行政處分之定義，均從寬認定、擴大其範圍。即凡中央或地方行政機關，對公法上具體案件對外為意思表示或公權力措施，並產生具體法律效果者，均屬於可提起行政救濟之範圍。外國人受到不利行政處分，並可透過相關訴願先行程序，提出救濟。

有關行政執行聲明異議，依行政執行法第9條規定之聲明異議，並非向執行機關而是向其上級機關為之，此已有由處分機關之上級機關進行行政內部自我省察之功能。是以立法者應無將行政執行法第9條所規定之聲明異議

---

80 蕭文生，陳述意見之機會，月旦法學教室46期，2006年7月，第22頁。
81 收容聲請事件程序，司法院網頁，https://www.judicial.gov.tw/tw/cp-88-57404-16ffa-1.html，瀏覽日期：112.8.16。
82 收容聲請事件程序，司法院網頁，https://www.judicial.gov.tw/tw/cp-88-57404-16ffa-1.html，瀏覽日期：112.8.16。

作為訴願前置程序之意。因此，倘若聲明異議人已對於具有行政處分性質之執行命令不服，經依行政執行法第9條規定之聲明異議程序，應認相當於已經訴願程序，其應可直接提起撤銷訴訟[83]。

2. 訴願

訴願，係人民因行政處分有瑕疵，而向該管轄機關請求予以糾正，並謀獲得救濟之法律制度，屬於「制度性保障」之一種。訴願制度屬於行政救濟制度之一環，其機能除最受熟稔之作為行政訴訟之「先行程序」以外，計有：(1)維護人民之權益，免於受公權力之侵害；(2)確保行政之合法行使，使行政得以確實依法行政；(3)確保行政之妥當行使；(4)統一行政步調、做法與措施[84]。

主管機關查獲某民眾非法容留外國人於市立某醫院病床從事看護等工作，勞動局乃依法裁處該民眾罰鍰。該民眾不服，提起訴願。經市政府訴願審議委員會審議後作出訴願決定，駁回其訴願。依就業服務法第44條及第63條第1項規定，任何人不得非法容留外國人從事工作；違者，處新臺幣15萬元以上75萬元以下罰鍰。又所稱非法容留外國人從事工作，係指自然人或法人與外國人間雖無聘僱關係，但有未依就業服務法及相關法令規定申請許可，即容許外國人停留於某處所為其從事勞務提供或工作事實之行為而言。本件訴願人非法容留外國人從事看護等工作，勞動局予以裁罰，並無違誤[85]。

在訴願當事人及訴願行為能力上，因訴願性質上為行政程序之一種，行政程序上之許多概念於訴願亦有其適用。所謂訴願當事人能力即行政程序之當事人（參與人）能力的一種，指有作為訴願主體之資格，而承受因參與訴願程序地位所產生之權利與義務。訴願行為能力與行政程序之行為能力相當。訴願法第19條稱：「能獨立以法律行為負義務者，有訴願能力。」其所謂訴願能力即訴願行為能力；換言之，其行為在訴願程序上發生法律效果之

83 最高行政法院107年4月份第1次庭長法官聯席會議決議意旨。
84 蔡志方，我國訴願制度之過去、現在與未來，收於氏著，行政救濟與行政法學（三），學林文化，1998年12月，第145頁。
85 任何人不得非法容留外國人從事工作，以免受罰，臺北市政府法務局網頁，https://www.le-galaffairs.gov.taipei/News_Content.aspx?n=9DCD6AAC1B9B2ACB&sms=72544237BBE4C5F6&s=204778F31BA26D0D，瀏覽日期：112.8.16。

能力,依民法規定有行為能力者,自亦有訴願行為能力,無行為能力人亦無訴願行為能力,其訴願行為應由法定代理人為之(訴願法第20條第1項),關於法定代理人則依民法之規定(同條第3項)[86]。

依訴願法第28條之規定,訴願參加有兩種形態:第一種為與訴願人利害關係相同者之參加,此即該條第1項所定情形:「與訴願人利害關係相同之人,經受理訴願機關允許,得為訴願人之利益參加訴願。受理訴願機關認有必要時,亦得通知其參加訴願。」其要件有三:(1)參加人須與訴願人利害關係相同:所謂利害關係相同即有共同一致之利害關係;(2)須為訴願人利益而參加;(3)須經受理訴願機關准予參加,或由受理訴願機關依職權命其參加:申請參加應依訴願法第29條以書面記載相關事項向受理訴願機關為之,以俟其核准;受理訴願機關認為有依職權通知參加之必要者,則應依同法第30條第1項通知該共同利害關係人[87]。第二種參加人與訴願人利益衝突者。

依我國訴願[88]法第1條規定[89],對於行政機關之處分決定不服得於30日內,向其上級機關或原處分機關提起訴願。依訴願法第61條第1項規定之意旨在於使實質上不服行政處分、已具體向某機關作出不服該行政處分之表示者,且該機關卻既非原處分機關,亦非訴願管轄機關,此時將其不服之表示擬制為向訴願管轄機關提起訴願。如此一來,可使有意提起爭訟,但卻因種種原因而未向正確的機關、且未以正確的方式提起者,仍受到保障,不至於因程序上的錯誤而遲誤訴願期間[90]。

訴願救濟程序,雖屬於上級行政機關之受理審查,但依訴願法之程序規定,已大幅地將其審查組織程序司法化,包括組成人員、法定程序等已明

---

86 吳庚,行政爭訟法論,自印,2006年9月3版,第324-325頁。

87 吳庚,前揭書(註86),第327頁。

88 請參考蔡志方,論訴願及行政訴訟上之程序失權,成大法學1期,2001年6月。蔡茂寅,訴願法上之利害關係人,月旦法學雜誌71期,2001年4月。林素鳳,程序重新、訴願再審與再審之訴——兼評臺北市政府九十一年十月十六日府復字第○九一一九○二七五○一號復審決定,月旦法學雜誌118期,2005年3月。吳信華,我國憲法訴訟制度之繼受德國——以「人民聲請釋憲」為中心,月旦法學雜誌116期,2005年1月。黃俊杰,解釋函令在憲法訴願之地位,稅務,2004年7月。

89 訴願法第1條第1項:「人民對於中央或地方機關之行政處分,認為違法或不當,致損害其權利或利益者,得依本法提起訴願。但法律另有規定者,從其規定。」

90 林三欽,訴願程序的踐行與訴願期間的遵守,月旦法學教室51期,2007年1月,第25頁。

文規定，以確保客觀、中立而達成保障人民權利之功能。受理訴願之機關，原則為原處分之上級機關，並可審查原處分之合法性與妥當性。其與法院之審查範圍有所不同；除考量原處分是否合法外，另亦得審查其適當性，對於不當之處分亦得決定撤銷。有關適當性之審查，包括裁量權行使是否符合政策、機關立場、執行適當性等，其考量範圍較廣。原處分機關對於訴願決定，不得聲明不服。

有關訴願之標的，其實尚應分成「程序標的」與「訴願標的」或「訴願決定標的」。所謂「訴願之程序標的」，乃指訴願程序之營運，究係以何種行政事項為對象，不能無的放矢或隨意以任何行政事項為對象進行訴願，蓋不同之行政事務，可能有不同之救濟管道，在制度上必須為適當之區隔也。至於所謂「訴願標的」或「訴願決定標的」，前者係以訴願人之立場出發，乃指訴願人於訴願書中訴願之聲明，其所主張訴願管轄機關給予救濟之請求，並其根據所共同形成之事項。後者乃從訴願管轄機關之立場出發，乃指訴願管轄機關就訴願人之訴願所得，且應相應作成決定之事項[91]。

當事人如依法定的程序提起訴願，受理機關有審查、正式決定的義務。從申請人的立場而言，依其所提出的不服事項，有要求受理機關決定的權利。因提起訴願的權利屬於爭訟行為，有關其提出的主體、期間、方式等，為受法律所限定的法律行為[92]。依訴願法第90條規定：「訴願決定書應附記，如不服決定，得於決定書送達之次日起二個月內向行政法院提起行政訴訟。」本條係對於訴願決定機關於作成訴願決定書時，對於不服訴願決定救濟方法之教示或指導之要求，其雖非屬如同法第89條所規定之訴願決定書必要記載事項，但如有欠缺或誤載時，則發生同法第92條規定之重行起算或延長提起行政訴訟期限之效果[93]。

有關配偶之入國管制案件；即民眾陳訴渠印尼籍配偶前因不知情下，遭人力仲介公司以不實出生證明文件申辦簽證來臺工作，經我國查獲後依「禁止外國人入國作業規定」禁止入國10年，嗣渠等結婚後，向內政部移民署

---

91 蔡志方，我國訴願制度之過去、現在與未來，收於氏著，行政救濟與行政法學（三），學林文化，1998年12月，第162頁。

92 尹龍澤，不服申立書と陳情書，收於行政判例百選Ⅱ，有斐閣，1999年3月4版，第365頁。

93 蔡志方，論訴願決定確定力之相對性，收於當代公法新論（下）—翁岳生教授七秩誕辰祝壽論文集，元照出版，2002年7月，第56頁。

（以下簡稱移民署）申請解除配偶之入國管制，然該署僅同意禁止入境期間減半計算為5年，嚴重影響其家庭團聚、共同生活及養育子女之基本權益等情案。監察院內政及少數民族委員會於8日通過監察委員張武修提出之調查報告，促請移民署積極研議妥處。

本案調查報告發現有待研議妥處情形如下：

(1) 移民署辦理本案多名陳情人申請其外國籍配偶解除入國管制案件，係依據禁止外國人入國作業規定辦理，並函復告知各陳情人可再申請縮短管制期限之規定及要件，處理作為難認有所差異及違誤。然該署應持續透過多元宣傳管道，協助民眾申辦類此案件。

(2) 家庭團聚權係國際公約揭櫫之普世基本人權，入出國及移民法為確保國境安全，訂有禁止外國人入國之相關規定，另授權禁止外國人入國作業規定訂定管制入國期限，該作業規定雖已考量家庭團聚權，訂有得申請縮短管制期限或得（申請）不予禁止入國等要件，然對於持用不法取得、偽造、變造之護照或簽證者，冒用護照或持用冒領之護照者，不論其是否因故意或過失，均一律管制10年，縱符合縮短管制期限要件，仍有個案面臨長達5年之管制期限，損及其與國人家庭團聚、共同生活及養育子女之基本權益。移民署基於維護國境安全，統籌入出國（境）管理，亦負有保障移民人權之責，自應審視國際情勢變化，通盤檢視相關法規並進行滾動式修正，就個案審酌合理管制期限，俾貫徹我國「人權立國」之基本國策[94]。

訴願與行政訴訟，同為人民請求行政救濟之主要方法，特別是「撤銷訴訟」及「課予義務訴訟」，與訴願相同，皆以中央或地方機關之行政處分為爭訟之客體。至於確認訴訟雖亦以「行政處分無效」或「行政處分違法」為爭訟客體，惟訴願制度目前尚無「確認行政處分無效」及「確認行政處分違法」之設計。在程序合法要件方面，撤銷訴願與撤銷訴訟二者大體相同，約計有：(1)爭訟客體須屬行政法上之事件；(2)須有行政處分之存在；(3)須具備訴願（訴訟）權能，爭訟人須主張其權利受到損害；(4)須具有權利保

---

94 移民署在維護國境安全前提下，辦理外國籍配偶申請不予（縮短）禁止入國管制時，亦應考量其家庭團聚權，監察院促請該署檢討合理管制期限，監察院網頁，https://www.cy.gov.tw/News_Content.aspx?n=124&sms=8912&s=14162，瀏覽日期：112.8.16。

護之必要；(5)須遵守法定期間：訴願應於行政處分達到之次日起30日內提起；行政訴訟則應於訴願決定書送達之次日起2個月內提起之；(6)須以書狀為之；(7)須向有管轄權之機關提起。其次，關於程序之進行，撤銷訴願與撤銷訴訟亦有類同之處，例如二者均以不停止原處分之執行為原則[95]。

涉及外國人入出國與居留處分之機關，可能為外交部、警政署及移民署、縣市警察局、警察分局等機關。外國人如對不許可居留處分不服之提起救濟，為向原處分機關之上級機關請求訴願。有關訴願之請求，得提起請求撤銷與課予義務之訴願請求，要求撤銷原處分或請求課予一定處分之決定。對於訴願之決定不服者，並得於法定期間內，向行政法院提起行政訴訟。

（二）行政訴訟

行政訴訟[96]為有關行政法規適用的訴訟，在關於人民權利與利益的紛爭上，由法院依據法律為裁決的判斷作用之點，與一般民事訴訟亦有共通的性質。但是，行政訴訟審理的對象為行政作用是否合法的問題，與私人之間的紛爭有所不同，其中有許多涉及行政特別的政策判斷或專門性的技術判斷之決定。另外，其不僅與當事人之間的利害有關，對於國家與社會亦有廣泛的作用，有時亦會對政治產生重大的影響[97]。

1. 概說

我國104年2月5日修正施行之行政訴訟法增訂「收容聲請事件程序」專章，明定依入出國及移民法、臺灣地區與大陸地區人民關係條例及香港澳門關係條例聲請之收容異議、續予收容、延長收容事件及依行政訴訟法聲請之停止收容事件，以地方法院行政訴訟庭為第一審管轄法院，高等行政法

---

95 李建良、陳愛娥、陳春生、林三欽、林合民、黃啟禎合著，行政法入門，元照出版，2006年1月3版，第453頁。

96 有關行政訴訟之類型與判斷，請參考程明修，課予義務訴訟與一般給付訴訟間選擇之爭議問題分析，台灣本土法學雜誌88期，2006年11月。程明修，行政訴訟類型之適用——有關雙階理論、行政處分是否消滅之爭議，台灣本土法學雜誌81期，2006年4月。林素鳳，關於情況判決制度，台灣本土法學雜誌81期，2006年4月。劉建宏，ETC案與情況判決，台灣本土法學雜誌81期，2006年4月。林明昕，假處分之本案事先裁判——兼論行政訴訟法第二百九十八條第三項之規範意義，中原財經法學15期，2005年12月。林三欽，大陸人民來臺居留案——行政訴訟案件的法規基準時，台灣本土法學雜誌75期，2005年10月。

97 原田尚彥，行政訴訟總說，收於雄川一郎、塩野宏、園部逸夫編，現代行政法大系4，行政訴訟Ⅰ，有斐閣，1989年8月，第104頁。

院審理是類事件之抗告事件，以符合憲法對於人身自由保障之要求。112年8月15日施行之行政訴訟堅實第一審新制，取消各地方法院行政訴訟庭，改於高等行政法院分設「地方行政訴訟庭」及「高等行政訴訟庭」。地方行政訴訟庭受理原由各地方法院行政訴訟庭管轄之事件，及訴訟標的金（價）額新臺幣150萬元以下之稅捐、罰鍰或其附帶之裁罰性、管制性不利處分、其他公法上財產關係訴訟的第一審通常訴訟事件。高等行政訴訟庭則受理原由高等行政法院管轄之事件，及地方行政訴訟庭通常程序事件的上訴抗告事件。新制維持既有審級，不影響人民的審級利益；並以「巡迴法庭」、「線上起訴」、「遠距審理」等配套措施，兼顧人民訴訟便利性[98]。

在行政訴訟中[99]，當事人利用司法資源的目的，復與其他的訴訟種類同，在於請求法院公正地斷定當事人間實體法律爭議的是與非。而法院以本案裁判決定了兩造當事人的實體法律關係，最後莫不涉及當事人實體法上之利益的（重新）調整與分配之問題。故為維持法院的公正性，避免原告藉用法院善意而不知情的本案裁判，來扭曲原告與被告或其他當事人間正確的利益分配，運用訴訟程序面上的要件，以維護當事人之地位平等，自然也有其意義。在行政訴訟上，通常以人民作為原告，主張行政機關之行為違法的案件類型居多。所以行政訴訟，除保護人民權利外，也具有司法監督與審查行政之合（違）法性的功能。從而，萬一法院在原告之起訴並不合乎程序面要求的情況下，仍貿然作出本案裁判，論斷行政的是與非，其實更有司法權侵害行政權，違反權力分立的可能[100]。

我國行政訴訟法第2條改以「概括條款」之規範方式，賦予人民對所有形式之公權力行為請求權利保護之機會，舉凡行政處分、行政契約、事實行為等行政行為均在保障之列[101]。有關當事人是否適格？依美國早期之司法

---

98 司法院網頁，https://www.judicial.gov.tw/tw/cp-85-349539-37538-1.html，瀏覽日期：112.8.16。
99 參見司法院網站，101年4月12日。
100 林明昕，淺論行政訴訟法上之實體裁判要件，收於氏著，公法學的開拓線—理論、實務與體系之建構，元照出版，2006年9月，第324頁。
101 並且依其行為態樣提供適當且完備的訴訟類型以資使用，除原有的撤銷訴訟（第4條）外，更增訂課予義務訴訟（第5條）、確認訴訟（第6條）、給付訴訟（第8條）、維護公益訴訟（第9條）、選舉罷免訴訟（第10條）等新訴訟類型。翁岳生等，行政訴訟法逐條釋義—第一章，收於行政訴訟法逐條釋義，五南圖書，2018年7月2版，第20頁以下。

裁判認為須法律上或習慣法上所保護之利益受影響始能尋求司法審查即須有權利受侵害加上違法性相當於適格之要件。自1940年以降，關於公法上事件中適格問題之認定，則有放寬之趨勢，於1970年美國聯邦最高法院於二件訴訟中放棄過去須有法律上利益始為當事人適格之要件，改以二項標準判斷當事人是否適格，一為須尋求司法救濟有包括受到「具體不利益」在內之個人利益，亦即僅須表明「事實上、經濟上或其他損害」即為已足；二為立法者如未明定應予救濟之個案，則須表明所請求保護之利益係於憲法或法律所保護或規範之範圍內[102]。

行政訴訟之類型[103]，包括撤銷之訴、確認之訴、給付之訴、公益訴訟、機關訴訟等，並得聲請暫時權利之保護措施。保障人民之基本權利，屬司法權之任務。依憲法第16條規定，人民有請願、訴願及訴訟之權。現代國家除加強行政效能外，另確保人民基本權利亦是其重要任務。人民憲法上所明列之基本權利，立法與行政機關須予保護，不可侵害，如人民基本權利受到侵害，可提請司法機關救濟。但實務上認為行政訴訟之當事人陳述意見，或為事實主張及證據聲請，亦得以書狀為之，亦得委任代理人為訴訟行為，其訴訟代理人經行政法院之許可，亦得於期日偕同輔佐人到場。具體裁定上，法院認為：就如同本件聲請停止執行案件，聲請人委任代理人為訴訟行為，且經本院許可偕同輔佐人到場，聲請人訴訟權之行使並不受限期出境原處分執行之影響[104]。一般外國人在國內，亦享有行政訴訟權利。且現代國

---

102 郭介恆，行政訴訟之當事人適格，收於當代公法新論（下）—翁岳生教授七秩誕辰祝壽論文集，元照出版，2002年7月，第34-35頁。

103 行政訴訟法第2條：「公法上之爭議，除法律別有規定外，得依本法提起行政訴訟。」第3條：「前條所稱之行政訴訟，指撤銷訴訟、確認訴訟及給付訴訟。」

104 臺北高等行政法院94年度停字第51號裁定：「本件聲請人主張若依期限出境或遭強制出境，則無可能親自於行政法庭上為不服相對人之原處分提出申辯，致聲請人蒞庭申辯之基本權利遭受損害乙節，……對感染人類免疫缺乏病毒之居留外國人，法律規定應撤銷或廢止其居留許可，即使其受本國籍配偶傳染或於本國醫療過程中感染而得提出申覆，亦是以其出境後始得為之（同條例第14條之1第1項），由此可見對感染人類免疫缺乏病毒之居留外國人執行限期令其出境處分，具有防止人類免疫缺乏病毒蔓延以維護國民健康之重大公共利益，如予停止執行，自對公益有重大影響，應予准許。原處分係因聲請人感染人類免疫缺乏病毒，經行政院衛生署疾病管制局，通知後，依入出國及移民法第11條第1項第7款及後天免疫缺乏症候群防治條例第14條規定作成，有診斷證明書及上開函文在卷可稽，聲請人亦自承其確感染人類後天免疫缺乏病毒，因而據上所述，令限期出境之原處分之執行，有防止人類免疫缺乏病毒蔓延之重大公共利益，如予停止執行，對公益有重大影響，自應不予准許，應予駁回。」

家對於外國人權利之保護，原則上其與國民具有同等的地位。對於外國人在
國內之權利，居住國之行政與司法機關有義務予以保護，使其不受到侵害。

　　行政院於「外籍配偶來臺簽證諮詢會議」所提書面意見，肯認外籍配偶
簽證之准駁係屬行政處分，並適用行政程序法之實體規定。目前訴願及行政
訴訟實務對於外籍配偶依法提起行政救濟之案件，亦進行實體審理，並無不
受司法審查之情形：「外籍配偶簽證之准駁，係外交部或駐外館處依據外國
護照簽證條例及其相關規定，所為是否准予核發前來我國之許可，乃屬行政
機關就公法上具體事件所為決定而對外直接發生法律效果之行政處分，當事
人如有不服，自得依法提起訴願及行政訴訟，與權力分立無關。目前訴願及
行政訴訟實務對於外籍配偶依法提起行政救濟之案件，亦進行實體審理，並
無不受司法審查之情形。」有關外籍配偶申請簽證遭否准，行政院訴願會有
認該外籍配偶得提起訴願；亦有肯認其我國籍配偶得提起訴願[105]。

　　由於訴訟類型多樣化，若要提起行政訴訟，首先即面臨如何在不同的訴
訟類型中，選擇正確的訴訟類型的問題。蓋行政訴訟之訴訟類型，係針對當
事人紛爭之性質，提供適當有效且合乎經濟之權利保護形式，以利法院統一
處理各類的行政訴訟事件。各個訴訟類型均有其特定適用之訴訟對象，並可
任由當事人自由選擇。有關「訴訟類型正確性」之要件，即是審查在具體個
案中，原告要達成其訴之目的，是否選擇了正確的訴訟類型的問題。唯有原
告選擇正確的訴訟類型，其訴始為合法[106]。

　　有關行政訴訟實體裁判要件，依作為正式權利救濟程序之一種的行政
訴訟，其以嚴格的訴訟程序面要件之齊備，作為法院本案裁判的前提，絕非
是一種形式主義，而是一種無論從司法資源的合理分配、當事人地位平等、
甚至是憲法上權力分立之要求等，均有其存在之意義的制度設計。不過，也
正因為這些訴訟程序面之要件，分別有其前開各種不同的功能，因此所謂的
訴訟程序面之要件，在行政訴訟法上，與其他的訴訟法同，是複數而多樣化
的。此外，又由於這些複數而多樣化的訴訟程序面之要件，在行政訴訟或其
他種類的訴訟中，既然為法院審理本案之實體問題，而作出本案裁判的前提

---

105 有關外交部主張該部受理外國人申請入境簽證之准駁係屬於行政法學理上所稱不受司法管轄
　　之「政府高權行為」或政治問題之法律見解是否正確，洵有釐清之必要乙案。監察院調查報
　　告，https://cybsbox.cy.gov.tw，瀏覽日期：112.8.16。
106 盛子龍，行政訴訟法第三條，收於行政訴訟法逐條釋義，五南圖書，2004年2月，第62頁。

要求，故訴訟法學上又稱之為「實體裁判要件」（或譯稱為「本案裁判要件」）。然而訴訟之實體裁判要件，又既然為本案裁判作成的前提，所以其究竟是否齊備，在訴訟上當然也必須查明與判斷。因此，在行政訴訟中，或其他種類的訴訟中，法院欲就原告之起訴作出本案裁判前，至少要經過兩道審查的關卡：第一，是關於原告之訴訟實體裁判要件的審查；第二，則是有關原告之本案請求本身在實體法律面上有無理由的審查[107]。

有關新行政訴訟法係採職權調查原則，有主張法院對於所有為裁判基礎之事實皆有依職權調查之義務，故民事訴訟法第288條關於法院得依職權調查證據之規定，並無準用之必要。另有主張，行政法院並非在所有之訴訟案件皆負職權調查義務，依行政訴訟法第133條之規定，法院僅於撤銷訴訟和有關公益維護之訴訟負有職權調查證據之義務，於其他訴訟案件則無，故應將民事訴訟法第288條列入準用範圍。為避免當事人提出原則之弊，以求衡平當事人之利益並維護公平正義，仍應許法院斟酌具體情形，依職權調查證據，此時，民事訴訟法第288條即有準用之必要[108]。

以下所介紹之行政訴訟，主要以外國人入出國與居留中，較常提起之訴訟為主，包括撤銷、確認違法、課予義務、停止執行之請求。

2. 有關外國人入出國與居留之行政訴訟

(1)撤銷之訴

對於訴願之請求的決定不服，得於法定期間內，向行政法院提起撤銷之訴。如外國人申請延長居留未獲許可，得向法院請求撤銷不許可處分。提起撤銷之訴的對象，是撤銷不法處分或公權力措施，如非屬此範圍之行政行為，則不得提起，如屬單純之意思表示；或國家拒發簽證行為，因不屬行政處分，故外國人不得對拒發簽證行為提起撤銷之訴。因核發簽證決定，為外交部對於外國人之申請簽證所為否准之決定，為國家主權行為，對其不得聲請不服或訴願[109]。對此可予以說明者，為依實務解釋意見並非所有的拒絕

---

107 林明昕，前揭文（註100），第324-325頁。

108 張文郁，論民事訴訟法有關事實和證據調查程序規定於行政訴訟之準用，收於當代公法新論（下）—翁岳生教授七秩誕辰祝壽論文集，元照出版，2002年7月，第161頁。

109 有關拒絕發給簽證之法律性質的解釋：「駐外使領館或機構對於外國人申請入境所作拒絕簽證之行為，係國家主權之行使，除我國法律或國際條約、協定等另有特別規定者外，不得表示不服。」參見法務部81年1月6日（81）法律字第185號。

簽證行為，皆不得提起救濟，其中如有依條約或法律所規定之事項範圍，則不在所限。如外國人有土地在我國[110]，或該外國人為我國國民之配偶，縱然有法律所禁止發給簽證之事由，如全然禁止其提出救濟，亦不符法治國家之原則[111]。

在行政訴訟制度中設計撤銷訴訟形態的主要目的，是希望藉由一個積極的裁判直接對於人民之權利狀態造成影響，以及將不利益負擔加以排除。但是如果只是容許人民可以要求行政作成行政處分或者採取特定措施的訴訟類型（即給付訴訟），則並非由法院自己透過形成的行為造成原告意欲的權利變動。行政處分很類似司法判決，在很短的時間經過後，便會發生存續力。而在它作成之初即可能已經會對於相對人或者第三人造成影響。人民希望法院透過形成的作用將行政處分撤銷，代表立法者的意思是希望能夠提供相對人盡可能完善以及盡可能不複雜的權利救濟[112]。

提起撤銷訴訟，除須具備提起行政訴訟均應具備之一般實體判決要件之外，另須具備撤銷訴訟之特別實體判決要件（或稱本案判決要件）。詳言之，可以細分成四個要件：①原告訴請撤銷的行政行為客觀上為行政處分且其尚未消滅；②原告須主張行政處分違法且侵害其權利或法律上利益，此要件係原告有無訴權的問題；③須已依法提起訴願未獲救濟；④須遵守法定救濟期間。上述特別實體判決要件是否具備，法院應依職權調查，若有不具備者，其程序固不合法，惟法官仍應視其性質決定處理方式，並非得逕以程序不合法駁回之[113]。

禁止特定外國人入國，因有關法令規定而不屬行政處分（拒發簽證），因此亦不得提起撤銷之訴。但如對事實行為之扣留入境所攜帶物品，因具有法律效果，且已影響特定當事人之權利，故得對此扣留行為提起撤銷之訴[114]。另在提起撤銷訴訟之日本案例中，原告因已取得永久居留資格，而於後被撤銷之提起撤銷訴訟，法院認為依出入國管理令第22條規定，外國

---

110 臺北高等行政法院93年度訴字第02722號。

111 所謂法治國家之原則，被強調者為「有權利就有救濟，如有權利而無救濟之途徑，該權利不能稱為真正之權利」。

112 程明修，論一般撤銷（形成）訴訟，收於論權利保護之理論與實踐—曾華松大法官古稀祝壽論文集，元照出版，2006年6月，第674頁。

113 盛子龍，前揭文（註106），第66-67頁。

114 芝池義一，前揭書（註78），第25頁。

人取得永久居留權的條件，須符合「有善良的素行」要件，此之限制規定並不違反憲法第22條。因此，對於以有犯罪前科之原因，而予以撤銷永久居留資格之處分，屬於合法[115]。

外交部向來主張，包括外籍配偶在內之外國人簽證核發之否准，係屬不受司法審查之高權行為。主張該部核發簽證行為係屬各先進法治國家法制上之政治問題，或稱高權行為、政府行為、國家行為、統治行為等，均不受司法審查；且我國憲法並未保障外國人有任意進入我國國境居留或停留之權利，因此有關外國人簽證之核發與否，純屬國家主權行使之範圍，不可與一般行政行為等同視之。況且，外交部及駐外館處受理簽證申請時，依法應斟酌「國家利益」、申請人個別情形及「其國家與我國關係」決定准駁。由此可知，關於簽證核發與否之判斷乃屬高度政治性問題，理應委由憲法所設計之政治部門即政府與國會自行解決，司法機關不宜介入，否則即與權力分立原則相違背，侵害行政權之核心領域等語[116]。

主管機關雖具有一定的裁量權，但其權力行使之限度，並不可恣意決定。如濫用裁量權，作出超出處分權限範圍的處分，法院得對該處分予以撤銷。在日本之相關案例中，有被認定為不構成難民之要件者，主管機關處分為不予許可特別居留，並裁決驅逐出國。當事人遂向主管機關提出異議，被法務大臣駁回，最後向法院提起撤銷之訴。法院判決認為主管機關的驅逐出國處分已超出裁量權的範圍且有濫用情形，對該處分予以撤銷[117]。本撤銷之訴為不服原處分之抗告訴訟，請求法院撤銷原處分。法院之判決具有拘束力，而對確定之判決行政機關有遵守之義務。

實務上認為有關依法應強制驅逐出國之外國人，於作成「強制驅逐出國處分」前自行出國者，是否仍應開立處分書疑義乙節，查入出國及移民法第18條第1項第11款規定：「外國人有下列情形之一者，移民署得禁止其入國：……十一、曾經被拒絕入國、限令出國或驅逐出國。……」第32條第8款及第33條第8款分別規定，「移民署對有下列情形之一者，撤銷或廢止

---

115 昭三四・一〇・五東京高裁（行）判決・東高民時報一〇・一〇・二一七。

116 有關外交部主張該部受理外國人申請入境簽證之准駁係屬於行政法學理上所稱不受司法管轄之「政府高權行為」或政治問題之法律見解是否正確，洵有釐清之必要乙案。監察院調查報告，https://cybsbox.cy.gov.tw，瀏覽日期：112.8.16。

117 中村義幸，入國管理と難民保護，法學セミナーNo. 600，2004年12月，第49頁。

其（永久）居留許可，並註銷其（永久）外僑居留證：⋯⋯八、受驅逐出國」。準此，「外國人曾被驅逐出國」係入出國及移民署得以禁止該外國人再次入國，或撤銷、廢止其（永久）居留許可，並註銷其（永久）外僑居留證之法定原因之一。是以，貴署如作成「強制驅逐出國處分」將得作為日後禁止該外國人入國之事由，而產生「構成要件效力」。從而，縱於強制驅逐出國處分作成前，該外國人已自行出國而毋庸行政強制執行，惟仍有作成強制驅逐出國處分之實益及必要[118]。

提起撤銷訴訟之案例，法院指出入出國及移民法第18條第1項第3款得禁止冒用護照或持用冒領護照之外國人入國之規範，本屬主權統治作用下對領土國境管理高度自由裁量之事項，藉由所列事由，羈束主管機關關於外國人得否入國之行政決定免於恣意的用意，以提高外國人入境我國個案行政決定的可預測性，此僅為客觀法性質，而非主觀公權利。任何外國人，尤其居住在境外未依法取得我國居留權利者，除非禁止入國處分另足以侵害其家庭團聚權、工作權等基本權利，或有符合國際人權法標準之避難請求權外，尚不能僅以境管機關違反入出國及移民法第18條第1項規定之合義務裁量義務，即認禁止入國處分已侵害該外國人入境我國自由或得請求入境我國之基本權利，而有提起撤銷訴訟之訴訟權能[119]。

(2)確認之訴

我國行政訴訟有撤銷訴訟、課予義務訴訟、確認訴訟及一般給付訴訟等不同類型，而訴訟種類之選擇，攸關人民得否在一次訴訟中達到請求法院保護其權利之目的，故遇有當事人於事實及法律上之陳述未明瞭或不完足之處，或訴訟種類選擇錯誤時，均應由審判長行使行政訴訟法第125條第3項規定之闡明權[120]。

確認訴訟舉證責任，依行政訴訟法第136條規定：「除本法有規定者外，民事訴訟法第二百七十七條之規定於本節準用之。」其立法理由謂：「行政訴訟之種類增多，其舉證責任自應視其訴訟種類是否與公益有關而異。按舉證責任，可分主觀舉證責任與客觀舉證責任。前者指當事人一方，

---

118 法務部107年3月20日（107）法律字第10703502510號。
119 最高行政法院110年度上字第452號判決。
120 最高行政法院110年度上字第306號判決。

為免於敗訴，就有爭執之事實，有向法院提出證據之行為責任；後者指法院於審理最後階段，要件事實存否仍屬不明時，法院假定其事實存在或不存在，所生對當事人不利益之結果責任。本法於撤銷訴訟或其他維護公益之訴訟，明定法院應依職權調查證據，故當事人並無主觀舉證責任。然職權調查證據有其限度，仍不免有要件事實不明之情形，故仍有客觀之舉證責任。至其餘訴訟，當事人仍有提出證據之主觀舉證責任，爰規定除本法有規定者外，民事訴訟法第二百七十七條之規定於本節準用之。」另民事訴訟法第277條前段規定：「當事人主張有利於自己之事實者，就其事實有舉證之責任。」從立法理由觀察，判定行政訴訟是否有舉證責任的問題，端以該訴訟類型是否涉及公益為斷，例如撤銷訴訟或其他維護公益的訴訟，因有公益色彩，法律乃明文規定法院負有調查證據的職責，故當事人並無主觀的舉證責任（按其定義係指證據提出責任），應由法院依職權調查可以證明訟爭事實的證據。反之，若不具有公益性質，例如與民事訴訟法相同的確認及給付訴訟，則仍有證據提出責任。惟不管是否為有關公益性質的訴訟，亦無論是否採行職權調查主義，其證據的調查不免有窮盡之時，而發生要件事實存否不明的情形，故需有客觀的舉證責任，在範圍內仍應準用民事訴訟法第277條之規定[121]。

　　①有關請求確認國籍訴訟：如原告主張其祖籍為中華民國雲南省龍稜縣人，且其父親具有我國國籍，依國籍法第2條第1項第1款規定，當然亦取得我國國籍。本件原告起訴請求確認原告其具有我國國籍，因原告此部分之請求非屬撤銷訴訟，且事關原告之私益，並無維護公益之問題，原告自應就其父母具有我國國籍此一有利事實負舉證責任，無由要求行政法院依職權調查證據。本件原告既未能提出原告之父母具有我國國籍之確切證據，尚難認原告之前揭主張為真實。原告此部分之請求，為無理由，應予駁回[122]。

　　②有關確認該行政處分違法：我國行政訴訟法第6條第1項後段規定，行政處分已經執行完畢或因其他事由而消滅時，當事人仍得提起訴訟，確認該行政處分違法，稱為「追加確認訴訟」或「續行確認訴訟」。常見者為兩種案情，一是原告提起撤銷訴訟，而於法院判決前該行政處分已因執行完畢或

---

121 臺北高等行政法院高等庭98年度訴字第2793號判決。最高行政法院99年度判字第1355號判決
122 臺北高等行政法院高等庭98年度訴字第2793號判決。

因行政機關撤回等事由而消滅，此時原告只得為訴之聲明之變更，而改請求確認原行政處分違法，並得於勝訴之後進一步主張國家賠償法之適用。二是原告提起訴訟之前，行政處分已經消滅，原告只得提起違法確認之訴訟。本類訴訟，並不以原告先前係提起撤銷訴訟為限，亦即先前即使係起訴請求確認判決、課予義務判決，亦得為之[123]。

對於公權力之違法檢查措施或違法行政處分因已執行完畢，當事人亦可對該處分提起確認違法之訴。具體情形如行政機關違法實施對人體侵入性之檢查，或對當事人實施執行驅逐出國，即使提起撤銷之訴，判決撤銷原處分，當事人亦無法獲得、回復其原有權利。因此，可利用確認違法之訴，審查確認原行政處分或措施違法，在取得確定違法判決之後，並可請求損害賠償。另確認違法之訴，亦可有效糾正行政機關之作為，糾正以後此類型處分之決定方式。

③確認行政處分無效之訴訟，須已向原處分機關請求確認其無效未被允許，或經請求後於30日內不為確答者，始得提起之（行政訴訟法第6條第2項）。確認行政處分無效之訴與撤銷訴訟須經訴願前置程序者不同，確認處分無效之先行程序，其目的在於先給予原處分機關自行審查及自行確認其行政處分無效之機會，用之取代訴願前置主義。倘當事人已踐行向相對人請求確認行政處分無效，而未被允許之前置程序，即具備上開規定之特別訴訟要件。又行政處分無效確認訴訟，雖屬確認訴訟之一種，但因欠缺其他適當之替代訴訟類型，故其並不適用確認訴訟補充性之要求（行政訴訟法第6條第3項但書）[124]。

(3)一般給付與課予義務之訴

請求給予金錢給付之判決，稱為給付之訴。另課予義務之訴為抗告訴訟之一種，其對象為行政處分。課予義務訴訟，為請求法院命令行政機關有實施（或不實施）行政處分的義務。提起課予義務之訴在原告適格上，其必須如提起撤銷之訴之具有「法律上利益」為必要條件。對於拒絕處分之相對應的請求課予義務訴訟，被拒絕處分之當事人，具有原告適格的地位。另外，

---

123 黃錦堂，確認訴訟，收於翁岳生主編，行政訴訟法逐條釋義，五南圖書，2004年2月，第110-111頁。
124 最高行政法院110年度上字第625號判決。

對不答覆行為的請求課予義務訴訟，屬於許認可等類型的申請當事人，具有原告適格的地位，應無問題[125]。

　　課予義務訴訟，指人民向行政機關請求作成行政處分，卻遭到拒絕或被擱置不理，致其權利受到侵害，而向行政法院提起訴訟，請求判命行政機關作成其所申請之行政處分之謂。這種訴訟因目的在請求行政機關作成行政處分，所以又稱為「請求應為行政處分訴訟」。與撤銷訴訟相較，當撤銷訴訟志在請求法院直接以判決撤銷某一行政處分，而具「形成之訴」性質。立法者之所以承認這種以請求作成行政處分為目的的訴訟類型，顯係期待其能發揮兩種功能：一是確保人民對國家的公法上給付請求權，使其獲得司法救濟；另一是促使行政機關履行其法定作為義務，而間接匡行政於合法正途[126]。

　　法院之角色在權力分立關係上，採取不告不理原則；對於當事人之依法請求訴訟，有受理審查及確保人民權利之義務與功能。課予義務之訴，即要求原處分機關為一定作為之義務，如判決准許外國人再入國、給予外國人永久居留權等。日本在判例上，有認為對未有居留資格外國人之申請居留資格變更，因其未具有申請變更權利，即使該外國人向主管機關申請，受理之機關亦無回答之義務[127]。

　　至於行政機關違法所作成的非屬行政處分之其他單方、具體法律行為，則不應再以所謂的「一般給付訴訟」，甚至或「一般確認訴訟」作為行政爭訟手段，而是應另創一種與「撤銷訴訟」平行、亦同屬形成訴訟之下位類型、但非特別針對行政處分而來的「一般形成訴訟」，來廢棄該種違法之其他法律行為的效力[128]，以達成原告起訴之目的[129]。

　　有關提起課予義務訴訟案例；法院指出被上訴人縱屬中階以下公務員，其出境赴大陸地區，仍須經主管機關許可或核准同意始得為之，其依法申請上訴人同意或核准其依系爭申請之時日，出境赴大陸地區，乃請求上訴

125 有關提起課予義務訴訟，如在屬於確認不作為違法訴訟的情形，僅屬「依據法令申請」的當事人，是否可提起課予義務訴訟，則有問題。芝池義一，前揭書（註78），第126頁。
126 許宗力，行政訴訟法第五條，收於行政訴訟法逐條釋義，五南圖書，2004年2月，第89頁。
127 平三・六・二八名古屋地裁（行）判決・判例時報一四〇六・二四。
128 如執行查察外國人生活之方式，有所不當，得提出此種類型之救濟。
129 林明昕，一般形成訴訟—德國行政訴訟法上之爭議問題，收於當代公法新論（下），翁岳生教授七秩誕辰祝壽論文集，元照出版，2002年7月，第84頁。

人作成直接發生解除法令限制其遷徙自由之效力的行政處分,並非請求作成單純有利之管理措施或工作條件的處置。上訴人對於系爭申請以系爭駁回決定不予同意,對被上訴人遷徙自由之限制已屬重大,其影響非屬顯然輕微之干預,被上訴人認系爭駁回決定違法侵害其權利,自得提起課予義務訴訟,並於起訴前,先依公務人員保障法第26條第1項規定,向保訓會提起相當於訴願之復審程序,以資救濟。然被上訴人對系爭駁回決定向保訓會提起復審後,保訓會卻認系爭駁回決定並未改變被上訴人公務人員之身分關係,對其基於公務人員身分所生之公法上財產請求權又無損害,對其服公職權利難認有重大影響,即認非屬得提起復審救濟之事項,逕以復審決定不受理,自有違誤[130]。

(4)請求暫時停止執行

依行政訴訟法第116條之規定,原處分或決定之執行,因提起行政訴訟而停止執行者[131],主要有二種情形:一是法律有特別規定者;二是由行政法院以裁定停止執行者。法院裁定「停止執行」,其效力及於任何形態之行政處分,例如吊銷駕駛執照、撤銷證照或免職處分等,此等處分一旦作成,即發生一定之法律效果,無待執行,惟仍可因訴訟之提起而使該法律效果暫時停止。此外,確認性之行政處分亦得為停止執行之標的[132]。

對於違法侵害權利利益的行政處分,縱然提起行政訴訟,請求撤銷該處分,其到判決確定時必要經過一段長的期間,即使是最後原告勝訴,屆時亦不能回復其所受到的損害,因此,雖然是勝訴判決但最終原告的權利亦無法獲得救濟[133]。請求停止執行為暫時權利保護之一種措施,為免在訴訟裁

---

130 最高行政法院109年度上字第901號判決。
131 有關聲請停止執行要件之見解,如:按行政訴訟繫屬中,行政法院認為原處分或原決定之執行,將發生難於回復之損害,且有急迫情事者,得依職權或依聲請裁定停止執行,行政訴訟法第116條第2項前段定有明文。故如聲請停止執行不備上揭停止執行要件者,應予駁回。又所謂「原處分或決定之執行,將發生難於回復之損害,且有急迫情事」,係指「須有避免難以回復損害之急迫必要性」;至所謂「難於回復之損害」係指其損害不能回復原狀,或不能以金錢賠償,或在一般社會通念上,如為執行可達到回復困難之程度而言,至當事人主觀上難於回復之損害當非屬該條所指之難於回復之損害。最高行政法94年度裁字第02837號裁定。
132 李建良、陳愛娥、陳春生、林三欽、林合民、黃啟禎合著,前揭書(註95),第576頁。
133 利光大一,仮の救済,收於雄川一郎、塩野宏、園部逸夫編,現代行政法大系5,行政訴訟II,有斐閣,1989年8月,第219頁。

判確定後，該當事人已受重大不利處分，且造成難以回復之結果，故在司法救濟制度中，設計在遇有必要時依聲請給予暫時權利保護，由法院命令行政處分暫時停止執行。由於外國人入出國與居留事務，具有其獨特性。依國家權力之作用，主管機關可決定行政處分與執行之進度，且對於行政處分之執行，以不停止為原則，可不待法院之判決確定即可執行。如禁止外國人入國，並予遣返；對逾期居留之外國人予以收容，並執行遣返。

因行政處分之執行，常涉及當事人重要利益，且有時執行之後即難以回復。在屬於何時執行之階段決定，完全由行政機關決定。依憲法保障人民訴訟權之本旨及法律保留原則，其執行是否符合正當法律程序與人民權利保障之關係，在當事人提出請求時，法院亦有必要斟酌審查而為決定。如處分之執行對當事人有造成急迫重大之損害或該損害有難以回復之虞時，在無違反重大公共利益情形下，法院得命為停止執行[134]。

相關案例：抗告人為大陸地區人民，為警查獲在臺涉犯妨害風化罪章之圖利容留猥褻罪，經法院刑事判決有罪並處有期徒刑2月，得易科罰金確定，因而有妨害風化之紀錄，依大陸地區人民在臺灣地區依親居留長期居留或定居許可辦法（以下簡稱許可辦法）第15條第1項第2款、第27條第1項第2款規定，以處分書（以下簡稱原處分），不予許可抗告人之系爭申請，並廢止抗告人依親居留許可及註銷系爭居留證（就廢止依親居留許可及註銷系爭居留證部分，下合稱廢止居留許可），且自不予許可長期居留及廢止依親居留許可翌日起算3年內，不許可其再申請依親居留及長期居留。後提起行政救濟[135]。

法院指出，為落實憲法第16條訴訟權保障所寓含「無漏洞權利保護有效性」之司法擔保誡命，行政訴訟法配合本案訴訟種類之不同，提供「停止執行」（行政訴訟法第116條以下）及「假扣押及假處分」（保全程序，行政訴訟法第293條以下）相異的暫時權利保護制度，以避免人民的自由或權利

---

134 行政訴訟法第116條：「原處分或決定之執行，除法律另有規定外，不因提起行政訴訟而停止（第1項）。行政訴訟繫屬中，行政法院認原處分或決定之執行，將發生難於回復之損害，且有急迫情事者，得依職權或依聲請裁定停止執行。但於公益有重大影響，或原告之訴在法律上顯無理由者，不得為之（第2項）。於行政訴訟起訴前，如原處分或決定之執行將發生難於回復之損害，且有急迫情事者，行政法院亦得依受處分人或訴願人之聲請，裁定停止執行。但於公益有重大影響者，不在此限（第3項）。」
135 最高行政法院111年度抗字第292號裁定。

在本案行政訴訟終局確定前，蒙受不可回復或難於回復的重大損害。本件抗告人在提起本案訴訟前，因不服原處分而對之聲請停止執行及定暫時狀態處分，雖未就原處分規制效力可分之各部，分別指明其聲請暫時權利保護的類型，但就原處分不予許可系爭申請部分，本案訴訟種類為課予義務訴訟，就此部分抗告人聲請意旨顯為求法院裁定暫時狀態處分，使其得於本案行政爭訟程序終局確定前，在臺灣地區暫時居留；另原處分廢止居留許可部分是負擔處分，聲請意旨求為裁定該部分之停止執行，亦無疑義。至於原處分定期不許可再申請居留部分，因抗告人現實上並未於原處分所定3年期間內已再提出依親居留或長期居留之申請，原處分此部分之規制效力，不在於針對依法申請之不予許可，而在於該特定期間內，停止抗告人依法得再申請依親居留或長期居留的權利，性質上屬形成性之負擔處分，對該部分正確之本案訴訟種類為撤銷訴訟，故本件對此部分亦在聲請停止執行[136]。

（三）請求國家賠償與損失補償

1. 國家賠償與互惠原則之問題

國家賠償法所規定構成公務員的行為要件，在依其行為意思與行為外觀，有應被認為是在執行職務時，即可認定屬於執行職務行為。公務員有主觀上執行權限的意思，並不限於為有利於自己的情形，另依其客觀上執行職務的外觀行為，有加損害於他人時，國家與地方公共團體即必須負賠償責任[137]。國家對國民負有一定的責任，因公務員違法致侵害人民之自由權利，國家有賠償責任。外國人在國內應與國民受到同樣程度之保護，對於其個人權利如受到公務員侵害，有權請求賠償。且國內之行政與司法機關對於外國人權利，亦有保護義務。國家賠償責任之確立，主要在保障人民權利不受到公權力的侵害，亦同時要求公務員於執行公務，能確保在合法之範圍內，不產生有違法侵害人民權利之行為[138]。

國家賠償法屬國家損害賠償之普通法，除本法外，目前尚有其他法律

---

136 最高行政法院111年度抗字第292號裁定。

137 最高裁昭和三一年一一月三〇日第二小法廷判決，收於行政判例百選Ⅱ，有斐閣，1999年3月4版，第288頁。

138 有關基於行使公權力之責任，請參考董保城，國家責任法，神州圖書，2002年6月，第61-152頁。

予以特別規定，例如：土地法、警械使用條例等，為貫徹該等法律之規範意旨，具體個案之違法事實如符合特別法所定之要件時，自應優先於本法而適用。惟特別法就賠償之時效、請求賠償及求償程序等事項，如未另有規定者，應適用本法¹³⁹。

依我國國家賠償法第1條揭櫫，本法法源為依憲法第24條而制定，為有關國家賠償之基本法，屬普通法之性質，尚有依特別行政法規定國家賠償者（如土地法等），遇有競合，則依特別法優先普通法適用原則辦理。其中有關國家賠償法第15條規定原則，為國際間平等互惠主義：凡外國人為被害人時，依條約或其本國法令或慣例，我國人民在該國與該國人民同享權利者，適用本法¹⁴⁰。

外國人是否為國家賠償請求權的權利主體，如日本法乃依其國家賠償法規定採相互主義，對此規定是否違憲，亦引起討論。理論上對於外國人是否為憲法上的國家賠償請求權主體，有主張肯定說與否定說者。判例中認為，外國人之請求國家賠償，須先具備此前提要件。但是學者荻野芳夫教授認為，依據日本國家賠償法第6條規定採取相互主義，在學說上認為有合憲說與違憲說之不同看法。其認為當然的，外國人應受憲法第17條（受益權）之保障，如採取相互主義的規定將有違憲的問題。且日本憲法所保障的人權，如受該人之國籍歸屬國的人權狀況影響，且國內配合以立法政策來左右其可否具有請求權，應是不得如此規定的¹⁴¹。

我國對於外國人之請求國家賠償，其前提應以我國國民在該外國亦得請求國家賠償為要件，採取國際互惠原則。對於外國人之待遇，有主張平等原則者，但依目前國際社會現狀，大都採取互惠原則主義。如果外國政府不許可我國國民之請求國家賠償，我國亦不許可其請求。前揭日本學者批評禁止特定外國人請求國家賠償，有違憲法之平等原則。因外國人請求國家賠償與本國國民之請求，皆屬基本人權之保障，其權利受損皆因國家之侵害而發生，在原因上二者（本國人與外國人）並無差異性，而外國政府不許可我國

139 參國家賠償法修正草案，法務部，https://www.moj.gov.tw/dl-19566-9767d580b9de41d-b86bb06492fb469d8.html，瀏覽日期：107.8.31。
140 董保城，前揭書（註138），第59-60頁。
141 荻野芳夫，基本的人權の研究—日本國憲法と外國人，法律文化社，1980年6月，第247-248頁。

國民之請求，為外國政府未落實此方面之法制，與我國之法制應無必要關聯。對於外國人權利之保障，如採取國內標準主義，亦應給予外國人有國家賠償請求之權利。

案例一：新北市三重警分局中興橋派出所警員2021年8月巡邏時，未經查證就認定一名從雇主家外出倒垃圾的女移工是逃逸外勞，將她上銬在超商前騎樓的椅子上，再押回派出所，事後發現她是合法移工後又把她載到路邊丟包；檢方調查發現，員警巡邏途經重新路三段發現女移工坐在超商前騎樓的椅子上而上前盤查，要求出示身分證明文件，女移工未能立即從手機找出文件，但告知自己住在附近，並使用手機三方通話功能，欲藉由社工及友人透過手機通話功能告知員警，她是合法移工。檢方認為，員警沒理會也未查證，就把女移工上銬在超商椅子上，再以巡邏車把她押回派出所銬在椅子上管束，發現她是合法移工後，竟把她載往三重環河南路及大同南路的路口丟包，其所為涉犯私刑拘禁罪嫌。法官審理認為，員警身為執法人員，未謹慎拿捏執行職務分際，輕率以主觀上臆測，濫用權力對外籍勞工身分查察，致被害者身心受創，亦使人民對公權力產生不信任感，所為應予非難，但考量他認罪，並與被害者和解、賠償，被害者亦表示願意原諒，並請求法院給予其自新或緩刑機會，因此判刑4月、緩刑2年[142]。

案例二：新竹縣警員陳某值勤時，開9槍打死越南移工案，遭檢方依業務過失致死罪起訴，新竹地方法院今天審理終結，判處8月徒刑，緩刑3年。

新竹地方法院指出，越南籍逃逸移工阮某106年8月31日飲酒並施用毒品，於新竹縣竹北市鳳山溪河床旁，無故損毀民眾的小貨車、機車，警員陳某獲報後，協同兩名民防人員前往處理。警員與民防人員到場後，阮某並未停手就逮，甚至出手攻擊民防人員，即使民防人員使用辣椒水、甩棍壓制仍無用，造成一名民防人員遭阮國非踢傷鼻梁。過程中，阮某朝鑰匙未拔的巡邏車走去，警員為阻止阮國非開啟駕駛座車門，持槍喝令阮某「趴下」，但阮某仍開啟車門欲進入駕駛座內，警員見狀，於12秒內朝阮某開9槍，造成其左腰臀處、右下背腰處、左大腿臀處、右大腿內側大量出血，經送醫急救不治。法院指出，於使用警槍當下，阮並無任何持械攻擊行為，且警只在射擊第4槍後，阮某下半身已大量出血，可能造成現場人員的危害程度已明顯

---

142 亂銬坐騎樓女移工還丟包 三重警和解獲判緩刑，自由時報，2022年6月10日。

降低，但警員仍持續朝阮某開5槍，造成其送醫急救不治，認為警員用槍時機顯然失當，不符合比例原則。法院表示，警員沒有顧及阮國非身命安全，應負過失致死罪責，但法官考量警員是初任警員，資歷尚淺，缺乏對突發狀況的應變能力，且已賠償被害人家屬，取得原諒的犯後態度，所以量處有期徒刑8月，緩刑3年，緩刑期間付保護管束[143]。

2. 損失補償

損失補償之概念，為從憲法保障的財產權不可侵之觀點出發，在受到福利國家與社會國家的世界潮流影響之下，兼顧財產權的社會性觀點，其可能受到立法上的廣泛制約。於此，私有財產如受到公共的徵用，應給予正當的補償。即個人為公共利益而其財產有被限制、剝奪之特別犧牲情形，由全體負擔其賠償責任[144]。與國家賠償法相比較，我國並未制定一般性之國家補償法，遇有國家補償事件之提出請求，僅能依特別法之規定。有關於此，日本公法上之損失補償之概念，一般上僅適用於基於適法行為之損失補償而已。日本知名公法學者田中二郎博士把損失補償定義為：「對於基於公權力之行使而加之於財產上之特別犧牲，從全體公平負擔的角度視之，為了調節特別犧牲，所為之財產補償[145]。」

在特別法中如無特殊排除外國人適用，解釋上外國人亦得享有損失補償請求權[146]。損失補償為因國家公權力之合法行為，致人民之自由權利受損害，其損害程度並超過一般社會義務之容忍程度，又有稱特別犧牲補償。原則上，外國人應與國民具有同等請求權之地位，因損失補償發生之原因與要件，應以是否符合法律規定要件為主要考量。我國之損失補償法制，採取以法律特別規定範圍為限。在實定法律未明文規定下，實務上認為尚不得提起請求。有學者認為依憲法保障人民之生命、身體、財產權依據，如實質上已受到公權力之合法侵害，可依憲法保障人民權利之依據，提起損失補償請

---

143 新竹警開9槍打死逃逸移工判8月緩刑3年，中央社，2019年7月22日。

144 中谷實，正當な補償，收於憲法の爭點，有斐閣，1999年5月3版，第136頁。

145 江義雄，日本法上「公用徵收」補償制度之探討，國立中正大學法學集刊創刊號，1998年7月，第7頁。

146 外籍人士依我國犯罪被害人保護法規定申請犯罪被害補償金時，在其未取得我國國籍前，除經查明該國有對等之互惠規定或措施外，尚不具備本法申請適格。按犯罪被害人保護法第33條（現已刪除）明定：「本法以外國人為被害人時，應本互惠原則適用之。」法務部90年11月22日（90）法保字第000809號。

求。法院亦應依憲法意旨與原則為判決，不應限於無法律明文規定，即不為判決[147]，確屬的論。外國人是否得提起損失補償之訴，原則上應認為其與本國國民受到同等對待之地位。相關之特別法，如無排除外國人之受補償請求權規定，應解釋為其亦得提起損失補償之訴。特別法中如有排除外國人之適用規定，亦應受到憲法相關原則與必要性之檢驗。

有關請領防疫補償資格，自109年6月17日起，「國人」或「持居留證者」始得請領防疫補償。「無居留證」之非本國籍人士、大陸地區人民、香港或澳門居民「不得」請領防疫補償。「國人」或「持居留證」之受隔離或檢疫者或照顧生活不能自理之受隔離或檢疫者，仍須遵守防疫規定，隔離或檢疫期間，均未違反隔離或檢疫相關規定、未違反中央流行疫情指揮中心所實施防疫之措施、未支領薪資及未領有依其他法令規定性質相同之補助者，才符合防疫補償請領資格。衛福部社會救助及社工司表示，依「嚴重特殊傳染性肺炎防治及紓困振興特別條例」第3條第4項規定，防疫補償發給之對象、資格條件、方式、金額、程序及其他相關事項之辦法，由中央衛生主管機關會商相關機關定之。為研議合宜之邊境開放措施及防疫補償政策，指揮中心邀集相關部會會商，修正防疫補償之發給對象。考量符合一定條件之申請特許入境者與持有合法居留證明文件者有別，前者係屬自願入境行為，且可預見應配合我國受人身自由拘束之檢疫措施，應自行承擔受隔離或檢疫期間之損失，故非本國籍人士、大陸地區人民、香港或澳門居民，應領有居留證明文件，才可以請領防疫補償[148]。

（四）請求大法官會議之違憲審查

大法官職權最主要之依據係憲法第78條，亦即解釋憲法及統一解釋法律及命令，除此之外依憲法第114條、第117條、第122條及第125條之規定亦得審查省、縣自治法與規章之合憲性與合法性[149]。

依據司法院大法官審理案件法之規定，大法官之權限如下：1.依據司法

---

147 請參考李震山，行政損失補償請求權—以行政程序法之補償規定為例，收於氏著，多元、寬容與人權保障—以憲法未列舉權之保障為中心，元照出版，2005年10月，第309-376頁。

148 自6月17日起「國人」或「持居留證者」始得請領防疫補償，衛福部網頁，https://www.mohw.gov.tw/cp-4631-54513-1.html，瀏覽日期：112.8.17。

149 蕭文生，從大法官對行政機關令函之審查論其權限之演變，收於劉孔中、李建良主編，憲法解釋之理論與實務，中研院中山人文社會科學研究所，1998年6月，第255頁。

院大法官審理案件法第4條第1項第2款和第3款、第5條第1項第1款和第3款以及第6條之規定，中央或地方機關或立法委員在其行使職權，發生有關法律、命令、省自治法、縣自治法、省法規章及縣規章有牴觸憲法疑義時，得聲請大法官會議審查；2.依據司法院大法官審理案件法第4條第1項第1款及第5條第1項第1款及第3款之規定，中央或地方機關或立法委員在行使職權時，對於憲法適用發生疑義時，得聲請大法官會議解釋；3.依據司法院大法官審理案件法第5條第2項及司法院大法官釋字第371號解釋，各級法院就其受理案件，對於所適用之法律或命令，確信有牴觸憲法之疑義時，得以裁定停止訴訟程序，聲請大法官會議解釋；4.依照司法院大法官審理案件法第5條第1項第2款之規定，人民、法人或政黨於其憲法上所保障之權利遭受不法侵害，經依法定程序提起訴訟，對於確定終局裁判所適用之法律或命令發生有牴觸憲法之疑義時，得聲請大法官會議解釋；5.依司法院大法官審理案件法第7條第1項第1款之規定，中央或地方機關就其職權上適用法律或命令所持見解，與本機關或他機關適用同一法律所已表示之見解有異時，得聲請大法官會議統一解釋之；6.依司法院大法官審理案件法第7條第1項第2款之規定，人民、法人或政黨於其權利遭受不法侵害，認為確定終局裁判適用法律或命令所表示之見解與其他審判機關之確定終局裁判適用同一法律或命令時所表示之見解有異者，得聲請大法官會議統一解釋；7.依司法院大法官審理案件法第2條及第19條之規定，主管機關於政黨之目的或其行為危害中華民國之存在或自由民主之憲政秩序時，得聲請司法院憲法法庭解散之[150]。

　　從司法院大法官審理案件法之規定中可以得出，大法官對於立法行為（立法機關所制定之法律及行政機關所制定之命令）是否有違憲疑義，享有充分的審查權，亦即可經由不同的途徑，具體的或抽象的法規違憲審查來審查法律或命令是否符合憲法之規定。而司法權之行使亦是國家權力之行使，其應受憲法之拘束，人民若對於法院之裁判有所不服，自得依現行審級制度上訴，尋求救濟。僅在確定終局裁判時，人民無法再依一般訴訟途徑尋求救濟，且該確定終局之裁判有違憲時，始有聲請大法官解釋之必要[151]。

---

150 蕭文生，前揭文（註149），第255-256頁。
151 蕭文生，前揭文（註149），第257頁。例如大法官釋字第560號解釋為對外國人請領勞工保險給付之解釋。

近來相關大法官解釋

釋字第708號【受驅逐出國外國人之收容案】

中華民國九十六年十二月二十六日修正公布之入出國及移民法第三十八條第一項：「外國人有下列情形之一者，入出國及移民署得暫予收容⋯⋯」（即一○○年十一月二十三日修正公布同條項：「外國人有下列情形之一，⋯⋯入出國及移民署得暫予收容⋯⋯」）之規定，其因遣送所需合理作業期間之暫時收容部分，未賦予受暫時收容人即時之司法救濟；又逾越上開暫時收容期間之收容部分，非由法院審查決定，均有違憲法第八條第一項保障人民身體自由之意旨，應自本解釋公布之日起，至遲於屆滿二年時，失其效力。

釋字第710號【大陸地區人民之強制出境暨收容案】

兩岸條例就強制大陸地區人民出境，未予申辯機會；又就暫予收容，未明定事由及期限，均違憲？強制出境辦法所定收容事由未經法律明確授權，亦違憲？

釋字第712號【收養大陸地區人民限制案】

臺灣地區與大陸地區人民關係條例第六十五條第一款規定：「臺灣地區人民收養大陸地區人民為養子女，⋯⋯有下列情形之一者，法院亦應不予認可：一、已有子女或養子女者。」其中有關臺灣地區人民收養其配偶之大陸地區子女，法院亦應不予認可部分，與憲法第二十二條保障收養自由之意旨及第二十三條比例原則不符，應自本解釋公布之日起失其效力。

肆、結論

依現代人權之理論，許可外國人入出國及對其驅逐出國的國家權力，此權力亦應受到一定之制約。此演變從早期的主張積極主權論，至目前轉換向謙抑主權論發展。在謙抑主權理論下，有關國家對外的權力，其只能在憲法的制約下以至於不禁止的範圍內行使。另依屬地管轄及領土主權原則，有關外國人之法律地位與權利受保障程度，均依據居留地國家之法令決定。外國人權利受保護之標準，依國際法理論有國際標準主義與國內標準主義之分。國民在外國權利受到侵害而無法獲得救濟，國家則得提起外交保護。

　　依訴訟權理論，依不同之權利體系會產生不同請求結果。如外國人之居留延長案件而言，一般理論上認為憲法對於外國人基本人權的保障，在解釋上其只不過是僅限於在居留制度的範圍內，應是相當的。但對於行政機關之具體個案處分，法院受理爭訟個案之審查標準，必須要注意之點如有誤認事實，此屬「重要」的認定描述，其效果將形成處分違法的事由；且對於客觀事實的判決，應完全接受法院的認定，依此可制約違法處分之存在。對於違反國際人權、相關行政法上平等原則、比例原則等之處分，法院自得予以撤銷。

　　國際社會為謀求人類社會之長遠和平，訂定「世界人權宣言」及「公民與政治權利國際公約」等國際人權公約，其目的在於落實人權無國界，不因國家之不同而區別人權之對待程度；期使世界上每一個人均能享受文明國家程度之人權待遇。在近代立憲法治國家憲法中，並強調有權利，必須有救濟途徑，如有權利而無救濟之法律途徑，則不能稱此權利為真正的權利。此立憲主義國家保障人權原則，已在世界各個國家的法制度上確立。在我國居留之外國人，其權益亦應同本國民受到保護，如具體上其權益受到侵害，理論上有二個途徑可以救濟。一者，請求外交保護，其屬概括性權益之保護，或已屬國家間之關係；另依個人名義方式之提起行政救濟，原則上比照本國國民之程序，透過訴願與行政訴訟之方式提出。

（本文原發表於國土安全與國境管理學報16期，
2011年12月，第117-168頁，後經修改與補充而成）

第四篇

新住民

第十二章　入出國法制與新住民之家庭團聚權

實務案例

　　乙係外國人，與我國國民張某於民國91年11月，在印尼辦理結婚手續並完成結婚登記。然而，乙於97年12月4日接受移民署專勤隊人員訪談時，坦承其原以外籍勞工身分來臺，因不適應而逃逸，後與張某認識，有結婚計畫後，方向警方自首。另與張某於婚姻後僅共居約1個月，其後便分居約5年之久，且自95年10月後，雙方即未曾聯繫[1]。請問外國人家庭團聚權之意義為何？上訴人乙，可否主張家庭團聚權，而入境我國居留？

相關問題

　　我國新住民人數至112年6月已逾58萬人，為營造友善的移民環境，全方位推動移民輔導政策，協助新住民適應我國生活，保障新住民之權利與福利，並加強照顧新住民家庭及培育其子女，提升新住民人力素質，以強化國際競爭力，並達成維護移民人權的施政願景[2]。請問我國照顧新住民家庭之政策為何？

壹、前言

　　國家對外國人或外來人口之管理，包括入國許可與居留期間規定、允許入籍或定居，為國家之權力[3]。一個國家為保護其國內安全、公共秩序與

1　參考最高行政法院98年度裁字第3291號裁定。

2　新住民照顧輔導，內政部移民署網頁，https://www.immigration.gov.tw/5385/5388/7178/223704/，瀏覽日期：112.8.17。

3　有關外國人入出境權利與規範之論述，請參考刁仁國，論外國人入出國的權利，中央警察大學學報37期，2000年10月，第147-166頁。許義寶，論人民之入出國及其規範，警學叢刊40卷

社會風俗目的，得禁止特定外國人入國，或對有妨害公共秩序、違反法令之外國人予以驅逐出國。此原則，屬國際習慣法之通說。另外，一個國家並無義務，須許可外國人入國及許可其繼續在國內居住。而依世界人權宣言中規定，任何人有離去任何國家的自由，包括其本國在內。此為人之國際遷徙權利，國家不得任意限制國民出國；雖人人有權離開其居住地或國家，但在離去一個國家後，要進入另一個國家領域，則須取得該國家之同意，此時並無要求居住國須同意的權利。

目前處於地球村的時代，國際間人的交流帶來大量的商機，形成文化、社會各層面發展，各國家亦都受到利益。人民往外國發展、工作、求學、旅遊，涉及到個人生涯規劃、事業經營、人格發展等權利或自由；從接受國而言，外國人到我國工作、求學、居住，會為我國帶來產值或消費，在無特殊造成國內不良影響原因下，國家原則均會採取歡迎的態度。在二次世界大戰後，國際法特別在對人權保障領域方面，有很大的進展。且在過去之50年間，規範國家與個人的關係，已確立了為數甚多的國際人權標準[4]。

外國人在我國居留，依其目的各有不同，有為經濟原因，有的為留學目的，或傳教活動，或單純欲在我國居住者。入出國管理法制，亦是彰顯國家主權的方法，對於外國人、大陸地區人民欲進入我國者，須得到主管機關許可。對於可預見會對我國公共秩序、經濟方面，造成不利益之外國人（外來人口[5]），主管機關得不許可其進入我國，或將其驅逐出國[6]。

另一方面，人是群居的動物，個人因結婚而組成家庭、生育教養子女；而以家庭形成社會的基礎。在家庭中成員之互相扶養與照料，及依家庭的功能可以保護個人、提供經濟支援、與家庭教育等有多面向的效益。人類社會自古以來，即以家族為中心，近代國家的制度與法律，亦以保護家庭之

4期，2010年2月，第59-88頁。

4　高佐智美，外國人の人權——現代國際社會における出入國管理のあり方，Jurist No. 1378，2009年5月1日，第66頁。

5　外來人口之意，在我國之入出國管理對象上，除了外國人之外，並包括臺灣地區無戶籍國民、大陸地區人民、港澳地區人民、無國籍人等。在本文中，或稱外國人或外來人口，原則上所指意義應為相同，特予敘明。

6　國家有保護國民之義務，並接納國民自國外返國，對於國民居住在國外，而被其他國家驅逐出國者，國籍國有允許與接受其返國之義務。相對的，對於外來人口，一個國家則無接受其進入國內之義務。

組成與功能，為其核心考量。對於家庭制度之保護，更明示於憲法解釋中，有所謂的制度性保障，及不容家庭制度被破壞之原則[7]。家庭成員中，除了同屬於國民者之外，亦有可能具有外國籍之人，如國民之外籍配偶。國民因旅居國外，而與外國人結婚，或其在外國所生產之取得外國籍之子女[8]，因家庭團聚原因之進入我國，亦所在多有。

　　為照顧及輔導新住民，內政部訂定「新住民發展基金補助作業要點」，其第1點：「目的：新住民發展基金管理會（以下簡稱本會），為結合各級政府及民間團體力量，加強協助臺灣地區人民之配偶為外國人、無國籍人、大陸地區人民及香港、澳門居民（以下簡稱新住民）適應臺灣社會，並推動整體新住民及其子女與家庭照顧輔導服務，人力資源培訓及發展，建構多元文化社會，有效規劃運用新住民發展基金（以下簡稱本基金），特訂定本要點。」

　　同要點第2點：「服務對象：（一）包括臺灣地區人民之配偶為未入籍之外國人、無國籍人、大陸地區人民及香港或澳門居民，或已入籍為我國國民而仍有照顧輔導需要者。（二）前款服務對象之子女及共同生活之親屬（第1項）。多元文化及宣導活動之服務對象，不以前項規定對象為限（第2項）。」

【照顧及輔導新住民重點措施】

一、訂定「新住民照顧服務措施」：內政部於92年訂定「外籍與大陸配偶照顧輔導措施」（105年更名為新住民照顧服務措施）分為八大重點工作，包括生活適應輔導、醫療生育保健、保障就業權益、提升教育文化、協助子女教養、人身安全保護、健全法令制度及落實觀念宣導，由各部會及地方政府等相關機關依職權辦理，並定期召開會議滾動修正推動措施[9]。

7　有關家庭權保障之論述，請參考蔡震榮，自外籍配偶家庭基本權之保障論驅逐出國處分——評臺北高等行政法院95年度訴字第2581號判決，法令月刊60卷8期，2009年8月，第21-37頁。許耀明，歐盟關於結婚權與組成家庭權之保護：從歐洲人權法院與歐洲法院相關案例談起，歐美研究38卷4期，2008年12月，第637-669頁。李震山，憲法意義下之「家庭權」，國立中正大學法學集刊16期，2004年7月，第61-104頁。

8　因該居住國家之國籍制度採出生地主義，致使國民之子女，取得外國國籍之情況，或國民所收養之外國籍子女等，皆有可能。

9　新住民照顧輔導，內政部移民署網頁，https://www.immigration.gov.tw/5385/5388/7178/223704/，

二、設置「新住民發展基金」：為協助新住民適應臺灣社會，持續落實照顧
　　新住民措施，加強培力新住民及其子女發展成為國家新力量，增進社會
　　多元文化交流，於94年設置「外籍配偶照顧輔導基金」（105年更名為
　　「新住民發展基金」），以每年維持10億元的規模，持續推動新住民及
　　其子女之家庭照顧服務[10]。

　　家庭之核心成員，包括配偶與未成年子女。若核心之家庭成員中，有
屬於外國人者，其進入到我國居住前，即須獲得我國許可。以國民之配偶或
子女關係，為申請名義。此有關外國籍家庭成員之入國居留，一般申請項目
為「依親」。而採取許可制，在理論上即未許可前屬於不准，許可後才為合
法；許可屬於禁止之解除。且申請人須備有合法文件及符合相關資格，經過
審查後，始會被許可。於此，本章主要探討外國人（新住民）家庭團聚之意
義與保障範圍、入出國管理之相關權限、入出國管理處分，是否因新住民家
庭團聚權利而受到制約等問題。

貳、入出國之規範與資格要件

　　外國人並無主張進入一個國家的權利，除非國家與外國訂有條約，必須
遵守條約而容許特定國家之外國人入國；一般而言，一個國家可決定是否許
可特定外國人入國，此屬於國家之當然權力。在現代國際社會裡，各個獨立
民主國家，皆以國民為組成國家之主體，國家所保護的核心對象，以國民為
主。對於外國人之入國考量，包括防止外來危害、遵守國際人權條約、顧及
外國人人權等，且各國均訂有移民或外國人入出境法律，以為因循。

一、概說

　　國境管理為國家主權之表現，外來人口須經過國家許可，始得入國。
國民之外籍配偶與子女，亦須經過核發簽證、入國查驗，始得進到我國。對
於不符合法律規定之外國人，國家得予拒絕核發簽證，禁止其進入我國。依

　　瀏覽日期：112.8.17。
10 新住民照顧輔導，內政部移民署網頁，https://www.immigration.gov.tw/5385/5388/7178/223704/，
　　瀏覽日期：112.8.17。

傳統自由裁量理論，國家得設定各種不同事由，禁止外國人入國，並擁有絕對權限。所謂自由裁量理論，因國家所保護的對象，以具有國籍的國民為核心，外國人並不能主張有入國及居留的權利。國家拒絕核發簽證的行為，並非行政處分[11]，外國人並不能提出救濟[12]。因核准外來人口入國與居留的權限，屬於國家主權行為。

　　為防止外來危害，對於外國人可能造成國內治安及秩序之危險或危害，一般國家的入出國法律，皆會規定須符合一定要件之外國人，並須經申請程序，始得入國。如本章所探討因「家庭團聚關係」的入國，並須以依親、國民之配偶、合法居留外國人之配偶或子女等為申請居留原因，始得入國。「簽證」為一國家所表示，對外國人來我國之許可文件；簽證的核發機關為外交機關，其職掌對外關係。核發簽證須核對外國人之條件及資格，與相關法令規定，是否符合？有無利用虛偽結婚名義，欲來我國從事其他活動或工作的顧慮等。

　　國境管理與國家整體利益、安全及公共秩序，均有所關聯。因此，立法機關得依公共利益之目的，制定法律以限制特定外國人進入我國。在合法必要範圍內，自屬憲法之所許。

　　我國的入出國法制，其規範對象包括臺灣地區有戶籍國民、外國人、臺灣地區無戶籍國民、大陸地區人民、港澳地區人民、無國籍人等。上述人民，其進入臺灣地區，除臺灣地區有戶籍國民外，皆須經過主管機關許可。許可之主管機關，除外國人之外，對其他人民之許可，為內政部入出國及移民署。相對臺灣地區設有戶籍國民，或可稱上述其他人民為外來人口。外來人口或外國人進入我國，須有合法原因，其法定原因或目的，須具有之條件與資格，分別規定於外國護照簽證條例、入出國及移民法、臺灣地區與大陸地區人民關係條例（以下簡稱兩岸關係條例）、香港澳門關係條例中。

　　外來人口或外國人進到我國後，可能是求學、受僱工作、依親、國際派遣等不同原因。因其亦可能在我國長期居住，有關其居住目的、個人經濟狀

---

11 特殊情形，如外國人請求行使家庭團聚權之入國，受到拒絕核發簽證通知；該拒絕核發簽證行為，因已限制外國人權利，應可認為屬於不利之行政處分，得予提出行政救濟。

12 在拒絕核發外國人之入國簽證上，如從國家之間的關係解讀，外國人與我國並無實質關聯，並無主張入國之權利。依行政程序法第3條之規定，亦排除適用外國人入出境之事項，因此，單純拒絕核發簽證之行為，並不能認為是行政處分或對當事人權利有任何侵害。

況、專業技術能力、品行與素行、有無不良犯罪紀錄、居留中行為規範等，皆須予以規定，以保護我國之安全與秩序。理論上，入出國管理面向，涉及三個層面，即國家之安全與利益、國際慣例與人權保護、外國當事人之權利保障問題。相對於此，各國基於移民與入管政策法制，對外國人之入國居留，均有不同條件與資格規定[13]。

申請驗證外國人與我國國民間之外國結婚文件的目的，多數係為以該外國人與我國國民結婚依親為由申請來臺居留簽證。而外國人以其與我國國民結婚依親為由申請來臺居留簽證，非僅關係我國國民之家庭生活，亦將影響國家人口政策、就業市場、資源分配及社會秩序等諸多層面。質言之，不論係申請結婚文件證明，或居留簽證之核發，均與國家利益攸關。倘該外國人與我國國民間之婚姻真實性顯有疑義，不足以認定雙方具有結婚之真意，該外國人假藉結婚之形式，取得我國國民配偶之身分，藉此來臺居留，甚至工作，從事與原申請簽證目的不符之活動，固然應認為與國家利益有違，主管機關或駐外館處應依文件證明條例第11條第1項第3款規定不予受理其結婚文件證明之申請。縱認為其結婚之事實為真，惟倘主管機關或駐外館處經調查證據結果，認為該結婚文件證明之申請其目的或文書內容明顯違反我國法令、國家利益，或有背於公共秩序、善良風俗或有其他不當情形時，仍應為不予受理之處分，此為依據立法目的當然之解釋[14]。

二、入出國之規範

國家主權為對外獨立、對內最高之權力。國家不受外國干涉內政，對內各主管機關得依法作成處分，以維護國家利益。但法治國家之公權力行使，亦非可無限上綱，任意的侵害人權。在立憲法治國家中，公權力之行使，應有合法程序與遵守相關法律原則。對於入出國與外國人管理事務，依國際法原則，須由國家法律規定，以符合明確性與法律保留原則。防止對國家有危害的外國人入國，是國家的任務。如有犯重罪前科、曾非法偷渡入國、在我國逾期居留、曾經被我國驅逐出國之外國人，國家有必要禁止其入國。外國

---

13 請參考蔡庭榕，西方移民西方國家移民控制理論與作法，警學叢刊29卷4期，1999年1月，第1-28頁。
14 最高行政法院109年度裁字第630號裁定。

人雖然不是國民，但國家權力對其規範或執行，都會嚴重影響其權益。有關國家對於外國人入出國與居留規範，依國際法原則，應以法律規定，始為妥適。

在未進到我國的外國人，一般與我國較無直接關係，對此外國人之申請入國，國家不核發簽證，得不說明原因。基於國際關係、國家安全、公共秩序等理由，一國得拒絕特定之外國人入國。在行政程序法第3條中明定，有關外國人之入出境事項，不適用之。即可不予告知，拒絕外國人入國之原因。此拒絕外國人入國之決定，並非行政處分；可認為是國家主權行為的表現。

但外國人中亦有國民的配偶或未成年子女者，其與國民之間，有親屬關係或為核心的家庭成員，須受國民扶養或國民得主張享有完整之家庭權，國家在核發簽證為核准入國決定時，應考量國民之家庭團聚權。因此，外國人以依親原因，其屬於國民之配偶、未成年子女者，得依此理由申請入國。依我國之外國護照簽證條例規定，外國人居留原因中，有一項為「依親」。可明確表示外國人居留之目的[15]。

驅逐出國為對於重大違法的外國人，予以強制排除，使其不得繼續在我國居住的行政處分。理論上，被驅逐的外國人，亦有可能是國民的配偶或未成年子女，或合法居住外國人之配偶、子女。依我國入出國及移民法有關驅逐出國條款規定[16]，在遇有驅逐出國原因事實，主管機關得依法裁處及執

---

15 此在用語上，有一問題，即該外國人可能被視為國民之附屬者，在語意或用詞上，或有檢討之必要。

16 有關驅逐出國條款，依入出國及移民法中第36條：「外國人有下列情形之一者，移民署應強制驅逐出國：一、違反第四條第一項規定，未經查驗入國。二、違反第十九條第一項規定，未經許可臨時入國（第1項）。外國人有下列情形之一者，移民署得強制驅逐出國，或限令其於十日內出國，逾限令出國期限仍未出國，移民署得強制驅逐出國：一、入國後，發現有第十八條第一項及第二項禁止入國情形之一。二、違反依第十九條第二項所定辦法中有關應備文件、證件、停留期間、地區之管理規定。三、違反第二十條第二項規定，擅離過夜住宿之處所。四、違反第二十九條第一項規定，從事與許可停留、居留原因不符之活動。五、違反移民署依第三十條所定限制住居所、活動或課以應行遵守之事項。六、違反第三十一條第一項規定，於停留或居留期限屆滿前，未申請停留、居留延期。但有第三十一條第三項情形者，不在此限。七、有第三十一條第四項規定情形，居留原因消失，經廢止居留許可，並註銷外僑居留證。八、有第三十二條第一款至第三款規定情形，經撤銷或廢止居留許可，並註銷外僑居留證。九、有第三十三條第一款至第三款規定情形，經撤銷或廢止永久居留許可，並註銷外僑永久居留證（第2項）。……。」

行，在法條中並無特別考量家庭團聚權之保護規定。對此，該外國人如有主張家庭團聚權之保護救濟，主管機關在裁量時並應特別斟酌考量，不得過度為不准入國裁處，而造成侵害外來人口之家庭權。

面談要點係外交部為建立所屬人員及駐外館處辦理外國人與我國國民結婚申請文件證明及來臺簽證之面談處理準據所訂頒之行政規則，以維護國境安全、防制人口販運、防範外國人假藉依親名義來臺從事與原申請簽證目的不符之活動，並兼顧我國國民與外籍配偶之家庭團聚及共同生活權，且為行政調查程序之細節性、技術性規定，與外國護照簽證條例、文件證明條例或行政程序法之立法目的無違，被上訴人及所屬機關據以援用，並無不合。該面談要點既屬行政程序法第159條第1項所定非直接對外發生法規範效力之行政規則，與依據法律授權所訂定之法規命令，自屬有間[17]。

三、入國與居留之資格要件

外國人申請進入我國，須符合我國法律規定之條件，而其條件標準，亦體現出我國之入出國及移民政策。從理論上言，欲停留與居留之外國人，皆須取得我國核發之簽證。核發簽證之職掌機關，屬於外交部。依外國護照簽證條例，規定有申請停、居留之原因，及得拒絕核發簽證之原因。另基於國際間互惠原因，各國之間多有開放邊界，同意彼此國民往來，以免簽證或落地簽證方式入國，減免申請之程序[18]。

在外國人入國之基本資格要求方面，有積極資格與消極資格規定。積極資格，即要求外國人應具備之基本條件，可分為居留原因資格、財力證明等。在居留原因方面，如屬於受僱之外國人，其所具之專業、依親外國人之親屬證明，到我國留學之外國人入學許可等。財力證明為其到我國居住期間，生活上所需之經濟負擔能力證明。

對外國人之入國基本資格與條件規定，與公共利益有關。縱然是國民之外籍配偶與子女申請入國團聚，受到家庭權之保護，但為維護國境安全，防止對國家造成重大不利益或風險，仍有必要適用相關積極條件與消極原因。對於符合家庭團聚權之外國人，從理論上而言，有特別保護必要。雖然在我

---

17 最高行政法院106年度裁字第1746號裁定。
18 刁仁國，外國人入出境管理法論，中央警察大學出版社，2001年3月，第68-72頁。

國入出國及移民法中，有關禁止入國、驅逐出國條款，並未針對具有家庭團
聚權利之人，有另外規定；惟在適用上，行政處分之決定與執行，仍應受為
家庭權利保護必要之相對拘束。

　　國家規定外國人之入國條件，有立法自由裁量決定的餘地。有關移民
與境管政策，透過立法機關制定法律，得加以禁止特定外國人入國。以國民
共同體所構成的主權國家，對國民以外者，即為「外國人」之觀念；該主權
獨立是必然理論上的歸結。像如此是否接受外國人，要排除何種特定之外國
人，由國家自由決定，此屬於國家的權利，並為國際法上所認同的相互合
意[19]。

　　國民之核心家庭成員，具有外國國籍者，其入國得以依親名義申請。或
國民之未婚未成年子女，因須受本國國民之父母親扶養，因此，亦得依親名
義申請入國團聚。家庭團聚權，屬於家庭權保護之範圍；而其家庭成員之關
係，包括在感情、經濟上、生活上，皆須有實質之依靠與關聯，始能稱為家
庭成員。理論上承認主張家庭團聚權利之背景，可說來自於國際法的義務。
特別是以歐盟會員國條約的自由遷徙原則，與歐洲人權公約第8條規定之尊
重家庭生活，具有其重要性[20]。

　　如因配偶關係之申請入國，並非只要求形式登記的配偶關係，而是須有
實質的夫妻關係者，始為符合[21]。對於是否在形式與實質上，均屬確實的夫
妻關係？為了確認，大多數國家在核發簽證前，都會經過面談程序，以進一
步確定與瞭解。另經濟能力與居住空間，為外國人入國最基本的積極條件要
求。無經濟能力之外國人入國，會造成國內的社會問題，使政府增加社會福
利或救助金負擔。同樣的在居住空間上，亦應有適當的住所可供居住，始為
相符。

　　依外國護照簽證條例第11條、第12條及同條例施行細則第6條等規定可
知，得以外國護照申請居留簽證者，限於持外國護照之外國國民，該外國國

19 坂中英德、齋藤利男，新版出入國管理及び難民認定法逐條解說，日本加除出版，平成9
　（1997）年8月，第1-2頁。
20 館田晶子，フランスにおける「通常の家族生活を營む權利」と家族の再結合，跡見學園女
　子大學マネジメント學部紀要3期，2005年3月15日，第92頁。
21 真實婚姻始得合法申請入國，如假以婚姻之名，而另有其他目的之入國，並不符合入出國法
　律之規定，並妨害入出國管理上之公正性。對於入國之重要事項為隱瞞或虛偽陳述者，接受
　國家得禁止其入國。

民之本國配偶，並無為其申請居留簽證之公法上請求權。公政公約及經社文公約所揭示保障人權之規定，固具有國內法律之效力，然其得否直接發生人民對國家機關請求作成一定行為之請求權，仍應視此兩公約之各別規定，對如何之請求權內容及要件有無明確之規定而定。至公政公約第23條第1項：「家庭為社會之自然基本團體單位，應受社會及國家之保護。」經社文公約第10條第1款前段：「家庭為社會之自然基本團體單位，應儘力廣予保護與協助，其成立及當其負責養護教育受扶養之兒童時，尤應予以保護與協助。」就如何之請求權內容及要件，並未明確規定，不得據以認為本國配偶有為其外籍配偶申請居留簽證之公法上請求權。因此，外籍配偶申請居留簽證經主管機關駁回，本國配偶主張此事實，不可能因主管機關否准而有權利或法律上利益受損害之情形，其提起課予義務訴訟，行政法院應駁回其訴[22]。

參、家庭權之意涵與保護

家庭制度先於國家而存在，此家庭團聚權利，不待國家制度規定，即得享有，屬於自然權之一種。國家之法律，在肯定家庭制度之存在與功能，進一步保護家庭之制度，使免於受到破壞與侵害。個人得因健全的家庭，而其人格有完整之發展。

一、概說

在國內居留之外國人亦為憲法所保護之權利主體，憲法上所保障之基本權利，除特定以保護國民為對象者外，其他的基本權利保護，亦適用於外國人。如選舉權、參政權等，即以國民為保障對象，外國人不得主張享有。其他憲法上所保障之自由權，如言論自由、通訊自由、人身自由等，亦皆受憲法保護。外國人的家庭團聚權，當然亦受憲法保護，其保護之依據，在我國為依憲法第22條之概括條款。

有關入國的自由，屬於國家主權決定的項目，在國際法及國內法上，皆

---

22 最高行政法院106年度裁字第1746號裁定。

不承認外國人有這樣的權利。國際法上認為主權國家，有權決定須限制或禁止具有何種特定原因之外國人入國，以防止其危害本國安全與公共秩序。在國內法中，對於外國人的入國，須由國家核准，所須檢查之項目，包括經濟能力、個人素行、來我國之正當目的等。國家對於家庭之組成，須予保護。除防止私人的破壞之外，另外對於公權力之處分措施，如有侵害私人之家庭權者，亦應由司法機關予以撤銷該處分，以保障人民之家庭團聚權。

　　國民的外籍配偶與子女，其婚姻與親屬的關係，屬於私法的法律關係。有關婚姻之成立，是否合法、有效，遇有疑義時，則由法院依私法法律認定。國境管理之公權力，其決定與處分，乃屬於行政機關之公法關係處分，其立法目的與主管機關，皆與屬於私人之間的法律關係屬性不同。家庭成員之互相依靠與扶持，是現代國家必須要重視與保護的制度。家庭成員中有外國人之可能，或外國人在我國居住，亦有主張其他的家庭成員，可以到我國居住之團聚權利。較為核心之家庭成員，包括父母、配偶與未成年子女；而一般主張家庭團聚權之範圍，以配偶與未成年子女居多。

　　家庭與家族之範圍不同，前者「家庭」指小範圍之配偶、父母子女間相互扶持照顧之成員；另外，後者範圍較廣者之「家族」，泛指具有親屬關係之成員，包括直系、旁系血親及姻親，其範圍甚廣。但依具體狀況，亦有共同生活或扶養之可能。法國在1984年以後修改其入出國管理法律，增加「家庭的團聚事由」，包括國民之外籍配偶與外籍未成年子女，在法國有合法居留權之外國人，其配偶與未成年子女，以家庭團聚原因之申請入國，免除其必要程序，賦予其居留的資格[23]。

　　不具有我國國籍者，稱為外國人。我國的入出國管理對象，除國民之外，有外國人、大陸（港澳）地區人民、臺灣地區無戶籍國民、無國籍人。除有戶籍國民之外，其他相關之人民，欲到我國居住者，必須經過我國主管機關許可。而家庭團聚權之權利屬性，屬於憲法位階，其得以制約國家之立法、行政、司法權力。早期有關外國人權利保護之範圍，有認為對外國人權利之保護，僅限於入出國與居留之事項範圍，超出此範圍，則不受保護。如該外國人雖為國民之親屬，但因該外國人有犯罪前科原因，亦會被禁止入國。或外國人雖亦有言論自由權，但該外國人如任意批評居留國政府，從

---

23 館田晶子，前揭文（註20），第93頁。

事居留國所不能認同之活動，有關該外國人的繼續居留權利，亦可能受到限制。

　　家庭與個人之成長、教育、人格發展上，有非常重要之關係。父母有管教及保護子女之權利與義務，家屬之間，有同財共居、相互照顧扶持之責任。家人之間的關係，雖屬個人私法上的關聯，但既然是法律的規定，且其權利屬性與保護位階，已達到憲法層次，國家之入出國管理行政，自然應予以重視。在國際化社會裡，各國人民來往非常頻繁，透過經濟、社會、文化等各種活動，國人與外國人交往機會非常多樣與平常。或有國民在國內，無法順利找到結婚對象，透過國際婚姻介紹，與外國女子結婚者。結婚為個人私法身分之決定，二人之間共同組成家庭之承諾，並具有一定的法律關係效力。

　　真實的婚姻關係，為外國人入國與居留所要求的。夫妻或親屬二者間，必須屬真實的婚姻或家屬關係的申請，始符合入出國行政的目的。如以虛偽目的結婚，而為達可以入國之目的，並不被認同屬於家庭權所保護之對象。如為避免被驅逐出國，而在審理程序中，始為結婚者，並不屬於此處所謂之「家庭權」保護範圍。而家庭之範圍甚廣，除配偶與未成年子女，屬於核心家庭成員，須受特別保護外，其他之家庭成員，如國民之外籍父母、叔伯、表（堂）兄弟姊妹等，皆屬家族成員。其是否亦屬家庭團聚權，所應保護之對象？容有疑義。對於非核心之家庭成員的申請入國團聚，接受之國家是否許可，應有較大之裁量權。

　　有關國家安全與尊重家庭生活之衡量；港澳居民得申請在臺灣居留的依據，原告即是依據港澳居留許可辦法第16條第1項第7款之規定提出申請，並無不允許原告提出申請，而被告以國家安全進行審查，於法有據，並無原告所稱被告以最嚴格之國家安全標準進行審查，也未見有何涉及不歧視、禁止非人道處遇和尊重家庭生活等考量因素而使被告裁量縮減至零而有義務准許原告居留之情形，尚無違反公政公約第12條、公政公約第15號一般性意見的情形。雖然香港自中國片面取消一國兩制之承諾並實施血腥暴力鎮壓反送中運動之後，其自由程度受極大壓縮，但原告確實是在親中團體香港廣州社團總會所屬○會工作將近2年半，會長霍某自97年3月起擔任第11屆至第13屆全國人大代表多年，擁護中國共產黨不遺餘力，於104年所註冊成立之香港廣州社團總會在105年收編○會，原告在此情況下仍於107年8月主動加入○

會任職，自然須依據香港廣州社團總會的指示從事活動，就如同原告極力強調的從事發展青年活動，使青年認同中國共產黨，而中共正是臺灣國家安全最大的威脅，則被告以此質疑原告對於臺灣的國家忠誠度、危害國家安全疑慮，認為屬於有危害國家利益之虞[24]。

二、家庭權之意涵

有關家族之意義，其權利主體為何？另家族生活的權利對象為何？以下介紹歐洲人權條約第8條規定在法國法院適用與其相關之學說。

（一）權利的主體

依歐洲人權條約第8條規定，有其保護的權利。從理論上而言，依其文字，是對「所有的人」。在同條上，限於在外國人出入國管理的領域，也被適用；有關此點是沒有爭議的。同條的權利主體，依其文字，應被理解為所有的個人。因此，不問國籍的有無，解釋上對外國人的狀況，與其地位的合法與違法，也與此無關。另外，主張權利的人，也沒有必要須在法國國內。即，尚未入國的外國人，也有可能主張其在法國的家族生活受到尊重。但是，有關此點如前述的，所謂得以主張權利之人，是以在法國國內已居住者為限；但如前述這樣的廣泛考量，是受到批評的。同時，像這樣的解釋，因已反覆作出了幾次，且1.依歐洲人權條約的規定，認其解釋是不適切的；2.將有助長不法入國的危險，而作為結論；予以駁回[25]。

（二）「家族生活」為何—權利的對象

1.「家族」

作為歐洲人權條約第8條的「家族生活」，有何保護內容呢？有關此，並沒有具體明確的條文存在。因此，對「家族生活被尊重的權利」的考量；首先一開始，即是對「家族生活」的對象，其構成「家族」的範圍，須予明確。但直到目前，法國最高法院及歐洲人權法院，即使在任何的判例，對家族概念的定義，也都沒有明確的敘述。因此，對於各個被認為構成家族生活

---

24 臺北高等行政法院高等庭111年度訴字第341號判決。

25 馬場里美，出入國管理における「私生活及び家族生活を尊重される権利」：フランス及び歐州人權裁判所の判例を素材として，早稻田法學會誌50期，2000年3月25日，第202頁。

的判例，須依序的具體檢討其家族關係[26]。

家族最基本的構成要素，為夫婦與其子女。首先關於夫婦，依判例認為其婚姻基本上，必須「是合法的、不是虛偽的」。因此，即使有法律上的婚姻，但其完全是為了取得居留資格的目的，所為的情形等；因並非是實質的婚姻情況，不屬依照同條文，受到保護的家族生活。但，對這邊所謂的合法性，也有緩和的解釋；判例認為，如當事人的婚姻，有足以相信其為合法的情況，即使有該當婚姻無效的事由，也不受影響。另外，認為條約第8條，所謂的「法律上家族與事實上家族，並沒有區別。」因此，事實婚也另外成為受保護對象的「家族」範圍，且法國最高法院也另外作成同樣的判斷。特別是，因各種的狀況，也有事實婚的情況；或即使是法律上的夫婦，但也有因其外國人的地位不合法等情形；所被特別要求的，須長期間的婚姻關係及其安定性。最後，在法國有很多從伊斯蘭教的國家而來的移民，一夫多妻也成為這邊的問題。有多數配偶的外國人，因已經有一位配偶在法國居留的情形、其他的配偶要入國，被拒絕等情形，是否也要認同該當外國人「家族生活」被尊重的權利？也有問題。法國最高法院認為在這種情形，第二人以後的配偶，判斷其不能有效援用條約第8條。但是，歐洲人權法院對有關這一點，並未見到相關判例[27]。

接著，有關親子關係，判例可說給予其相當廣泛的保護。從婚姻關係所出生的子女，當然包含在條約第8條的家族概念。這邊因為「從出生的瞬間，基於只是出生的事實，子女與兩親間，即使兩者沒有同居，也構成『家族關係』的存在。」因此，自然的親子關係，也包括在內。這邊的依親子關係的家族生活，與子女的年齡無關，即使子女為成年，亦無所謂。另外，後述基於「現實的關聯」，所依據的親子關係，其家族生活為「只限依據已經過去的情事，而認為例外性的狀況」。其「例外性的狀況」，當然不包括因為兩親的離婚、因離婚的消滅親權、地理上的距離等。在各種的情況下，也都重視因有定期性的訪問等，以得保持其間的音訊[28]。

有關於其他的家族範圍，則不明確。依照判例，條約第8條的家族生

---

26 馬場里美，前揭文（註25），第202-203頁。
27 馬場里美，前揭文（註25），第203頁。
28 馬場里美，前揭文（註25），第203-204頁。

活，至少應得以包括家族生活上，具有重要功能效果的近親。作為例子的，舉出祖父母與孫子女的關係；但是，在此之外，亦有認為兄弟姊妹、叔父叔母與姪甥的關係等案例。什麼樣的情況與什麼樣的範圍，是受到同條家族所保護的範圍？而作為其認定判斷標準的，以如下「家族生活」的第二要件——「有無現實上關聯」，在維持上具有重要意義[29]。

2. 現實的關聯

為了認定依條約第8條所保護的家族生活的存在，須要求有家族的實質上關聯性。在此有關的，例如同居、經濟性的或感情性的依存關係、其他現實上深切的關係，也都成為重要考慮的要件。因此，家族關係即使有法律依據的情況，然而只是這樣不當然，會受到同條的保護；另外也有反對意見的認為，在法律上沒有關聯關係的自然家族，或即使是遠房親戚，如上述的兄弟姊妹等作為開始，表堂兄弟、曾孫、從兄弟姊妹等，也都符合這個條件的情況；因而可依「家族生活」被保護[30]。

這邊因現實上的有無關聯性，如有成為被強制遣返等的問題，是判斷其處分決定的時間點。因此，家族生活至少所成為問題的，必須從處分之以前既已存在。另外，在處分的決定程序期間所發生的關聯關係，本人如認識到該程序已在進行的狀況，則不認為可受到依家族生活為保護[31]。

三、家庭權之保護

世界人權宣言，明文規定人人擁有組成家庭的權利[32]。在我國憲法中雖無明文規定家庭權應予保障之條文，但憲法第22條之概括基本權利保障，可作為家庭權主張之依據。國家為了各種行政目的，會限制人民的權利，如禁止特定之外國人入國，或對違法之外國人予以驅逐出國，如該外國人在我國已組成家庭，行政機關之處分，即會侵害外國人之家庭團聚權利。

我國憲法雖未明文保障婚姻與家庭，但合乎人性且不違反公序良俗及法律強制禁止規定之婚姻與家庭，即是社會保安保障之基石，至少依憲法第

---

29 馬場里美，前揭文（註25），第204頁。
30 馬場里美，前揭文（註25），第204頁。
31 馬場里美，前揭文（註25），第204-205頁。
32 世界人權宣言第12條：「任何人的私生活、家庭、住宅和通信不得任意干涉，他的榮譽和名譽不得加以攻擊。人人有權享受法律保護，以免受這種干涉或攻擊。」

22條之概括規定，可加以容納。結婚權利係人格自由發展之要素，自應當成一種基本人權而受尊重，基此，外國人配偶在臺或來臺居留之權利自應予保護，換言之，人格自由發展之尊重，自必推衍出婚後同居共處之權利應予保障之必然結果。司法院大法官釋字第242號解釋即提及「保障家庭生活及人倫關係」，在第372號中提及「憲法保障人民結婚自由權」，就此點，本國人與外國人應無區分之必要[33]。

原則上家庭團聚權，以核心家庭之成員，為受保護之對象。基於外國人的人格成長、受家庭成員的照顧、扶養、有一適當的生活處所等考量，家庭對個人而言，均屬於非常重要。家庭權同時屬於憲法權利與民法上權利，而憲法權利有待民法明文規定與落實，另一方面，憲法權利優於民法，如民法規定之精神違反憲法，則應受到違憲宣告，運用國家之違憲審查機制，即時的糾正不合憲之法律。屬於憲法權利的家庭權，亦可制約行政權力之運作；雖然屬於公法之移民法規定，在於維護公共利益與入出境管理之秩序，但國家公權力之運用，有時會違法或不當的侵害人民權利。憲法第2條主權在民規定之主要意義，旨在強調國民為國家權力合法性之來源及基礎。此外，國家權力既然來自人民，國家權力之行使自然不得違反全體國民之意志，甚而應增進全體國民之利益。主權在民之規定係確保所有國家機關皆必須直接或間接由人民產生[34]。在我國居住之外國人，或國民之外籍配偶，雖然住於國外，因其與國民之配偶關係，仍屬受到我國憲法規範與適用之範圍。

國家以法律限制人民的權利，依憲法第23條規定，須符合為了維護公共利益等四大公益目的，且已達到必要的程度，之後須透過立法的方式，以法律明文規定，才得以限制人民權利。因此，限制人民的權利實屬不得已的狀況。對於外國人家庭權之保護，行政機關在為處分時，即應考慮。即該「家庭權」與該外國人的生活、成長、人格發展關係等之考量，不得違反比例原則。家庭權之意義與範圍如何？已見前述。除形式上之組成家庭有親子關係之證明外，其他雖名義上未依法結婚而有實際共同生活，或非婚生子女的關係，仍有受家庭權保護之可能。除國民之配偶與未成年子女外，另成年國民

33 李震山，論外國人之憲法權利，收於氏著，人性尊嚴與人權保障，元照出版，2009年2月3版，第369頁。
34 蕭文生，國家法（Ⅰ）—國家組織編，元照出版，2008年8月，第19頁。

之父母，亦應為核心家庭之成員。其他遠房親戚，或實際上未共同生活之親屬，應可歸類於家族成員，與家庭權保護之範圍有別。

　　團聚指共同生活而言，在不同國家居住之家屬，須透過進入我國之方式，始得團聚。此進入我國之程序，須如同一般外國人一樣，申請簽證許可，始得入國。且其入國之申請，亦有積極與消極資格之限定。除本國人之外國人配偶及未成年子女，受到家庭團聚權之保護外，其他合法居留之外國人，在符合一定條件下，其家庭團聚權亦受到保護。但其須具備家庭成員之生活費用、必要經濟支出能力與適當的居住空間。且不能有妨害公共秩序之行為及特定妨害公共衛生之疾病[35]。

　　另重婚者或一夫多妻制之國家，其複數之配偶是否可以申請家庭團聚之入國？原則上，重婚屬於犯罪之行為，違反國內之善良風俗。因此，重婚之配偶，當然不得申請家庭團聚權之入國居留[36]。但有謂重婚所生之子女，亦不受家庭團聚權之保障。對此，應有討論之餘地。非婚生子女，如未經生父認領，並無法律上之關係與權利。但如經生父認領，其權利應與婚生子女相同，應得主張與生父團聚之家庭團聚權。一夫多妻制之家庭，得以主張家庭團聚權之配偶，只有一位配偶可以獲得保障。其他第二位以外之配偶，應不受家庭團聚權之保障。有謂身分之關係，應依屬人法而決定，即然當事人之所屬國籍國，容許一夫多妻制，當事人之行為即有合法性，其第二以外之其他配偶要申請入國，亦應容許。但從外國人入國與居留，會影響國內之善良風俗與秩序之觀點，一般國家應無法認同一夫多妻之制度[37]。

　　家庭是國家與社會的基礎，亦是個人重要的依靠與感情交流處所，國家需要特別予以保護。有關家庭權之保障，在公民及政治權利國際公約、歐洲人權公約、我國大法官解釋，均明示其屬於國際法及憲法上權利，國家之法令與行政措施，對其應予尊重及保護。而外國人家庭團聚權，包括在我國合法居留的外國人，亦得主張家庭團聚權。當然國民之外籍父母、配偶、未成年子女，均是家庭團聚權保護之核心對象。國家為了公共利益之目的，所規定之公共安全、秩序、衛生、經濟等原因，而排除這些危害原因與風險的外

---

35 館田晶子，前揭文（註20），第93頁。
36 館田晶子，前揭文（註20），第93-94頁。
37 館田晶子，前揭文（註20），第94頁。

國人入國。如對於上述之擁有家庭團聚權的外國人，應予以必要的考量及衡量，以保障其家庭團聚權。

有關兩岸地區人民之婚姻、家庭權與確保臺灣地區安全與民眾福祉之間規範；依大陸地區人民居留定居許可辦法第34條第1項第3款規定：「大陸地區人民申請依親居留，有下列情形之一者，得不予許可，並自不予許可之翌日起算一年以上、五年以下之一定期間，不許可其再申請：……三、有事實足認其無正當理由未與依親對象共同居住，或有關婚姻真實性之說詞、證據不符。」將「有事實足認其無正當理由未與依親對象共同居住，或有關婚姻真實性之說詞、證據不符者」定為得不予許可、撤銷或廢止其許可依親居留之事由，即為考量大陸配偶因婚姻關係來臺生活，如其未與配偶同住，或經查有關婚姻真實性說詞、證據有不符情形，恐有違期待其來臺依親居留之目的（居留定居許可辦法立法理由參照）而訂定。觀諸該等規定內容就大陸地區人民進入臺灣地區之資格要件、許可程序及停留期限，其文字固有不確定法律概念，惟其規範意義，自立法目的與法體系整體關聯性觀點並非難以理解，且個案事實是否屬於法律所欲規範之對象，亦為一般受規範者所得預見，復可經由司法審查加以認定及判斷，尚未違反法律明確性原則，在維護兩岸地區人民之婚姻、家庭權之同時，並具有確保臺灣地區安全與民眾福祉，而為維持社會秩序或增進公共利益所必要，符合兩岸關係條例之立法意旨，自得加以適用（司法院釋字第497號解釋意旨參照）。是申請居留、長期居留或定居之大陸地區人民若與依親對象之配偶間已無婚姻存續，固不符合申請長期居留要件自不予許可，惟若僅形式上存續婚姻關係，但有事實足認該大陸地區人民身為臺灣地人民配偶，卻無正當理由未與依親對象共同居住，或有關婚姻真實性之說詞、證據不符之情形者，則得不予許可[38]。

肆、入出國管理上對家庭權之保護

入出國之事務範圍，涉及核發入國居留簽證、入國查驗、居留活動規範、驅逐出國原因與申請歸化入籍等。其中尤以入國簽證、居留活動與驅逐

出國之規範，與外國人關係，最為密切。入出國之事務涉及家庭團聚權，應如何認定與決定，為以下主要探討者。以下先介紹相關國家對家庭團聚之申請規定，再為探討申請入國居留簽證、入國查驗、居留活動規範、驅逐出國原因等。

一、相關國家對家庭團聚之申請規定

家庭團聚的申請標準，在於誰可以申請團聚？及享有團聚權一方的家庭之範圍如何？也成為問題。可申請之人，一般為國民與永久居留的外國人情形居多。但是，法國、荷蘭、瑞典，也認同取得1年以上居留資格的外國人，可以申請家庭團聚。日本亦認為擁有1年以上之長期居留外國人的資格者，可以申請。另外屬於難民、學生的情況，一般也認同其可以享有家庭團聚。但是依不同國家，個別的規定有關家庭團聚，亦有其例外。至澳大利亞與紐西蘭間、歐盟各國間，因在其國家領域內之市民，有遷徙的自由，如為歐盟的市民，其家庭團聚的議題，亦不在本章以下所包括。[39]

關於各國家庭團聚規定之概要，以下分別依四個傳統的移民國家，及五個歐盟國家與日本的順序，加以敘述。

（一）美國

可申請家庭團聚之人，限於國民與永久居留的外國人。對於國民的父母（國民為21歲以上）、配偶、未滿21歲的未婚子女，有關其申請入國的數額，並沒有限制。其他的親屬，規定有優先順序（在1年間，有數額的限制）；永久居留的簽證，每年有22萬6,000人，但對一個國家所核發的簽證，不得超過2萬5,620人。其優先的順序，第一位為國民的21歲以上未婚子女（2萬3,400人），第二為永久居留的外國人之配偶與其子女（11萬4,200人），第三為國民的已婚子女（2萬3,400人），第四為國民的兄弟姊妹（6萬5,000人）[40]。

39 近藤敦，「移民國家」化と家族呼び寄せの權利：グローバル時代における入管行政，九州産業大學經濟學部會誌36期，2004年3月25日，第109頁。
40 近藤敦，前揭文（註39），第109頁。

（二）加拿大

家庭團聚申請資格規定，限18歲以上的國民與永久居留的外國人，始得提出；其數額並沒有限制。但對團聚的家族之人，須同意在3年到10年期間予以援助，也課予一定的經濟收入要件。家庭的範圍為，配偶、父母、祖父母、未滿22歲在扶養中的子女、未滿18歲未婚的孫子女（雙親死亡）、兄弟姊妹、甥姪，如為養子須未滿18歲等。

（三）澳大利亞

有關家庭團聚的申請者，以國民、永久居留之外國人及紐西蘭的國民為限。家庭的範圍，以配偶（含有婚約關係者）所扶養的子女、（無雙親扶養）未滿18歲的親屬、父母（父65歲以上，母62歲以上），在扶養中單身高齡的親屬及無其他近親之人、須看護的親屬[41]。

（四）紐西蘭

有關家庭團聚的申請資格，須符合個人在18歲以上於紐西蘭居住1年以上的國民、永久居留的外國人及澳大利亞的國民。家庭的範圍包括，扶養中未婚未滿24歲的子女；如其在紐西蘭有工作，包括成年的子女、兄弟姊妹、現無其他有扶養義務子女的雙親。另外，亦採取經由抽選許可每年有一定數額的家庭團聚。

（五）英國

為國民、永久居留的外國人及具有一定期限居留資格的外國人可以申請，其認同的範圍包括配偶、未婚未成年之受扶養的子女；另申請者的居留條件資格，有相對應的規定。對於申請外國人入國家庭團聚，須有適當的住所，未受到公共的扶助，即必須有能力獨立生活。另以上之人，皆可申請65歲以上的雙親、祖父母。而限於18歲以上的子女及其他親屬的申請團聚，須特別的考慮其必要情形。

---

41 近藤敦，前揭文（註39），第109-110頁。

（六）德國

國民所申請的範圍，以配偶、未成年（未滿18歲）且未婚的子女為限，一般許可其3年期間的居留。永久居留的外國人或取得受庇護權之人的申請，規定得許可其配偶、未婚且未滿16歲之子女，予以1年之居留許可。另限於因沒有其他扶養之人的情況，得申請父母親的家庭團聚入國。申請外國人之家庭團聚，原則課予申請人「須確保有充分的居所；在家庭生計上，依該當外國人的職業、活動、資產或依其他獨自的方法，須得予確保」的條件[42]。

（七）法國

所規定之資格，為國民與具有1年以上合法居留資格的外國人。其配偶及未成年子女（未滿18歲），有家庭團聚的權利。得許可其1年到10年的居留期間。同時申請外國人家庭團聚的情形，其必須有相對應的住居所與能維持生計的能力。

（八）荷蘭

國民與有合法居留資格的外國人，其18歲以上的配偶及17歲以下的子女，及對其有扶養必要之成年子女與祖父母，或在國籍國沒有扶養人的65歲以上獨身父母親，認為其有居留資格。父母親及其他親屬的申請團聚，限於沒有其他扶養人的情形等人道上原因。同時外國人申請家庭團聚的情形，必須符合具有共同的居住空間與能維持生計的要件。

（九）瑞典

申請居留之人須與有居住資格者同住，並以「配偶或有同居關係之人」、「未滿18歲未婚之子女」，得許可其居留。另外，以「在瑞典居住之人的近親」，即「18歲以上的未婚子女，在出生國沒有照顧的子女或其他近親，或在其出生國的居住為永久居留。若非如此，給予1年許可（視情形給予半年）的居留」。接著，「與瑞典有密切關係之人」，也許可申請人成年養子女的居留。

---

42 近藤敦，前揭文（註39），第110頁。

（十）日本

對外國人之家庭團聚者的國內活動沒有限制，即伴隨家庭團聚給予其有安定的居留資格。包括國民、永久居留外國人、特別永久居留外國人、1年以上居留期間並屬所指定的外國人定住者（長期居住者）等，可以申請。但是，家庭團聚的考量，依入出國管理及難民認定法（簡稱入管法）的規定，未必明確。因其具有申請權之人與其家庭的範圍，相當複雜。首先，依入管法規定，日本人的配偶與子女，為依「日本人的配偶等」的居留資格，許可其3年或1年的居留期間。另外，特別永久居留外國人包括永久居留外國人的配偶與子女，為依「永久居留外國人的配偶等」的居留資格，許可其3年或1年的居留期間。另一方面，長期居住外國人等的家庭團聚，為依1990年法務省的公告規定[43]。

二、核發簽證與入國

外國人之欲進入我國居住，須先取得我國之居留簽證。外國人於入國之時，依其所持簽證原因，移民官員須核對及確認其身分與真實入國原因。

（一）核發簽證

我國對外國人之簽證，旨在行使國家主權，維護國家利益，規範外國護照，此稽之外國護照簽證條例第1條之立法目的可明。足見簽證為國家主權之對外作用，申請簽證極具鄭重性，為表彰及強化其效力，並避免日後事實模糊，陷於無謂爭訟，虛耗行政資源，故外國護照簽證條例施行細則第5條明定申請簽證為書面要式行為，因此申請簽證之種類悉以申請書所表示者為準，性質上與一般私權行為之非要式性相迥異，不能相提併論。是以，申請人於簽證申請書已表明其申請簽證之種類者，別無再探究與其內心真意是否相符之必要。其由他人代繕者申請人仍應自行確認書面填載者與其本意是否一致，無從於日後藉詞爭執書面記載非其本意[44]。

依歐盟2003年家庭團聚權指令有關家庭成員、公共利益之拒絕及附帶條件規定如下。在有關家庭成員上：家庭團聚僅限於核心家庭，亦即指配偶及

---

43 近藤敦，前揭文（註39），第110-111頁。
44 最高行政法院109年度抗字第408號裁定。

未成年子女。成員國擁有是否允許成年的未婚子女以及同居人申請家庭團聚的裁量權。本指令不承認一夫多妻或一妻多夫的家庭團聚，多婚關係中僅能有一妻或一夫有權申請家庭團聚（前言）。有關公共利益之拒絕：成員國得以公共政策、公共安全、以及公共衛生為由，拒絕家庭成員入境或是拒絕居留證的延期。但應考量家庭成員所觸犯公共政策、公共安全及公共衛生案件的嚴重性以及其本人的危險性（第6條）。在附帶條件上：申請人必須提供符合一般健康與安全標準的住宿，足夠的醫療保險以及能維持本人以及家庭成員生活費用並且不依賴成員國的社會福利系統的證明。成員國得以國內的最低工資評估上述申請人所提供的證明。成員國亦可依國內法律的規定，要求申請人遵守融合措施（第7條）[45]。

有關英國親屬移民簽證（Dependant Visa）包括：英國公民或永久居留權者的配偶、未婚夫（妻）伴侶、父母、子女以及其他家庭成員亦有管道可申請永久居留身分。配偶／伴侶簽證（Marriage/Spousal/Partner Visas）：英國公民、永久居留者（ILR）的配偶或未婚伴侶（包括同性伴侶），得申請婚姻簽證。一般而言，婚姻簽證效期2年，工作不受任何限制，得自由進出英國。但經過2年觀察期後，必須向內政部提供相關證明文件，證明與配偶共同生活2年。如果婚姻關係持續4年或以上，永久居留許可通常會迅速核發。此外，新婚夫婦在領取結婚證書後，可以向英國內政部申請結婚24個月的居留許可，如果新婚夫婦可以證明他們有意在英國共同生活，並證明在英國有足夠的經濟能力，無需向政府申請福利救濟，則可以申請在英國的永久居留[46]。

其他家庭成員（Other Dependants）：英國公民的18歲以下未婚非英國公民的子女（non-british children）包括親生子女，過繼子女和領養的子女都可申請簽證來英國與其父母團聚。年長親屬（elderly dependent relatives）如父母、祖父母或其他年長親戚亦可申請來英定居[47]。

基於對外國人家庭團聚權之保障，核發簽證之程序，應盡量簡便[48]。如

---

45 刁仁國，論外籍配偶的家庭團聚權，發表於「我國入出國與移民法制之變革與挑戰」研討會，中央警察大學國境系，2005年5月，第88頁。

46 刁仁國，英國永久居留制度初探，國境警察學報12期，2009年12月，第289-290頁。

47 刁仁國，前揭文（註46），第290頁。

48 有關核發外籍配偶之入國簽證，監察院曾於98年7月31日對外交部提出糾正文：「外交部對

核發之程序過於煩瑣，使申請人面臨長期之等待，均會對家庭團聚權利產生
影響與限制。另外為防止虛偽結婚，對有可疑之對象，採取多次面談之方
式，時間可能長達數個月，是否有此必要及能否以其他方式發掘虛偽結婚之
問題，亦待探討。

在法國法院之判決中，亦曾出現具有外國籍之未成年子女，欲到法國
與母親（具法國籍）居住，因在法國之住居空間不足，被主管機關否決之案
件；後來經過向法院之訴訟救濟，法院認為主管機關之決定，已違反處分
之比例原則[49]。依原來之理論，外國人並無主張進到法國及在法國居住之權
利，此為通說，並無異論。但在本案例上，則為主張歐洲人權宣言及憲法上
家庭團聚之權利，因受到行政決定之限制，而提起訴訟，獲得法院之支持。

對外國人的入國，傳統理論上雖屬國家的自由，國家可以決定是否核
發簽證給外國人。對此，有關入國與居留的事項，外國人並無主張要求一個
國家必須許可的權利。但涉及到外國人家庭團聚權受到限制，此項權利為憲
法上權利，居住於國內之國民或外國人永久居留者、有合法居留權之人，可
依家庭團聚權受到侵害提起救濟。要求法院審查撤銷拒絕核發簽證之行政處
分，是否合法與適當。

有關外國國民之本國配偶，有無為外國國民申請居留簽證之公法上請
求權？從法理而言，得以外國護照申請居留簽證者，限於持外國護照之外國
國民，該外國國民之本國配偶，並無為其申請居留簽證之公法上請求權。又
公政公約及經濟社會文化權利國際公約（以下簡稱經社文公約）所揭示保障
人權之規定，固具有國內法律之效力，然其得否直接發生人民對國家機關請
求作成一定行為之請求權，仍應視此兩公約之各別規定，對如何之請求權內
容及要件有無明確之規定而定。有明確規定者，例如公政公約第24條第2項
兒童之出生登記及取得名字規定，及經社文公約第13條第2項第1款義務免費
之初等教育規定，始得作為人民之請求權依據。至公政公約第23條第1項：

外籍配偶來臺簽證申請准駁，概認係屬政治問題，不受司法管轄，侵害當事人訴訟基本權，
同時濫用外國護照簽證條例所賦予之裁量權，對外籍配偶簽證申請之拒絕處分，不採書面方
式及未附理由暨未載明不服時如何救濟之教示條款，侵害當事人訴訟基本權，並有違武器平
等原則，與正當法律程序有悖……。」
49 在法國法院之判決中，亦曾出現因住居空間不足，被主管機關否決之案件，但該處分之決
　定，仍須受家庭權保障之拘束。參見馬場里美，前揭文（註25），第217頁。

「家庭為社會之自然基本團體單位，應受社會及國家之保護。」經社文公約第10條第1款前段：「家庭為社會之自然基本團體單位，應盡力廣予保護與協助，其成立及當其負責養護教育受扶養之兒童時，尤應予以保護與協助。」就如何之請求權內容及要件，並未明確規定，不得據以認為本國配偶有為其外籍配偶申請居留簽證之公法上請求權。因此，外籍配偶申請居留簽證經主管機關駁回，本國配偶縱主張此事實，依上說明，其並不因主管機關否准而有權利或法律上利益受損害之情形，則其提起課予義務訴訟，行政法院應駁回其訴[50]。

（二）入國面談

在核發入國居留簽證之前，主管機關一般透過面談之方式，以確認當事人之資格是否符合法律之規定，及其有無消極不合法之問題。面談為行政調查之一種，其目的在釐清客觀之具體事實，以作為行政處分或決定之基礎。在面談的過程中，當事人應有協力義務。面談的目的，即在確認事實，當以適當之方式與程序進行為宜，不可違反比例原則的侵害人性尊嚴與個人隱私。有關是否為真實婚姻？其感情的基礎為何、有無共同居住生活、經濟上相互扶養的關係等，均是面談須為確認及瞭解之處。若以入國為目的之虛偽結婚，則不符合依親、配偶之資格。因此，透過國際媒合之結婚，是否有婚姻之基礎、未來之計畫、經濟之條件等，均可作為面談之須確認事項。但所規範之經濟能力項目，對一般外國人如可預見其無法在國內生活，則構成禁止入國、拒發簽證之原因。但對於國民之外籍配偶，如僅因國民之經濟能力不足，無法提出經濟能力之證明，即不准許其外籍配偶之入國簽證，即有違反比例原則。

依「外交部及駐外館處辦理外國人與我國國民結婚申請來臺面談作業要點」（106.8.9）第1點：「為建立外交部及駐外館處辦理外國人與我國國民結婚申請文件證明及來臺簽證之面談處理準據，以維護國境安全、防制人口販運、防範外國人假藉依親名義來臺從事與原申請簽證目的不符之活動，並兼顧我國國民與外籍配偶之家庭團聚及共同生活權，特訂定本要點。」第2點：「外交部得衡酌國家利益、國際慣例與實踐、各國與我國關係及各該國

---

50 最高行政法院109年度判字第120號判決。

家國民在臺停留、居留情形,訂定特定國家名單及指定面談地點,並適時檢討修正。」第12點:「外交部或駐外館處經面談雙方當事人後,有下列情形之一者,應不予通過:(一)任一方承認係通謀虛偽結婚。(二)雙方對於結婚重要事實陳述不一或作虛偽不實陳述。(三)任一方之文件經查為冒用或偽變造。(四)有其他事實足以認為係虛偽結婚。」

對於外國人相關的以往紀錄與個人資料,須詳實填寫與據實告知面談人員,以判別其有無危害我國公共秩序、國家安全、善良風俗之虞。

國民或永久居留外國人、或有合法居留權之外國人,其核心之家庭成員為配偶及未婚未成年子女,是受家庭團聚權保護之核心對象。其他遠房之親戚,雖亦有其家屬或親屬關係,但其親情與扶養之義務,並無法與配偶及子女相比擬;對此,國家有較大之裁量權。

大陸地區人民在臺灣地區定居或居留,如有爭規定中「有事實足認其無正當理由未與依親對象共同居住」「有關婚姻真實性之說詞、證據不符」之所以列為許可條件、許可後得撤銷或廢止之事由,亦係依循兩岸關係條例第17條第7項明文基於臺灣地區人民配偶之地位而經許可依親居留、長期居留或定居之人員,若有事實足認係通謀而為虛偽結婚者,即不在同條第1項許可係為令臺灣地區人民配偶得與大陸地區人民在臺灣地區團聚,維護圓滿家庭生活之人性尊嚴之保障範圍,自應溯及撤銷前所許可長期居留、定居許可。且「有關婚姻真實性之說詞、證據不符」之意涵,並非一般人難以理解,當可由主管機關依調查所得相關證據綜合研判取捨後而為認定,尚不因受訪談者自認其記憶、表達能力、人格特質、文化背景、教育程度等與他人有差異而有不同之認知而有異,且亦為受規範者所得預見,並可經由司法審查加以確認,均與憲法第23條規定之法律保留、授權明確性及比例原則無違[51]。

三、居留

依親與家庭團聚應是一長期共同生活居住的目的,尤其對於核心之家庭成員,國民之配偶及未婚未成年子女,特別需要予以保護,應給予其居留許可。有的國家為管制移民的人數,訂有移民的配額,依地區或國家的不同,

---

51 最高行政法院111年度上字第183號裁定。

訂定公告每年的申請居留人數上限，以限制過度增加的外國人居留。此屬國家移民政策的一部分，理論上國家有立法裁量權。但若涉及家庭核心成員之團聚，受限於每年之居留配額，而須排隊等待，只能暫時依停留之身分，往來於我國與該外國人之國籍國，除了造成當事人的不便與經濟負擔外，對於國民與外籍配偶之家庭團聚權，則已造成侵害。本項權利既屬於憲法上之權利，國家在立法管制上，亦應予以尊重與保護，或立法權亦應受到憲法上基本權利之制約，否則可能有違憲之虞。所幸我國入出國及移民法對於配偶團聚之居留配額規定，已予以刪除，不再為限制[52]。

　　家庭團聚之入國居留，其目的在共同生活及相互之間的照料、有實質感情的產生。因此，因居留延長需要而為辦理申請時，應確認是否有共同生活？居住在一起，經濟之分擔狀況等。若無正當理由而分開住居，或完全對家人之狀況，毫無所悉，亦可能是假結婚或假收養之狀況。

　　日本對於家庭成員之申請永久居留，亦予放寬條件。依入管法第22條但書的規定，為有關簡易的永久居留許可。如其是日本人、受永久居留許可者或依入管特例法規定的特別永久居留者的配偶或子女，即使不符合「素行善良」及「能維持獨立生計的能力」時，法務大臣也得予許可永久居留。因其是與在我國有生活基礎的日本人等的配偶或子女；以其特定的家族成員，已有相當能力可維持安定的生活，因此可受到簡易性的許可永久居留。但是，即使關於日本人等的配偶或子女，「也限於要被認定該人的永久居留，要符合日本利益」；於此，法務大臣始為許可，是相同的[53]。

　　日本關於被免除本項要件（素行善良）之要求者，如基於家庭近親關係，即申請人是日本人、永久居留權者、特別永久居留權者的配偶或子女，依入管法規定，即除外的不須具備本項要件之要求，亦可申請。原一般外國人與永久居留外國人之間，在法定地位上[54]有其差別。一般外國人有其居留期限，並須在居留期限屆滿前，自行出國或向入國管理局辦理居留延長。而

---

52 依入出國及移民法第25條第9項：「主管機關得衡酌國家利益，依不同國家或地區擬訂外國人每年申請在我國居留或永久居留之配額，報請行政院核定後公告之。但因投資、受聘僱工作、就學或為居住臺灣地區設有戶籍國民之配偶及未滿十八歲子女而依親居留者，不受配額限制。」

53 坂中英德、齊藤利男，前揭書（註19），第486頁。

54 法定地位，指外國人在國內其權利受保障程度，或其可以從事的活動及行為的限度而言。

永久居留的外國人，即無此項義務。外國人如與日本人等，有婚姻關係或為其子女；是家庭上近親，依法即放寬其申請的條件[55]。

依港澳居民居留許可辦法就許可（延期）居留或撤銷、廢止居留許可中關於「有事實足認為有犯罪行為」之要件，乃係基於維護社會秩序之考量，符合香港澳門關係條例採居留許可制之立法精神，核與法律保留、授權明確性等原則無違；就臺灣地區人民之配偶，其身分屬於大陸地區人民者，依兩岸關係條例第17條規定，應循經「團聚」、「依親居留」、「長期居留」、「定居」等四個階段；而臺灣地區人民之配偶，其身分屬於港澳地區人民者，依行為時港澳居民居留許可辦法第20條、第21條規定，尚未入境臺灣地區者，得向港澳地區或海外地區之我國相關機關（構）或委託之民間團體申請居留後核轉內政部移民署（以下簡稱移民署）辦理；已入境者，則得逕向移民署申請居留；如欲申請定居者，依同許可辦法第29條第1項第1款、第2項規定，只要自申請定居之日往前推算連續居留滿1年，或連續居留滿2年且每年在臺灣地區居住270日以上，即得申請，是就申請居留、定居之要件而言，適用於港澳配偶之相關規定，較諸大陸配偶更為寬鬆，又綜觀大陸地區人民在臺灣地區依親居留長期居留或定居許可辦法第15條第1項「自不予許可、撤銷或廢止許可之翌日起算1年以上、5年以下之一定期間，不許可其再申請」之規定[56]。

四、驅逐出國

外國人在國內有重大違法原因，居住國家得以將其驅逐出國，以確保國內之公共安全與秩序，保護國家及社會之利益。但行政處分之決定，須受基本權利之制約及應遵守正當法律程序[57]。

（一）違法原因與裁量

排除外國人在我國居住，屬於入出國行政處分中最嚴厲者，即為驅逐出

55 引自許義寶，日本永久居留權之取得及其衍生問題之研究，中央警察大學法學論集17期，2009年10月，第104-105頁。
56 最高行政法院110年度上字第591號裁定。
57 相關論述，請參見蔡震榮，自外籍配偶家庭基本權之保障論驅逐出國處分——評臺北高等行政法院95年度訴字第2581號判決，法令月刊60卷8期，2009年8月，第21-37頁。

國處分，此處分可能剝奪當事人之家庭團聚權利。但自權利本質而言，本項權利亦非絕對性之權利，國家亦得依因公共利益有重大危害或影響的原因，予以遣返當事人出國。

在我國之入出國及移民法中，有明文規定外國人有下列情事之一者，得驅逐出國[58]。其所列之事由不外乎發現有禁止入國事項、在國內之行為活動違反法令、逾期停留或居留、有違法犯罪之原因、有從事與申請目的不符之活動等。一般外國人在國內居住、生活，應遵守我國法令與國民負有同一之義務，原則上並無差別對待之處。

家庭團聚權之保護，屬於憲法之權利位階，尤其是國民的配偶或未婚未成年子女，與國民之間的團聚及相互扶養，其保護的必要性更強。因此，在涉及違反入出國及移民法之驅逐出國條款規定，特別須考慮以家庭權之保護作為依據。違法原因之訂定目的在於保護國家公共利益與入出國行政之秩序，有其正當性與合理性。但在裁決與處分必要性衡量時，就須考量外國人違法之程度，外國人所享有之家庭團聚權，因驅逐出國所造成影響，二者之間加以權衡比較。

一般如為重大犯罪之強姦、販賣人口或從事恐怖主義活動嫌疑，將該外國人驅逐出國處分較具有正當性、必要性，與符合相當性原則；若只是逾期居留、過失觸犯刑罰或只一次輕微犯罪者，即將其驅逐出國，在法益衡量上，會有輕重失衡之問題。

有關驅逐出國之停止執行；訴願法第93條第2項、第3項規定：「……原行政處分之合法性顯有疑義者，或原行政處分之執行將發生難以回復之損害，且有急迫情事，並非為維護重大公共利益所必要者，受理訴願機關或原行政處分機關得依職權或依申請，就原行政處分之全部或一部，停止執行（第2項）。前項情形，行政法院亦得依聲請，停止執行（第3項）。」又行政訴訟法第116條第3項、第4項規定：「……於行政訴訟起訴前，如原處分或決定之執行將發生難於回復之損害，且有急迫情事者，行政法院亦得依受處分人或訴願人之聲請，裁定停止執行。但於公益有重大影響者，不在此限（第3項）。行政法院為前二項裁定前，應先徵詢當事人之意見。如原處分或決定機關已依職權或依聲請停止執行者，應為駁回聲請之裁定（第4

---

58 有關外國人之驅逐出國條款，請參見入出國及移民法第36條。

項）。」足見受處分人於提起訴願後、行政訴訟起訴前，固得分別依上開規定向訴願機關或行政法院聲請就原行政處分停止執行；惟原處分機關如已依職權或申請，停止原處分之執行，行政法院即應為駁回聲請之裁定，以免重複救濟[59]。

有關不遣返原則；因我國並未簽署《難民地位公約》（Convention relating to the Status of Refugees）以及《難民地位議定書》（Protocol relating to the Status of Refugees），惟立法院於98年3月31日通過《公民與政治權利國際公約》及《經濟社會文化權利國際公約》（以下合稱兩公約），並經總統於同年5月14日批准，於98年4月22日制定公布兩公約施行法並自98年12月10日施行，其中第2條規定：「兩公約所揭示保障人權之規定，具有國內法律之效力。」第3條規定：「適用兩公約規定，應參照其立法意旨及兩公約人權事務委員會之解釋。」第4條規定：「各級政府機關行使其職權，應符合兩公約有關人權保障之規定，避免侵害人權，保護人民不受他人侵害，並應積極促進各項人權之實現。」依公民與政治權利國際公約第7條規定：「任何人不得施以酷刑，或予以殘忍、不人道或侮辱之處遇或懲罰。非經本人自願同意，尤不得對任何人作醫學或科學試驗。」而其人權事務委員會於1992年作成之第20號一般性意見第9段揭櫫「不遣返原則」：「締約國不得透過引渡、驅逐或遣返手段使個人回到另一國時有可能遭到酷刑或殘忍、不人道或侮辱之處遇或懲罰。」是以，「不遣返原則」於兩公約在我國施行後，具有國內法律之效力，應作為法律適用之依據。由於我國至今尚未有一套獨立的難民法，並未採取難民庇護政策，移民法第16條第4項規定主要在協助歷史上及憲法上與臺灣有特殊關係的人，其中包含流亡印度及尼泊爾地區無國籍之藏人，因此蒙藏事務主管機關審查與認定的要件是「當事人是否為藏人」，而非「當事人是否因為宗教或特定社會意見在原籍國遭受迫害」。不遣返原則固不僅適用於難民，亦適用尋求庇護者，然「不遣返原則」並不等於國家有義務保障「庇護權」，並未對國家課予准予庇護之義務，僅在確保庇護之請求權，以及庇護申請之程序權，亦即於確認個別尋求庇護者是否滿足庇護要件之前，須遵守不遣返原則。因此，倘上開滯臺藏人如經確實查證其具有印度或尼泊爾國籍，無未能強制出國情形，自得予強制出國，由於司

---

59 最高行政法院110年度抗字第225號裁定。

法救濟程序已完成，並不違反不遣返原則[60]。

（二）家庭權與公共利益

對於外國人，理論上不認為其有入國、居留的權利。但是，如「考慮到應尊重其家庭生活」，則應被認為是例外的情形。但即使有如此情況，也並非是無條件的許可其繼續居留。而須以驅逐出國的理由與其家庭所蒙受的不利益之間，二者加以比較衡量。例如以有犯罪之理由，則容許對其驅逐。另外，如沒有犯罪的原因，只是違反入出國管理法令的行為，於此對於政府就會要求要有更強及正當化的理由。於此，即使子女已取得居留國的國籍，也未必是有利的考慮條件。寧可說，該子女在居留之國籍國，依其生活成長，已構築了一定的社會關係，即得作為判斷的基礎[61]。

家庭團聚權保護之核心對象為國民、永久居留權外國人、有合法居留權外國人之配偶與其未婚未成年子女。特別對於國民之配偶及未婚未成年子女，更是核心之保護對象。美國之移民法規定，對其之入國並予保障，無名額之限制。我國之入出國及移民法，較少對家庭權之保護為明文規定者。其中只在永久居留之申請，有規定屬於國民之配偶與子女者之申請年限的放寬規定[62]。

外國人到我國居住，如會影響我國的社會或治安秩序，就會有是否許可入國或決定驅逐出國之問題。有關經濟能力與居住空間之條件，前者於我國移民法之禁止入國條款中，即有明定有事實足以認定外國人無法在我國獨立維生者[63]。同規定在驅逐出國之原因中，明文規定入國後發現有本法第18條規定之禁止入國事由者，亦成為得驅逐出國之原因。在法國法院之判例中，曾有案例指出，主管機關以當事人之經濟能力不足，拒絕其申請未婚未成年子女進入法國之申請。法院認為此決定，已侵害歐洲人權公約所保護之家庭

---

60 最高行政法院110年度上字第655號判決。臺北高等行政法院高等庭109年度訴字第88號判決。

61 高佐智美，外國人の人權——現代國際社會における出入國管理のあり方，Jurist No. 1378，2009年5月1日，第68頁。

62 我國之入出國及移民法中，對於永久居留之申請，有規定屬於國民之配偶與子女者之申請年限的放寬規定。

63 禁止入國條款中，即明定有事實足認為外國人在我國無法獨立維生者。因此，外國人若無足以維生之經濟能力，其申請入國，即可能被否准。

團聚權利，而予以撤銷[64]。同樣的，如果以國民之配偶及未婚未成年子女，須申請社會救助之原因，而予驅逐出國，即有過當之處。因此，在驅逐出國條款中，其對於涉及家庭權之適用，即應限縮解釋並受比例原則、基本權利保護原則之拘束。

原則上國民之外籍配偶與國民之外籍未婚未成年子女，在國內得居住與自由的工作。工作與家庭經濟之來源有重要相關，有工作所得始能支援家庭經濟開銷。以往我國未開放外籍配偶或大陸籍配偶工作，並曾發生因其非法工作、打工，而予以遣返回國之案例。從理論上言，此做法為維護勞動條件與工作秩序之利益，與國民及外國人之家庭團聚權間已不成比例，侵害到其家庭團聚權。所幸我國在幾年前，已開放國民之外籍配偶，可自由工作，不須經許可。

虛偽結婚或無感情基礎，未生活在一起，外國人來我國只為工作或其他目的，則違反入出國及移民法禁止入國與驅逐出國規定，即來臺目的作虛偽陳述，與申請文件與事實之偽造行為。在形式上雖有結婚證書與登記，但實際上並非真實之婚姻，亦不受家庭團聚權之保護。又我國只承認法律上之婚姻，不承認事實上之婚姻與同性戀者，另亦禁止重婚者與一夫多妻者之其他配偶入國。

伍、相關法院判決與評釋

一、因偽造文書之驅逐出國

（一）判決概要[65]

主文：訴願決定及原處分均撤銷。

原告係奈及利亞籍人士，與我國國民洪某結婚並長期居留臺灣。嗣原告

---

[64] 在法國法院之判例中，曾有案例指出，主管機關以當事人之經濟能力不足，拒絕其申請未婚未成年子女進入法國之申請。法院認為此決定，已侵害歐洲人權公約所保護之家庭團聚權利，而予以撤銷。參見馬場里美，前揭文（註25），第217頁。

[65] 臺北高等行政法院95年度訴字第2581號判決。

代理人於94年3月23日持奈及利亞內政部公民事務處出具之放棄奈及利亞公民資格信函，向外交部駐奈及利亞代表處申請文件驗證，經該處查明，彼持用之放棄奈及利亞國籍證件係屬偽造。依原入出國及移民法第34條強制驅逐出國規定，賦予主管機關裁量權，核原告業已長期居留我國並娶妻生子，家庭生活重心係於我國，主管機關驟然以上開事由，限令原告出國，參酌原同法第17條第1項規定：「曾經被拒絕入國、限令出國或驅逐出國者」得為禁止其入國之事由，難無慮主管機關復基於此事由，禁止原告入國，而致對原告造成之損害，顯然與系爭處分所欲達成目的之利益（如前所述，系爭處分所憑事證，原不影響我國對外國人之管理及國家安全），失其均衡，有悖比例原則；至外交部註銷原告之簽證，是否足以影響原告之居留，因非主管機關為系爭處分所據之事由，乃非在本院審理範圍。

（二）評釋

　　原告被外交部撤銷簽證，即不符其合法的居留資格。主管機關得因此而不准其居留。另原告有偽造文書之嫌疑，表示已有違法行為，但因在外國偽造文書與在本國偽造文書，亦有不同，並不一定符合我國刑法之追訴要件。但基於外國人不得主張在我國永遠的居留下去，及核准原告入國與居留、驅逐出國的決定權，主管機關擁有相當的裁量權。因此，依據外交部的撤銷其居留簽證決定，即予驅逐出國處分，有其間接的關聯性。至少表示當事人有不法的行為、使用不法的證件。因原告在歸化成為我國國民之前，其都屬於外國人身分，必須定期申請居留證及居留延長，且須經過主管機關之審查。本案中主管機關著重在當事人之在國外的違法行為，而對其裁量驅逐出國是否適當？原告之家庭團聚權是否應予保障？有無不裁處驅逐出國之權限？較少考量。

　　法院之判決指出，「原告業已長期居留我國並娶妻生子，家庭生活重心係於我國」，已隱含有家庭團聚權之意義。對於行政作為之原則，與對當事人權利造成之影響的適當性，須適用憲法與行政法之相關原則。違反法律原則之行政處分，法院得對其加以審查，並撤銷該違法處分。對於憲法上家庭權之保障，雖未明文規定於憲法本文中，但可依憲法第22條保障之，已有多號之大法官解釋，予以肯認。法院本於法律獨立審判，除了依據屬於法律位階之入出國及移民法為判決外，並可參酌人民憲法上家庭權保護考量，審理

本案行政處分之決定，是否合宜。本案因原告行為人在國外使用偽造證件申請放棄國籍之認證，被我國外交部發現，並逕撤銷其居留簽證，有其事實與不法性。但法院仍審酌原告在我國已有家庭，且生活多年、育有子女，不容依輕微違法行為，即判處驅逐出國，拆散其家庭之團聚，值得肯定。

二、因違反社會秩序維護法之管制入國

（一）判決概要[66]

主文：原告之訴駁回。

原告越南籍配偶胡某（HO THI THUY）前於民國89年3月8日與訴外人徐姓人士結婚，並申請在臺依親居留，居留效期為94年10月28日至95年10月28日。嗣95年間胡氏因意圖得利與人姦宿，違反社會秩序維護法第80條第1項第1款規定。於95年12月7日即居留效期屆滿後再度入境，於96年7月31日與徐姓人士離婚，於97年2月23日與原告結婚。嗣被告認胡氏逾期居留，於97年3月19日尋獲胡氏，而於97年4月3日強制驅逐出國。查本件原告配偶胡氏因於95年8月3日有社會秩序維護法第81條第1項第1款意圖得利與人姦宿之情事，經苗栗地院簡易庭裁處罰鍰1萬元，是被告以其有上開修正前入出國及移民法第17條第1項第13款之事由，於97年5月16日補依修正前外國人入國管制資料作業規定第6點規定執行管制5年，於法自無不合。職是，被告認原告配偶非僅因逾期居留之事由遭禁止入國之列管，自無申請時外國人入國管制資料作業規定第9點第3款規定之適用，否准原告所請，洵屬有據，而此一規定，迄未為實質內容之修正，已如前述，是依言詞辯論終結時之法律及事實狀態，被告禁止其入國，仍屬有據。

（二）評釋

是否准許外國人在我國居留，涉及國家主權行為，外國人不得主張有繼續居留的權利。主管機關在核准外國人居留時，會審查其居留原因，其日常活動是否與居留原因相符？本件原告在我國居留期間，有違反社會秩序維護法之善良風俗情事，構成違反法令行為，且於居留期間曾經逾期居留，被主

---

66 臺北高等行政法院98年度訴字第1203號判決。

管機關強制出國，並予管制一定年限。原告在我國之7、8年間，有二次婚姻紀錄，且並未有生育子女，在家庭權主張與保護上，較不穩定。逾期居留，屬於輕微違規行為，一般如屬具有家庭權之外國人，依管制規則得予減半。但如其違規有不可抗力之原因，應可予以酌減或免責。

　　國際間對於依虛偽婚姻之入國，特別予以注意與管制。假藉結婚之名義，而入國從事其他活動，則不能受到家庭權保護。對於婚姻之真實性，或有無共同生活等婚姻之要件，在本判決中並無敘明。如為真實之婚姻，或在我國生活多年，且有安定之生活或工作，其家庭團聚權，即應受到較高度之保護。而本件似尚不符合上述情況。一般而言，違反社會秩序維護法之行為，與刑法相較之下，尚屬輕微。但是，如違反其中之妨害善良風俗之條款者（第80條第1項第1款），較無法為社會所接受。主管機關在驅逐出國或管制入境之決定上，亦會著重此方面之考量。因此，法院仍維持原決定，否准原告之請求。

三、因患愛滋病之強制出境

（一）裁定概要[67]

　　主文：聲請駁回。

　　聲請人於民國95年9月7日與中華民國籍男子丁某在中國重慶結婚。聲請人於96年2月16日以團聚理由申請來臺，同年4月經產檢發現疑似感染人類免疫缺乏病毒（俗稱愛滋病毒）原處分機關以「大陸地區人民進入臺灣地區許可辦法」第19條第1項第10款之規定，限令聲請人於10日內離境之處分。聲請人主張「聲請人之夫婿尚有二名孩子需要照顧，為家中經濟收入主要來源，聲請人若離境，聲請人夫婿實無暇顧及聲請人離境後之生活所需。」云云，諒屬基於個人私益之考量，尚非不得尋求其他方式加以解決；另其主張「若只因聲請人不具我國國籍即被迫承擔所有加諸之行政處分，實與我國行政程序法所揭櫫之誠信原則有違。」「聲請人未出世之子為中華民國國民無疑，若因聲請人離境，其子恐須面臨出生後即被剝奪接受本國醫療照顧機會，家庭溫暖亦不可得，此有違中華民國憲法保障人民基本生存權之旨。」

67　臺北高等行政法院96年度停字第88號裁定。

云云，或係行政訴訟本案所應探究者，但因非屬合法性顯有疑義之事項，即與本件是否符合應停止執行之要件無涉。職是之故，基於國家法益優先保護之考量，本件縱如有聲請人所云，原處分執行對其將發生難於回復之損害，且有急迫情事，仍應認聲請人之聲請為無理由，應予駁回。

（二）評釋

大陸地區人民進入臺灣地區須經過主管機關許可，若其帶有傳染病，則構成禁止入境或強制出境之原因。防止外來人口之帶有傳染病，為保護公共衛生之目的，具有重要性。對於外國人而言，在入出國及移民法第18條之禁止入國條款中，亦規定有法定傳染病原因，為禁止事由之一。本件當事人為國民之配偶，被強制出境後，會拆散其家庭團聚。本件裁定稱「諒屬基於個人私益之考量」，似有公益與私益不對稱之感。為了公共利益，當然可以犧牲私人利益之傳統看法，較少對於保護家庭權之著墨，或公益與私益之間之衡量敘述。

強制出境為最嚴重之入出境管理處分，對家庭成員而言，拆散其團聚相處、互相照顧之權利。在公益之保護上，如當事人有繼續造成其他傳染之事實或高度之風險，國家逕予決定強制出境，有其必要性。如無此方面之續為傳染之風險，則權衡原告之家庭團聚權，亦應有轉圜或採取其他定期報告、檢驗之替代措施。從原告之感染原因論起，依目前之規定，如原告是受到國民之配偶所傳染，即得免除被強制出境之責任。或目前對被強制出境之行為人，為保護其家庭團聚權，亦得許可短期入境停留。

依我國疾管署統計顯示，國內約有3%的愛滋感染者為外籍人士，而依照現行「人類免疫缺乏病毒傳染防治及感染者權益保障條例」規範，入境停留達3個月以上的外籍人士應接受驗血，或提出近3個月內的愛滋檢驗報告；若拒檢或結果呈陽性，就會勒令出境。因此凡是非因被我國籍配偶傳染，或在國內就醫時遭感染的外籍感染者，都會遭強制驅逐，且欲申請入境停留3個月以上也會遭拒。衛福部表示，世界衛生組織已視限制愛滋感染者出入境等法規為「歧視」行為，全球僅剩28國仍有限制，因此我國朝野對修法廢除相關條文早有共識[68]。

---

68 外國人感染愛滋，不再強制出境，台灣醒報，2015年1月8日。

陸、結論

　　家庭團聚與個人生活、感情、經濟來源、人格發展等，有非常重要與密切相關，其屬具有憲法位階效力之權利。國家的行政行為，限制家庭團聚權之作用，自應權衡與考量。在入出國管理上，對於外國人的入國、居留、驅逐出國，常須為審核及決定，以保障國家安全與公共秩序之法益。為維護國家利益與安全，對於外國人之入國與居留，得限定須具備一定資格，與不得有重大違法前科及造成妨害公共衛生之虞的疾病；此乃國家的基本保護任務。入出國管理法制，自國民國家形成後，對國境的管理，便是考量移民政策與排除禁絕有害外國人之行政，必須負起過濾與管制職責。

　　依國際法原則對外國人之入出國條件與管制規範，應以法律為規定的方式。我國主要以入出國及移民法及兩岸關係條例，作為裁量與執行之依據，符合上述原則。有關家庭團聚權之範圍，以臺灣地區有戶籍國民之配偶及未成年子女為主，至於其他家庭成員之入國居留，則非核心保障範圍。家庭權之概念，在我國之大法官解釋中，已有提及並申論其所代表之意涵。但對於入出國管理範圍，有關家庭團聚權之保護，除永久居留事由與其申請原因外，其他之條文則少有提及與特別保護。對此，西方較先進國家之理論與判決，已普遍強調保護家庭團聚權之重要性。

　　我國相關之法院判決或裁定，在本章中列出三個案例，加以檢討。家庭權與入出國法制二者之間的折衝，常以公共利益之入出國管制為重，在所舉之判決中亦少有提及家庭權內涵，或依家庭團聚權可以制約行政處分與執行的論據。但對於不當公權力執行，於第一個案例判決中，已考量當事人有安定生活、組成家庭、育有子女，意識到個人生活與家庭的關係，值得肯定。實務法院的判決具有引導與建構理論的效能作用，具有重要地位。在一般行政機關的認知與執行上，大都著重法律條文規定，有關裁量權行使、比例原則的適用、家庭團聚權的尊重等，則較為欠缺。對此，有待外國判決與學說之引進，及依我國法院之判決，加以強調及補充家庭團聚權之意涵及範圍。

　　前述案例之外國人乙，如屬於虛偽結婚，自不受家庭團聚權之保障，不得依此申請依親居留。

（本文原發表於國境警察學報14期，2010年12月，
第111-140頁，後經修改與補充而成）

第十三章　新住民之工作權與財產權保障

　　乙為在我國居住之外籍新住民，目前其在臺灣之婚姻關係喪失，但有取得居留權。依「就業服務法」第48條與第51條規定，是否得自由工作[1]？另依目前臺灣地區與大陸地區人民關係條例規定，亦對於大陸籍配偶之財產繼承權，有所限制。請問新住民之工作權受保障之意義與狀況？目前我國法令對新住民之工作權、財產權保障之依據與情形？

壹、前言

　　有關新住民權益之保障，在立法委員所提新住民基本法草案總說明中指出，隨著婚配關係、商業貿易、職涯選擇以及文化交流等因素，使得我國新住民人數日漸增多。根據內政部資料顯示，統計至民國106年7月底止，新住民的人數已經超過52萬人。儼然已成為我國繼閩南人、客家人、外省人及原住民這四大族群之外的第五大新興族群。依據我國「憲法」第二章人民之權利義務第7條規定：「中華民國人民，無分男女、宗教、種族、階級、黨派，在法律上一律平等。」以及「憲法增修條文」第10條基本國策部分，第11項前段，「國家肯定多元文化……」等規定，可知我國憲法以促進族群平等為總綱以及人民之權利規範。憲法增修條文則是將促進多元文化，作為我國基本國策之明文規定[2]。

　　惟憲法所指之平等為實質之平等，而非齊頭式平等，國家應就各族群狀況、條件以及情形不同，而為有差異之作為。促進多元文化也不應侷限於單一或少數族群，而抱以「泰山不讓土壤，故能成其大；河海不擇細流，故能就其深」之氣度，對於多元文化包容、接納、保存甚至予以發展。是故，偉

1　新移民工作權破洞，臺灣立報報導，2011年5月22日。
2　立法院議案關係文書，106年10月25日印發，院總第1722號，委員提案第21217號。

大的國家都會善待且歡迎新住民,讓她成為離鄉背井人士拼搏與圓夢之地。因此,關懷新住民族群、瞭解新住民語言和文化內涵、建構多元文化公民社會、促進族群交流與和諧,進一步落實族群融合是國家重要的發展方向。基於上述理由,特擬具「新住民基本法」草案以資保障[3]。

近1、20年來外籍配偶與大陸配偶之加入我國社會,使我國社會之人口、文化呈現多元化之現象。一時有關新住民之語言、教育、工作、享有社會福利等議題,不時被討論。其中或有新住民之居留權問題,因婚姻關係結束或受到家暴等原因,如其已不具有原來依親(臺灣配偶)之居留名義,是否還可以為繼續在臺灣地區居留?此亦關係到新住民之基本人權;對此我國之入出國及移民法,已有新的保護規定。其他有關新住民融入我國社會,所必備之工作權與財產權保護,亦屬目前較具體之問題。

臺灣社會開始學習著和移民互動,是在大量的東南亞和大陸婚姻移民來到的近10年裡。而這個「她們」,所指的正是在臺灣已有38萬人之多的大陸配偶和東南亞籍配偶,被媒體稱為臺灣的第五大族群。她們以婚姻作為遷移的形式,亟望融入主流文化,將臺灣作為生命裡的另一個故鄉[4]。有關對其基本權利之保障,應成為我國社會所關注之議題。

有關新住民工作權及勞動權方面,雖然新住民投入就業市場的動機相當強烈,但仍面臨許多進入職場的障礙,包括:仍有雇主以身分證作為僱用的條件、語言溝通的困難(包括口音問題)、中文識字與書寫能力的不足、雇主的刻板印象等,致新住民於求職過程、薪資待遇、升遷發展上等受到限制,就業主要集中於服務業、基層技術或勞力性工作,工作收入以1萬至未滿2萬最多。而新住民進入職場後,遭到雇主剝削薪資福利待遇的情形,層出不窮,尤其是在不具規模的餐飲與服務業,包括:無勞保、健保、未提繳勞工退休金等,甚至勞保投保率僅達3成。亟待政府排除新住民遭遇的就業歧視,保障新住民的工作及勞動權益[5]。

稱呼上既然以「新住民」之名,給予特定外國人這樣的稱謂,應是已接

3　立法院議案關係文書,106年10月25日印發,院總第1722號,委員提案第21217號。

4　陳雪慧,婚姻移民的臺灣路──論婚姻移民的政策與法令,收於新移民‧新未來,新臺灣人文教基金會,2008年1月,第57頁。

5　馬財專主持,制定新住民身分及權益保障專法可行性之研究,新住民發展基金補助研究報告,108年12月,第15頁。

納其成為類似本國國民之一般的地位。因此，有關其在我國的權益，相對應須給予有效的保護。對應前述實務問題，本章所要探討之議題有二；一者，有關新住民之法律地位，其受保護之程度如何？二者，為探討新住民生活上，其工作權與財產權保障之程度與限制議題。最後，提出本章之初步看法與建議。

貳、新住民之概念與其基本權利

　　新住民為一新的名詞，近來對於外籍配偶議題之座談會上，常有呼籲「不要叫我外籍新娘，請叫我新移民（或新住民）」；主要目的在於希望社會上不要以異樣眼光來看待，自外國遠嫁來臺灣的外國女子；稱呼為新住民，亦有新來的共同夥伴之意，表示其等待融入我國社會，所以具有較為正面之意義。法律上之稱謂，目前只以「外國人」、「大陸地區人民」、「依親居留」、「核准歸化」、「申請設立戶籍」等之相關用詞。

一、新住民之意涵與範圍

（一）新住民之意涵

　　區別國民與非國民，即依國家之國籍制度。國籍制度為規定，何者屬於國家構成員之資格的法律制度，並賦予該個人可取得公共性資格之制度的開端。因此，於國家認為符合構成其本國構成員之人，而給予其國籍，所產生的歸屬效果，是無法否認的[6]。

　　以長期居住在我國之外國人，或不具有我國國籍之人；如其擬在我國永遠居住，即可稱為新住民。以居住時間區分，短期入國停留之外國人，即非屬於新住民；因其與我國之關係，只是短暫為特定目的的入國，在一完成其目的後，即會出國回到其原來國家。接納新住民，會與國家移民政策有關。因其會增加國家之外來人口，影響國家人口比率。因此，接受外來移民，需

6　但是，在國際法上也有不認為，該表示具有國家之構成員性的，其結果亦會產生否定國籍作為歸屬該當國家的法律效果。高橋正俊，日本國民の觀念，收於現代立憲主義と司法權，佐藤幸治先生還曆記念，青林書院，1998年7月，第529-530頁。

要考量國家利益及與國際人權、國民權利之關係等因素。

　　所謂新住民指內政部移民法將新住民界定為持有外僑居留證、永久居留證者，申請入境停留、居留及定居之新住民。另外，職訓局對於新住民的定義係指尚未取得本國國民身分但獲准居留、永久居留或定居之外籍配偶（外國人與在中華民國境內設有戶籍之國民結婚者）及尚未取得本國國民身分者，但獲准依親居留、長期居留或定居之大陸地區配偶。一般來說，新住民因語言、文化、生活習俗等因素，其謀生能力及適應能力不及當地人士，較容易處於社會低階層，需要社會保障及支援的介入[7]。

　　我國新住民中的外籍配偶與大陸配偶，至目前已有相當的人數；其對社會亦有相當的貢獻，國家應對其婚姻與家庭權予以保障；即外國人不論是否取得居留權，其依法結婚組成家庭之權，自屬其權利，該項權利具有先於國家、先於憲法之自然法性質，因此其亦有超國家之效力[8]。而外來人口進入我國之真正目的，其是否要在我國長期或永久居住，有的在申請時，尚未確定。如長期受聘僱之人或欲在我國傳教之人，因其工作的關係，是否能長期在我國居住，仍受許多外在或客觀因素所影響。因此，以其「居住目的與期間久暫」，判斷是否為新住民，應是適當的標準。

　　到我國之移民，依其到達之先後順序。有在早期3、400年前，即明、清朝時期，從居住在大陸福建、廣東一帶居民，因生活困苦關係，即有第一批從大陸地區移居到臺灣的移民；另外民國38年前後，又有大量之從大陸地區進入臺灣之人民。近來臺灣地區人民與外籍及大陸地區配偶結婚，因婚姻關係而進入臺灣居留之外籍配偶，為一般所稱的「新移民」。此為從移民歷史上來看，除臺灣之原住民外，目前所居住在臺灣地區之人民，其祖先都是經由外來移民，而先後到達臺灣地區的。

　　對已歸化為我國國民者，是否再以新移民為稱呼；一般而言，其雖為

7　為了協助新住民培養個人的就業能力，行政院勞工委員會職業訓練局於2008年8月20日勞職業訓字第0970503271號令頒「促進外籍配偶及大陸地區配偶就業補助作業要點」，以結合政府與民間資源，協助具有就業意願與需求之外籍配偶及大陸地區配偶就業，並推動新住民職業訓練課程，參加職業訓練者得檢附有效期間居留證明文件、勞保明細表正本、失業者切結書等，則可向職訓單位申請免繳自行負擔費用。參勞動力發展辭典—新住民，http://laborpedia. evta.gov.tw/link1.asp?did=B069&result=yes，瀏覽日期：107.8.31。

8　李震山，論外國人之憲法權利，收於氏著，人性尊嚴與人權保障，元照出版，2009年2月，第368-369頁。

新加入之我國國民，但仍會被以不同眼光認為是新融入我國社會之人。但從法律上之用語或概念而言，對已取得我國國籍之人，原則均應以「國民」稱之；不宜在國民之中，又區分為屬於新歸化之「住民」。

（二）新住民之範圍

「移民者」具有長期在我國居住之特點，一般在一年之中，有超過二分之一期間，居住於某一特定國家，而持續一段期間後，即對這塊土地有認同感，構成其屬新住民之要件。而新住民之名稱，即非法定用語，因此有關其範圍，只能以描述或初步認定方式表示；但確立其範圍後，對於未來有關其與我國社會，實質上有密切相關之外來人口權益，甚有相關，亦可能使我國法令作進一步之調整。

1. 原因

外來人口合法且長期的居住在我國，可能成為我國之新住民。一個國家之法令及社會福利措施規定情形，亦影響其是否很快融入我國社會與工作、活動上之權益。其發生之原因，一般有如下：

(1)長期工作

長期在我國工作之外國人，對我國有一定貢獻。如白領外國人長期受聘僱在我國工作，或長期在我國傳教、行醫之外國人，有其理想與付出，將我國視為其第二故鄉，或可能對我國之感情，勝過其出生或國籍國。而一般之外國人在我國工作，依其職業類別與許可期間之差異，亦有分成白領外國人，即為專業技術人員，有關其居留期間可以依實際需要延長，不受限制。而另一種工作之外國人，為外籍勞工，依就業服務法規定，其受僱期間一次之許可期間為3年；期滿再受許可者，得一次再延長3年。

新住民目前在臺灣社會生活過程中，的確在某些層面上仍面臨著重大的問題。例如在勞動參與、社會與生活適應及文化生活上都還是會碰觸到一些問題。因此在權益取得部分，其過程需要更多的法令建置來協助她們得以在未來的社會及文化與勞動適應上發展得更加良好。相關權益包括了：求職困難並非因其身分，而是其本身之在臺生活經驗不足，例如語言上的障礙。社經地位低，使其生活不易，此問題也同樣發生在弱勢家庭中，例如家庭經濟困難，無工作者卻因為需要照顧子女或長輩等原因無法進行職訓。文化底端

的歧視,例如取得身分證後依法考上公職卻不任用,大法官釋憲表示違憲。新住民來臺後持續面臨生命歷程的轉變,而導致各種問題的產生,例如配偶離世時新住民成為財產權益分配的弱勢。新住民職業以服務業為大宗,又服務業之薪資以及工作品質水平較低。近年雖然投入機械技術、餐飲或休閒服務的比例提升,但是薪資水平依然偏低。非陸籍新住民多伴隨語言問題進而影響薪資;陸籍配偶則面臨歧視問題,又對於工作生活平衡需求較高,且以女性照顧子女為主,然其工時普遍偏長。新住民近來有創業需求,雖政府積極推動,然落入第一線時能夠使用的補助相對困難,如文字上的障礙,以致無法了解補助辦法等[9]。

(2)結婚、依親

在我國有關「新住民」之議題,主要為對來自於東南亞或大陸地區,因結婚依親關係,到我國居住之外籍配偶或大陸配偶。結婚為人生大事,亦為組成家庭之一共同合意表示。基於家庭是社會的基礎,國家的法律與制度,須特別保護家庭的功能與其成員。近10多年來,東南亞與大陸地區之外籍配偶及大陸配偶,與我國國民結婚,為數甚多。而基於經濟與生活水平之差異,外籍與大陸地區配偶一與我國國民結婚之後,即會移居到我國居住[10]。

結婚是個人的基本權利,國家不得限制人民結婚的自由。從人口政策上言,要防止外來人口過度遷徙進入我國,有其移民或入國管理之法制;理論上,有各國是否接受外來移民之考量;惟婚姻之居留,屬不受限制之類別[11]。因此,僅能在合法及合憲之範圍內,予以禁止非法或虛偽結婚,尚不得利用限制居留名額與其他相關條件,來變相禁止與外國人結婚之趨勢。而除外籍與大陸地區之配偶外,另國民之外籍未成年子女,亦得請求進入我國與家人團聚居留,接受扶養。

(3)難民

雖然我國至目前為止,尚未通過難民法。但依國家在國際上保護國際人權義務,對於受到政治迫害之外國人,一個國家應有保護與接納之義務。保

---

9 馬財專主持,制定新住民身分及權益保障專法可行性之研究,新住民發展基金補助研究報告,108年12月,第59-60頁。
10 亦有稱此為婚姻移民。我國之居留原因,則稱為依親居留。
11 因婚姻關係之入國居留,涉及憲法保障家庭權之基本權利,一般之入國法制尚不得限制國民之配偶入國。

護難民，亦可展現一個國家尊重人權、保護弱者之理念。依臺灣地區與大陸地區人民關係條例（以下簡稱兩岸關係條例）及就業服務法相關條文規定；對特定受迫害之人，我國亦可對其給予庇護權力。另在工作權方面，對於受許可居留之難民，特別規定其可以工作，無須如一般外國人的個別申請許可。

除狹義難民外，亦有特殊原因受許可在我國居留之外國人或無國籍人。如在入出國及移民法（以下簡稱移民法）制定前，已進入我國居住之泰國、緬甸地區之無國籍人，依移民法規定，應予許可其在我國合法居留。此部分之人民，亦可稱為廣義之難民（經濟難民）。

2. 類別

新住民之概念，在於其有意融入我國社會，且其實質上生活與我國國民趨於一致；在我國的生活，自外觀而言，無法區分其為外國人或本國國民。其之差別，只是其尚未取得我國國籍而已。因此，新住民之類別，依其居住之期間，可分為長期居留與永久居留二種。

(1)長期居留

外國人如在我國居留，其一般許可之期間為超過6個月，最長不得超過3年；依其申請目的、原因，由主管機關給予相對應之許可。所謂長期居留，一般指超過相當之門檻，其在我國之居住，已經能融入我國社會而言。而何謂長期，尚難一概而論，如移民法規定國民之配偶或子女，有合法連續在我國居住5年期間，可申請永久居留；即以5年為認定長期之期間。

而如為外籍配偶或大陸地區配偶，其與我國國民結婚；依其目的在我國居住、生活，有關對其之認定，是否符合長期居留之門檻或標準，即應有不同。原則上，基於保障婚姻與組成家庭之權利，對於外籍配偶之權利，應特別保護；原則上，其應有長期居留之資格，認定上應可自其入國居留之時起算；可視同為屬於在我國之「新住民」。除非有假結婚或重大犯罪嫌疑之情形，才屬例外。

(2)永久居留與定居

對長期在我國奉獻之外國人，如其仍決定保有其原本之國籍，未選擇歸化我國。對此，依其生活與工作重心，皆在我國；有關其居留中之權利與身分，在移民法制上，應有特別考量。依移民法規定，一般外國人合法連續在

我國居住5年以上，且每年居住之期間，皆在183日以上，可申請我國之永久居留。對於取得我國永久居留權之外國人，其入出國、生活及工作等活動，均不須再經許可。原則上，有關其權利之享有，除參政權與任公職之權利外，一般皆應與本國國民相同。

契約客工及專案引進之外籍勞工，依就業服務法之規定，有其一定的工作年限；其目的限於到我國工作，且於一定期限後，將再返回到其原來國籍國（或居住國）。因此，依其原本目的，並非要移民到我國，而並非本章所指之新住民。另在我國之移民法中，為配合吸引外國高科技人才，能到我國工作，亦特別的優惠規定，給予其於入國時，核發給予「永久居留」資格[12]；此屬特殊例外之情形，亦表示我國重視此方面之外國人能對經濟與科技之發展，有所貢獻。此從考慮對國家有利觀點，給予高科技外國人才在我國永久居留，希望其能長期在我國居住，包括其的家庭成員之配偶及未成年子女，亦可一同申請永久居留。

有關強制已取得居留或定居許可之大陸地區人民出境之程序；依兩岸關係條例第18條第3項規定：「內政部移民署於強制大陸地區人民出境前，應給予陳述意見之機會；強制已取得居留或定居許可之大陸地區人民出境前，並應召開審查會。但當事人有下列情形之一者，得不經審查會審查，逕行強制出境：一、以書面聲明放棄陳述意見或自願出境。二、依其他法律規定限令出境。三、有危害國家利益、公共安全、公共秩序或從事恐怖活動之虞，且情況急迫應即時處分。」強制（驅逐）出國（境）案件審查會設置及作業要點第2點第1項第3款、第2項規定：「下列案件應於強制（驅逐）出國（境）處分作成前，交本會審查。但依法得不經審查會審查者，移民署得逕行強制（驅逐）出國（境）：……（三）已取得居留或定居許可之大陸地區人民強制出境案件（第1項）。……前項各款案件包含居留、永久居留或定居許可經撤銷或廢止者（第2項）。」第9點規定：「提本會審查前，移民署應將案件當事人列為重點查察對象，加強訪視及持續追蹤、觀察其違法（規）改善情形，並應詳實記錄（第1項）。提報單位應檢附相關文書資料（包含當事人提供之資料）及查察（詢問）紀錄（包含當事人及其他相關人員），並敘明提報理由，供本會委員審查（第2項）。」第11點規定：「本

---

12 請參考入出國及移民法第25條規定。

會會議決議事項如下：（一）強制（驅逐）出國（境）。（二）不予強制（驅逐）出國（境）並維持居留、永久居留或定居身分。（三）不予強制（驅逐）出國（境）並通知當事人重新申請居留。」[13]。

　　綜合兩岸關係條例第18條第1項第2款規定可知，經廢止（長期）居留許可者，移民署「得」逕行強制出境，或限令其於10日內出境，逾限令出境期限仍未出境，「得」強制出境，故是否將「經廢止（長期）居留許可者」予以強制出境，移民署有裁量權，並非必然予以強制出境；且於強制出境前，尚「應」召開審查會，由移民署檢附相關文書資料及查察（詢問）紀錄，並敘明提報理由，供審查會審查；審查會之審查結果亦非必然強制出境，而有不予強制出境並維持（長期）居留身分，或不予強制出境並通知當事人重新申請居留等可能性[14]。

（三）小結

　　移民有其廣義性，包括離去原來所居住的國家，往他國或其他地區居住之人。本章所指的新住民，只限於狹義的新住民。限於新進入我國居住，有長期在我國居住之準備，但仍未取得我國「國籍」之人為限。為何這樣的限制？因為外國人取得國籍的條件，依國籍法[15]的規定，須有一定的年限，須申請並由主管機關核准。本章所指之新住民，其現在身分仍為外國人或大陸地區人民[16]，並非中華民國國民或臺灣地區人民而言。但新住民在我國有長

13　臺北高等行政法院高等庭111年度停字第6號裁定。
14　臺北高等行政法院高等庭111年度停字第6號裁定。
15　國籍法第4條規定（特殊歸化），國民之配偶取得國籍之要件如下：「外國人或無國籍人，現於中華民國領域內有住所，具備前條第一項第二款至第五款要件，於中華民國領域內，每年合計有一百八十三日以上合法居留之事實繼續三年以上，並有下列各款情形之一者，亦得申請歸化：一、為中華民國國民之配偶，不須符合前條第一項第四款。二、為中華民國國民配偶，因受家庭暴力離婚且未再婚；或其配偶死亡後未再婚且有事實足認與其亡故配偶之親屬仍有往來，但與其亡故配偶婚姻關係已存續二年以上者，不受與親屬仍有往來之限制。三、對無行為能力、或限制行為能力之中華民國國籍子女，有扶養事實、行使負擔權利義務或會面交往。四、父或母現為或曾為中華民國國民。五、為中華民國國民之養子女。六、出生於中華民國領域內。七、為中華民國國民之監護人或輔助人（第1項）。未婚或未成年之外國人或無國籍人，其父、母、養父或養母現為中華民國國民者，在中華民國領域內合法居留雖未滿三年且未具備前條第一項第二款、第四款及第五款要件，亦得申請歸化（第2項）。」
16　本文所指之新住民，亦包括在臺灣地區無戶籍之國民。因此，對外國人而言，指取得中華民國國籍；對大陸地區人民而言指取得定居權利；對臺灣地區無戶籍國民指獲准在臺灣地區定居之身分而言。

期居住目的，如國民之外國人配偶、難民。

至於大陸地區人民，已依兩岸關係條例規定，取得在臺灣地區定居的身分，轉變為臺灣地區人民，其身分已是我國國民。雖然亦是廣義的新移民，但在本章中，其已是「本國國民」，而不再稱其為新移民。至於兩岸關係條例中相關規定[17]，特別限制大陸地區人民於定居後，須滿10年以上始得擔任公務員的特別限制，已屬對於國民的特別限制，應屬另一值得探討的問題。對本章而言，從法律地位與基本規範上，應是指未具有本國「國籍」（獲准在臺灣地區定居）者之範圍；如對已具有「國籍」（獲准定居）之人，給予特別限制；應是法律在國民間，對特定的國民，於其憲法所保障的工作及服公職權，予以特別限制的問題。

二、新住民之基本權利享有原則

基本權利為憲法所保障身為國民或一般人，享有最低標準的權利；其保障之對象，除國民外，另法人與外國人是否為基本權利保障的主體，亦曾引起討論。外國人依其國籍，不屬於我國國民，然外國人如居住在我國，實質上生活形態，與我國發生密切相關；有關國內法律，對其法律地位之保障程度，亦有重要影響。

（一）依權利性質為保障

有關外國人基本權利保護範圍之問題，應區分其於入出國階段與合法入境我國後，取得停留、居留資格階段。前者對於是否准予外國人入國，一般國際法上認屬本國的自由裁量權，至於合法入境後，除性質上不容許外國人享有者外，外國人的基本權利保障亦應與本國人民相同[18]。或自理論上而言，外國人是否享有本國憲法所保障之基本權利，端視該權利之性質及內涵是否涉及「人類」之屬性，抑或與國家主權或與該國特定政治及經濟條件有所關聯，前者屬於普遍性之人權[19]。

解釋上基本權之理論，如果認為不屬於自然法上的人權，將會形成依基本權的制度，可依其國籍而實質上廣泛對特定人有限制規範的效力。因國籍

---

17 請參閱兩岸關係條例第21條規定。

18 陳春生，談外國人的基本權利，月旦法學教室16期，2004年2月，第131頁。

19 李建良，外國人權利保障的理念與實務，台灣本土法學雜誌48期，2003年7月，第97頁。

之目的其基本屬性，為考量國家構成員所關聯的對象。因此，將會對特定人之權利、義務產生很大影響。所以，不能只從法律技術層面解釋，而對人權之保障範圍，加以剝奪[20]。否則外國人之權利，將會受到廣泛的限制。

　　外國人是否可作為人權的享有主體？如參考日本憲法原則，應可作以下二點解釋：其一，人一出生即擁有前國家的權利，應基於此思想，而設定人權。其二，依憲法規定應尊重國際協調主義，並對條約及已確立的國際法為遵守。且對於本國國民與外國人間，原則應予無差別的對待。如此之解釋應有其根據，即外國人亦是人權的享有主體[21]。憲法上對於外國人是否享有基本權利之理論，依通說見解，認為憲法上權利，依其性質有自由權、社會權與參政權；依基本權利性質，如屬於身為人，即應享有的權利，一般外國人亦應享有。因為有一些基本權利，早於憲法制定前，即已存在，如生命權、人身自由、身體不受傷害權等。

　　對精神自由權保障之部分，其屬於每個人皆應享有，並不因本國人或外國人而有差異。此在公民與政治權利國際公約中，亦有明文。如人民皆有受到正當法律程序待遇、享有言論自由、人身自由、秘密通訊自由、宗教自由等；另如社會權部分，如生存權、工作權、社會福利、參加健康保險、受補助貸款等，屬於國家給付性質行政，因與國家財政負擔、國民工作權有關。而考量國家首要之照顧對象為國民，對外國人之社會保障，要由其國籍國負責主要義務。通說原則上，一個國家對於外國人，並沒有照顧的義務。此部分的權利，一般應依國家財政能力狀況，委由立法裁量決定。

　　參政權之部分，與國家主權之行使有關，一般外國人不具有選舉權與被選舉權。廣義參政權，包括擔任公務員的權利。因公務員涉及對國家忠誠的問題，有些國家的公務員任用法，明文規定必須具備本國國籍的條件，始得擔任本國之公務員。

　　大法官釋字第708號解釋理由書中指出：「查外國人並無自由進入我國國境之權利，而入出國及移民署依系爭規定收容外國人之目的，在儘速將外國人遣送出國，非為逮捕拘禁犯罪嫌疑人，則在該外國人可立即於短期間內

---

20 高橋正俊，前揭文（註6），第532頁。
21 後藤光男，地方自治における外國人の權利，收於人權と憲法裁判，時岡弘先生古稀記念，成文堂，1992年9月，第484頁。

迅速遣送出國之情形下，入出國及移民署自須有合理之作業期間，以利執行遣送事宜，例如代為洽購機票、申辦護照及旅行文件、聯繫相關機構協助或其他應辦事項，乃遣送出國過程本質上所必要。因此，從整體法秩序為價值判斷，系爭規定賦予該署合理之遣送作業期間，且於此短暫期間內得處分暫時收容該外國人，以防範其脫逃，俾能迅速將該外國人遣送出國，當屬合理、必要，亦屬國家主權之行使，並不違反憲法第八條第一項保障人身自由之意旨，是此暫時收容之處分部分，尚無須經由法院為之。惟基於上述憲法意旨，為落實即時有效之保障功能，對上述處分仍應賦予受暫時收容之外國人有立即聲請法院審查決定之救濟機會，倘受收容人於暫時收容期間內，對於暫時收容處分表示不服，或要求由法院審查決定是否予以收容，入出國及移民署應即於二十四小時內將受收容人移送法院迅速裁定是否予以收容；且於處分或裁定收容之後，亦應即以受收容之外國人可理解之語言及書面，告知其處分收容之原因、法律依據及不服處分之司法救濟途徑，並通知其指定之在臺親友或其原籍國駐華使領館或授權機關，俾受收容人善用上述救濟程序，得即時有效維護其權益，方符上開憲法保障人身自由之意旨。至於因執行遣送作業所需暫時收容之期間長短，則應由立法者斟酌行政作業所需時程及上述遣送前應行處理之事項等實際需要而以法律定之。惟考量暫時收容期間不宜過長，避免過度干預受暫時收容人之人身自由，並衡酌入出國及移民署現行作業實務，約百分之七十之受收容人可於十五日內遣送出國（入出國及移民署一〇二年一月九日移署專一蓮字第一〇二〇〇一一四五七號函參照）等情，是得由該署處分暫時收容之期間，其上限不得超過十五日。」

（二）依外國人居住類型為保障

除依權利性質說標準，劃定外國人是否可享有特定的基本權利外；另在理論上另有主張，可依外國人的居住類型，來區別其可享有的基本權利。此從外國人的實際居住類型，即其與居住國的關係而定。依此區分，可分為短期觀光或參訪之外國人、長期居住之外國人、非法居住之外國人等的不同。首先，短期停留之外國人，其目的在於觀光、參訪或訪友、參加會議等，活動一結束後，其即會回到其本國，實質上與我國較無相關。對其權利的保障，應只是保障其自由權的程度，無須涉及社會權與參政權的層面。

有日本學者主張，因「定住外國人」（長期居住），其以日本社會為其

生活中心，在社會生活關係上與日本人完全相同，只是不具有日本國籍之差異而已。從此觀點，其與日本國民在生活上實際並無不同的「外國人」，理論上其權利應受到與日本國民同等的保障[22]。

　　對外籍新娘、新郎給予平等對待，除人的本質因素外，尚須著眼於「婚姻與家庭權」。我國憲法雖未明文保障婚姻與家庭，但合乎人性且不違反公序良俗及法律強制禁止規定之婚姻與家庭，即是社會保安保障之基石，至少依憲法第22條之概括規定，可加予容納[23]。而「新住民」大都指稱我國國民之外籍配偶或大陸配偶，其雖尚未取得我國國籍，但其到我國居住，以結婚及在我國生活為目的，其身分及法律地位，應不能以其尚未取得我國國籍，而為差別待遇。因長期居住在我國的外國人，有關我國之行政措施、社會福利、健康保險等法令之適用與否，與該外國人權益有重要相關。而依其居住類型與生活重心，皆在我國，可以考量以國民地位待之，給予相對之權益保障[24]。

　　除上述主張外，我國亦有學者認為，應回到「普世人權」的基本立場而論。既然憲法沒有明文限縮各項權利的適用範圍，那所有在中華民國管轄區內的人民當然都受保護。唯有如此，才能強化憲法保障人權一律平等的信念。保障的方法、範圍可以視情況進行調整，但調整的參考基準不是「國籍」，或「夠不夠本土」、「國族認同」，而是「保護必要性」[25]。

　　外國人其居住類型與我國關係程度，依全民普發現金之領取對象規定，亦可認定。誰可以領取現金6,000元，為於112年10月31日以前，符合下列各款資格之一，得領取現金6,000元：1.於國內現有戶籍之國民；2.各級政府機關因公派駐國外於國內現無戶籍之人員及其具有我國國籍之眷屬；3.取得臺灣地區居留許可之無戶籍國民；4.大陸地區人民為國內現有戶籍國民之

---

22 後藤光男，前揭文（註21），第487頁。

23 李震山，論新移民制度與外國人基本權利，台灣本土法學雜誌48期，2003年7月，第64-65頁。

24 另如長期非法居住之外國人，不具有合法居住資格，可能為非法入境或是逾期居留者。原則上依入出國法律，須受到強制出境或罰責的制裁。但其應受到的待遇，亦可主張要求有訴訟及救濟之正當程序，主管機關之處理，亦應依法定程序而實施。特殊情形，如行為人有原因符合難民或特別居留之要件者，亦可例外獲得許可。

25 廖元豪，移民—基本人權的化外之民：檢視批判「移民無人權」的憲法論述與實務，月旦法學雜誌161期，2008年10月，第102頁。

配偶，且取得臺灣地區依親居留、長期居留許可者；5.外國人為國內現有戶籍國民之配偶，取得居留許可者；6.香港或澳門居民為臺灣地區人民之配偶，取得居留許可者；7.前3款大陸地區人民、外國人、香港或澳門居民離婚或配偶死亡，其居留許可未廢止者；8.第3款至第7款之人取得定居許可，尚未設戶籍者；9.取得我國永久居留許可之外國人；10.於中華民國112年10月1日至12月31日間在國內出生並領有出生證明之國民，且其生母或生父符合以上資格之一者[26]。

三、小結

綜括如上述，有關新住民之概念與其基本權利，應可得到如下小結。

（一）具有合法入國原因

國家管制外來人口，有其正當性的基礎；我國的新住民，在本章中除符合新住民的要件外，另外其須為：1.尚未取得我國國籍的外國人；2.或尚未依法被許可在臺灣地區設立戶籍的大陸地區人民而言。而非法入國的外國人或大陸地區人民，縱然其在我國居住一段長期期間，理論上仍非「新住民」的範圍。對於違法居留的外國人，依法須予遣返出國及追訴其法律責任。特殊情形，如符合難民、特殊居留的要件，則屬於例外[27]。

（二）其目的在長期居住

新住民之生活，如與我國社會緊密結合及在生活上，已融入我國社會，即成為該地方的新住民。國家與人民的關係，依早期理論，只以國籍為唯一的判斷標準；但依目前理論，須依實質上居住的人民，其生活、工作、家族活動的中心，而加以決定其法律地位。因此，如長期在我國居留的外國人，與我國社會已形成不可分離的關係，亦應屬於我國的「新住民」。

（三）對婚姻與家庭權之特別保護

進到我國居留的外籍配偶，縱然其保有其原來的國籍，但從其行動上而

---

26 內政部移民署全民共享普發現金Q&A，內政部移民署網頁，112年3月24日。
27 例如雖為逾期居留的外國人，但在我國已有正常工作，且已組成家庭及育有子女，主管機關依特殊法律授權的考量，亦可給予其合法的居留，此屬例外。

言，已明白表示其要在我國長期居住，融入這個社會；在這裡生兒育女、從事工作、建立家庭。鑑於家庭對國家的重要性，依憲法理論及相關大法官解釋（第552號、第554號），已明示保護家庭的制度。依目前之法制，外籍配偶歸化我國，須有居留滿3年的條件；或其申請在我國取得永久居留權，須符合連續居住5年的條件，有其基本門檻。在其未取得我國身分證前，其身分都還是外國人，無法享有如國民申請社會福利等的對待。受到社會福利之給付對象，是否須有國籍條款的限制，亦值討論。

　　新住民在未取得我國國籍前，其居留仍須受到許可，不可有違反入出國及移民法等相關法令的行為；目前法律中並未對新住民之居住權利，有特別保障規定，如其有違反法令情形，一般委由主管機關裁量處分。對此，有關新住民之居住權保障，尚有許多問題。依憲法第10條規定，人民有居住及遷徙之自由。此處之人民包括本國人及外國人，而本國人有自由出入國之權利；外國人則限於出國及在我國內之自由遷徙權利，不包括入國之自由[28]；新住民之居留權，亦值關心。但以下主題為配合本章重點，以討論新住民之工作權與財產權保障為限。

參、新住民工作權之保障

　　外籍配偶與大陸配偶在我國居住，已形成我國社會上的一份子，雖然在其取得國籍或受許可定居前，其身分仍為外國人或大陸地區人民，但是依其居住目的、生活形態顯然已融入我國社會，或具有準國民之地位。為確保其經濟來源之工作權，理論上應如何保障，亦值關心。

一、工作權之概念

　　工作權不僅是物質生活之基礎，亦是基本權利價值之自我實現。工作權之概念極廣，典型傳統的職業，如木匠、醫生當然屬之，非典型具經濟意義之活動，只要是合法以及對社會不造成損害的，縱使是短期、非獨立性工作

---

28 居住，為住於一特定地點之自由，不受強制離開、遣返之權利。遷徙，則為動態之選擇，住於不同之地點，包括入出國之自由。

亦皆屬工作概念。因而，凡人民作為生活職業之正當工作均屬憲法上所保障工作權之範圍。工作權包含二個意義，一為要求國家提供適當工作機會，二為選擇工作之權[29]。憲法第15條規定：「人民之生存權、工作權及財產權，應予保障。」由於憲法第15條將工作權與具典型受益權性質的生存權及自由權性質之財產權並列，以致學說上對於憲法工作權保障之性質有自由權說、自由權兼受益權說、與受益權說三種[30]。依工作權所具有的社會權性質時，關於其內容，可能有如次兩個觀點。其一，係認為有工作意思與能力者，有於自己所屬的社會，要求提供工作機會的權利，其二，係認為有工作意思與能力者，若無法於私企業等就業時，有向國家要求提供工作機會，且於國家不可能提供時，得請求支付相當生活費的權利[31]。

「職業」，係指人為獲得最低的生計，所從事經濟、社會的活動。「職業選擇自由」，並非僅是決定自己所應從事的職業之自由，乃是指個人得從事自己所選擇的職業，不受國家妨礙[32]。選擇職業自由，又稱為工作自由權；與此相關者，有營業自由。且依前二者之範圍，並稱為「經濟活動自由」。人之工作為依靠本身之勞動力或勞務，而獲得一定之對價給付，且因此而得以維生。工作權屬憲法所保障基本人權之一，人有自由工作的權利，原則上不需經過國家之許可，例外因該特殊性之工作，會影響到公共利益或其他人之權利，國家可以依法律保留原則，加以介入採取適度之管制。

我國憲法雖未明文提及職業自由或工作自由，但憲法第15條則明定人民之工作權應予保障，大法官歷來解釋均逕以此作為職業自由之保障依據。至於有關營業自由之問題，大法官一開始是在「工作權」的概念下處理，從實質內涵來看，應可認為相當早便獲大法官實質上之肯認。至於其憲法保障之依據，雖有認為應由憲法第22條的概括保障條款中導出營業自由之主張者，但自釋字第514號以來，大法官皆以憲法第15條的工作權與財產權之保障規定為依據。而職業自由應受憲法基本權所保障，與憲法下的經濟體制有密切關係；採行市場經濟體制的國家，個人營生的憑藉是透過工作，而工作則是於經濟市場中選擇與進行。因此，職業自由所欲保障者，為人民於市場中，

---

29 法治斌、董保城，憲法新論，元照出版，2005年1月，第253頁。
30 法治斌，董保城，前揭書（註29），第252頁。
31 阿部照哉等編著，周宗憲譯，憲法（下），元照出版，2001年3月，第236頁。
32 阿部照哉等編著，周宗憲譯，前揭書（註31），第184頁。

對於工作、營業或職業、工作場所等的自由選擇權[33]。

　　而經濟自由依其主體、動態的層面來看，其活動自由之保障不外乎人民以主體地位選擇從事職業活動、營業活動自由之保障，以及選擇受僱於人之職業自由的保障兩種。前者謂之「營業自由」，後者通稱為「職業選擇自由」，此等自由均包括積極行使與消極不行使兩種層面。按憲法規定之工作權保障在我國是否及於勞動基本權，因之帶有社會權之性格容或有所爭議，但其涵蓋職業選擇自由則屬無可置疑[34]。對於經濟活動自由之保障並非毫無界限，例如外國人之經濟自由與本國人相較往往受有較多之限制（例如擔任公務員之限制）；營利法人於其性質允許之範圍內固受經濟自由之保障，但諸如公平交易法禁止獨占之限制，仍屬不可免。又此等自由權，在私人間有無適用之餘地，屬基本人權之效力問題。再者，經濟活動自由受到公共利益之限制，亦屬其界限之一種類型[35]。

　　依相關規定新住民在未取得身分證之前，下列情形可在臺工作：（一）外籍配偶工作權：依就業服務法第48條規定，外國人與在中華民國境內設有戶籍之國民結婚，且獲准居留者，即可工作，且不需申請工作許可；（二）大陸地區配偶工作權：依兩岸關係條例第17條之1規定，大陸地區配偶經獲准在臺灣地區依親居留或長期居留者，即可工作，且不需申請工作許可；（三）新住民的工作權與就業權益與我國國民均相同[36]。

二、相關法令對新住民工作權之規範

（一）外籍配偶

　　保障國民的工作權，為國家的優先任務；外國人在我國工作，原則上應先經過主管機關許可。依就業服務法第42條：「為保障國民工作權，聘僱外

---

33 蔡宗珍，營業自由之保障及其限制—最高行政法院2005年11月22日庭長法官聯席會議決議評釋，臺大法學論叢35卷3期，2006年5月，第286-287頁。

34 許志雄、陳銘祥、蔡茂寅、周志宏、蔡宗珍合著，現代憲法論，元照出版，2000年3月，第174頁。

35 許志雄、陳銘祥、蔡茂寅、周志宏、蔡宗珍合著，前揭書（註34），第175頁。

36 新住民找工作無須出具身分證，勞動力發展署高屏澎東分署，https://kpptr.wda.gov.tw/News_Content.aspx?n=C609F113A313275F&sms=5710953599428160&s=D6A9AF1A664756B7，瀏覽日期：112.8.20。

國人工作,不得妨礙本國人之就業機會、勞動條件、國民經濟發展及社會安定。」同法第43條:「除本法另有規定外,外國人未經雇主申請許可,不得在中華民國境內工作。」外國人如未經許可而在我國工作,已違反就業服務法,有相對制裁之罰則;並可能受驅逐出國處分[37]。

日本我妻榮教授認為,「人權」有屬於自由權的基本權,與屬於生存權的基本權之區分。前者,屬身為人即當然擁有的自由,亦可作為基本自由的宣示,保障個人防止國家公權力的侵害;即作為人的基本自由權。而後者,為人在社會實際上,不能使其無法生活,對此加以保障,使其具有生活能力,以維持國民可以生存之具體內容[38]。而工作權,應屬於確保生活與生存無虞之權利;外籍配偶具有準國民之地位,似應受到國家充分之保障。

外籍配偶與我國國民結婚,須為共同生活而努力;工作之目的在為支付家庭之支出;因此對其工作權之限制,似無必要。外國人若與中華民國境內設有戶籍之國民結婚,依就業服務法第48條明定可不受某些限制的規定[39]。本法第48條第1項第2款規定:「雇主聘僱外國人工作,應檢具有關文件,向中央主管機關申請許可。但有下列情形之一,不須申請許可:……二、外國人與在中華民國境內設有戶籍之國民結婚,且獲准居留者。」上述就業服務法第48條第1項第2款規定,為例外規定,雇主不須個別向中央主管機關申請許可,即可聘僱。

有關外籍配偶之居留限額,在修正之入出國及移民法中,已予以取消。因此,目前已大幅放寬外籍配偶入境後之居留規定。理論上,外籍配偶入境後,即可取得居留資格。並可依上述就業服務法規定,開始工作。如為非法入境或逾期停留之外國人,雖然已與臺灣地區有戶籍的國民結婚,如在未取得居留證前,不得自由工作。即有關合法工作的前提,仍以合法居留為限。

---

37 有關違法工作之法律效果,入出國及移民法第29條第1項:「外國人在我國停留、居留期間,不得從事與許可停留、居留原因不符之活動。但合法居留者,其請願及合法集會遊行,不在此限。」同法第36條第2項第4款:「外國人有下列情形之一者,移民署得強制驅逐出國,或限令其於十日內出國,逾限令出國期限仍未出國,移民署得強制驅逐出國:……四、違反第二十九條第一項規定,從事與許可停留、居留原因不符之活動。」

38 植野妙實子,國民保護と國家役割,公法研究70期,有斐閣,2008年,第105-106頁。

39 习仁國,論外籍配偶的家庭團聚權,發表於「我國入出國與移民法制之變革與挑戰」學術研討會,中央警察大學國境警察學系,2005年5月,第95頁。

外國人一般受聘僱工作，須經許可；外籍配偶在我國工作權，已大幅放寬，僱主不須經向中央主管機關個別申請。已認同外籍配偶之工作權，須特別受到保護。但如有對外國人特別限制工作的法律，即外籍配偶在未取得我國國籍之前，仍不得擔任之職業。如律師法第115條：「外國律師非經法務部許可，並於許可後六個月內加入律師公會，不得執行職務。但有下列情形之一者，不在此限：一、受任處理繫屬於外國法院、檢察機關、行政機關、仲裁庭及調解機構等外國機關（機構）之法律事務。二、我國與該外國另有條約、協定或協議（第1項）。依前項但書第一款規定進入中華民國境內之外國律師，其執業期間每次不得逾三十日，一年累計不得逾九十日（第2項）。」[40]

依就業服務法規定新住民就業條文雖已放寬，但仍有許多「外籍配偶」因不熟悉法律已變更，仍然遭受僱主刁難。縱使有就業服務法第51條的修訂，國內許多僱主仍然害怕非法僱用外籍配偶，受到法律制裁；而不論其合法或違法，皆不願僱用外籍配偶。許多外籍配偶陳述其就業歷程，僱主需要其出示工作許可證，否則不予錄用之情事。綜合上述可知，部分僱主假借以無工作許可證為由，使外籍配偶接受過低的工資、減薪等不合理的工作待遇，而他們往往因為不諳法令，語言溝通問題或申訴無門，又必須收入養家，而不得不接受不合理的待遇。針對這方面的問題，不能只是單方面對外籍配偶施行種種就業訓練；另一方面，更應省思如何管束國人在僱用上是否有不合理的情況，並加以監督[41]。

工作權及勞動權方面，雖然新住民投入就業市場的動機相當強烈，但仍面臨許多進入職場的障礙，包括：仍有僱主以身分證作為僱用的條件、語言溝通的困難（包括口音問題）、中文識字與書寫能力的不足、僱主的刻板印象等，致新住民於求職過程、薪資待遇、升遷發展上等受到限制，就業主要集中於服務業、基層技術或勞力性工作，工作收入以1萬至未滿2萬最多。而

40　律師法第116條：「外國律師向法務部申請許可執行職務，應符合下列資格之一：一、在原資格國執業五年以上。但受中華民國律師聘僱於中華民國從事其原資格國法律事務助理或顧問性質之工作，或於其他國家、地區執行其原資格國法律業務之經歷，以二年為限，得計入該執業期間。二、於中華民國九十一年一月一日前依律師聘僱外國人許可及管理辦法受僱擔任助理或顧問，申請時，受僱滿二年者。」

41　江明修、林育建，新住民就業輔導政策與社會資本之研究，第20頁，http://web.thu.edu.tw/g96540022/www/taspaa/essay/pdf/022.pdf，瀏覽日期：107.8.31。

新住民進入職場後，遭到雇主剝削薪資福利待遇的情形層出不窮，尤其是在不具規模的餐飲與服務業，包括：無勞保、健保、未提繳勞工退休金等，甚至勞保投保率僅達3成。亟待政府排除新住民遭遇的就業歧視，保障新住民的工作及勞動權益[42]。

（二）大陸配偶

1. 未在臺灣地區定居前之限制

大陸地區人民為在大陸地區設有戶籍之人民；依憲法增修條文第11條規定，得對於兩岸往來之事務，以法律為特別規定[43]。臺灣與中國大陸之間，因歷史背景與政治關係的長期緊張與不明，產生兩岸間的互相排斥與抵制；在民國76年之後，臺灣地區始解除戒嚴，開放臺灣地區人民往大陸地區探親，並開啟了兩岸之間的往來交流。

大陸地區人民欲進入臺灣地區，依法須經主管機關的許可；未經許可不得入境。依兩岸關係條例第10條規定：「大陸地區人民非經主管機關許可，不得進入臺灣地區（第1項）。經許可進入臺灣地區之大陸地區人民，不得從事與許可目的不符之活動（第2項）。前二項許可辦法，由有關主管機關擬訂，報請行政院核定之（第3項）。」同條例第10條之1：「大陸地區人民申請進入臺灣地區團聚、居留或定居者，應接受面談、按捺指紋並建檔管理之……。」一般停留與居留許可，為對外國人入國的規範。對於大陸地區人民的入境許可，依其居住目的在期間上，分別為依親居留、長期居留、定居。實則定居，其身分即轉換成為臺灣地區人民[44]。

依社會國家理論，日本宮澤俊義教授認為，日本憲法的基本原理之一，應為建構「社會國家」。其意義，應有如下：新憲法應從尊重每一個人的立場，使其過著有價值的生活，為國家的使命，可以說是國家的責任。對此使命與責任的自覺，應可稱是「社會國家」[45]。大陸配偶在臺灣居留，應

---

42 重視新住民融入臺灣社會所衍生的權益問題，監察院提出調查研究報告呼籲政府積極應對，監察院網頁，106年12月8日。

43 憲法增修條文第11條規定：「自由地區與大陸地區間人民權利義務關係及其他事務之處理，得以法律為特別之規定。」

44 大陸地區人民受許可「定居」之後，即取得在臺灣地區設立戶籍之意，並依此可以取得身分證，具有中華民國國籍。

45 植野妙實子，前揭文（註38），第106頁。

受到我國的尊重與保護，在憲法上國家亦應有相對的責任。

近來因兩岸人民之間結婚人數的增加，造成大陸配偶在臺灣居留人數的激增；相對的，因兩岸間政治上的緊張關係與軍事上的對立，對於大陸地區人民的入境與居留，其考量的層面，有以國家安全為思考的主要出發點[46]。或為防止假結婚的入境居住，有關大陸配偶的申請居留，須符合下列兩岸關係條例第17條第1項規定：「大陸地區人民為臺灣地區人民配偶，得依法令申請進入臺灣地區團聚，經許可入境後，得申請在臺灣地區依親居留。」同條例第17條之1：「經依前條第一項、第三項或第四項規定許可在臺灣地區依親居留或長期居留者，居留期間得在臺灣地區工作。」

應考量大陸配偶在臺工作權的保障，與純粹基於經濟因素來臺打工者不同，蓋其係基於欲在臺灣地區長期居住並行家庭生活之意來臺，工作權對其而言不單純僅為社會經濟性權利，兼涉及家庭生計與婚姻生活維持的基本性權利。如限制其維持生活的工作權，影響到合法來臺配偶的婚姻生活，採用此種手段並不足以達到立法目的，無法通過比例原則「適當性」層次的檢驗[47]。

大陸配偶進入臺灣地區，早期規定首先依「依親團聚」居留；4年後，始能申請長期居留。目前有關工作權之規定，依兩岸關係條例第17條之1規定：「經依前條第一項、第三項或第四項規定許可在臺灣地區依親居留或長期居留者，居留期間得在臺灣地區工作。」即依親居留、長期居留[48]、定居之大陸地區人民，得自由工作[49]。

---

46 大法官釋字第618號解釋：「……基於原設籍大陸地區人民設籍臺灣地區未滿十年者，對自由民主憲政體制認識與其他臺灣地區人民容有差異，故對其擔任公務人員之資格與其他臺灣地區人民予以區別對待，亦屬合理，與憲法第七條之平等原則及憲法增修條文第十一條之意旨尚無違背。」

47 陳靜慧，從平等權的觀點論大陸配偶在臺灣地區之法律地位及其基本權利之保障，憲政時代28卷2期，2002年10月，第69頁。

48 有關申請居留與長期居留之要件，依兩岸關係條例第17條第3項：「經依第一項規定許可在臺灣地區依親居留滿四年，且每年在臺灣地區合法居留期間逾一百八十三日者，得申請長期居留。」

49 臺灣立法院6月9日修訂通過「兩岸關係條例」部分條文，放寬了大陸配偶工作權及縮短申請定居期。根據新的規定，大陸配偶經許可入境後即可申請依親居留。而原有條文規定，大陸配偶來臺團聚須結婚滿2年或已生產子女，才得申請依親居留。此外，原條文規定大陸配偶在團聚期間沒有工作權，即使在依親居留期間也須符合特定條件才可工作；新的規定對此予以放寬，今後大陸配偶於在臺依親居留期間，不須申請許可即可工作。新華網，2009年6月9日。

　　理論上核發入國許可，可否附加條件限制其工作的問題。可參考如下日本之判決，其表示作為日本人的配偶，此居留資格為該當於日本人配偶之外國人的要件，法令上並沒有附加條件的要求。於申請入國時，入國審查官審查依該人申請的活動是否符合；如依其活動並無不符或虛偽，即對其不能附加其他的條件。而受審查人，應提出證明其資格的文件資料。於符合條件時，即應核准其居留。亦可解釋該外國人與日本人的婚姻，在法律上是有效的[50]。因此，一般限制國民的外國籍配偶工作，其正當性甚有可疑。

　　從憲法上之平等權而言[51]，大陸地區人民與外國人，如個別為臺灣地區人民之配偶，有關其受僱工作權的規定。依憲法上平等權之觀點言，不能因來自不同國家的國民，即受到不同的待遇。另大陸籍配偶雖尚未取得我國國籍，但依其入境目的與生活形態、與國民間的關係，皆可稱為類同於國民地位之人；且其亦負有一定照顧家庭及其子女的義務。法令上應准許其比照外籍配偶可立即工作[52]，應不必然會影響到國家安全[53]。

2. 在臺灣地區定居後之限制

　　依本章見解，已在臺灣地區定居[54]之大陸地區人民，已屬中華民國之國民，並無再區分原出生地或原居住地或原屬於大陸地區人民之必要。外國人歸化取得我國國籍，即成為我國國民；大陸地區人民在臺灣地區定居後，自然亦是我國國民。對可能危害國家安全者，可由歸化或定居之申請，主管機關依法把關審查；對涉有國家安全或有公共安全與秩序上顧慮之外國人或大陸地區人民，不予以許可。但我國之立法思考，則於特別法中限制大陸地區人民「定居後」，擔任公職之限制。

　　大陸地區人民為臺灣地區人民之配偶，經許可在臺灣地區長期居留且符合兩岸關係條例第17條第5項規定者（即每年在臺灣地區合法居留連續2年且

---

50 荻野芳夫，外國人の在留の權利と在留期間の更新，收於氏著，判例研究外國人の人權，明石書店，1996年4月，第161-162頁。

51 請參見蔡庭榕，從平等權論外籍與大陸配偶之差別待遇，國境警察學報7期，2007年6月。

52 例外情形，如有虛偽婚姻事證或嫌疑，則可以依兩岸關係條例或入出國及移民法之相關規範，加以處分或遣返。

53 國家安全及主權，是否即形成人權受保障之唯一指標或絕對標準，應有其問題。理論上，不能將國家安全，無限的上綱；有憲法學者主張，國民之外籍配偶，其法律地位應如本國國民一樣受到對待，此主張本文認為值得重視。

54 有關申請定居之要件與程序，請參考兩岸關係條例第17條。

每年居住逾183日、品行端正無犯罪紀錄、提出喪失原籍證明、符合國家利益），即得申請在臺灣地區定居，經審查會通過後，印定居證，發函通知申請人持長期居留證及大陸居民往來臺灣地區通行證至原申請之服務站換領定居證，持憑定居證至戶政事務所辦理設籍及領取身分證，並向原大陸居住地申辦註銷戶籍，作成公證書後經海基會驗證，再送交移民署[55]。

依兩岸關係條例第21條規定：「大陸地區人民經許可進入臺灣地區者，除法律另有規定外，非在臺灣地區設有戶籍滿十年，不得登記為公職候選人、擔任公教或公營事業機關（構）人員及組織政黨；非在臺灣地區設有戶籍滿二十年，不得擔任情報機關（構）人員，或國防機關（構）之下列人員：一、志願役軍官、士官及士兵。二、義務役軍官及士官。三、文職、教職及國軍聘雇人員（第1項）。大陸地區人民經許可進入臺灣地區設有戶籍者，得依法令規定擔任大學教職、學術研究機構研究人員或社會教育機構專業人員，不受前項在臺灣地區設有戶籍滿十年之限制（第2項）。前項人員，不得擔任涉及國家安全或機密科技研究之職務（第3項）。」

對於這樣的立法限制規定，是否違反憲法第7條及第23條之平等權與比例原則[56]？大法官會議釋字第618號解釋認為：「……兩岸關係條例第二十一條第一項前段規定，大陸地區人民經許可進入臺灣地區者，非在臺灣地區設有戶籍滿十年，不得擔任公務人員部分，乃係基於公務人員經國家任用後，即與國家發生公法上職務關係及忠誠義務，其職務之行使，涉及國家之公權力，不僅應遵守法令，更應積極考量國家整體利益，採取一切有利於國家之行為與決策；並鑑於兩岸目前仍處於分治與對立之狀態，且政治、經濟與社會等體制具有重大之本質差異，為確保臺灣地區安全、民眾福祉暨維護自由民主之憲政秩序，所為之特別規定，其目的洵屬合理正當。基於原設籍大陸地區人民設籍臺灣地區未滿十年者，對自由民主憲政體制認識與其他臺灣地區人民容有差異，故對其擔任公務人員之資格與其他臺灣地區人民予以區別對待，亦屬合理，與憲法第七條之平等原則及憲法增修條文第十一條之意旨尚無違背。……其手段仍在必要及合理之範圍內，立法者就此所為之

---

55 大陸配偶申請定居、入籍、取得身分證之流程，內政部移民署網頁，瀏覽日期：112.8.20。
56 相關論述，請參考吳佳樺，隱藏不住的偏見——評釋字第618號解釋，法學新論6期，2009年1月，第101-128頁。蔡庭榕，前揭文（註51），第175-214頁。

斟酌之判斷，尚無明顯而重大之瑕疵，難謂違反憲法第二十三條規定之比例原則。」

有關本條規定之立法背景與考量，在大法官會議釋字第618號解釋文與理由書中已多有說明。主要「鑑於兩岸目前仍處於分治與對立之狀態，且政治、經濟與社會等體制具有重大之本質差異，為確保臺灣地區安全、民眾福祉暨維護自由民主之憲政秩序，所為之特別規定，其目的洵屬合理正當。」採取這樣全面性的管制與限制，有警戒與預防的意味；是否會產生以偏概全的效果，容有疑義。這樣表明雖然大陸地區人民在臺灣地區定居之後，其公民權仍然受到部分限制。另外如從公務員的類別之中，也有甚多部分是屬於技術性、事務性的性質，不涉及政治決定的部分，應容許已成為國民的新住民（原為大陸地區人民），而有能力考取者得為擔任為宜。

有關港澳地區配偶是否適用外陸配偶就業協助方案：(1)香港澳門地區人民在臺工作之依據，係依「香港澳門關係條例」第13條辦理：「香港或澳門居民受聘僱在臺灣地區工作，準用就業服務法第五章至第七章有關外國人聘僱、管理及處罰之規定。第四條第三項之香港或澳門居民受聘僱在臺灣地區工作，得予特定規定；其辦法由勞動部會同有關機關擬訂，報請行政院核定後發布之。」(2)因前開提及準用「就業服務法」第五章至第七章有關外國人聘僱、管理及處罰之規定。再查「就業服務法」第48條第1項但書，與在中華民國境內設有戶籍之國民結婚，且獲准居留者，不須申請許可。因此，香港澳門地區人民在臺工作，比照外國人聘僱規定辦理。而港澳地區配偶，比照「就業服務法」第48條第1項但書辦理，如其獲准居留，不需工作證，不需申請工作許可，也可適用外籍與大陸配偶就業協助方案[57]。

（三）其他

除外籍配偶與大陸配偶外，另「新住民」亦可能為獲准居留的難民、依親居留的外國籍子女、取得永久居留權的外國人。上述之三種外國人，依其在我國居住情形，皆以長時間或永久居住為目的，與我國產生實際的關聯性。依就業服務法第51條規定：「雇主聘僱下列外國人從事工作，得不受第

---

57 港澳地區配偶是否適用外陸配偶就業協助方案？臺北市就業服務處，https://eso.gov.taipei/News_Content.aspx?n=67BB8348408438DC&sms=87415A8B9CE81B16&s=657B50C97AF3AA4F，瀏覽日期：112.8.20。

四十六條第一項、第三項、第四十七條、第五十二條、第五十三條第三項、第四項、第五十七條第五款、第七十二條第四款及第七十四條規定之限制，並免依第五十五條規定繳納就業安定費：一、獲准居留之難民。……三、經獲准與其在中華民國境內設有戶籍之直系血親共同生活者[58]。四、經取得永久居留者（第1項）。前項第一款、第三款及第四款之外國人得不經雇主申請，逕向中央主管機關申請許可（第2項）。外國法人為履行承攬、買賣、技術合作等契約之需要，須指派外國人在中華民國境內從事第四十六條第一項第一款或第二款契約範圍內之工作，於中華民國境內未設立分公司或代表人辦事處者，應由訂約之事業機構或授權之代理人，依第四十八條第二項及第三項所發布之命令規定申請許可（第3項）。」

　　雖然我國尚無難民法，但從保障國際人權、維護難民生命安全，我國亦可採取個案方式，許可難民的居留。許可難民的居留，應有其配套措施，並應予提供生活、居住上相對應的照顧；賦予其申請工作權，始能使其可以自立維生。另，獲准與臺灣地區設有戶籍之直系血親共同生活之外國人，其為臺灣地區有戶籍國民之子女或父母；屬於國民的至親，核准其在國內居住、工作乃人情之常；亦為家庭團聚權所保障範圍。為確保其生活安定，准予其工作實有必要。而對取得永久居留權的外國人，一般符合此要件者，實質情形大都其已融入我國社會；且在我國的生活形態，與我國國民間[59]，只是其未取得我國國籍的差別而已。給予其工作權，自屬合理。

三、新住民工作權之應有保障

　　新住民在未取得我國國籍前，其仍屬於外國人。依法令對於外國人的權益，大都為一致的規定，明顯地排除其享有工作權。而認為工作權，為屬於國民特有的權利，外國人不得主張享有。一般對於何種外國人，可以從事何種工作的事項，並須經主管機關特別核准。依上述而言，不論是外籍或大陸配偶，應以「人」的基本價值尊重之。至於兩者是否可以作差別待遇，則應

---

58 有關外國人依親之工作許可規定，即就業服務法施行細則第11條：「本法第五十一條第一項第三款所稱經獲准與其在中華民國境內設有戶籍之直系血親共同生活者，指經入出國管理機關以依親為由核發居留證者。……」

59 我國之國民，尚分成在臺灣地區設有戶籍之國民，與未設有戶籍之國民。請參見入出國及移民法第3條之規定。

以其本質上差異考慮，而非僅以國家安全或利益概括，且不確定概念來作不合比例性之基本權限制，除違反正義，亦與國際法上要求不符合；特別是對婚姻與家庭權保障[60]，應再次被強調。

工作權之意涵，包括營業自由；對於特許或須經許可的營業，於此一個國家另有管理的法制[61]，其限制目的，有國家安全、公共利益等考量。依本章前述立場而言，探討新住民的基本權利，主要對外籍配偶與大陸配偶的「工作權」為重點。及關切其基本經濟生活所需，其可否正常工作為主；比較接近基本人權應享有的程度；這部分國家應有不為禁止之義務。

為協助新住民工作，勞動部並訂定「促進新住民就業補助作業要點」，內容包括運用臨時工作津貼、僱用獎助、職業訓練生活津貼、求職交通補助金等措施，協助具有就業意願與需求之新住民就業[62]。

肆、新住民財產權之保障

一、財產權之概念

有關財產權之意涵，大法官在釋字第400號解釋中提及：「憲法第十五條關於人民財產權應予保障之規定，旨在確保個人依財產之存續狀態行使其自由使用、收益及處分之權能，並免於遭受公權力或第三人之侵害，俾能實現個人自由、發展人格及維護尊嚴。」憲法對財產權的保障就是在於私有財產制度的保障，這種制度保障（Institutsgarantie）的效力，具有籠罩全部法制的作用，各種私法上的制度固應遵守，並維護由私有財產而衍生的私法自治、契約自由、營業自由、市場交易機能等[63]。

---

60 蔡庭榕，前揭文（註51），第212頁。

61 如引水人之資格，須具有本國國民，始得參加考試，即依專門職業及技術人員高等考試引水人考試規則第7條規定：「中華民國國民年齡未滿五十歲，具有附表一各類科所列資格之一者，得應本考試該類科考試。」另會計師法第5條第1項：「中華民國人民，經會計師考試及格，領有會計師證書、取得會計師資格者，得充任會計師。」亦限制外國人不得擔任會計師。

62 新住民培力發展資訊網，https://ifi.immigration.gov.tw/wSite/ct?xItem=93506&ctNode=37643&mp=1，瀏覽日期：112.8.20。

63 吳庚，憲法的解釋與適用，三民書局，2003年9月，第245頁。

　　財產權可作為維繫人類生命以及滿足人性尊嚴的權利，其中之「所有權」一直與基本人權之發展息息相關。回顧近代民主革命的導火線，不論是徵稅問題或是物質分配的不平均，亦皆與所有權的保障有關。而嗣後由於工商業的進步，所有權的概念即擴張為較廣義之「財產權」。例如德國基本法第14條之財產權保障範圍，便是先從民法上的「所有權」概念出發，再逐漸及於「所有私法上之權利」。該國憲法上財產權的保障首重所謂的「制度性保障」，而其中又以表彰所有權使用、收益與處分自由的私使用性為最重要之部分。故憲法財產權乃是在保障權利人可以藉由財產實現個人之自由權，以及因應其人格發展與尊嚴維護之所需[64]。

　　外國人與國民在享有基本權利的法律地位上，對屬於經濟自由方面的權利，受到較多的限制。國家對於外國人取得特定或獨占財產權，得依法加以限制[65]。例如依土地法第17條第1項：「左列土地不得移轉、設定負擔或租賃於外國人：一、林地。二、漁地。三、狩獵地。四、鹽地。五、礦地。六、水源地。七、要塞軍備區域及領域邊境之土地。」此係屬強制禁止之規定。所謂「設定負擔」，依其文義解釋，包括設定抵押權在內。因之凡屬上開法條所列舉之土地，自不得設定抵押權於外國人，否則依民法第71條規定，應屬絕對無效[66]。

　　外國人為供自用、投資或公益之目的使用，取得下列各款用途之土地，無需先經各中央目的事業主管機關核准：（一）住宅；（二）營業處所、辦公場所、商店及工廠；（三）教堂；（四）醫院；（五）外僑子弟學校；（六）使領館及公益團體之會所；（七）墳場。另外國人在臺取得不動

---

64 鍾秉正，社會福利之憲法保障—兼論相關憲法解釋，收於憲法解釋之理論與實務4輯，中研院法律所籌備處出版，2005年5月，第44-45頁。

65 有關財產權保障之採互惠原則見解，如：「按現代文明社會，有權利即有救濟，已成普世價值，亦為我國憲法保障訴訟權之真諦。國際上專利之申請互惠與訴訟互惠，本質雖然不同，前者屬實體法上之概念，後者則為訴訟法上之範疇，惟具獨立司法主權之國家、區域若允許外國人或團體於該國或區域申請專利權，自應許該外國人或團體於該國或區域得以訴訟保護其權利，始符前述有權利即有救濟之原則。因而主張我國國民或團體於外國或非我國司法權效力所及區域取得專利權，依該外國或區域法令、慣例仍不能提起訴訟者，乃為前述原則之例外，自應就其主張負舉證責任。」最高法院95年度台抗字第268號民事裁定。

66 「至於經編定為『一般農業區養殖用地』之土地，究屬土地法第17條規定之『農地』或『漁地』，宜由貴部（內政部）依職權認定之。惟不論係農地或漁地，依上開法條規定，均不得設定抵押權於外國人。」法務部75年7月25日（75）法律字第8963號。

產係依土地法第17條至第20條及「外國人在我國取得土地權利作業要點」之相關規定辦理。外國人購置不動產需檢附下列相關文件向土地所在地之地政事務所辦理：（一）土地登記申請書；（二）土地權利變更之權利人及義務人身分證明文件；（三）買賣移轉契約書；（四）繳稅或免稅證明文件（如土地增值稅或契稅）；（五）互惠證明文件；（六）土地使用分區證明（如屬非都市土地者免檢附）；（七）土地所有權狀；（八）授權書（如本人不能親自申請，須加附授權書）；（九）其他經中央地政機關規定應提出之證明文件[67]。

二、相關法令對新住民財產權之規範

憲法對財產權之保障，原則每個人的私法財產，均受國家公權力保護，不受非法侵害；外國人亦同樣的受到保護。因此，新住民雖未歸化取得我國國籍，理論上，其現有財產亦受到我國法律之保護。但有關新住民之取得額外財產，則依特別法規定，尚有條件或額度的限制。

（一）外籍配偶

有關取得土地之問題，如外籍配偶依民法規定有繼承土地權利，可否依法繼承在我國之土地；依土地法第18條規定：「外國人在中華民國取得或設定土地權利，以依條約或其本國法律，中華民國人民得在該國享受同樣權利者為限。」土地法中並未區分外國人中有屬外籍配偶者之特別規定。均採有條件的國際互惠主義；在此條件之下容許外國人，可以取得我國土地。

有對於互惠主義主張的批評，認為對財產權之取得，屬於個人私法上的權利；不能因外國人所屬國家，對我國民不承認有此種權利，我國即不給予該外國人享有。如此，顯然以外國之錯誤做法，加於該外國人身上。如上述外籍配偶，如認為其屬於準國民地位，將在我國永遠生活下去，應可考量類似就業服務法規定，予以放寬。否則事實上，外籍配偶有繼承土地之需要，如依法亦不能登記所有，亦會產生限制財產權之問題。

另依國家賠償法第15條：「本法於外國人為被害人時，以依條約或其

---

67 參中華民國內政部地政司網頁，問與答FAQ，https://www.land.moi.gov.tw/chhtml/content. asp?cid=1028，瀏覽日期：107.8.31。

本國法令或慣例，中華民國人得在該國與該國人享受同等權利者為限，適用之。」此問題，應會較大。因外籍配偶在臺灣地區居住，準備融入我國社會，如受到國家公務員侵害，或因公共設施瑕疵造成損害；其賠償條件，仍須依該外籍配偶之本國法，是否給予我國人民有請求權，而決定給予國家賠償。對此會產生一種感覺，即將該外籍配偶，認為是外人。亦可說明我國對此原則，仍以國家互惠原則，支配外籍配偶是否可請求國家賠償的權利；如此之論理，應有不周延處，有其修正空間。

有學者主張對有關權利之保護，對同樣是「外國人」，如與臺灣關係越密切、依賴程度越高，就應該受到越接近本國國民的保障。依此，對於以永久居住為目的之婚姻移民，至少應該當作「準國民」來看待，使其享有（包括選舉權）完整的公民權利[68]，不應將其視為外人，須依國際互惠原則而決定，值得參考。

入出國及移民法第31條第4項：「移民署對於外國人於居留期間內，居留原因消失者，廢止其居留許可，並註銷其外僑居留證。但有下列各款情形之一者，得准予繼續居留：一、因依親對象死亡。二、外國人為居住臺灣地區設有戶籍國民之配偶，因遭受家庭暴力離婚，且未再婚。三、外國人於離婚後對在臺灣地區已設有戶籍未成年子女，有撫育事實、行使負擔權利義務或會面交往。四、因居留許可被廢止而遭強制出國，對在臺灣地區已設有戶籍未成年子女造成重大且難以回復損害之虞。五、外國人與本國雇主發生勞資爭議，正在進行爭訟程序。六、外國人發生職業災害尚在治療中。七、刑事案件之被害人、證人有協助偵查或審理之必要，經檢察官或法官認定其到庭或作證有助於案件之偵查或審理。八、依第二十一條第一項規定禁止出國。九、外國人以配偶為依親對象，取得居留許可，其依親對象為我國國民，於離婚後三十日內與原依親對象再婚。」前述第5、6款，亦與外國人之財產及工作權保障有關。

（二）大陸籍配偶

上述有關土地法與國家賠償法的規定，有關大陸籍配偶是否可以取得土地登記、請求國家賠償。理論上，如兩岸關係條例無特別規定，亦應適用國

際互惠原則,即臺灣地區人民可以在大陸地區取得土地,及請求國家賠償;該大陸籍配偶即可享有此二種權利。因大陸籍配偶,在未經受許可在臺灣地區定居前,其身分亦為大陸地區人民。而我國對大陸地區之關係,有國家安全上特殊考量,因此,須在立法上對其權利,作一些必要的限制,其目的在於保護我國利益。惟此,以概括、抽象的國家安全,而限制大陸籍配偶的權利,從憲法上平等原則、財產權保護原則,有探討修正之空間[69]。

依兩岸關係條例第67條:「被繼承人在臺灣地區之遺產,由大陸地區人民依法繼承者,其所得財產總額,每人不得逾新臺幣二百萬元。超過部分,歸屬臺灣地區同為繼承之人;臺灣地區無同為繼承之人者,歸屬臺灣地區後順序之繼承人;臺灣地區無繼承人者,歸屬國庫(第1項)。前項遺產,在本條例施行前已依法歸屬國庫者,不適用本條例之規定。其依法令以保管款專戶暫為存儲者,仍依本條例之規定辦理(第2項)。遺囑人以其在臺灣地區之財產遺贈大陸地區人民、法人、團體或其他機構者,其總額不得逾新臺幣二百萬元(第3項)。第一項遺產中,有以不動產為標的者,應將大陸地區繼承人之繼承權利折算為價額。但其為臺灣地區繼承人賴以居住之不動產者,大陸地區繼承人不得繼承之,於定大陸地區繼承人應得部分時,其價額不計入遺產總額(第4項)。大陸地區人民為臺灣地區人民配偶,其繼承在臺灣地區之遺產或受遺贈者,依下列規定辦理:一、不適用第一項及第三項總額不得逾新臺幣二百萬元之限制規定。二、其經許可長期居留者,得繼承以不動產為標的之遺產,不適用前項有關繼承權利應折算為價額之規定。但不動產為臺灣地區繼承人賴以居住者,不得繼承之,於定大陸地區繼承人應得部分時,其價額不計入遺產總額。三、前款繼承之不動產,如為土地法第十七條第一項各款所列土地,準用同條第二項但書規定辦理(第5項)。」依民法繼承權[70]之規定,為依其繼承順位排定;並無區分本國人或外國人而有不同差異。一般對外國人的繼承權,我國亦無特別規定。而大陸地區人民的繼承,因上述兩岸關係條例的限制,僅能每人限在新臺幣200萬元的額度

---

69 對於外國人或大陸地區人民權利之保障,不採互惠原則,而採平等原則,為較理想層次之主張。

70 有關大陸籍配偶之繼承規定,依民法第1138條:「遺產繼承人,除配偶外,依左列順序定之:一、直系血親卑親屬。二、父母。三、兄弟姊妹。四、祖父母。」並未特別限制其可繼承之額度。

內，可取得其繼承財產權利，屬對財產權的限制。此種規定屬於非常時期的法制，依目前兩岸間的通婚狀況及經貿往來的熱絡，是否再宜如此限制，實有再重新考量的餘地。

　　如該大陸籍配偶，在臺灣地區之繼承權涉及往後生活之所需；或為扶養子女所必要。依上述規定，如果超出部分的財產，應由下一順位之親屬繼承；如無下一順位親屬，則歸屬國庫。依原來之立法規定[71]，此種法制規定，明顯限制大陸籍配偶的財產權；又本項屬立法政策的決定，為特別針對大陸地區人民的限制，從憲法上平等權、財產權之保障觀點，應有其疑義所在。因新住民其本身就屬於社會的經濟弱勢者，又對其特別的限制繼承權，將會產生惡性循環。另一方面，大陸籍配偶要成為臺灣地區人民，即取得中華民國身分證，又要經過依親居留、長期居留、定居等程序，其比較外籍配偶之歸化，須有較長的等待期間；顯然會有雙重的不利益。除非此項限制為直接關聯到國家的重大利益，且為唯一手段，否則將有合憲性上的問題。

　　另兩岸關係條例第67條第5項規定：「大陸地區人民為臺灣地區人民配偶，其繼承在臺灣地區之遺產或受遺贈者，依下列規定辦理：一、不適用第一項及第三項總額不得逾新臺幣二百萬元之限制規定。二、其經許可長期居留者，得繼承以不動產為標的之遺產，不適用前項有關繼承權利應折算為價額之規定。但不動產為臺灣地區繼承人賴以居住者，不得繼承之，於定大陸地區繼承人應得部分時，其價額不計入遺產總額。三、前款繼承之不動產，如為土地法第十七條第一項各款所列土地，準用同條第二項但書規定辦理。」已納入考量新住民大陸配偶之財產權保護。

　　限制大陸地區人民的繼承，其考量的方式，可反向的思考外國人或大陸地區人民願意移民至我國，表示我國亦有過人或值得留念之處，作為文明國家之一分子，思維上，不應一直停留在抽象的國家安全與利益上打轉，如何運用衡平、寬容的態度將民主、法治、人權的果實與外國人或大陸地區人民分享，並使新住民者能融入我國社會，進而有歸屬感[72]，實有必要。

---

71 中華民國98年7月1日總統華總一義字第09800160091號令修正前之規定。
72 李震山，前揭文（註23），第65頁。

三、新住民財產權之應有保障原則

對外籍配偶與大陸籍配偶的財產權保障，例外的部分，有依國家法律規定其不能取得特定財產，如礦權或航空器[73]等，應有其合理性。另外，依土地法規定其是否能取得土地，採國際間互惠原則，對此部分的限制，仍未過度或有公共利益上的考量。亦未造成新住民生活及經濟上的問題，應有其正當性。

另外國人財力證明之要求為：（一）最近1年於國內平均每月收入逾行政院勞動部公告基本工資2倍者（例如111年度薪資收入總額逾60萬6,000元）；（二）國內之動產及不動產估價總值逾新臺幣500萬元者；（三）我國政府機關核發之專門職業及技術人員或技能檢定證明文件[74]。

有關國家賠償採互惠主義，本文認為此則有很大的改善空間。因新住民已將在我國永久生活，如其國家法制對我國國民，不予承認有國家賠償請求權；因此，依法新住民亦不得在我國請求國家賠償，實有將其所屬國家制度的不合理處，加予個人身上，有其不合理處。另從新住民為準國民的法律地位而言，其在我國生活屬永久、長期性，與一般短期停留特定期間，即返國的外國人不同，不能將新住民一概視為一般外國人，因此目前所採的互惠原則，應具有前瞻性的往本國人與外國人一致對待的平等主義修正為宜。

伍、結語

新住民是我們社會的一分子，我們應重視其權利。國民之外籍配偶與大陸籍配偶在我國生活，要以我國為永久居住處所；且其本身亦負有照顧家庭、養育子女責任，有關其的法律地位，應有如國民一樣被對待；特別對於與其家庭之生存權有關的工作權，應不得限制。源於工作權之限制法理，目的在於保障本國國民，使有充分的工作機會；而如本章中所述之新住民，其本身即是居於準國民的地位。如大陸籍配偶在我國長期居留後，可申請定

---

73 有關取得礦權之規定，如礦業法第7條第1項：「第三條所列各礦，除第三十三條第一項所定礦業保留區外，中華民國法人得依本法取得礦業權。」

74 外國人如欲申請永久居留證，其薪資證明，移民署網頁，2023年2月15日，https://www.immi-gration.gov.tw/5385/12162/12197/51471/，瀏覽日期：112.8.20。

居，成為臺灣地區人民；原其之入國與居留目的，在於與臺灣（本國國民）之配偶，共同負擔維持家庭生計。如過度將國家安全考量，過度上綱；認為可能是外來危害，處處有防患規定，加諸於大陸籍配偶身上，已有違反法律限制之目的性與必要性。如此對其工作權的限制，相對的可能造成該臺灣國民配偶之家庭的不利[75]。依目前新修正之兩岸關係條例，已放寬其之工作權。未來對已定居在臺灣地區之大陸地區人民；即已成為中華民國國民者的任公職權利，也有其檢討的必要。

前述案例，當事人乙之自由工作權，應否受到保護，依本文見解：「就業服務法」第48條與第51條規定，應視乙之離婚是否有可歸責性，如無可歸責性，應即解釋為仍保有原來之居留目的，而許可其得自由工作。

即依入出國及移民法第31條第4項，如有：一、外國人為居住臺灣地區設有戶籍國民之配偶，因遭受家庭暴力離婚，且未再婚；二、外國人於離婚後對在臺灣地區已設有戶籍未成年子女，有撫育事實、行使負擔權利義務或會面交往；三、因居留許可被廢止而遭強制出國，對在臺灣地區已設有戶籍未成年子女造成重大且難以回復損害之虞，應可以繼續合法居留及自由工作。

（本文原發表於警學叢刊185期，2009年7月，第113-134頁，後經修改與補充而成）

---

75 勞動部對大陸配偶工作權之限制，予以放寬。據2008年7月16日報導：因大陸配偶多半一個人身兼多項角色，包括看護工、傭工，還得外出打工，增加家庭收入，也讓許多家庭得以擺脫對社會福利的依賴。大陸配偶可說是支撐臺灣經濟，不應抹煞他們的貢獻。對大陸配偶政策，對於合法婚姻關係，不應也不會禁止；假結婚則應該嚴格阻絕；對於相愛夫妻權益，也應該予以保障。大陸配偶一旦在臺灣定居，都是臺灣居民，他們的工作權、受教權應該受到保障。「陸委會」也會主動協調相關機構作全盤政策檢討。

第五篇

國外法制

第十四章　日本永久居留權之取得法制

實務案例

　　A係我國人民，其因業務關係常往返於我國與日本之間，並擬退休後，往日本長住與申請日本之永久居留。我國入出國及移民法規定，外國人居住我國5年以上，每年超過183日，且符合：一、20歲以上。二、品行端正。三、有相當之財產或技能，足以自立。四、符合我國國家利益；即可申請我國之永久居留。請問申請日本之永久居留，須具備何種要件？及取得後，擁有何種權利？

壹、前提—經濟發展考量與入國管理

一、經濟發展考量

　　我國立法院112年5月30日三讀通過「入出國及移民法」修正，為吸引外籍優秀人才來臺及留臺，新增對我國有特殊貢獻、高級專業人才、於各專業領域得首獎者及投資移民申請人的配偶、未滿18歲子女及身障子女得隨同申請永久居留。內政部指出，本次是「入出國及移民法」施行24餘年以來最大幅度修法變革，共計修正63條，有四大重點。其中，為吸引外籍優秀人才來臺，在外國人取得永久居留部分，現行規定須每年居住超過183日，放寬為最近5年內「平均」每年居住183天以上即可，以利白領人士因業務須不定期出差，恐無法長期居住國內[1]。

　　日本政府認為外國人來日旅行，可增進國際間的相互交流與瞭解。另國內企業擴大僱用外國人，亦可協助日本經濟發展；且日本亦持續向世界各國開放，致力接納各國留學生；另為維持產業的競爭力及提高生產性能，具有重要性的，在於期待持續的引進高級人才。因此，外國人經由適當合法管道

1　外籍優秀人才永久居留大鬆綁，工商時報，2023年5月31日。

進入日本，可帶動日本經濟成長與發展，及達到國際化的目標。而入出國管理行政，也被要求要配合達到這樣的功能[2]。

在專門性、技術性領域，申請獲得居留資格；而進入日本工作的外國人，平成19年（2007）有7萬7,875人。依專門性、技術性領域的工作目的，在日本居留的外國人人數，從平成8年（1996）底持續的增加，到平成18年（2006），達到17萬8,781人。依據吸引外國人到日本工作的基本方針，依據「技術」、「人文知識、國際業務」等的居留資格，在日本擔任技術員、有大學學歷的擔任文職等，亦有廣泛的可能。即使與先進國家比較，日本屬於採取開放的制度。另外國人為廚師等，如該外國人有特別或特殊的能力，也能以「技能」的居留資格，在日本工作[3]。

依不同教育、文化等的背景，外國人具有一定的想像力、規劃力，可有效使我國的經濟社會達到彈性化及國際化的目的。為此日本對高級外國人才的工作，有關現行出入國管理制度，已採取開放。使日本企業可以廣泛引進，實質增加外國人的人數。從就業的狀況來看，大概有半數受僱在比較小規模的事業，依非正規的僱用狀態；有關其待遇，大約65%的人，每個月薪資約為20萬日元。另外，從工作的內容，在理工方面（居留資格為「技術」），大都從事資訊處理。文法方面（居留資格為「人文知識、國際業務」），以擔任教育職為主。因此，屬於彈性運用，也未必皆從事於企業的基礎事務[4]。

目前日本取得永久居留權的人數，在平成19年（2007）底時，外國人登錄的人數，其中人數最多的類別，為「永住者（永久居留權）」（特別永住者，除外）。與平成18年（2006）底相比，增加4萬5,280人（11.5%）；達到43萬9,757人；並占全體外國人的20.4%[5]。

另日本法務省發布了關於日本永久居住權申請條件進一步放寬的政策。此項新政策對於希望長期在日生活的外國人而言，意味著符合一定條件的外國人申請日本綠卡—永久居住權所需的工作生活年限大幅縮短，最短工

2　平林毅，出入國管理の現狀と課題，法律ひろば，2008年12月，第4頁。
3　厚生勞動省職業安定局外國人僱用對策課，外國人勞動者の現狀と課題，法律ひろば，2008年12月，第13頁。
4　前揭文（註3），第14頁。
5　平林毅，前揭書（註2），第8-9頁。

作1年即可取得永久居住權。此前，永久居住權申請條件方面，對於在日的居住時間、工作時間、學歷、收入，以及納稅方面都有著嚴格的要求，所以日本是公認的綠卡門檻最高的已開發國家之一。近年來隨著老齡少子化，經濟增長停滯的社會大背景之下，日本移民的政策，也是逐步在調整。2017年4月26日最新公布的外國人永住權和外國人才高度人才申請條件調整的相關規定，是近期政策調整力度最大的一次。在此之前日本申請永住權，原則上要求是在日生活時間為10年，且其中有5年以上的工作經驗才有申請資格[6]。

根據2017年4月26日的公布的新規定，只要申請並被認定為高級人才之後滿3年，甚至最短1年就可申請永久住權。

以上截取自日本法務省網站，大致意思是：被評定為高級人才並且綜合積分達到70分以上，3年內可取得永住權。積分達到80分以上，滿1年可取得永住權。如何判定高級人才。根據規定，日本高級人才外國人大致細分為三類。第一類法務大臣所指定的在日本的公共以及私人機關，從事研究、研究指導、教育相關活動以及相關事業的經營。第二類法務大臣所指定的在日本的公共以及私人機關，從事自然科學或者人文科學領域的知識業務以及相關事業的經營。第三類法務大臣所指定的在日本的公共以及私人機關，從事貿易事業或者相關管理工作以及對日本有益的事業經營[7]。

二、入國管理上的永住資格

日本出入國管理及難民認定法（以下簡稱「入管法」）第22條規定，對符合一定條件之外國人，法務大臣得給予其永久居留權（在日本入管法上稱為「永住者」）。取得永久居留權的外國人，其有安定的法律地位，可在日本永遠居住，也沒有居留期限的問題；不需於固定的期間去辦理居留延長。其在日本的活動、工作，也因此不會受到其原本居留資格的限制[8]。

日本入管法別表第二的外國人，屬在日本有特別「身分及地位」的類型。具體的規定，是入管法第2條之2；包括「永住者（永久居留權）」、

6　是真的嗎？1年就可獲日本永居？每日頭條，https://kknews.cc/zh-tw/news/vmjr4yq.html，瀏覽日期：107.8.31。

7　是真的嗎？1年就可獲日本永居？每日頭條，https://kknews.cc/zh-tw/news/vmjr4yq.html，瀏覽日期：107.8.31。

8　東京弁護士會，ハンドブック外國人法律相談，明石書店，1996年2月，第18頁。

「日本人的配偶者等」、「永住者的配偶者等」及「定住者」，該當於此四種。有此資格的人，不受居留資格外活動的限制，也不適用進入國內的審查標準[9]。一般所謂永久居留權或定住外國人，即該外國人與日本人結婚，形成在日本有生活重心，而獲得永久居留權；或依工作的原因，長期在日本居留，而獲得永久居留權的人等。廣義「定住外國人」用語，也包括這一些外國人[10]。

賦予外國人永久居留權，要考慮到對國家及社會的影響。如該人無足夠技能與財產，將無法獨立維生；會造成社會的負擔。或如素行不佳，有犯罪前科的外國人，也會造成社會不安。對此，基於社會安全及國家利益，均無法許可該人的申請永住。依一般國際法理論，外國人並無主張進入一個國家，及在該國繼續居住的權利。因此，對於永久居留權的申請，自然也無法認為是外國人所可主張之權利。但另一方面，在地球村的潮流下，對外國人的出國自由，原則上應予尊重；國家原則也應接受有正當目的的外國人入國。在本國的外國人，基於國際人權的考量，亦應保障其相對應的基本權利。如有符合本國永久居留權的條件，亦應賦予外國人此項資格。

本章探討日本現行法與相關理論、判例，有關永久居留權的條件問題。對其實質內容、意義與所被保障的相關權利；另除一般永久居留權之外，亦涉及對特別永久居留權的意義與其地位，以作為我國之參考。

貳、永久居留權之取得要件

日本的永久居留權，為入管法上外國人的居留資格之一種。所謂「居留資格」，即該人居住的身分及地位，及與此地位所相對應的活動。外國人取得永久居留權後，最大的差別，即可無限期的居留及在其活動與工作上，不受限制。此與一般的外國人之間，有很大的差異。因此，其常須具備特別的資格要件，始能申請。

依日本現行的入管法制度，並沒有自國外即接受外國人入國，給予其為

9　東京弁護士會，前揭書（註8），第18頁。
10　藤井俊夫，憲法と國際社會，成文堂，2000年12月，第228頁。

永久居留權的設計。外國人皆須在日本居住一定期間後，始能申請變更居留資格，以成為「永久居留權者」。另外，實際上除了一般永久居留權外，另有特別永久居留權。後者，即是因為歷史的原因，在二次大戰之後，繼續的居住在日本的韓國人、北韓人、臺灣人。其因為和平條約生效，而脫離日本國籍；但為保障其法律地位，依特別法規定賦予其特定地位之人；在入管法上稱為「特別永住者」。

表14-1　日本永久居留權取得之要件與程序一覽表

永久居留權之種類	審理程序	規定要件	取得後之權利效果
1.一般永久居留權	1.依要求條件，向地方入國管理局提出申請。 2.審理期間約6個月。 3.由法務大臣核准。	1.居住10年以上。 2.素行善良。 3.有獨立經濟能力或技能。 4.符合日本利益。	1.可永遠在日本居住。 2.可自由工作。 3.享有一般日本國民權利。 4.無選舉與被選舉權。
2.親屬類之永久居留權	1.屬於日本國民、永久居留者之配偶或子女身分者。 2.依要求條件，向地方入國管理局提出申請。 3.審理期間約6個月。 4.由法務大臣核准。	1.婚姻維繫3年以上；在日本居住3年以上。 2.符合日本利益。	1.可永遠在日本居住。 2.可自由工作。 3.享有一般日本國民權利。 4.無選舉與被選舉權。
3.對日本有貢獻之永久居留權	1.符合內閣府公布屬於特別貢獻領域之身分者。 2.依要求條件，向地方入國管理局提出申請。 3.審理期間約6個月。 4.由法務大臣核准。	1.居住5年以上。 2.素行善良。 3.有獨立經濟能力或技能。 4.符合日本利益。	1.可永遠在日本居住。 2.可自由工作。 3.享有一般日本國民權利。 4.無選舉與被選舉權。
4.難民之永久居留權	1.屬難民或特殊被核准長期居留者。 2.依要求條件，向地方入國管理局提出申請。 3.審理期間約6個月。 4.由法務大臣核准。	1.居住5年以上。 2.素行善良。 3.符合日本利益。	1.可永遠在日本居住。 2.可自由工作。 3.享有一般日本國民權利。 4.無選舉與被選舉權。

（接下頁）

永久居留權之種類	審理程序	規定要件	取得後之權利效果
5.特別之永久居留權者	1.二次戰後，脫離日本國籍之北韓人、韓國人、臺灣人，依法轉換成為特別永久居留權者。 2.上述外國人之後代，出生後向地方入國管理局提出申請。	1.依法令轉換身分。 2.符合該身分，在規定之2個月期間內申請。	1.可永遠在日本居住。 2.可自由工作。 3.享有一般日本國民權利。 4.無選舉與被選舉權。

資料來源：作者自製。

一、一般永久居留權

賦予外國人永久居留權後，其將會在日本永遠居住，有如國民一般。對其所要考量的要件，至少要具備一般國民以上的水準；始會對社會有利。從保護社會的利益，有法定要件規定最低的要求，乃是必然的。雖然在成為永久居留權後，其身分仍然是外國人，但與居住國家的密切關係程度相比，也可比擬於國籍國[11]。以下介紹及論述，有關日本入管法上所規定永久居留權須具備的要件。

（一）概說

依日本入管法第22條規定：「欲變更居留資格的外國人，如希望改為永久居留的居留資格，須依法務省令所規定的程序，向法務大臣提出永久居留權的申請。

當有前項申請的情形，法務大臣限於該人已達下列各款的要求，而且，認為該人的永久居留符合日本利益，得予許可。但是，該人為日本人、已受到永久居留許可者、或依據與日本間的和平條約而脫離日本國籍等有關的出入國管理特例法（平成3年法律第71號，以下稱「和平條約國籍脫離者等的入管特例法」）規定的特別永久居留權者的配偶，或其子女的情形，不

---

11 所謂比擬於國民，指永住者其生活形態幾乎與國民相同；在權利的享有上，通說也認為除參政權以外，永住外國人應可以享有其他相關的權利。

需要符合下列各款。

一、素行善良。

二、具有足以維持獨立生計的財產或技能。

法務大臣為前項的許可時，入國審查官即須對該當受許可的外國人，於其所持的護照所記載的居留資格與居留期間，予以塗銷；並在該當護照內蓋上永住許可的證明。對未持有護照的情形，並交付其記載已受永久居留許可之意的居留資格證明書。有關這種情形，其許可的效力，在該當蓋上證明或交付的時候發生。」

對欲變更為永久居留權者，依上述入管法規定是對於希望變更為永久居留的居留資格外國人，關於第20條（居留資格變更）的特別規定。即對於外國人的申請永久居留權，法務大臣行使永久居留許可情形的要件。有關對日本人的配偶等，放寬永久居留許可的要件，及有關永久居留許可方式等的規定。永久居留，即是已有居留資格的外國人，希望變更為永久居留的居留資格情形；依規定的程序，須達到素行善良及具有獨立維持生計的能力。而且，限於認為該人的永久居留，符合日本利益；法務大臣即予以許可。獲得永久居留權的外國人，即保有「永住者」的居留資格，在日本居留[12]。

因此，欲變更居留資格的外國人，如希望改為永久居留的居留資格，須依法務省令所規定的程序，向法務大臣提出永久居留的申請（入管法第22條第1項）。對希望獲得居留資格變更的外國人本身，欲變更為永久居留的居留資格；依規定必須向法務大臣提出永久居留的申請。而有永久居留權的居留資格，其居留期間及居留活動，都沒有限制；具有最安定的法律地位。因此，被認為對於變更為永久居留的居留資格者，於審查上必要特別的慎重。永久居留的要件及程序，有另外規定；及在申請永久居留的程序，本人也有一定的義務。

另有進一步規定的，即入管法的第22條，為永久居留權的申請程序等事項。規定該外國人本身要到地方的入國管理局，除提出申請書外，須有素行善良的證明文件、足以維持獨立生計的財產或技能的證明文件、護照或居留資格證明書及外國人登錄證明書等。有關代理申請的要件及代理人的範圍、

---

12 坂中英德、齊藤利男，全訂出入國管理及び難民認定法逐條解說，日本加除出版，平成12（2000）年3月，第483頁。

免除到場及其的要件、許可的方式等，也有規定[13]。

（二）素行善良

「素行善良」是一項不確定法律概念，代表著要保持著良好的行為，不得有違法或犯罪的前科。一般外國人申請永久居留，代表其以後將以日本為其生活所在的中心；如果其以前有不法的行為紀錄，表示將來亦有可能再發生，將會影響社會秩序。因此，素行善良，是一項是否決定許可的重要條件。惟本項要件屬不確定法律概念，須依具體情況判斷，始能決定該人是否不符本項要件。較明確者為有故意犯罪的紀錄；而不易判斷者，如過失觸犯輕微之罪，是否即不該當符合本項的要件？即值得斟酌。

一般而言，第1款之「素行善良的事項」，即外國人的素行，在日本社會上，達到不被一般人非難程度的意思。於這個判斷時，對該人的納稅義務等公共義務的履行狀況、有無前科、有無與暴力團[14]的關聯等，均為重要的判斷原因[15]。

對有關素行善良的判斷，在日本的判決上指出，如因賭博罪被處千元罰金的被告，是否尚符合出入國管理令[16]第22條第2項第1款的「素行善良」條件？本案被告法務大臣，認為已不符合本款要件；而這樣決定是否適當的問題。判決認為，依這樣前科的事實；此即使其因為罪質輕微，罰金額度比較少的情形；但如從前述規定的旨趣來考量，限於無其他特殊的情況。畢竟還是必須說，如有這樣的前科，其已不具備素行善良的條件。而且，在本件上依原告的身分，並沒有充分的特殊狀況證據，認為應給予其永久居留許可。同條文對於外國人，因並非賦予外國人有請求的權利；所設定外國人在我國有永久居留的權利，此是特別恩惠性的處分的規定。因此，在該處分上行政機關所為的自由裁量，也無任何的違法[17]。

有關自由裁量的問題，及素行善良涉及不確定法律概念之內涵，將於如下「相關的問題」，再進一步為探討。

---

13 坂中英德、齊藤利男，前揭書（註12），第484頁。
14 「暴力團」關聯，為類似違反我國組織犯罪防制條例之罪的紀錄者。
15 坂中英德、齊藤利男，前揭書（註12），第484頁。
16 日本「入國管理令」為目前「出入國管理及難民認定法」的前身。
17 瑕疵ある行政處分の取消が適法とされた事例，判例時報174號，第11頁，東京地裁昭32（行）4號。

　　我國有關素行善良或品行端正之認定；可參考國籍法第3條第1項第3款規定，外國人或無國籍人申請歸化國籍及準歸化中華民國國籍證明，應具備品行端正、無犯罪紀錄之要件，另同法第4條第1項第1款規定，其以我國人之配偶身分提出申請，係以婚姻真實為前提，故內政部為使該部及各直轄市、縣（市）政府有一致且明確之認定依據，特訂定認定原則，以茲適用。依行為時認定原則第3點規定：「外國人或無國籍人依國籍法規定申請歸化，其犯罪情節輕微，且依警察刑事紀錄證明核發條例規定不予記載於警察刑事紀錄證明，屬下列情形之一者，認定為品行不端正：（一）觸犯刑法，經受緩起訴處分確定或緩刑、拘役、罰金之宣告確定。（二）違反社會秩序維護法，經裁處拘留或罰鍰確定。（三）妨害婚姻或家庭，經提出告訴且有具體事證。（四）從事、媒合或教唆他人坐檯陪酒或脫衣陪酒。（五）妨害風化或妨害善良風俗之行為。（六）經相關機關查獲走私或運送、販賣違禁品。（七）出於自願施用毒品。（八）其他經內政部認定為品行不端行為。外國人或無國籍人有……第三款之行為經提出告訴後三年內，或第四款至第八款之行為遭查獲後三年內，未再有前項各款行為之一者，得再重新申請歸化。……。」**18**

（三）具備技能或財產，得維持獨立生計

　　外國人如有工作能力或有一定財產，可保證其日後在日本的生活無虞，可預測會有安定的生活。個人的經濟能力，雖屬於私人事務及其財產權範圍；但如欲在日本為永久居留的外國人，無法獨立維生；將會造成社會的負擔及地方的問題。因此，本項條件之規定，亦屬具體性的基礎前提。個人的技能與工作能力有關，一般可提出任職證明書，或自營業者的提出營業收入證明；以表示個人的經濟能力。個人如與家族共同生活，配偶的一方有足夠的財產或技能，亦符合本項要件。

　　本條文第2款「具有足以維持獨立生計的財產與技能」之意，並非是依其所有的財產與技能，有能力負擔目前生活上的公共義務；而是從包括其所有的財產與技能，可預見在將來，被認定的能夠維持生計及過著安定的生活。另外，獨立維持生計的能力之意；未必申請人本身有充分的能力，如認

18　臺北高等行政法院高等庭105年度訴字第1243號判決。

為與其配偶等，及與其為一個家庭團體的成員間，在未來能一同過著安定的生活時，亦視為已具備此一條件[19]。

（四）符合國家的利益

本項要件之目的，主要應在強調國家主權，及考慮是否給予外國人永久居留，主管機關應有最終決定權力。縱然外國人符合前述的素行善良、有獨立維持生計能力等要件，但不保證其一定會獲得永久居留的許可。在此，所謂符合國家的利益，另外有綜合性須考慮的要件。如國家接受外國人的能力、該外國人的行為或表現，是否為本國所不歡迎等[20]。

所規定「認為該人的永久居留，符合日本的利益時」；即該人在日本社會的永久居留事實，可判斷是對日本為有益的意思。即「法務大臣限於……認為該人的永久居留符合日本的利益時，得予許可」。該永久居留許可，是賦予法務大臣依據自由裁量的事項之意。法務大臣從外國人的提出申請永久居留許可的情況，基於廣泛的自由裁量權，依該外國人在日本的經歷及其居留中的一切行為，並考量國土條件、人口動向等日本社會接受外國人的能力，而在出入國管理上接受，綜合考慮國際環境及其他情事，限於判斷該人在日本社會永久居留，對日本是有益的，即許可其永久居留[21]。

對於本件要件，初步有如下二個問題，可以先為討論。一者，所謂主管機關之最終決定權，其意義為何？此應先行確認，該主管機關，即日本之法務大臣，有其一定的裁量權。且依該申請人的具體狀況，裁量決定是否許可。但裁量須根據事實，如依具體狀況，考量國家如接受該外國人成為有永久居留者，將有損國家利益，亦得拒絕許可；此屬本法的明確授權。但如將是否賦予外國人永久居留權，提升到國家之間的關係；對於不友好國家的外國人，一律不許可其取得永久居留權；則不免有侵害外國人權利及重國權而輕人權的問題，亦值得注意。

二者，本項要件與前述的善良素行及獨立生計能力的要求，是否會有重疊的問題？從法律體系上言，很清楚應是不同的要件與要求。素行善良，有明確的標準；即無違法或犯罪紀錄等，有其明確的界限，可作為審查的依

19 坂中英德、齊藤利男，前揭書（註12），第485頁。
20 如過度的擴張解釋本項「符合國家利益」，將有侵害外國人權利之虞。
21 坂中英德、齊藤利男，前揭書（註12），第485頁。

據。如該人無違法或不良紀錄等，即符合此項要件。另外，是否符合「具備獨立生計的能力」，亦有客觀的標準，可作為依據。即提出有足夠的財力證明，或有任職於特定公司職位的證明，且已達到有固定額度的收入標準，足以維生。因此，本「符合國家利益」要求，最主要是考慮除此之外的其他問題。但「符合國家利益[22]」，一般而言此在具體上，可能無法符合法律明確性的要求。因國家利益無限廣泛，縱然是與國家利益有關，但在依法行政的現代立憲主義國家中，如過度擴張解釋本項要件，而與目的性不符合[23]的外國人，亦可能產生問題。

　　實務上亦有不符合素行善良的判例，認為憲法第22條規定，在不違反公共福祉的限度內，保障個人有居住的自由。有關外國人的居住，依入管法規定，須具備一定的條件，始得被許可在我國永久居留。但是，依上述入管法第22條的規定，作為永久居留許可條件之一者為「素行善良」。為了維持公共福祉，課予此條件應是適當的限制規定；應可認為是沒有違反憲法的規定。上訴人因為有觸犯刑法的犯罪前科，所以不符合素行善良的條件，因此被作出本件撤銷許可的處分。有觸犯刑法規定犯罪前科的人，依此不能被認為是素行善良，也是當然的。本件上訴人主張，該撤銷處分違反憲法，應屬完全沒有理由的[24]。

　　對於全面開放中國觀光客，在行政院答覆立委質詢資料中，出現「不受歡迎的男性大陸人士名單」文字，這也是政府文書中，第一次出現等同對中國人士列「黑名單」名稱。國安局官員對此保持低調，僅稱不知道有此事；移民署官員則說，一般只有非中國籍的外籍人士，才有「不受歡迎人士」名單，也就是俗稱的「黑名單」，至於中國人士是否已列有「黑名單」，官員則未明確答覆，只說對部分在臺曾違規的中國人士，會特別加以「註記參考」，做為未來申請入境的核准參考，但「註記參考」與「不受歡迎人物名單」不能劃上等號。官員指出，國際間對於「不受歡迎人物」，均會在其要求入境時，直接予以拒絕，包括恐怖分子、國際人球、曾在該國犯下重大犯行違規人士；在歐洲國家，惡名昭彰、有激烈行為的足球迷，也可能被各國

---

22 「符合國家利益」雖授權主管機關有廣泛認定的權利，但仍應受到司法的審查。
23 所謂目的性不符合，如其所要求的與入管行政無關；亦稱比例原則之目的關聯性。
24 昭和34年10月5日東京高裁判決、昭和35年11月17日最高裁第一小法庭判決。坂中英德、齊藤利男，前揭書（註12），第488頁。

列為不受歡迎人物而拒絕入境[25]。

2016年美國通過的「全球尼茨基人權問責法」非常具有開創性,對於遏阻人權侵害惡行頗具實效。因為該法可以用以針對個別人權侵犯者。如果可以查明某人確實犯下或下令(指揮責任)任何嚴重侵犯人權或腐敗行為,則可以要求上述國家(司法管轄權)制裁該人,制裁方式包括資產凍結、旅行禁令等。該制裁針對中國或其他國家(目標國家)尤其有效,因為這些國家的腐敗戰利品往往被轉移到國外,因此類似制裁將產生相應效果。據美國國務院統計,全球尼茨基人權問責法實施以來,全球已經根據該法制裁200多名嚴重侵犯人權的外國官員[26]。

(五)居住滿一定期間

在日本入管法第22條中,並無明確規定外國人須居住多久期間,始得申請永久居留。而此是透過行政釋示、內部通達的方式為下達,要求下屬審查及辦理。在日本的外國人,其均須先有其他的居留資格,於居住一段期間之後,在申請變更居留資格時,提出變更為「永久居留者」。對於居住期間的要求,入管法並無明文規定;主管機關的做法是透過內部規則規定,在審查上要求申請人必須符合住滿一定期間的要求;理論上,此規定應屬具有外部效力之規則(通達)。

一般外國人在日本申請永久居留,其要居住10年以上,始能提出。而其如與日本國民結婚,或是屬於日本國民的子女,或是永久居留權者、特別永久居留權者的配偶或子女者,一般須在日本居住5年,始符合申請的規定。但仍有細部之認定與放寬適用之部分,此可參見實務另外的函示或認定標準。而「繼續居留」,指居留不中斷之意。如一般的外國人,須在日本居住10年以上,此期間不能中斷。但如有出國需要,須要申請再入國許可,並在該期間中,返回日本;於此,其原本的居留資格,始算是無中斷。因永久居留權者的繼續居住,須10年以上的繼續在日本居留;如其未獲得再入國許可,而出國的情形,即不該當於繼續[27]。

---

25 不受歡迎中國人士 黑名單列管,自由時報,2007年3月22日。

26 立法院第10屆第3會期第11次會議議案關係文書,https://www.lawbank.com.tw/news/NewsContent_print.aspx?NID=177324.00,瀏覽日期:112.8.25。

27 入管實務研究會,入管實務・マニュアル,現代人文社,2004年10月改訂版,第147頁。

　　要求外國人須有一定的居留期間，始能申請永久居留權；最主要的考量，應是其生活的可以融入日本社會，或日本已形成其生活的重心；以作為核准其成為實質住民的標準。日本最早的規定，要求須有20年以上的居住經驗。如此的條件，外國人很困難，可以成為永久居留權者。後來修改內規，放寬一般外國人的居住10年以上的要求。

　　實務上亦提及有關永久居留許可審查的期限，約6個月期間左右。於此期間，申請的外國人依原本的居留期限，如果將到期，須再辦理居留延長；以免居留期限過期，而該永久居留申請，尚未核准，變成逾期居留的情況。永久居留的效力，是在法務大臣核准之日，正式發生。於此之前，均依原本的居留資格而居住。

　　我國入出國及移民法第25條第3項到第5項規定：「外國人有下列情形之一者，雖不具第一項要件，亦得向移民署申請永久居留：一、對我國有特殊貢獻。二、為我國所需之高級專業人才。三、在文化、藝術、科技、體育、產業等各專業領域，參加國際公認之比賽、競技、評鑑得有首獎者（第3項）。外國人得向移民署申請在我國投資移民，經審核許可且實行投資者，同意其永久居留（第4項）。前二項申請人之配偶、未滿十八歲子女及年滿十八歲因身心障礙無法自理生活之子女，得隨同本人申請永久居留，或於本人永久居留經許可後申請，不受第一項第一款及第三款規定之限制。本人之永久居留許可依第三十三條第一款至第三款或第八款規定撤銷或廢止時，隨同申請者之永久居留許可併同撤銷或廢止之（第5項）。」

　　依我國移民法規定，合法連續居留5年之認定：上訴人提出永久居留許可之申請，係主張已符合移民法第25條第1項有關外國人在我國合法連續居留5年，每年居住超過183日，及該條項所定第1至4款要件，比對上訴人斯時所檢附之申請資料中，須包含1個月內有效之依親對象之戶籍謄本1份，可知有關上訴人所提出依親對象即徐君之戶籍謄本，確屬被上訴人就其申請須依法審核文件之一，再觀諸移民法第25條第1項規定既明文以「合法」連續居留5年為要件，而上訴人申請永久居留許可所憑之是否合法連續居留5年乙事，則繫於前經被上訴人依移民法第23條第1項第1款規定所核發、其上載明依親對象為其配偶徐君之外僑居留證，一旦被上訴人審核發覺上訴人與配偶徐君有通謀而虛偽結婚之事實，即關乎是否依移民法第24條第1項第7款、行政程序法第117條規定撤銷前開外僑居留許可暨註銷外僑居留證而溯及失

效,致上訴人難以符合「合法」連續居留5年要件之問題[28]。

(六) 其他

1.簡易永住

依本條文但書的規定,為有關簡易的永久居留許可。如其是日本人、受永久居留許可者或依入管特例法規定的特別永久居留者的配偶或子女,即使不符合「素行善良」及「能維持獨立生計的能力」時,法務大臣也得予許可永久居留。因其是與在我國有生活基礎的日本人等的配偶或子女;以其特定的家族,已有相當能力可維持安定的生活,因此可受到簡易性的許可永久居留。但是,即使關於日本人等的配偶或子女,「也限於要被認定該人的永久居留,要符合日本利益」;於此,法務大臣始為許可,是相同的[29]。

關於被免除本項要件之要求者,有二種情形。一者,如基於家庭近親關係,即申請人是日本人、永久居留權者、特別永久居留權者的配偶或子女,依入管法規定,即除外不須具備本項要件之要求,亦可申請。原一般外國人與永久居留外國人之間,在法定地位上[30]有其差別。一般外國人有其居留期限,並須在居留期限屆滿前,自行出國或向入國管理局辦理居留延長。而永久居留的外國人,即無此項義務。外國人如與日本人等,有婚姻關係或為其子女;是家庭上近親,依法即放寬其申請的條件。

其二,即使對已獲得難民認定的人,也有永久居留許可的特例規定。其如果不符合第2款的「具備足夠維持獨立生計的財產或技能」要件;法務大臣也得予以許可永久居留(第61條之2、之5)。對於難民,課予「維持獨立生計的能力」要件;在考慮事實上很多情形難民的情況,即會因此無法受到永久居留許可。有關已獲得難民認定者的許可永久居留,即使其不符合第2款要件,也得予許可;因為,難民可以受到較為簡易性的永久居留許可[31]。

「難民」屬廣義上「放棄對國籍國的忠誠關係,在法律上或事實上不受該國外交保護的人」之所稱。此廣義的難民,為條約上受到保護的難民[32]。

---

28 最高行政法院108年度裁字第909號裁定。
29 坂中英德、齊藤利男,前揭書(註12),第486頁。
30 法定地位,指外國人在國內其權利受保障程度,或其可以從事的活動及行為的限度而言。
31 坂中英德、齊藤利男,前揭書(註12),第486-487頁。
32 東京弁護士會,前揭書(註8),第58頁。

並有以下的定義。依關於難民地位的條約（1951年的條約，以下簡稱「難民條約」），其第1條A(2)所定義的難民為：①因種族、宗教、國籍或屬特定社會團體的構成員，或因政治上意見的理由，而恐於受到迫害，或有充分理由認為會受到迫害；②屬國民以外的人民；③無法受到其國籍國保護的人，或（因為對其有恐懼）不期望受到其國籍國保護的人。

日本國內法上難民的定義，即「出入國管理及難民認定法」上的難民，為「依難民條約第一條規定，或難民地位議定書第一條規定的難民（第2條第3款之2）」。結果與難民條約上的難民，意義相同[33]。一般所認定的難民，是基於人道及國際人權法上原因，而被許可在一個國家居留，並予保護。且許可難民在本國居住後，該難民之居住國，亦有照顧難民的義務，使其過著有尊嚴的生活。在此，對永久居留權的申請，如要求難民，要與一般外國人具有同樣的經濟能力或專業，而足以維生，將有困難。如同樣要求難民要達到此標準，亦屬強人所難。

2. 核准的方式與效力

法務大臣為前項的許可時，入國審查官即須對該當受許可的外國人，於其所持的護照所記載的居留資格與居留期間，予以塗銷；並在該當護照內蓋上永久居留許可的證明。對未持有護照的情形，並交付其記載已受永久居留許可之意的居留資格證明書。有關這種情形，其許可的效力，在該當蓋上證明或交付的時候發生（入管法第22條第3項）。

本項為有關永久居留許可的方式，及其效力發生時期的規定。法務大臣核准許可永久居留的情形，並使入國審查官實施該許可的事務。即，於給予永久居留許可時，入國審查官即將該外國人所持的護照，對所記載的居留資格與居留期間予以塗銷；在該護照上蓋上永久居留許可的證明；對於未持有護照的外國人，交付其記載有永久居留許可意思的居留資格證明書。

許可永久居留的發生效力時期，是從入國審查官在該護照上蓋上永久居留許可證明時，或在交付有永久居留許可證明的居留資格證明書時發生。已獲得永久居留許可的外國人，取得「永久居留」的居留資格；其居留期間與居留活動，改變成沒有限制。另外，如其有強制遣返原因時，法務大臣有可

---

33 但實際上，個別案件亦有可能會依申請期間等形式要件之不具備為理由，不予認定其是日本入管法上的「難民」。東京弁護士會，前揭書（註8），第58頁。

能作成裁決特例，使其得為居留的特別許可等；因此其是一種入管法上最優惠待遇的法律地位，可在日本居留[34]。

二、特別永久居留者

日本的「特別永久居留權」，與一般外國人申請永久居留的情形，有所不同。其是以特別的法律規定，對符合特定條件的外國人，賦予其有特別永久居留權的地位，也保障其在日本的居住權及有相關特定的權利。一般而言，是指從二次大戰結束前，即居住在日本的韓國人、北韓人、臺灣人及其後代。特別永久居留權者[35]，其在日本的地位，與其他在日本的外國人相比較，也有所不同。其為依1952年4月28日所生效的和平條約，而喪失其的日本國籍；接著依據外國人登錄令（1947.5.22施行）規定，被視為外國人。依昭27法律126號規定：「除有依其他的法律規定，有關該人的延續居留資格及居留期間，所為決定的期間，雖然其沒有具備可為延長的居留資格，但是仍保障其在日本可繼續的居留[36]。」

特別永久居留權的外國人，最初是依據前述法令為居留，之後更依據「與日本間的和平條約而脫離日本國籍的人等有關出入國管理的特例法」（平成3（1991）年施行，以下簡稱「入管特例法[37]」），而屬該法第3條、第4條、第5條所規定的外國人。早期，其是日本從以前的殖民地，即自朝鮮、臺灣所強行遷徙，或依其他原因而到日本居住的人；並從戰前即居住在日本的外國人及其子孫。這一些人原本在日本支配之下時，稱為「帝國臣民」；二次大戰後，日本於敗戰後的處理作為，便依和平條約的生效日（昭27（1952）.4.28），對原本在日本已有生活中心的人，將其自動轉化成為外國人；有這樣的歷史經過。這一些人，依同法第3條的宣言，不必經過申請或許可處分等；即自動地賦予其「法定特別永久居留權」的資格。另

---

34 坂中英德、齊藤利男，前揭書（註12），第487頁。
35 特別永住者，一般指從二次戰前，即一直繼續在日本居留的韓國人、北韓人、臺灣人及其子孫。
36 當時又稱該當韓國人、北韓人、臺灣人，即該當為法律126號之2之6之人。第一東京弁護士會、人權擁護委員會、國際人權部會編，新外國人の法律相談Q&A，ぎょうせい，平成13（2001）年6月，第41頁。
37 1991年4月26日「根據與日本的和平條約脫離日本國籍的人等有關出入國管理上的特例法」，於同年11月1日施行。

外，例如於同法施行後，其所出生的後代等，依該法第4條、第5條規定，要獲得法務大臣的許可，始成為「特別的永久居留權」而有不同。通常這一些人，稱為狹義的「定住外國人」[38]（較為具體的稱在日韓國人、在日北韓人等）[39]。

最早，依和平條約生效，即自動轉化上述這一些人的身分；將其從日本的臣民改變成特別永久居留權者；並沒有經過申請程序，或徵詢當事人的意思，即自動賦予其有該法律的地位，此也是為保障其可在日本有安定的生活。而在和平條約生效以後，才出生的特別永久居留權者後代，則須在出生後的60日內，向法務省申請特別永久居留權者的地位，由法務大臣許可。

特別永久居留權者的第二代、第三代，在日本出生、成長、受教育、工作，與一般日本人可說幾乎在語言、文化上，皆屬相同；但因為不具有日本國籍，其在身分、地位上仍與日本人，有一段差異。甚至連最起碼的地方選舉權，目前都還未正式賦予特別永久居留權者享有。

有關對特別永久居留權者的地位保障，依特例法規定，有以下內容：

（一）強制遣返的特別

其須因觸犯無期徒刑或超過7年的懲役、禁錮之罪，由法務大臣認定該人的行為，有危害日本重大利益。加上此要件（入管特例法第9條第1項第4款），以保障其地位。

（二）再入國許可的有效期間特例

一般外國人於申請許可後，可在3年內有效。特別永久居留權者，於許可後不超過4年之內有效。

（三）進入國內審查的特例

一般外國人須依入管法第7條第1項第1款（審查護照有效與否）及第4款

---

[38] 一般定住者，即入管法所給予「定住者」居留資格的外國人，依規定是屬「法務大臣考慮特別的理由，指定一定的期間，許可其可以居住的人」（入管法第2條之2第2項，別表第一）。入管實務研究會，前揭書（註27），第138頁。

[39] 另外，在日本居留90天以上的外國人，依外國人登錄法規定，要為登錄。在平成3（1991）年6月，外國人的登錄者約114萬多人；其中如前述定住外國人，約占60萬。藤井俊夫，前揭書（註10），第227-228頁。

（有無違反被拒絕進入國內的原因），接受審查。但是，特別永久居留權者則不會被審查，是否有違反被拒絕進入國內的原因（特例法第7條）；因此，可安定其法律地位[40]。

三、小結

外國人獲得永久居留權與特別永久居留權的資格，算是在外國人中，具有最安定的法律地位者；其可以在日本永遠居住，及保有與日本人類似的權利（除參政權之外）。但要獲得永久居留權，須符合法律及實務上規定的各種條件。早期日本對於外國人的取得一般永久居留權，規定須在日本居住20年以上，始得申請；可說是一種困難取得的權利。近年來，日本在國際交流、尊重人權及為引進外來人才的計畫目的，才修正相關法令規定；放寬修正為居住10年以上。而對屬於日本人、永久居留權者、特別永久居留權者等的配偶或子女者，更放寬只須為5年的要求。

一般而言，認為賦予外國人永久居留權，是一種恩惠性的措施；外國人在符合法定的各種條件後，亦非即完全能獲得永住權許可。此論點，是強調主管機關之法務大臣保有決定的權利。名義上，依認定是否「符合日本的利益」，但實質上是一種自由裁量，考慮其他綜合性的要件。此點，涉及欲在日本長期居住外國人之權利，有再探討的必要。

參、永久居留權取得之相關問題

前述對於申請永久居留權的各個要件，已逐一探討。但有關申請要件的內容，仍有一些問題，有進一步分析的必要。

一、素行善良的意義與判斷

依前文所述，此項條件在於為保護國家利益及維護社會秩序目的，須有一定條件的限制；因此，是為公共利益考量的必要，所為對外國人的限制。於此，除永久居留的申請，有此項目的規定；其他，如在入管法上，亦有拒

---

40 第一東京弁護士會、人權擁護委員會、國際人權部會編，前揭書（註36），第41-42頁。

絕「特定犯重罪者」入國的條款[41]；即是因外國人有重大犯罪的紀錄者，不得入國；此屬為保護社會安全，所作的規定。

不受此項「素行善良」要件之限制者，為日本人、永久居留權者、特別永久居留權者之配偶與子女，可免除此項要件的審查。其基本考量，是此等外國人，因為與日本已有特殊生活及實質的關係；基於親屬間團聚原因，須在日本長期的居住；為使其有安定的生活，而排除本項要件的問題，不加以要求。是著重於家庭團聚與保障其有安定的法律地位，使其可長期在日本居住。因不同外國人類別，以與日本關係的差異性，而作不同規定；亦有實質上的合理性。此最主要的問題，在於「素行善良」是否有客觀的標準？因容易被廣泛解釋，造成侵害人權的結果。如依日本的實務見解，對於未納稅金、違反交通規則者，亦列入不符合本項「素行善良」的原因，實有再加斟酌的必要；或應視其具體情節而定。

對如屬過失原因而「觸犯輕微罪刑者」，是否亦不符合本項的素行善良？容有研究餘地。如前段所言，對與日本人的配偶等，排除本項要求；另外，對於一般外國人的規定，理論上亦應符合比例原則，才屬適當的做法。依入管法第22條規定，本項屬於「不確定法律概念」；容有許多解釋空間，主管機關得依實際狀況判斷；並也有裁量餘地。如本於具體事實為認定，尚屬合理可以接受。但如為依個人主觀臆測，過度擴大解釋本項概念，則應受到節制。

依實務的看法，認為本項的用意，在於要求達到有如對「一般日本人要求」的程度。其實質的概念，可稱合於一般社會要求的程度，或一般社會通念所能接受的「素行善良」。從理論上言，本項既然是屬於不確定法律概念的要件，在遇有疑義的爭訟案件，尚得由法院為具體審查。且本項的標準，也應非屬專門性、科技性、特殊領域、高度屬人性的判斷範圍[42]；法院應可為完全審查。

我國法院判決認為：是否准許外國人或無國籍人申請歸化為我國國籍之決定，乃國家主權行使之高權行為。105年12月21日修正前國籍法第3條第1

---

41 日本入管法上，亦有拒絕「特定犯重罪者」入國的條款。請參見日本入管法第5條第4款以下。

42 傳統認為此領域屬自由裁量之範圍，但裁量權之行使，應不能逾越與濫用。

項第3款明定申請歸化國籍者須具備品行端正,無犯罪紀錄,其立法目的無非係考量外國人或無國籍人歸化我國國籍,不應損害本國社會安定與公序良俗。所稱「品行端正」係不確定法律概念,且屬規範概念,法律適用者必須採取評價之方式為法律之解釋使其具體化,是主管機關為統一法解釋法令,認定事實,而訂定解釋性行政規則,依行政程序法第159條之規定,尚非法所不許。本件認定原則第3點,即係為認定「品行端正」之不確定法律概念,而由主管機關訂定之解釋性行政規則,該認定原則第3點第1項第1款至第7款除含有違反刑事法規或裁罰性行政法規之行為,亦將妨害婚姻家庭、妨害風化或善良風俗之行為納入,核與國籍法第3條第1項第3款之規範目的無違;至於第8款所稱其他經內政部認定為品行不端行為,雖其具體內容須藉由行政機關適用認定後始得明確,然其與特定事件經由解釋不確定法律概念而為論證涵攝之過程,尚無不同,行政法院就行政機關所為決定之合法性,均得為審查[43]。

二、符合本國利益的判斷

是否符合本國利益?應屬綜合性的考量評價問題。對於申請人的不確定證明文件,或對該個人的紀錄正確性,尚有疑義時,均屬評價的要件之一。如日本在判例上認為因獲得永久居留許可,是對於希望在日本居留的人,可使其獲得有利的地位。但如有關其在申請書的內容記載正確性上,有可疑的情形或該提出的書類,有虛偽可疑的地方,法務大臣則不能避免的,必須為消極的判斷[44]。

一般個別行政法的法律要件,甚少有規定須「符合本國的利益」,這樣的要求。其原因在於這有如是「憲法的要求」,屬為維護國家及全體國民利益的問題。屬全面性的、並無一定具體的標準可言。在適用上,有甚多不明確的地方。依日本國籍法[45]規定,有關歸化的條件要求該申請人,不能有不認同依憲法所成立政府組織的行為;即是對本國政府的信守。而「本國利

---

43 臺北高等行政法院高等庭105年度訴字第1243號判決。
44 平18.11.2福岡地裁判決;注解・判例出入國管理・外國人登錄實務六法,平成20(2008)年版,日本加除出版,第55頁。
45 依日本的國籍法規定,申請歸化之人,不能危害政府、或主張反對現行政府的言論。請參考日本國籍法第5條。

益」的要件，屬比較廣泛、一般人並不容易判別，而屬賦予主管機關，依具體情況為綜合考量的權限。

依一般的理解，普通外國人申請永久居留的過程，應不致於違反本項規定。如有特殊情形，依具體事實決定不符合本要件，應屬特定者。例如雖無犯罪前科，但在國內的言論、行為屢有不當，可能使居住國形象受損、或影響居住國的外交關係[46]。或私人行為不端，備受爭議等，亦可能構成不符合本項要件的依據。但實際上，應有具體的事證與論據。

三、可否撤銷永久居留權

許可永久居留，是一種授益行政處分。但在日本入管法中，並沒有明文規定得予撤銷的原因。依行政法理論，對違法的行政處分，得予撤銷[47]。其即於處分效力發生後，因有發生違法行為，予以撤銷使其自後喪失其效力。於此，如撤銷外國人的永久居留，對外國人居留權利有重大影響，應慎重為之。

在理論上對於瑕疵的行政處分，一般得為撤銷。而通說認為對該處分所生的既得權利，此的撤銷，並無不當的侵害。實務上，也認為不許因任意考慮對既得權利的尊重，而皆不許為撤銷處分[48]。對於撤銷的原因，由法律規定，是法律保留原則的基本想法。但如法律無明文規定，自應以違反本來為許可的條件為限。如事後違反「素行善良」的原因，或須在本國居留的期間，違反規定等。如依日本現行之入管法規定，外國人出國有再入國需要時，須申請再入國許可。如未申請再入國許可，即為出國，其原本在國內的居留資格即為喪失[49]。如永久居留的外國人，未申請再入國許可，即為出國，其原本的永久居留資格，即會喪失。

而行政處分在性質上，如有瑕疵的情形，也並非是無限制的皆不能撤

---

46 如參加抗議的行為，指摘本國政府政策的不當，造成居住國政府機關的壓力；或抗議外國高級官員的來訪，均會被考慮，已涉及影響「本國利益」的問題。
47 有關行政法上，得予撤銷之依據。請參考宇賀克也，行政法概說I行政法總論，有斐閣，2009年4月3版，第313頁。
48 瑕疵ある行政處分の取消が適法とされた事例，判例時報174號，第11頁，東京地裁昭32（行）4號。
49 有關本項規定，受到國際上許多非難。詳見岡本雅享，永住者の歸國權をめぐる國際的潮流と再入國許可制度，法律時報80卷2號，2008年，第73頁以下。

銷。判決上引述本件對已獲得永久居留許可者，在其取得特別的權利後，予
以撤銷，會造成私人既得權利、利益受侵害的結果時。如因所作出的處分，
是因有明顯的欺騙行為等所作的決定，則屬另當別論。但是，因該處分所喪
失的個人權利、利益，與因此所獲得的公共利益間的比較，應解釋為只有在
後者應為優先的情形，才得撤銷[50]。

對此，如永久居留的外國人，在事後因自然的原因，形成「無獨立維持
生計的能力」，應不屬撤銷的原因。或在事後，因特殊情事，變成非日本人
的配偶情況，亦應非撤銷的原因。此從所發生的原因，如是個人可預見（可
歸責）的狀況，始有負責任的問題。如非該個人所能預見，即不能由該個人
負責，而撤銷永久居留權者的永久居留權利。但如有虛偽原因，製造假的證
明，則當然屬得撤銷的原因。

四、裁量許可的界限

所謂裁量權，應是依法律所賦予行政機關，在合於法律授權範圍內，可
適當的為決定處分，而不受司法審查的權限。而裁量權的範圍，依日本行政
事件訴訟法第30條規定，「關於行政機關的裁量處分，限於如有超過裁量權
範圍，或有濫用的情形，法院得對該處分，予以撤銷。」依此規定，該裁量
行為似屬於「法院因其有逾越、濫用的情況，得予撤銷的處分。」也就是法
律意義上的裁量，在於注重司法審查的範圍，並限定對於該裁量權的逾越、
濫用的審查上。即法律未必皆對於行政機關，賦予其有廣泛自由判斷的餘
地[51]。對於外國人的永久居留許可，是否予以核准？有關裁量權決定，應也
要適用上述裁量權的理論。

一般所謂裁量，有自由裁量與羈束裁量[52]。其區別目的，在於決定司法
審查的範圍。例如「所言的羈束裁量，是法律上的裁量，該裁量行為如有錯
誤，即構成違法的行為。相對的，所謂便宜裁量，屬符合行政目的適當性的

---

50 瑕疵ある行政處分の取消が適法とされた事例，判例時報174號，第12頁，東京地裁昭32
（行）4號。

51 武田真一郎，行政法における選と裁量について，成蹊法學68.69合併號，2008年，第202
頁。

52 有關自由裁量與羈束裁量；目前學說認為前者屬行政裁量，有其一定的權限。請參考宇賀克
也，前揭書（註47），第301頁以下。

公益裁量，其裁量如有錯誤行為，只不過是單純的不當行為。」因為羈束裁量，是法的判斷，須由法院全面審查。但便宜裁量（自由裁量），即使其判斷錯誤，原則上僅止於不當。例外的，在限於「裁量權有逾越、濫用的情形，法院得予以撤銷[53]」而不當、濫用與逾越的裁量，應如何分辨？尤其在是否予以核准，外國人的「申請永久居留許可」上，應也會有這種問題[54]。

　　主管機關為本項的永久居留許可，實務上強調此屬自由裁量的範圍。其完全的意義為何？主管機關除依法律條件決定外，是否另有裁量空間，應為探討。最主要的問題，在於申請形式雖符合「素行善良」、「獨立生計能力」的二個要件。但是否為許可，仍應由主管機關考量第三個要件——「符合國家利益」，再為決定。此處的決定，亦有「判斷餘地」的意義存在。在裁量上，如申請人有負面的原因或所提出的證明資料，有不足的情況，經綜合考量結果，而不予許可。

　　法院對於裁量的拘束，在於「如其的判斷事項，是屬於通常人共通的、一般的價值法則，乃至於日常生活經驗。依據此種立場的情況，所為的判斷，因如由法院決定，也能公正的裁決。所以，此應可以解釋為是羈束裁量」。另「依法律規定，其如果是屬於行政機關的高度專門技術知識，而為的判斷或伴隨著政治責任，依預定的政策為判斷的情形。對此，應解釋為法律最後的決定、選擇，是預定要委由行政機關，依考量公益的判斷，以負其責任。此的判斷，應屬例外的便宜裁量（自由裁量）[55]」。

　　而日本的申請永久居留，其一般審查期間約為6個月。可推論此期間，應是為各項查證、調查，或會商各主管機關。並對證明不足者，要求為補正等程序。解釋上，應認為此處的許可，屬自由裁量（便宜裁量）。並非申請人只須形式要件符合，即能獲得。另外，尚須「符合本國利益」要件的考量與決定。於此，尚不能解釋為「羈束裁量」，認為形式上符合，即會獲得許可。

　　但反過來，此處的自由裁量，亦非毫無限制。對拒絕予以許可者，須有具體原因、且符合一般社會通念、比例原則，且沒有認定事實錯誤等。在

53 武田真一郎，前揭文（註51），第216頁。
54 如對特定國家國民的申請永住，皆一律不予許可，應屬濫用裁量權的情況。
55 武田真一郎，前揭文（註51），第214頁。

日本行政程序法[56]上，另有規定關於不適用的事項，包括外國人的入出國事項。而另外的問題，即外國人是否有主張請求此項權利的依據，亦是一項值得研究之問題[57]。

五、有再入國需要的申請問題

再入國的意義，即依原來的居留資格，在出國之後，依同一居留資格的返回居住國之意。外國人屬永久居留權者，如有出國後，需要再入國的情形，依日本現行入管法的規定，須申請再入國許可。其主要為一般從事商務的外國人，在一年之中可能須多次的往來於日本及其他國家間。再入國許可的制度，主要為瞭解特定外國人出國的目的，與限定其返回的期間。依規定須預先向居住國申請，以保持其原來的居留資格有效。從入出國秩序管理的正確性立場言，再入國許可制度，有其特定目的。另外，此也有涉及對外國人在國內活動的管理。即外國人如有不法或被居住國家視為不認同的行為，即可藉再入國的許可制度，拒絕其再入國，以為約制。因此，本項的規定，亦可作為限制出國的一種方式。

有關保障外國人的出國自由與「返回本國的權利」，此已是被廣泛認為屬於可自由移動的權利。如依國際人權規約（B規約，第12條第2項及第4項）等的旨趣，如解釋為對外國人的再入國自由，及其暫時的出國旅行自由，國家得依自由裁量，予以限制，應是不妥當的[58]。對此項權利的基礎，從權利性質上強調國家主權，皆會論及外國人並無主張入國的權利，且包括再入國的權利。但屬國際人權條約的公民及政治權利國際公約第12條規定，任何人皆有離去任何國家，包括其本國在內的自由。且有「回到其本國」的自由，不受恣意剝奪。對於這邊的本國，聯合國人權委員會的意見，主張包括永久居留國在內。

日本入管法第26條的再入國許可制度[59]，並無區分一般外國人或永久居

---

56 有關日本行政手續法規定，不適用入出國事項。請參考日本行政手續法第3條第10款規定。

57 依據國際法的通說，外國人並無請求入國、居留及永久居留的權利。

58 辻村みよ子，憲法，日本評論社，2001年8月，第163-164頁。

59 持有效護照及在留卡之外國人在出境後1年內憑在留卡可再進入日本國內，不需要辦理再入國手續。參外交部網頁，https://www.boca.gov.tw/sp-foof-countrycp-01-32-cb309-1.html，瀏覽日期：107.8.31。

留外國人的差別。永久居留外國人的居留與出入國管理，大致與一般外國人相同。只是其可無限期的居住及自由的工作、活動。包括再入國許可及驅逐出國條款，均無特別保障[60]永久居留外國人。而只能依個案適用比例原則、或裁定給予特別居留情形。但在入管法本身，並無區別規定；亦有檢討必要[61]。

　　從日本憲法理論上，雖有少數學者主張外國人亦應等同國民，有出國旅行的自由；因此，其亦有再入國的自由。但實務上，尚無法肯認這樣的說法。有關保障外國人基本權利的程度，討論其保障範圍是否及於所有的自由權領域或僅是在出入國管理體制內，受到保障？有此二種說法[62]。前者主張，外國人一般的自由權，皆受到充分保障。因此，不能因外國人有特定行使自由權的活動，而在出入國管理上受到一些不利的處分對待。另外，後者即相對認為，其受保障範圍僅限在出入國管理體制內，如超出入出國管理的目的限度，仍有可能受到管理必要的消極處分，如拒絕再入國許可。

　　而回到永久居留權者的再入國許可問題，原來入管法維持這樣的規定，對於公民及政治權利國際公約第12條的解釋，與聯合國人權委員會意見不同，且與世界上主要國家的再入國許可制度不同，對於永住者之出國及返回居住國權利的保障，並不周延。對此，日本於2009年修正入管法，對外國人於居留簽證合法期間，1年內得自由出入國。

---

60 在有關特別永住者的規範法律中，保障對其驅逐出國的條款，須有犯重罪等特定的原因；則屬於例外。
61 依個案的裁決不予以遣返，對永住者的生活及地位而言，相對的風險性較高；入管法上無明文保障的依據，亦難符比例原則。
62 外國人基本權保障的二種說法：一者保障其自由權說，二者為只在出入國管理範圍內，受到保障。

肆、取得永久居留權者之相關權利

一、概說

（一）權利性質說

外國人亦得成為基本權利主體[63]。有關權利之保障，依權利性質說，因權利性質關係，外國人不被保障的權利，可列舉出參政權、社會權及入國自由等。對於參政權，因在國民主權的憲法下，「從事於該國公務」的政治性權利主體，當然限定於「國民」。而社會權，依其性質應是所屬國家，要專門保障其所屬國民。入國的自由，依國際習慣法的理由，「一個國家是否拒絕該當外國人入國，得依自由裁量決定。」因此，否定對上述權利的保障。另一方面，平等權、自由權、國務請求權（受益權），原則上保障外國人。但是此人權保障外國人的意義，並不與日本人完全相同。例如，自由權是排除權力介入；因是請求不作為的權利，當然屬外國人被保障的人權。因此，思想良心、信教、學問、表現自由等精神自由，原則上與日本國民受到同等的保障[64]。

（二）外國人居住類型說

有關外國人人權，被保障到什麼樣的範圍？因為即使是外國人，也有短期旅行者等的一般外國人。另外，也有以日本為生活中心，且已獲得永久居留權的定住外國人（即屬出入國管理及難民認定法上的永久居留權者。另有依據與日本之間的和平條約，而脫離日本國籍者等的有關出入國管理特例法規定的特例永久居留權者等）、難民等的類型。有這些的不同，須加

---

63 另請參考蘆部信喜，憲法學III人權各論(1)，有斐閣，2000年增補版，第479頁。佐藤幸治，憲法，青林書院，1995年3版，第543頁。伊藤正己，憲法，弘文堂，1995年3版，第293頁。中林曉生，給付的作用と人權論，法學教室325號，2007年，第25頁。安念潤司，「外國人の人權」再考，樋口陽一・高橋和之編，蘆部信喜先生古稀祝賀、現代立憲主義の展開（上），有斐閣，1993年，第167頁。

64 松井直之，市民會館の使用不許可處分と在日外國人の集會の自由—倉敷市民會館事件，橫濱國際經濟法學17卷1號，2008年9月，第202-203頁。

以注意[65]。其權利所受到保障的範圍與程度，也必須具體思考。對該外國人「在考慮其人權之際，其中的重要性，並非該人的國籍，而應是其生活的實態」[66]。

在外國人中，具有最安定的法律地位者，為永久居留外國人。對其生活的福利及照顧[67]，屬於居住國政府的重要事項。其可無限期的在日本居住、可自由活動及工作及擔任特定地方公務員等，另有關返回居留國的權利及地方選舉權，則尚在討論階段。

二、可無限期的居住

外國人在獲得法務大臣的永久居留許可後，其居留證上即會被蓋上永久居留權者的名稱，或是對沒有居留證的外國人，在被核准為永久居留者後，會被發給載有永久居留權者名義的證明書，即發生「永久居留權」的效力。外國人因為對於原來國家的認同與文化特質上的關係，有一些外國人，會選擇申請特定國家的永久居留權，而不申請歸化[68]。對一個國家而言，給予外國人永久居留權與核准其歸化，具有類似的意義，即賦予其可在我國永遠居住。

永住許可，是一種行政處分。該外國人在無期限限制的居住期間內，亦須遵守居住國法律。例如仍須為辦理外國人登錄，及在日本永住期間，如有出國後再入國需要，要事先申請再入國許可。在居住期間須遵守相關法律規定，不得違法。如有違法行為，仍適用入管法的強制遣返規定[69]。

所謂無期限限制的居住，即與一般日本國民相同。可將日本視為第二故鄉，成為其將來生活中心的地方。實際上永久居留的外國人與一般國民之

---

65 木村俊夫，基本的人權總論，收於憲法Ⅱ基本的人權，法律文化社，2001年4月，第20頁。

66 有關外國人的待遇，即使皆是外國人，也不能都一律同等考量。至少外國人中有：（一）定住外國人（長期居住）；（二）難民；（三）一般外國人等，可區分成三種。松井直之，前揭文（註64），第204頁。

67 相關文獻，另請參考三本松政之，移住生活者の福祉と生活支援，法律ひろば，2008年12月，第26-33頁。朝倉美江，定住化する外國籍住民への自治体政策と市民による支援活動の課題，金城學院大學論集，社會科學編32卷，2007年，第1-21頁。

68 有關日本的永久居留與歸化之間的差別，請參考薄井，永住許可と歸化について，戶籍時報No. 552，平成15（2003）年2月，第72-76頁。

69 有關本點仍有討論餘地，如與一般外國人相同一律同等適用入管法的標準，亦有違反比例原則之處。所以實務上，大都認為可能適用「特別居留」之條款，以為解決。

間，除了參政權其不能享有外，其他的自由權、社會權、一般基本法律地位及待遇，應皆有如國民。即實質上，已融入日本社會與國民的義務及生活實態，皆屬相同。而保持著永久居留權者的身分，即享有無限期限制的居住權利。

三、可自由的活動及工作

一般外國人在國內的活動，須相對的符合其居留資格，不得超過原來申請的居留資格範圍。對居留活動的限制，是為正確入管法上的申請管理及登記規範。另一方面，未獲得工作許可的外國人，不得從事有獲得酬勞的活動，以保障日本國民的工作權。

取得永久居留權的外國人，有其特殊的法律地位，其身分與活動，在日本亦受到保障。所謂「可自由的活動」，除日常生活的一般活動外，最主要可從事各種入管法上相對應的居留資格活動，而不受限制。如就學、教授、研修、就勞活動等，皆可依其興趣與能力，而為從事，不須申請許可。而「工作」，即指獲得酬勞的活動之意，包括受僱及自行營業。但有一些特定的職業，依法令規定仍限制外國人擔任，則另當別論。

四、可擔任地方特定職務的公務員

在討論永久居留者擔任公務員的問題上，首先是有關國家的公務員，因為其涉及行使公權力或參與規劃形成公共意思的程度較濃，因此，一般從國民主權的原理觀點，即較無可能性。另外，對於地方公務員，屬於技術、專門、單純從事勞務的職務，因其所從事的工作，無涉及行使公權力的問題，有被任用的可能性。

而基於擔任公務員，也是廣義參政權的一項，與國民主權的原理有關，認為公務員與國家的關係是基於忠誠及行使國家的統治權，因此，應是國民始得擔任。有關行使公權力；如地方公務員本身亦有直接形成對住民權利、義務的決定，或行使確認該範圍等的公權力，或是實施有關普通地方公共團體的重要政策決定，或屬於擔任參與規劃的職務，此皆可稱為「行使公權力等地方公務員」[70]。從此的國民主權的原理，早期皆反對永久居留的外

---

70 高世三郎，最高裁平成17年1月26日大法廷判決解說，收於最高裁時の判例，外國人管理

國人擔任公務員。

　　但日本對有關公務員的任用，在法律上並無明確規定，其須具備有「國籍的條件」，除特殊法律如外務公務員法規定，須具有日本國籍者始得擔任外，其他一般任用公務員的人事法律中，並無明文。但對於公務員職務，基於其本質，與行使公權力相關聯，因此是否容許外國人擔任，引起許多討論。另日本的國立及公立大學教師的任用等，依據「有關外國人教師任用等的特別措置法」規定，得予任用外國人為國公立大學的教師[71]。

　　是否能擔任公務員，亦關涉永久居留權者的權利。對外國人的基本權利，依日本憲法第三章各規定，在基本人權的保障上，除依其權利的性質，解釋為只限於日本國民才能被保障的對象者除外；其他的，即使對於在我國居留的外國人，也應認為其會被同等對待[72]。於此，特別是涉及憲法上選擇職業自由及平等權的保障。對於永久居留外國人[73]，因其生活形態、所受教育及依法繳納稅金等，均與一般日本人相同。且法律上並無明文禁止，永久居留者不得擔任地方公務員。

　　在後來，雖然日本對外國人是否得被任用為公務員，也繼續維持著「當然的法理」。但對不屬於行使公權力（公權力如警察官等），及有關形成公共意思的公務員（課長職以上）；即限定於專門技術、特定性的職種等，予以開放，而附予其任用、升職上的限制[74]。即在日本的永久居留外國人，得擔任地方基層性或特定性公務員職務。因理論上，擔任公務員亦屬廣義參政權的一種，而外國人是否得擔任日本的公務員，從早期是以當然的法理，為全面的禁止，後來在觀念上進一步接受，使外國人永久居留者可擔任地方特定基層、不屬於執行公權力的公務員。但有關此限制，仍非法律的限制，而是依法理的解釋作為依據。

　　而在限定「永久居留權者」只能擔任特定的地方公務員職務，而不得升

職、選考受驗資格，平成10年93號、最大判昭53‧10‧4民集32卷7號，第1223頁、Jurist增刊，2007年12月，第15頁。

71 木村俊夫，前揭文（註65），第23頁。

72 高世三郎，最高裁平成17年1月26日大法廷判決解說，收於最高裁時的判例，外國人管理職、選考受驗資格，平成10年93號、最大判昭53‧10‧4民集32卷7號，第1223頁、Jurist增刊，2007年12月，第14頁。

73 本章所指的永住外國人，包括日本的特別永住者及一般永住者。

74 木村俊夫，前揭文（註65），第23頁。

任管理職。對此升任限制的訴訟,日本法院在判決上指出,「為行使公權力等之地方公務員的執行職務,有決定住民的權利、義務及法律地位的內容處分,或其事實上涉及重大影響。因此,會對住民的生活上,有直接或間接重大相關。因此,基於國民主權原理,有關國家及普通地方公共團體的統治方式,要成為日本的統治者,應由國民負最終的責任(憲法第1條,第15條第1項參照)。以此作為原則,應是設定有日本國籍的人,始可任用為行使公權力等的地方公務員。而歸屬於我國以外的其他國家,外國人其與其的國家間,亦有屬於其國民的權利、義務,而其要被任用為行使我國公權力的公務員,其本來應不是我國法律體系所應設定的[75]。指出附帶條件的任用,且不得升任管理職務,是屬於正常性的。

在反對永久居留權者升職的意見中,最高裁藤田法官的補充意見指出,依據「與日本國之間的和平條約而脫離日本國籍的人等之出入國管理有關的特例法」,從其所規定特別永久居留權者的法律地位考察,因為並沒有規定特別永久居留權者與其他以外的外國人間,加以區別,而有特別優待情形。而本事項應以對普通外國人的一般性就任的可能性為考察。因此,上訴人所提訴之行政機關的措施,當然應不能判斷為違法[76]。似須再探討一般外國人的身分,是否可主張任用為我國公務員權利的基本論點上。

五、賦予地方選舉權之進展階段

永久居留的外國人,既然其將以日本為其往後生活的中心,其與日本社會的關係應是非常的密切。有關其生活所需或意見表達,亦要受到政治人物的重視。另基於其是地方住民,也應有參與地方政治活動、選舉的權利。但從理論上而言,有關參政權,特別是選舉權,是否應保障外國人享有?對此,是有問題的。對於參政權,一般的考量,並以「國民主權」作為其前提權利的依據。因此,不能否定要以「國家」與「國民」間的關係,作為前

---

75 高世三郎,最高裁平成17年1月26日大法廷判決解說,收於最高裁時の判例,外國人管理職、選考受驗資格,平成10年93號、最大判昭53‧10‧4民集32卷7號,第1223頁、Jurist增刊,2007年12月,第15頁。

76 高世三郎,最高裁平成17年1月26日大法廷判決解說,收於最高裁時の判例,外國人管理職、選考受驗資格,平成10年93號、最大判昭53‧10‧4民集32卷7號,第1223頁、Jurist增刊,2007年12月,第17頁。

提[77]。而參政權包括選舉權、被選舉權、公務就任權、政治活動參加權等。其各別本身，皆有不同。選舉權有關於國政的選舉權與地方選舉權，二者亦有區別討論的必要[78]。

對於主張永久居留外國人的地方參政權，其中的一個論點，是所謂民主制度。即民主制[79]，在於治者與被治者的同一性。此論及有納稅，就要有代表；無代表，則無納稅之原理。有關參政權與民主主義的關聯，認為在日本的社會生活，為工作、就學、結婚及與家族共同生活的人，其有著被要求工作、納稅、受教育等，同於日本人的國家構成員義務。所謂原本的自治，應可說住民本身，對於社會所為的管理。也因此，所有住民的聲音，都必須反映到自治體的議會[80]。且所謂「國民」，有二個概念，一是憲法的國民，另一是地方自治法的國民（住民）。二者的意義，並不相同。憲法的基本權利，依其權利的性質，除了該權利是專屬於國民始能享有者外，其他的權利，居住的外國人亦應享有。因此，自然的地方選舉權，永住的外國人，亦可以享有。

另亦有論及定住（永久居留權者等）外國人的參政權依據，與其的居住遷徙自由有關。對行使此權利到外國居住的人，應承認在其新的生活上，亦有共同參加決定的人格權。此是一種象徵性、理念性的利益，而認為定住的外國人，應享有地方的參政權。即其在日本社會上，享有公民的資格及可行使共同的決定[81]。

從實質上個人與國家的關係而言，作為國家社會的構成員，或命運共同體的一員，所成為其一員的住民，可以說與國籍無關。另外，依「沒有代表，就沒有納稅」，即是民主主義的一種特徵。憲法也規定，納稅的義務是國民的義務，因為日本的納稅義務，是採取居住地主義。且原來本質上「民主主義」，也未必只是以「國籍」，作為思考的項目。儘管沒有「國籍」，也必須考慮此「有生活中心的住民」。從民主主義而言，寧可說是「共同體

---

77 藤井俊夫，前揭書（註10），第232頁。
78 日本在判例上認為，有關國政選舉權、被選舉權，從國民主權原則，憲法第15條規定的國民，應解釋為國籍的保有者；而駁回該訴訟。辻村みよ子，前揭書（註58），第165-166頁。
79 民主制，即治者與被治者同一性之意義。
80 江橋崇，外國人市民の地方參政權，收於定住化時代の外國人の人權，明石書店，1997年8月，第118-119頁。
81 江橋崇，前揭文（註80），第116-117頁。

的自治」。依這樣思考，以具有「生活中心的住民」為特徵，當然可能也是其中的一種。特別的，屬代表制的民主主義與選舉權的問題，如回溯到其原理，即所謂「社會契約論的觀點」來觀察，因為其重要性基礎在於「共同體的一員」，至於「國籍的有無」？寧可說，應只是附隨性、技術性的事項[82]。

　　對於永久居留權者的參政權，依相關的論據，通說主張賦予其地方的選舉權，是必要且可行的。而且日本最高法院，在判決上也指出，如依立法賦予外國人有地方性的選舉權，在憲法上並未加以禁止。而日本的地方層級有都道府縣及市町村，二個部分。依日本各種學說的主張，有贊成與反對的不同論點，也有主張將地方不同層級選舉，再予分別討論。於此，通說認為無區別的必要，且對首長與議員的選舉，亦認為沒有區分的必要。

　　憲法上的國民，是國家的主權者，有選舉與被選舉等參政的權利。一般主張排除外國人有參政權的說法，是以國民主權的觀念為出發，認為國家政治的權力，要由國民負最後的責任，且國民不能被外國人統治。或行使國家公權力，是國民專有的權力等依據。而地方選舉權，與地方的住民生活關係密切，在現代世界潮流裡，也受到重視與討論。世界上各國間，有關賦予永住外國人參政權的，如歐盟各國及英國與其聯邦的各國間，已有20多個國家，肯定外國人的選舉權。在日本有關賦予永住外國人有地方選舉權的法案，於先前並提出於國會討論，但是在平成11年（1999）的眾議院會期中，因未完成審議而廢案[83]。

伍、日本永久居留權制度之優缺點，可供我國參考之處——代結論

一、日本永久居留權之制度與優缺點

　　日本的外國人取得永久居留權制度，有一般永久居留權與特別永久居

---

82 藤井俊夫，前揭書（註10），第233-234頁。
83 木村俊夫，前揭文（註65），第21頁。

留權，二種類別。特別永久居留權，是因有特別的歷史原因所產生，而依特別法賦予其法律地位。其他的外國人，依法律條件的申請，可以獲得成為一般永久居留權者。從國家的利益言，要許可永久居留權予外國人前，其須要在居住、素行、財力及能力上，具備一定的條件及資格，始會獲得許可。給予外國人永久居留權，其出發點是基於考慮外國人權利或為國家留住好的人材，以提升國家競爭力。

日本入管法對於永久居留權的資格，規定三項要件：（一）素行善良；（二）有足夠的經濟能力；（三）符合日本的利益。對於居住期間，法律上並無明文規定。其是依實務的內規認定，要求一般外國人須有10年以上的居住資歷，且該10年的居住資格，仍進一步要求有各別的期間條件。另外，對於日本人、永久居留權者、特別永久居留權者的配偶及子女，則放寬其居住期間的要求。另依入管法第22條規定，也免除有這樣關係的外國人，須具備有素行善良及足夠經濟能力的要件。

獲得永久居留權者的權利，在日常生活上，可以如一般日本人的被對待。而與其他外國人比較；其一，特別的是指其居住的期間，變成沒有限制，可永遠在日本居住，只要限於不違反入管法上之強制遣返條款，即可持續保有居住的權利。其二，永久居留權者的活動與工作，亦不受限制。不需依其原來的居留資格，受到侷限，可自由工作。此對須長期居住在日本的外國人，可以說非常便利。

另有三項，涉及永久居留權者的權利，即再入國的申請、擔任公務員的權利、地方的選舉權。其一，再入國的申請，是對所有外國人的規定。依日本入管法第26條規定，外國人如有於出國後，再入國的需要，須向入管局申請再入國許可。而這項規定對一般外國人而言，固無問題，使可以保持其原來的居留資格，但對有永久居留權的外國人而言，被認為已限制該永久居留權者之自由出國，增加永久居留外國人之時間及精神上的不必要負擔。此已受到國際上很多的非難，被要求改正，此應屬於日本法制上的缺點。對此，日本已於2009年初修正入管法，對外國人於居留簽證之合法期間，在1年內得自由出入國。

其二，擔任地方特定公務員的權利。對於是否可擔任國家公務員，因國家公務員已涉及行使國家公權力，及規劃形成公共意思。因此，被認為此已有違國民主權原理，而不可行。有關地方層級公務員之任用，日本在全國很

多的地方，包括都道府縣及市町村，其公務員的任用資格，除與警察與消防的職務有關者外，大部分皆取消任用上的國籍條件限制。但是在任用後，升職上則有一定的限制，對於升任管理職的資格，予以限制。即認為永久居留的外國人，不得升任涉及決定公共意思的職務。法院對於當事人升職受限所提出的訴訟，判決也認為管理職務的屬性，涉及行使國家公權力，予以限制屬於合理。容許永久居留之外國人任地方公務員，本項法制屬於日本制度的優點之一，可供我國參考。

其三，是地方性的選舉權。有關賦予永久居留權者參與地方政治，賦予其投票權，近來在日本受到熱烈討論及支持。多數的學說，均認為給予永久居留權者，有地方的選舉權，是民主政治及地方自治所必要，也有迫切性。因永久居留權者的意見，應有表達的管道及受到重視。且因地方性的選舉，與住民的事務有關，不涉及國家的事務，無違反國民主權原則。日本最高法院也指出，如果依立法賦予永久居留外國人，有地方選舉權，在憲法上是未加禁止的。而目前日本的立法，雖在國會有提出本項法案，但在後來仍然未通此項授權規定。

二、日本永久居留權制度，可供我國國籍法參考之處

（一）永久居留之外國人可任地方公務員

日本的永久居留外國人（大都為特別永久居留外國人），可能任地方公務員，此與我國國籍法規定，原則禁止不具有本國國籍之人任公務員規定，有所不同（除特定稀少性且經核准者之職務，為例外），值得我國參考。日本在討論任地方公務員之立論基礎，主要強調任公務員亦是職業選擇自由權之一種，此與永久居留外國人的工作權有關。另外，涉及地方事務性、技術性之公務員，並不關涉行使公權力之形成及決策的範圍，賦予永久居留外國人享有，並不違反國民主權的原則。因此，我國國籍法有必要予以放寬。

（二）日本國民之配偶及子女申請永久居留，依法不需要求素行善良與獨立生計之要件

國家為維護公共利益及全民福祉，得以法律規定外國人申請永久居留之條件。日本對於一般外國人的申請永久居留，所要求的條件，即須具備素

行善良及有獨立生計的能力。此對於一般外國人要求此條件，固然甚好。但如對於屬於國民的配偶或子女，實質情況其將以居住國為未來生活的中心及融入居住國的社會。如果其先前有違法、違規紀錄，即不予核准其成為永久居留權者，此在為維護公共利益與個人家庭生活權利間的衡量上，將有違反比例原則之問題。對此，有關日本制度的設計，予以免除此項「素行善良」的要求。但是，如果該當事外國人涉及特殊危害國家利益的狀況，仍得採取「不符本國利益」之條件，予以否決。而我國國籍法中，規定歸化的條件，不管一般外國人或國民的配偶、子女的申請，皆要求須具備素行善良、獨立生計之要件，顯然以公共利益為重，而有過度限制當事外國人取得歸化權利之問題。

（三）難民的申請永久居留

我國目前尚未制定難民之專法，而日本依其國之入管法規定，得予許可難民居留。難民如在日本居留滿5年以上，有可能申請成為永久居留權者。惟難民沒有獨立的經濟能力，及難民可能因不法入國而留有刑事犯罪紀錄。因此，日本對於難民，在許可其居留，於符合5年以上期間後，日本入管法特別對難民在申請永久居留權的要件，予以放寬，不要求須具備獨立生計的條件。此點，值得我國在相關法制上，如「人口販運被害人停留居留及永久居留專案許可辦法」規範的參考。

（本文原發表於中央警察大學法學論集17期，
2009年10月，第89-135頁，後經修改與補充而成）

第十五章　人口販運被害人之保護
——日本法之引介

實務案例

　　甲係外國人，經乙申請許可聘僱從事家庭看護工之工作。後甲向外籍勞工24小時諮詢保護專線申訴，經新北市政府警察局板橋分局認定甲遭乙因工作表現不佳為由予以毆打，造成其身心嚴重創傷，經鑑別為疑似人口販運被害人[1]。請問我國法律對人口販運被害人有何保護之規定？日本相關法律對人口販運被害人有何保護之原則與措施？

相關考題

　　全球在面臨嚴重特殊傳染性肺炎（COVID-19）疫情期間，固然國際人員流動大幅降低，然而跨國人口販運者，迄今仍利用網際網路遂行犯罪。請問跨國人口販運者，利用網際網路之犯罪行為樣態為何？（112年移民三等特考）

壹、人口販運之定義

一、概說

　　有關跨國人口販運者，利用網際網路之犯罪，在2023年「美國人口販運報告——台灣部分」，即在販運問題概觀提及：如同過去5年，遭人口販運者剝削的被害人除了在臺灣的本地人和外籍人士，亦有在境外的臺灣人受害。臺灣是強迫勞動和性販運受害男女被送往的目的地；也有一些強迫勞動

1　參考臺北高等行政法院100年度訴字第1941號判決。

的受害人以及性販運的受害女性和兒童來自臺灣。有些人口販運者將臺灣人送往歐洲國家強迫勞動。臺灣販運者越來越常利用網路、智慧型手機應用程式、直播以及其他類似的線上技術進行招募活動，往往針對兒童被害人，並掩蓋其真實身分讓執法單位不易發現。身心障礙人士也成為臺灣性販運的被害人。

　　人口販運者強迫臺灣人從事網路詐騙的情事也日益增加，越來越多臺灣人遭由中華人民共和國籍首腦主導的東南亞犯罪集團誘騙至當地的詐騙電話中心從事詐騙活動。這些詐騙活動主要以柬埔寨為基地，但也見於緬甸、寮國、越南、馬來西亞、菲律賓等東南亞國家，甚至逐漸遍及世界上其他地區的國家，例如土耳其和阿拉伯聯合大公國。受中華人民共和國針對疫情祭出的旅行禁令的間接影響，臺灣的犯罪組織日漸加深與中華人民共和國籍首腦主導的犯罪集團的合作，因其中文能力特別誘騙臺灣人前去從事求職詐騙活動。這些人口販運者藉由網路及社群媒體發布不實的徵才資訊，以科技業高薪職位為餌，誘騙來自臺灣及亞洲、非洲、歐洲、北美洲、南美洲國家的男女遠赴海外，並強迫他們從事線上賭博、網路、加密貨幣及電話詐騙，主要在這些國家的大型商業大樓進行。人口販運者往往以不實的工作職位為餌，先將被害人誘騙至泰國，然後將他們運過邊界進入柬埔寨、緬甸和寮國。人口販運者對這些被害人當中表現不佳或不願順從者施以懲罰，包括但不限於身體凌虐、薪資扣除、債務束縛，且可能將業績未能達標或無力償還招聘債務之被害人「轉賣」給其他犯罪組織，強迫其從事相似的詐騙活動、家庭奴役或性販運[2]。

　　把人當成物品的販運行為，屬現代之重大殘害人權行為；此從人道觀點，國家應要迅速、有效的加以對處。人口販運之被害人，特別是對於女性及兒童，已使其造成嚴重的精神及肉體的痛苦，後續如要回復，亦非常困難[3]。人口販運[4]可能發生於國內或跨國間，犯罪集團或非法分子利用人性的弱點，以對被害人之間的要求合作、詐欺、誘拐、為其介紹工作等名義，而予以安排運送到特定地區或國家，接著使用予以看管、掌控等不法手法，使

2　2023年美國人口販運報告—台灣部分，https://www.ait.org.tw/zhtw/zhtw-2023-trafficking-in-persons-report-taiwan/，瀏覽日期：112.8.25。

3　日本「人身取引對策行動計畫」，法務省入國管理局，2004年12月，第18頁。

4　有關「人口販運」之概念與權責機關之界定，有其困難性。

被害人處於不利、受剝削地位。人口販運被害人之共同特性，在於其處於弱勢，相信或有求於犯罪集團，而助長人口販運行為的不斷發生。在規範學上，首先須確定所禁止之「人口販運」的定義與範圍，以對此行為加以規範及處罰。從保護之面向而言，先界定為「被害人」之後，國家之保護機制始能展開。而其中被害人所涉及或參與的行為，往往亦可能違反刑事法律或行政秩序罰責任，此可能使被害人不敢或不願出面，以致無法配合主管機關之偵查及指證。因此，法制上有關被害人的定義或相關保護措施等，就有詳加考慮各種原因之必要。

自然人的移動與遷徙，為其個人的基本自由，我國憲法第10條亦有明文規定，人民有居住及遷徙之自由。「人口販運」之定義，首要考量之點，即在於該個人移動非居於個人完全自由，或該移動涉及非法行為的要素。因有外力之介入，將被害人予以移至特定處所，以剝削其勞力、強制使從事性交易或摘除其器官之非法侵害行為。

有關人口販運的定義，依2000年聯合國「防治人口販運議定書」規定，在本議定書中，「人口販運」係指：為剝削目的，而通過暴力威脅或使用暴力手段或通過其他形式的脅迫，通過誘拐、欺詐，欺騙、濫用權力或濫用脆弱境況，或通過授受酬金或利益取得對另一人有控制權的某人的同意等手段，招募、運送、轉移、窩藏或接收人員。剝削應至少包括利用他人賣淫進行剝削或其他形式的性剝削、強制勞動或服務、奴役或類似奴役的做法、勞役或切除器官[5]。

被害人客觀上屬於被剝削的狀態，即符合人口販運被害者的意涵。犯罪集團分子，以買賣、質押人口方式，其目的在於強制其勞動、要求從事性工作[6]、摘取器官，而採取拐騙、偷運、接送、看管、妨害自由、媒介、斡旋等分工行為者，皆屬共同之人口販運犯罪行為。

有關人口販運行為與地域性之關聯，及其犯罪手法，是否必須具備跨國性或屬於構成組織性犯罪之要件，依2000年聯合國「防治人口販運議定書」中規定，並未在人口販運定義及刑事定罪中予以限定，而係另在第4條

5　柯麗鈴，人口販運概念之研究，檢察新論2期，2007年7月，第64-65頁。
6　請參考青山薰，「セックスワーカー」とは誰か──移住‧性勞動‧人身取引の構造と經驗，大月書店，2007年12月。

作為該議定書之「適用範圍」而予界定。其第4條規定：「除本議定書另有規定外，就依第5條所定犯罪之預防、調查、起訴及被害人保護，於該犯罪具有跨國性並涉及組織犯罪集團時，本議定書應予適用。」因此，依該議定書之定義，人口販運之概念並不需具備涉外因素，亦不一定必屬組織性犯罪，本議定書並不要求締約國將跨國性與組織犯罪集團之參與，定為國內人口販運犯罪之要素[7]。

依據美國2023年人口販運報告指出我國：臺灣當局在消除人口販運問題方面的努力完全符合最低標準。在本報告期間，臺灣當局打擊人口販運的能力雖受COVID-19疫情影響，但仍持續展現解決此議題的決心並持續付出努力，因此今年仍保持在第一級。臺灣不僅調查並起訴了更多的人口販運者（部分犯罪情事涉及網路詐騙行為），也加強了打擊人口販運犯罪活動的國際執法合作。此外，臺灣當局也鑑別出更多人口販運被害人，亦查出遭受強迫勞動從事網路詐騙的受害者並將其移送回國。當局制定了一項新的行動計畫以遏止漁業違反勞動權益之情事（包括人口販運）、修改了人力仲介的稽查法規，也修正了針對外籍漁船的管理辦法以預防人口販運。雖然臺灣符合最低標準，但當局並未完全落實被害人身分鑑別程序，使得部分被害人難以取得司法資源及保護照顧。當局調查人力不足、規定不夠完善，至今仍十分不利於鑑別、調查與起訴極易受到剝削的臺灣籍遠洋船隊中的強迫勞動問題。當局並未制定明確的勞動法規保障外籍家庭看護的權利，導致數以千計的外籍家庭看護仍舊容易受到強迫勞動的剝削。

優先要務建議：

（一）積極調查涉嫌在遠洋船隊中勞力剝削的臺灣籍漁船或臺灣權宜船，包括停靠在特別外國泊船區的船隻，若情節屬實，應對高級船員及船主予以起訴。

（二）積極依據人口販運防制法對人口販運嫌犯起訴與定罪，處以足夠嚴厲的刑罰，包括處以適當刑期。

（三）擴大漁業署駐外國港口人員的職權，透過以被害人為中心的程序，加強鑑別外籍船員的強迫勞動指標；將漁業署檢查員及勞動檢查員的檢查覆蓋範圍擴大至所有授權的海外港口；提供海事檢查機構充分培

7　柯麗鈴，前揭文（註5），第66頁。

訓，使其具備能力可鑑別被害人、進行適當轉介，並瞭解執法通報程序；並對此類檢查擴大提供口譯服務，尤其印尼語和菲律賓語。

（四）將重要相關單位（不只執法人員）納入人口販運被害人鑑別機構。

（五）正式將民間社會（包括漁民代表、專家與從業人員）意見納入人力仲介評鑑程序。

（六）修訂相關政策並補足法律漏洞，根除仲介收取招聘費、登記費、服務費、押金的情形，並與移工母國合作監控與協調契約規定及直接聘僱事宜，

（七）繼續加強鑑別脆弱族群，調查是否有人口販運情形，包括受私立大學招募的外籍學生、涉及海外犯罪活動遣送返臺者，以及因逃離工作環境的虐待而失去簽證及／或向移民機關自首的外籍勞工，並轉介他們至庇護機構。

（八）推動立法，將家庭看護和家事勞工納入基本勞工權益的保障範圍，包括全面禁止雇主扣留移工的身分證件及旅行證件。

（九）對警方、檢察官、法官提供並執行防制人口販運之訓練與資源[8]。

　　有關對人口販運行為之規範，在立法上依其不法目的所在，共列舉出：性剝削、勞力剝削、摘取器官。主要在基於維護人性尊嚴，為國際人權最基本之指標；因人並非物品，不得被當成商品般的買賣，而毫無自身之決定自由，如此將違反人類社會最基本的個人價值。但是因生活上之經濟來源與物質需求，與每一個人息息相關，特別是針對貧窮地區之人民而言，更是迫切的需求。在此情形下，人口販運分子，利用個人之尋求工作或替其介紹就業機會的藉口，在被害人無知或不知不覺下，受欺騙、誘拐，進而移送、管控、強制剝削，以達成其從中牟利的不法勾當。

　　有關我國之人口販運現況，較常發生之案例類型應有：（一）被害之大陸地區人民利用非法管道，接受人口販運分子之安排偷渡到我國後，因被害人無法付出高額偷渡運送費，在無力償還下，被迫從事賣淫或被要求強制工作，以為抵償；（二）東南亞新娘經人蛇仲介安排與臺灣地區人民假結婚，其入國後行動被監控，被強迫安排到色情場所工作，亦屬人口販運行為；

8　2023年美國人口販運報告—台灣部分，https://www.ait.org.tw/zhtw/zhtw-2023-trafficking-in-persons-report-taiwan/，瀏覽日期：112.8.25。

（三）依就業服務法所引進之外籍勞工，被要求長時間工作、生活休息處所簡陋不堪、三餐飲食供給不佳、生活管理上不仁道、仲介費用過高，給予非人道之對待等[9]。此均已涉及違反上述有關國際人口販運之定義行為，值得主管機關注意。

二、日本法之規範

依聯合國「禁止人口販運議定書」的定義，人口販運為「以剝削為目的，使用暴力或其他拐騙、詐欺、矇蔽、濫用權力或利用脆弱處境，使其同意下而置於他人之支配；或以此作為獲取金錢、利益之手段，而為僱用、運輸、移送、隱匿，而獲取利益的行為」，對此日本於2005年4月22日參議院全會一致決議通過，對於有關處罰人口販運之「刑法一部分修正案」及「風俗營業法一部分修正案」。雖然刑法上有「人口販運之犯罪與規定」，但是對於被害人之保護，在既存之法律制度，僅限於「行動計畫」，而沒有往前踏出一步。而目前依眾議院之審議，仍然緩慢，有關其法律之立法完成時間，仍有問題。

日本為了持續支援移住勞動者與人口販運被害人女性的活動，及要求消滅此種集團及性暴力為目的，日本有關的律師會及團體等組織，設立「禁止人口販運網站」，從2004年5月開始向政府及國會機關訴求。日本內閣因此在4月5日設立「與人口販運有關聯的部會之聯席會議」，依此會議研擬相關問題，並決議強烈建議制定「人口販運被害人援助的法律」。本行動之目標，當然為依照聯合國當初在條約上所記明的「人口販運定義」，為其主要根據，以作為徹底執行之法律與政策；因此，被害人可受到法律的救濟與保護的權利。因此之成效日本亦可除去屬接受人口販運大國的污名[10]。

另外「剝削之意，指至少是利用他人的賣春行為而獲利；或為其他形態之性剝削，或使為強制勞動，或使居於類似奴隸的地位並要求提供勞務，所

9　早期對於私法之間的行為，公權力較無介入之考量；如私人之間的僱傭關係、私人之間的婚姻關係；認為如無被害人請求，一般行政機關尚不須介入，故助長許多不法之私人之間的剝削行為，又在法令無明文定義、授權情況下，人口販運或剝削行為，更是容易發生。

10　清水澄子，回復人口販運被害人人權與補償的要求—非政府組織的活動進程與修正之法律及其所遺之問題，收於グローバル化の中の人身賣買—その撤廢に向けて，反差別國際運動日本委員會，2005年7月，第57頁。

為此類的行為；並包括摘除其器官。」的規定。特別是有關兒童的規定，即使未使用上述所列的手段，亦視為人口販運，採取嚴格的規定。

　　然而，在日本法上與被害人保護有關的，為對隱私的保護及面對加害人在刑事程序上如何對其支援，或是對被害人的身體上、心理上及使其可回復於社會必要的措施，並確保被害人的身體安全，及對被害人受到損害之要求賠償的可能性等，或提供有關這方面的資訊，及給予其他的援助，均屬保護的明確規定。但是聯合國議定書中，並沒有規定此要求必須成為締約國的義務，僅要求各國國內法在可能的範圍內，實施援助及保護被害人[11]。

貳、人口販運之認定

　　從規範理論上言，要制止非法行為首先要從定義上著手，跨國人口販運[12]為國際性犯罪，從其殘害與不尊重人權之特性，為舉世所不容。依聯合國之防治人口販運公約，亦訂有希望各國嚴禁及處罰之原則規定；在國內法上，人口販運行為已侵犯到個人之基本權利，侵害個人人身自由、身體權、生存權、財產權等。對於基本人權之保障原則，無論對於本國人與外國人，依法皆應受到國內法律與相關制度之保護。

一、非法販運之行為

　　所謂「非法」即為違反國家法律之意，包括違法之行為態樣、違反保護人權法律、侵害被害人之法益等；且一般其相關法律並有處罰之配合規定，以為制止。至於以一個法律作規範或以相關之其他法律作規範，並不影響對

11　清水澄子，前揭文（註10），第58頁。
12　國內從各種立場探討有關人口販運之論文如：高鳳仙，論我國法院辦理人口販運之實務問題，萬國法律157期，2008年2月。柯雨瑞，日本人口販運防治對策初探──兼論對我國之啟示，國境警察學報8期，2007年12月。蔡庭榕，防制跨國人口販運之研究，警察法學6期，2007年10月。郭怡青，人口販運案件試探臺灣人口販運問題──以移工為中心，律師雜誌337期，2007年10月。鄧學仁，日本人口販運之現狀與防治對策，中央警察大學學報44期，2007年7月。葉毓蘭，人口販運與外事警察，警學叢刊38卷1期，2007年7月。柯麗鈴，人口販運概念之研究，檢察新論2期，2007年7月。莊國良，強化人口販運防制工作──針對被害者採行之保護與預防措施，台灣勞工雙月刊7期，2007年5月。林盈君，人口販運議題在臺灣，婦研縱橫77期，2006年1月。

非法行為之認定與成立效果。「販運」之行為，在於有代價的移送、使被害人處於不自由地位，其人身安全、勞力所得無法與一般人相比擬。其主要原因來自於被害人處於弱勢地位，無法要求加害之犯罪者給予其公平待遇。即出於為「營利」、猥褻或加害生命、身體目的之從事人口買賣行為之意。

（一）不法目的

國家公權力之介入私人間的關係，原因在於私人間之契約或法律關係，已達違反法律之強行規定，如有侵害人權、違反公共秩序、違背公序良俗之行為。有時對於是否構成非法之人口販運行為要件，很難判定。而被害人預見其處境弱勢，或無法得到充分資訊，很難配合與相信執法人員，亦會造成認定上之困難。另因被害人在運送過程中，或之前從所事的非法工作、性工作之色情行為，亦涉及非法。因此，其亦會恐懼與國家執法人員合作，可能會陷入被追訴之狀況。基於上述原因，造成人口販運被害人之黑數會相當高，主因在於被害人不願報案與不感覺其受到迫害。

發生人口販運之行為，其成因非常複雜。有關其行為之態樣，依其參與之程度與具體分工，亦非常多樣。亦有可能因部分參與之行為人，對此犯罪行為沒有充分認識，或一時之投機心理，而參與或僱用被剝削之人。雖然上述我國入出國及移民相關法律中，已規定何謂跨國（境）人口販運之定義，其目的在於作為規範與明定此行為之涉及侵害人權，必須由政府公權力機關予以介入、調查、保護及依有關法律予以追究[13]。

---

13 人口販運防制法第11條：「司法警察機關（單位）查獲或受理經通報之疑似人口販運案件時，應即進行人口販運被害人之鑑別（第1項）。檢察官偵查中，發現疑似人口販運案件者，應即移請司法警察機關（單位）進行人口販運被害人之鑑別；法院審理中，知悉有人口販運嫌疑者，應即移請檢察官轉請司法警察機關（單位）鑑別（第2項）。司法警察於人口販運被害人鑑別中，必要時，應請求社工人員或相關專業人員協助疑似人口販運被害人（第3項）。鑑別人員實施人口販運被害人鑑別前，應告知疑似人口販運被害人後續處理流程及相關保護措施（第4項）。人口販運被害人之鑑別結果，應作成鑑別通知書送達受鑑別人。受鑑別人對於鑑別結果不服者，得於鑑別通知書送達翌日起二十日內，以書面敘明理由，經原鑑別機關（單位）向其上級機關（單位）提出異議（第5項）。前項異議，原鑑別機關（單位）認有理由者，應立即更正之；認無理由者，應於十日內加具書面理由送上級機關（單位）決定。上級機關（單位）受理異議後，應於十日內為決定，認異議有理由者，應立即更正之；認無理由者，應予維持（第6項）。鑑別異議結果應以書面通知受鑑別人，受鑑別人對其結果，不得再聲明不服（第7項）。疑似人口販運被害人於鑑別或鑑別異議結果決定前，不得強制驅逐出國（境）（第8項）。」

（二）剝削行為

　　剝削行為乃出於不法目的，從被害人之身體、勞務、器官等之付出，而取得利益之謂。其中依2000年美國「販運被害人保護法」（TVPA）第103條第8項：「嚴重態樣之人口販運」一詞，意指：1.性販運，其中之商業化性交易係因暴力、詐欺或脅迫所引致，或者被引致從事商業化性交易之人尚未滿18歲；2.藉由暴力、詐欺或脅迫之使用，使人屈從於非自願勞役、債務約束、奴役抵債或奴役，而為勞務或服務人員之招募、窩藏、運送、提供或取得[14]。

　　國際間之非法仲介婚姻行為，可能與人口買賣[15]犯行相關。如強迫當事人為不願意之虛偽結婚行為、拘禁當事人置於自己實力支配之下，以買賣代價方式，將特定受害人移由他人剝削、使用、強制工作、強迫其賣淫等，已構成販賣人口犯罪。各國之間因經濟水平、法治程度之差異，使假藉仲介婚姻為由之人，利用介紹結婚行為作藉口，以掩人耳目；使特定外國人相信可以藉此名義入國，並於入國後強迫使其從事色情、剝削其工作所得，此犯罪之被害人近來已成為國際人權法上關注之焦點。

　　我國入出國及移民法中，對於販賣人口犯罪之處罰，依人口販運防制法加以制裁。另依刑法第296條之1規定：「買賣、質押人口者，處五年以上有期徒刑，得併科五十萬元以下罰金（第1項）。意圖使人為性交或猥褻之行為而犯前項之罪者，處七年以上有期徒刑，得併科五十萬元以下罰金（第2項）。以強暴、脅迫、恐嚇、監控、藥劑、催眠術或其他違反本人意願之方法犯前二項之罪者，加重其刑至二分之一（第3項）。媒介、收受、藏匿前三項被買賣、質押之人或使之隱避者，處一年以上七年以下有期徒刑，得併科三十萬元以下罰金（第4項）。公務員包庇他人犯前四項之罪者，依各該項之規定加重其刑至二分之一（第5項）。第一項至第三項之未遂犯罰之（第6項）。」上述規定，作為我國處罰從事不法人口販運行為之主要依據。

---

14 柯麗鈴，前揭文（註5），第69頁。

15 蔡庭榕，論跨國人口販運之問題與防制—以4Ps策略為中心，發表於國土安全與移民、海巡執法學術研討會，中央警察大學國境警察學系，2007年6月，第15-40頁。長島秋夫，人身取引對策の現狀と課題，警察學論集59卷4號，2006年4月，第71-83頁。

（三）運送被害人

販賣人口之共同犯行與分工，有其複雜之法律責任態樣與關係。犯罪組織上有多人參與、跨國販運人口之行為分擔，有的當事人事先同意或受詐欺、強迫，有的利用合法方式或非法偷渡之方式進入他國。其中利用當事人事先同意，取得合法名義入國，為非法跨國婚姻仲介業者之手法。此可能因現行入國法律規範要件不明確、或主管機關職掌分工或利用善意當事人之意願、或因跨國間情資連繫之不足，使跨國販賣人口犯行，有機可乘。仲介業者假藉使當事人之間結成婚姻名義，取得當事人可以順利入國許可，惟附帶有高額之仲介代價，被仲介人入國後並須償還此債務，而受長期控制行動與剝削。依上述我國刑法第296條之1規定，「買賣、質押人口者」其構成要件，有拘束人之自由、利用對價方式將人控制在自己實力之下，或予以交付給特定人看管、使用；已構成觸犯本條買賣、質押人口之規定要件[16]。跨國婚姻仲介行為，雖容易與販賣人口行為有關，但是如只是目的在獲取經營利益、掩飾真實當事人資料、利用居間便利上之投機行為，實際上當事人仍有自由意願，尚難符合上述刑法所規定之「買賣、質押人口」的構成要件。

兩岸人民之間的法律關係，依憲法增修條文第11條之授權，得對此制定特別之法律；目前訂有「臺灣地區與大陸地區人民關係條例」（以下簡稱兩岸關係條例）。依兩岸關係條例第15條規定：「下列行為不得為之：一、使大陸地區人民非法進入臺灣地區。二、明知臺灣地區人民未經許可，而招攬使之進入大陸地區。三、使大陸地區人民在臺灣地區從事未經許可或與許可目的不符之活動。四、僱用或留用大陸地區人民在臺灣地區從事未經許可或與許可範圍不符之工作。五、居間介紹他人為前款之行為。」第79條：「違反第十五條第一款規定者，處一年以上七年以下有期徒刑，得併科新臺幣一百萬元以下罰金（第1項）。意圖營利而犯前項之罪者，處三年以上十年以下有期徒刑，得併科新臺幣五百萬元以下罰金（第2項）。前二項之首謀者，處五年以上有期徒刑，得併科新臺幣一千萬元以下罰金（第3項）。前三項之未遂犯罰之（第4項）。……。」

---

16 有關因當事人之事先同意，是否即不構成販賣人口犯行之問題；本文認為縱然被害人有事先默許、答應入國後從事相關與簽證無關之行為，惟違反公序良俗之契約無效。或事後有控制當事人自由，事後未經過被害人同意之強制剝削，已構成買賣質押之犯行。

非法運送大陸地區人民，使進入臺灣地區為違反上述兩岸關係條例之規定，有刑事處罰責任。另非法之婚姻仲介業者或個人，可能利用國家不任意介入私法上之婚姻決定意思，而假冒臺灣地區人民有結婚意願，蒐集相關行為人之證件，用以辦理假結婚，而進一步以依親名義申請大陸地區人民入國居留，再從事各種與依親目的不符之行為，從中牟利[17]。依兩岸關係條例之規定，大陸地區人民進入臺灣地區，須經過主管機關許可，未經許可進入者，已屬違法行為。大陸地區人民進入臺灣地區之資格，依本條例規定有探親、觀光、依親等名義；一般未具資格與未經許可者，不得進入臺灣地區。婚姻仲介業者如以虛偽之合法營業目的，透過在兩岸之間的居間介紹，以不法意圖，利用假結婚名義引進大陸女子從事非法工作，已違反兩岸關係條例之特別規定。於此，對非法引進大陸女子之婚姻仲介業者，自可依兩岸關係條例第79條規定，處以刑責。而目前依新修正之入出國及移民法規定，已禁止從事營利性之婚姻仲介行為[18]。

二、認定之機關

入出國及移民法（以下簡稱移民法）之主管機關，為內政部[19]。內政部為執行本法所規定之職權，設移民署。有關外國人之停留、居留、永久居留事項，分別由移民署辦理。外國人是否合法在我國居留，原則上移民署，應有權認定。「人口販運」之行為涉及非法招募、運送、剝削之犯罪，除違反移民法、人口販運防制法規定外，並涉及違反刑法第296條及第296條之1的刑責。即違反買賣、質押人口罪及使人為奴隸罪之刑責。將人口販運之行為，定位於非法行為，司法機關須加以偵查處罰。其犯罪涉及刑責者，因犯罪之偵查主體為檢察官，因此認定為屬「人口販運」案件之權限，一般會考慮到以交由檢察官認定，較為適宜。但依刑事訴訟法規定，警察機關及移民署之權限，前者對於犯罪行為，有不待檢察官之指揮，得逕為調查之權力；

---

17 參見臺灣板橋地方法院90年度訴字第1176號判決。

18 入出國及移民法第58條：「跨國（境）婚姻媒合不得為營業項目（第1項）。跨國（境）婚姻媒合不得要求或期約報酬（第2項）。任何人不得於廣告物、出版品、廣播、電視、電子訊號、電腦網路或以其他使公眾得知之方法，散布、播送或刊登跨國（境）婚姻媒合廣告（第3項）。」

19 內政部與內政部移民署之關係，具有上下隸屬關係之地位；以內政部為主管機關，在頒布法規命令，或與其他部會之間的協調，地位上較具平等性。

後者，對於涉及非法入出國、國際間非法人口販運之案件，亦具有司法警察權，得在逕為調查之後，再行移送檢察機關偵辦。

(一) 司法警察機關

為實際瞭解人口販運之被害情形，相關機關對於外國人女性等工作場所、外籍勞工工作處所，如建築工地與工場等實際情形，應加以瞭解。並致力於蒐集從事人口販運嫌疑之外國人犯、人蛇、雇主等之資訊，對於蒐集到有關犯案情資，應為彙整及共同使用。另外，對於人口販運被害人其在被安置及保護處所的狀況，在為保護及調查之時，應致力於瞭解被害人之實際狀況。且各機關於案件之繼續偵查程序中，不可洩漏有關此情資，並應確實建立起彼此之間的相互聯絡體系[20]。

認定為屬構成人口販運案件之後，涉及二個法律效果，即嫌疑人之依法偵辦，及被害人之依法保護。首先，「認定機關」可以依法明定[21]為何機關，但較前提者之要件，在於界定何謂人口販運之犯罪，此部分我國已通過人口販運防制法，其內容最主要為彙集現有各相關法律之處罰剝削與人口販運行為，加以明定為非法行為，並由各主管機關與檢察官分別為介入調查、偵查、處罰與採取必要措施。二者，有關被害人之保護，此時是否構成被害者，亦有認定上之要件與保護責任問題。

一般所謂被害人，即無辜之第三者，受到犯罪行為之侵害而言。而人口販運案件之被害人定義，是否亦僅為如此單純之被害關係，即有探討必要。

---

20 日本「人身取引對策行動計畫」，法務省入國管理局，2004年12月，第19頁。
21 依法明定「認定機關」之權責問題；可參考人口販運防制法第11條：「司法警察機關（單位）查獲或受理經通報之疑似人口販運案件時，應即進行人口販運被害人之鑑別（第1項）。檢察官偵查中，發現疑似人口販運案件者，應即移請司法警察機關（單位）進行人口販運被害人之鑑別；法院審理中，知悉有人口販運嫌疑者，應即移請檢察官轉請司法警察機關（單位）鑑別（第2項）。司法警察於人口販運被害人鑑別中，必要時，應請求社工人員或相關專業人員協助疑似人口販運被害人（第3項）。鑑別人員實施人口販運被害人鑑別前，應告知疑似人口販運被害人後續處理流程及相關保護措施（第4項）。人口販運被害人之鑑別結果，應作成鑑別通知書送達受鑑別人。受鑑別人對於鑑別結果不服者，得於鑑別通知書送達翌日起二十日內，以書面敘明理由，經原鑑別機關（單位）向其上級機關（單位）提出異議（第5項）。前項異議，原鑑別機關（單位）認有理由者，應立即更正之；認無理由者，應於十日內加具書面理由送上級機關（單位）決定。上級機關（單位）受理異議後，應於十日內為決定，認異議有理由者，應立即更正之；認無理由者，應予維持（第6項）。鑑別異議結果應以書面通知受鑑別人，受鑑別人對其結果，不得再聲明不服（第7項）。疑似人口販運被害人於鑑別或鑑別異議結果決定前，不得強制驅逐出國（境）（第8項）。」

如被害人受到販運分子之詐欺、監禁、誘拐之情況，即明確屬於一般所謂被害人的意義。而如果是自願參與偷渡、依契約之受僱用、自願為賣淫行為者；是否亦應將其界定為被害人，即有問題。從防制人口販運之目的言，在於制止此種不仁道、不尊重人權、毫無人性之剝削行為，為國家最基本之義務。因此，縱然被害人與販運分子之間，有意思聯絡、契約上之同意，但如果事後有被強制監禁、妨害自由、妨害其意志、不對等之債務約束、使處於弱勢處境，非一般人可忍受境況下，均可認為符合已受到剝削行為之要件。而其認定之法效果，即有此二種；如基於保護被害人之目的，而為認定，即應採取從寬之要件為宜[22]。

（二）勞工主管機關

人口販運被害人之特性，在於其受到加害人等之非法剝削；而被害人如係跨國境之被運送者，其入國之程序管道、居留資格為何？為第一個應被考量者，涉及此管轄之權限機關，應屬於移民署。當然，被害人之居留資格，也許是合法；如被聘僱之關係，先受僱於特定業者，後才發生有被剝削之狀況，此時勞動關係之認定是否有被剝削之情事，亦非單純能由移民署可決定，應由勞動主管機關依具體情形介入。很明顯的依國際法及美國之人口販運保護法規定，擬將「人口販運」行為，界定為國際性之犯罪。既然是犯罪行為，有關其犯行要件、具體犯罪責任、違法性等之認定，則與檢察官之職權較為相近。惟其是否為合法居留、有無非法入國、是否為不對等之勞務關係等，其構成與否，則因涉及各主管機關之權限，各該主管機關仍應本於職權，而為認定[23]。

（三）設立專責之委員會

不法人口販運案件有其特殊性與隱密性，而其中之被害人往往不願出面檢舉或證實，司法警察機關如果只是單純依非法工作或非法居留之案件辦理，將當事人處以行政罰或刑罰，後即將被害人依法由移民署遣返，將無法遏止非法從事販賣人口之集團犯罪行為。究其原因在於是否構成「人口販

---

22 依人口販運防制法第12條以下，有對被害人予以保護之規定。
23 （一）有關居留資格之認定，為移民署之權限；（二）有關是否為不當之工作剝削，由勞工主管機關認定；（三）是否構成人口販運之犯嫌，則依檢察機關之認定。

運」？有關認定上並不容易；而應在防制人口販運之專法中，設置一種「專門委員會」，專門受理與審查疑似人口販運之案件，且以專家及學者組成此委員會，為認定處分並在認定之後，即採取必要之保護與追訴措施。

一般設立專責委員會之功能，自須有其專業上考量之重點；主要在於案件由委員會作成之判定，會較為客觀、公正且具有專業性。此為解決目前由檢察機關認定或由主管機關認定上之問題，有其實效性。委員會之設置方式，有採專責性與任務編組方式之不同。如採任務編組之方式，遇到案件才組成，往往給人非久任性之感覺。且依法主管機關本於職責，即可認定與處分；又設一委員會來決定，會有給人重複行使權限之感覺。依機關之管轄權，理論上凡各種之許可、裁量決定皆可依法本於職權，即可為之。而對於人口販運案件之認定，因為涉及國家取締政策之方向、或專門法令之不足，在執行上亦有其問題。於此，我國已由行政院訂定一共同之行動計畫，而此是否再有必要設定一專責之委員會，不無疑義。且該委員會之法定地位與職權，亦須法定；在無法律依據之下，其權限行使之合法性，仍有問題。目前於人口販運防制法中規定中央與地方主管機關，對被害人之鑑別分別由警察、檢察機關等辦理（參見第3條至第11條）。

參、人口販運被害人之困境

人口販運之被剝削人，相對的處於弱勢處境；在販運分子毫無人性之手法下，為其不法謀利、猥褻或傷害其生命及身體之目的下，採取各種剝削之行為態樣。因此，法制上針對被害人之處境，應有須特殊考量之處。實質上，被害人對於非法安排偷渡之行為，可能知情，或其與販運分子之間有事先約定。基於國家公權力行為，須制止與介入調查此種不法勾當，防止弱勢之被害人受到剝削。因此，有關被害人之困境狀況，須加以釐清與有效保護。

一、屬於共同參與犯罪者

被害人可能被威脅，其亦為偷渡犯罪之參與人，因其非法偷渡或利用不正當之管道入國；或現在其於居留國家中，從事非法行為或未經許可工作等

狀態。如果被害人出面舉發人口販運分子之剝削行為，則其本身亦有受到調查與處罰之危險。

一般有犯意之聯絡，即會被認定為是共同正犯[24]；又其事後參與犯罪行為，如配合偷渡、持用不法證件等。「人口販運」之特殊形態犯罪，在於其利用跨國間之不同環境屬性，且在被害人毫無環境及境況資訊下，予以誘拐、詐騙，而且其手法亦利用許多不知情之參與者，共同執行，以遂行其不法勾當。「被害人」在有所求或先前同意之情況下，自然會依照指示配合販運者的行為，或相信販運者的行為均屬於幫助或有利於被害人之偷渡或為安排其非法工作。

為解決此種「刑事責任」模糊狀況或輕重不分之不公平可能情形，對於人口販運被害人，雖然其可能亦參與犯罪，或涉及不法行為，但法律或制度之目的，主要在有效制止、處罰此種無人性之重大不法販運行為。因此，一般可以減免被害人之違反刑法或行政罰行為，以求其平。而於此「被害人」之地位與構成要件認定，就屬重要[25]。

二、處境弱勢、無所依靠

人口販運之被害人，往往從其他國家為經濟目的，被運送到我國；或是在我國住在較偏遠地區之人民，因找尋工作原因被拐騙等，而受限制自由、處於被剝削之處境。比較加害人與被害人之間，販運集團常常利用高額之仲介代價、運送費用，使被害人負責過度之債務約束，而須依賴非法工作或被逼迫從事性工作，始得償還此債務。因此，其間之關係，已潛藏著違法或違序之私法借貸或買賣契約；此時，加害人之不法行為，已昭然若揭。

從經濟發展相對較弱勢的國家之人民，被不法運送至我國之情況；客觀上其身分、地位、所受待遇，都非一般正常、依合法管道申請入國之外國人，可以比擬。此與國家對國際人權之保護，與國家保障外國人基本人權

---

24 檢察官之認定犯罪是否構成，為依刑法構成要件具體認定；以行政指導之方式，要求予以被害人之違法，可為不起訴或緩起訴，應亦為屬檢察官依刑法規定之權限範圍，並無違法之處。惟如專門法律，已有明定何種情形之被害人，可予不起訴，則較為明確。

25 被害人之構成要件，即屬於人口販運行為之客體，即可稱為「被害人」。而從保護之觀點，被害人之界定，應可以從寬。其不必與人口販運之犯罪者，為相對之概念。

之態度有關[26]。如果一個國家對此行為視而不見，毫不注意非法販運人口犯罪，私底下利用合法名目掩護其非法冷酷之剝削行為，此種違反人性之勾當，即會不斷發生。因此，對有可疑之販運人口案件，主管機關即應主動介入調查，不應以被害人是否報案為準。因販運人口行為屬於公訴罪之犯行，不應以被害人之告訴為要件。對此主管機關的調查義務、強制處分之法制上整備，亦應一併考量。

　　因被害人相對處於弱勢，其本身應不知相關保護之資訊與保護機關。對此，我國有關專責之保護機關[27]，亦應設立。一般司法警察機關對此種犯行，有職責為暫時保護及加以偵辦。在此，另外之入出國管理機關、勞動行政機關、社政機關、衛生機關等，也都是有相關權責之保護機關。有關各機關之名稱、地址、權責等資訊，應普及的設立一種可隨時通報與聯繫之方式，使被害人可以隨時求救，減少因處於弱勢處境而受長期剝奪之可能。

　　「處於弱勢」，即被害人客觀上之狀態，可能處於受剝削之地位；其精神與人身自由方面，可能受到控制與受限制，無法如一般人之自由。此種「處於弱勢」之關係，可能係有無違反當事人意志、依契約、當事人自願與否或是否處於可以忍受之環境等而定，有待進一步認定。對此等種種問題，理論上最難判定與解決。被害人因各種原因，而不願報案，可能其為非法入國、逾期居留、不法工作者，或為非法工作而變造身分證明，涉及偽造文書嫌疑等。相對之下，人口販運分子利用被害人之不利及弱勢處境，可為遂行其剝削之目的。在此之下，被害人亦難以自願與主管機關合作。形成此種狀況，可能在國家對防制人口販運行為之法制，還無周延整備時，最容易發生。因此，設立專責或相關保護被害人之機關及有完整保護被害人之制度規範，即顯得重要。

　　「不當債務約束」[28]，使被害人處於不可預期與弱勢之地位，惟何謂不當債務約束？可從幾方面，如以觀察。首先，從私法關係之方面觀察，其為

---

26 請參考李震山，論外國人之憲法權利，收於氏著，人性尊嚴與人權保障，元照出版，2011年10月4版，第401頁以下。

27 對於被害人之保護安置，目前之做法，均由主管機關委由非政府機關之民間團體代為保護，尚無成立專責之單位。

28 有關債權與債務之關係，為私法行為；但對於利用私法超出慣例債務，或此販運行為即為違反法律強行規定，屬於無效之約定。所謂「不當債務」，一般所指為超出慣例多倍之代價者而言。

當事人基於自願之契約關係，一般其並不會預見公權力機關，會主動介入調查此債務之合法性。因此，先天上被害人即會受到操縱與不當對待之可能。第二，從國家公權力之立場而言，人口販運之行為為基於不法剝削目的之運送行為，包括其招募與運送之行為，皆為人口販運行為所包括；有關私人之間的債務，屬於違法之約定，應屬無效。加害人之行為違法，自然私法上的約定，亦無效力；被害人可以不受其限制。第三，何謂「不當債務」？即超出慣例、違反法令或公序良俗之約定債務內容。

實務上曾發生臺南地檢署接獲情資，在臺南市經營應召站之黃○○以協助整合債務為由，招募女子從事性交易，而以不當債務約束從事性剝削，遂於104年6月25日指揮臺南市政府警察局刑事警察大隊等單位50餘警力，兵分10路，持搜索票、拘票，至黃○○營業處所、馬伕等9人工作處所共計10處搜索，拘提嫌疑人10人、傳喚證人6人，並查扣改造手槍1把、子彈10發、應召站花名冊、帳冊、借據等物。檢察官李駿逸、陳竹君、王聖豪、黃銘瑩、蔡明達、柯博齡訊問後，認黃○○所經營之應召站，旗下有馬伕王○○等9人及應召女子6人，在臺南市各飯店、賓館與男客為性交易，該等女子多有遭黃○○不當債務約束，甚至於生理期來時，被要求塞棉條或服用藥物繼續從事性交易等剝削情事，其中A女係遭以協助整合地下錢莊債務為由，招募至旗下從事性交易以償還債務，然A女2、3年來接客頻繁，可分得之性交易款項幾乎均遭黃○○用以抵償債務利息，致A女根本無法償還本金，反仍積欠黃○○約新臺幣（下同）150萬元，黃○○並常以「妳會死得非常難看」等語恐嚇A女，使A女為性交易。檢察官認黃○○涉犯刑法第231條之1第1項、人口販運防制法第31條第1項等罪嫌重大，且有勾串共犯及證人之虞，經向臺灣臺南地方法院聲請羈押並禁止接見獲准；馬伕王○○諭令交保5萬元、吳○○等6人各交保3萬元，其餘嫌疑人、證人則均請回。至被害人則聯繫臺南市政府提供後續安置保護服務[29]。

另在主動發掘被害人之處境上，應屬較為困難者。而被認為行政規範與運作上，如能正常化，即可達成此預防之目的。如外國人之居留資格名義，是否符合其實質之居住內容？有無以假結婚名義，實際上被逼從事非法行

29　參見南檢偵辦應召站性剝削之人口販運案件新聞稿，2015年6月30日，http://www.tnc.moj.gov.tw/ct.asp?xItem=395596&ctNode=36974&mp=0201，瀏覽日期：107.9.1。

為、被剝削之處境情形。另一方面，國民普遍要有重視國際人權之意識，不任意非法僱用外國人；且國家法律明確禁止與處罰跨國之販運人口行為，此等均要以國家法律明文禁止為前提。縱然是私人之間訂有勞動或運送契約，但仍因明顯違反國家法律而無效。因法律之規定，使私人不敢為此種行為。

有另一種情況，法即不平等之法律，亦會造成人口販運之情形；即國家無視被僱用者之地位的問題。原則上大部分之法律，對於國民與外國人之間，並無明顯之差別待遇；較會發生之問題，即個案管理上或契約對待上之不平等所引起，此應為主管機關之監督不周或未盡保護義務的責任。此如高捷之泰勞案，所引發之我國受到國際質疑，認為已剝削泰勞合法權益。

三、可能被害或受威脅

人口販運被剝削之被害人，實質上已處於被害者之地位，只是未被發覺而已；一般以犯罪之黑數稱呼。國家之所以制定法律，其目的在保障人權，以免使一般人之權益，受到侵害。外國人之基本人權，原則亦受到我國法律及憲法保障；無正當及合理理由之情形下，不得為差別之對待。而對公共性法律之執行職責，在於主管機關身上。如對非法僱用或不法工作之例行性查處；或剝削外國人，使在不法色情場所工作，從事性交易之行為等，主管機關與司法警察機關本於職權，均應主動查處，以使此類案件之發生率降到最低。

依照不當債務約束，被害人處於被侵害人權之地位，如無主動出面報案，一般執法機關亦不知有人口販運之情形。因此，要建立及根除人口販運之犯罪，國家必須將禁止人口販運之規範、救援機關、被害人權益等之資訊及宣傳單，在各個外國人工作、受僱、常出入、有關民間團體處張貼及宣導。其中尤其是外國女性及兒童，特別是容易被害。在人生地不熟之外國地區，語言、風俗文化不同。基於償還仲介、運送費用，外國女性容易受到強制之性剝削。販運分子利用介紹工作之名義詐騙其到另外一國家，並以高額介紹及運送費用要求其償還，在此之下，無力償還之情形，進而逼迫其從事性交易行為。

在我國較為嚴重之人口販運，有大陸女子之利用假結婚來臺賣淫，及利用偷渡方式來臺賣淫。東南亞地區國家女子，假結婚來臺賣淫；東南亞地區國家之外勞來臺工作，受到勞務不平等之條約約束，實際上工作所得被剝削

之情形。有關假結婚之名義入國問題，我國主管機關已在幾年前發覺事態嚴重，入國者居住地點與臺灣地區配偶，不在同一地點者多；有的更一入國之後，即被安排到色情場所工作者。對此，主管機關已修法規定，入國前後得實施面談機制，查證是否為真正之結婚目的入國。並在入出國及移民法中，明定人民不得從事營利性之跨國仲介婚姻業，對違反者處以罰責。

人口販運分子亦多為共同分工組成之犯罪集團，利用不法手段招募、運送、剝削被害人而得到巨大不法利益。有了高額不法之金錢收入後，更壯大其聲勢及不法勢力，可能會買通執法官員。因此，在法制不健全之國家，人口販運被害人之命運與地位，實在是非常的悲苦無依、無法伸張。不法分子在未達到其目的之前，不會善罷干休；對運送或剝削途中，有不合作之被害人，不法分子亦會利用各種手段，予以懲罰。如危害其人身安全、限制其自由、傷害其身體；或以危害其故鄉之家人為手段，加以恐嚇，使被害人不敢報案。依上所述為防止被害，國家之健全法令與執法人員之素質，即占有非常重要之地位。

我國執行防制人口販運之成效，近來被評為第一級。之前曾被列入第二級或第二級觀察名單，即被害發生之案件數量龐大，而政府有充分之資源及能力，即無法積極有效的作為。依2008年美國國務院之人口販運報告，臺灣亦被列為第二級名單，其中亦指出執行上之諸多問題點[30]。因此，目前已制定一防制人口販運之專法[31]，並於其中加以保護人口販運之被害人。

防制人口販運之執行，分成預防、追訴與保護，三個主要階段。此三者應相輔相成，缺一不可。防範於未然，預防人口販運案件之發生，屬於最好

---

30 2008年美國人口販運問題報告，其中提及臺灣之問題：臺灣當局的報告說，儘管當局加強努力阻止這一販運途徑，販運分子仍繼續利用假結婚協助進行勞力和性販運。有些被走私到臺灣、來尋找非法工作的婦女，有時在拍賣會上被賣給性販運分子，繼而被迫到商業性性產業工作。非政府組織指出，在本報告期間，自賣淫中被解救的男童人數顯著增加，他們主要是在警方調查被懷疑是賣淫集團掩人耳目的線上社交網站時被發現。參見美國2008年人口販運問題報告─台灣部分（第二列名單），2008年6月5日。

31 據報導有關我國防制人口販運之專法，移民署官員說，人口販運對人權戕害無法見容於國際社會，為宣示防制人口販運決心，行政院去年成立「防制人口販協調會報」，修正公布「入出國及移民法」，訂定跨國（境）人口販運防制及被害人保護專章。現正研擬相關子法，強化「查緝」、「保護」及「預防」三面向具體作為，同時制定人口販運防制專法，納入刑事處罰規定，以補現行刑法規定的不足，希望周延相關法制，遏阻人口販運犯罪。參見2008年6月5日，聯合新聞網。

之狀態，從根本上做起。但如案件已經發生，即須透過偵查、起訴與審判機制，予以有效遏止。人口販運犯行，屬於重大犯罪；縱然只是參與其中之一部分行為亦然。國家在立法上會遇到一個問題，對其之處罰是另外於特別法中，明定人口販運之罪行，並且予以特別規定處罰之罰則。專法之重點在於將相關機關之權責，予以明定而且增加救援與保護機制。

保護外國人被害者，涉及國際上人權保護與國家責任。一般對於外國人基本權利之保護，有各種之學說。對屬於人身自由、精神自由層次之權利，以外國人亦與本國人同樣受到保護之理論為通說。即有關外國人受到犯罪之侵害，國家法律對其之保護，應與對本國國民為一致之做法。

加害者與被害者乃相對之人，因被害人可能為合法入境與非法入境者；加害者一般為利用被害人之弱勢地位而予以剝削，其可能為仲介者、雇主、運送人等。一般而言國家不可能是加害者，以依法令執行而言，國家訂定之法令有不周延之處，有其一定之訂正與審查制度。如對於眾所周知之高雄捷運外勞案，泰勞受到剝削而主管機關疏於監督與有責任，理論上國家亦不可能是共犯。在此構成責任情形，有可能是公務員執行法律之責任問題。因此，應不可認為國家亦可能是加害人。對於人口販運被害人之保護，重點著重在有被剝削之情形，如符合構成被販運者之情況，即有予以保護之必要。

對被害人保護之可能範圍，即國家可為被害人做出什麼有利作為措施之意。被害如已發生，應即時制止該危害，不使繼續存在。被害人因處境弱勢，居住、經濟、人身安全皆有保護之必要。從被害人之立場而言，當然是可以充分保障其安全與經濟上充足，可以平靜生活，為最佳之狀態。而從國家之立場，涉及認定被害人之狀態，是否達到特別需要保護之情形。如屬被害者無疑，亦要視其受害程度，且如果予以送回國籍國家，有無再受害之嚴重顧慮，於此並要視國家之法制程度與財政能力而定。

肆、人口販運被害人之保護需求

保護為進一步提供被害人免於受害，且回復其身心理狀況，或給予其一定精神與物質之照顧，使被害人可以快速回歸正常生活與融入社會之意。在

一般之法制上，有犯罪被害人保護與受災害者之照料給付制度；另如從外國人之特別需要保護者而言，即為難民之庇護保護制度。有關人口販運之被害人，需要得到特別之保護；依民間版所提出之人口販運防制法草案[32]第27條規定（提供被害人各項協助）：中央主管機關及目的事業主管機關應自行或委託各級地方政府、民間團體，對於人口販運被害人提供下列協助：一、適當之庇護安置處所；二、必要之生理、心理醫療之服務；無全民健康保險或全民健保失效者，得由主管機關負責加保及相關費用之補助；三、通譯服務；四、法律扶助；五、情緒支持、諮詢服務、陪同偵訊及出庭等；六、必要之經濟補助；七、其他必要之協助。

　　在日本文獻中，其國之辯護人團體，亦提出對被害人保護之建議。其中包括：一、給予被害人停留或難民居留許可；二、保護其人身安全之範圍，除在法庭內，並及於居住安置之處所；三、保護其資訊，避免遭到洩漏；四、給予教育、職業訓練；五、明確告知被害人之相關權益；六、設置專門之機構或中心，協助被害人之各種需要等[33]。

一、許可停留或居留

　　外國人之被害人被販運到我國，依其入國申請名義，可能為假結婚或其他虛偽項目，或可能利用假證件之方式蒙混入國；其行為可能涉及違反多項刑法或入出國法律規定[34]，依法必須予以處罰及遣返。防制人口販運行為，必須揪出幕後之組織與操縱者，從重定罪以為制裁，始能有效遏止此種不法惡行。對於被害人之情狀、受剝削情形、其住所及安排工作等皆須進一步加以瞭解、查證。並在法庭審判期間，被害人尚須出面指控與作證販運人口之行為。因此，從協助偵查及作證之必要上，須給予被害人合理之停留期間。

　　人口販運為國際性之組織犯罪，被害人可能為跨國被運送，被剝削及勞

---

32 人口販運防制法草案，提案者：反人口販運聯盟等，2008年4月，第14頁。

33 參見日本弁護士連合會，人身取引の被害者保護・支援等に關する法整備に對する提言，2004年11月19日，http://www.nichibenren.or.jp/ja/opinion/report/2004_62.html，瀏覽日期：97.7.21。

34 依日本法上所舉出被害人可能違反之罪，主要有違反出入國管理及難民認定法第70條之非法入國、非法居留罪及非法工作；依外國人登錄法第3條之罪，及刑法之偽造、變造文書及行使罪，及公文書登載不實罪，公然猥褻罪、公然勸誘罪等。但應避免對被害人予以處罰。參見上述日本弁護士連合會之建議。

力或被強迫從事色情工作。原依入出國管理法律，被害人非法入國，依法自不符居留之名義，但考慮到國際人權，被害人如即被移送執行遣返回國，其協助偵查犯罪將無法落實，或是其如被遣返回國，可能受到跨國之犯罪集團迫害，此皆是對於是否給予被害人居留之考量依據。

從國家利益上而言，接受外國人之前提，必須該外國人不得有危害國家安全、治安之顧慮。且該外國人符合國家法律所規定之居留資格或項目[35]，依此而言，被害人均不符合此基本規定。一般而言，被害人之身分與地位，皆從經濟較不發達之國家國民，被矇騙到我國工作者；是否給予其居留權利，可以考量如被害人受到遣返回國，將有受到生命威脅可能情形，可以依許可難民居留之法理，給予被害人居留權。但此部分須累積難民法制之基礎，始能運作。且被害人一旦居留之後，尚有生活、居住、受教育及工作問題之安排，均須納入考量。

國家應制止不法之人口販運行為，且以高度刑罰處罰從事現代奴隸制度之販賣人口犯行。而國家境內無法遏止此種行為，從執行之責任而言，國家當然須展現其應有之義務。因此，對於是否給予被害人居留，其之前提考量，須被害人受到嚴重之販運犯行侵害。依美國之人口販運保護法[36]，並以被強迫從事性工作、被監禁強迫剝奪勞力之情形，屬於嚴重之被販運者，可以被許可在美國居留。

而對於人口販運案件，一般司法警察機關之偵查過程，必須有效展現追查其幕後運送之集團，而接手之檢察機關亦須援引處罰人口販運之法律，嚴予起訴。保護被害人之機關，目前我國之主管機關發布人口販運被害人保護辦法，相關之勞政、衛生、社會局之機關，亦予納入。有關被害人之安置處所目前由國家與私人合作設置，由非政府組織受主管機關之委託，而為辦理。有關人口販運之犯行，既然國際間人口之移動頻繁或在有利可圖之引誘下，犯罪集團將無孔不入之利用各種手段，遂行其暴利行為；有關安置之專

---

35 我國不稱居留資格，而稱居留原因；主要原因為目前外國人申請在我國居留，主要依據為「外國護照簽證條例施行細則」，其中第13條第1項規定：「申請居留簽證目的，包括依親、就學、應聘、受僱、投資、傳教弘法、執行公務、國際交流及經外交部核准或其他相關中央目的事業主管機關許可之活動。」只有申請之目的原因，而無具體之法定內涵規定。

36 有關構成嚴重人口販運被害人原因，請參見柯麗鈴，前揭文（註5），第69頁。高玉泉，人口販運之國際規範初探，收於法律哲理與制度國際私法—馬漢寶教授八秩華誕祝壽論文集，元照出版，2006年1月，第347-364頁。

門處所，亦屬重要。

　　人口販運之被害人，可能一時無法返回其本國，或其返回會受到迫害。或因其舉發人口販運犯行，而會受到報復等；或該人口販運之犯行，現正在調查或訴訟中，以上之各種原因，亦有給予特定時間居留之必要。但是特殊性外國人的申請居留，應有法令各別授權。如入出國及移民法第16條規定，予以限期並界定於一定期間進入我國居住之無國籍人，准予其居留。另外，對於早期進入我國之難民（戰爭原因）等，其亦無符合之法定居留資格，僅能採個案處理之方式許可，保障其免於遭受迫害或危險。對於不具居留資格之外國人，包括逾期居留、偷渡入國、符合禁止入國原因、被撤銷居留資格之外國人、受驅逐出國處分者。具有合法的居留資格，須具有正當、合法的居留原因。如聘僱期限已結束、許可留學期間已屆、親屬關係原因消失等，不具有居留的積極原因，原則上無法再合法居留。

　　有關日本之特別居留許可原因，依出入國管理及難民認定法第50條第3款規定，法務大臣認定有符合特別的情事，得予以特別居留許可。採取完全的授權主管機關裁量的方式決定，此從理論上而言，完全空白的授權有所不妥。如從保障國際人權及外國人憲法上的權利立場，對於基於婚姻與家庭團聚的權利，如對於外籍配偶之申請特別居留，應予許可。另有關依兒童權利公約規定，應給予兒童最佳的利益保護，亦可導出對其家庭給予特別居留許可的權利[37]。

　　日本法之「特別居留」許可制度[38]，為對於不具有居留資格的外國人，在考量人道、人倫、國際人權等因素，予以特別許可其居留的制度。如遇有此情形依我國目前法制，在執行上只能依下列二個方式暫為處理：（一）主管機關依其裁量權之行使，認有情況特殊暫不為執行驅逐出國。但實務機關的執行，往往礙於法律沒有授權，自認難以選擇暫不執行或其狀況難於判斷，或裁量權的標準不易界定等原因，為免造成困擾仍依法執行。在此之後，當事人如有重新入國之需要，在具備有合法原因（如依親名義），仍可依法再為申請居留簽證；（二）依法院的判決暫時停止執行驅逐出國處分或

---

37 近藤敦，在留特別許可の展望と課題──性質說から立憲性質說へ，法政研究68卷1號，第276頁。
38 有關日本特別居留許可制度之專書，如關口千惠，新版在留特別許可，明石書店，2002年6月。

判決撤銷驅逐出國處分，即不得執行。如經法院判決撤銷原處分，主管機關之停止執行，即較確定[39]。特別居留許可，應有其特別考量，因其可能造成國家之負擔，依我國法制對無居留資格、違反居留許可者，只能依個案判斷是否予以執行驅逐出國。對不具有居留資格範圍者之居留，屬法制之例外，對此方面制度之建立，需考量國家利益與當事人權利二者應如何調和之問題。目前我國人口販運防制法第28條中，已有給予被害人居、停留之保護規定。

二、人身安全與資料保護

（一）人身安全保護

犯罪集團之犯行，既然屬於嚴重，其行為與組織即會安排嚴密與避免被發現。如有暴露其犯行之可能情形時，其即會利用各種手法，予以湮滅或禁絕。因此，被害人如被司法警察機關查獲後，可能與警察機關合作，進而供述人口販運分子之藏身處與犯行。對此，有關被害人之人身安全保護，即顯得重要。在運送過程中，被運送人生命可能喪失、身體受到侵害，乃時常發生之事。既然販運行為事跡敗露，犯罪集團可能受到追訴，其危害被害人之可能性即會大增。

被害人既屬於販運行為中之受害者，即不應以犯罪者之地位待之，在前已有所述。主要原因在於其與單純偷渡行為或自願從事非法色情交易行為不同。而因其受到暴力或強制之迫害剝削，過著無人性尊嚴之生活，必須由公權力加以介入救援之故。被害人與加害人之間，乃相對立之關係；欲詳查加害人之嚴重犯行，須由被害人遭遇及其提供進一步之證據，始得達成。因此，被害人可見會受到威脅，不得供述相關販運之行為，否則其個人或其家人，將會受到報復及不利。

從司法警察機關之任務而言，要保護被害人安全，會增加其負擔；且在被害人尚未離境之前，國家亦須負擔相關之安置經費。惟保護外國人人身安

---

[39] 在現有的相關判決中，有裁定停止執行驅逐出國者，法院認為：「聲請人有其必要繼續居留以照顧兒子；因此如繼續予以執行，將發生難以回復之損害，且有急迫之情事，本院認聲請人之聲請與首揭規定相符，為有理由。」參見臺北高等行政法院91年度停字第83號裁定。

全與保護國人之安全，其程度上應屬一致。外國人亦為基本權利之主體[40]，應毫無疑義。保護被害人人身安全，應為最優先之工作，其人身安全上有顧慮，對被害人而言，即會感到無依無靠、時時過著恐懼之生活。因此，確保其人身安全無虞，乃司法警察機關之職責。其保護之方法有多種，可透過在安置處所之身分保密、防止不相干人員接觸、有特殊危害徵兆之即時聯絡、在法院之出庭時與加害人之間相互隔離等之安排[41]，確保被害人之人身安全。而有關保護被害人之作證，應對於被害人於偵審過程中應特別予以保護，適時依據證人保護法規定，核發保護書。且為防止被害人遭受二度傷害，被害人於偵查或審判程序中，得以科技設備或其他方式訊問、詰問或對質[42]。目前我國人口販運防制法第17條、第20條、第23條已規定，對被害人予以保護之內容。

（二）個人資料保護

　　一般從偵查不公開原則，被害人與人口販運偵查情形之資料，須予保密，不得洩漏。此處最須被注意者，即被害人資料一旦被洩漏，其本身安全與家人之安全，即會有顧慮。依上所述，犯罪集團乃會無所不用其極之欲湮滅與防止其犯行被查獲，有關被害人之資料及行蹤，即相對會被打探；相對亦有高度危害其安全之顧慮。另對於所查獲之人口販運嫌犯資料，亦須保密，不得對外洩漏，以防止其他共犯之逃匿。販運集團之組織非常隱密，在幕後之操縱者，對於其犯行如被發覺或追蹤，即會採取斷然之處置，對於其他被害人不利甚或對於其他共犯亦會採取相對非理性之做法，包括恐嚇其他共犯或危害其他共犯，以求自保。

　　人口販運案件因涉及相關機關之職權，在案件之移送或會辦過程中，其資訊容易被洩漏，此均會產生對被害人不利之後果。因此，相關機關除了行

---

40 有關外國人為基本權利之主體論述，請參考李震山，論移民制度與外國人基本權利，台灣本土法學雜誌48期，2003年7月，第51-65頁。李建良，外國人權利保障的理念與實務，台灣本土法學雜誌48期，2003年7月，第92-107頁。蔡庭榕、李立宏，論外國人歸化制度與人權保障，國境警察學報6期，2006年12月，第65-113頁。

41 如證人保護法第13條第1項之規定：「證人或與其有密切利害關係之人之生命、身體、自由或財產有遭受危害之虞，且短期內有變更生活、工作地點及方式之確實必要者，法院或檢察官得命付短期生活安置，指定安置機關，在一定期間內將受保護人安置於適當環境或協助轉業，並給予生活照料。」

42 參見「法務部防制人口販運案件具體執行方案」之具體措施，2006年12月，第2頁。

政機關依公務機密案件之辦理規範，不可任意洩漏外。非政府組織受委託暫時安置被害人之機構，亦須遵守有關保密之規定，不接受其他不相關之人的打聽或刺探，有關具體人口販運案件被害人之資訊。

依行政程序法規定[43]，私人受委託行使公權力，其法律地之等同行政機關，如有違法處分之行為，被害人可向其委託機關提起訴願；如有違法侵害當事人之權利行為，依法可提起國家賠償。受委託行使公權力之私人，對於具體個案，亦有行政訴訟當事人能力。有關個人資料保護，非政府組織與委託之主管機關間，除依委託契約規定，須盡其契約之義務，不可違反外；另從當事人（被害人）之權利言，亦不得任意洩漏其資訊。

我國近來亦對個人資料之保護，有重視之意識；並對原為「電腦處理個人資料保護法」，修正為「個人資料保護法」[44]，以符合實際需要。個人資料屬於人格權之範圍，依大法官釋字第585號及第603號之解釋，肯認保護個人資料，屬於個人憲法上之權利。人口販運之被害人，雖可能為外國人，但對於其個人資料之保護，原則上亦等同於國民一般[45]，受到我國法律之保護。除了一般屬於基本法之個人資料保護法之保護規定外，屬於特殊事項或需特別保護之案件，在特定法律中亦有相關規定者。如我國之入出國及移民法，對於人口販運被害人之資料保護，亦有特別規定[46]，以符合實際情形需要。另我國人口販運防制法第21條、第22條亦規定對被害人資料之保密要求。

---

43 私人受委託行使公權力之責任規定，如行政程序法第16條：「行政機關得依法規將其權限之一部分，委託民間團體或個人辦理（第1項）。前項情形，應將委託事項及法規依據公告之，並刊登政府公報或新聞紙（第2項）。」訴願法第10條：「依法受中央或地方機關委託行使公權力之團體或個人，以其團體或個人名義所為之行政處分，其訴願之管轄，向原委託機關提起訴願。」

44 個人資料保護法第2條第1款規定：「……一、個人資料：指自然人之姓名、出生年月日、國民身分證統一編號、護照號碼、特徵、指紋、婚姻、家庭、教育、職業、病歷、醫療、基因、性生活、健康檢查、犯罪前科、聯絡方式、財務情況、社會活動及其他得以直接或間接方式識別該個人之資料。」

45 有關外國人個人權益之保護，亦等同國民一般；除非該外國人之國家法律，不保護本國國民。亦稱互不惠原則之適用，請參考刁仁國，外國人入出境管理法論，中央警察大學出版社，2001年3月，第84頁。

46 人口販運防制法第19條對個人資料保護有特別規定。

三、許可其工作

被害人依其受害情形，有多種狀況。屬於嚴重受害而一旦被遣返回國，有受到生命威脅者，亦有可能被許可在我國居留[47]。而在人口販運案件偵查中，被害人依其受害情節，亦有協助調查之必要。在檢察機關及法院之追訴與審理期間，被害人亦須出庭與作證，於此階段中均不宜，即安排被害人出境。其繼續居住，為顧及生活上之所需花費，亦有安排或是否可在我國從事其可勝任之適當工作[48]問題。

工作為個人營正常生活之基礎，亦為確保經濟來源之方法。人口販運被害人，大都為屬於經濟上弱勢之外國人，如其暫時不宜遣返其國籍國或原來居留地國，被許可居留於我國者，適度安排其就業工作，可以促其安心在我國居住，或可使有經濟上之收入，可以進一步過正常之生活。原本外國人在我國工作，依保護國民工作權之法理，原則上均需要經過國家之許可。依我國就業服務法之規定，雇主不得聘僱未經勞工主管機關許可之外國人工作，除法令有特別規定者外[49]。

目前依就業服務法並未特別規定，人口販運之被害人在我國居住期間，得予在我國工作之規定。實際上，如果有此需要，只能依勞工主管機關透過法令之解釋，許可其在我國工作。選擇之方式，即為經主管機關個案許可者，或為經許可居留之難民者。但依實定法令之規定，是否精確及有無過度解釋之虞，仍須再考量。另一方法，為在屬於特別法之入出國及移民法中，明文授權規定，「受許可居留之人口販運被害人，在居留期間得為工作。」

工作與居留之期間，為相互配合，二者缺一不可；二者之行政目的，亦有不同。許可其工作主要考量，其安定生活與經濟收入之延續性；而許可其居留，主要考量在特定期間，被害人不宜或不可被遣返回國，以免受到不可

---

47 人口販運防制法第14條對被害人之居留與工作有特別保護規定。

48 一般違反法律及公序良俗之工作，在此應不能被視為是可從事之「適當」工作，如從事色情交易、猥褻行為表演之行業者。

49 依就業服務法第51條第1項規定，不須雇主申請許可，即逕行申請工作之外國人包括：（一）獲准居留之難民；（二）獲准在中華民國境內連續受聘僱從事工作，連續居留滿5年，品行端正，且有住所者；（三）經獲准與其在中華民國境內設有戶籍之直系血親共同生活者；（四）經取得永久居留者。

預期之危害。我國此方面之法制，仍在建立中。入出國及移民署於民國96年
初成立、入出國及移民法於民國96年底增修人口販運被害人保護規定、行政
院頒布防制人口販運行為行動方案等，均可見我國在此方面之努力跡象[50]。
依我國人口販運防制法第28條，規定被害人於停、居留中得向勞工主管機關
申請工作之權利。

四、其他

　　人口販運之被害人，屬於弱勢者，需要由主管機關加以介入保護。而
保護屬於給付行政，與基於取締不法之秩序行政，處於相對等之關係；而此
二者相輔相成，因有不法行為之加害剝削，始有被害人之受害產生。此處之
「保護」，屬於達到最低安全生活限度之保護而言，屬個人之生命、身體、
自由、生活上無所顧慮之意。保護之方式，有多種。有直接保護與間接保護
之分，由國家公權力直接之接手、從事保護，可稱為直接保護；間接保護為
國家居於後端，由非政府組織協助被害人生活之意。一般而言，應視其受害
程度而決定，是否採取直接之保護。

（一）心理諮商與醫療

1.心理諮商

　　一般人口販運被害人之精神與生理上，均受害嚴重，有必要瞭解其所
受創之狀況與程度。一般受害人大多為外國人，在先天語言上的隔閡，須予
以克服。主管機關須指派熟識該外國人語言之專門人員，或委由非政府組織
之具有語言專才人員；並以兼具有諮商背景之人員，予以對受害人作心理諮
商。

　　心理諮商是一切保護受害人之起點，從中可以瞭解被害人之狀況，其
基本資料與背景、受販運之過程、加害人之所在與所使用之方法、被害人之
現況與未來意願、身體上是否受創等。但往往因為受害人亦有利用非法方法
入境、從事違規行為及有非法工作之顧慮。一般其不太願意將全盤之販運過
程，作太多披露給法律執行機關知悉。因此，在作心理諮商之前，諮商人員

---

[50] 給予被害人長期居留及許可其工作之決定，與國家之移民政策有關；此前提問題，與國家之
是否接受難民亦有密切相關。因此，在法制上似應一併解決規定，有關保護難民之授權與保
護被害人之法制。

之身分、與被害人之間的關係，對於法令上可以保護被害人之程度如何等？均應事先明瞭，且可以從協助者角色，予以作心理上之輔導。

2. 醫療

人口販運受害人除心理上的受創，另其身體上可能受到虐待、傷害，在性產業場所從事性服務行為，可能染上疾病等。須以進一步探查其是否身體上受到傷害而予安排到醫院，接受治療。

主管機關應編列心理諮商與醫療上所必要的經費，始能有人力與物力的支援。在醫療方面的檢查與治療，應以達到與一般國民的健康狀態程度為宜。而衛生主管機關，此時是否亦宜列入為防治人口販運之主管機關，常有待討論。一般而言醫療院所的醫事人員，以救人為目的，並不分患者的身分與地位。所以將醫療院所列為相關主管機關，有擴大其參與機關範圍的問題；其成效及必要性如何？有待進一步確認。而由醫療主管機關編列預算，更無合理之依據。

於此有必要者，為醫療院所如對於人口販運被害人之診療上，亦應保護受害人之隱私。另如發現有受害人之狀況，應審酌通報主管機關，以為保護及採取即時制止非法之人口販運行為。此部分，應可在醫療相關法規中或主管機關之聯繫辦法中，予以明定即可。

（二）予以教育或工作之訓練

1. 予以教育

人之能力來自於受教育，受害人從被害狀態中被救出後，往後其仍須靠自己能力工作、維持生活。又一般人口販運之受害人，往往先天上是出生或處於經濟弱勢之人，亟需依靠他人或主管機關的從旁協助；因而受到人口販運，乃是一種不得已或世界現實上的現象。

教育雖為廣義之意，包括學校、家庭及社會教育，各有不同任務。此處所稱教育，主要目的為工作目的之培養技術能力。惟此前提，是受害人是否已被許可暫時的居留於我國。此部分涉及國家政策及對受害人保護之程度與方式，均須再進一步確認。此處之「教育」，以職業教育為主；但其前提上須予語言教導及接續之職業教導。對被安排接受職業教育之受害人，原則上是須要特別保護者，且國家政策上容許其暫時可以合法居留在國內，此應屬

特別保護之一種。其條件應具有較高之門檻，或一國家在保護被害人上願多盡一份國際人權之義務的表現。

2. 工作之訓練

一般可以在國內工作之外國人，都是經由勞政主管機關考量其工作類別、對國民工作權影響性等之後，予以依法規定其有工作之權。而人口販運被害人，如果可以安排接受工作之訓練，表示一國家亦有意容許其居留與工作，此均是一種對受害人極大保護之表現。

無工作即無穩定經濟來源，受害人於居留國暫時居留，或一時無法遣返回其本國，主管機關應考量容許其工作之可行性，以安定其心理。一般工作與受到酬勞二者之間，乃是公平相對性的。因此，如前提上被害人依法或依事實狀況，必須暫時的居留在國內，縱使是3個月時間，亦應給予工作訓練或協助其工作之安排。此有二個問題，須要說明：(1)應不能全然指摘其為非法入境。因其即被認為是被害人，應有一部分是屬於免責之狀態。(2)從照顧、輔導之立場，在安全與其能力無問題之狀況下，安排其工作亦兼有保護及照顧之意義。

但依前所述，此須顧及的為是否受害人可以長期的留下，涉及居留權之問題。有限度的給予受害人居留權，亦為現代民主國家之一種表現。惟給予之條件與保護難民之法理，亦有一些雷同。

（三）協助其返國

一般被害人被救出，經安置、調查程序，已告一段落後，應有後續之安排。除符合法定特殊要件者之由所在國家許可其居留外，一般應予送返其本國。送回之目的國家，原則為其國籍國或原居住地國。而如被害人護照等身分證件，已無法尋得，主管機關亦應主動協助聯繫，其國有關之駐在我國單位，協助證明其身分及提出相關佐證，以順利辦理有關出國程序。

有關被害人之遣返方面，即對於非法入境之被害人，應主動與警察機關聯繫，妥適依人口販運防制法第28條之規定，人口販運被害人為臺灣地區無戶籍國民、外國人、無國籍人民、大陸地區人民、香港或澳門居民有返回原籍國（地）意願者，中央主管機關得協調相關機關或民間團體，聯繫被害人原籍國（地）之政府機關、駐華使領館或授權機構、非政府組織或其家屬，

協助將其安全送返原籍國（地）**51**。

　　人口販運之行為，為現代社會所不容。此種奴隸人類行徑猶如古代或專制社會時代，毫無人權觀念。這種行為應為現代國家所共同唾棄。國家主權之管制國境，執法機關之查察與逮捕違反入出境管制嫌疑人，自有其依據。而違反入國法規之行為，為違反行政法規範，主管機關依情況有其裁量權。如依國際人權法規定之難民尋求庇護行為，而觸犯一國之進入國境法律，終不能依一般情況，加以處罰，仍應調查其實際狀況，而為其他處理。人口販運之被害人，實際處於被害、受剝削之狀態。其可能自始即受詐騙、被強制、威脅、恐嚇，其狀況與一般非法偷渡人，有所不同。此時非法偷渡行為與受剝削行為競合，如國家有明確法律規定，受販運、剝削之被害人，應受到保護，實際上之運作即不會模糊；即主管機關有義務，作出保護被害人之動作。

　　一個較核心之問題，即被害人如何認定。依國際防止人口販運議定書**52**所規定，為一個較概括之描述情況。而其具體落實在國內法時，依各國接納被害人能力、保護程度、人口政策等亦有不同；於此並應一併考量。因此，有關人口販運被害者之認定，亦關係後續之處置。於此可分為二個實質標準，即：1.人口販運被害人，而須予保護；2.嚴重之人口販運被害人，符合特殊法定情形，並容許其可為暫時之居留。

　　被害人保護之主管機關為何，理論上一般而言，以移民署**53**為主。而以

---

51 並請參見「法務部防制人口販運案件具體執行方案」之具體措施，2006年12月，第3頁。

52 有關國際防止人口販運議定書之定義，依「聯合國打擊跨國有組織犯罪公約關於預防、禁止和懲治販運人口特別是婦女和兒童行為的補充議定書」第3條：術語的使用，在本議定書中：(a)「人口販運」系指為剝削目的而通過暴力威脅或使用暴力手段，或通過其他形式的脅迫，通過誘拐、欺詐、欺騙、濫用權力或濫用脆弱境況，或通過授受酬金或利益取得對另一人有控制權的某人的同意等手段招募、運送、轉移、窩藏或接收人員。剝削應至少包括利用他人賣淫進行剝削或其他形式的性剝削、強迫勞動或服務、奴役或類似奴役的做法、勞役或切除器官；(b)如果已使用本條(a)項所述任何手段，則人口販運活動被害人對(a)項所述的預謀進行的剝削所表示的同意並不相干；(c)為剝削目的而招募、運送、轉移、窩藏或接收兒童，即使並不涉及本條(a)項所述任何手段，也應視為「人口販運」；(d)「兒童」系指任何18歲以下者。

53 有關入出國及移民署之職掌，依內政部移民署組織法第2條第1項：「本署掌理下列事項：……九、難民之認定、庇護及安置管理。十、入出國（境）安全與移民資料之蒐集及事證之調查。十一、入出國（境）及移民業務資訊之整合規劃、管理。十二、其他有關入出國（境）及移民事項。」

一個機關之能力，往往難以完全掌理或對應此種複雜之國際性人口販運問題，及其後續所衍生之保護事項。在偵查與追訴之分工上，依法有警察、海巡、調查、檢察機關，皆具有司法警察權或偵查權，自可共同追查此不法行為。而實施保護之法制，如前述認定上之標準[54]，甚具重要與基礎性。

社會、勞工、衛生主管機關所掌管之事項，亦與人口販運行為，可能有關。理論上亦應參與及提供必要之協助予主管機關，如該販運行為涉及非法入國、不法居留、國際人口販運之因素，即應以入出國及移民署為主導辦理機關。

伍、結語

人口販運之被害人，可能一時無法返回其本國，或其返回會受到迫害。或因其舉發人口販運犯行，而可能受到報復等；或該人口販運之犯行，現正在調查或訴訟中，以上之各種原因，亦有給予被害人特定時間居留之必要。

人口販運被害人之共同特性，在於其處於弱勢，相信或有求於犯罪集團，而助長人口販運行為的不斷發生。在規範學上，首先須確定所禁止之「人口販運」的定義與範圍，以對此行為規範及處罰。從保護之面向而言，被界定為「被害人」之後，國家之保護機制始能展開。而其中被害人所涉及或參與的行為，往往亦可能違反刑事法律或行政秩序罰責任，此可能使被害人不敢或不願出面，以致無法配合主管機關之偵查及指證。因此，法制上有關被害人的定義或相關保護措施等，就有詳加考慮各種原因之必要；目前在我國人口販運防制法中，亦已對被害人之保護詳加規定。本章參考日本法規

---

54 跨國（境）人口販運之定義，人口販運防制法第2條第1款：「本法用詞，定義如下：一、人口販運：指基於剝削意圖或故意，符合下列要件者：（一）不法手段：以強暴、脅迫、恐嚇、拘禁、監控、藥劑、催眠術、詐術、故意隱瞞重要資訊、不當債務約束、扣留重要文件、利用他人不能、不知或難以求助之處境，或其他相類之方法。但對未滿十八歲之人從事人口販運，不以符合不法手段為必要。（二）不法作為：1.從事招募、買賣、質押、運送、交付、收受、藏匿、隱避、媒介、容留國內外人口。2.使他人從事有對價之性交或猥褻行為。3.使人為奴隸或類似奴隸、強迫勞動、從事勞動與報酬顯不相當之工作或實行依我國法律有刑罰規定之行為。4.摘取他人器官。……。」

範，提出相關之觀點，以供參考。

（本文原發表於2009年12月25日中央警察大學國境警察學系主辦之
2009年防制人口販運國際研討會，後經修改與補充而成）

國家圖書館出版品預行編目資料

入出國法制與人權保障／許義寶著. －－四
版. －－臺北市：五南圖書出版股份有限公
司, 2023.11
　面；　公分
ISBN 978-626-366-743-3（平裝）

1.CST: 入出境管理　2.CST: 法規
3.CST: 人權

573.29023　　　　　　　　112017936

1V58

入出國法制與人權保障

作　　者 — 許義寶（232.7）

發 行 人 — 楊榮川

總 經 理 — 楊士清

總 編 輯 — 楊秀麗

副總編輯 — 劉靜芬

責任編輯 — 林佳瑩

封面設計 — 姚孝慈

出 版 者 — 五南圖書出版股份有限公司

地　　址：106台北市大安區和平東路二段339號4樓

電　　話：(02)2705-5066　　傳　真：(02)2706-6100

網　　址：https://www.wunan.com.tw

電子郵件：wunan@wunan.com.tw

劃撥帳號：01068953

戶　　名：五南圖書出版股份有限公司

法律顧問　林勝安律師

出版日期　2012年 7 月初版一刷
　　　　　2014年 7 月二版一刷
　　　　　2019年 1 月三版一刷
　　　　　2023年11月四版一刷

定　　價　新臺幣650元

經典永恆·名著常在

五十週年的獻禮——經典名著文庫

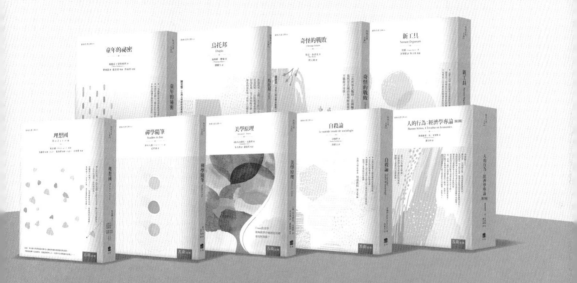

五南，五十年了，半個世紀，人生旅程的一大半，走過來了。

思索著，邁向百年的未來歷程，能為知識界、文化學術界作些什麼？

在速食文化的生態下，有什麼值得讓人雋永品味的？

歷代經典·當今名著，經過時間的洗禮，千錘百鍊，流傳至今，光芒耀人；

不僅使我們能領悟前人的智慧，同時也增深加廣我們思考的深度與視野。

我們決心投入巨資，有計畫的系統梳選，成立「經典名著文庫」，

希望收入古今中外思想性的、充滿睿智與獨見的經典、名著。

這是一項理想性的、永續性的巨大出版工程。

不在意讀者的眾寡，只考慮它的學術價值，力求完整展現先哲思想的軌跡；

為知識界開啟一片智慧之窗，營造一座百花綻放的世界文明公園，

任君遨遊、取菁吸蜜、嘉惠學子！